AF545777

Das neue SAPUI5®-Handbuch

SAP PRESS ist eine gemeinschaftliche Initiative von SAP SE und der Rheinwerk Verlag GmbH. Unser Ziel ist es, Ihnen als Anwendern qualifiziertes SAP-Wissen zur Verfügung zu stellen. SAP PRESS vereint das Know-how der SAP und die verlegerische Kompetenz von Rheinwerk. Die Bücher bieten Ihnen Expertenwissen zu technischen wie auch zu betriebswirtschaftlichen SAP-Themen.

Damit Sie nach weiteren Titeln Ihres Interessengebiets nicht lange suchen müssen, haben wir eine kleine Auswahl zusammengestellt.

Michael Englbrecht
SAP Fiori
3., aktualisierte und erweiterte Auflage 2020, 798 Seiten, geb.
ISBN 978-3-8362-7268-1
www.sap-press.de/4974

Christoph Beyer et al.
User Experience mit SAP
1. Auflage 2020, 510 Seiten, geb.
ISBN 978-3-8362-7302-2
www.sap-press.de/4991

Carsten Bönnen et al.
SAP Gateway und OData
3., aktualisierte und erweiterte Auflage 2019, 818 Seiten, geb.
ISBN 978-3-8362-6717-5
www.sap-press.de/4802

Klaus Kopecz
Anwendungsentwicklung auf der SAP Cloud Platform
1. Auflage 2021, ca. 460 Seiten, geb.
ISBN 978-3-8362-7651-1
www.sap-press.de/5110

Michael Englbrecht, Andreas Pflugrad

Das neue SAPUI5®-Handbuch

Liebe Leserin, lieber Leser,

vielen Dank, dass Sie sich für ein Buch von SAP PRESS entschieden haben.

Informationen einfach durch ein Tippen oder Wischen in der App zu finden, das kennen Sie schon – beruflich und privat. Genauso einfach und unkompliziert wünschen sich SAP-Anwender die Nutzung von Business-Apps.

Doch solche modernen und benutzerfreundlichen SAP-Oberflächen entstehen nicht einfach aus dem Nichts. Mit SAPUI5 haben Sie jetzt das Rüstzeug zur Hand, um richtig gute Apps zu programmieren. Die Autoren Michael Englbrecht und Dr. Andreas Pflugrad haben ihr geballtes SAPUI5-Wissen und ihre langjährige Erfahrung zusammengetragen, um Ihnen zu zeigen, wie gute App-Entwicklung geht. Sie vermitteln Ihnen darüber hinaus nicht nur Best Practices und Tipps zur Performanceoptimierung, sondern zeigen Ihnen auch, was Sie lieber nicht tun sollten.

Wir freuen uns stets über Lob, aber auch über kritische Anmerkungen, die uns helfen, unsere Bücher zu verbessern. Scheuen Sie nicht, mich zu kontaktieren. Ihre Fragen und Anmerkungen sind jederzeit willkommen.

Ihre Simone Bechtold
Lektorat SAP PRESS

simone.bechtold@rheinwerk-verlag.de
www.rheinwerk-verlag.de
Rheinwerk Verlag · Rheinwerkallee 4 · 53227 Bonn

Auf einen Blick

Wir hoffen, dass Sie Freude an diesem Buch haben und sich Ihre Erwartungen erfüllen. Ihre Anregungen und Kommentare sind uns jederzeit willkommen. Bitte bewerten Sie doch das Buch auf unserer Website unter **www.rheinwerk-verlag.de/feedback**.

An diesem Buch haben viele mitgewirkt, insbesondere:

Lektorat Simone Bechtold, Daniela Kämmerer
Korrektorat Petra Biedermann, Reken
Herstellung Melanie Zinsler
Typografie und Layout Vera Brauner
Einbandgestaltung Silke Braun
Coverbild iStock: 1005994146 © James Dean
Satz Typographie & Computer, Krefeld
Druck Beltz Grafische Betriebe, Bad Langensalza

Dieses Buch wurde gesetzt aus der TheAntiquaB (9,35/13,7 pt) in FrameMaker. Gedruckt wurde es auf chlorfrei gebleichtem Offsetpapier (90 g/m²). Hergestellt in Deutschland.

Bibliografische Information der Deutschen Nationalbibliothek:
Die Deutsche Nationalbibliothek verzeichnet diese Publikation in der Deutschen Nationalbibliografie; detaillierte bibliografische Daten sind im Internet über *https://dnb.dnb.de* abrufbar.

ISBN 978-3-8362-7523-1

1. Auflage 2021

Informationen zu unserem Verlag und Kontaktmöglichkeiten finden Sie auf unserer Verlagswebsite **www.rheinwerk-verlag.de**. Dort können Sie sich auch umfassend über unser aktuelles Programm informieren und unsere Bücher und E-Books bestellen.

Inhalt

Einleitung

Die Entwicklung moderner Anwendungen, die sich auf unterschiedlichen Endgeräte verwenden lassen, steht seit Jahren im Fokus von Unternehmen. Nutzer wollen und müssen auf Funktionen und Daten schnell und einfach zugreifen. Die Installation von Software auf dem jeweiligen Endgerät sollte dabei so gut wie möglich vermieden werden, gleichzeitig soll das Nutzererlebnis so gut wie nur möglich sein. SAP hat schon früh die Zeichen der Zeit erkannt und gesehen, dass mit ABAP Web Dynpro oder Dynpro nur bedingt auf die neuen Anforderungen des Markts reagiert werden kann. Mit dem *SAP UI Development Toolkit für HTML5*, oder kurz SAPUI5, wurde ein HTML-Framework implementiert, das sich über die Jahre hinweg zu einem echten Konkurrenten für andere Webframeworks gemausert hat. Anwendungen, die mit SAPUI5 entwickelt werden, sind unabhängig von Endgeräten, benötigen lediglich einen Webbrowser und haben somit beim Einsatz eine niedrige Hemmschelle.

Stetige Innovation

Die Jahre haben gezeigt, dass SAP sich bei der Weiterentwicklung von SAPUI5 nicht ausruhen darf und so hat SAP die Schlagzahl bei der Innovation des Frameworks mächtig erhöht. Für Unternehmen ist es nicht leicht, hier schrittzuhalten, gerade nachdem die vorherigen Jahrzehnte nicht von schneller Innovation bei Oberflächentechnologien seitens SAP geprägt waren. Heute, zu Beginn der 2020er-Jahre, ist SAPUI5 aus der SAP Landschaft nicht mehr wegzudenken und stellt de facto den Standard für die Entwicklung von modernen Oberflächen für SAP-Anwendungen dar.

Was ist das Ziel dieses Buches?

Mit diesem Buch möchten wir erreichen, Ihnen einen guten und detaillierten Überblick über das SAPUI5-Framework zu bieten. Anhand vieler Programmbeispiele zeigen wir Ihnen, wie Sie mit SAPUI5 erfolgreich Unternehmensanwendungen implementieren. Wir zeigen Ihnen auch, was hinter den Kulissen des Frameworks passiert und erläutern Ihnen neben dem Framework, wie Ihre Entwicklungsinfrastruktur aussehen kann und soll, damit Sie erfolgreich SAPUI5-Anwendungen entwickeln können. Das Buch ist größtenteils werkzeugagnostisch aufgebaut. Wir erläutert somit nicht, wie Sie mit einem konkreten Werkzeug, wie beispielsweise der SAP Web IDE oder mit Visual Studio Code, Anwendungen mit SAPUI5 entwickeln, sondern haben den Fokus auf das Framework an sich gelegt. Wo es unabdingbar ist, zeigen wir Ihnen aber auch, wie Sie SAPUI5-Anwendungen mit einem bestimmten Werkzeug implementieren.

Zielgruppe dieses Buches

Dieses Buch richtet sich an Softwareentwickler mit oder ohne SAPUI5-Erfahrung, die bereits solide Vorkenntnisse der Techniken zur Entwicklung von Web-Anwendungen besitzen. Das Buch ist auch für technische Berater und Entscheider eine gute Hilfe, um die Zusammenhänge und Möglichkeiten von SAPUI5 zu erlernen. Sie müssen nicht zwingend SAP-Wissen besitzen, es hilft jedoch, die technischen Grundaspekte moderner SAP-Landschaften zu kennen.

Zum Aufbau dieses Buches

Das vorliegende Buch gliedert sich in drei Teile: **Teil I**, »Einführung«, gibt Ihnen eine Einführung in SAPUI5 und ordnet für Sie die wichtigsten Begriffe und Themen rund um SAPUI5 ein. In **Teil II**, »SAPUI5 – Anwendungsentwicklung«, gehen wir auf alle wichtigen Konzepte und Techniken des Frameworks ein und zeigen Ihnen detailliert, wie Sie SAPUI5-Anwendungen aufbauen. Wir geben Ihnen einen tiefergehenden Einblick in die Technologie und zeigen Ihnen neben der Theorie auch den praktischen Einsatz anhand von Programmbeispielen. **Teil III**, »Weiterführende Themen«, gibt Ihnen einen Überblick über weiterführende Themen, die rund um das Thema SAPUI5 und SAPUI5-Entwicklung wichtig sind.

Teil I: Einführung in SAPUI5

Teil I

Kapitel 1, »SAPUI5 – ein Überblick«, gibt Ihnen eine Einführung in die Welt von SAPUI5. Es gibt Aufschluss darüber, warum es SAPUI5 gibt und welchen Stellenwert das Framework mittlerweile bei SAP hat. Es zeigt zudem, wo SAPUI5-Anwendungen eingesetzt werden können und liefert eine Einführung in das Thema SAP Fiori.

Kapitel 2, »Grundlegender Aufbau und Ressourcen«, bringt Ihnen die Grundlagen von SAPUI5 näher. Von der Funktionsweise des Frameworks über dessen Architektur und Bibliotheken bis hin zu Aspekten der Entwicklungs- und Laufzeitumgebung erhalten Sie hier einen ersten Einblick in die zentralen Module und Konzepte, der Sie auf die zahlreichen Detailkapitel vorbereitet.

Teil II: SAPUI5 Anwendungsentwicklung

Kapitel 3, »In 7 Schritten zur ersten eigenen Anwendung«, führt Sie Schritt für Schritt in die Entwicklung einer SAPUI5-Anwendung ein. Wir zeigen Ihnen, wie Sie mit UI5 Tooling die Projektgrundlagen schaffen. An einem praktischen Beispiel zeigen wir Ihnen, wie Sie nach und nach die unterschiedlichen Techniken des SAPUI5-Frameworks praktisch einsetzen und am Ende eine als Komponenten gekapselte Anwendung implementieren. Teil II

Kapitel 4, »Das Bootstrapping«, steht im Zeichen der clientseitigen Laufzeitumgebung. Wir führen Sie in das Bootstrapping der clientseitigen Laufzeitumgebung von SAPUI5 ein. Wir zeigen Ihnen, wie Sie über die Konfiguration des Bootstrapping entsprechend Einfluss auf die Anwendung nehmen können.

Das SAPUI5-Framework besteht aus einer Vielzahl von Klassen und Artefakten, die zur Laufzeit durch das Framework bereitgestellt werden. **Kapitel 5**, »Instanziierung und Lebenszyklus«, gibt Ihnen einen Überblick über den Lebenszyklus der Artefakte und zeigt Ihnen, wie Sie Klassen des Frameworks referenzieren, instanziieren und initialisieren. Wir zeigen Ihnen den Lebenszyklus von Views, Controller, Komponente und Controls und wie Sie ihn beeinflussen können.

Das SAPUI5-Framework bietet eine große Menge an UI-Controls, mit denen es möglich ist, komplexe Anwendungen zu implementieren. **Kapitel 6**, »Benutzeroberflächen und Dialoge gestalten«, gibt Ihnen eine Einführung in die Nutzung der UI-Controls. In Abschnitt 6.1 zeigen wir, wie einfache UI-Controls verwendet werden. In Abschnitt 6.2 stellen wir die Implementierung von Wertehilfen und die Nutzung komplexer UI-Controls vor. Abschnitt 6.3 zeigt Ihnen, wie Sie mithilfe von Fragmenten Anwendungen strukturieren. In Abschnitt 6.4 zeigen wir, wie Sie eigene Dialoge implementieren und im SAPUI5-Framework enthaltene Dialog-Controls nutzen.

Kapitel 7, »Arbeiten mit Layouts«, zeigt Ihnen die Verwendung von Layouts, mit denen Sie die von SAPUI5 gebotenen UI-Controls im kleinen und großen Rahmen zu sinnvollen Gesamtkompositionen anordnen können. Dabei erhalten Sie Einblicke in die Best Practices zur Layoutgestaltung für verschiedene Anwendungsfälle.

Kapitel 8, »Responsive und adaptive Benutzeroberflächen«, führt diese Konzepte einen Schritt weiter und berücksichtigt die Anforderungen von modernen, responsiven Browseranwendungen in Bezug auf ihre Anpassbarkeit und Benutzbarkeit auf verschiedenen Endgeräten und Bildschirmgrößen. Sie erfahren, welche Konzepte Sie anwenden können, um Ihre Anwendungen für einen universellen Einsatz fit zu machen.

Die Wiederverwendung von Bestandteilen einer Anwendung ist ein wichtiges Ziel bei der Anwendungswicklung. Wir zeigen Ihnen in **Kapitel 9**, »Komponentenorientiertes Programmieren«, wie Sie Anwendungsbestandteile als Komponenten kapseln können. Das Kapitel führt Sie in die Entwicklung von Faceless- und Facefull-Komponenten ein.

SAPUI5-Anwendungen benötigten zur Laufzeit viele Informationen über Abhängigkeiten, Backenddienste und andere Konfigurationsaspekte. Diese können im Quelltext direkt oder über eine Manifest-Datei, den sogenannten Applikationsdeskriptor, implementiert werden. **Kapitel 10**, »Anwendungsdeskriptor«, gibt Ihnen eine Einführung in die unterschiedlichen Konfigurationsaspekte des Applikationsdeskriptors von SAPUI5. Wir zeigen Ihnen die wichtigsten Attribute und Konfigurationsobjekte.

Anwendungen bestehen oftmals aus mehreren Seiten oder Komponenten, zwischen denen es zu navigieren und Daten zu übertragen gilt. In **Kapitel 11**, »Routing und Navigation«, zeigen wir Ihnen, wie Sie die Navigation zwischen den Seiten Ihrer Anwendung und das Routing zu eingebetteten Komponenten für verschiedene Szenarien realisieren.

Für ein MVC-Framework wie SAPUI5 spielt die Datenhaltung in Modellen eine sehr wichtige Rolle. **Kapitel 12**, »Arbeiten mit Modellen«, gibt einen Überblick über die unterschiedlichen in SAPUI5 bereitgestellten Modellarten. Es zeigt Ihnen, wie Sie mit Ressource-Modellen sprachunabhängige Anwendungen implementieren und wie JSON-Modelle für die lokale Verarbeitung von Daten verwendet werden. Den Abschluss des Kapitels bietet eine Einführung in die Verwendung von OData-Diensten unter Zuhilfenahme des OData-Modells von SAPUI5.

In **Kapitel 13**, »Sortieren, gruppieren und filtern«, beschreiben wir, welche Möglichkeiten SAPUI5 für das Sortieren, Gruppieren und Filtern von Daten bietet. Das Kapitel zeigt die Verwendung der Klassen des SAPUI5-Frameworks und wie Sie bei der Verwendung von clientseitigen Modellen eigene Sortier- und Gruppierfunktion verwenden können.

Nachdem in Kapitel 12 die grundlegenden Konzepte des OData-Models von SAPUI5 besprochen wurden, führt Sie **Kapitel 14**, »CUDQ mit OData«, in die Implementierung von CUDQ-Konzepten ein. Sie lernen, Objekte über das OData-Modell anzulegen, zu ändern und zu löschen. Darüber hinaus geben wir Ihnen einen Überblick über die Implementierung von Abfragen und die vom Backend bereitgestellten Funktionsimporte.

In einer Zeit, in der Daten das neue Gold sind, ist es wichtig, dass die Datenqualität sehr hoch bleibt. Dies erreichen Sie durch die Validierung von Benutzereingaben und die Prüfung auf Regelhaftigkeit. **Kapitel 15**, »Eingabevalidierung und eigene Datentypen«, zeigt Ihnen das Datentyp-System von SAPUI5 und liefert Ihnen einen Einblick in die Implementierung eigener Datentypen. Sie lernen, wie Sie mit Datentypen und Constraints Benutzereingaben validieren und wie SAPUI5 Sie bei der Validierung unterstützt.

Teil III: Weiterführende Themen

Bewährtes wird gerne immer wieder genutzt. Dies gilt auch für Benutzeroberflächen. SAPUI5 bietet über die sogenannten Smart Controls verschiedene UI-Controls an, die wiederkehrende Anwendungsfälle wie Wertehilfen, Suchen, Formulare oder Listenverarbeitung schnell, effizient und intelligent ermöglichen. In **Kapitel 16**, »Smart Controls«, geben wir Ihnen eine Einführung in die Verwendung der Smart Controls. Wir zeigen Ihnen, wie Sie die Metadaten eines OData-Dienstes nutzen können, um UI-Controls intelligenter zu machen. Teil III

Ganz im Sinne der Wiederverwendung steht auch **Kapitel 17**, »Implementierung eigener Controls«: Sie nutzen die Erweiterbarkeit des SAPUI5-Frameworks, um Ihre Standard-Controls zu erweitern und Ihre wiederverwendbaren Controls zu implementieren. Das Kapitel geht darüber hinaus auf ein neues Konzept zur Erstellung von UI-Controls, die XML Composites, ein.

Kapitel 18, »Eventbasierte Kommunikation mit dem Event Bus«, beleuchtet die Kommunikation zwischen verschiedenen Komponenten einer Anwendung. Mit zunehmender Komplexität möchten Sie Ereignisse und Daten innerhalb der verschiedenen Teile Ihrer Anwendung verteilen und synchronisieren. Der in Kapitel 18 beschriebene Event Bus ermöglicht Ihnen den Aufbau einer ereignisgetriebenen Kommunikationsstruktur.

Kapitel 19, »Drag and Drop«, zeigt Ihnen, wie Sie Drag and Drop verwenden, um Ihre Anwendungen mit einer weiteren Dimension der Bedienung auszustatten. Die von SAPUI5 neu implementierte Bibliothek standardisiert den Datenaustausch über das Ziehen mit der Maus. Kapitel 19 erklärt Ihnen die Grundkonzepte und stellt praktische Anwendungsbeispiele bereit.

Corporate Design und Corporate Identity spielen eine wichtige Rolle. Anwendungen müssen die Farben und Schrittarten der Unternehmensidentität aufgreifen und umsetzen. Mit dem UI Theme Designer bietet SAP ein Werkzeug, mit dem Sie eigene Themes anlegen und implementieren können. **Kapitel 20**, »Theming«, gibt Ihnen eine Einführung in das Werkzeug und zeigt, wie Sie Themes in Ihre SAPUI5-Anwendung integrieren können.

Die Anforderung, qualitativ hochwertige Software zu entwickeln, besteht natürlich auch im Kontext von SAPUI5. Automatisierte Softwaretests sind ein wichtiger Bestandteil in der Umsetzung dieses Anspruchs. **Kapitel 21**,

»Testen von SAPUI5-Anwendungen«, thematisiert in kurzen Zügen die Notwendigkeit der Implementierung von Tests unter Einbeziehung der Test-Pyramide für Web-Frameworks und geht im Weiteren auf die für SAPUI5-Anwendungen relevanten und im SAPUI5-Framework enthaltenen APIs für das Testen ein.

Kapitel 22, »Entwicklungsinfrastruktur«, widmet sich im Detail der Entwicklungsinfrastruktur, die Sie bei der Entwicklung von SAPUI5-Anwendungen aufbauen und nutzen können. Das Kapitel betrachtet die Neuerungen im Setup von SAPUI5-Projekten, darunter das *UI5 Tooling*, Möglichkeiten für die Sourcecodeverwaltung und das Deployment Ihrer Anwendungen.

SAP eilt der Ruf voraus, dass SAP-Anwendungen nicht immer die schnellsten sind. **Kapitel 23**, »Performanceoptimierung und Fehleranalyse«, zeigt Ihnen, mit welchen Tricks Sie Ihren SAPUI5-Anwendungen Beine machen können und wie Sie mit Hilfe der SAP-Diagnostics-Werkzeuge Fehlern und Bremsern auf die Spur kommen. Den Abschluss bildet ein kurzer Überblick über oft auftretende Fehler bei der Implementierung von SAPUI5-Anwendungen und wie Sie diese beheben.

Eine Anwendung wird nur dann zum Erfolg, wenn das Nutzererlebnis positiv besetzt ist. Mit SAP Fiori, der Design Sprache von SAP, bietet SAP ein durchgängiges und klares Konzept für die Gestaltung von Anwendungsoberflächen. **Kapitel 24**, »SAP Fiori«, gibt Ihnen eine Einführung in SAP Fiori. Wir zeigen Ihnen, was ein Floorplan ist und wie Sie mithilfe von Floorplans ein durchgängiges Nutzererlebnis implementieren können. Das Kapitel zeigt Ihnen auch, wie Sie mit der SAP Web IDE schnell und einfach SAPUI5-Anwendungen entwickeln. Im letzten Teil des Kapitels zeigen wir Ihnen, wie Sie mit SAP Fiori Elements Anwendungen erstellen, ohne eine Zeile JavaScript-Code selbst zu schreiben. Im Anschluss konfigurieren Sie das SAP Fiori Launchpad, so dass Ihre Anwendungen als Kacheln im Launchpad angezeigt und genutzt werden können.

Wie können Sie mit diesem Buch praktisch arbeiten?

Zusatzmaterial

Als Handbuch zum Thema SAPUI5 dient dieses Buch zum einen als Nachschlagewerk zu spezifischen Themenkomplexen und ist zum anderen aber so aufgebaut, dass Sie es von der ersten bis zur letzten Seite durcharbeiten können. Auf der Webseite zum Buch *www.sap-press.de/5067* können Sie sich auf der Registerkarte **Materialien** die Coding-Beispiele herunterladen und so Schritt für Schritt die Beispiele aus dem Buch selbst nachvollziehen.

Um Sie auf wichtige Informationen hinzuweisen und Ihnen so die Arbeit mit diesem Buch zu erleichtern, verwenden wir im Text Kästen mit den folgenden Symbolen:

Tipp: Kästen mit diesem Symbol geben Ihnen Empfehlungen zu Einstellungen oder Tipps aus der Berufspraxis. [+]

Hinweis: Dieses Symbol weist Sie auf zusätzliche Informationen oder wichtige Inhalte, die Sie sich merken sollten, hin. [«]

Achtung: Mit diesem Symbol haben wir Warnungen oder Fallen gekennzeichnet. [!]

Danksagung

Wir, die Autoren, wollen vor allem dem Team des Rheinwerk Verlag für die professionelle Arbeit danken. Namentlich erwähnen wollen wir vor allem das zuständige Lektorat: Daniela Kämmerer, die das Buchprojekt auf den Weg gebracht hat und von Anfang an für eine klare Struktur sorgte. Janina Schweitzer, die uns wie immer sehr unterstützt hat, sowie Simone Bechtold, die das Lektorat übernahm. Frau Bechtold hat aus den vielen Seiten Rohtext ein Buch in verständlicher Sprache gezaubert. Vielen Dank!

Natürlich wollen wir uns auch bei unserem Arbeitgeber und unseren Kollegen bei der eXXcellent solutions GmbH bedanken. Die Zusammenarbeit mit den wirklich eXXcellenten Kollegen bringt sehr viel Spaß und erweitert tagtäglich unseren Horizont. Herzlichen Dank!

Michael Englbrecht möchte sich bei seiner Frau Michaela und seinen Kindern Domenik und Sophie bedanken. Wenn man Menschen nach Ihren Hobbys fragt, enthält man oft die Antwort »meine Familie«. Ihr seid weit mehr als ein Hobby, ihr seid Leben. Ihr helft mir, mich nicht in meiner Arbeit zu verlieren, trotz vollem Kopf die Leichtigkeit des Seins zu schätzen. Vielen Dank für Eure Geduld, Rücksichtnahme und all die wunderbaren Stunden. Vielen Dank für alles, ohne Euch wäre mein Leben sehr viel weniger geprägt von Freude, Lust am Leben und davon, einfach mal die Fünfe gerade sein zu lassen. Nochmals explizit Danke an meine Tochter Sophie, die für das Kapitel 23 den Zeichenstift schwang und einer schwertragenden SAPUI5-Schnecke zu einer Fahrt im schnellen Flitzer verhalf.

Andreas Pflugrad möchte sich bei seiner Frau Patricia bedanken, die ihm während der gesamten Zeit des Schreibens den Rücken frei und die »Lästigkeiten des Alltags« fernhielt. Erst hierdurch war es mir möglich, die notwendige Muße und die Freiräume zu erlangen, um meinen Anteil dieses Buches zu Papier zu bringen. Nichts von diesem Aufwand und dem durchaus beträchtlichen Einschnitt in unser beider Privatleben, den ein solches Projekt – bei aller Freude, die das Schreiben mit sich bringt – darstellt, ist im Buch wiederzufinden; und doch trägt ihr unsichtbarer Anteil in demselben Maße zur Realisierung dieses Buches bei, wie meine geschriebenen Zeilen. Hierfür bin ich ihr aus tiefstem Herzen dankbar!

Michael Englbrecht und **Andreas Pflugrad**

TEIL I

Einführung

Kapitel 1
SAPUI5 – ein Überblick

Moderne Benutzeroberflächen sind bei Geschäftsanwendungen von besonderer Bedeutung und werden immer wichtiger. Mit SAPUI5, dem HTML5-Framework von SAP, ist es möglich, SAP-Anwendungen modern, responsiv und adaptiv zu implementieren.

SAP war lange dafür bekannt, dass die über das sogenannte *SAP GUI* zur Verfügung gestellten Anwendungen etwas verstaubt aussahen und langsam oder funktionsüberladen wirkten. SAP musste reagieren und hat mit dem *SAP UI Development Toolkit for HTML5* oder kurz *SAPUI5* ein HTML-Framework geschaffen, mit dem es möglich ist, moderne Applikationen zu entwickeln, die sich für mobile Anwendungsszenarien eignen. In diesem Kapitel geben wir Ihnen eine Einführung in SAPUI5 und seine Entstehung und erläutern Ihnen die wichtigsten Begriffe. Wir stellen Ihnen *SAP Fiori* vor und erläutern den Unterschied zwischen SAP Fiori und SAPUI5. Den Abschluss des Kapitels bildet ein Ausblick darauf, in welchen Szenarien Sie SAPUI5 einsetzen können.

1.1 Was ist SAPUI5?

Tablet und Smartphone sind aus unserem Leben nicht mehr wegzudenken. Gefühlt jeder hat mindestens ein entsprechendes Endgerät mit einer Vielzahl von nativen Anwendungen (*Apps*). Nutzer haben eine Erwartungshaltung entwickelt, wie diese Anwendungen zu bedienen sind. Genau diese Erwartung übertragen sie nun auch auf browserbasierte Anwendungen, und das nicht nur im privaten Kontext, sondern auch in der Arbeitswelt. Es darf keine Rolle spielen, ob eine Anwendung mit dem Browser, auf dem Tablet oder auf dem Smartphone aufgerufen wird, ob im Landscape- oder Portrait-Modus. Anwendungen sollen immer optimal dargestellt und anwendbar sein. Auch Anwendungen von SAP sind von dieser geänderten Erwartungshaltung betroffen, was zur Entwicklung von SAPUI5 führte.

1.1.1 Entstehung und Entwicklung

Die vor der Entwicklung von SAPUI5 verfügbaren Technologien für Benutzeroberflächen (User Interfaces) von SAP waren nicht oder nur bedingt auf unterschiedlichen Endgeräten nutzbar. Die klassischen Benutzeroberflächen des SAP Graphical User Interface (*SAP GUI*), die sogenannten *dynamischen Programme* (*Dynpros*), hatten ebenso wie die webbasierte Variante *Web Dynpro ABAP* mit Problemen zu kämpfen: Die Technologien waren initial nicht für den Browserzugriff über mobile Endgeräte gedacht.

Web Dynpro ABAP erzeugt die HTML-Seite auf der Serverseite. Alle Inhalte einer Website werden an den Client ausgeliefert, und jede Interaktion, die zu neuen Inhalten führt, muss wieder komplett vom Server an den Client übertragen werden. Anwendungen sind durch diesen ständigen Datenaustausch weniger performant. Bei der Entwicklung von SAPUI5 verfolgte SAP die Vision, diese Probleme zu beheben und die führende Benutzererfahrung (*User Experience*) für Geschäftsanwendungen zu werden.

Um die beschriebenen Probleme und Herausforderungen anzugehen, begann SAP 2009 mit der Implementierung eines neuen Benutzeroberflächen-Frameworks. Es trug den Namen *Phoenix*. Der Namen des Frameworks wurde im Sommer 2011 in *SAP UI Development Toolkit for HTML5* oder kurz *SAPUI5* geändert. Der Phönix ist allerdings weiterhin allgegenwärtig bei SAPUI5, da er das Logo von SAPUI5 und OpenUI5 ist.

Wichtige Eigenschaften von SAPUI5

Die Entwickler wollten bei SAPUI5 vieles, was bei anderen Benutzeroberflächen-Frameworks von SAP nicht gut gelöst war, vermeiden und achteten daher bereits beim Design auf einige wichtige Aspekte. Wichtig war ihnen, dass SAPUI5 auf offenen Standards basiert, z. B. *HTML5*. Allerdings wurde der HTML5-Standard zu Beginn nicht von allen Browsern gleich gut implementiert. Daher entschied man sich dafür, SAPUI5 auch auf *jQuery*, einem Standard-Framework für die Web-Entwicklung, aufzubauen. Mittlerweile wird der HTML5-Standard von den meisten Browsern gut unterstützt, so dass SAP die starke Kopplung mit jQuery langsam löst.

Weitere Technologien

Technologien wie *JavaScript* für funktionale Aspekte, *Cascading Style Sheets* (CSS) für das Layout und *OpenAJAX* für die Kommunikation mit REST-Diensten (Representational State Transfer) kommen ebenfalls zum Einsatz. Wichtig war den Entwicklern auch, dass die Programmierschnittstellen von SAPUI5 einfach zu verwenden sind.

Dabei war von zentraler Bedeutung, dass SAPUI5, anders als vorherige Benutzeroberflächentechnologien, nie wieder der Flaschenhals bei der Implementierung einer Anwendung sein sollte. Dies wurde dadurch erreicht, dass jeder Aspekt von SAPUI5 durch die Nutzer erweitert und angepasst werden kann. Bei anderen Benutzeroberflächentechnologien von SAP war dies nicht möglich, wodurch viele von den Anwendern gewünschte Funktionalitäten nicht oder nicht so wie gewünscht umgesetzt werden konnten.

1.1.2 Dokumentation und Ressourcen

Dokumentation

SAP bietet für SAPUI5 eine sehr gute Dokumentation an. Sie ist frei über *https://ui5.sap.com* erreichbar. Die Website von SAPUI5 enthält nicht nur die Information zur aktuellsten Version, sondern auch zu Vorgängerversionen bis zurück zu Version 1.22.5 (siehe Abbildung 1.1). Sie können über die Schaltfläche **Change version** zur Dokumentation der jeweiligen Version wechseln.

Der Inhalt der Website gliedert sich im Wesentlichen in fünf Bereiche:

- Der Bereich **Documentation** liefert einen sehr guten Einblick in die Nutzung des Frameworks und darin, wie Sie Anwendungen implementieren.
- Über den Eintrag **API Reference** erhalten Sie Zugriff auf die gesamten öffentlichen Programmierschnittstellen (*Application Programming Interfaces*, APIs). Die Website ist eine wichtige Informationsquelle, um sich die SAPUI5-Klassen und ihren Funktionsumfang genauer anzuschauen.

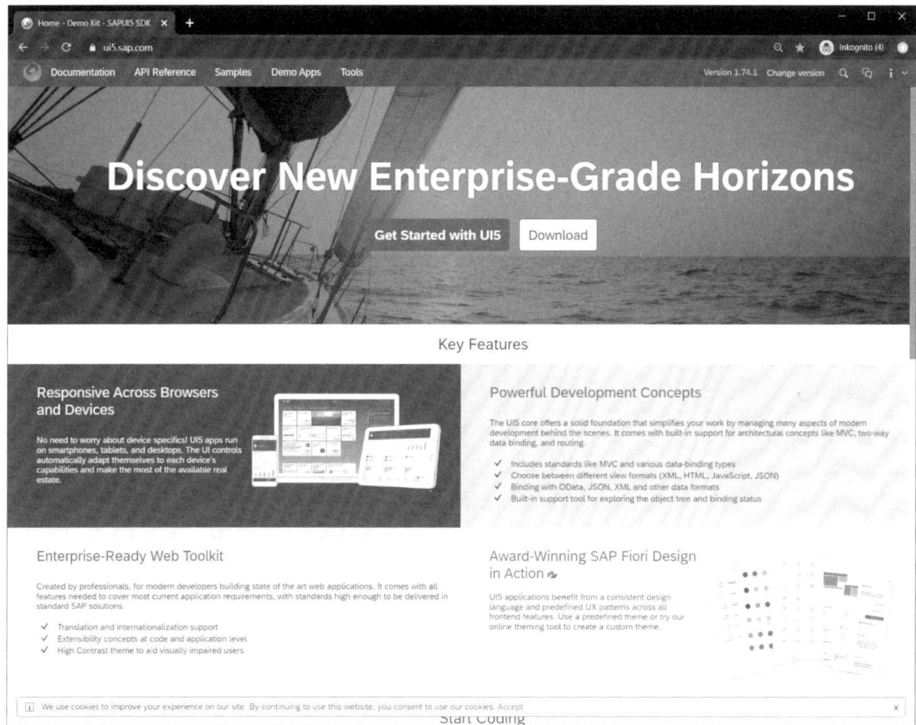

Abbildung 1.1 SAPUI5-Dokumentation im Internet

- Der Bereich **Samples** enthält für fast jedes UI-Control mindestens ein Beispiel für die Verwendung.
- Neben den eher einfacher gestalteten Beispielen im Bereich **Samples** erhalten Sie über einen Klick auf **Demos** Zugriff auf komplexere Beispielanwendungen. Sie können die Anwendungen in Aktion erleben oder die Implementierung direkt auf Ihren Rechner laden, um den Quelltext zu analysieren und Codefragmente für Ihre eigenen Implementierungen zu nutzen.
- Der letzte Navigationspunkt ist der Bereich **Tools**. Er informiert über die Werkzeuge, die SAPUI5-Entwicklern zur Verfügung stehen.

Abbildung 1.2 zeigt den Aufbau des Samples-Bereichs. Im rechten Bereich sehen Sie unterschiedliche Ausprägungen, wie ein Button eingesetzt werden kann. In diesen Beispielen können Sie über die Schaltfläche **API Reference** zu der API-Dokumentation des UI-Controls navigieren.

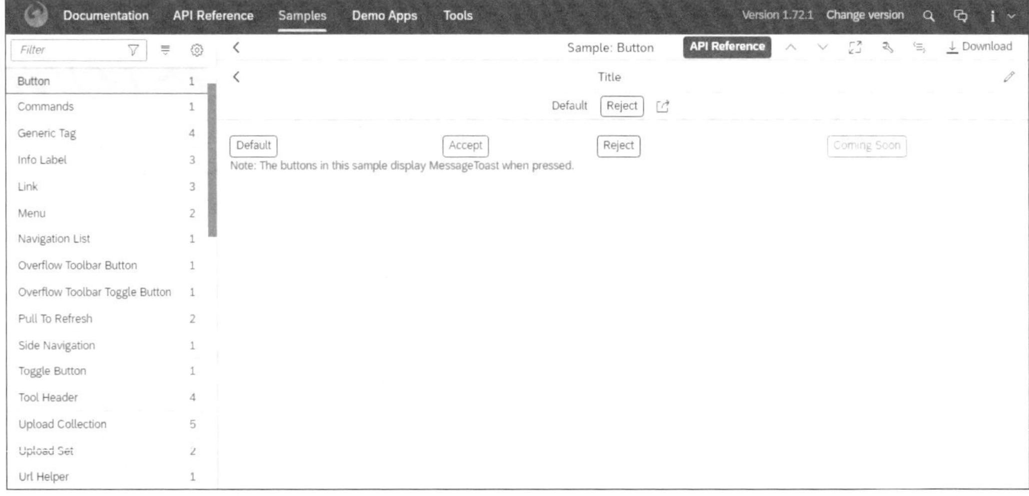

Abbildung 1.2 Der SAPUI5-Button in Aktion

SAPUI5 Flexibility Services

Weitere interessante Funktionen verbergen sich hinter dem Schraubenschlüssel-Symbol (). Durch einen Klick darauf starten Sie eine Demo der *SAPUI5 Flexibility Services*. Mit diesen Services können Sie SAPUI5-Anwendungen ohne Programmierung an Ihre eigenen Bedürfnisse anpassen. Sie können UI-Controls auf der Benutzeroberfläche verschieben und aus- oder einblenden.

Neben dem Schraubenschlüssel-Symbol finden Sie das Symbol . Durch einen Klick darauf wechseln Sie in den Quelltext des aktuell dargestellten Beispiels. So müssen Sie bei Ihrer eigenen Implementierung nicht immer von

Null starten, sondern können Codefragmente aus den Beispielen nutzen und an Ihre eigenen Bedürfnisse anpassen.

Abbildung 1.3 zeigt die im Bereich **Tools** vorgestellten Werkzeuge, die SAP aktuell zur Verfügung stellt. Wir gehen an dieser Stelle nur auf ein paar dieser Werkzeuge ein, einige werden wir im Verlauf dieses Buchs noch näher beschreiben.

Tools

Die *SAP Web IDE* ist eine Entwicklungsumgebung, die SAP auf der *SAP Cloud Platform* (SCP) als Service anbietet. Um die Umgebung für produktive Zwecke nutzen zu können, müssen Sie eine entsprechende *Subscription*, d. h. eine Lizenz im Abonnement-Modell, erwerben. Wir gehen in Kapitel 24, »SAP Fiori«, auf die Verwendung der SAP Web IDE näher ein.

Bei dem *UI Theme Designer* handelt sich um ein Werkzeug, mit dem Sie sogenannte *Themes* erstellen können. Über ein Theme können Sie das Layout und die Darstellungsform einer SAPUI5-Anwendung z. B. an das Corporate Design Ihres Unternehmens anpassen. In Kapitel 20, »Theming«, geben wir Ihnen eine Einführung die Arbeit mit dem UI Theme Designer.

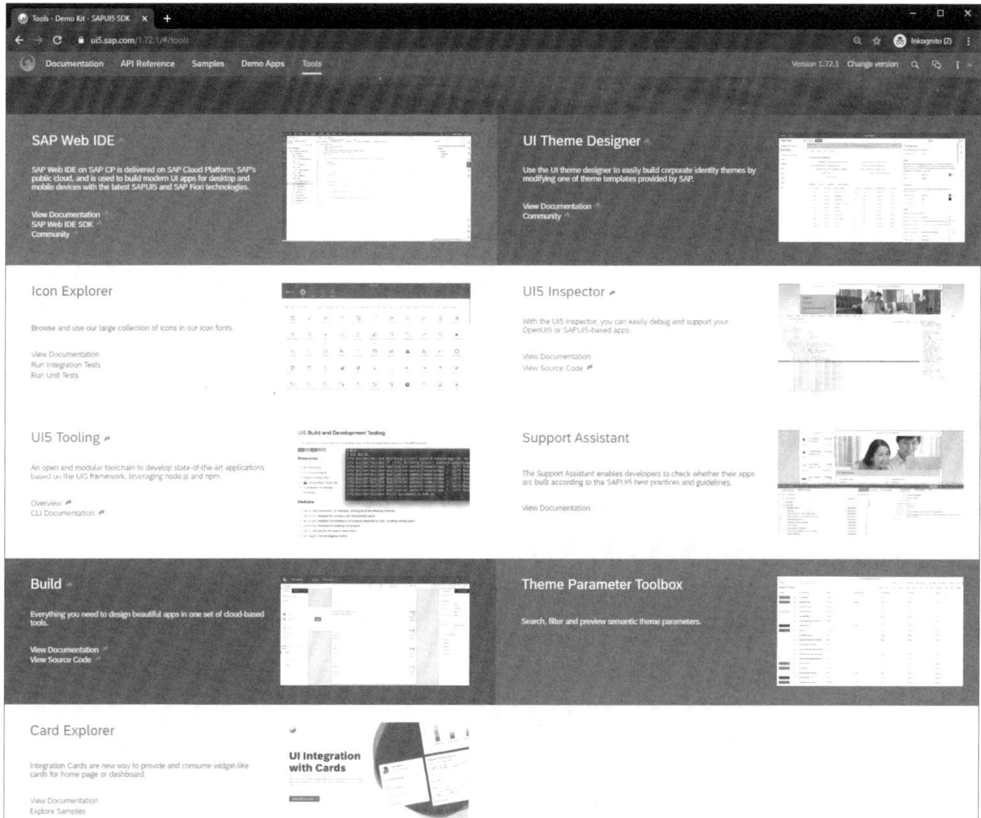

Abbildung 1.3 Übersicht über die Werkzeuge

Die Schaltfläche **Icon Explorer** bietet Ihnen Zugriff auf die Icon-Sammlung von SAPUI5. Wie gewohnt bietet SAP eine Vielzahl von Icons an, die Sie in Anwendungen verwenden können. Das Besondere an den hier angebotenen Icons ist, dass es sich nicht um Bilder, sondern um Fonts handelt. Dies hat den Vorteil, dass die Icons unabhängig von der Auflösung des Endgeräts immer sauber und klar dargestellt werden. Bei Bildern könnte es durch die Skalierung auf einem großen Endgerät zu einer unscharfen Darstellung kommen.

1.1.3 Wichtige Begriffe

SAPUI5 ist ein HTML5-Framework, das mit JavaScript implementiert ist. Um die unterschiedlichen Artefakte des Frameworks sauber zu strukturieren, werden sogenannte *Module* implementiert.

Module

Ein Modul ist eine JavaScript-Datei, die in einem Browser geladen und ausgeführt werden kann. Der Inhalt eines Moduls obliegt dem Entwickler. Ziel der Modularisierung ist es, zusammengehörige Aspekte zu kapseln. So werden Module verwendet, um beispielsweise Klassen oder Namensräume zu implementieren oder Funktionen zusammenzufassen.

Module tragen einen eindeutigen Namen, über den sie angesprochen werden können. Um eine bessere Strukturierung zu erreichen, werden Module in SAPUI5 in *Namensräumen* definiert, z. B. `sap.m`. Dieser Namensraum enthält alle Benutzeroberflächenelemente (*UI-Controls*), die sowohl für den Desktop als auch für mobile Endgeräte verwendet werden können. Ein Modul innerhalb des Namensraums `sap.m` wäre beispielsweise die Implementierung des UI-Controls `sap.m.Button`.

Model-View-Controller

SAPUI5 implementiert das *Model-View-Controller*-Pattern (MVC). Abbildung 1.4 zeigt das Zusammenspiel zwischen den drei Akteuren des MVC.

Modelle

Die *Modelle* in diesem Dreiklang dienen zur Haltung von Daten. Diese können von einem Server geladen werden oder lokal definiert sein. Es sind vier verschiedene Modellarten in SAPUI5 definiert:

- das *JSON-Modell*
- das *XML-Modell*
- das *OData-Modell* (aktuell in zwei Implementierungsvarianten)
- das *Ressourcenmodell* für Internationalisierung

View

Die *View* implementiert die visuellen Aspekte. Die Daten aus dem Modell können über die sogenannte *Datenbindung* (Data-Binding) mit den Oberflächenelementen in der View verbunden und somit dargestellt oder modifiziert werden. Damit Änderungen im Datenmodell direkt nach der Benutzereingabe passieren, wird das sogenannte *Two-Way-Binding* verwendet.

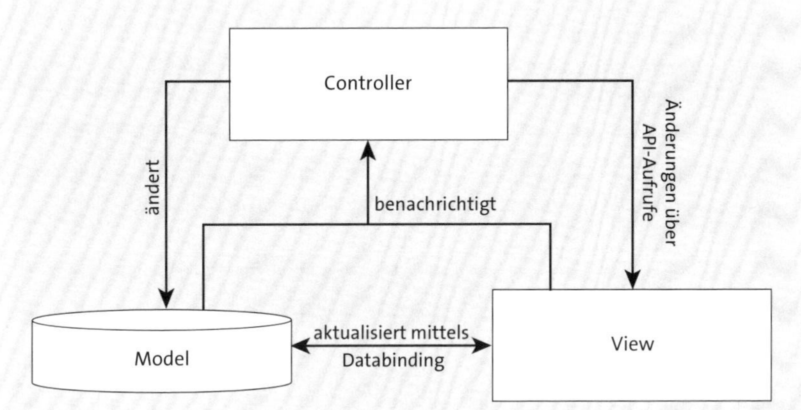

Abbildung 1.4 Model-View-Controller-Paradigma von SAPUI5

Controller

Der *Controller* wiederum reagiert auf Events, die durch Benutzerinteraktion auf der View oder anderweitig ausgelöst werden. Er ändert das Model und auch die View entsprechend.

Controls

SAPUI5 bietet für den Aufbau der Benutzeroberfläche eine Vielzahl von Darstellungselementen an. Eine Art von Darstellungselement ist das *Control*, also beispielsweise ein Button, eine Checkbox oder eine Tabelle. Controls besitzen *Eigenschaften* und können *Events* auslösen. Jede Eigenschaft hat einen Namen und einen Typ. Ein *Typ* kann beispielsweise eine boolesche Variable oder ein String sein. Über das Setzen einer Eigenschaft ändern Sie das Verhalten oder das Aussehen eines Controls. Ein Button hat beispielsweise die Eigenschaft `text`, die vom Typ `String` ist. Durch das Setzen einer Eigenschaft ändern Sie den Text, der auf dem Button angezeigt wird. Abbildung 1.5 zeigt die Eigenschaften des UI-Controls `sap.m.Button`.

Wie Sie sehen, besitzen manche Eigenschaften neben einem Typ zusätzlich einen Defaultwert, der standardmäßig gesetzt wird. UI-Controls haben standardmäßig als Basisklasse die Klasse `sap.ui.core.Control`, die wiederum von der Klasse `sap.ui.core.Element` erbt.

Jedes UI-Control in SAPUI5 besteht aus mehreren Teilen. Durch die Implementierung des Controls werden die Eigenschaften, Events, Methoden und Ähnliches durch den Entwickler definiert. Die Aspekte werden später durch den Nutzer des Controls in der View oder im Controller verwendet.

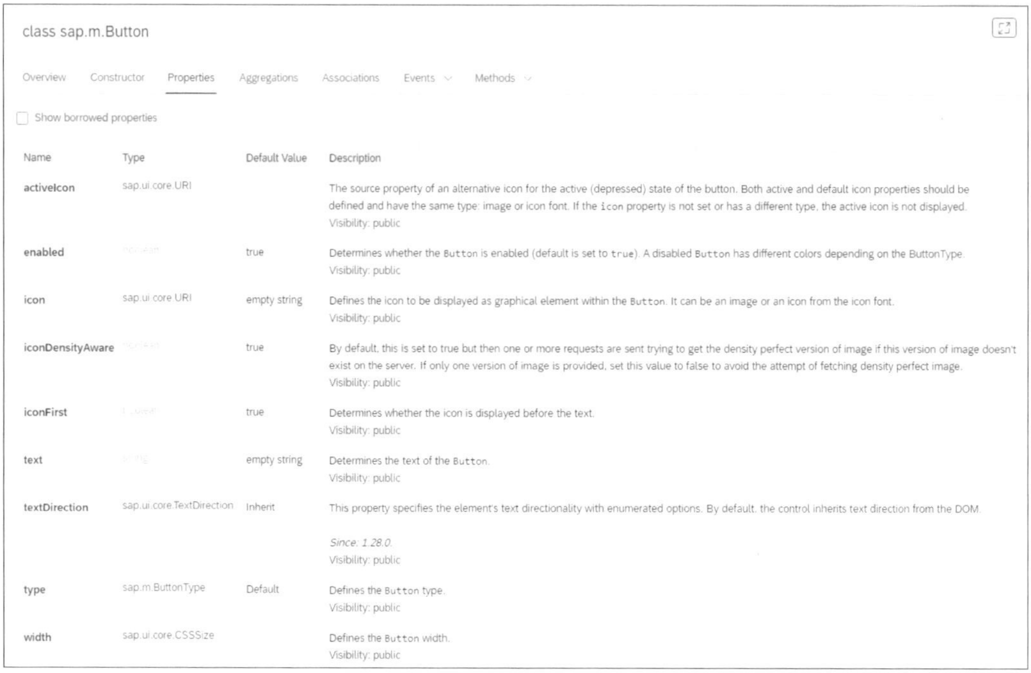

class sap.m.Button

Overview Constructor Properties Aggregations Associations Events Methods

Show borrowed properties

Name	Type	Default Value	Description
activeIcon	sap.ui.core.URI		The source property of an alternative icon for the active (depressed) state of the button. Both active and default icon properties should be defined and have the same type: image or icon font. If the `icon` property is not set or has a different type, the active icon is not displayed. Visibility: public
enabled	[illegible]	true	Determines whether the `Button` is enabled (default is set to `true`). A disabled `Button` has different colors depending on the ButtonType. Visibility: public
icon	sap.ui.core.URI	empty string	Defines the icon to be displayed as graphical element within the `Button`. It can be an image or an icon from the icon font. Visibility: public
iconDensityAware	[illegible]	true	By default, this is set to true but then one or more requests are sent trying to get the density perfect version of image if this version of image doesn't exist on the server. If only one version of image is provided, set this value to false to avoid the attempt of fetching density perfect image. Visibility: public
iconFirst	[illegible]	true	Determines whether the icon is displayed before the text. Visibility: public
text	[illegible]	empty string	Determines the text of the `Button`. Visibility: public
textDirection	sap.ui.core.TextDirection	Inherit	This property specifies the element's text directionality with enumerated options. By default, the control inherits text direction from the DOM. *Since: 1.28.0.* Visibility: public
type	sap.m.ButtonType	Default	Defines the `Button` type. Visibility: public
width	sap.ui.core.CSSSize		Defines the `Button` width. Visibility: public

Abbildung 1.5 Auszug aus der API-Dokumentation des Controls »sap.m.Button«

Damit ein Control im Browser dargestellt werden kann, benötigen Sie HTML-Code. Dieser HTML-Code wird durch einen sogenannten *Renderer* erzeugt. Er setzt den Code zur Laufzeit um, der durch den Anwendungsentwickler im Rahmen seiner Implementierung programmiert wurde.

Einfache und komplexe Controls

Grundsätzlich werden zwei Arten von Controls unterschieden. Es gibt *einfache* und *komplexe Controls*: Komplexe Controls sind Controls, die mehr als einen Inhaltsbereich haben. Man kann sagen, sie besitzen *Kinder*, die in einem Container des Controls enthalten sind. Die Container werden als *Aggregation* bezeichnet. Sie haben einen Bezeichner und sind entsprechend typisiert.

Abbildung 1.6 zeigt die Aggregationen des UI-Controls `sap.m.Table`. Das Control besitzt beispielsweise eine Aggregation mit dem Namen `columns`. Die Aggregation `columns` nimmt Objekte vom Typ `sap.m.Column` entgegen und stellt sie zur Laufzeit als Spalten einer Tabelle dar.

Element

Die Klasse `sap.m.Column` stellt dabei eine weitere Besonderheit von SAPUI5 dar: `sap.m.Column` ist kein Control, sondern ein sogenanntes *Element*. Elemente unterscheiden sich von Controls dahingehend, dass sie keinen Renderer benötigen. Man könnte also sagen, ein Element weiß nicht, wie es visualisiert wird. Es wird immer über das Control dargestellt, in das es über eine Aggregation eingebettet ist. Damit ist ein Element nicht für sich allein verwendbar. Ein Element leitet sich von `sap.ui.core.Element` ab.

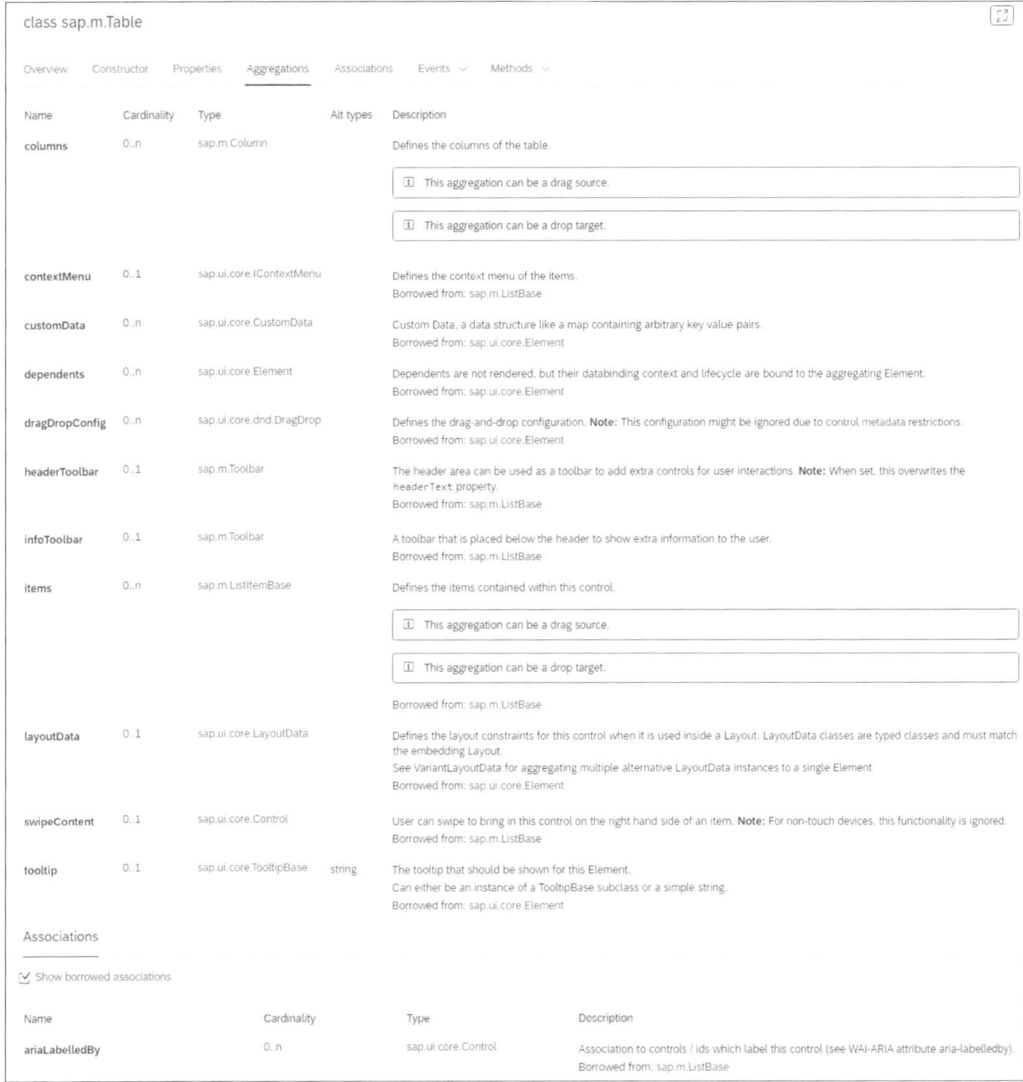

class sap.m.Table

Overview | Constructor | Properties | Aggregations | Associations | Events | Methods

Name	Cardinality	Type	Alt types	Description
columns	0..n	sap.m.Column		Defines the columns of the table. This aggregation can be a drag source. This aggregation can be a drop target.
contextMenu	0..1	sap.ui.core.IContextMenu		Defines the context menu of the items. Borrowed from: sap.m.ListBase
customData	0..n	sap.ui.core.CustomData		Custom Data, a data structure like a map containing arbitrary key value pairs. Borrowed from: sap.ui.core.Element
dependents	0..n	sap.ui.core.Element		Dependents are not rendered, but their databinding context and lifecycle are bound to the aggregating Element. Borrowed from: sap.ui.core.Element
dragDropConfig	0..n	sap.ui.core.dnd.DragDrop		Defines the drag-and-drop configuration. **Note:** This configuration might be ignored due to control metadata restrictions. Borrowed from: sap.ui.core.Element
headerToolbar	0..1	sap.m.Toolbar		The header area can be used as a toolbar to add extra controls for user interactions. **Note:** When set, this overwrites the `headerText` property. Borrowed from: sap.m.ListBase
infoToolbar	0..1	sap.m.Toolbar		A toolbar that is placed below the header to show extra information to the user. Borrowed from: sap.m.ListBase
items	0..n	sap.m.ListItemBase		Defines the items contained within this control. This aggregation can be a drag source. This aggregation can be a drop target. Borrowed from: sap.m.ListBase
layoutData	0..1	sap.ui.core.LayoutData		Defines the layout constraints for this control when it is used inside a Layout. LayoutData classes are typed classes and must match the embedding Layout. See VariantLayoutData for aggregating multiple alternative LayoutData instances to a single Element. Borrowed from: sap.ui.core.Element
swipeContent	0..1	sap.ui.core.Control		User can swipe to bring in this control on the right hand side of an item. **Note:** For non-touch devices, this functionality is ignored. Borrowed from: sap.m.ListBase
tooltip	0..1	sap.ui.core.TooltipBase	string	The tooltip that should be shown for this Element. Can either be an instance of a TooltipBase subclass or a simple string. Borrowed from: sap.ui.core.Element

Associations

Show borrowed associations

Name	Cardinality	Type	Description
ariaLabelledBy	0..n	sap.ui.core.Control	Association to controls / ids which label this control (see WAI-ARIA attribute aria-labelledby). Borrowed from: sap.m.ListBase

Abbildung 1.6 API-Dokumentation des Controls »sap.m.Table«

1.1.4 SAPUI5 versus OpenUI5

SAP stand bis vor wenigen Jahren in dem Ruf, lieber ein Geheimnis um ihre Technologien und Frameworks zu machen, als anderen einen Einblick oder gar die Gelegenheit zur Mitarbeit zu ermöglichen. Dies hat sich in den letzten Jahren stark geändert, was sich auch in SAPUI5 zeigt.

SAPUI5 startete als proprietäres HTML-Framework aus dem Hause SAP, was sich im Jahre 2013 jedoch änderte. Weite Teile wurden Open Source und firmieren unter dem Namen *OpenUI5*. Neben wenigen fehlenden UI-Controls ist wohl der wichtigste Unterschied zwischen den beiden Produkten die Lizenz. OpenUI5 wird unter der Apache-2.0-Lizenz veröffentlicht. Seit 2014 können auch Nicht-SAP-Entwickler zur Entwicklung von OpenUI5 beitragen. Unter *https://openui5.org/* erhalten Sie Informationen über das Projekt und erfahren, wie Sie daran mitarbeiten können (siehe Abbildung 1.7).

Abbildung 1.7 Die Website von OpenUI5

SAPUI5 hingegen wird nicht unter einer separaten Lizenz zur Verfügung gestellt. Die Lizenzierung erfolgt implizit über SAP-Produkte, so zum Beispiel über die SAP Cloud Platform, SAP NetWeaver oder SAP HANA. Dies bedeutet auch, dass Sie SAPUI5 nicht verwenden dürfen, falls Sie keines dieser Produkte im Einsatz haben.

1.1.5 Versionen und Wartung

Öffentliche und private API

SAPUI5 unterliegt einer starken Evolution. Das Framework wird ständig weiterentwickelt und mit neuen Controls und Funktionen ausgestattet. SAP achtet darauf, dass SAPUI5 abwärtskompatibel und damit investitionssicher bleibt. Diese Abwärtskomptabilität betrifft allerdings nur Funktionen der *öffentlichen API*, also jenen Teil, der in der API-Referenz dokumentiert und einsehbar ist. SAPUI5 verfügt zusätzlich über eine *private API*. Die private API umfasst Funktionen, die lediglich innerhalb von SAPUI5 verwendet werden. Das zur Laufzeit generierte HTML ist Bestandteil der privaten API.

Die private API kann von SAP von einer Version auf die nächste geändert werden, was normalerweise kein Problem darstellt, da die Funktionen lediglich intern genutzt werden. Ein Problem ergibt sich dann, wenn Sie die Funktionen in Ihrer Anwendung direkt aufrufen, weswegen wir Ihnen davon abraten.

Versionsnummern

SAPUI5-Versionen werden mittels einer Versionsnummer bezeichnet, die aus drei durch Punkte getrennten Zahlen besteht, also beispielsweise 1.71.1.

- Die Zahl vor dem ersten Punkt (hier 1) gibt die Releasenummer an. Es handelt sich dabei um das sogenannte *Major Release*.
- Die zweite Zahl (hier 71) gibt das *Minor Release* an. Sie ist im Grunde die Versionsnummer.
- Die letzte Zahl gibt die Nummer des Patches an.

Auslieferung neuer Versionen

SAP liefert jeden Monat eine neue Version aus, die direkt produktiv eingesetzt werden kann. Allerdings sind die folgenden Bereitstellungsregeln zu beachten:

- Die SAP Cloud Platform verfügt immer über die aktuellste SAPUI5-Version.
- Für den SAP NetWeaver Application Server (AS) ABAP werden über die Komponente SAP_UI lediglich zwei Versionen pro Jahr bereitgestellt.

Support und Wartung

Auf beiden Plattformen wird pro Jahr eine Version mit Langzeitsupport bereitgestellt. SAPUI5-Versionen, für die kein Langzeitsupport angeboten wird, unterliegen auch keiner Wartung. Unter der URL *https://ui5.sap.com/versionoverview.html* erhalten Sie eine Übersicht über die aktuell verfügbaren Versionen und die Information, ob es einen Langzeitsupport gibt (siehe Abbildung 1.8).

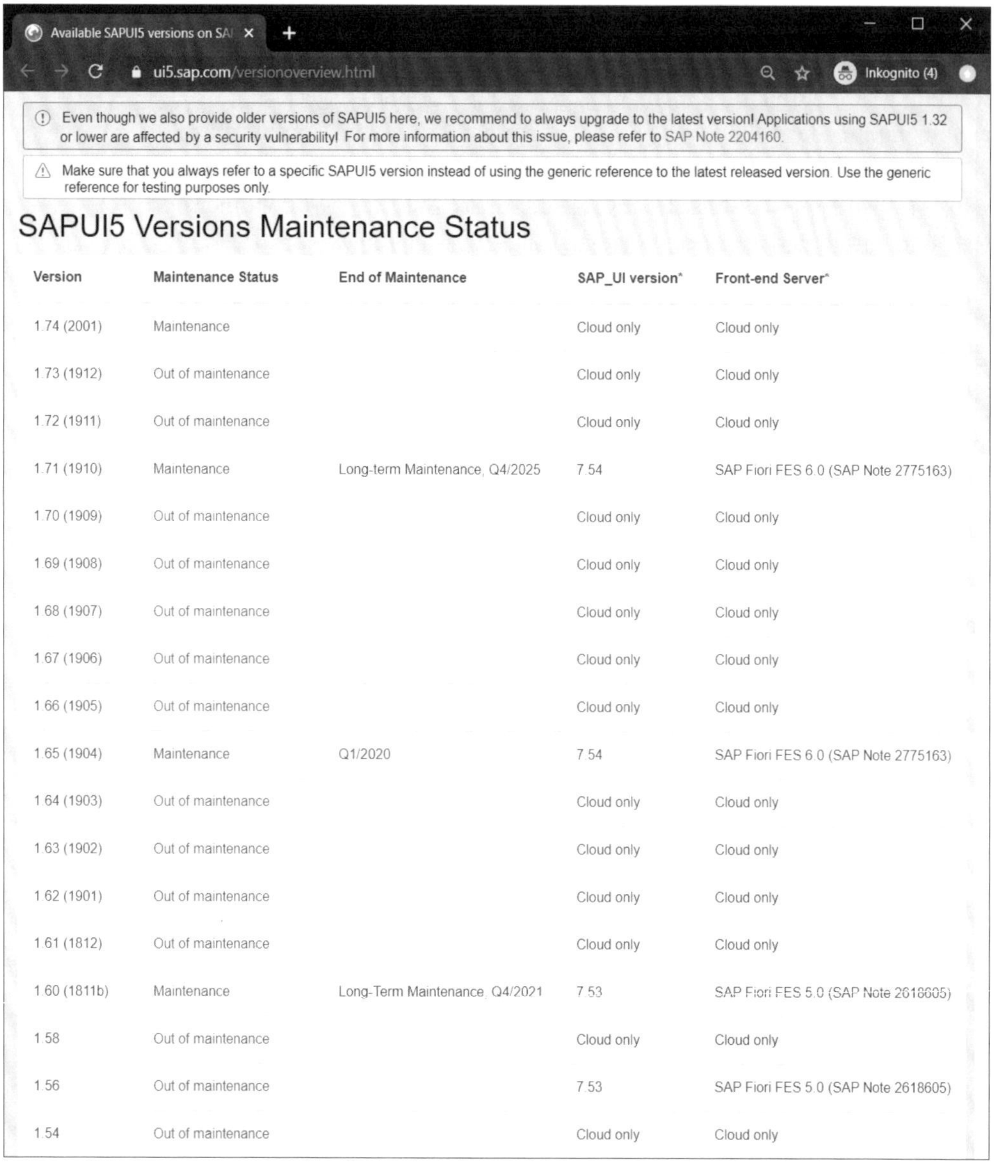

Available SAPUI5 versions on SA ×
ui5.sap.com/versionoverview.html
Inkognito (4)

Even though we also provide older versions of SAPUI5 here, we recommend to always upgrade to the latest version! Applications using SAPUI5 1.32 or lower are affected by a security vulnerability! For more information about this issue, please refer to SAP Note 2204160.

Make sure that you always refer to a specific SAPUI5 version instead of using the generic reference to the latest released version. Use the generic reference for testing purposes only.

SAPUI5 Versions Maintenance Status

Version	Maintenance Status	End of Maintenance	SAP_UI version*	Front-end Server*
1.74 (2001)	Maintenance		Cloud only	Cloud only
1.73 (1912)	Out of maintenance		Cloud only	Cloud only
1.72 (1911)	Out of maintenance		Cloud only	Cloud only
1.71 (1910)	Maintenance	Long-term Maintenance, Q4/2025	7.54	SAP Fiori FES 6.0 (SAP Note 2775163)
1.70 (1909)	Out of maintenance		Cloud only	Cloud only
1.69 (1908)	Out of maintenance		Cloud only	Cloud only
1.68 (1907)	Out of maintenance		Cloud only	Cloud only
1.67 (1906)	Out of maintenance		Cloud only	Cloud only
1.66 (1905)	Out of maintenance		Cloud only	Cloud only
1.65 (1904)	Maintenance	Q1/2020	7.54	SAP Fiori FES 6.0 (SAP Note 2775163)
1.64 (1903)	Out of maintenance		Cloud only	Cloud only
1.63 (1902)	Out of maintenance		Cloud only	Cloud only
1.62 (1901)	Out of maintenance		Cloud only	Cloud only
1.61 (1812)	Out of maintenance		Cloud only	Cloud only
1.60 (1811b)	Maintenance	Long-Term Maintenance, Q4/2021	7.53	SAP Fiori FES 5.0 (SAP Note 2618605)
1.58	Out of maintenance		Cloud only	Cloud only
1.56	Out of maintenance		7.53	SAP Fiori FES 5.0 (SAP Note 2618605)
1.54	Out of maintenance		Cloud only	Cloud only

Abbildung 1.8 Übersicht über die Versionen und deren Wartungsstatus

1.1.6 SAP Fiori

Designsprache für SAP-Anwendungen

SAP war bis vor einigen Jahren nicht dafür bekannt, dass die Produkte ein einheitliches Benutzeroberflächen-Design besaßen. Benutzeroberflächen der verschiedenen Module, sei es in der Materialverwaltung (MM) oder im Customer Service (CS), sahen unterschiedlich aus, und sogar innerhalb eines Moduls gab es kein einheitliches Oberflächendesign. Anwender sind es aus dem privaten Umfeld allerdings mittlerweile gewohnt, dass Anwendungen auf allen Endgeräten ein einheitliches Nutzererlebnis, also eine durchgängige User Experience, bieten. SAP entschloss sich daher, das Oberflächenkonzept zu überdenken, und begann, für SAPUI5-Anwendungen eine Designsprache zu definieren. Diese Sprache heißt *SAP Fiori* und wird in den *SAP Fiori Design Guidelines* beschrieben.

Floorplans

SAP Fiori beschreibt Regeln, wie Anwendungsoberflächen aussehen sollen. Hierzu werden sogenannte *Floorplans* beschrieben. Ein Floorplan ist nichts anderes als ein Benutzeroberflächen-Pattern. Es definiert, welche Controls verwendet und wo sie platziert werden dürfen. Durch diese Floorplans entsteht eine einheitliche Benutzeroberfläche.

Weitere SAP-Fiori-Technologien

SAP bietet die SAP-Fiori-Designsprache mittlerweile nicht mehr nur für Web Anwendungen an, die mit SAPUI5 implementiert werden, sondern auch für Android, iOS und für Conversational UX. Unter der URL *https://experience.sap.com/fiori-design/* erhalten Sie weiterführende Informationen zu den SAP Fiori Design Guidelines (siehe Abbildung 1.9). Kapitel 24, »SAP Fiori«, bietet zudem eine Einführung in SAP Fiori und zeigt Ihnen, wie Sie SAP-Fiori-Anwendungen implementieren.

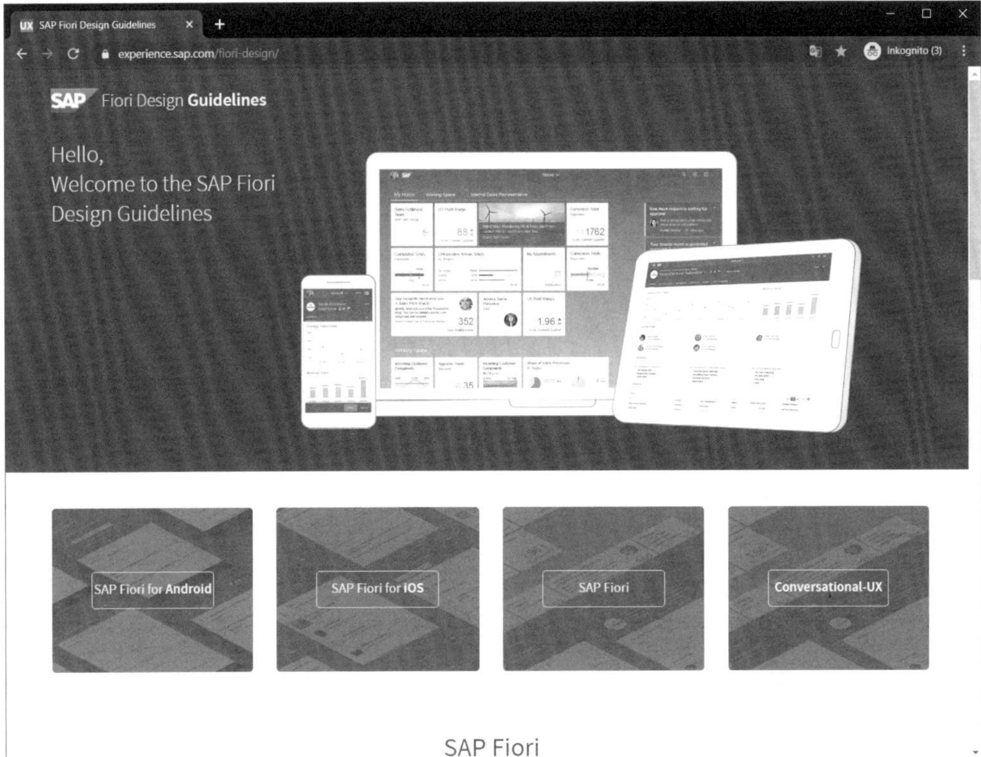

Abbildung 1.9 Die SAP Fiori Guidelines

SAP Fiori für SAPUI5-basierte Anwendungen gibt es aktuell in der Version 3, man spricht daher auch von *SAP Fiori 3*. Ziel von SAP Fiori 3 ist es, das Oberflächendesign entsprechend dem Regelwerk von SAP Fiori in allen Produkten zu implementieren.

SAP Fiori Reference Library

SAP bietet zurzeit (Stand Juni 2020) 11.973 SAP-Fiori-Anwendungen an. Eine Übersicht erhalten Sie über die sogenannte *SAP Fiori Reference Library* unter *https://fioriappslibrary.hana.ondemand.com/sap/fix/externalViewer/* (siehe Abbildung 1.10). Beachten Sie, dass nicht alle dort gelisteten Anwendungen mit SAPUI5 implementiert wurden. Viele Anwendungen basieren noch auf Web Dynpro ABAP oder sind sogar SAP-Transaktionen, die über SAP GUI for HTML über den Browser aufgerufen werden.

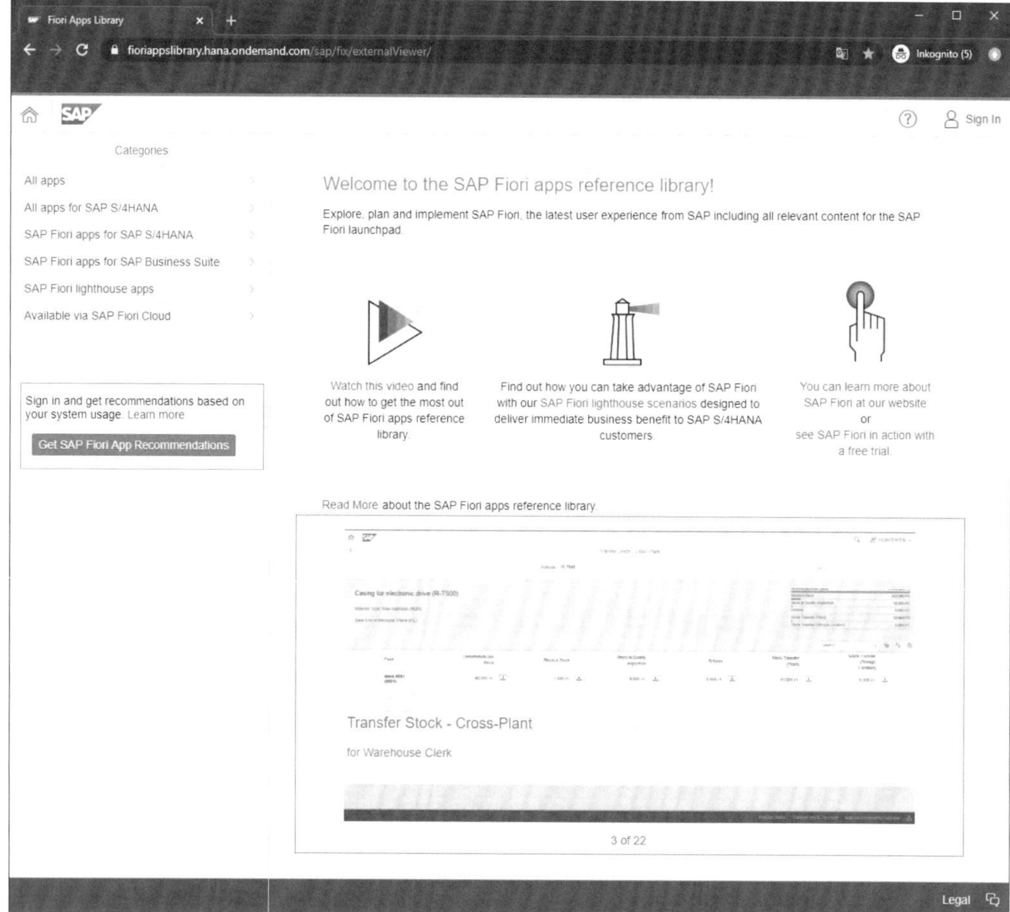

Abbildung 1.10 Die SAP Fiori Reference Library

SAP Fiori vs. Freestyle

Mit SAPUI5 können Sie nicht nur SAP-Fiori-Anwendungen implementieren. Sie haben auch die Möglichkeit, Ihre Anwendungen völlig losgelöst von dem Regelwerk zu erstellen. Man spricht dann von einer *Freestyle-App*. Grundsätzlich sollten Sie sich Gedanken darüber machen, welches Design Sie im Unternehmen verwenden möchten. Auch wenn Sie sich gegen SAP Fiori entscheiden, sollten Sie darüber nachdenken, ein durchgängiges Designkonzept umzusetzen, da es die Produktivität steigern und Fehlersituationen vermeiden kann.

1.2 Anwendungsfälle

SAPUI5 ist für SAP das Framework der Gegenwart und der Zukunft, da die Einsatzmöglichkeiten sehr vielfältig sind. Der große Vorteil ist, dass es auf allen Endgeräte-Typen genutzt werden kann. Im Folgenden möchten wir Ihnen einige Anwendungsfälle vorstellen.

1.2.1 HR-Anwendungen

Personalwesen

Mitarbeiter sind ein hohes Gut in Unternehmen, daher ist es wichtig, die Dienste für Mitarbeiter so zu gestalten, dass sie bei der Verwendung der Dienste ein positives Nutzererlebnis haben. Urlaubsanträge, Krankmeldungen, Lohn- und Gehaltsinformationen oder auch Neuigkeiten im Unternehmen müssen auf allen Endgeräten nutz- und konsumierbar sein. Hier leistet SAPUI5 gute Dienste, da das Framework für eine einheitliche Darstellung und leichte Benutzbarkeit sorgt. Hierdurch können digitale Dienste, die den Mitarbeitern im Unternehmen durch die Personalabteilung (Human Resources, HR) bereitgestellt werden, einen echten Mehrwert bieten.

1.2.2 Fertigung und Montage

Produktion

Ein weiteres Einsatzszenario ist die Fertigung und Montage von Maschinen. Bei der Fertigung kann der Mitarbeiter am Band (Werker) an seinem Arbeitsplatz (Takt) über ein Terminal verschiedene Informationen über den aktuell zu bearbeitenden Auftrag einsehen. Über UI-Controls wie den Planungskalender können Arbeiten per Drag and Drop Mitarbeitern zugewiesen werden.

1.2.3 Analytische Anwendungen

Datenanalyse

In Unternehmen fallen Unmengen an Informationen an. Mitarbeiter benötigen jedoch meist nur einen Überblick über die wichtigsten Informationen und Kennzahlen. Hierfür bietet SAPUI5 als Frontendtechnologie kombiniert mit SAP S/4HANA im Backend eine mächtige Möglichkeit, analytische

Anwendungen zu implementieren. Mit SAPUI5 können Sie analytische Anwendungen implementieren, die die wichtigsten Daten in einer übersichtlichen Form, z. B. in einer Liste, darstellen. Der Nutzer kann die Daten in der Liste über Filter einschränken oder über die Navigation tiefer in die Informationslandschaft eintauchen.

1.2.4 Visualisierung von IoT-Daten

Die SAP Cloud Platform und die dort zur Verfügung stehenden Dienste sowie SAP HANA eignen sich hervorragend für die Verarbeitung und Analyse großer Datenmengen. Hierzu gehören beispielsweise Sensordaten aus der Produktion, von Haushalten oder in städtischen Infrastrukturen – also Daten aus dem *Internet of Things* (IoT), die über entsprechende Plattformen gesammelt werden. Abbildung 1.11 zeigt die Parkplatzbelegung der Stadt Ulm. Verkehrsteilnehmer und städtische Mitarbeiter können leicht einen Überblick über die aktuelle Parkplatz-Situation erhalten. In Verbindung mit Conversational AI ist auch denkbar, dass Nutzer in natürlicher Sprache über eine Sprachsteuerung nach einem freien Parkplatz fragen und zielgerichtet zum nächsten geleitet werden. SAP bietet hier über *SAP Conversational AI* eine eigene Lösung für die Implementierung von Chatbots an.

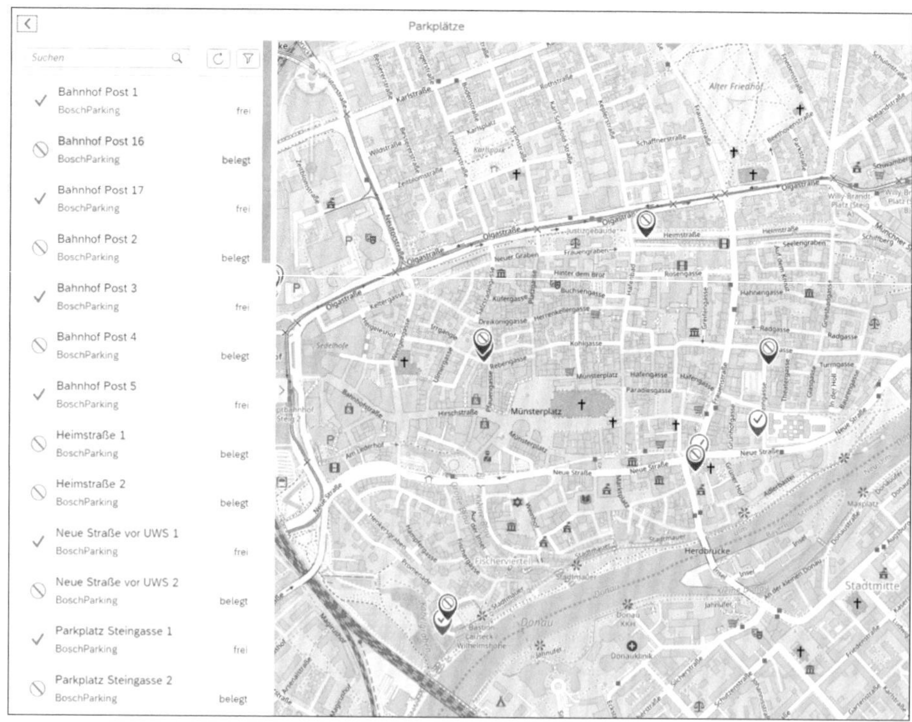

Abbildung 1.11 Visualisierung Parkplatz-Belegung

Auch bei der Visualisierung von Stromständen oder Ähnlichem können Sie SAPUI5 sehr gut einsetzen. Die Daten können über ein Long Range Wide Area Network eingesammelt und in die SAP-Infrastruktur eingespeist werden. So können Sie Zählerstände überwachen oder im Auge behalten, ob es Probleme in der Infrastruktur wie Leckagen in der Wasserversorgung gibt. Zusätzlich kann der Wasserdruck über Sensoren ermittelt und in das SAP-System eingespeist werden. Druckabfälle werden so frühzeitig erkannt, und die Ursache kann schnell behoben werden. Abbildung 1.12 zeigt die Visualisierung von Zählerständen mit SAPUI5.

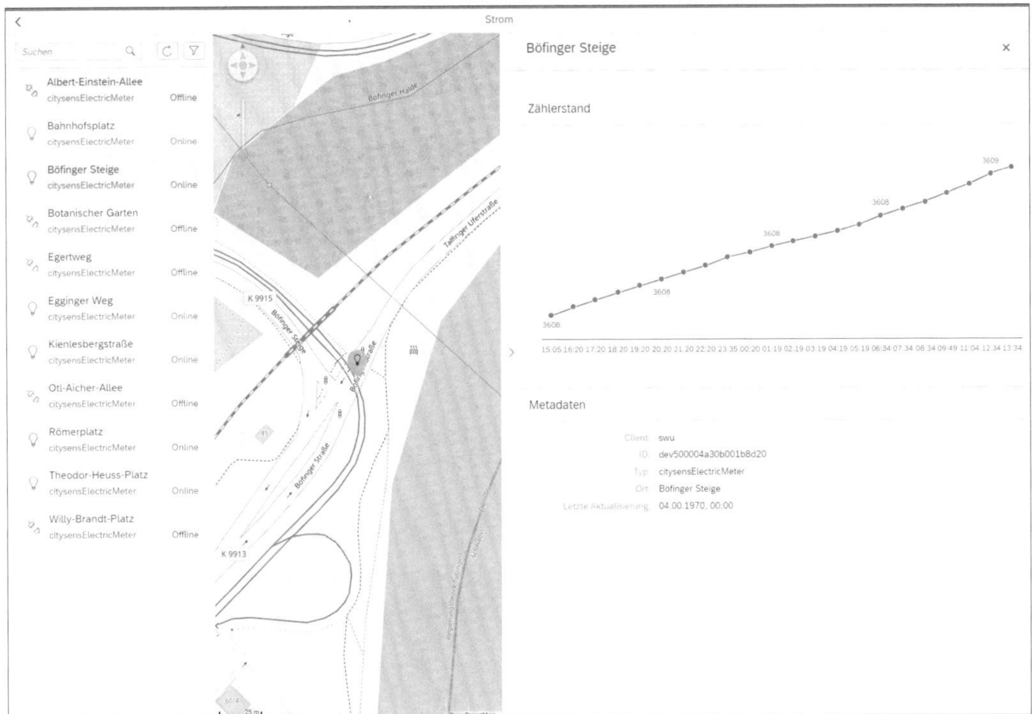

Abbildung 1.12 Zählerstandsübersicht

Kapitel 2
Grundlegender Aufbau und Ressourcen

In diesem Kapitel erhalten Sie einen umfassenden Einblick in den Aufbau des SAPUI5-Frameworks und dessen zentrale Architektur- und Verwendungskonzepte.

Um SAPUI5-Anwendungen effektiv und zukunftsgerichtet erstellen zu können, benötigen Sie ein solides Wissen um seine Funktionsweise, Ressourcen und Verwendungskonzepte. Dieses Kapitel bietet Ihnen einen Überblick über die Architektur und Projektstruktur von SAPUI5-Anwendungen. Sie erfahren, welches die relevanten Bibliotheken sind und welche Werkzeuge Sie bei der Entwicklung unterstützen. Eine Einführung in Views, Modelle und Datenbindungen bereiten Sie auf deren detaillierte Betrachtung in den weiteren Kapiteln des Buchs vor.

2.1 Die Model-View-Controller-Architektur in SAPUI5

In diesem Abschnitt erfahren Sie, wie das SAPUI5-Framework grundsätzlich funktioniert und wie SAPUI5-Applikationen das Architekturmuster Model-View-Controller (MVC) umsetzen.

2.1.1 Umsetzung der Model-View-Controller-Architektur

Drei Teile einer Anwendung

Model-View-Controller ist ein bewährtes Architekturmuster in der Softwareentwicklung. Der Applikationscode wird bei diesem Architekturmuster in die drei Teile gegliedert:

- **Model**

  Der Model-Teil stellt die Schicht zur Haltung und Persistierung von Daten einer MVC-Applikation dar. Er umfasst alle von der Applikation benötigten Datenmodelle und – falls dies als Bestandteil der konkreten Applikation vorgesehen ist – die dazugehörige Geschäftslogik. Im Model werden somit auch alle Daten gehalten, die zur Anzeige benötigt oder vom Anwender eingegeben werden. Hier legen Sie außerdem alle Regeln und Methoden fest, die eine Anpassung oder Änderung dieser Daten vorsehen.

- **View**

  Der View-Teil stellt die Präsentationsschicht einer MVC-Applikation dar. Er umfasst die Definition aller Benutzeroberflächen inklusive der dazu benötigten Elemente zur Informationsdarstellung, der jeweiligen Eingabemöglichkeiten für die Anwender sowie deren Anordnung.

- **Controller**

  Der Controller-Teil stellt die Steuerungsschicht einer MVC-Applikation dar. Er umfasst alle Klassen, die die Ablauflogik der Applikation enthalten. Hier reagieren Sie außerdem auf Nutzereingaben und beeinflussen, soweit notwendig, die beiden anderen Schichten, indem Sie einerseits z. B. das Model mit Daten versorgen und andererseits Elemente der View gezielt ansteuern.

Vorteile von MVC

Alle drei Teile der MVC-Architektur sind über definierte Schnittstellen miteinander verbunden, in ihrer Codestruktur jedoch voneinander unabhängig. Damit ist die Implementierung der einzelnen Schichten prinzipiell austauschbar. Dies hat nicht nur den Vorteil, dass jedem Teil eine bestimmte Aufgabe mit zumeist klar getrennten Verantwortlichkeiten zukommt, es ermöglicht auch, dass diese Teile zunächst separat entwickelt und erst zu einem späteren Zeitpunkt tatsächlich zusammengeführt werden können.

Je nach Framework – und SAPUI5 ist hier keine Ausnahme – besitzen die einzelnen Applikationsteile nicht nur unterschiedliche technische Verantwortlichkeiten, sondern können auch in unterschiedlichen Programmiersprachen umgesetzt werden. Diese Art der Flexibilität ermöglicht es Ihnen, innerhalb Ihrer Teams die optimale Expertise für den jeweiligen MVC-Teil heranzuziehen. So können beispielsweise Frontendentwickler zusammen mit UI/UX-Experten alle für eine Applikation benötigten Views entwickeln, immer in dem Wissen um die Schnittstellen zu den Controller- und Model-Teilen, während diese Teile ebenso von passenden Teammitgliedern mit entsprechendem JavaScript- und Backendwissen entwickelt werden.

MVC in SAPUI5-Applikationen

Abbildung 2.1 beschreibt diese grundlegende MVC-Architektur im Kontext einer SAPUI5-Applikation.

Als Entwickler haben Sie in SAPUI5 vielfältige Möglichkeiten, Ihre Views zu entwerfen. Hierfür stehen Ihnen nicht nur entsprechende Hilfswerkzeuge, sondern auch verschiedene Sprachen zur Verfügung. Abschnitt 2.7, »Entwicklungs- und Laufzeitumgebung«, gibt Ihnen einen Einblick in diese Hilfswerkzeuge, während Abschnitt 2.4, »Typen von Views«, Sie über die verschiedenen Views in SAPUI5 ins Bild setzt.

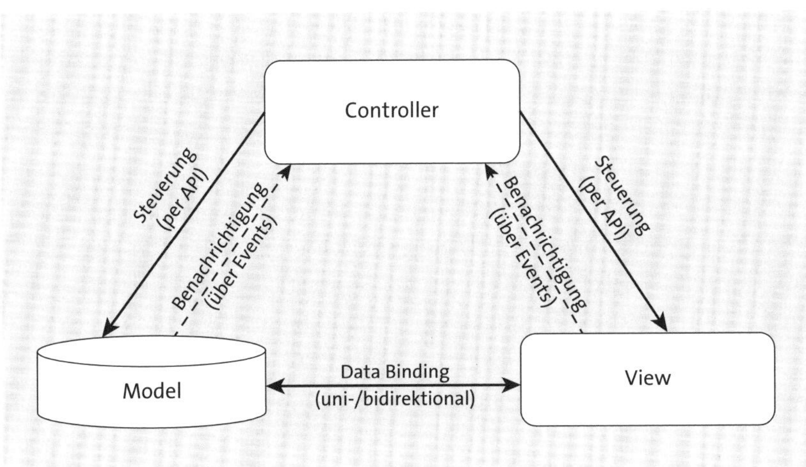

Abbildung 2.1 MVC-Architektur in SAPUI5

Views und Modelle in SAPUI5-Applikationen sind über die *Datenbindung* (Data Binding) miteinander verknüpft. Sie als Entwickler legen fest, welche Daten aus einem Model an welchen Stellen in Ihren Views angezeigt oder eingegeben werden können. Abschnitt 2.6 gibt Ihnen einen detaillierten Einblick in die Datenbindung.

Für die Modelle stehen Ihnen verschiedene Datenmodellklassen zur Verfügung, die wir in Abschnitt 2.5 beleuchten.

Interaktion der MVC-Teile

Für die Interaktion zwischen Ihren Controllern und den anderen beiden MVC-Teilen bieten Ihnen sowohl Modelle als auch Views verschiedene *API-Methoden* an, die Sie in Ihrer Kontroll-Logik nutzen können. Dies ermöglicht Ihnen im Zusammenhang mit Views beispielsweise das gezielte Ansteuern und Beeinflussen von Controls. Im Rahmen von Modellen können Sie über ihre API-Methoden etwa das Laden von Daten oder das Auffrischen der Inhalte und Datenbindungen auslösen.

In der Gegenrichtung können Sie in Ihrer Kontroll-Logik auf *Events*, also verschiedene Events reagieren, die von Modellen und Views gleichermaßen ausgelöst werden können. Alle diese Kommunikationswege werden wir Ihnen im weiteren Verlauf dieses Buches und den Programmierbeispielen näherbringen.

2.1.2 Implementierung von Model, View und Controller in SAPUI5

Wie Sie bereits in Abschnitt 1.1 erfahren haben, baut SAPUI5 auf offenen Standards für Webanwendungen auf: HTML5, JavaScript und CSS3. Für Ihre SAPUI5-Anwendung müssen Sie jedoch weder zwingend HTML schreiben, noch müssen Sie externe CSS-Bibliotheken einbinden oder eigene Styles definieren. Stattdessen dienen Ihnen die vom Framework bereitgestellten Controls als grundlegende Benutzeroberflächenbausteine. Die Auswahl an Controls reicht hierbei von einfachen Texten und Buttons bis hin zu Tabellen, Kalendern und vielem mehr.

Controls und Views

Sie konzentrieren sich beim Erstellen der Benutzeroberfläche ganz auf die Anordnung und Konfiguration der gewünschten Controls. Diese erzeugen zur Laufzeit den HTML-Code, der im Browser gerendert wird. Die mit SAPUI5 ausgelieferten Benutzeroberflächen-Themes liefern das passende CSS und sorgen für einen konsistenten und eleganten Look.

Wenn Sie Controls für Ihre Benutzeroberflächen zusammenstellen, organisieren Sie sie primär in Views. Eine View in SAPUI5 ist ein Control, das als Container für Ihre weiteren Controls dient. Gleichzeitig sind Views wie beschrieben auch eine Komponente innerhalb der Model-View-Controller-Architektur von SAPUI5.

Controller und Model

Neben einer Benutzeroberfläche benötigen Sie für Ihre Applikation typischerweise Klassen für die Kontroll-Logik, die Datenhaltung und die Verbindungen zu einer Datenbank oder einem anderweitigen Backendsystem. Für diese *Controller-* und *Model-Klassen* nutzen Sie wiederum JavaScript.

Abbildung 2.2 zeigt vereinfacht den grundlegenden Arbeitsablauf zur Entwicklung einer laufenden Webapplikation.

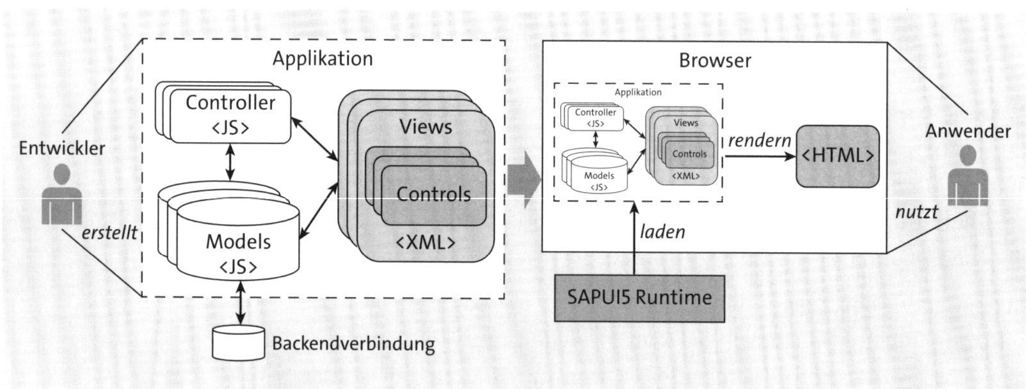

Abbildung 2.2 Funktionsweise des SAPUI5-Frameworks

Das SAPUI5-Framework ist vollständig in JavaScript implementiert. Dies gilt somit für alle UI-Controls wie auch für alle weiteren Klassen von der Kernimplementierung der Laufzeit bis hin zu den Datenmodellklassen und Hilfsklassen, die Sie bei der Entwicklung einsetzen. Wie Sie in Abbildung 2.2

sehen, werden die Inhalte Ihrer Anwendung zusammen mit der SAPUI5-Laufzeit in den Browser geladen und dort ausgeführt. Das Laden der SAPUI5-Laufzeit – das Bootstrapping – wird in Kapitel 4 im Detail behandelt.

2.2 Aufbau und Struktur einer SAPUI5-Anwendung

Für Sie als Entwickler ist es zunächst wichtig zu wissen, wie ein SAPUI5-Projekt aufgebaut ist, welche die für Sie relevanten Dateien und Verzeichnisse sind und welchen Inhalt Sie wo platzieren sollten.

2.2.1 Verzeichnisstruktur eines SAPUI5-Projekts

Wenn Sie mit SAPUI5-Projekten arbeiten, ist es sinnvoll, ihnen eine einheitliche Projektstruktur zu geben. Auf diese Weise finden Sie und andere SAPUI5-Entwickler sich sofort zurecht, auch wenn Sie die Applikation nicht selbst entwickelt haben.

SAPUI5-Anwendungsverzeichnis

Abbildung 2.3 zeigt die grundlegende Verzeichnisstruktur, die für alle SAPUI5-Applikation als Best Practice dient.

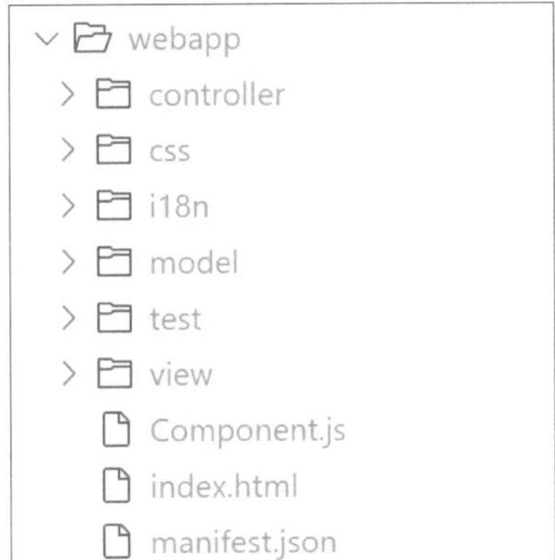

Abbildung 2.3 Verzeichnisstruktur einer SAPUI5-Applikation

Verzeichnis »webapp«

Fassen Sie alle Dateien, die Ihre SAPUI5-Applikation ausmachen, in einem Verzeichnis namens **webapp** zusammen. Es dient als Wurzel für alle Inhalte, die Teil der eigentlichen Applikation sind. Außerhalb dieses Verzeichnisses legen Sie Dateien zur Verwaltung Ihres SAPUI5-Projekts an, beispielsweise Build-Informationen und Abhängigkeiten zu externen Bibliotheken. Auf diese Metainformationen gehen wir in Kapitel 22 genauer ein.

MVC-Verzeichnisse

Innerhalb des Verzeichnisses **webapp** legen Sie je ein Verzeichnis für die drei Teile des MVC-Patterns an, die Sie entsprechend **model**, **view** und **con-**

troller nennen. Alle Dateien, die Sie einem dieser der Teile zuschreiben können, platzieren Sie in diesen Verzeichnissen. So können Sie die maßgeblichen funktionalen Inhalte jeder Applikation innerhalb dieser drei Verzeichnisse finden. Abbildung 2.4 zeigt beispielhaft Inhalte des **view**-Verzeichnisses.

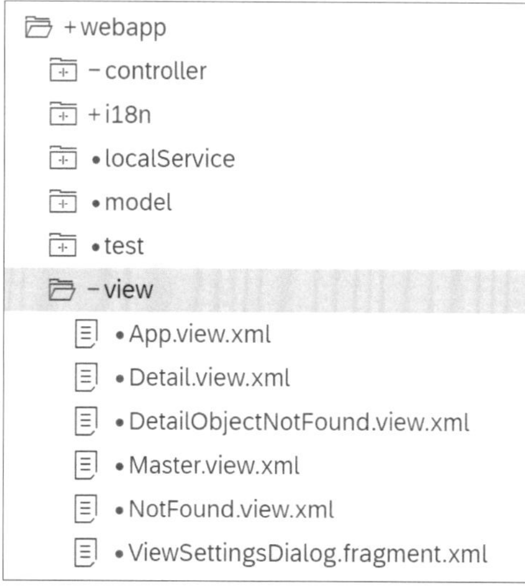

Abbildung 2.4 Das View-Verzeichnis

Die weiteren Unterverzeichnisse des Verzeichnisses **webapp** verwenden Sie, um Ihre SAPUI5-Applikation mit Informationen zur Internationalisierung, eigenen Stylesheets und automatisierten Tests auszustatten.

Für eigene CSS-Stylesheet-Dateien verwenden Sie das **css**-Verzeichnis (siehe Abbildung 2.5). Styles, die Sie hier angeben, überschreiben gegebenenfalls Styles, die zum Basis-Theme Ihrer Applikation gehören. Setzen Sie sie also grundsätzlich mit Bedacht ein. Auf das Thema CSS gehen wir im Detail in Abschnitt 20.1. ein.

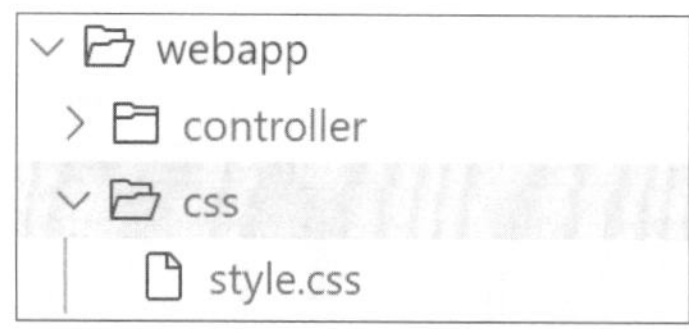

Abbildung 2.5 Das CSS-Verzeichnis

Verzeichnis »i18n«

Im Verzeichnis **i18n** platzieren Sie sogenannte *I18n-Properties-Dateien* für die Internationalisierung, also das Übersetzen Ihrer SAPUI5-Applikation in verschiedene Sprachen (siehe Abbildung 2.6). i18n steht als Akronym für *In-*

ternationalization. Es lohnt sich, sich frühzeitig Gedanken um den Aufbau Ihrer I18n-Dateien zu machen. Ein gut strukturiertes **i18n**-Verzeichnis erspart Ihnen einiges an Refactoring und erleichtert das spätere Ergänzen Ihrer Dateien um weitere Sprachen. Details zur Internationalisierung finden Sie in Abschnitt 12.2.

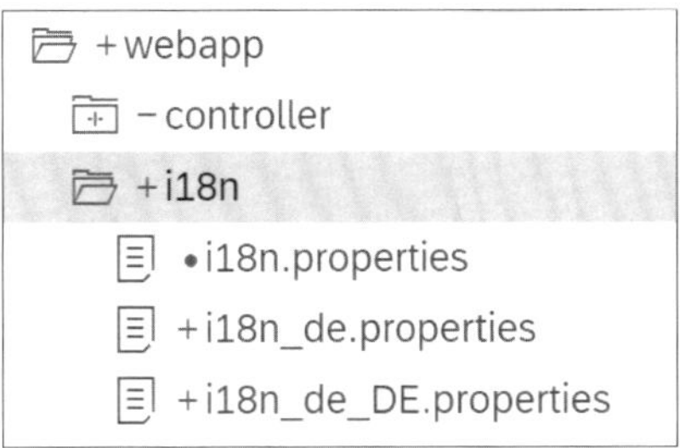

Abbildung 2.6 Das »i18n«-Verzeichnis

Verzeichnis »test«

Im Verzeichnis **test** platzieren Sie alle Dateien für die automatisierten Tests Ihrer SAPUI5-Applikation (siehe Abbildung 2.7). Diese sind nicht Teil der zur Laufzeit Ihrer Applikation benötigten Artefakte, stellen aber einen wichtigen Schritt im Entwicklungszyklus Ihrer Applikation dar.

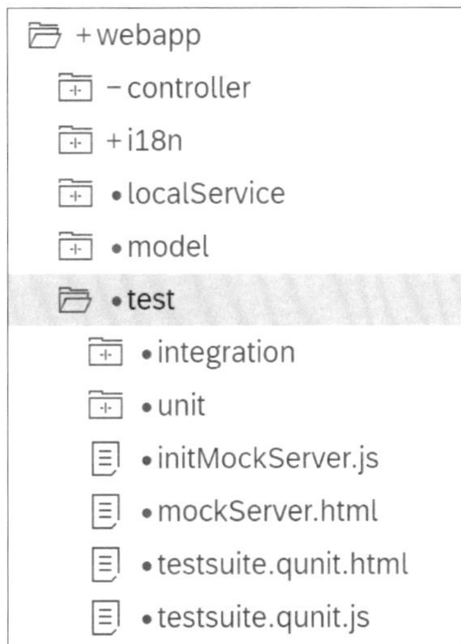

Abbildung 2.7 Testverzeichnis

Das **test**-Verzeichnis untergliedert sich in zwei hauptsächliche Unterverzeichnisse: eines für Unit-Tests und eines für Integrationstests. Details über das Testen von SAPUI5-Applikationen finden Sie in Kapitel 21, »Testen von SAPUI5-Anwendungen«.

2.2.2 Dateien eines SAPUI5-Projekts

Unmittelbar unterhalb des Ordners **webapp** platzieren Sie typischerweise nur drei Dateien: **Component.js**, **manifest.json** und **index.html**.

Die Datei **Component.js** enthält den Code für den *Component Controller*. Der Component Controller ist eng mit dem *Anwendungsdeskriptor* verbunden, der durch die Datei **manifest.json** repräsentiert wird. Zusammen stellen diese beiden Dateien den zentralen Einstiegspunkt in eine SAPUI5-Applikation dar. Wie Sie mit dem Component Controller und dem Anwendungsdeskriptor arbeiten und welche Inhalte für diese Dateien jeweils relevant sind, erläutern wir in Kapitel 9 und Kapitel 10.

»index.html«

Die Datei **index.html** hat einen Sonderstatus in Ihrem **webapp**-Verzeichnis. Sie trägt nicht direkt zum funktionalen Inhalt Ihrer Anwendung bei, sondern stellt einen Rahmen zur Verfügung, in dem Ihre SAPUI5-Anwendung laufen kann. Erinnern Sie sich zurück an Abbildung 2.2 in Abschnitt 2.1.2. Dort ist zu sehen, dass die SAPUI5-Laufzeit für den Start einer Anwendung geladen werden muss und dass die Controls der Anwendung den HTML-Code erzeugen, der angezeigt werden soll. Die Datei **index.html** übernimmt in diesem Prozess zwei Aufgaben:

- Sie führt das Laden der SAPUI5-Laufzeit, also das Bootstrapping, durch.
- Sie enthält den umgebenden HTML-Code, in dem wiederum der von der Anwendung erzeugte HTML-Code dargestellt wird.

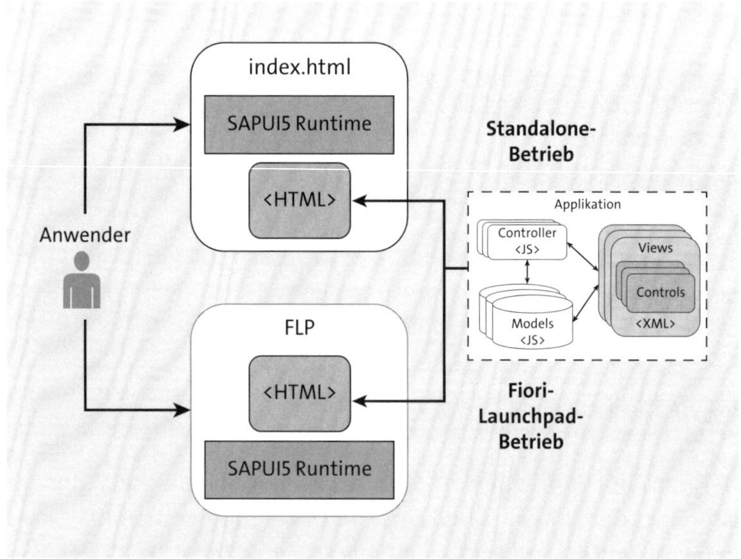

Abbildung 2.8 Standalone- und FLP-Betrieb einer SAPUI5-Anwendung

Standalone- oder FLP-Betrieb

Wenn Sie Ihre SAPUI5-Anwendung in ein SAP Fiori Launchpad (FLP) einbetten, übernimmt das Launchpad beide Aufgaben, und die Datei **index.html** kommt nicht zum Tragen. Sie benötigen die Datei **index.html** also für einen Standalone-Betrieb Ihrer Anwendung außerhalb des SAP Fiori Launchpad.

Abbildung 2.8 illustriert diese beiden Betriebsmöglichkeiten.

2.3 Bibliotheken und Namensräume

Modularer Aufbau

Um die Bandbreite an zu übertragenden Dateien so weit wie möglich zu reduzieren, ist das SAPUI5-Framework modular aufgebaut. Der JavaScript-Code aller SAPUI5-Klassen ist in einzelne *Module* unterteilt, die wiederum thematisch in *Bibliotheken* zusammengefasst sind.

In diesem Abschnitt erfahren Sie, wie die verschiedenen Klassen aufeinander aufbauen und welche Bibliotheken Sie als Entwickler unbedingt kennen sollten.

2.3.1 Modularer Aufbau des Frameworks

Das SAPUI5-Framework macht sich die prototypische Vererbung von JavaScript zunutze, um die SAPUI5-Module in eine feine Hierarchie aus abstrakten Basisklassen und konkreten Implementierungen mit sauber verteilten Verantwortlichkeiten zu gliedern.

JavaScript-»Klassen« und prototypische Vererbung

Jedes JavaScript-Objekt kann als ein dynamischer Container angesehen werden, dem wiederum dynamisch veränderliche Eigenschaften gegeben sind. Diese Eigenschaften umfassen einfache Attributwerte, listenähnliche Strukturen wie Arrays, weitere Objekte wie Key-Value-Maps oder auch Funktionen.

Jedes JavaScript-Objekt hält, vereinfacht ausgedrückt, eine Referenz auf ein übergeordnetes Objekt – dessen *Prototyp*. Aufrufe von Eigenschaften (z. B. Methoden) eines Objekts werden zunächst in diesem Objekt selbst gesucht. Wird die gesuchte Eigenschaft nicht gefunden, wird im Prototyp des Objekts weitergesucht, dann in dessen Prototyp und so weiter. Dies setzt sich fort, bis das Ende der Prototypenkette – die JavaScript-Basisklasse *Object* – erreicht ist.

Ein JavaScript-Objekt ist somit die Summe seiner eigenen Eigenschaften sowie aller von seinen Prototypen geerbten Eigenschaften.

Nach diesem Prinzip können JavaScript-Objekte ähnlich einer klassenbasierten Programmiersprache als Klassen genutzt werden, inklusive Vererbung. Der Begriff *Klasse* in diesem Buch bezieht sich also auf ebensolche JavaScript-Objekte.

Vererbung von SAPUI5-Klassen

Am Beispiel der SAPUI5-Klasse `sap.m.Button` soll diese Hierarchie erläutert werden. Die Klasse `sap.m.Button` stellt eine einfache Schaltfläche dar, die Sie in Ihren Anwendungen häufig nutzen werden. Abbildung 2.9 zeigt die vollständige Vererbungshierarchie der Klasse `sap.m.Button` inklusive der jeweiligen Namensräume:

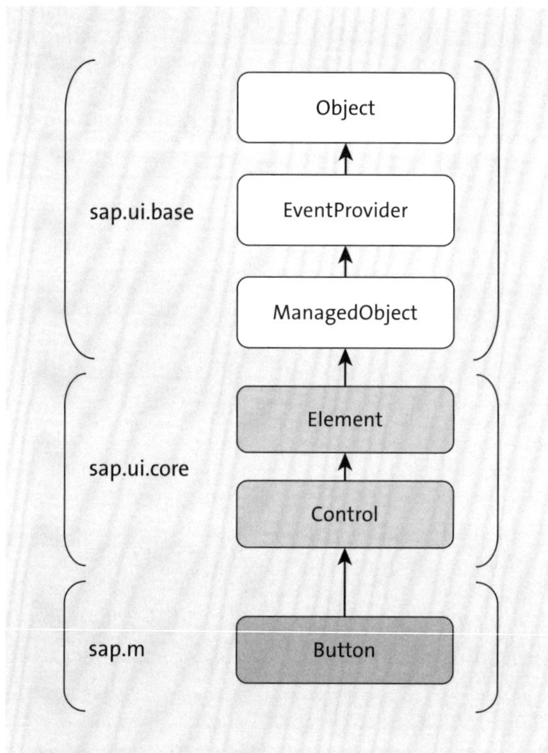

Abbildung 2.9 Vererbungshierarchie am Beispiel der Klasse »sap.m.Button«

Namensräume

Im Folgenden erläutern wir die in Abbildung 2.9 gezeigten Klassen und ihre Namensräume. Tabelle 2.1 gibt Ihnen eine Übersicht über die drei gezeigten Namensräume.

Namensräume in SAPUI5

Namensräume in SAPUI5 sind die primäre Organisationseinheit für SAPUI5-Module. Einen Namensraum können Sie sich als einen Verzeichnispfad vorstellen. Das Modul `Button` wäre als Datei demnach unter dem relativen Pfad **sap/m/Button.js** zu finden.

Namensraum	Erläuterung
sap.ui.base	Im Namensraum sap.ui.base sind die grundlegenden JavaScript-Objekte des SAPUI5-Frameworks enthalten. Sie konzentrieren sich auf Basisinformationen und -funktionalität, die von fast allen SAPUI5-Klassen genutzt werden. Dazu gehören die Verwaltung von IDs, das Auslösen von Events sowie die Handhabung von Modellen und Datenbindungen. sap.ui.base ist Teil der sap.ui.core-Bibliothek.
sap.ui.core	Dieser Namensraum enthält die Kernimplementierung des Frameworks. Hier finden Sie die für SAPUI5 zentrale Klasse sap.ui.core.Core sowie weitere wesentliche Klassen und untergeordnete Namensräume für die Benutzeroberflächenentwicklung. sap.ui.core ist Teil der sap.ui.core-Bibliothek.
sap.m	Der Namensraum sap.m ist ein Beispiel für den Namensraum, der eng an die gleichnamige Bibliothek gekoppelt ist. Er enthält entsprechend die von der Bibliothek bereitgestellten Klassen.

Tabelle 2.1 Ausgewählte Namensräume und ihre Relevanz

Dieselbe Struktur ist verfügbar, wenn Sie sich im JavaScript-Code befinden. Hier wird beim Start einer SAPUI5-Anwendung die globale Variable sap angelegt, und die weiteren »Unterverzeichnisse« sind als Eigenschaften dieses Objekts vorhanden. Wollten Sie also JavaScript-seitig über diese globale Variable auf die Klasse Button zugreifen, täten Sie dies mit dem Aufruf sap.m.Button.

Namensräume sind nicht identisch mit Bibliotheken, auch wenn viele Namensräume auch als SAPUI5-Bibliothek existieren. So liefert die Bibliothek sap.m beispielsweise Module unter dem gleichlautenden Namensraum aus. Die Module des Namensraums sap.base existieren jedoch in keiner gleichnamigen Bibliothek, sondern sind Teil der sap.ui.core-Bibliothek. Abbildung 2.10 illustriert dieses Beispiel anhand der SAPUI5-API-Dokumentation:

namespace sap.base

Control Sample: N/A

Module: N/A

Library: sap.ui.core

Abbildung 2.10 Ausschnitt aus der API-Dokumentation zum Namensraum »sap.base«

Die gezeigte Prototypenkette des `sap.m.Button`-Controls besteht aus sechs Gliedern, die in Tabelle 2.2 beleuchtet werden.

Klasse	Erläuterung
`sap.ui.base.Object` (abstrakt)	`Object` dient als Basisklasse für alle SAPUI5-Objekte. Mit seiner Methode `extend()` können Sie bei Bedarf eigene einfache SAPUI5-Objekte erstellen.
`sap.ui.base.EventProvider` (abstrakt)	Die Klasse `EventProvider` dient der allgemeinen Verwaltung von Events (Ereignissen) eines davon abgeleiteten SAPUI5-Moduls. Sie bietet Methoden für das (De-)Registrieren von Eventhandler-Funktionen sowie das Auslösen von Events.
`sap.ui.base.ManagedObject` (abstrakt)	Abgeleitet von `EventProvider` ist die Klasse `ManagedObject` eine erweiterte Basisklasse und eine wichtige Grundlage für den Großteil der SAPUI5-Funktionalität. `ManagedObject` führt elementare Konzepte wie ID-Management, Zustandsmanagement (*Properties*), Verschachtelungen (*Aggregations*), Relationen (*Associations*) und Datenbindung ein. Ausgehend von `ManagedObject` können Sie somit komplexere SAPUI5-Objekte erstellen.
`sap.ui.core.Element` (abstrakt)	`Element` ist die abstrakte Basisklasse für UI-Elemente. Sie hält grundsätzliche Verwaltungsinformationen eines UI-Elements, darunter Tooltips und Layouteinstellungen. Es gilt zu beachten, dass die Klasse `Element` nicht dazu gedacht ist, alleinstehend in einer Benutzeroberfläche angezeigt zu werden. Direkte Ableitungen von `Element` dienen vielmehr als Kindelemente der Klasse `Control`, etwa als Einträge in einem Menü oder Zeilen in einer Tabelle. Die tatsächliche Darstellung der einzelnen Menüeinträge übernimmt das Menü selbst, das dafür von der Klasse `Control` abgeleitet wird.
`sap.ui.core.Control` (abstrakt)	`Control` ist die letzte abstrakte Basisklasse für UI-Controls. Hier kommen nun abschließend noch Eigenschaften für das Anzeigen/Verbergen des Controls, für das Zuweisen von CSS-Styles bzw. Style-Klassen sowie für Browserevents hinzu.

Tabelle 2.2 Ausgewählte SAPUI5-Klassen und ihre Relevanz

Klasse	Erläuterung
`sap.ui.core.Control` (abstrakt) (Forts.)	Controls generieren (rendern) anhand ihrer Eigenschaften, ihrer enthaltenen Elemente und zugewiesenen Style-Klassen den vom Browser dargestellten HTML-Code. Dieses muss von den jeweiligen konkreten Implementierungen umgesetzt werden. Alle direkten Anzeigeelemente für Ihre Benutzeroberflächen – seien es einfache Controls, wie z. B. Buttons, oder komplexere Controls wie Tabellen – erben demensprechend von der Klasse `Control`.
`sap.m.Button`	Die Klasse `Button` ist eine konkrete Implementierung eines Controls. Sie enthält zusätzlich zu ihren geerbten Eigenschaften alle relevanten Eigenschaften für die Schaltfläche wie z. B. eine Beschriftung. Sie definiert außerdem ein Event `press`, das von interessierten Parteien (*Listener*) abgefangen und behandelt werden kann.

Tabelle 2.2 Ausgewählte SAPUI5-Klassen und ihre Relevanz (Forts.)

2.3.2 SAPUI5-Bibliotheken

In diesem Abschnitt lernen Sie die wichtigsten SAPUI5-Bibliotheken und darin enthaltene relevante Module kennen, die Sie in Ihren Anwendungen verwenden können und auf die wir auch im weiteren Verlauf dieses Buches immer wieder zurückgreifen werden.

sap.ui.core

Core-Bibliothek

Die Bibliothek `sap.ui.core` enthält die zentralen Namensräume und Module des Frameworks. Dazu gehört die Klasse `sap.ui.core.Core`, die beim Start einer Anwendung die SAPUI5-Kernimplementierung lädt und der Anwendung zugreifbar macht. Von diesem Ausgangspunkt können dann alle weiteren Module und Funktionen verwendet werden.

Der Namensraum `sap.ui.core.mvc` ist ebenfalls Teil dieser Bibliothek. In ihm befinden sich unter anderem die Basisklassen für Views und Controller. Zusammen mit dem Namensraum `sap.ui.model` enthält die Core-Bibliothek also auch die Grundpfeiler der MVC-Architektur von SAPUI5.

Als weiteres bedeutsames Beispiel für eine Klasse aus der Core-Bibliothek sei `sap.ui.core.Component` genannt. Diese Klasse ist die Basis für Anwendungskomponenten, die wir in Kapitel 9, »Komponentenorientiertes Programmieren«, betrachten.

In der Bibliothek sind zudem etliche Enumerationen für Werte wie Status, Farben oder Modi hinterlegt, die teilweise zur Konfiguration von Controls genutzt werden. Erwähnenswert sind auch der Namensraum `sap.base`, der eine Sammlung von Hilfsklassen rund um Lokalisierung, Sicherheit, URL- bzw. String-Handling und Logging enthält, sowie `sap.ui.core.message`. Dieser Namensraum bietet Klassen rund um die Verarbeitung von Nachrichten (z. B. Fehlermeldungen).

[»]

Der Modular Core

Im Rahmen der Evolution von SAPUI5 (*UI5 Evolution*) wurde die Kernimplementierung von SAPUI5 grundlegend überarbeitet. Die bis zur Version 1.52 standardmäßig verwendeten `jQuery.sap`-Module wurden in kleinere funktionale Module aufgeteilt.

Die browserseitig ausgeführten Benutzeroberflächen-Module wurden in den einzelnen `sap.ui.core`-Modulen und Namensräumen umgesetzt. Die meisten Abhängigkeiten zu jQuery wurden entfernt, und zahlreiche Hilfsklassen und -funktionen wurden in einzelne `sap.base`-Module ausgelagert, die nun universal auch serverseitig ausführbar sind. Beginnend mit Version 1.54 wurde diese Umgestaltung schrittweise durchgeführt und mit SAPUI5 v1.58 offiziell eingeführt.

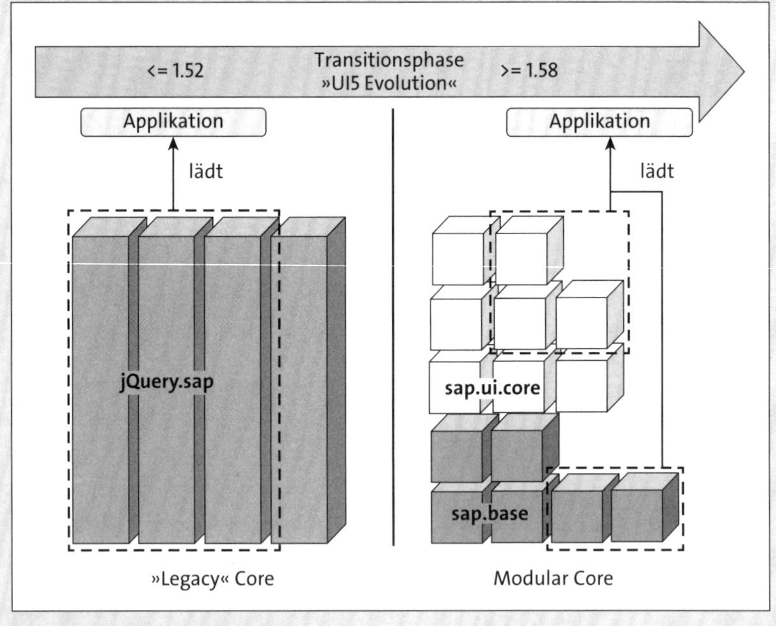

Abbildung 2.11 Der neue Modular Core

2

Applikationen können mit dem *Modular Core* nun gezielter genau ihre benötigten Module laden (siehe Abbildung 2.11). Die Menge an übertragenen Daten reduziert sich und beschleunigt das Laden Ihrer Applikation. Zusätzlich wurde der Mechanismus für das Definieren und Laden der Module erneuert und nutzt nun die Syntax *Asynchronous Module Definition* (AMD). Hierdurch können Module asynchron geladen werden, ohne den Hauptthread des Browsers zu blockieren. Auch dies trägt zur Performance von SAPUI5-Applikationen bei. Nutzen Sie beim Definieren und Laden Ihrer Module daher unbedingt die AMD-Syntax, die durch die Funktionen `sap.ui.define` und `sap.ui.require` gegeben ist.

Die bisherigen `jQuery.sap.*`-Funktionen sind damit veraltet. Ebenso wurden zahlreiche Factory-Funktionen durch neue Methoden ersetzt. Details hierzu finden Sie in der API-Dokumentation unter dem Suchbegriff »Legacy Replacement«.

sap.m

Mobile-Bibliothek

Die Bibliothek `sap.m` enthält eine große Bandbreite an Controls und wird Ihre primäre Quelle für UI-Elemente bei der Entwicklung Ihrer Benutzeroberfläche sein.

Das *m* steht hier für *mobile*. Controls in der `sap.m`-Bibliothek sind darauf ausgelegt, auf allen verfügbaren Bildschirmgrößen vom Desktopbildschirm bis zum Smartphone dargestellt zu werden. Viele Controls aus `sap.m` bieten darüber hinaus entsprechende Konfigurationsmöglichkeiten für die weitere Optimierung ihrer Darstellung für verschiedene Größen. Wie Sie diese Möglichkeiten effektiv nutzen, erfahren Sie in Kapitel 8.

sap.ui.layout

Die Bibliothek `sap.ui.layout` enthält Controls, die es Ihnen erlauben, die Anordnung von Controls aus anderen Bibliotheken zu steuern. Sie wird nicht alleinstehend, sondern in Kombination mit anderen Bibliotheken genutzt. Der untergeordnete Namensraum `sap.ui.layout.form` bietet Ihnen Controls für das Erstellen von Formularen.

sap.ui.table

Die Bibliothek `sap.ui.table` liefert Controls für komplexe tabellarische Darstellungen von Daten. Darunter befinden sich beispielsweise die Klassen `sap.ui.table.Table`, `sap.ui.table.TreeTable` und `sap.ui.table.AnalyticalTable`.

Für jede dieser Tabellen gibt es bestimmte Voraussetzungen, unter denen Sie die Tabellen nutzen sollten. Hierzu gibt Ihnen die API-Dokumentation Auskunft. Für einfache und responsive Tabellen finden Sie entsprechende Controls in der sap.m-Bibliothek wie z. B. sap.m.Table.

Weitere Bibliotheken

Die bisher erwähnten Bibliotheken bilden die Grundlage für die Anwendungsentwicklung mit SAPUI5 und werden zu den Bibliotheken gehören, die Sie am häufigsten verwenden. Darüber hinaus gibt es eine Reihe von Bibliotheken mit spezialisierten Controls und Hilfsklassen für verschiedenste Einsatzszenarien.

Tabelle 2.3 gibt Ihnen einen (unvollständigen) Überblick über diese Bibliotheken:

Bibliothek	Erläuterung
sap.ui.unified	Eine Bibliothek mit hilfreichen UI-Controls rund um Kalendereinträge, Farbwahl, Dateiuploads und Menüs. Die Controls sind für den Einsatz sowohl in mobilen als auch in Desktopapplikationen konzipiert.
sap.f	sap.f enthält spezialisierte Controls für SAP Fiori Apps.
sap.uxap	Die Bibliothek enthält eine Reihe von erweiterten UI-Controls, darunter solche für das ObjectPageLayout.
sap.suite.ui.commons	In den drei sap.ui.suite-Namensräumen dieser Bibliothek – commons, generic und microchart – finden Sie viele Controls rund um kompakte Visualisierungen (Microcharts), Netzwerkgraphen und Prozessabläufen.
sap.viz	Die Bibliothek erlaubt Ihnen, mit Hilfe des VizFrame-Controls viele unterschiedliche Diagramme zu erstellen.
sap.tnt	Die tnt-Bibliothek bietet Ihnen Controls und Layouts zum Erstellen klassischer Editor-Anwendungen, ähnlich einer IDE.
sap.ui.comp	Die sap.ui.comp-Bibliothek enthält Smart Controls, die Sie in SAP-Fiori-Apps einsetzen können. Darunter sind SmartField, SmartTable, FilterBar und VariantManagement. Details dazu erhalten Sie in Kapitel 24.

Tabelle 2.3 Sekundäre SAPUI5-Bibliotheken

[«]

Unterstützte Kombinationen von Bibliotheken

Beim gemeinsamen Einsatz unterschiedlicher Bibliotheken müssen Sie beachten, dass bestimmte Kombinationen nicht oder nur eingeschränkt möglich sind. Abbildung 2.12 zeigt Ihnen die verfügbaren Kombinationen.

sap.m sap.f sap.tnt sap.ui.comp sap.suite.ui sap.ushell sap.uxap sap.gantt	sap.ui.core sap.ui.layout sap.ui.unified sap.ui.table sap.viz	sap.ui.richtexteditor sap.ui.suite

Abbildung 2.12 Unterstützte Kombinationen von Bibliotheken

Hierbei sind nicht aufgeführte Bibliotheken der linken Seite zuzuordnen. Bibliotheken der linken und rechten Seite schließen sich gegenseitig aus. Eine Ausnahme bildet die Kombination von `sap.m` mit `sap.ui.richtexteditor`, die auf den Einsatz in Desktopapplikationen und im Editor TinyMCE4 beschränkt ist. Weitere Informationen dazu liefert Ihnen die API-Dokumentation.

2.3.3 API-Referenz

Die API-Referenz als Teil der SAPUI5-Onlinedokumentation bietet Ihnen ein umfangreiches Nachschlagewerk zu allen Bibliotheken und SAPUI5-Klassen, auch denjenigen, die wir in diesem Buch nicht erwähnen. Sie können die API-Referenz unter folgender Adresse aufrufen:

https://sapui5.hana.ondemand.com/#/api

Abbildung 2.13 zeigt Ihnen den Startbildschirm, den Sie nach Aufruf der API-Referenz sehen.

Verwendung der API-Referenz

Auf der linken Seite der API-Referenz befindet sich der Navigationsbereich ❶. Hier sehen Sie eine vollständige Auflistung der Namensräume und Klassen des SAPUI5-Frameworks, angefangen beim globalen Namensraum `sap`.

Oberhalb dieser Auflistung befindet sich ein Eingabefeld, über das Sie die Inhalte der API-Referenz filtern können. Nutzen Sie das Filterfeld, um schnell und unkompliziert Ihre gesuchte Klasse zu finden.

Unterhalb des Suchfeldes können Sie mit der Checkbox **Include deprecated** auch Klassen und Namensräume anzeigen lassen, die als veraltet gekennzeichnet sind. Standardmäßig werden diese nicht angezeigt.

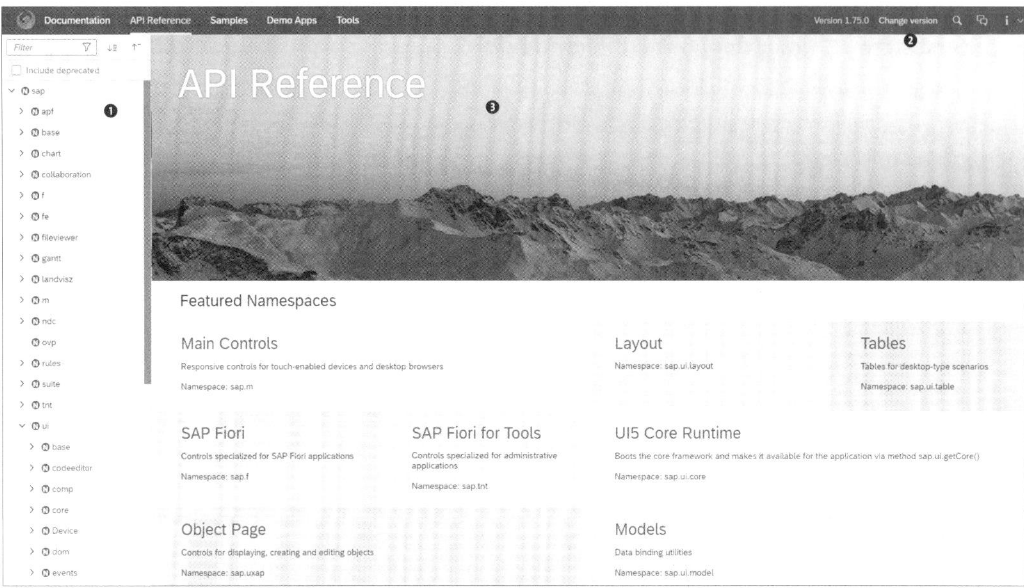

Abbildung 2.13 Startbildschirm der API-Referenz

Suche in der API-Referenz

Tippen Sie bei der Suche nach einer konkreten Klasse nicht nur ihren Namen ein, sondern geben Sie auch einen Teil des Namensraums an. So kommen Sie bei Klassen, die Teile ihres Namens mit anderen Klassen teilen, schneller zu Ihrem Ergebnis.

Suchen Sie zum Beispiel die Basisklasse für MVC-Views `sap.ui.core.mvc.View`, so erscheinen bei der Suche nach »View« viele überflüssige Ergebnisse, wie z. B. `FileViewer` und `ViewType`. Suchen Sie stattdessen nach »mvc.View«, erscheint (fast) nur der gesuchte Eintrag, und Sie können ihn direkt auswählen. Ähnlich ist bei der Suche nach Klassen des OData-Modells zu empfehlen, als Suchbegriff die OData-Version (»v2« oder »v4«) zu verwenden.

Die API-Dokumentation ist standardmäßig auf die aktuelle SAPUI5-Version eingestellt. Sind Sie, etwa aufgrund der Version der Softwarekomponente SAP_UI Ihres Zielsystems, darauf angewiesen, eine Anwendung in einer älteren Version zu entwickeln, kann es hilfreich sein, auch die API-Referenz in dieser älteren Version zu betrachten. Wenn Sie auf eine ältere Version wechseln, werden Ihnen alle Inhalte dieser Version angezeigt. So sehen Sie direkt, welche Klassen und Funktionen Sie für diese jeweilige Version verwenden können.

API-Referenz-Versionen

Um die Version zu wechseln, wählen Sie die Schaltfläche **Change Version** neben der Versionsanzeige rechts im oberen Menüband ❷. Im anschließenden Dialog können Sie die gewünschte Version wählen. Alternativ können Sie die gewünschte Version direkt in der Browser-URL angeben. Fügen Sie die Versionsnummer direkt nach der Domäne ein:

https://sapui5.hana.ondemand.com/1.56.6/#/api.

[«]

Versionswechsel

Der Wechsel der Version lädt die API-Dokumentationsseite vollständig neu. Zu einer eventuell ausgewählten Detailseite müssen Sie anschließend erneut navigieren.

Die Schaltfläche zum Versionswechsel ist in früheren Versionen (unterhalb von 1.56.6) der API-Dokumentation nicht verfügbar. Um von dort wieder zur aktuellen Version zu gelangen, nutzen Sie die **Zurück**-Funktion Ihres Browsers oder geben die entsprechende URL ein.

Wählen Sie einen Namensraum oder eine Klasse aus der Navigationsleiste ❶ aus, um im Detailbereich der API-Referenz ❸ Informationen darüber anzuzeigen (siehe Abbildung 2.13).

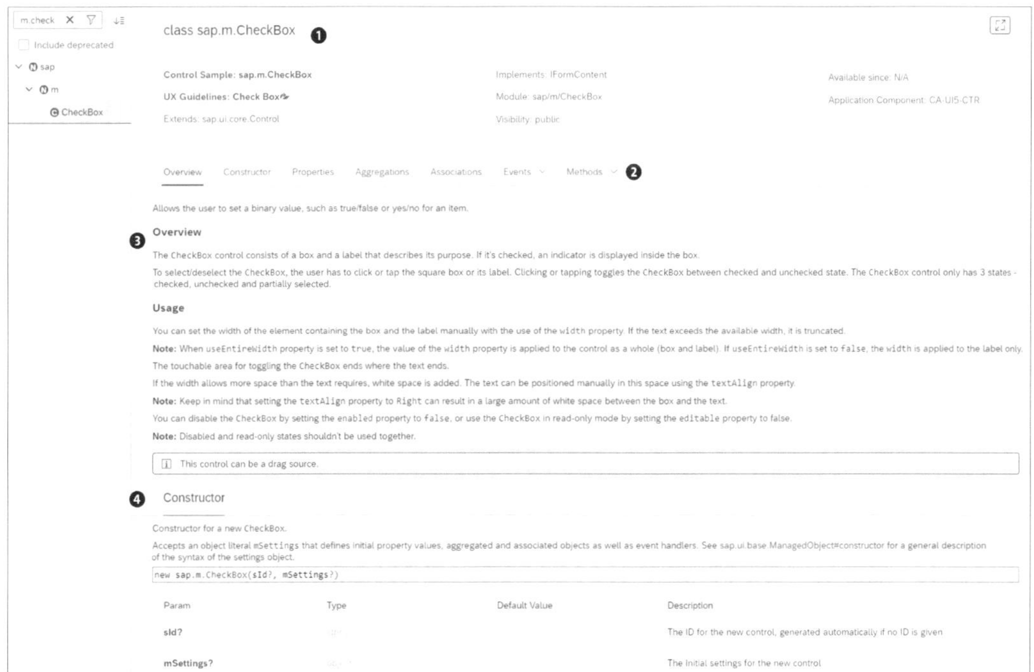

Abbildung 2.14 Detailseite in der API-Referenz

Detailseite: Header

Die Detailseite für eine Klasse besteht aus einem Header und einem Inhaltsbereich (siehe Abbildung 2.14). Der *Header* ❶ zeigt den vollständigen Klassennamen und verschiedene Metadaten zur ausgewählten Klasse.

Zu vielen Controls sind Beispielimplementierungen in einem Demo Kit hinterlegt. Folgen Sie dem Link **Control Sample**, um zum Demo Kit gelangen.

Für manche Controls gibt es eine Verlinkung in die SAP Fiori Design Guidelines. Folgen Sie dem Link **UX Guidelines**, um sich über die Fiori-konformen Einsatzmöglichkeiten eines Controls zu informieren.

Im letzten Eintrag der ersten Headerspalte sehen Sie unter **Extends** den Prototyp Ihrer betrachteten Klasse. Leiten sich weitere Controls von der aktuell betrachteten Klasse ab, so können Sie sie unter **Known direct subclasses** einsehen. Der Eintrag ist in Abbildung 2.14 nicht zu sehen, da sich von `sap.m.CheckBox` keine weiteren Controls ableiten.

Zu den weiteren Metadaten im Header gehören Informationen über Interfaces, die von der aktuellen Klasse implementiert werden, der Modulname, den Sie beim Laden der Klasse angeben, die Sichtbarkeit der Klasse, die Verfügbarkeit, also ab welcher SAPUI5-Version Sie die Klasse einsetzen können, sowie die Applikationskomponente, zu der die Klasse im Rahmen des SAPUI5-Frameworks gehört.

Der Header schließt mit einem Schnellzugriff zu den inhaltlichen Rubriken der Klasse ❷.

Detailseite: Inhalt

Die inhaltlichen Informationen enthalten in der Regel eine Übersicht über die Klasse oder den Namensraum ❸. Für viele Controls erfahren Sie hier kurz zusammengefasst, wann und wie Sie sie einsetzen sollten.

Es folgen die inhaltlichen Informationen ❹. Sie umfassen Angaben zum *Constructor* – also darüber, mit welchen Parametern Sie die Klasse instanziieren können –, Angaben zu Events, die die Klasse auslösen kann, und Methoden, die Ihnen die Klasse zur Verfügung stellt. Für Controls sehen Sie dort, welche Eigenschaften (*Properties*), Aggregationen und Assoziationen sie haben können (siehe Abbildung 2.15). Bei einigen Klassen (z. B. `sap.ui.core.ManagedObject`) gibt es zudem die Rubrik **Special Settings** mit weiteren Informationen.

Eigenschaften

Wenn Sie die Eigenschaften einer Klasse betrachten, werden Ihnen standardmäßig nur deren eigene Eigenschaften angezeigt. Selektieren Sie **Show borrowed properties** ❶, um auch die geerbten Eigenschaften aus der Prototypenkette anzuzeigen.

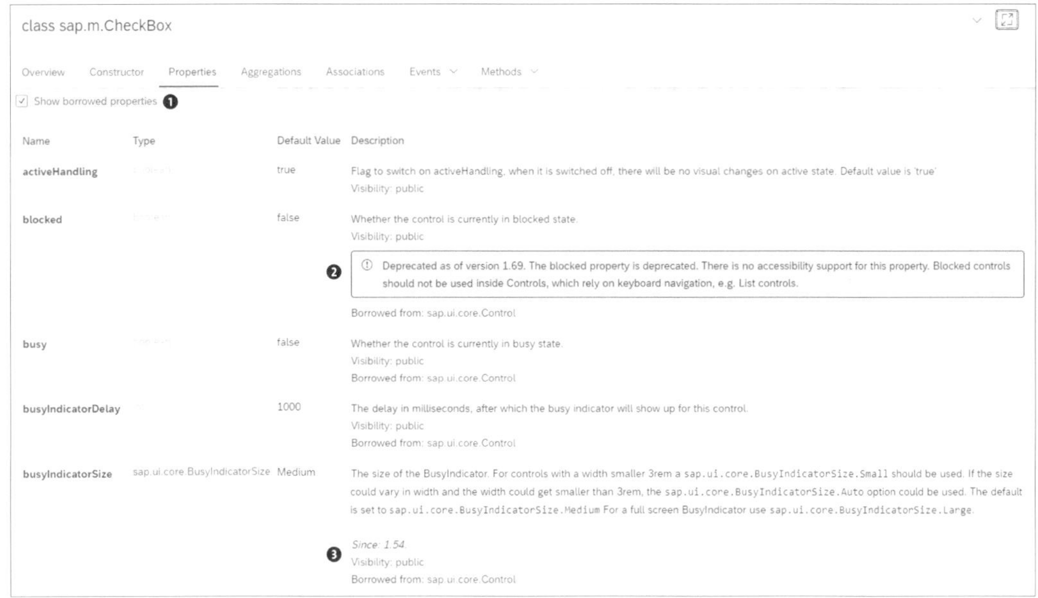

Abbildung 2.15 Detailseite der API-Referenz – Rubrik »Properties«

Zu jeder Eigenschaft sind neben dem Namen auch der Typ, der Standardwert und eine Beschreibung aufgeführt. Die Beschreibung enthält oft Implementierungshinweise oder Informationen zur Sichtbarkeit der Eigenschaft, zu Beschränkungen oder Zusatzfunktionen. Dazu gehören auch Warnungen über veraltete Eigenschaften ❷.

So wie manche Eigenschaften einer Klasse veralten, werden andere erst später hinzugefügt und sind in älteren Versionen der Klasse nicht verfügbar. Hierüber gibt die Anmerkung **Since** in der Beschreibung Auskunft ❸.

2.4 Typen von Views

Beim Aufbau der Benutzeroberfläche für Ihre SAPUI5-Applikation sind Views Ihre primäre Organisationseinheit für UI-Controls. Hier stehen Ihnen vier verschiedene Arten von Views zur Verfügung, die sich nicht inhaltlich, jedoch in ihrer Implementierungssprache und den damit verbundenen Möglichkeiten unterscheiden. In diesem Abschnitt erfahren Sie, wie Sie die verschiedenen Arten von Views implementieren und instanziieren und welche Möglichkeiten und Eigenheiten mit einzelnen View-Typen verbunden sind.

Als Beispiel werden alle Views die gleiche Kombination aus einem Feldbezeichner (*Label*), einem Eingabefeld (*Input*) und einer Schaltfläche (*Button*) aus der sap.m-Bibliothek enthalten (siehe Abbildung 2.16).

Abbildung 2.16 Beispiel-View mit Label, Input und Button

2.4.1 XML-View

XML-View

XML-Views werden in der Markup-Sprache XML definiert. Legen Sie für jede View grundsätzlich eine eigene Datei an. Die Dateiendung für XML-Views ist **.view.xml**.

Controls in einer XML-View werden durch XML-Tags repräsentiert. Ihre Eigenschaften fügen Sie als XML-Attribute hinzu.

Listing 2.1 zeigt, wie der in Abbildung 2.16 gezeigte Inhalt als XML-View in einer Datei **Example.view.xml** umgesetzt werden kann:

```
<mvc:View
    xmlns:mvc="sap.ui.core.mvc"
    xmlns="sap.m"  >
    controllerName="de.sapui5buch.demo.controller.Example"

    <Label text="Eingabe: " />
    <Input width="5rem" />
    <Button text="OK" />
</mvc:View>
```

Listing 2.1 Beispiel für eine XML-View

Sie beginnen die Definition Ihrer XML-Views mit dem XML-Tag <mvc:View>. Dieses Tag erzeugt zur Laufzeit ein sap.ui.core.mvc.View-Control. Das Präfix mvc definieren Sie im selben Zug als Kürzel für den Namensraum sap.ui.core.mvc.

Im Wurzelelement der XML-View definieren Sie mit dem Attribut xmlns alle Namensräume, deren Elemente Sie verwenden möchten. Dabei können Sie auch einen Standard-Namensraum ohne Präfix angeben. Da die gezeigte View hauptsächlich Elemente aus dem Namensraum `sap.m` enthalten soll, wird dieser mit dem Attribut `xmlns="sap.m"` als Standard festgelegt. Die Controls, die aus diesem Namensraum verwendet werden, können Sie dann ebenso ohne Präfix verwenden.

Controls, die Sie aus weiteren Namensräume verwenden, müssen Sie jeweils mit dem entsprechenden Präfix versehen. Verwenden Sie, soweit möglich, den letzten Teil des Namensraums. Nach dieser Konvention ergibt sich das Attribut `xmlns:mvc="sap.ui.core.mvc"`, das Sie in Zeile 2 sehen.

In der Regel verknüpfen Sie eine View mit einem Controller, der die Steuerung der View nach dem MVC-Prinzip übernimmt. Für XML-Views stellen Sie diese Verknüpfung her, indem Sie im Wurzelelement das Attribut `controllerName` mit dem Pfad zur entsprechenden ***.controller.js**-Datei belegen. Die Dateiendung **.controller.js** geben Sie hier nicht an.

Benennung von View und Controller

Verwenden Sie den gleichen Namen für Ihre View und ihren Controller. Eine **Example.view.js** sollten dementsprechend mit einem **Example.controller.js** verknüpfen. Somit lassen sich View- und Controller-Dateien leicht einander zuordnen.

XML-Views bieten Ihnen eine Reihe von Vorteilen: Durch die Markup-Sprache ähnelt die Strukturierung Ihrer Controls in der View der späteren Repräsentation zur Laufzeit.

XML-Views sichern Ihnen eine strenge Trennung zwischen Oberflächendefinition und Kontrolllogik, die beispielsweise bei JavaScript-Views technisch nicht gegeben ist.

Zudem können nur XML-Views im Layout-Editor der SAP Web IDE erstellt und bearbeitet werden. Aus diesen Gründen empfiehlt es sich, bei der SAPUI5-Entwicklung vorrangig XML-Views zu verwenden.

XML als empfohlener View-Typ

Verwenden Sie, wann immer möglich, XML-Views. So können sowohl Sie als auch andere Entwickler, die mit an der Applikation arbeiten, von den Vorteilen profitieren. Setzen Sie andere View-Typen nur dann ein, wenn zwingende Gründe dafür sprechen.

2.4.2 JavaScript-View

JS-View

JavaScript-Views haben den Vorteil, dass Sie dieselbe Sprache verwenden, die Sie auch für Controller- und Modellimplementierungen benötigen. Als Dateiendung verwenden Sie **.view.js**.

Für die Definition einer JavaScript-View nutzen Sie den Funktionsaufruf `sap.ui.jsview()` als Wurzelelement, dem Sie zwei Parameter übergeben. Der erste Parameter ist der Name der View. Als zweiten Parameter übergeben Sie einen JavaScript-Objektliteral, in dem Sie die zwei zentralen Methoden für JS-Views implementieren:

- `getControllerName()`: In dieser Funktion definieren Sie den Namen des zu verknüpfenden Controllers als Rückgabewert.
- `createContent()`: Hier definieren Sie die Inhalte der View und geben sie als Array zurück.

Um Controls in einer JavaScript-View zu platzieren, instanziieren Sie die entsprechenden Klassen mit den gewünschten Attributen im Rahmen der `createContent()`-Funktion.

Listing 2.2 zeigt die Inhalte der Beispiel-View, wie Sie sie in JavaScript erstellen können:

```
sap.ui.jsview("de.ui5buch.UI5_Buch.view.Example", {

    getControllerName: function() {
        return "de.ui5buch.UI5_Buch.controller.Example";
    },

    createContent: function (oController) {
        var oLabel = new sap.m.Label({
                text: "Eingabe: "
            });
        var oInput = new sap.m.Input({
                width: "5rem"
            });
        var oButton = new sap.m.Button({
                text: "Ok
            });
        return [oLabel, oInput, oButton];
    }
});
```

Listing 2.2 Beispiel für eine JavaScript-View

Wenn Sie JavaScript-Views einsetzen, müssen Sie einige Besonderheiten beachten und Zusatzschritte unternehmen, die Ihnen bei XML-Views abgenommen werden.

Es kann ein Vorteil sein, dass Sie mit JS-Views dieselbe Sprache sprechen, die Sie auch im Controller einsetzen. Dies führt jedoch auch dazu, dass Sie keine technische Trennung zwischen Benutzeroberflächendefinition und Kontrolllogik vorfinden, sondern sie selbst durchsetzen müssen.

Setzen Sie JavaScript-Views für hochdynamische Benutzeroberflächen ein, bei denen Sie zur Laufzeit viele Bedingungen beachten müssen, um genau die richtigen benötigten Controls zu instanziieren.

2.4.3 JSON-View

JSON-View

Bei JSON-Views definieren Sie die View komplett als Objekt in der *JavaScript Object Notation* (JSON). Die entsprechende Dateiendung ist **.view.json**.

Listing 2.3 zeigt die Umsetzung der Beispielview in JSON:

```
{
    "Type":"sap.ui.core.mvc.JSONView",
    "controllerName":"de.ui5buch.UI5_Buch.controller.Example",
    "content": [
        {
        "Type": "sap.m.Label",
        "text": "Eingabe: "
        },
        {
        "Type": "sap.m.Input",
        "width": "5rem"
        },
        {
            "Type":"sap.m.Button",
            "text":"Ok
        }
    ]
}
```

Listing 2.3 Beispiel für eine JSON-View

JSON-Views sind für den regulären Entwicklungsbetrieb nicht Ihre erste Wahl. Sie sind jedoch eine Option für Szenarien, in denen Sie Ihre SAPUI5-Views generieren lassen möchten.

2.4.4 HTML-View

HTML-View

Strukturell ähneln die Definitionen einer HTML-View denen von XML-Views, bieten aber nicht den gleichen Funktionsumfang, beispielsweise im Bereich Eventhandling oder in Bezug auf Hilfswerkzeuge.

HTML-Views definieren Sie wie in Listing 2.4 gezeigt.

```
<template data-controller-name="de.ui5buch.UI5_
Buch.controller.Example">
   <div data-sap-ui-type="sap.m.Label"
 data-text="Eingabe: " ></div>
   <div data-sap-ui-type="sap.m.Input"
 data-width="5rem" ></div>
   <div data-sap-ui-type="sap.m.Button"
 data-text="Ok" ></div>
 </template>
```

Listing 2.4 Beispiel für eine HTML-View

2.5 Modelle

Dieser Abschnitt gibt Ihnen einen ersten Überblick über die in SAPUI5 verfügbaren Modellklassen und ihren Einsatz. Ihr Wissen dazu wird in Kapitel 12, »Arbeiten mit Modellen«, vertieft.

2.5.1 Grundlagen

Die Modelle stellen Ihre primären Möglichkeiten zur Datenhaltung und zur Kommunikation mit Backendsystemen und anderen Datenquellen dar.

Modelle nehmen in der SAPUI5-Klassenhierarchie eine besondere Position ein. Während die View- und Controller-Klassen im Namensraum `sap.ui.core.mvc` liegen, befinden sich die Modelle im separaten Namensraum der Core-Bibliothek `sap.ui.model`.

Vererbung von Modellen

Modellklassen erben von der Klasse `MessageProcessor`. Diese bietet die notwendigen Funktionen für die Verarbeitung von Nachrichten wie Fehlermeldungen im Zusammenhang mit Modelldaten (z. B. ein fehlgeschlagener Schreibvorgang). Für Clientmodelle können diese Nachrichten in der Applikation gesetzt werden, Modelle mit einer Serververbindung empfangen Nachrichten vom Server und können diese direkt verarbeiten.

Die Klasse `sap.ui.model.Model` ist die Basisklasse für alle Modelle. Sie liefert grundlegende Methoden rund um Datenbindung und das Eventhandling im Zusammenhang mit dem Laden oder Ändern von Daten.

Die Klasse `sap.ui.model.ClientModel` ist die abschließende abstrakte Klasse für clientseitige Modelle. Hier kommen einige Methoden hinzu, beispielsweise zur Cacheverwaltung. Die Klasse dient auch als Ausgangspunkt für die Entwicklung eigener Clientmodelle.

Die Klasse `sap.ui.core.json.JSONModel` definiert schließlich die konkrete Implementierung des Modells als Clientmodell mit Daten auf JSON-Basis. Hier kommt – ähnlich wie für andere Modelle – ein eigener Namensraum `json` unterhalb von `sap.ui.model` zum Einsatz. Die Implementierungsklasse bietet Methoden zum Setzen und Laden der gesamten JSON-Daten oder einzelner Datenelemente.

Arten von Modellen

Je nach Szenario oder verfügbaren Schnittstellen setzen Sie unterschiedliche Typen von Modellen ein. Die Modelle unterscheiden sich in verschiedenen Aspekten, darunter:

- das Format, in dem die Daten gehalten werden
- die Lokalität der gehaltenen bzw. abgerufenen Daten – wobei zwischen serverseitigen und clientseitigen Modellen unterschieden werden kann
- die angebotene Funktionalität zur Interaktion mit Backendverbindungen
- das Ausmaß, in welchem Daten verändert und zwischen Benutzeroberfläche und Modell bzw. zwischen Modell und Datenquelle ausgetauscht werden

Abbildung 2.17 zeigt die vier primär in SAPUI5 verfügbaren Modelle und wie sie sich in die Kategorien *Datenlokalität* und *Datendynamik* einordnen lassen.

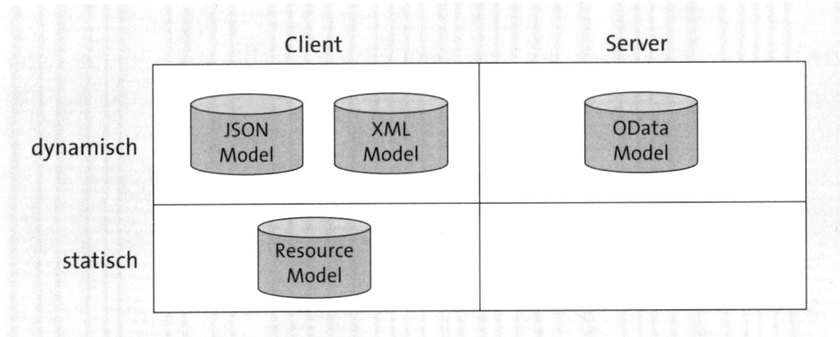

Abbildung 2.17 Verfügbare Modelle in SAPUI5

JSON- und XML-Modell

Bezüglich der Lokalität der Daten auf Clientseite bietet SAPI5 die beiden Modelle *JSON-Modell* und *XML-Modell*. Diese können Sie für den dynamischen

Datenaustausch zwischen View und Model einsetzen. Die Daten werden vollständig im Client gehalten. Sie bieten somit keine Möglichkeit, Daten automatisch von einem Server aufzufrischen, kontingentweise abzurufen oder zu schreiben. Die Daten haben entweder JSON- oder XML-Format.

Als Datenquellen können Dateien oder entsprechende Web Services dienen. Die JSON- und XML-Modelle sind geeignet für die lokale Datenhaltung, Zustandsverwaltung oder kleinere Datenmodelle, die in der Regel nicht die primären Geschäftsdaten Ihrer Applikation verwalten. Je nach Ihren Anforderungen und Ihrer Implementierung ist dies jedoch auch nicht ausgeschlossen.

OData-Modell

Den clientseitigen Modellen gegenüber stehen die serverseitigen *OData-Modelle*. Die Daten, die Sie mit diesen Modellen nutzen, werden auf einem Server, z. B. einem SAP-System, gehalten und über einen OData-Service zur Verfügung gestellt. Das OData-Modell stellt die Methoden zur Interaktion mit diesem Service zur Verfügung. Gleichzeitig erstellt ein OData-Modell eine clientseitige Repräsentation der Daten. Diese werden nicht vollständig geladen, sondern per HTTP-Request abgerufen. Dies geschieht in bestimmten Situationen automatisch, z. B. beim Laden einer View, bei der Änderung einer Tabelle oder beim Schreiben eines Wertes.

Das OData-Modell ist in SAPUI5 in den Versionen v2 und v4 für die entsprechenden OData-Versionen vorhanden. Sie finden sie in den Namensräumen `sap.ui.model.odata.v2` und `sap.ui.model.odata.v4`. Typischerweise beziehen Sie die primären Geschäftsdaten für Ihre Anwendungen über einen OData-Service und halten sie in einem OData-Modell.

Ressourcenmodell

Die letzte Art von Modell ist das *Ressourcenmodell*. Es dient zur Haltung statischer Applikationsressourcen auf der Clientseite. Auf diese Art hinterlegen Sie beispielsweise lokalisierte Applikationstexte für Überschriften, Feldbezeichner oder Meldungstexte in Ihren SAPUI5-Applikationen. Ressourcenmodelle setzen Sie allgemein für Daten ein, die nicht durch Nutzereingaben entstehen oder modifiziert werden und sich im Laufe der Applikation nicht ändern. Die Ressourcen werden einmalig geladen und in der Regel auch nur einmalig gebunden, weshalb wir sie in Abbildung 2.17 als »statisch« klassifizieren.

2.5.2 Modelle nutzbar machen

Die Funktion »setModel()«

Damit ein Modell per Datenbindung in einer View genutzt werden kann, muss es der View bekannt gemacht werden. Das Modell wird auf Ebene der View gesetzt. Dies geschieht durch die Funktion `setModel()`. Dieser Funktion übergeben Sie als ersten Parameter das Modellobjekt. Über einen optionalen zweiten Parameter können Sie ein Modell unter einem Namen an eine View setzen. Das Modell muss anschließend unter diesem Namen referenziert werden.

Modellnamen und Standardmodell

Dies ist dann notwendig, wenn Sie mehrere Modelle an demselben Objekt setzen möchten. So kann über den Namen beim Modellzugriff unterschieden werden, auf welches der gesetzten Modelle zugegriffen werden soll. Dabei können Sie ein *Standardmodell* setzen, indem Sie keinen Namen vergeben. Modellzugriffe darauf finden dann ohne Angabe eines Namens statt. Alle weiteren Modelle, die Sie auf demselben Objekt setzen möchten, müssen mit einem Namen ausgestattet sein.

Die `setModel()`-Funktion wird durch die Basisklasse `sap.ui.base.ManagedObject` bereitgestellt. Folgerichtig kann ein Modell auf allen von `ManagedObject` ableitenden Klassen gesetzt werden. Sie könnten somit ein Modell auch nur einem einzelnen Control bekannt machen oder einer ganzen Anwendung über deren Klasse `sap.ui.core.Component`. Zuletzt bietet auch der SAPUI5-Core eine Funktion `setModel` an, so dass ein Modell theoretisch direkt auf dem Core gesetzt werden kann. Im Sinne einer Kapselung von Daten je Anwendung sollten Sie dies jedoch vermeiden.

Vererbung des Modellzugriffs

Ist ein Modell für ein bestimmtes Objekt (z. B. eine View) gesetzt, sind die Modelldaten nicht nur für diese View nutzbar, sondern auch für alle darin geschachtelten Objekte. Es findet also eine Art *Vererbung des Modellzugriffs* statt (siehe Abbildung 2.18).

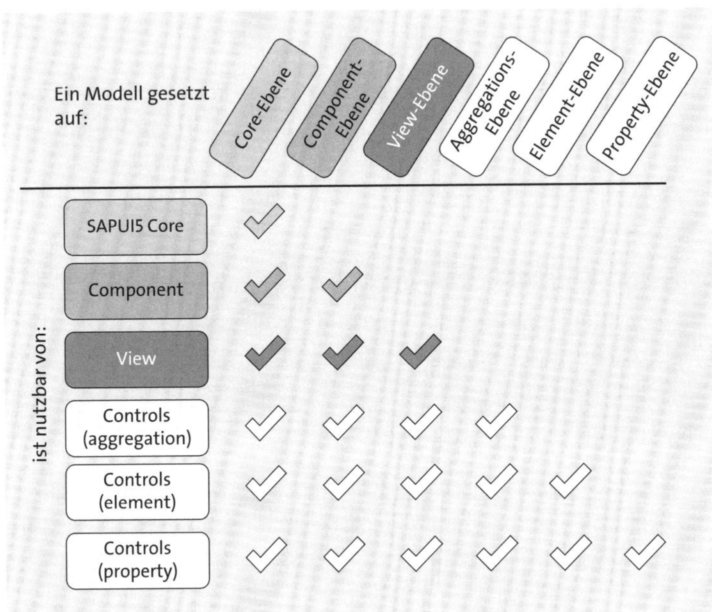

Abbildung 2.18 Unterschiedliche Ebenen des Modellzugriffs

Ein auf Component-Ebene gesetztes Modell ist also in allen Views, die zu dieser Komponente gehören, sowie in deren Controls an jeder Stelle verfügbar. Wird ein Modell auf einer Aggregation eines Controls gesetzt, ist es in allen Kindelementen der Aggregation und deren Eigenschaften verfügbar.

2.5.3 Binding-Modi

Ob Daten in einem Modell eher statischer oder dynamischer Natur sind, wirkt sich auch auf die Art aus, wie die Datenbindung zwischen Modell und Benutzeroberfläche aufgebaut werden sollte.

Verfügbare Binding-Modi

In SAPUI5 stehen Ihnen drei Modi der Datenbindung zur Verfügung: OneTime, OneWay und TwoWay.

Im Binding-Modus OneTime binden Sie die Daten aus dem Modell genau einmal an die Benutzeroberfläche. Änderungen an den Daten im Modell sind in diesem Szenario nicht vorgesehen und haben dementsprechend auch keine Auswirkung auf die Benutzeroberfläche. Nutzen Sie diesen Modus also für statische Modelle wie Ressourcenmodelle.

Im Modus OneWay werden die Daten so an die Benutzeroberfläche gebunden, dass Änderungen im Modell direkt an die Benutzeroberfläche übertragen werden. Nutzen Sie das OneWay-Binding für Modelle, deren Daten sich jederzeit, etwa programmatisch oder durch einen erneuten Serverabruf, ändern können, wenn eine Änderung jedoch nicht durch direkte Benutzereingaben geschehen soll.

Nutzen Sie den Modus TwoWay, wenn Sie Änderungen und Benutzereingaben an Controls direkt in das gebundene Modell zurückschreiben möchten. In diesem Modus wird ein Text, den ein Anwender in ein Inputfeld eintippt, direkt im daran gebundenen Modellparameter auftauchen. Ebenso wird die Selektion oder Nichtselektion einer gebundenen CheckBox direkt im Modell gespiegelt.

Das TwoWay-Binding kann etwa dann sinnvoll sein, wenn Sie ein Eingabeformular gegen ein Modell gebunden haben und die eingegebenen Formulardaten direkt über das Modell persistieren möchten, ohne sie vorher aus den Controls extrahieren zu müssen.

Abbildung 2.19 illustriert die drei Modi.

Die in diesem Abschnitt gezeigten Modelle haben verschiedene Standardmodi und unterstützen unterschiedliche Arten von Binding-Modi. Sie können den Modus über die Funktion setDefaultBindingMode() ändern. Die Funktion ist in der Basisklasse sap.ui.model.Model definiert und wird somit von jeder Art Modell unterstützt. Tabelle 2.4 zeigt, welches Modell welchen Modus unterstützt und standardmäßig einsetzt:

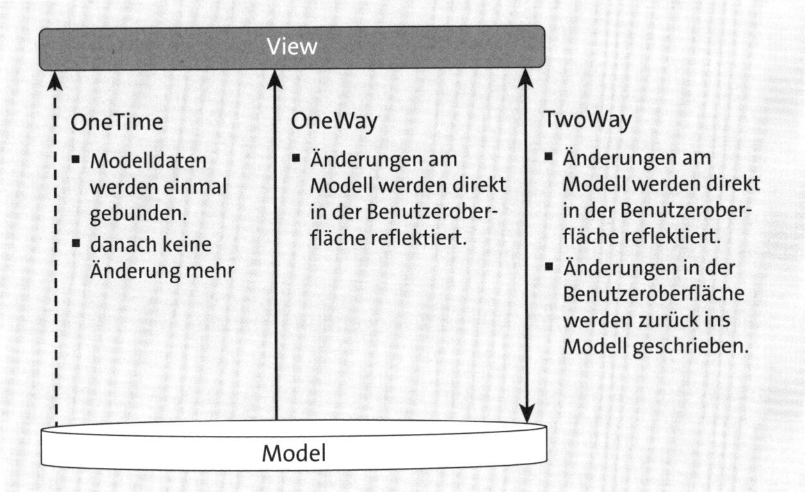

Abbildung 2.19 Verfügbare Modi für die Datenbindung

Modell	OneTime	OneWay	TwoWay
Ressourcenmodell	ja	Standard	nein
JSON-Modell und XML-Modell	ja	ja	Standard
OData-Modell v2	ja	Standard	ja
OData-Modell v4	ja	ja	Standard

Tabelle 2.4 Unterstützte und Standard-Binding-Modi

2.5.4 Das JSON-Modell

JSON-Modell

Das Modell `sap.ui.model.json.JSONModel` erlaubt Ihnen, Daten im JSON-Format clientseitig vorzuhalten und in Ihrer Benutzeroberfläche zu nutzen. Als Beispiel denken wir uns eine Liste von Personen, die durch Name, Vorname und einen nicht näher definierten Status beschrieben werden sollen. Listing 2.5 zeigt die Daten, wie sie in einer Datei **data.json** liegen könnten:

```
{
    "personen": [
        {
            "status": "rot",
            "name": "Müller",
```

```
                "vorname": "Meike"
            },
            {
                "status": "grün",
                "name": "Huber",
                "vorname": "Heike"
            }
        ]
}
```

Listing 2.5 Beispieldaten in einem JSON-Modell

Um diese Daten in Ihrer Applikation verwenden zu können, erstellen Sie zunächst eine Instanz der Klasse `JSONModel`. Dies kann zum Beispiel in einem Controller einer View geschehen, wenn Sie es programmatisch instanziieren.

Laden Sie anschließend mit der `loadData()`-Methode des Controllers die Daten in das Model. Als Parameter geben Sie die relative URL zur JSON-Datei an. Liegt diese beispielsweise in Ihrem **webapp**-Verzeichnis unter **localService**, so geben Sie **localService/data.json** an. Listing 2.6 zeigt diese Schritte in den Zeilen 1 und 2:

```
var oJSONModel = new sap.ui.model.json.JSONModel();
oJSONModel.loadData("localService/data.json");
this.getView().setModel(oJSONModel);
```

Listing 2.6 Instanziierung eines JSON-Modells

In Zeile 3 wird schließlich das Modell mit der View in Verbindung gebracht, indem die Methode `setModel()` der View aufgerufen wird. Das JSON Model ist anschließend in dieser View und allen darin geschachtelten Controls verfügbar.

2.5.5 Das XML-Modell

XML-Modell

Das Modell `sap.ui.model.xml.XMLModel` erlaubt Ihnen, analog zum JSON Model, clientseitige XML-Daten zu nutzen.

Listing 2.7 zeigt die vorherigen Daten jetzt als XML, wie sie in einem XML-Modell gehalten werden könnten:

```
<personen>
    <person status="rot">
        <name>Müller</name>
```

```
        <vorname>Meike</vorname>
    </person>
    <person status="grün">
        <name>Huber</name>
        <vorname>Heike</vorname>
    </person>
</personen>
```

Listing 2.7 Beispieldaten in einem XML-Modell

Auch das XML-Modell instanziieren Sie entsprechend in Ihrer Applikation und setzen die Daten, wie in Listing 2.8 zu sehen ist:

```
var oXMLModel = new sap.ui.model.xml.XMLModel("localService/
data.xml");
this.getView().setModel(oXMLModel);
```

Listing 2.8 Instanziierung eines XML-Modells

Auch hier könnte die loadData()-Methode des XML-Modells genutzt werden, um die Daten aus einer XML-Datei, hier **data.xml**, in das Modell zu laden. Stattdessen können Sie die URL zur XML-Datei auch direkt als Parameter bei der Modellinstanziierung angeben.

2.5.6 Das OData-Modell

OData-Modell

Ein OData-Modell benötigt für seine Initialisierung die Angabe einer URL, die auf den OData-Service zeigt, dessen Daten das Modell abrufen und beinhalten soll.

Listing 2.9 zeigt diese Initialisierung für ein v4-OData-Modell:

```
var oODataModel = new sap.ui.model.odata.v4.ODataModel({
  serviceUrl: "path/to/odata.svc",
  synchronizationMode: "None"
});
this.getView().setModel(oODataModel );
```

Listing 2.9 Instanziierung eines OData-Modells

Für das v4-Modell muss neben dem Parameter serviceUrl auch der Parameter synchronizationMode gesetzt werden. Für diesen ist None der derzeit einzig zulässige Wert. Das Setzen des Modells und die Datenbindung geschehen anschließend auf die gleiche Weise wie beim JSON-Modell.

Die Daten für das OData-Modell werden bei der Initialisierung eines gebundenen Controls, etwa einer Liste, automatisch durch einen Serverabruf geladen. Weiterführende Details zur Arbeit mit dem OData-Modell sind in Kapitel 12, »Arbeiten mit Modellen«, aufgeführt.

2.5.7 Das Ressourcenmodell

Ressourcenmodell

Das Ressourcenmodell hält seine Daten gebündelt. Im Standardszenario der Lokalisierung einer Anwendung für mehrere Sprachen werden die verschiedenen Dateien (eine Datei je unterstützter Sprache) entsprechend als Bündel in das Ressourcenmodell geladen und dann ähnlich den anderen Modellen in der Applikation verfügbar gemacht (siehe Abbildung 2.20).

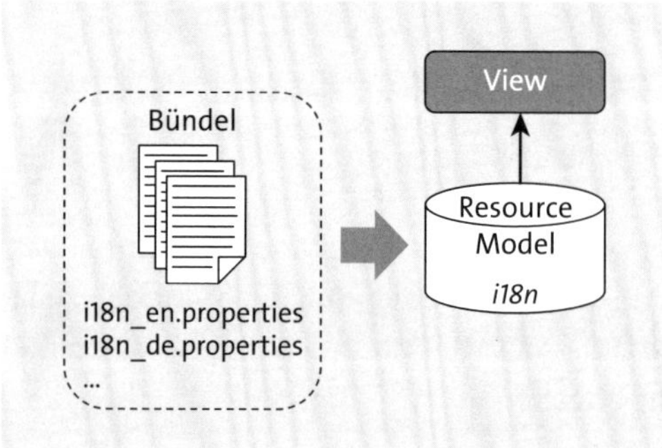

Abbildung 2.20 Ressourcenbündel und das Ressourcenmodell

Wie bereits in Abschnitt 2.2.1 erwähnt, halten Sie die übersetzten Texte für Ihre Anwendung in **i18n.properties**-Dateien im Verzeichnis **i18n** vor. Listing 2.10 zeigt, wie diese Key-Value-Paare in einem einfachen Fall aussehen können:

```
input=Eingabe:
ok=Ok
firstName=Vorname
lastName=Name
```

Listing 2.10 Beispielinhalt einer »i18n.properties«-Datei

Den Schlüssel auf der linken Seite referenzieren Sie in der Anwendung, so dass der Wert auf der rechten Seite angezeigt werden kann. Bei der Instanziierung des Ressourcenmodells geben Sie den Pfad zu diesem Verzeichnis als Bündelname an. Listing 2.11 zeigt dieses Vorgehen:

```
var oResourceModel = new sap.ui.model.resource.ResourceModel({
  bundleName:"de.ui5buch.UI5_Buch.i18n.i18n"
});
oResourceModel.setDefaultBindingMode("OneTime");
this.getView().setModel(oResourceModel, "i18n");
```

Listing 2.11 Instanziierung eines Ressourcenmodells

»OneWay« als Standard

Der voreingestellte Binding-Modus des Ressourcenmodells ist `OneWay`. Er wird verwendet, wenn das Modell asynchron geladen wird. Im gezeigten Beispiel ändern wir den Modus jedoch explizit, da das Modell hier synchron geladen wird.

Zusätzlich wird der `setModel()`-Methode ein zweiter Parameter für den Modellnamen mitgegeben. Per Konvention ist der Name des für die Lokalisierung zuständigen Modells `i18n`.

2.6 Datenbindung

In diesem Abschnitt erfahren Sie, welche grundsätzlichen Möglichkeiten Sie haben, Datenbindungen zwischen Ihren Modelldaten und den Elementen Ihrer Benutzeroberfläche herzustellen.

Abhängig davon, welches Element Sie binden wollen – sei es ein einfaches Textfeld, eine Liste oder ein Formular –, kommen verschiedene Arten von Bindungen einzeln oder in Kombination zum Einsatz.

2.6.1 Binding-Syntax

Sehen Sie sich zunächst die grundlegende *Binding-Syntax* an, die den meisten Bindungen gemein ist. Listing 2.12 zeigt, wie die einfache Beispiel-XML-View aus Listing 2.1 in Abschnitt 2.4.1 so erweitert wird, dass die Beschriftungstexte für das dort gezeigte Label und den Button nicht mehr hartkodiert in der XML-View stehen müssen, sondern per Datenbindung aus dem zuvor definierten Ressourcenmodell `i18n` geschöpft werden.

```
<Label text="{i18n>input}" />
<Input width="5rem" />
<Button text="{i18n>ok}" />
```

Listing 2.12 Einfaches Beispiel einer Datenbindung

Binding-Syntax

Sie setzen eine Datenbindung in einer XML-View über **geschweifte Klammern**. Innerhalb dieser Klammern geben Sie den Binding-Pfad an. Die Syntax des Binding-Pfades ist abhängig von der Art des verwendeten Modells.

Im gezeigten Beispiel werden die Schlüssel `input` und `ok` aus dem Ressourcenmodell referenziert. Der Binding-Pfad im Ressourcenmodell besteht ausschließlich aus dem jeweiligen Schlüsselwert.

Da das Ressourcenmodell unter dem Namen `i18n` auf der Beispiel-View gesetzt wurde, muss das Binding den Modellnamen referenzieren. Das Symbol > dient hierbei als Trennzeichen zwischen dem Modellnamen und dem Binding-Pfad. Binden Sie Daten aus dem Standardmodell, entfällt die Namensangabe, und die geschweiften Klammern enthalten nur den Binding-Pfad.

Sehen wir uns als Nächstes die verschiedenen Binding-Typen an.

2.6.2 Property-Binding

Binding-Typen

Beim *Property-Binding* binden Sie eine Eigenschaft (Property) eines Controls gegen einen Modellparameter. Die beiden in Listing 2.12 gezeigten Bindungen stellen ein solches Property-Binding dar, in dem die Eigenschaft `text` des Labels bzw. Buttons gegen einen Parameter aus dem i18n-Ressourcenmodell gebunden wurden. Abbildung 2.21 zeigt dieses Prinzip anhand eines Beispiels.

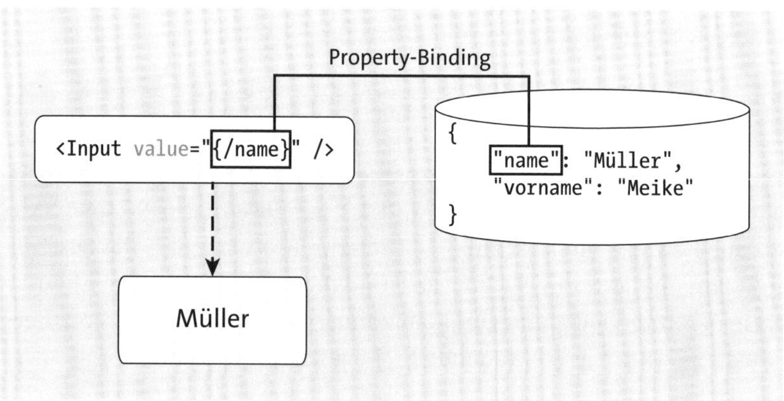

Abbildung 2.21 Property-Binding

Hier wird die Eigenschaft `value` eines Input-Controls gegen den Modellparameter `name` aus einem JSON-Modell gebunden. Das / im Binding-Pfad referenziert das Wurzelelements des Modells.

[«]

Binding-Pfad-Syntax in Client- und OData-Modellen

Für das JSON-Modell, ebenso wie für das XML-Modell und die OData-Modelle, ist die Syntax des Binding-Pfades ähnlich der eines Verzeichnispfades. Die Inhalte dieser Modelle können komplex und tief verschachtelt sein.

Bindungen auf Parameter dieser Modelle müssen stets einen vollständigen Pfad ergeben, der bis auf das Wurzelelement / des Modells zurückführt. Dies kann über einen *absoluten* Pfad geschehen oder durch die Kombination aus dem absoluten Pfad eines sogenannten *Binding-Contexts* und einem *relativen* Binding-Pfad.

Sie können ein Property-Binding für ein von `ManagedObject` abgeleitetes Objekt auch programmatisch erstellen, indem Sie die Funktion `bindProperty()` verwenden und ihr den entsprechenden Binding-Pfad übergeben.

2.6.3 Aggregation-Binding

List-Binding

Beim *Aggregation-Binding* wird eine Aggregation eines Controls gegen einen Modellparameter gebunden. Nutzen Sie das Aggregation-Binding, um eine Liste von Elementen im Modell abzubilden. Dies kann im Modell sowohl ein Array als auch ein Objekt mit einer Reihe von verschachtelten Elementen sein (siehe Abbildung 2.22). Das Aggregation-Binding erhält daher manchmal den Namen *List-Binding*.

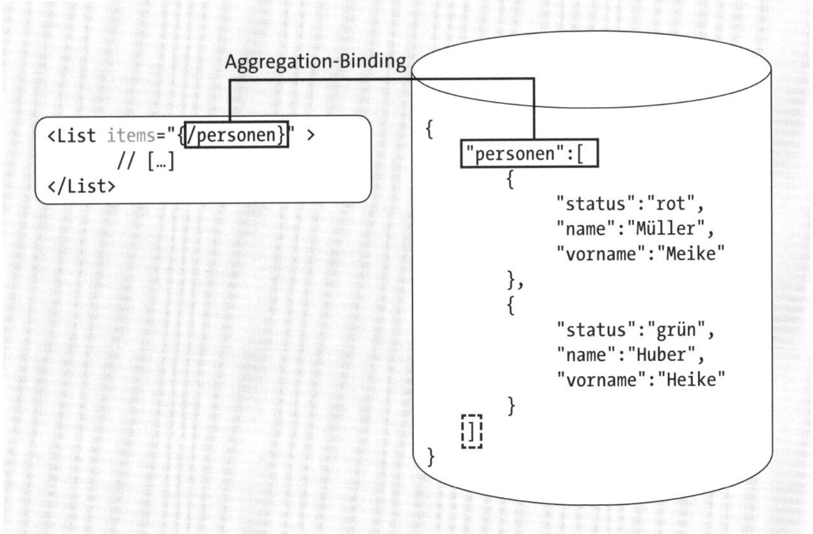

Abbildung 2.22 Aggregation-Binding des JSON-Modells aus Abschnitt 2.5.4

Die `items`-Aggregation des `sap.m.List`-Controls in Abbildung 2.22 wird gegen das Array `personen` aus dem JSON-Modell gebunden. Da das Array direkt unter dem Wurzelelement des JSON-Modells steht, lautet der Binding-Pfad `/personen`.

Ein Aggregation-Binding allein führt noch nicht zu einer Anzeige der gebundenen Modelldaten. Die `sap.m.List` ist zunächst ein Container, in den wiederum einzelne Listenelemente (*List-Items*) generiert werden können.

Template-Control

Für diese Listenelemente müssen Sie eine Vorlage, ein sogenanntes *Template-Control*, definieren. Anschließend kann, basierend auf diesem Template, für jeden Eintrag in der gebundenen Liste aus dem Modell ein entsprechendes Listenelement erstellt werden.

Für eine einfache Liste mit `sap.m.List` verwenden Sie als Listenelement beispielsweise die Klasse `sap.m.StandardListItem`. Abbildung 2.23 zeigt, wie Sie das Template-Control in Ihre `sap.m.List` einbetten:

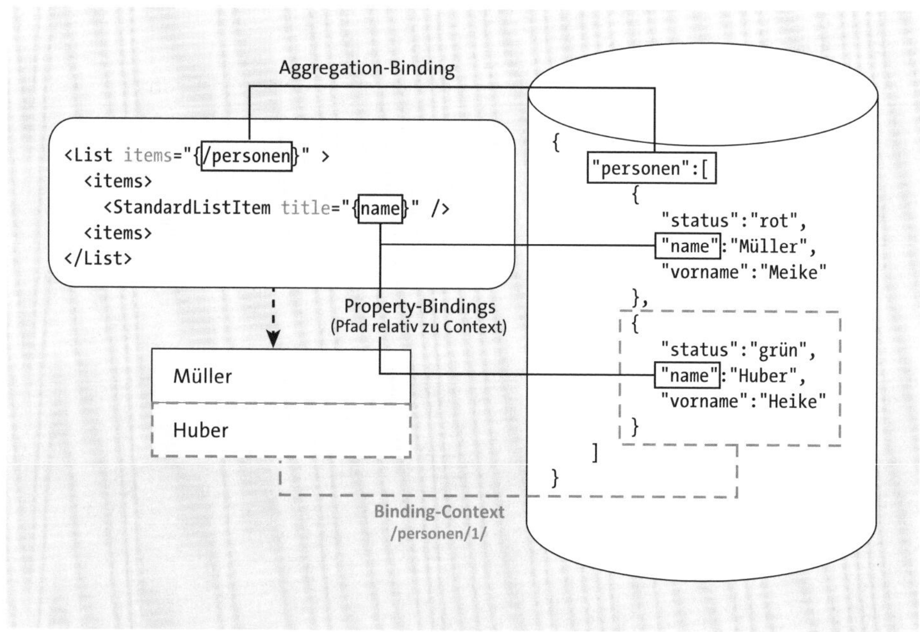

Abbildung 2.23 Aggregation-Binding mit Binding-Context

Platzieren Sie das `StandardListItem` verschachtelt innerhalb Ihrer `sap.m.List`. Sie können nun die Eigenschaft `title` des `StandardListItem`-Elements gegen einen Parameter der Objekte binden, die in dem Array `personen` im Modell vorhanden sind. Es handelt sich hierbei nun wieder um ein Property-Binding. Für jedes der im Array enthaltenen Objekte wird nun das

Template-Control, das Sie definiert haben, geklont, und die Daten des jeweiligen Modellobjekts werden darin angezeigt.

Relative Pfade

Beachten Sie, dass der Binding-Pfad des Property-Bindings nun ohne / beginnt. Es handelt sich hierbei um einen relativen Pfad. Der Pfad ist relativ zum jeweiligen Binding-Context, der jeweils auf das gebundene Objekt aus dem Array zeigt. Der in Abbildung 2.23 gezeigte Binding-Context hat den absoluten Binding-Pfad `/personen/1`. Die `1` steht hierbei für den Index des Objektes innerhalb des Arrays. Wird der relative Pfad des Property-Bindings `name` angehängt, ergibt sich der vollständige Binding-Pfad innerhalb des Modells: `/personen/1/name`.

[«]

Default-Aggregationen

In Abbildung 2.23 ist zusätzlich die `<items></items>`-Aggregation der Liste explizit im XML angegeben und `StandardListItem` darin enthalten. Für `sap.m.List` könnte diese Angabe entfallen, da es sich bei der `items`-Aggregation um die Default-Aggregation der Liste handelt. Elemente, die Sie nicht explizit in einer Aggregation platzieren, werden ihr automatisch zugerechnet.

Für Controls ohne eine Default-Aggregation *müssen* Sie die Aggregation explizit angeben, in der Sie weitere Controls schachteln wollen.

Sie können ein Aggregation-Binding auch programmatisch über die Funktion `bindAggregation()` erstellen.

2.6.4 Element-Binding

Element-Binding

Das *Element-Binding*, manchmal auch *Context-Binding* genannt, bindet ein gesamtes Objekt Ihrer Benutzeroberfläche gegen ein Objekt eines Modells. Dies kann beispielsweise ein Formular sein, eine Tabelle oder eine ganze View.

Beim Element-Binding wird ein Modellkontext gebunden. Implizit geschieht dies auch bei dem in Abbildung 2.23 in Abschnitt 2.6.3 gezeigten Aggregation-Binding auf einer Liste. Dort wird der Kontext eines Objekts aus einem Array jeweils gegen ein `ListItem` gebunden.

Ein solches Binding können Sie auch explizit herstellen (siehe Abbildung 2.24). Hierfür bietet die Klasse `ManagedObject` die Funktion `bindObject()`.

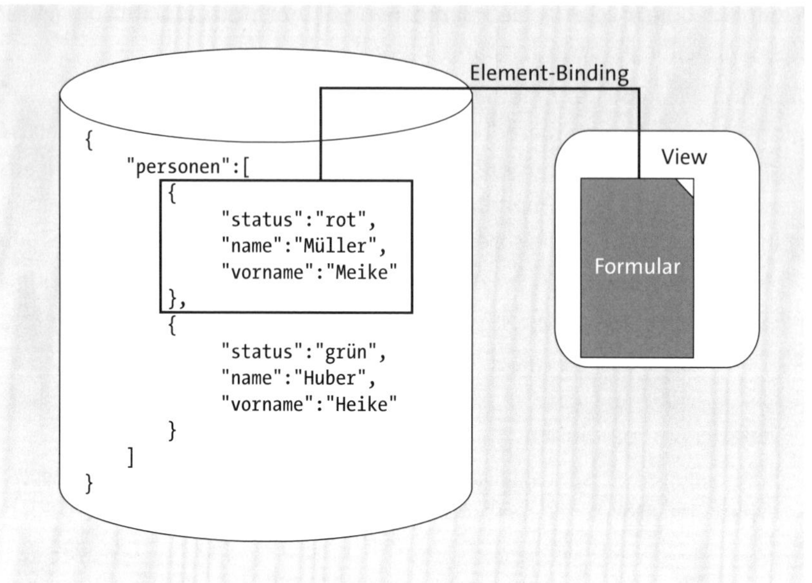

Abbildung 2.24 Element-Binding

2.6.5 Expression-Binding

Ein *Expression-Binding* erlaubt Ihnen, JavaScript-Ausdrücke in einem begrenzten Umfang in XML-Views einzubringen. Das Expression-Binding kann in Kombination mit anderen Bindungen auf Eigenschaften oder Aggregationen angewendet werden. Als häufigsten Fall werden Sie Property-Bindings mit JavaScript-Ausdrücken anreichern.

Die Syntax für ein Expression-Binding ist `{= JS-Ausdruck }`. Neben den üblichen geschweiften Klammern für eine Bindung fügen Sie der öffnenden Klammer ein Gleichheitszeichen an, um ein Expression-Binding zu starten. Innerhalb der Klammern können Sie jetzt JavaScript-Ausdrücke schreiben.

Nutzen Sie Expression-Bindings, um kleine Abschnitte von Funktionalität in eine XML-View einzubringen. Dies kann das Bestimmen einer Länge eines Arrays mit `[].length` sein, eine Berechnung oder der Vergleich über einen ternären Operator. Auch JavaScript-Funktionen wie `Math.sqrt()` und ähnliche können Sie in Expression-Bindings verwenden.

Modellzugriff im Expression-Binding

Wollen Sie innerhalb eines Expression-Bindings auf Modellwerte zugreifen, so können Sie das wie bei einem regulären Property-Binding vornehmen, mit der Besonderheit, dass Sie dem Binding ein $ voranstellen. Die Syntax ist also `{= ...JS... ${Modellzugriff} ...JS... }`. Der Binding-Pfad und Modellname innerhalb des Modellzugriffs sind identisch mit denen in Property-Bindings.

Listing 2.13 zeigt, wie ein Expression-Binding genutzt werden kann, um das Attribut `status` aus dem JSON-Modell an die `state`-Eigenschaft eines `ObjectStatus` zu binden und ihren Wert abhängig vom Modellwert zu setzen:

```
<ObjectStatus
  text="{status}"
  state="{= ${status} === 'rot' ? 'Error' : 'Success' }"
/>
```

Listing 2.13 Expression-Binding

Neben einem regulären Property-Binding der `text`-Eigenschaft wird die `state`-Eigenschaft mit einem Expression-Binding versehen, in dem der Modellparameter `status` über einen ternären Operator überprüft wird. Ist der Wert des Parameters **rot**, so wird durch das Expression-Binding der Wert **Error** für das `state` Attribut gesetzt. Im anderen Fall wird **Success** gesetzt. Diese beiden *semantischen Farben* äußern sich im `ObjectStatus` in der Farbe des Textes (siehe Abbildung 2.25).

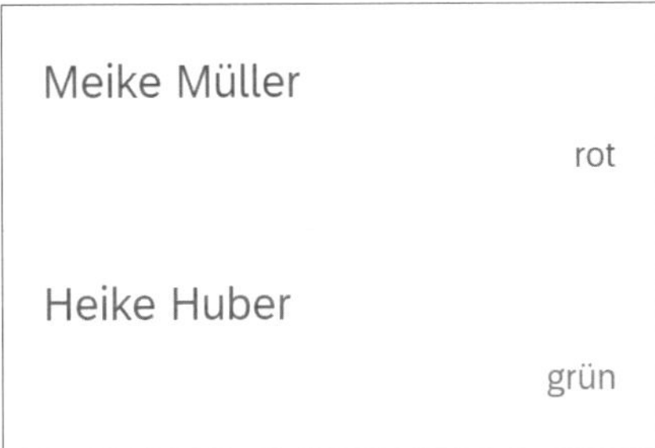

Abbildung 2.25 Semantische Farben in einer Benutzeroberfläche

Abbildung 2.25 zeigt mehr als nur den in Listing 2.13 definierten `ObjectStatus`. Dieser ist im rechten Teil der Abbildung zu sehen, während die Abbildung insgesamt zwei `ObjectListItem`-Objekte zeigt, die gegen das JSON-Modell gebunden sind.

Bei der Nutzung von Expression-Bindings müssen Sie einige Besonderheiten beachten. Möchten Sie, dass der Ausdruck nur einmal evaluiert wird, beginnen Sie das Expression-Binding mit `{:= ... }`. Auf diese Weise werden keine Listener für Modelländerungen registriert, was die Performance etwas verbessert.

Beachten Sie, dass es innerhalb von Expression-Bindings einige Einschränkungen bei HTML- bzw. XML-Tags gibt. So können Sie beispielsweise das <-Zeichen nicht als Vergleichsoperator nutzen und müssen stattdessen `<` verwenden. Ebenso müssen Sie `&` durch `&` ersetzen. Eine genauere Auflistung der möglichen Operatoren liefert die SAPUI5-Dokumentation zu Expression-Bindings.

2.6.6 Calculated Properties

Über zusammengesetzte Attribute, sogenannte *Calculated Properties*, haben Sie die Möglichkeit, mehrere Modellparameter an dieselbe Eigenschaft zu binden. Diese Art der Bindung wird auch *Composite Binding* genannt.

Sie können dies auf zwei verschiedenen Wegen erreichen:

1. Sie nutzen innerhalb eines Property-Bindings den Parameter `parts`, der Ihnen erlaubt, mehrere Binding-Pfade zu kombinieren.
2. Sie erstellen innerhalb der Eigenschaft mehrere Bindings. Dabei können Sie Property-Bindings und Expression-Bindings miteinander kombinieren.

Composite Binding

Listing 2.14 zeigt, wie Sie den Parameter `parts` einsetzen, um die Eigenschaft `title` eines `ObjectListItem`-Elements mit den Parametern `name` und `vorname` aus dem JSON-Modell zu versehen:

```
<List items="{/personen}">
    <ObjectListItem title="{
        parts: [
            'vorname',
            'name'
        ]
    }" />
</List>
```

Listing 2.14 Zusammengesetztes Binding

Sie fügen innerhalb der Bindung das Array `parts` ein, in das Sie in Anführungszeichen die beiden Binding-Pfade einsetzen. Hierbei müssen Sie einfache Anführungszeichen wählen, da wir uns an dieser Stelle bereits im Kontext doppelter Anführungszeichen befinden und diesen nicht vorschnell schließen möchten.

Die Parameter der beiden Pfade werden auf diese Weise automatisch aneinandergehängt und durch ein Leerzeichen getrennt. Die Ausgabe der Listenelemente wäre dann entsprechend »Meike Müller« und »Heike Huber«.

Komplexe Binding-Syntax

Über den Parameter `parts` können Sie auch mehrere Parameter an eine Formatter-Funktion übergeben. Listing 2.15 zeigt, wie dieselben beiden Modellparameter über die Kombination zweier Bindings gesetzt werden können.

```
<List items="{/personen}">
    <ObjectListItem title="{name}, {vorname}" />
</List>
```

Listing 2.15 Zusammengesetztes Binding mit komplexer Syntax

Dieses Vorgehen hat den Vorteil, dass Sie die Kontrolle darüber haben, wie die Modellparameter aneinandergefügt werden. In Listing 2.15 wurde beispielsweise ein Komma zwischen den beiden Parametern eingefügt. Die Ausgabe des Listenelements wäre in diesem Fall »Müller, Meike«.

[«]

Komplexe Binding-Syntax

Diese Art, zusammengesetzte Attribute über die Kombination mehrere Bindings zu erstellen, nimmt die sogenannte *komplexe Binding-Syntax* in Anspruch. Damit dies möglich ist, stellen Sie bei Standalone-Anwendungen sicher, dass im Bootstrap-Skript Ihrer **index.html**-Datei die folgende Passage vorhanden ist:

```
data-sap-ui-bindingSyntax="complex"
```

Andernfalls wird Ihr Binding nichts anzeigen.

2.7 Entwicklungs- und Laufzeitumgebung

Dieser Abschnitt gibt Ihnen abschließend einen Überblick über verschiedene Aspekte der Lokalisierung und Barrierefreiheit, die Ihnen das SAPUI5-Framework bietet, sowie verschiedene Werkzeuge rund um die SAPUI5-Entwicklung.

2.7.1 Lokalisierung

Die Möglichkeiten zur Internationalisierung sind dem SAPUI5-Framework inhärent. Über die in diesem Kapitel erwähnte und in Kapitel 12, »Arbeiten mit Modellen«, im Detail erklärte i18n-Funktionalität können Sie Ihre Anwendungen in beliebigen unterschiedlichen Sprachen ausliefern. Länderspezifische Unterscheidungen wie britisches und amerikanisches Englisch sind ebenfalls möglich. Je nach eingestellter Sprache unterstützt SAPUI5 auch die Schreibrichtung von rechts nach links und kann die Platzierung von Controls entsprechend anpassen.

2.7.2 Barrierefreiheit

Um möglichst vielen Anwendern Zugang zu SAPUI5-Applikationen zu ermöglichen, bietet das Framework eine Reihe von Unterstützungsfunktionen. Darunter fallen die vollständige Unterstützung der Tastaturnavigation, Themes mit hohem Kontrast sowie auch die Unterstützung für Screenreader.

Tastaturbedienung

Mit SAPUI5 erstellte Benutzeroberflächen sind darauf angelegt, mit der Tastatur bedient werden zu können. Über verschiedene Tasten wie [Tab], Leertaste, [F6] oder die Pfeiltasten können Anwender von Control zu Control navigieren und Aktionen wie das Auswählen einer Checkbox oder das Betätigen eines Buttons durchführen. Eine vollständige Liste der unterstützten Tastaturoptionen liefert die SAPUI5-Dokumentation.

Als Entwickler können Sie diese Bedienart unterstützen, indem Sie die Möglichkeiten Ihrer Applikation zur Tastatursteuerung frühzeitig beachten und sie in Ihre Oberflächengestaltung einfließen lassen.

So ergibt sich beispielsweise die Tab-Reihenfolge, also welche Elemente nacheinander fokussiert werden, maßgeblich aus der Anordnung und Reihenfolge der Controls in der Benutzeroberfläche. Eine durchdachte Anordnung der Controls kann zur Bedienungsfreundlichkeit beitragen.

Themes mit hohem Kontrast

High-Contrast-Themes

Zusätzlich zu den Standard-Themes wie `sap_fiori_3` und `sap_belize` bietet SAPUI5 Varianten mit hohem Kontrast, um Nutzer mit Sehbeeinträchtigungen zu unterstützen. Diese Themes reduzieren die Darstellung der Benutzeroberfläche auf schwarze und weiße Flächen mit scharf abgegrenzten Controls und verzichten auf fließende Übergänge oder Transparenzen.

Diese *High-Contrast-Themes* gibt es mit vorwiegend schwarzem (High-Contrast-Black – HCB) und vorwiegend weißem (High-Contrast-White – HCW) Hintergrund (siehe Abbildung 2.26).

Sie können ein Theme zu Testzwecken im Bootstrap-Skript der Datei **index.html** über das Attribut `data-sap-ui-theme` setzen. Setzen Sie beispielsweise über den Eintrag `data-sap-ui-theme="sap_fiori_3_hcb"` die High-Contrast-Black-Variante für das aktuelle sap_fiori_3-Theme. Die High-Contrast-Themes werden von einem Großteil der SAPUI5-Bibliotheken unterstützt. Zum Stand der Drucklegung dieses Buches sind dies:

- sap.f
- sap.m
- sap.tnt
- sap.ui.comp
- sap.ui.layout
- sap.ui.suite
- sap.ui.table
- sap.ui.unified
- sap.uxap
- sap.viz

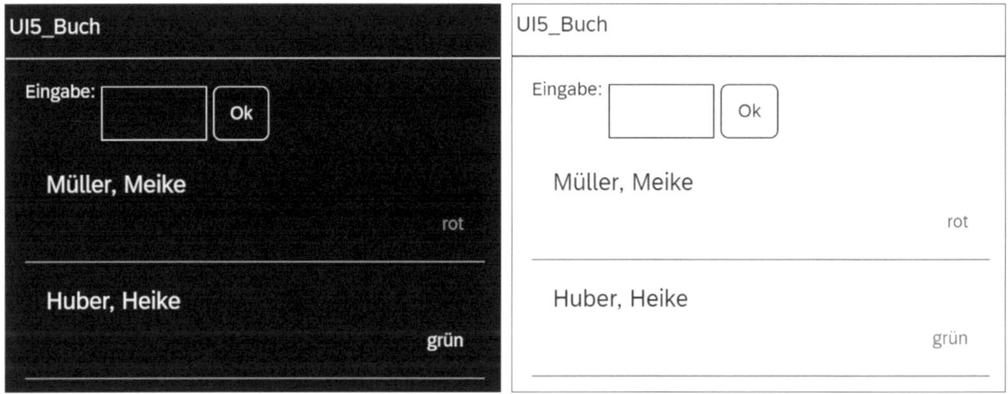

Abbildung 2.26 Die Themes High-Contrast-Black und High-Contrast-White

Screenreader-Unterstützung

SAPUI5 bietet Unterstützung für Screenreader, die auf dem Standard für *Accessible Rich Internet Applications* (ARIA) basieren. Die Voraussetzung für die Screenreaderunterstützung ist standardmäßig aktiv. Jeder Seite (*Page*) wird durch den SAPUI5-Core automatisch die ARIA-Rolle application zugeordnet.

Zusätzlich zu den oben aufgeführten Bibliotheken mit HCB/HCW-Unterstützung bieten die folgenden Bibliotheken standardmäßig Unterstützung für Screenreader:

- `sap.suite.ui.commons`
- `sap.ui.commons`
- `sap.ui.core`
- `sap.ui.generic`
- `sap.ui.ux3`

Wenn Sie eigene Controls entwickeln, bietet Ihnen die SAPUI5-Dokumentation Informationen darüber, wie Sie eigene Controls ARIA-fähig erstellen.

Weiteres

Je nach verwendeter Entwicklungsumgebung werden Sie während der Entwicklung einer SAPUI5-Anwendung auch auf weitere Aspekte der Barrierefreiheit und diesbezügliche Best Practices hingewiesen. Darunter fallen Informationen über fehlende Titel oder Beschreibungen bestimmter Controls. Die SAP Web IDE gibt beispielsweise solche Hinweise.

2.7.3 Entwicklungswerkzeuge

In diesem Abschnitt geben wir Ihnen einen Überblick über die gängigen Entwicklungsumgebungen und -werkzeuge, die Sie beim Erstellen und Warten von SAPUI5-Applikationen einsetzen können.

Entwicklungsumgebungen

SAP Web IDE

Die Standard-Entwicklungsumgebung für SAPUI5 seitens SAP war in den letzten Jahren die *SAP Web IDE*. Dieses überwiegend cloudbasierte Werkzeug ermöglicht Ihnen nicht nur die Entwicklung von SAPUI5- und SAP-Fiori-Elements-Anwendungen, sondern auch die Entwicklung für SAP HANA, z. B. die Entwicklung von Multi-Target-Applications und CDS-Views.

Die SAP Web IDE bietet eine Reihe von nützlichen Funktionen, darunter Applikations-Templates, die als vorgefertigter Einstiegspunkt für ein UI5-Projekt dienen, das automatische Anlegen von SAPUI5-Views, Controllern und OData-Serviceverbindungen inklusive Modellen sowie das Gestalten von SAPUI5-Views über einen grafischen Editor. Die SAP Web IDE ist als Service der SAP Cloud Platform Neo unter *https://hana.ondemand.com* verfügbar.

Business Application Studio

Das *SAP Business Application Studio* tritt die Nachfolge der SAP Web IDE auf der *SAP Cloud Platform, Cloud Foundry environment* an. Das SAP Business Application Studio enthält die bisherigen Funktionen der SAP Web IDE und erweitert sie um bereitgestellte Laufzeiten und Werkzeuge für die Entwicklung von Cloud-Geschäftsanwendungen.

Abseits der von SAP betriebenen Entwicklungsumgebungen haben Sie natürlich auch die Möglichkeit, klassische Entwicklungsumgebungen wie *Eclipse* zu nutzen. Zur Unterstützung können Sie die *SAPUI5 Tools for Eclipse* einsetzen, die Sie unter *https://tools.hana.ondemand.com/#sapui5* finden.

Auch *Visual Studio Code* bietet als kostenlose, moderne Entwicklungsumgebung eine gute Möglichkeit, offline SAPUI5-Anwendungen zu entwickeln. Hier hilft Ihnen eine Reihe von Erweiterungen, die Sie direkt in die Entwicklungsumgebung integrieren können.

Browser

So banal es klingen mag, der Browser ist eines Ihrer wichtigsten Werkzeuge bei der Entwicklung von SAPUI5-Anwendungen. Nicht nur können Sie nur dort Applikationen zur Laufzeit testen und debuggen, je nach Browser erhalten Sie auch von SAP oder Drittanbietern entwickelte Erweiterungen, die speziell für die Arbeit mit SAPUI5 gemacht sind.

Grundsätzlich sind SAPUI5-Anwendungen browserunabhängig. Sie haben also theoretisch sowohl bei der Entwicklung als auch bei der Verwendung eine freie Auswahl. Gerade für die Entwicklung unterscheiden sich die Browser jedoch hinsichtlich ihrer Entwicklungswerkzeuge und ihrer Hilfswerkzeuge. Der offiziell von SAP empfohlene und unterstützte Browser für die Entwicklung ist *Google Chrome*.

Entwicklerkonsole

Google Chrome bietet eine umfangreiche Entwicklerkonsole, die es Ihnen erlaubt, die meisten Aspekte einer SAPUI5-Anwendung nachzuvollziehen. Dazu zählen das Untersuchen der HTML-Struktur der Anwendung, das Untersuchen und Debuggen des verwendeten JavaScripts und das Nachverfolgen von Netzwerkabfragen und deren Antworten. Abbildung 2.27 zeigt die Beispielapplikation dieses Kapitels in Google Chrome zusammen mit dessen Entwicklerkonsole.

Darüber hinaus bietet Chrome das einfache Einbinden von Erweiterungen, die diese Funktionalität noch weiter ausbauen.

UI5 Inspector

Die relevanteste dieser Erweiterungen ist der von SAP entwickelte *UI5 Inspector* (siehe Abbildung 2.28). Er ist insbesondere nützlich, um die Struktur einer Anwendung und ihre Modelle und Bindings zu untersuchen. Die Standard-Entwicklerkonsole ermöglicht nur das direkte Betrachten des DOM-Baums, dessen HTML mit seinen vielen geschachtelten Elementen recht unübersichtlich werden kann.

Der UI5 Inspector reduziert diese Darstellung explizit auf die verwendeten SAPUI5-Controls und zeigt sie mitsamt ihren Eigenschaften und berechneten Werte an.

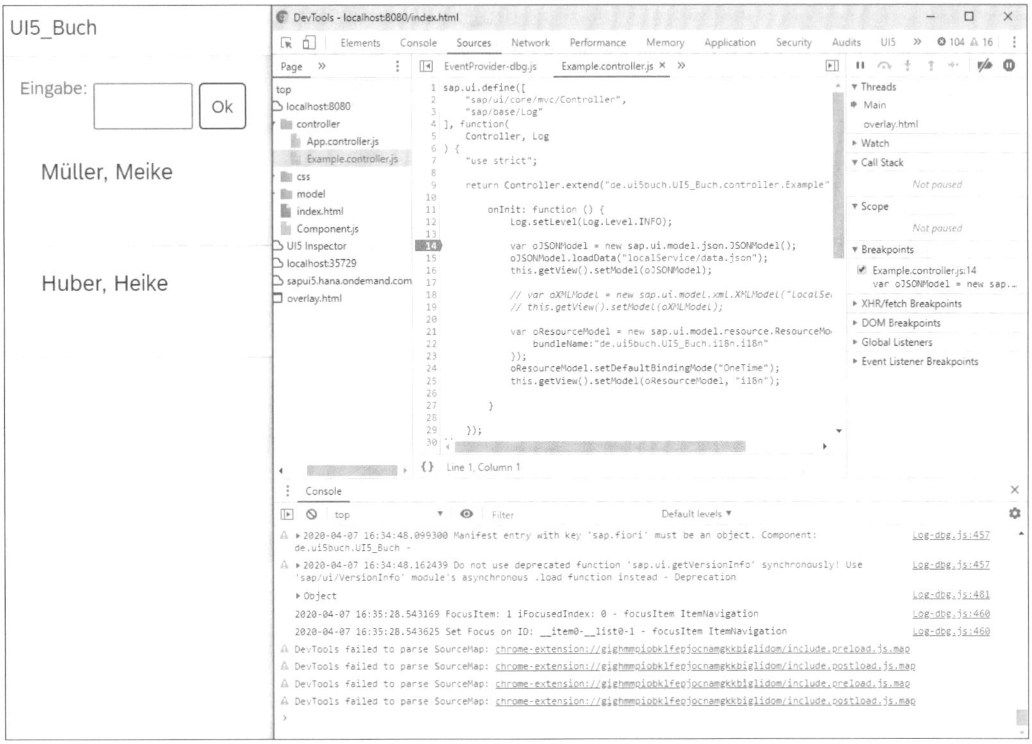

Abbildung 2.27 Entwicklerkonsole des Browsers (Google Chrome)

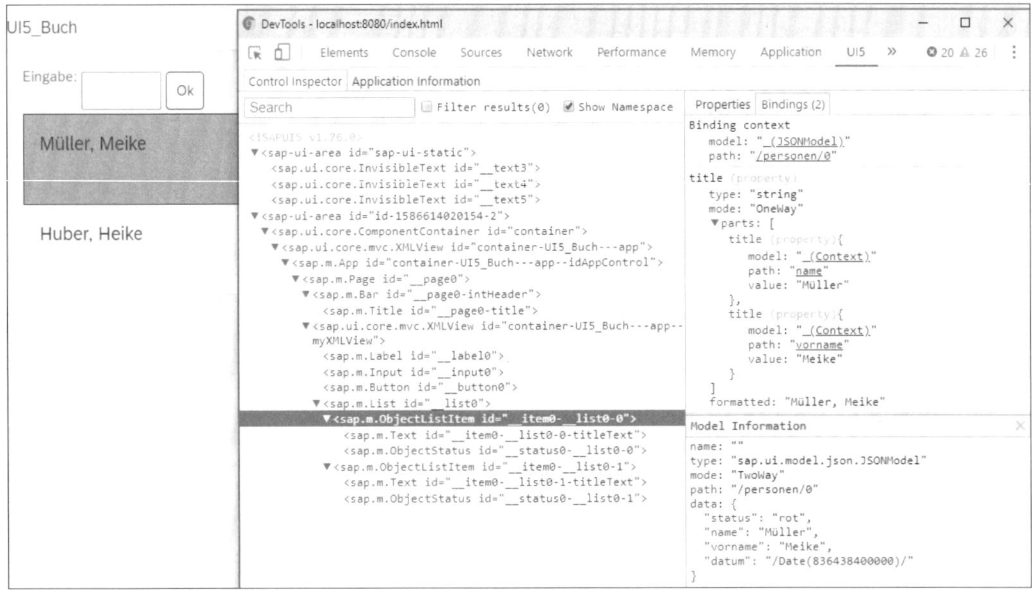

Abbildung 2.28 UI5 Inspector

Mit dem UI5 Inspector können Sie außerdem Controls daraufhin untersuchen, welche Datenbindungen auf ihnen aktiv sind. Die gebundenen Modelle bzw. Kontexte und ihre Inhalte können Sie ebenfalls sehen.

Hilfswerkzeuge

SAPUI5-Anwendungen enthalten browserunabhängig einige Hilfswerkzeuge, die Sie zu Informations- und Entwicklungszwecken nutzen können.

»UI5 Diagnostics«-Dialog

Drücken Sie in einer SAPUI5-Anwendung [Strg] + [Alt] + [⇧] + [S], um den SAPUI5-**Diagnostics**-Dialog zu öffnen. Er bietet ähnliche Funktionen wie die Entwicklerkonsole des Browsers, darunter das Untersuchen von Benutzeroberflächenelementen und ihren Bindungen, das Debuggen und das Messen von Performanceaspekten (siehe Abbildung 2.29).

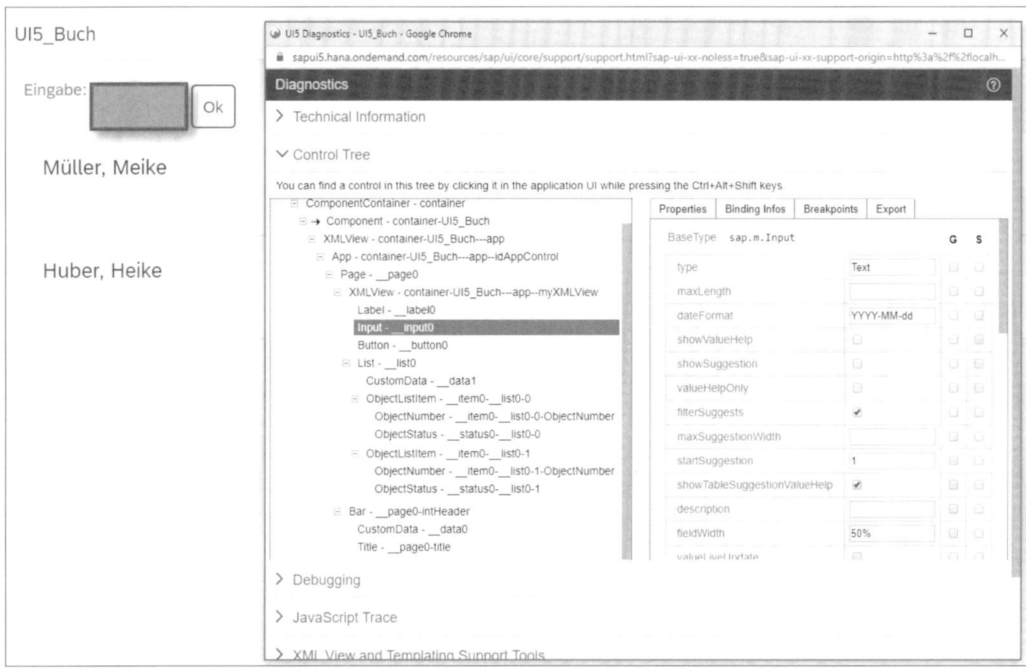

Abbildung 2.29 »UI5 Diagnostics«-Dialog

Technischer Dialog

Mit der Tastenkombination [Strg] + [Alt] + [⇧] + [P] öffnen Sie den sogenannten *Technischen Dialog* (siehe Abbildung 2.30).

Er zeigt Ihnen grundlegende Informationen an, z. B. über die verwendete SAPUI5-Version. Über den technischen Dialog erhalten Sie außerdem Zugriff auf den SAPUI5-Testrekorder und den *Support Assistant*.

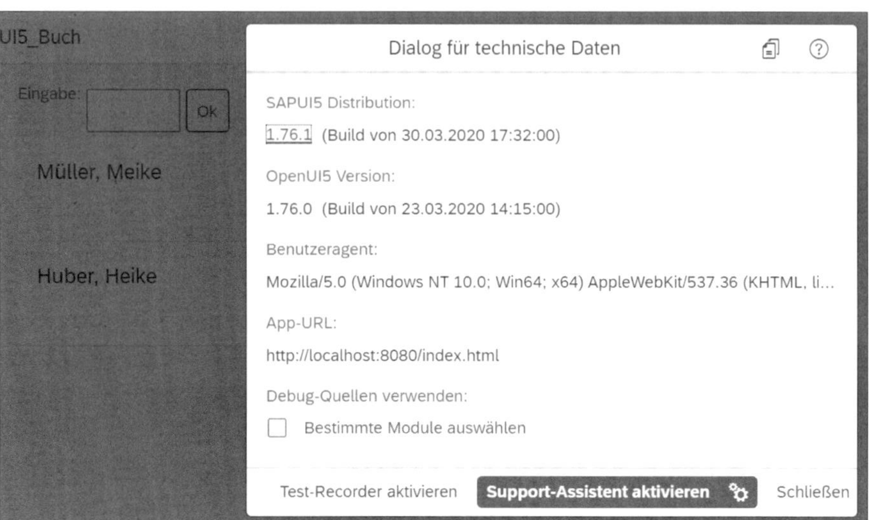

Abbildung 2.30 Technischer Dialog

UI5-Testrekorder Der Testrekorder hilft Ihnen, Selektoren für Controls direkt in Ihrer laufenden Anwendung auszuwählen. Die Selektoren können Sie in Ihren automatisierten Tests verwenden. Das Werkzeug ist vergleichsweise neu und bietet noch einen recht eingeschränkten Funktionsumfang. Seitens SAP ist ein weitreichender Ausbau geplant.

Support Assistant Der Support Assistant ist ein Prüfwerkzeug, mit dessen Hilfe Sie die Einhaltung von Best Practices in Ihrer Anwendung überprüfen können (siehe Abbildung 2.31). Anhand eines erweiterbaren Regelwerkes wird Ihre Applikation untersucht, und Sie erhalten einen Bericht über Art und Schweregrad der Regelverletzungen. Diese Regelverletzungen beeinträchtigen nicht unbedingt die Funktionalität Ihrer Anwendung, können aber deren Wartbarkeit und Aktualisierbarkeit beeinträchtigen.

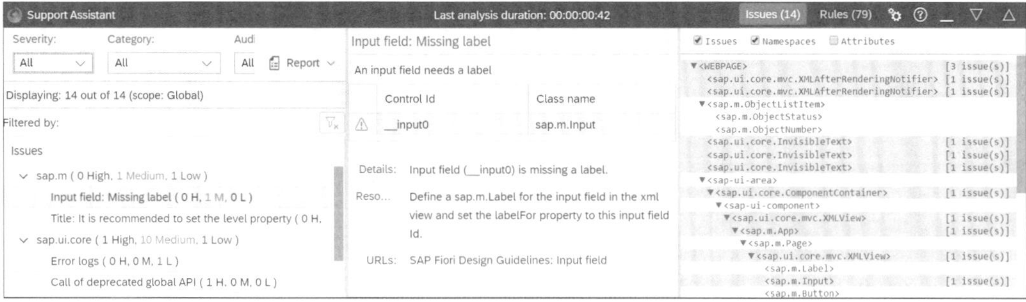

Abbildung 2.31 Analyseergebnis des Support Assistants

2.7.4 Entwicklungsinfrastruktur

Zur Entwicklungsinfrastruktur zählen Werkzeuge und Methoden, mit denen Sie die Bestandteile und Ressourcen der entwickelten SAPUI5-Anwendung verwalten und an ihr Ziel – die Laufzeitumgebung – bringen. Eine an gängigen Standards orientierte Entwicklungsinfrastruktur unterstützt Sie dabei, vom Aufsetzen des Projekts über die Entwicklung bis hin zum finalen Deployment.

SAPUI5-Anwendungen werden nicht genau so ausgeliefert, wie sie entwickelt werden. Um beim Übertragen der Dateien vom Webserver an den Client Bandbreite zu sparen, werden zum einen nur die zur Laufzeit benötigten Dateien ausgeliefert. Testressourcen und ähnliche, für die Endanwendung nicht benötigte, Ressourcen werden typischerweise nicht in das ausgelieferte Paket übernommen.

Zum anderen werden die Dateien durch verschiedene Transformationen auf die kleinstmögliche Größe gebracht. Diese Vorbereitungsschritte zur Auslieferung sind Teil des *Build-Prozesses*. Für SAPUI5-Anwendungen wird er durch das *UI5 Tooling* gesteuert.

UI5 Tooling

Das UI5 Tooling ist eine Sammlung von Node.js-Modulen, mit denen ein SAPUI5-Projekt aufgesetzt und gebaut werden kann. Das UI5 Tooling ist dabei eigenständig über ein Kommandozeilenprogramm bedienbar. Sie können es für Ihre SAPUI5-Anwendungsentwicklung direkt verwenden, wenn Sie sich für eine »freie« Entwicklung entschieden haben.

Für die Verwaltung Ihrer Projektdateien während der Entwicklung empfiehlt sich der Einsatz einer Sourcecode-Verwaltung. Der Standard für die Entwicklung mit SAPUI5 ist *Git*. Das erlaubt es Ihnen nicht nur, Ihre Projektdateien zu versionieren und zu sichern, sondern ermöglicht auch ein effizientes Arbeiten mit unterschiedlichen Arbeitsständen und in einem Entwicklerteam. Ein entsprechender Git-Client ist in allen gängigen Entwicklungsumgebungen enthalten. Der gezielte Einsatz dieser Werkzeuge erlaubt Ihnen eine durchgängige und effektive Entwicklung und Verwaltung Ihrer Anwendungen.

[«]

Mehr zu UI5 Tooling und Git

Wenn Sie für Ihre Entwicklung oder als Begleitung für dieses Buch Ihre eigene Entwicklungsinfrastruktur aufsetzen möchten, können Sie Details und Anleitungen zum Umgang mit dem UI5 Tooling, Git und weiteren Werkzeugen in Kapitel 22 nachlesen.

TEIL II

SAPUI5 – Anwendungs-entwicklung

Kapitel 3

In 7 Schritten zur ersten eigenen Anwendung

Mit SAPUI5 lassen sich einfach und schnell Anwendungen mit gewisser Komplexität implementieren. Die Grundstruktur der Anwendung ist dabei meist die gleiche.

Nachdem wir in Kapitel 2 über den Aufbau und die Struktur eines Projekts gesprochen haben, wenden wir uns in diesem Kapitel der Implementierung einer einfachen SAPUI5-Anwendung zu. Die Anwendung wird Schritt für Schritt aufgebaut. Wir zeigen Ihnen, wie Sie von einer sehr einfachen »Hallo Welt«-Anwendung mit einfachen UI-Controls zu einer komplexeren Anwendung gelangen. Die in Kapitel 2 beschriebene Projektstruktur wird Schritt für Schritt aufgebaut und dient als Grundlage für die weiteren Kapitel.

3.1 Ablaufumgebung aufsetzen

Bevor wir mit der eigentlichen Implementierung beginnen, müssen wir uns kurz über die Entwicklungsumgebung Gedanken machen. Wie in Kapitel 2 erläutert, gibt es unterschiedlichste Werkzeuge, mit denen Sie SAPUI5-Anwendungen entwickeln können. Wir werden in diesem Buch mit kleineren Ausnahmen den Fokus auf ein einzelnes Entwicklungswerkzeug legen und es so zusagen in das Zentrum der SAPUI5-Entwicklung stellen. Im Grunde können Sie SAPUI5-Anwendungen auch mit einem einfachen Notepad, mit vi oder einem anderen Texteditor implementieren, allerdings wollen wir uns zumindest zur Laufzeit relativ nah an der Wirklichkeit orientieren und verwenden daher UI5 Tooling, um die Entwicklungsartefakte zu testen. Wir werden die Verwendung und die Arbeit mit UI5 Tooling in Kapitel 22, »Entwicklungsinfrastruktur«, im Detail besprechen und beschränken uns hier daher auf die Basics.

UI5 Tooling (*https://sap.github.io/ui5-tooling/*) ist ein Open-Source-Projekt, das von SAP mit dem Ziel initiiert wurde, die Entwicklungseffizienz von UI5-

Anwendungen (SAPUI5 und auch OpenUI5) zu unterstützen. UI5 Tooling kann als Werkzeugkoffer für die Entwicklung von UI5-Anwendungen angesehen werden. Je nachdem, welche Rolle Sie im Rahmen der UI5-Entwicklung haben, gibt es wahrscheinlich Werkzeuge aus der Tooling-Werkzeugtasche, die Ihnen bei der Arbeit helfen.

Ein Beispiel hierfür: SAPUI5-Anwendungen sind, wenn man so möchte, Client-Server-Anwendungen, bei denen zusätzlich das Framework in den Browser des Clients geladen wird. Bei der Anwendungsentwicklung müssen Sie den Entwicklungsstand immer wieder testen und Dinge ausprobieren. Dazu müssen Sie die Anwendung auf einen Webserver lokal oder remote hosten, was im Zweifel einen hohen Aufwand erfordert. Bei jedem Test müssen Sie die Anwendung auf den Server laden, z. B. einen lokalen Tomcat oder ähnliches. UI5 Tooling bietet die Möglichkeit, die Anwendung direkt aus dem Verzeichnis zu starten, in dem Sie sich aktuell befinden. Das Geheimnis dahinter ist, dass es sich bei UI5 Tooling um ein Node.js-Modul handelt. Diese Vorgehensweise setzt lediglich voraus, dass Node.js und das UI5-Tooling-Modul installiert sind.

3.1.1 Installation von UI5 Tooling

Node.js und UI5 Tooling installieren

Bevor Sie UI5 Tooling nutzen können, müssen Sie zunächst Node.js installieren. Sie erhalten Node.js kostenlos unter *http://s-prs.de/v752300* für die gängigen Plattformen. Beachten Sie, dass UI5 Tooling zum aktuellen Zeitpunkt (Sommer 2020) die Node.js-Version 10 oder höher benötigt. Nachdem Sie Node.js installiert haben, können Sie die Installation von UI5 Tooling starten. Öffnen Sie eine Kommandozeilen-Eingabe, geben Sie `npm install --global @ui5/cli` ein, und bestätigen Sie mit [↵] (siehe Abbildung 3.1).

Abbildung 3.1 Installationsbefehl für UI5 Tooling

Das UI5-Tooling-Modul wird global auf Ihrem lokalen Rechner für Ihren Nutzer installiert. Sie können es dadurch in unterschiedlichen Ordnern direkt verwenden. Die Installation dauert eine Weile; im Anschluss erhalten Sie eine Meldung, dass die Installation erfolgreich war.

3.1.2 Aufsetzen des Projekts

Projektaufsatz

Nach der Installation müssen Sie für Ihr erstes Projekt die Grundstruktur aufsetzen. Legen Sie in einem beliebigen Verzeichnis einen Ordner mit dem Namen **kapitel03** an. Zusätzlich benötigen Sie einen Unterordner mit dem Namen **webapp**. Dieser Ordner wird im weiteren Verlauf die Entwicklungsartefakte Ihres Projektes enthalten. UI5 Tooling verwendet wie viele andere Node.js-Module eine Datei mit dem Namen **package.json**. Diese Datei ist eine Art *manifest*-Datei im Projekt. Sie kann als zentrales Repository für die Konfiguration von Werkzeugen eingesetzt werden, die im Projekt verwendet werden, oder aber einfach nur Details zum Projekt enthalten. Node.js bietet für das Anlegen dieser Datei den Befehl `npm init --yes` an. Wechseln Sie für die Ausführung in den Ordern **kapitel03**, und führen Sie den Befehl in einer Kommandozeilen-Eingabe aus. Die neue Datei enthält bereits rudimentären Inhalt (siehe Abbildung 3.2). In einem realen Projekt würden Sie die generierten Platzhalter durch die entsprechenden Werte für das Projekt ersetzen, beispielsweise die Beschreibung, die Schlüsselwörter oder den Autor und die Lizenz, unter der das Projekt steht. In unserem Programmierbeispiel belassen wir die Standardwerte der generierten Datei.

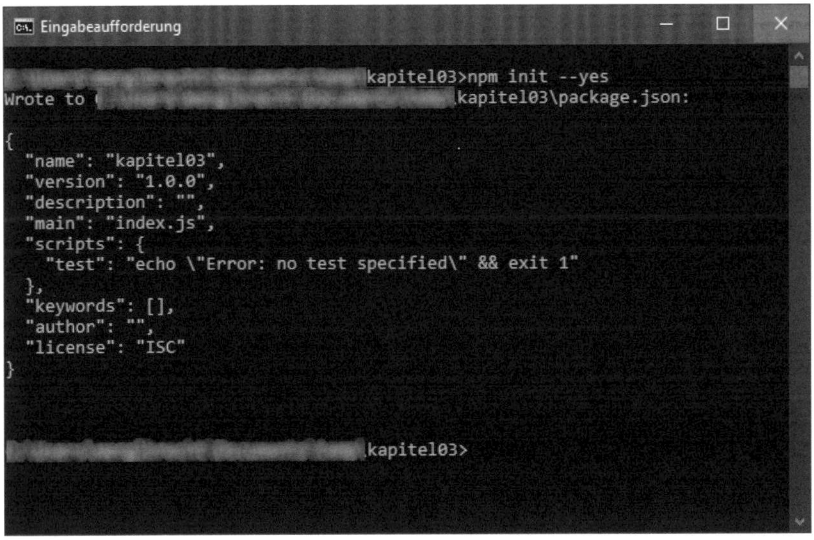

Eingabeaufforderung

```
kapitel03>npm init --yes
Wrote to kapitel03\package.json:

{
  "name": "kapitel03",
  "version": "1.0.0",
  "description": "",
  "main": "index.js",
  "scripts": {
    "test": "echo \"Error: no test specified\" && exit 1"
  },
  "keywords": [],
  "author": "",
  "license": "ISC"
}

kapitel03>
```

Abbildung 3.2 Anlegen der Datei »package.json«

Generieren der »ui5.yaml«

Neben **package.json** benötigt UI5 Tooling eine weitere Konfigurationsdatei. Sie trägt den Namen **ui5.yaml**. Um die Datei anzulegen, rufen Sie den Befehl `ui5 init` auf (siehe Abbildung 3.3). Diese rudimentäre Konfigurationsdatei genügt in der aktuellen Form für unsere Zwecke.

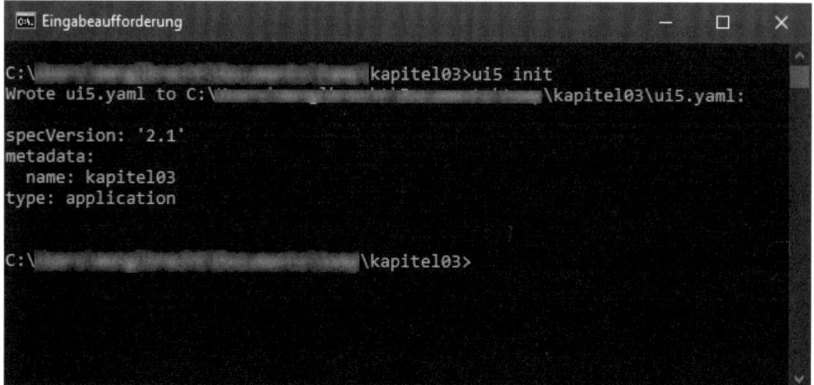

Abbildung 3.3 Anlegen der Datei »ui5.yaml«

Anlegen eines Applikationsdeskriptors

Wie in Kapitel 2 besprochen, besitzen SAPUI5-Anwendungen eine Konfigurationsdatei, in der unterschiedlichste Aspekte beschrieben werden, die während der Laufzeit von der Anwendung benötigt und vom Framework zur Verfügung gestellt werden. Diese Konfigurationsdatei wird *Applikationsdeskriptor* genannt und heißt **manifest.json**. Wie Sie in Kapitel 10, »Anwendungsdeskriptor«, erfahren werden, kann diese Datei sehr komplex werden. Einfache SAPUI5-Anwendungen können eigentlich auf diesen Applikationsdeskriptor verzichten, UI5 Tooling setzt ihn jedoch voraus und prüft vor dem Start der Anwendung, ob es die Datei gibt. Legen Sie daher im **webapp**-Ordner des Projekts eine Datei mit dem Namen **manifest.json** an, und fügen Sie den Code aus Listing 3.1 ein. Danach sind Sie startklar für die eigentliche Entwicklung.

```
{
 "_version": "1.12.0",
 "sap.app": {
 "id": "de.sapui5buch.demo",
 "type": "application",
  "i18n": "i18n/i18n.properties",
  "applicationVersion": {
   "version": "1.0.0"
  },
  "title": "{{appTitle}}",
  "description": "{{appDescription}}"
 },

 "sap.ui": {
  "technology": "UI5"
 },
```

```
 "sap.ui5": {
  "dependencies": {
      "minUI5Version": "1.60.0",
      "libs": {
        "sap.ui.core": {},
        "sap.m": {}
      }
    }
       }
}
```

Listing 3.1 Der Anwendungsdeskriptor »manifest.json«

3.2 Einführung in den Aufbau einer UI5-Anwendung

Zu Beginn legen Sie für Ihr SAPUI5-Projekt die Start-HTML-Seite an. Diese Datei heißt üblicherweise **index.html** und liegt im **webapp**-Ordner des Projekts. Fügen Sie den Code aus Listing 3.2 in diese Datei ein.

```
<!DOCTYPE HTML>
<html>
   <head>
      <meta charset="utf-8">
      <meta name="viewport" content="width=device-width,
            initial-scale=1.0">
      <title>Kapitel 03 - Beispielanwendung</title>
   </head>
   <body id="body">
   </body>
</html>
```

Listing 3.2 Eine einfache HTML-Seite

Bootstrapping anlegen und konfigurieren

Wie bereits geschildert, ist SAPUI5 eine HTML5-Bibliothek, die zur Laufzeit im Browser vorliegen muss. Die Bibliothek muss zumindest teilweise geladen werden, damit sie genutzt werden kann. Hierzu verwenden wir das sogenannte *Bootstrapping*. Fügen Sie direkt nach dem `title`-Element des HTML-Codes den in Listing 3.3 gezeigten Code ein.

```
<script id="sap-ui-bootstrap"
  src="https://sapui5.hana.ondemand.com/1.71.1/resources/sap-ui-
    core.js"
  data-sap-ui-theme="sap_fiori_3"
```

```
  data-sap-ui-libs="sap.m"
 >
</script>
```

Listing 3.3 Implementierung eines rudimentären Bootstrappings

Das src-Attribut des JavaScript-Tags verweist auf die Datei **sap-ui-core.js**. Diese Datei wird aus dem Internet geladen. Danach wird auf der Clientseite das Bootstrapping ausgeführt. Hierbei wird die Laufzeitumgebung von SAPUI5 im Client erzeugt und initialisiert. Über den Parameter data-sap-ui-theme geben Sie das CSS-Theme an, das für die Farbgebung und das Layout der Anwendung verwendet werden soll. Wir möchten das aktuelle Theme für SAP Fiori 3 nutzen und weisen dem Attribut daher den Wert sap_fiori_3 zu. Als zweiten Parameter geben wir mit data-sap-ui-libs an, dass die sap.m-Bibliothek geladen werden soll. Somit können wir auf alle UI-Controls dieser Bibliothek zugreifen.

Mit SAPUI5-Controls arbeiten

Für ein erstes, einfaches Beispiel werden Sie im nächsten Schritt das UI-Control sap.m.Label nutzen, um den Text »Hallo Welt« im Browser auszugeben. Legen Sie zunächst direkt nach dem head-Element ein neues JavaScript-Tag an. Im Anschluss fügen Sie den Code aus Listing 3.4 ein.

```
<script>

  var oLabel = new sap.m.Label();
  oLabel.setText("Hallo Welt");
  oLabel.placeAt("body");

</script>
```

Listing 3.4 Verwendung des »sap.m.Label«-Controls

Mit diesem Code erzeugen Sie eine Instanz der Klasse sap.m.Label und legen sie in der Variablen oLabel ab. Das Label besitzt die Eigenschaft text. Ihr weisen Sie mit der Funktion setText den Text »Hallo Welt« zu. Rufen Sie danach die Funktion placeAt auf. Sie erhält als Parameter die ID, die Sie zuvor dem Body-Element zugewiesen haben. In der Praxis werden Sie nicht mit der placeAt-Funktion arbeiten, wir benötigen sie nur für dieses Einführungsbeispiel. In der Praxis werden Sie andere Funktionen verwenden, die wir Ihnen in Kapitel 6, »Benutzeroberflächen und Dialoge gestalten«, vorstellen.

Anwendung testen

Speichern Sie die Anwendung, und starten Sie sie. Hierzu wechseln Sie in eine Kommandozeilen-Eingabe und rufen im Projekt **kapitel03** den Befehl ui5 serve auf. Dadurch wird ein lokaler Webserver gestartet. Die Ausgabe zeigt Ihnen, auf welchen Port der lokale Webserver für Ihr Projekt hört (siehe Abbildung 3.4).

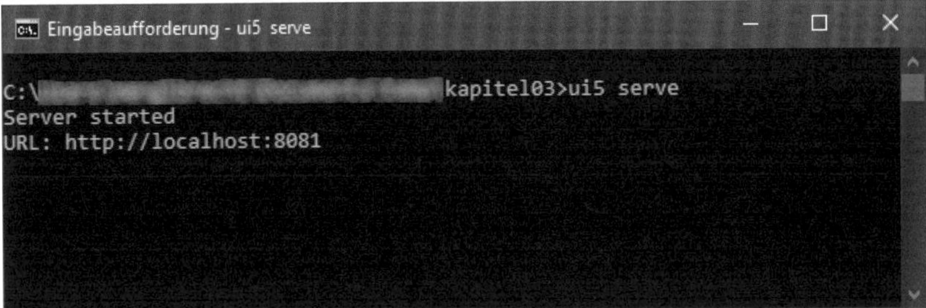

Abbildung 3.4 Starten des lokalen Webservers für das Projekt

Öffnen Sie einen Browser (wir verwenden Chrome), und geben Sie die URL aus dem Kommandofenster an, gefolgt von */index.html* (siehe Abbildung 3.5).

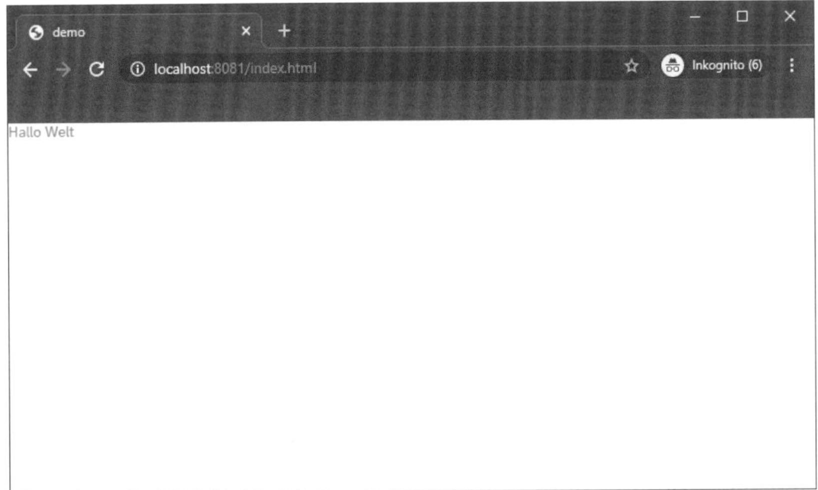

Abbildung 3.5 »Hallo Welt« im Browser

HTML-Code inspizieren

Da es immer gut zu wissen ist, was im Hintergrund geschieht, drücken Sie F12, um in die Entwicklerwerkzeuge zu gelangen. Klicken Sie auf den Reiter **Elements**, und expandieren Sie den **span**-Knoten. In SAPUI5 1.71 wird das UI5-Control `sap.m.Label` als HTML-`bdi`-Element dargestellt (siehe Abbildung 3.6). Wie in Abschnitt 1.1.3 beschrieben, ist das Ergebnis des Renderers des `sap.m.Label`-Controls – also der Transformation der SAPUI5-Anwendungsimplementierung hin zu den HTML-Laufzeitartefakten – nicht Bestandteil der öffentlichen API. SAP kann jederzeit entscheiden, dass das `bdi`-Element in zukünftigen Versionen nicht mehr verwendet wird, sondern ein anderes Element. Behalten Sie dies unbedingt im Hinterkopf, da bei einem Versionswechsel Mehraufwand entstehen kann, beispielsweise wenn Sie eigene CSS-Anweisungen zur Gestaltung der Benutzeroberfläche verwenden.

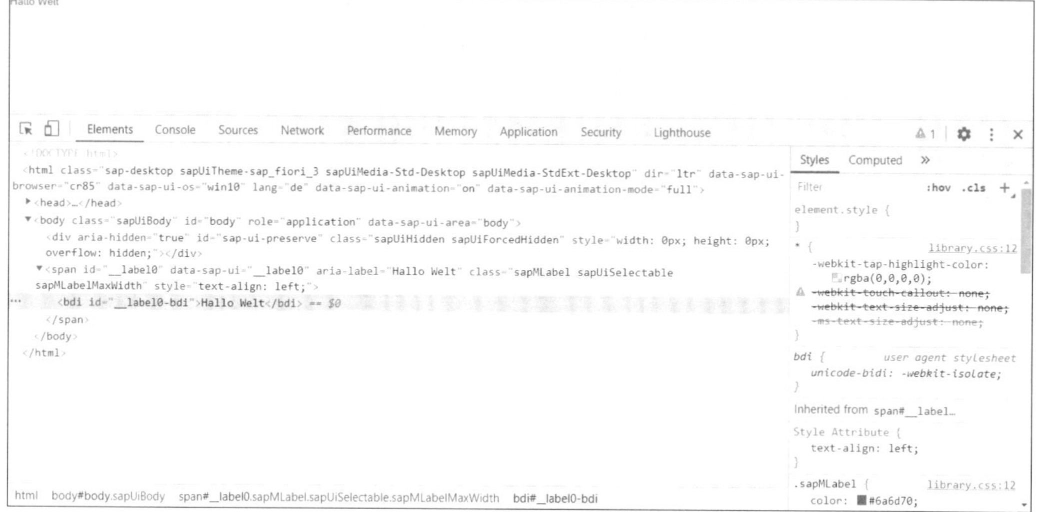

Abbildung 3.6 DOM-Baum der Anwendung

3.2.1 Verwendung von Views

Eine View implementieren

Als Nächstes wollen wir die Anwendung um eine XML-View und den dazugehörigen Controller erweitern. Legen Sie im **webapp**-Ordner die zwei Unterordner **view** und **controller** an. Im **view**-Ordner erstellen Sie eine Datei namens **App.view.xml**, und fügen Sie den folgenden Code ein:

```
<mvc:View controllerName="de.sapui5buch.demo.controller.App"
                          xmlns:mvc="sap.ui.core.mvc">
</mvc:View>
```

Im ersten Schritt fügen Sie ein Control vom Typ `sap.ui.core.mvc.View` ein. Dieses UI-Control besitzt das Attribut `controllerName`, mit dem Sie den zur View zugehörigen Controller implementieren. In unserem Beispiel legen wir fest, dass der Controller im Namensraum `de.sapui5buch.demo.controller` liegt. Da wir verschiedene UI5-Controls aus unterschiedlichen Namensräumen verwenden können, legen wir für den Namensraum `sap.ui.core.mvc` einen XML-Alias mit dem Namen `mvc` an und stellen ihn bei der Nutzung des View-Controls voran. Dadurch ist klar, welche View-Implementierung wir verwenden wollen.

Nachdem das Grundgerüst für die View steht, wollen wir ein UI-Control vom Typ `sap.m.Label` hinzufügen. Hierzu legen wir auf der View-Control-

Ebene einen neuen Namensraum an (siehe Listing 3.5). Dazu definieren wir einen sogenannten *Default-Namensraum* und legen fest, dass er auf den SAPUI5-Namensraum `sap.m` zeigt. Als Nächstes implementieren wir ein UI-Control vom Typ `sap.m.Label` mit der Eigenschaft `text`, der wir die Zeichenkette »Hallo Welt« zuweisen.

```
<mvc:View controllerName="de.sapui5buch.demo.controller.App"
                        xmlns:mvc="sap.ui.core.mvc" xmlns="sap.m">
      <Label text="Hallo Welt"/>
</mvc:View>
```

Listing 3.5 View-Implementierung mit einem SAPUI5-Control

Controller implementieren

Nachdem die View ausgeprägt ist, müssen Sie noch den dazugehörenden Controller erstellen. Hierzu legen Sie die Datei **App.controller.js** im Order **controller** an. Im Anschluss implementieren Sie den Controller (siehe Listing 3.6).

```
sap.ui.define([
     "sap/ui/core/mvc/Controller"
], function (Controller) {
     "use strict";
       return
         Controller.extend("de.sapui5buch.demo.controller.App",
       {

       });
});
```

Listing 3.6 Der Controller »App.controller.js«

Der Controller nutzt die Funktion `sap.ui.define`, um ein Modul zu definieren. Diese Funktion erhält zwei Aufrufparameter. Der erste Parameter ist ein Array, das eine Liste von Ressourcen enthält, die für die erfolgreiche Laufzeitausführung benötigt werden. Die Abhängigkeiten werden mit je einem vollqualifizierten Namensraum angegeben, wobei die Namensraumbestandteile durch einen Schrägstrich getrennt werden. Die Abhängigkeiten werden asynchron geladen. Der zweite Parameter der `define`-Funktion erhält eine Callback-Funktion; sie wird aufgerufen, nachdem die abhängigen Ressourcen geladen wurden. Die Funktion erhält eine Liste mit Parametern, deren Anzahl abhängig von der Anzahl der im Array definierten Abhängigkeiten ist. Jeder Parameter der Funktion erhält zur Laufzeit die Referenz auf die entsprechend ihrem Index definierte Ressource im Array.

In unserem Beispiel hat die Implementierung eine Abhängigkeit zu sap.ui.core.mvc.Controller, der Basisklasse der View-Controller. Bei der Erstellung eines eigenen Controllers wird die Basisimplementierung mit der Implementierung dieses Controllers verschmolzen. Hierzu verwenden Sie die Funktion extend, die zwei Parameter erhält. Der erste Parameter beschreibt den vollqualifizierten Namen des Moduls, hier de.sapui5buch.demo.controller.App. Der zweite Parameter beschreibt ein literales JavaScript-Objekt. Dies ist die eigentliche Ausprägung des Controllers mit all seinen Funktionen und Eigenschaften. Ein SAPUI5-Controller hat einen definierten Lebenszyklus und entsprechend auch Standardfunktionen, die im Laufe der Verarbeitung aufgerufen werden: Diese Funktionen sind onInit, onExit, onBeforeRendering und onAfterRendering.

View instanziieren und einbetten

Im nächsten Schritt nehmen wir Änderungen an der **index.html**-Seite vor: Wir wollen das Label nun nicht mehr direkt in der **index.html**-Seite anlegen, sondern die gerade implementierte View instanziieren und darstellen. Ändern Sie dazu das zweite Skript-Tag (siehe Listing 3.7).

```
<script>

 sap.ui.require(["sap/ui/core/mvc/View"], function(View) {
    View.create({
       viewName: "de.sapui5buch.demo.view.App",
       type: sap.ui.core.mvc.ViewType.XML
    }).then(function(oView) {
       oView.placeAt("body");
    });
 })

</script>
```

Listing 3.7 Laden und Hinzufügen einer View

Eine View wird über die Funktion create der Klasse sap.ui.core.mvc.View erzeugt. Damit Sie die Klasse auch verwenden können, müssen Sie sie zunächst laden. Hierzu rufen Sie die Funktion sap.ui.require auf. Die Funktion erhält analog zur Funktion sap.ui.define zwei Parameter. In unserem Beispiel geben wir eine Abhängigkeit zur View an und legen in der anonymen Funktion den Aufrufparameter View an. Im Anschluss rufen wir auf dieser Instanz die Funktion create auf. Sie erhält wiederum ein literales JavaScript-Objekt mit den Parametern viewName und type. Dem Parameter viewType weisen Sie den vollqualifizierten Pfad der View-Implementierung zu. Über den Parameter type legen Sie fest, dass die zu erzeugende View eine

XML-View ist. Im Verlauf der Verarbeitung des Funktionsaufrufs sucht und lädt SAPUI5 die View mit dem Namen App.view.xml. Die create-Funktion liefert ein Promise zurück. Wenn dieses erfolgreich aufgelöst werden konnte, wird die übergebene anonyme Funktion aufgerufen. Sie erhält als Aufrufparameter die erfolgreich geladene und instanziierte View. Diese View wiederum fügen Sie mit dem Aufruf der Funktion placeAt dem HTML-Element mit der ID body zu.

Namensraum bekannt machen

Bevor Sie tatsächlich die Anwendung starten können, müssen Sie noch das Bootstrapping erweitern. Die SAPUI5-Laufzeitumgebung hat bis jetzt noch keine Information darüber, wo die Ressourcen der von uns definierten Namensräume zu finden sind. Die View ist dem Namensraum de.sapui5-buch.demo.view zugeordnet und der Controller dem Namensraum de.sapui5buch.demo.controller. Damit sowohl die View als auch der Controller korrekt gefunden werden können, erweitern wir das Bootstrapping (siehe Listing 3.8).

```
<script id="sap-ui-bootstrap"
  src="https://sapui5.hana.ondemand.com/1.71.1/resources/
    sap-ui-core.js"
  data-sap-ui-theme="sap_fiori_3"
  data-sap-ui-libs="sap.m"
  data-sap-ui-resourceroots='{"de.sapui5buch.demo": "./"}'
  >
</script>
```

Listing 3.8 Erweiterung des Bootstrapping

Fügen Sie den Parameter data-sap-ui-resourceroots hinzu, und weisen Sie ihm ein JSON-Objekt zu. Das Objekt gibt an, dass der Basis-Namensraum de.sapui5buch.demo auf dem Basispfad der Anwendung liegt. Er beginnt somit auf der Ebene, auf der sich auch die **index.html**-Seite befindet. Von dort ausgehend sucht SAPUI5 alle Ressourcen, die mit diesem Basis-Namensraum beginnen, und zweigt dann in die entsprechenden Unterordner ab. So wird **App.view.xml** beispielsweise im Verzeichnis **view** gesucht und entsprechend geladen und die Controller-Implementierung **App.controller.js** im Ordner **controller**. Der Basis-Namensraum beider Artefakte ist identisch, er unterscheidet sich lediglich um den letzten Teil. Natürlich ist es möglich, unterschiedliche Basis-Namensräume in der gleichen Anwendung zu nutzen. Hierzu erweitern Sie das Objekt resourceroots um weitere Einträge, die Sie jeweils mit einem Komma trennen.

Nachdem das Bootstrapping angepasst ist, können Sie die Anwendung erneut starten. Gehen Sie wieder in die Entwicklerwerkzeuge des Browsers, und lassen Sie sich das generierte HTML zeigen (siehe Abbildung 3.7). Wie Sie sehen, enthält das HTML ein neues HTML-Control. Die Analyse zeigt, dass das View-Control als HTML-`div`-Control gerendert wird. Zudem haben alle Benutzeroberflächenartefakte eine eindeutige ID. Der Mechanismus der dynamischen ID-Vergabe ist allerdings nicht Bestandteil der öffentlichen API und kann sich jederzeit ändern.

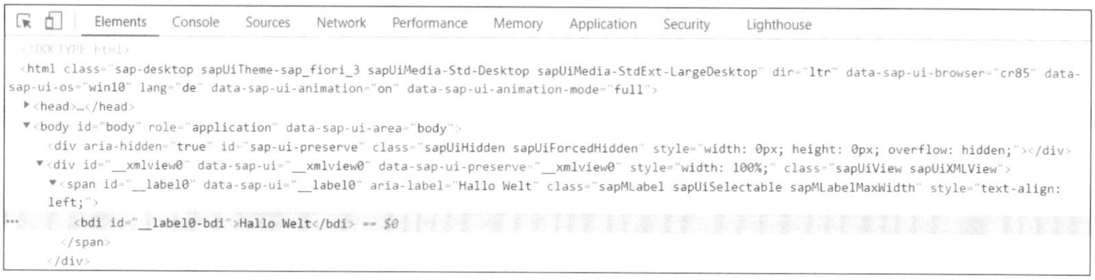

Elements Console Sources Network Performance Memory Application Security Lighthouse

```
<!DOCTYPE html>
<html class="sap-desktop sapUiTheme-sap_fiori_3 sapUiMedia-Std-Desktop sapUiMedia-StdExt-LargeDesktop" dir="ltr" data-sap-ui-browser="cr85" data-sap-ui-os="win10" lang="de" data-sap-ui-animation="on" data-sap-ui-animation-mode="full">
 ▶<head>…</head>
 ▼<body id="body" role="application" data-sap-ui-area="body">
    <div aria-hidden="true" id="sap-ui-preserve" class="sapUiHidden sapUiForcedHidden" style="width: 0px; height: 0px; overflow: hidden;"></div>
  ▼<div id="__xmlview0" data-sap-ui="__xmlview0" data-sap-ui-preserve="__xmlview0" style="width: 100%;" class="sapUiView sapUiXMLView">
   ▼<span id="__label0" data-sap-ui="__label0" aria-label="Hallo Welt" class="sapMLabel sapUiSelectable sapMLabelMaxWidth" style="text-align: left;">
...     <bdi id="__label0-bdi">Hallo Welt</bdi> == $0
      </span>
    </div>
```

Abbildung 3.7 Der HTML-DOM-Baum mit View-Element

3.2.2 View in View – Einbetten von Views

In SAPUI5 ist eine View ebenfalls ein Control. Daher ist es möglich, eine View in eine andere einzubetten. Um das zu testen, werden Sie im nächsten Schritt eine zweite View in die gerade implementierte XML-View einbetten. Wie in Kapitel 2 beschrieben, können Views als XML-, JavaScript-, JSON- oder HTML-View implementiert werden. JSON und HTML sind View-Typen, die in der Praxis eher selten verwendet werden, JavaScript hingegen häufiger, weswegen wir Ihnen die Vorgehensweise anhand einer JavaScript-View zeigen möchten.

Legen Sie im **view**-Ordner des Projekts eine neue Datei namens **JavaScriptView.view.js** mit dem Code aus Listing 3.9 an.

```
sap.ui.define([
    "sap/m/Label"
], function(Label) {
  "use strict";
  sap.ui.jsview("de.sapui5buch.demo.view.JavaScriptView", {
    getControllerName:function() {
      return
          "de.sapui5buch.demo.controller.JavaScriptView";
    },
    createContent : function(oController) {
      var oLabel = new Label();
      oLabel.setText("Hallo JavaScript");
      return oLabel;
```

```
    }
  });
});
```

Listing 3.9 Implementierung einer JavaScript-View

Die neue View soll analog zur XML-View lediglich ein Control vom Typ `sap.m.Label` besitzen, das einen einfachen Text anzeigt. Wir nutzen wieder die AMD-Syntax zur Definition eines Moduls. Das Modul besitzt eine Abhängigkeit zu `sap.m.Label`.

Die Funktion »sap.ui.jsview«

Im Modul selbst rufen Sie die Funktion `sap.ui.jsview` auf, die zwei Parameter erhält: Der erste Parameter gibt den vollqualifizierten Namen der View an, der zweite beschreibt ein JavaScript-Objekt in der literalen Schreibweise. JavaScript-Views müssen zwei Funktionen besitzen. Dies ist zum einen die Funktion `getControllerName`; sie wird im Laufe der Instanziierung der View durch die SAPUI5-Laufzeitumgebung aufgerufen und liefert den Namen des Controllers an den Aufrufer zurück. Der Name wird als String, jedoch mit vollem Namensraum angegeben. Die zweite Funktion ist `createContent`; sie erhält als Aufrufparameter eine Instanz des Controllers der View übergeben.

Implementierung von »createContent«

Die Funktion `createContent` ist, wie der Name vermuten lässt, dafür zuständig, den Inhalt der View zu erzeugen. In unserem einfachen Beispiel legen wir eine Instanz des Label-Controls an und weisen `text` den Text `Hallo JavaScript` zu. Zum Abschluss der Implementierung geben wir die Instanz des Label-Controls an den Aufrufer zurück. Beachten Sie, dass die Funktion nur ein Control-Objekt zurückliefern kann. Möchten Sie mehr als ein Control auf der Benutzeroberfläche anzeigen, nutzen Sie Container-Controls wie beispielsweise ein Layout-Control, das die darzustellenden UI-Controls enthält und zusätzlich dafür sorgt, dass sie sauber dargestellt werden. Es ist auch möglich, ein Array von Controls zurückzuliefern, sie werden dann jedoch einfach hintereinander weg angezeigt (außer Sie verwenden Layouts, dann könnten Sie sie aber der Einfachheit halber direkt zurückliefern).

Nachdem Sie die View implementiert haben, legen Sie den Controller an und prägen ihn aus. Erstellen Sie im **controller**-Ordner des Projekts eine neue Datei namens **JavaScriptView.controller.js**, und fügen Sie den Code aus Listing 3.10 ein. Wie Sie sehen, ist die Grundimplementierung des Controllers immer gleich.

```
sap.ui.define([
   "sap/ui/core/mvc/Controller"
], function (Controller) {
```

```
    "use strict";
    return
Controller.extend("de.sapui5buch.demo.controller.JavaScriptView", {
});
});
```

Listing 3.10 Implementierung des Controllers »JavaScriptView.controller.js«

Einbetten der View

Nachdem Sie die View implementiert haben, betten Sie sie in die bereits erzeugte XML-View ein. Hierzu legen Sie ein Element vom Typ `sap.ui.core.mvc.View` an und geben über das Attribut `viewName` an, welche View eingebettet werden soll. Verwenden Sie beim Einbetten den vollqualifizierten View-Namen (siehe Listing 3.11).

```
<mvc:View controllerName=
"de.sapui5buch.demo.controller.App" xmlns:mvc=
"sap.ui.core.mvc" xmlns="sap.m">
  <Label text="Hallo Welt"/>
    <mvc:JSView
        viewName="de.sapui5buch.demo.view.JavaScriptView"/>
</mvc:View>
```

Listing 3.11 Einbetten einer JavaScript-View innerhalb einer XML-View

Nach dem Speichern der Änderungen starten Sie die Anwendung neu und erhalten das in Abbildung 3.8 gezeigte Ergebnis.

Abbildung 3.8 Die eingebettete JavaScript-View zur Laufzeit

Auch hier sollten Sie sich das HTML-Ergebnis anschauen. Rufen Sie wieder mit F12 die Entwicklerwerkzeuge auf (siehe Abbildung 3.9). Sie sehen, dass die neue View als `div`-Element direkt unter dem Label der XML-View eingehängt ist.

```
<!DOCTYPE html>
<html class="sap-desktop sapUiTheme-sap_fiori_3 sapUiMedia-Std-Desktop sapUiMedia-StdExt-LargeDesktop" dir="ltr" data-sap-ui-browser="cr85" data-sap-ui-os="win10" lang="de" data-sap-ui-animation="on" data-sap-ui-animation-mode="full">
  ▶<head>…</head>
  ▼<body id="body" role="application" data-sap-ui-area="body">
      <div aria-hidden="true" id="sap-ui-preserve" class="sapUiHidden sapUiForcedHidden" style="width: 0px; height: 0px; overflow: hidden;"></div>
    ▼<div id="__xmlview0" data-sap-ui="__xmlview0" data-sap-ui-preserve="__xmlview0" style="width: 100%;" class="sapUiView sapUiXMLView">
      ▼<span id="__label0" data-sap-ui="__label0" aria-label="Hallo Welt" class="sapMLabel sapUiSelectable sapMLabelMaxWidth" style="text-align: left;">
          <bdi id="__label0-bdi">Hallo Welt</bdi>
        </span>
…     ▼<div id="__jsview0" data-sap-ui="__jsview0" style="width: 100%;" class="sapUiView sapUiJSView"> == $0
        ▼<span id="__label1" data-sap-ui="__label1" aria-label="Hallo JavaScript" class="sapMLabel sapUiSelectable sapMLabelMaxWidth" style="text-align: left;">
            <bdi id="__label1-bdi">Hallo JavaScript</bdi>
          </span>
        </div>
      </div>
    </body>
  </html>
```

Abbildung 3.9 Die eingebettete JavaScript-View im DOM-Baum des Browsers

3.3 Einführung in die Arbeit mit einfachen UI5-Controls

In Abschnitt 3.2 haben wir Ihnen den Aufbau von Views vorgestellt. In diesem Abschnitt widmen wir uns nun der Verwendung von einfachen UI5-Controls.

3.3.1 Aufbau von einfachen UI5-Controls

Ein UI5-Control kann als *einfaches UI5-Control* bezeichnet werden, wenn es für seine Existenz keine weiteren Controls benötigt. Ein Beispiel für ein einfaches UI5-Control sehen Sie in Listing 3.12.

```
<FlexBox>
        <Label text="Vorname"/>
        <Input value="Hugo"/>
        <Label text="Nachname"/>
        <Input value="Müller"/>
</FlexBox>
```

Listing 3.12 Einfache SAPUI5-Controls

3.3.2 Einführung in die Arbeit mit Modellen

Geschäftsanwendungen leben von der Verarbeitung von Daten. Diese Daten können bei SAPUI5 lokal oder von Diensten bereitgestellt werden. Wir wollen uns an dieser Stelle nicht zu detailliert mit Diensten auseinandersetzen, sondern lediglich eine rudimentäre Einführung geben. Weiterführendes erfahren Sie in Kapitel 10, »Anwendungsdeskriptor«.

Anlegen einer lokalen JSON-Datei

Mit einem JSON-Modell arbeiten

Wir nutzen für unser Beispiel ein JSON-Modell, das seine Daten aus einer Datei bezieht. Legen Sie zunächst einen neuen Unterordner mit dem Namen **model** im Ordner **webapp** an. Erzeugen Sie eine neue Datei mit dem Namen **data.json**, und fügen Sie in diese Datei das folgende JSON-Objekt ein:

```
{
    "vorname":"Hugo",
    "nachname":"Meier"
}
```

Im nächsten Schritt legen Sie im gerade erzeugten Ordner **model** eine Datei mit dem Namen **models.js** an. Diese Datei soll die JSON-Datei laden, in einem JSON-Modell ablegen und an den Aufrufer zurückliefern. Fügen Sie in der Datei **models.js** den Code aus Listing 3.13 ein.

```
sap.ui.define([
   "sap/ui/model/json/JSONModel"
], function (JSONModel) {
      "use strict";
      return {
       createDataModel : function() {
           var oModel = new JSONModel("./model/data.json");
           return oModel;
       }
   };
});
```

Listing 3.13 Implementierung der Datei »models.js«

Als Nächstes müssen Sie die Funktion `createDataModel` aufrufen, die die Daten der Anwendung über ein Modell-Objekt zur Verfügung stellt. Hierzu öffnen Sie den Controller **App.controller.js** und fügen dort, wie in Listing 3.14 gezeigt, eine Referenz auf die eben erstellte Datei **model.js** ein.

```
sap.ui.define([
    "sap/ui/core/mvc/Controller",
    "de/sapui5buch/demo/model/models"
], function (Controller,models) {
```

Listing 3.14 Referenz auf die »models«-Implementierung

Nun legen Sie die Funktion onInit im Controller an und prägen sie mit dem folgenden Code aus:

Anlegen eines Modellobjekts


```
onInit : function() {
   var oData = models.createDataModel();
   this.getView().setModel(oData);
}
```

Wie Sie sehen, nutzen wir die Referenz auf models, das zur Laufzeit durch SAPUI5 gesetzt wird. Im Anschluss rufen Sie die Funktion createDataModel auf und speichern das zurückgegebene Objekt in einer lokalen Variablen ab. Im nächsten Schritt beziehen Sie über die durch den Controller angebotene Funktion getView eine Referenz auf die View und rufen dort die Funktion setModel auf. Sie setzt die Modelldaten in den Kontext der View.

Die Funktion »setModel«

SAPUI5 bietet für das Speichern von Modellobjekten die Funktion setModel an. setModel wird in der Basisklasse sap.ui.core.ManagedObjekt implementiert und von allen Klassen, die von ManagedObject abgeleitet sind, bereitgestellt. Je nachdem, auf welcher Ebene Sie die Funktion aufrufen, definieren Sie auch die Sichtbarkeit der Daten. Rufen Sie beispielweise auf der View die Funktion setModel auf, haben alle Objekte, die zur Laufzeit angelegt werden und im Kontext der View liegen, Zugriff auf die Daten. Die Funktion setModel gibt es in zwei verschiedenen Verwendungsmöglichkeiten: zum einen wie gerade gezeigt nur mit dem Modellobjekt als Aufrufparameter und zum anderen mit einem Modellobjekt und als zweiten Parameter einer ID, mit der das Modellobjekt eindeutig identifiziert werden kann.

3.3.3 Verwenden der Datenbindung

Nachdem die Daten geladen wurden und in der Anwendung zur Verfügung stehen, wollen wir natürlich auf sie zugreifen. Wie in Kapitel 2 erläutert, bietet SAPUI5 für den Datenzugriff aus Views heraus das sogenannte *Datenbindung*. Je nachdem, auf welche Daten Sie zugreifen möchten, verwenden Sie die entsprechende Form der Datenbindung. In unserem Beispiel wollen wir an dieser Stelle die hartcodierten Felder für den Vornamen und den Nachnamen ersetzen und auf die Felder vorname und nachname aus unserem Modell zugreifen. Hierbei kommt das einfache *Property-Binding* zum Einsatz. Beim Property-Binding wird die Eigenschaft aus einem konkreten Modellobjekt über eine entsprechende Pfadangabe referenziert.

Wir passen unseren Code in der Datei **App.view.xml** wie in Listing 3.15 gezeigt an.

```
<FlexBox>
  <Label text="Vorname"/>
  <Input value="{/vorname}"/>
  <Label text="Nachname"/>
  <Input value="{/nachname}"/>
</FlexBox>
```

Listing 3.15 Das Property-Binding von SAPUI5

Die Nutzung der geschweiften Klammern für die Eigenschaften des SAPUI5-Controls zeigen an, dass eine Datenbindung verwendet werden soll. Zwischen den geschweiften Klammern geben Sie den Pfad zu der entsprechenden Eigenschaft an. Wir greifen hier auf die Felder `vorname` und `nachname` zu, die als einfache Felder im JSON-Modell zur Verfügung stehen. Daher stellen wir den Schrägstrich vor das entsprechende Attribut aus unserem Modell. Falls Sie mit einem Modell mit IDs arbeiten, fügen Sie vor dem Binding-Attribut die ID des Modells gefolgt von > ein. Hätte unser Modell die ID `Persondata`, würde das Binding für das Attribut also `vornamen {Persondata>/vorname}` lauten.

Nachdem Sie die Änderungen gespeichert haben, starten Sie die Anwendung. Die Felder aus dem JSON-Modell werden nun in der Anwendung gezeigt (siehe Abbildung 3.10).

Abbildung 3.10 Property-Binding in Aktion

Two-Way-Binding und »calculated-Property«

Wie in Kapitel 2 eingeführt, werden in SAPUI5 unterschiedliche Modi für das Binding angeboten. Das JSON-Modell nutzt als Standard das sogenannte *Two-Way-Binding*. Um die Arbeit dieses Modus kennenzulernen, ändern wir die `text`-Eigenschaft des Label-Controls ab (siehe Listing 3.16).

```
<FlexBox>
  <Label text="Vorname"/>
  <Input value="{/vorname}"/>
  <Label text="Nachname"/>
  <Input value="{/nachname}"/>
</FlexBox>
<Label text="Hallo {/vorname} {/nachname}"/>
```

Listing 3.16 Erweiterung der View-Implementierung

Wenn Sie die Anwendung neu starten, werden Sie sehen, dass das Binding nicht korrekt verarbeitet wird. Anstelle der Werte aus dem Modell werden die Binding-Angaben als Text angezeigt (siehe Abbildung 3.11).

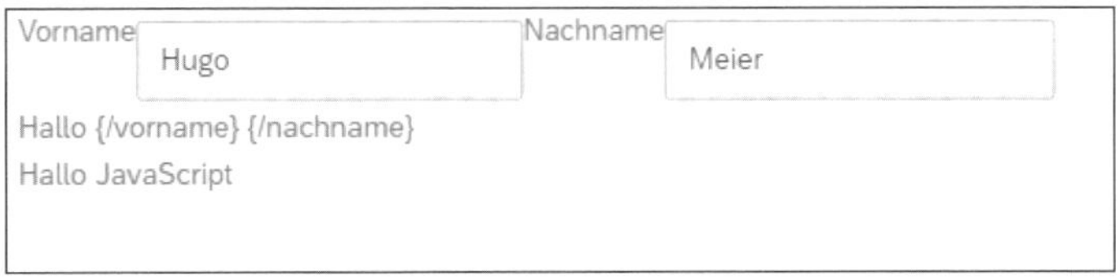

Vorname Hugo Nachname Meier
Hallo {/vorname} {/nachname}
Hallo JavaScript

Abbildung 3.11 Fehlerhaftes Binding

Um diesen Fehler zu korrigieren, müssen Sie die sogenannte *Extended Binding Syntax* aktivieren. Dies geschieht über eine Anpassung im Bootstrapping der Datei **index.html**.

Öffnen Sie die Datei, und fügen Sie die Eigenschaft `data-sap-ui-compatVersion="edge"` hinzu (siehe Listing 3.17).

```
<script id="sap-ui-bootstrap"
  src="https://sapui5.hana.ondemand.com/1.71.1/resources/
    sap-ui-core.js"
  data-sap-ui-theme="sap_fiori_3"
  data-sap-ui-libs="sap.m"
  data-sap-ui-resourceroots='{"de.sapui5buch.demo": "./"}'
  data-sap-ui-compatVersion="edge"
>
</script>
```

Listing 3.17 Aktivieren der Extended Binding-Syntax

Wenn Sie die Anwendung nach dem Speichern neu starten, werden Sie feststellen, dass nun sowohl der Vorname als auch der Nachname korrekt mit den Modelldaten versorgt werden (siehe Abbildung 3.12). Geben Sie einen neuen Wert in das Eingabefeld für den Vornamen ein. Verlassen Sie danach das Eingabefeld, können Sie sehen, dass der geänderte Wert im Label direkt dargestellt wird.

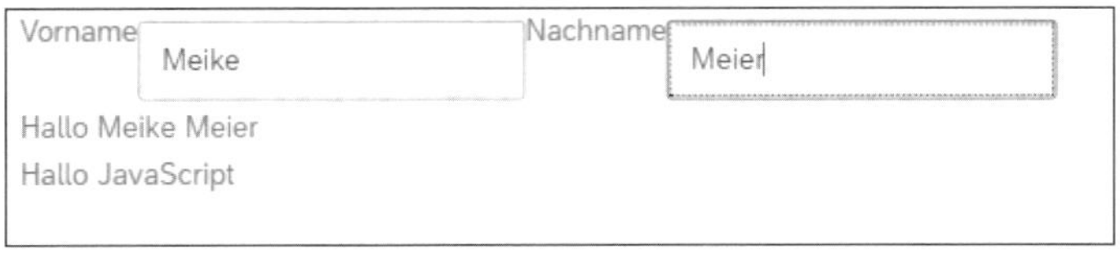

Vorname Meike Nachname Meier
Hallo Meike Meier
Hallo JavaScript

Abbildung 3.12 Two-Way-Binding in Aktion

Weitere Konfigurationseinstellungen

Auf die unterschiedlichen Konfigurationseinstellungen für das Bootstrapping gehen wir in Kapitel 4 noch genauer ein.

Verwendung des Property-Bindings in JavaScript

Im nächsten Schritt wollen wir die JavaScript-View anpassen, um zu sehen, wie Property-Binding in JavaScript verwendet werden kann. Werfen Sie hierzu einen Blick in die API-Dokumentation des SAPUI5-Controls `sap.m.Label`. Abbildung 3.13 zeigt den für uns relevanten Auszug aus der Dokumentation. Der Konstruktor des Label-Controls bietet die Möglichkeit der Parameterübergabe. Für uns von Interesse ist der zweite optionale Parameter, `mSettings`. Bei diesem Parameter handelt es sich um eine *Map*. Die Map ist ein Objekt, das Schlüssel-Wert-Paare enthält. Als Schlüssel wird die Eigenschaft des Controls gesetzt und entsprechend der Wert bzw. die Konfiguration zugewiesen, die Sie verwenden möchten. In unserem Beispiel ist es die Eigenschaft `text`.

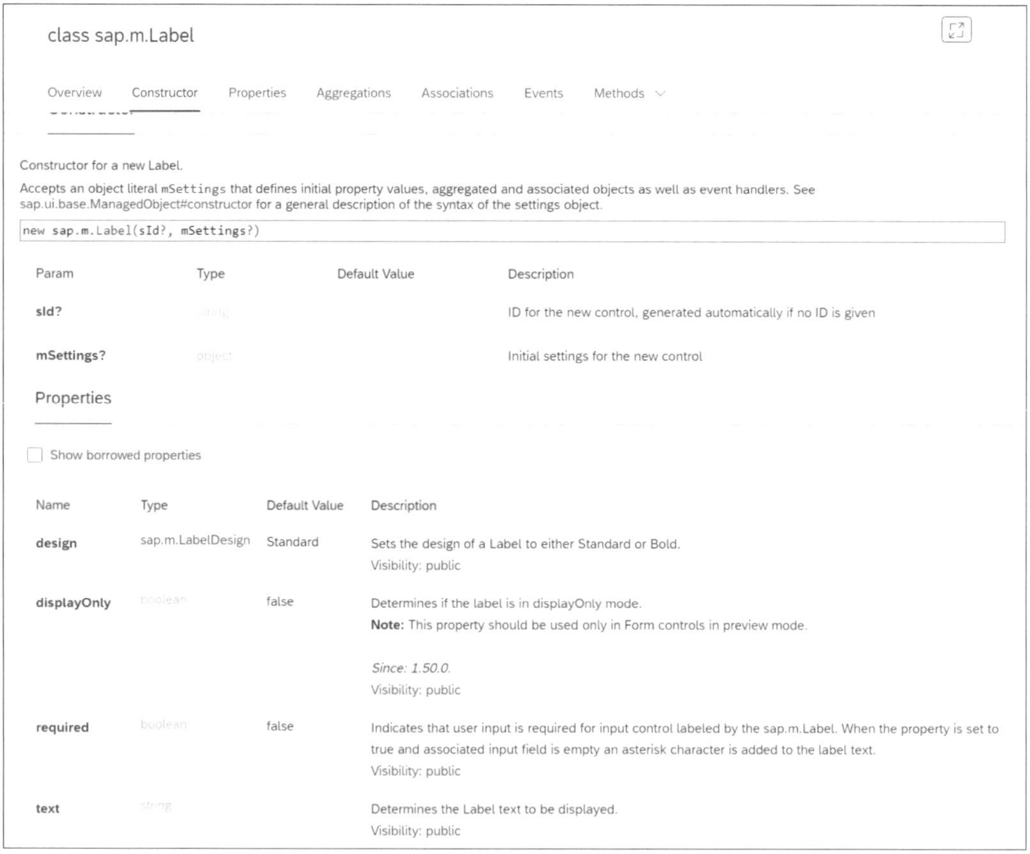

class sap.m.Label

Overview Constructor Properties Aggregations Associations Events Methods

Constructor for a new Label.

Accepts an object literal `mSettings` that defines initial property values, aggregated and associated objects as well as event handlers. See sap.ui.base.ManagedObject#constructor for a general description of the syntax of the settings object.

```
new sap.m.Label(sId?, mSettings?)
```

Param	Type	Default Value	Description
sId?	string		ID for the new control, generated automatically if no ID is given
mSettings?	object		Initial settings for the new control

Properties

Show borrowed properties

Name	Type	Default Value	Description
design	sap.m.LabelDesign	Standard	Sets the design of a Label to either Standard or Bold. Visibility: public
displayOnly	boolean	false	Determines if the label is in displayOnly mode. **Note:** This property should be used only in Form controls in preview mode. *Since: 1.50.0.* Visibility: public
required	boolean	false	Indicates that user input is required for input control labeled by the sap.m.Label. When the property is set to true and associated input field is empty an asterisk character is added to the label text. Visibility: public
text	string		Determines the Label text to be displayed. Visibility: public

Abbildung 3.13 Auszug aus der Dokumentation zum Control »sap.m.Label«

Mit dieser Erkenntnis passen wir die Implementierung der `createContent`-Funktion unserer JavaScript-View an (siehe Listing 3.18).

```
createContent : function(oController) {
   var oLabel = new sap.m.Label( {
       text: "JavaScript sagt - Hallo {/vorname} {/nachname}"
   });
   return oLabel;
}
```

Listing 3.18 Verwendung von Property-Binding in JavaScript

Nach dem Start der Anwendung werden Sie durch die JavaScript-View mit den Daten aus dem Modell begrüßt (siehe Abbildung 3.14).

Vorname Hugo Nachname Meier
Hallo Hugo Meier
JavaScript sagt - Hallo Hugo Meier

Abbildung 3.14 Property-Binding in JavaScript zur Laufzeit

3.4 Verwendung von komplexen UI5-Controls

Wie in Kapitel 1 beschrieben, gibt es neben den einfachen UI-Controls die komplexen UI-Controls. Komplexe UI-Controls zeichnen sich dadurch aus, dass sie Assoziationen und Aggregationen besitzen. Diese sind typisiert und nehmen entsprechende UI-Controls oder UI-Element auf.

Erweiterung der Modelldatei

Um die Arbeit mit komplexen SAPUI5-Controls besser zu verstehen, benötigen wir auch komplexere Datenstrukturen. Aus diesem Grund erweitern wir unsere **data.json**-Datei und führen eine neue Struktur ein. Öffnen Sie hierzu die Datei, und fügen Sie die in Listing 3.19 gezeigte Erweiterung ein. Wie Sie sehen, fügen wir unserer JSON-Datei das Attribut `personen` hinzu. Dem Attribut wird ein Array aus Personen-Objekten zugewiesen. Jedes Objekt besitzt die drei Felder `Vorname`, `Nachname` und `Geburtsdatum`. Die Felder sind jeweils als String angegeben. Zusätzlich erhält jede Person noch eine `Adresse` zugewiesen.

```
{
    "vorname":"Hugo",
    "nachname":"Meier",
```

```
"personen" : [
    {
        "Vorname" : "Meike",
        "Nachname" : "Müller",
        "Geburtsdatum" : "12.12.1922",
        "Adresse" : {
            "Strasse" : "Putzbrunner Str",
            "Hausnummer" : 14,
            "PLZ": 81737,
            "Stadt":"Neuperlach"
        }
    },
    {
        "Vorname" : "Heike",
        "Nachname" : "Huber",
        "Geburtsdatum" : "15.01.1977",
        "Adresse" : {
            "Strasse" : "Huberstraße",
            "Hausnummer" : 12,
            "PLZ": 70174,
            "Stadt":"Stuttgart"
        }
    },
    {
        "Vorname" : "Rainer",
        "Nachname" : "Herbst",
        "Geburtsdatum" : "04.03.1980",
        "Adresse" : {
            "Strasse" : "Herbststraße",
            "Hausnummer" : 25,
            "PLZ": 68219,
            "Stadt":"Mannheim"
        }
    },
    {
        "Vorname" : "Fritz",
        "Nachname" : "Sebastian",
        "Geburtsdatum" : "03.05.2010",
        "Adresse" : {
            "Strasse" : "Sebastiangasse",
```

```
                "Hausnummer" : 86,
                "PLZ": 22111,
                "Stadt":"Hamburg"
            }
        },
        {
            "Vorname" : "Patrick",
            "Nachname" : "Scholz",
            "Geburtsdatum" : "03.01.1950",
            "Adresse" : {
                "Strasse" : "Reventlouallee",
                "Hausnummer" : 9,
                "PLZ": 24105,
                "Stadt":"Kiel"
            }
        }
    ]
}
```

Listing 3.19 Erweiterte JSON-Datei

3.4.1 Das »Table«-Control als Beispiel für ein komplexes Control

Mit dem Control `sap.m.Table` stellt SAPUI5 ein Tabellen-Control zur Verfügung, das auf allen Endgeräten dargestellt werden kann. Schauen Sie in die Dokumentation von `sap.m.Table`, fällt auf, dass es sich bei dem Control eher um eine List handelt als um eine Tabelle im herkömmlichen Sinne. Dies ist daran zu sehen, dass `sap.m.Table` einige Elemente der Basisklasse `sap.m.ListBase` erbt. Geben Sie in der Dokumentation an, dass auch geerbte Eigenschaften angezeigt werden sollen (siehe Abbildung 3.15), sehen Sie, dass die Tabelle diverse Aggregationen besitzt.

Für uns interessant sind die Aggregationen `columns` und `items`. Die Spalten werden über die Aggregation `columns` beschrieben. Die Aggregation `items` wiederum wird verwendet, um zu beschreiben, wie die eigentlichen Zeilen innerhalb der Tabelle dargestellt werden sollen. Hierbei ist jedes SAPUI5-Element erlaubt, das von der Basisklasse `sap.m.ListItemBase` abgeleitet ist. Die Aggregation `items` ist auch jener Teil des Tabellenaufbaus, der bei der Implementierung mit den Daten aus dem verwendeten Datenmodell verbunden wird.

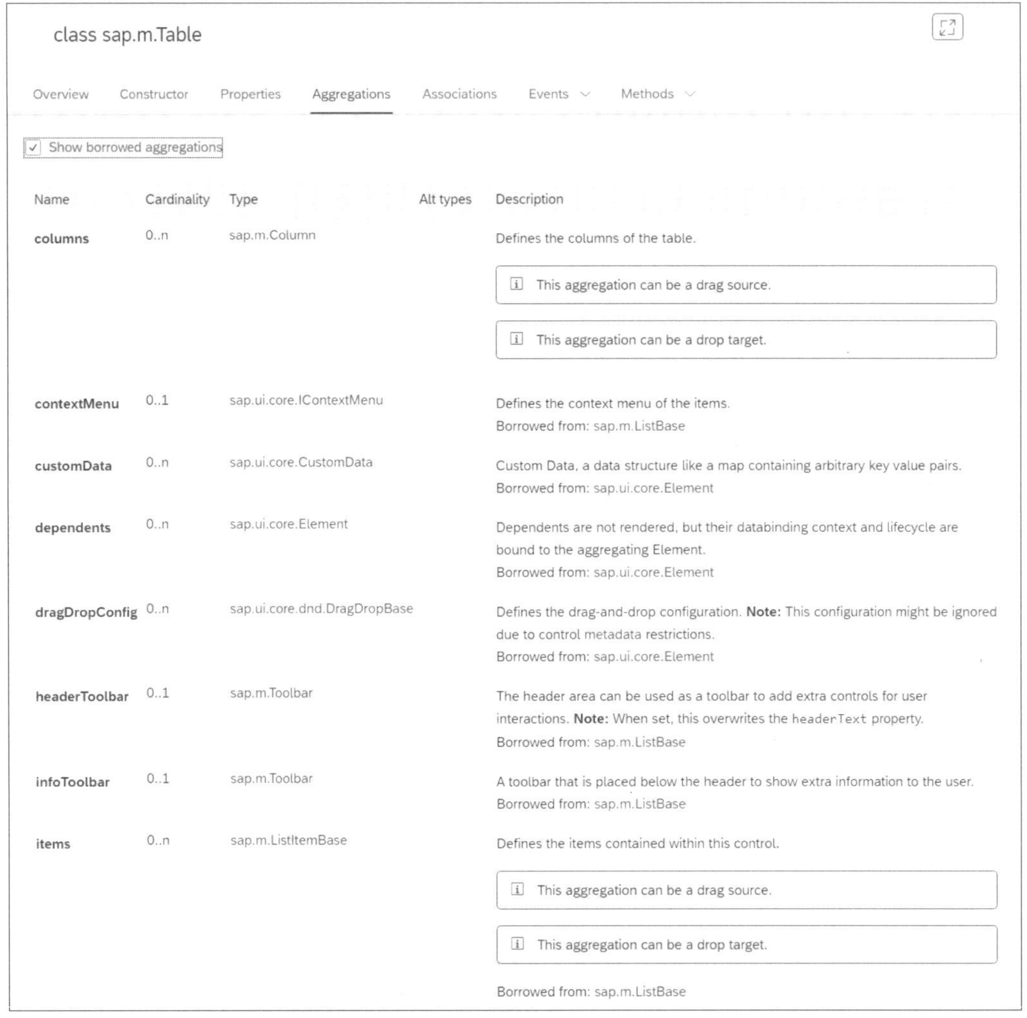

class sap.m.Table

Overview Constructor Properties Aggregations Associations Events Methods

☑ Show borrowed aggregations

Name	Cardinality	Type	Alt types	Description
columns	0..n	sap.m.Column		Defines the columns of the table. This aggregation can be a drag source. This aggregation can be a drop target.
contextMenu	0..1	sap.ui.core.IContextMenu		Defines the context menu of the items. Borrowed from: sap.m.ListBase
customData	0..n	sap.ui.core.CustomData		Custom Data, a data structure like a map containing arbitrary key value pairs. Borrowed from: sap.ui.core.Element
dependents	0..n	sap.ui.core.Element		Dependents are not rendered, but their databinding context and lifecycle are bound to the aggregating Element. Borrowed from: sap.ui.core.Element
dragDropConfig	0..n	sap.ui.core.dnd.DragDropBase		Defines the drag-and-drop configuration. **Note:** This configuration might be ignored due to control metadata restrictions. Borrowed from: sap.ui.core.Element
headerToolbar	0..1	sap.m.Toolbar		The header area can be used as a toolbar to add extra controls for user interactions. **Note:** When set, this overwrites the `headerText` property. Borrowed from: sap.m.ListBase
infoToolbar	0..1	sap.m.Toolbar		A toolbar that is placed below the header to show extra information to the user. Borrowed from: sap.m.ListBase
items	0..n	sap.m.ListItemBase		Defines the items contained within this control. This aggregation can be a drag source. This aggregation can be a drop target. Borrowed from: sap.m.ListBase

Abbildung 3.15 Die Aggregationen des Controls »sap.m.Table«

3.4.2 Datenbindung bei komplexen Controls – Aggregation-Binding

Nachdem wir `sap.m.Table` als komplexes Control besprochen haben, wenden wir uns als Nächstes der Implementierung zu. Komplexe UI-Controls und die darin enthaltenen Aggregationen werden mit dem Datenmodell und den dortigen Strukturen über das sogenannte *Aggregation-Binding* verbunden. Für unser Beispiel bedeutet dies, dass wir die **App.view.xml** dahingehend erweitern wollen, dass die Personen in unserem Datenmodell in einer Tabelle angezeigt werden. Zunächst fügen wir `sap.m.Table` in die View ein (siehe Listing 3.20). Dem Attribut `items` weisen wir ein Binding auf die komplexe Eigenschaft `personen` aus dem Datenmodell zu.

```
<Table items="{/personen}">
   <!-- columns -->
   <!-- items -->
</Table>
```

Listing 3.20 Implementierung des »Table«-Controls

Als Nächstes fügen wir die Aggregation `columns` in das `Table`-Control ein und fügen drei `sap.m.Column`-Controls hinzu (siehe Listing 3.21). Jedem dieser Controls weisen wir ein `sap.m.Text`-Control zu und setzen das `text`-Attribut entsprechend.

```
<columns>
   <Column>
     <Text text="Vorname"/>
   </Column>
   <Column>
      <Text text="Nachname"/>
   </Column>
   <Column>
      <Text text="Geburtsdatum"/>
   </Column>
</columns>
```

Listing 3.21 Hinzufügen von Spalten zur Tabelle

Das Binding bei dem Attribut `items` hat zur Folge, dass zur Laufzeit durch SAPUI5 das Array (die Collection) von `personen` aus dem Modell ausgelesen und pro Eintrag in dem Array ein Binding-Objekt erzeugt wird. Damit die Daten tatsächlich angezeigt werden, müssen Sie in der Tabelle noch angeben, wie die Daten in der Tabelle angezeigt werden sollen. Hierzu fügen Sie die `items`-Aggregation in das Tabellen-Control ein (siehe Listing 3.22). Danach implementieren Sie ein Element des SAPUI5-Elements `sap.m.ColumnListItem` als sogenanntes *Template*. Bei der Ausführung der Anwendung wird das als Template angegebene Element verwendet, um pro Objekt aus der Modell-Collection entsprechend eine Zeile in der Tabelle anzulegen. Das Template erhält drei `sap.m.Text`-Controls. Das `text`-Attribut des jeweiligen `sap.m.Text`-Controls verbinden Sie nun mit jeweils einer Eigenschaft des Personen-Objekts.

```
<items>
   <ColumnListItem>
      <cells>
         <Text text="{Vorname}"/>
```

```
            <Text text="{Nachname}"/>
            <Text text="{Geburtsdatum}"/>
        </cells>
        </ColumnListItem>
</items>
```

Listing 3.22 Implementierung der Template-Controls für Tabellenzeilen

Binding-Pfade und Modell-ID

Beachten Sie, dass Sie bei dem Binding in Listing 3.22 keinen Schrägstrich vor das Attribut setzen müssen, da er zur Laufzeit durch SAPUI5 selbst hinzufügt wird. An dieser Stelle noch ein Hinweis zu der Arbeit mit Modellen mit ID: Die ID ist stets voranzustellen, wenn auf das Modell zugegriffen wird. In unserem Beispiel ist das sowohl bei der `items`-Aggregation der Fall als auch bei den Attributen.

Nachdem Sie die Änderungen durchgeführt und gespeichert haben, führen Sie die Anwendung erneut aus. Das Ergebnis ist die Tabelle mit den Daten aus dem Modell (siehe Abbildung 3.16).

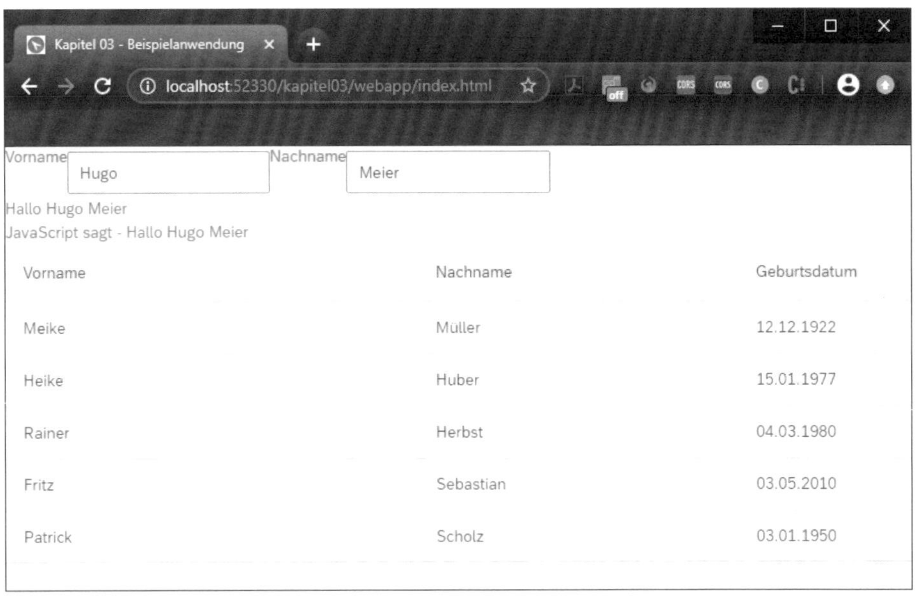

Abbildung 3.16 Das Control »sap.m.Table« zur Laufzeit

Analyse mit SAPUI5 Diagnostics

Wie Sie sicher bemerkt haben, haben wir beim Binding der einzelnen Eigenschaften einer Person lediglich das Feld in geschweiften Klammern der jeweiligen `text`-Eigenschaft zugewiesen. Es wurde beim Binding kein Schrägstrich vorangestellt. Wir wollen Ihnen kurz erläutern, warum dies nicht notwendig ist. Rufen Sie über `Strg` + `Ctrl` + `Alt` + `S` die *SAPUI5 Diagnostics*-Werkzeuge auf, und klappen Sie den Bereich **Control Tree** auf (siehe

Abbildung 3.17). Wählen Sie das erste Objekt vom Typ `ColumnListItem` aus, und schauen Sie sich die **Binding Infos** eines der `Text`-Controls an. Besonders das Attribut unter **Absolute Path** ist interessant. Wie Sie sehen, steht beispielsweise für das erste `Text`-Control des ersten `ColumnListItem`-Elements der Pfad auf **/personen/0/Vorname**. Dies bedeutet, dass SAPUI5 das Setzen der korrekten Pfade übernimmt und Sie sich an dieser Stelle keine Gedanken über die Adressierung machen müssen. Anhand des Pfades lässt sich erkennen, wie Objekte in einem JSON-Array adressiert werden. Der Index für die Adressierung beginnt bei 0, wie in JavaScript üblich.

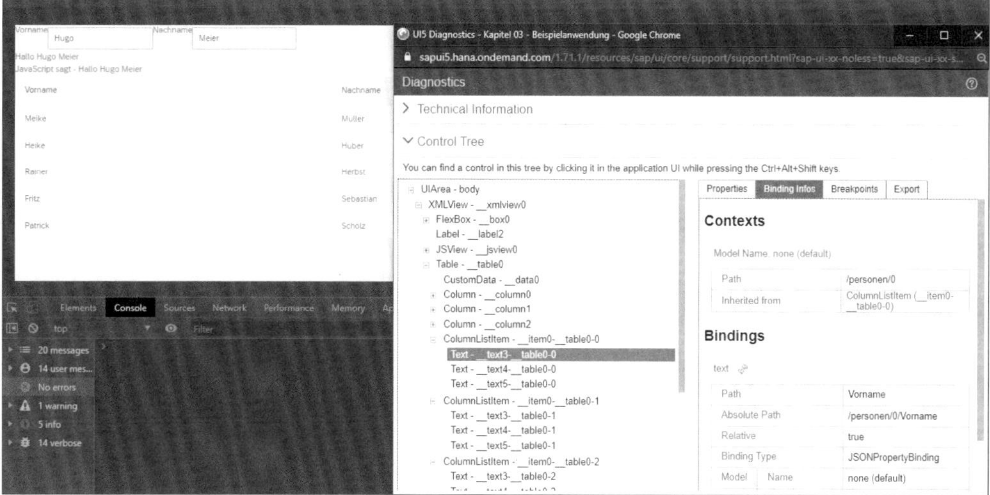

Abbildung 3.17 Die Datenbindung im SAPUI5-Diagnostics-Tool

3.5 Die Programmierschnittstelle von SAPUI5

In diesem Abschnitt wollen wir nun mit den grundlegenden Funktionen der SAPUI5 API arbeiten. Wir führen dabei die wichtigsten Konzepte und Funktionen ein und geben einen Einblick in die Arbeit mit der SAPUI5 API. Sie werden im Verlauf dieses Buchs noch viele weitere Funktionen und Klassen kennenlernen.

3.5.1 Arbeiten mit eindeutigen IDs

Wie in Abschnitt 3.1 beschrieben, vergibt SAPUI5 für alle Artefakte, die zur Laufzeit generiert werden, eine dynamische ID. Dynamische IDs, die sich zwischen den unterschiedlichen SAPUI5-Versionen unterscheiden können, machen es sehr schwer, über die ID auf Elemente zuzugreifen und gegebenenfalls Eigenschaften dynamisch zu setzen. Aus diesem Grund bietet SAP die Möglichkeit, jedem SAPUI5-Control eine ID als Parameter mitzugeben. Die Vergabe einer eindeutigen ID erfolgt in XML-Views über die Angabe des Attributs id (siehe Listing 3.23).

```
<FlexBox>
  <Label text="Vorname"/>
  <Input value="{/vorname}" id="idVorname"/>
  <Label text="Nachname"/>
  <Input value="{/nachname}" id="idNachname"/>
</FlexBox>
```

Listing 3.23 Eindeutige ID-Vergabe

Element-IDs zur Laufzeit

Wenn Sie nun die Anwendung starten und den DOM-Baum in den Entwicklerwerkzeugen des Browsers ansehen, sehen Sie, dass die Inputfelder im Feld id nicht die von Ihnen angegebenen IDs haben, sondern ein Präfix vorangestellt bekommen (siehe Abbildung 3.18). Das Präfix ist die ID des Container-Controls, in dem die Inputfelder eingebettet sind. Dies stellt sicher, dass die ID tatsächlich eindeutig ist.

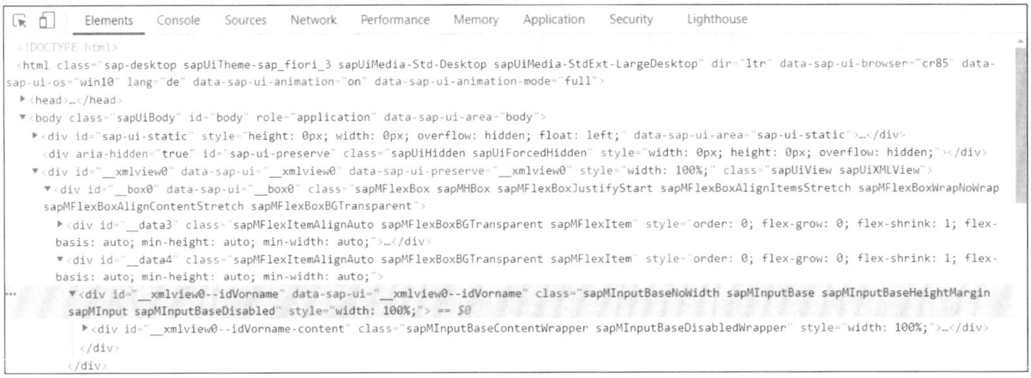

```
Elements  Console  Sources  Network  Performance  Memory  Application  Security  Lighthouse
<!DOCTYPE html>
<html class="sap-desktop sapUiTheme-sap_fiori_3 sapUiMedia-Std-Desktop sapUiMedia-StdExt-LargeDesktop" dir="ltr" data-sap-ui-browser="cr85" data-sap-ui-os="win10" lang="de" data-sap-ui-animation="on" data-sap-ui-animation-mode="full">
 ▸<head>…</head>
 ▾<body class="sapUiBody" id="body" role="application" data-sap-ui-area="body">
   ▸<div id="sap-ui-static" style="height: 0px; width: 0px; overflow: hidden; float: left;" data-sap-ui-area="sap-ui-static">…</div>
    <div aria-hidden="true" id="sap-ui-preserve" class="sapUiHidden sapUiForcedHidden" style="width: 0px; height: 0px; overflow: hidden;"></div>
   ▾<div id="__xmlview0" data-sap-ui="__xmlview0" data-sap-ui-preserve="__xmlview0" style="width: 100%;" class="sapUiView sapUiXMLView">
     ▾<div id="__box0" data-sap-ui="__box0" class="sapMFlexBox sapMHBox sapMFlexBoxJustifyStart sapMFlexBoxAlignItemsStretch sapMFlexBoxWrapNoWrap sapMFlexBoxAlignContentStretch sapMFlexBoxBGTransparent">
       ▸<div id="__data3" class="sapMFlexItemAlignAuto sapMFlexBoxBGTransparent sapMFlexItem" style="order: 0; flex-grow: 0; flex-shrink: 1; flex-basis: auto; min-height: auto; min-width: auto;">…</div>
       ▾<div id="__data4" class="sapMFlexItemAlignAuto sapMFlexBoxBGTransparent sapMFlexItem" style="order: 0; flex-grow: 0; flex-shrink: 1; flex-basis: auto; min-height: auto; min-width: auto;">
...      ▾<div id="__xmlview0--idVorname" data-sap-ui="__xmlview0--idVorname" class="sapMInputBaseNoWidth sapMInputBase sapMInputBaseHeightMargin sapMInput sapMInputBaseDisabled" style="width: 100%;"> == $0
           ▸<div id="__xmlview0--idVorname-content" class="sapMInputBaseContentWrapper sapMInputBaseDisabledWrapper" style="width: 100%;">…</div>
          </div>
        </div>
```

Abbildung 3.18 IDs einer XML-View zur Laufzeit

Zugriff auf Controls mit »byId«

Nachdem die UI-Controls jeweils eine ID erhalten haben, können Sie auch über JavaScript auf die Controls zugreifen. Für den Zugriff auf UI-Controls und UI-Elemente über die ID bietet der Controller einer View die Funktion byId an. Listing 3.24 zeigt die Verwendung der Funktion im Rahmen der Verarbeitung der Funktion onInit. byId erhält lediglich die ID des UI-Controls, das wir verwenden wollen. Wir müssen uns dabei nicht mit den Präfixen befassen.

```
onInit : function() {
   // anderer Code
   var oVorname = this.byId("idVorname");
```

```
    oVorname.setEnabled(false);
}
```

Listing 3.24 Verwenden der »byId«-Funktion

Die Vergabe von IDs ist natürlich auch in JavaScript bzw. JavaScript-Views möglich. Die Konstruktor-Funktionen von SAPUI5-Controls bieten die Möglichkeit, eine ID beim Aufruf zu übergeben. Listing 3.25 zeigt die Übergabe der ID `idLbl` in der Implementierung von **JavaScriptView.view.js**.

```
createContent : function(oController) {
   var oLabel = new sap.m.Label("idLbl",
        {
          text: "JavaScript sagt - Hallo {/vorname}
            {/nachname}"
        });
   return oLabel;
}
```

Listing 3.25 Übergabe der ID in einem Konstruktor

Erweitern Sie nun noch den Controller der JavaScript-View um die in Listing 3.26 gezeigte `onInit`-Funktion, und starten Sie im Anschluss die Anwendung erneut.

```
onInit : function() {
   var oLbl = this.byId("idLbl");
   oLbl.setVisible(false);
}
```

Listing 3.26 Implementierung von »onInit« im Controller der JavaScript-View

Die Funktion »createId«

Sie erhalten wieder einen Fehler, dass `oLbl` nicht definiert sei. Dies bedeutet, dass kein Control mit der ID `idLbl` gefunden werden konnte. Der Fehler liegt darin begründet, dass IDs innerhalb von JavaScript-Views, anders als in XML-Views, nicht mit einem Präfix des Container-Controls versehen werden. Um den Fehler zu beheben, müssen Sie dafür sorgen, dass genau dies geschieht. Hierfür bietet SAPUI5 die Funktion `createId` an (siehe Listing 3.27).

```
createContent : function(oController) {
  var oLabel = new sap.m.Label(this.createId("idLbl"),
        {
          text: "JavaScript sagt - Hallo {/vorname}
              {/nachname}"
        });
```

```
  return oLabel;
}
```

Listing 3.27 Die Funktion »createId« in einer JavaScript-View

»createId« im Controller

createId kann auch innerhalb eines Controllers verwendet werden. Beispielsweise dann, wenn ein UI5-Control dynamisch zur Laufzeit im Controller erzeugt und zur Benutzeroberfläche hinzugefügt werden soll. Wir geben zur Demonstration dem FlexBox-Control in der **App.view.xml**-Implementierung die ID idFlexBox. Im Anschluss erweitern wir unsere onInit-Implementierung (siehe Listing 3.28).

```
var oInput = new sap.m.Input(this.createId("idInput"), {
    value: " {/vorname} {/nachname}"
});
var oFlexBox = this.byId("idFlexBox");
oFlexBox.addItem(oInput);
```

Listing 3.28 Hinzufügen eines »sap.m.Input«-Feldes zur Laufzeit

Die Funktion createId kann entweder direkt auf dem Controller aufgerufen werden, oder Sie besorgen sich über die Funktion getView eine Referenz auf die View und rufen dann dort die Funktion auf. Das Gleiche gilt für die Funktion byId.

[!]

Für Verweise niemals dynamische IDs verwenden

Verwenden Sie unter keinen Umständen die dynamisch angelegten IDs, um auf die Controls zur Laufzeit zuzugreifen. Nach einem Update auf eine neue SAPUI5-Version kann es passieren, dass die Anwendung nicht mehr einwandfrei arbeitet. Dies kann zu erheblichen Mehraufwänden führen. Daher gilt: Wenn Sie auf Controls zur Laufzeit zugreifen möchten, dann sollte das stets über selbstfestgelegte IDs geschehen.

3.5.2 Nomenklatur der Funktionsnamen

Funktionen und ihre Namen in UI5

Listing 3.28 zeigt neben der Funktion createId noch mehr: zum Beispiel die Funktion addItem. Wir nehmen diese Funktion zum Anlass, etwas über die Nomenklatur von Funktionsnamen in SAPUI5 zu schreiben. SAPUI5 bietet von Haus aus viele Funktionen an. Sie haben zum Beispiel die set-Funktion kennengelernt, mit der Sie eine Eigenschaft eines UI-Controls setzen. Die Nomenklatur besagt, dass set-Funktionen immer mit dem Namen set<NameDerEigenschaft> bezeichnet werden. Hat ein UI5-Control eine Aggregation, bietet sie in aller Regel die Funktionen add<NameAggregationSingular> und add<NameAggregationPlural> an, in unserem Beispiel also addItem und addItems, falls Sie mehr als ein Control zur FlexBox hinzufügen möchten. Und wo es ein add gibt, gibt es meist auch ein remove<AggregationSingular> bzw. ein removeAllItems (hier bricht die Namensgebung etwas). Oft werden auch ein insert<AggregationSingular> oder aber auch ein remove<AggregationSingular> und ein destroy<AggregrationPlural> angeboten. Die destroy-Funktion entfernt nicht nur die Controls aus der Aggregation, sondern gibt auch die Referenzen für den Garbage Collector von JavaScript frei. Die remove-Funktion hingegen entfernt die Controls aus der Aggregation, die Referenzen bleiben allerdings erhalten.

3.6 Implementierung von Eventhandlern

Eine Anwendung lebt von der Interaktion mit dem Endanwender. Dies ist bei SAPUI5-basierten Anwendungen nicht anders. Daher können SAPUI5-Controls und -Elemente auf Events reagieren. Events können entweder durch den Nutzer oder andere Akteure in einer Anwendung ausgelöst werden. In aller Regel gibt es in einer Anwendung *Eventhandler*. Diese Eventhandler (Ereignishandler) registrieren sich für ein oder mehrere Events und werden informiert, sobald das Event ausgelöst wird. Eventhandler werden als JavaScript-Funktionen implementiert und dann entsprechend aufgerufen. Bei diesem Aufruf werden, abhängig davon, welches Event durch welches Control ausgelöst wird, Informationen in Form eines Objekts an den Eventhandler weitergegeben. Diese Informationen können vom Eventhandler ausgelesen und weiterverarbeitet werden.

3.6.1 Einführung in die Eventverarbeitung

Eventverarbeitung am Beispiel von »sap.m.Button«

Wir wollen Ihnen zunächst ein einfaches Beispiel der Eventverarbeitung zeigen und fügen hierzu ein Control vom Typ sap.m.Button in unsere Anwendung sein (siehe Listing 3.29).

```
<FlexBox>
   <Label text="Vorname"/>
   <Input value="{/vorname}"/>
   <Label text="Nachname"/>
   <Input value="{/nachname}"/>
   <Button text="Drück mich"/>
</FlexBox>
```

Listing 3.29 Erweiterung der FlexBox durch »sap.m.Button«

Schauen Sie in die API des sap.m.Button-Controls, und klicken Sie auf die Events, die durch den Button verarbeitet werden können. Das Control bietet mit dem press-Event ein eigenes Event an und zusätzlich weitere Events, die von der Basisklasse sap.ui.core.Control geerbt werden (siehe Abbildung 3.19). Außerdem erbt das Control durch seine Kindbeziehung zu sap.ui.core.Control die Events der Klasse sap.ui.base.ManagedObject. Das Event tap ist dagegen veraltet.

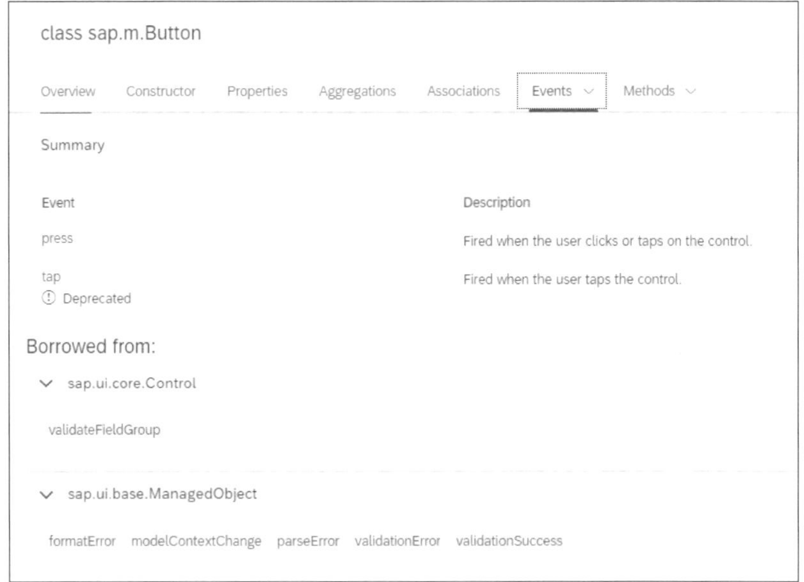

Abbildung 3.19 Die Events des »sap.m.Button«-Controls

Details zu »press«

Klicken Sie auf den Namen des Events **press**, um weitere Details zu erhalten. Ein Eventhandler des press-Events erhält über das Eventinformationsobjekt die Möglichkeit, zwei Informationen abzufragen (siehe Abbildung 3.20). Zum einen können Sie über die Funktion getSourceObject den Verursacher des Events auslesen. Dieser wird in einem Attribut mit dem Namen oSource im Eventobjekt gehalten. Zum anderen erhalten Sie über die Funktion getParameters eine Map von Eigenschaften, die durch die SAPUI5-Laufzeit befüllt werden. Diese Map wird in der Membervariablen mParameters im Eventobjekt gehalten. Greifen Sie auf die Objekte oSource und mParameters nie direkt zu, sondern immer über die Funktionen. Die Funktionen sind Teil der öffentlichen API, die beiden Parameter aber nicht. Theoretisch könnte es passieren, dass SAP die Parameter umbenennt, wodurch Ihre Anwendung nach einem Upgrade nicht mehr funktionieren würde.

Nachdem Sie sich mit der API vertraut gemacht haben, bestimmen Sie in Ihrer **App.view.xml** einen Eventhandler für das press-Event. Hierzu legen Sie fest, dass das press-Event durch eine Funktion mit dem Namen onPress verarbeitet werden soll:

```
<Button text="Drück mich" press="onPress"/>
```

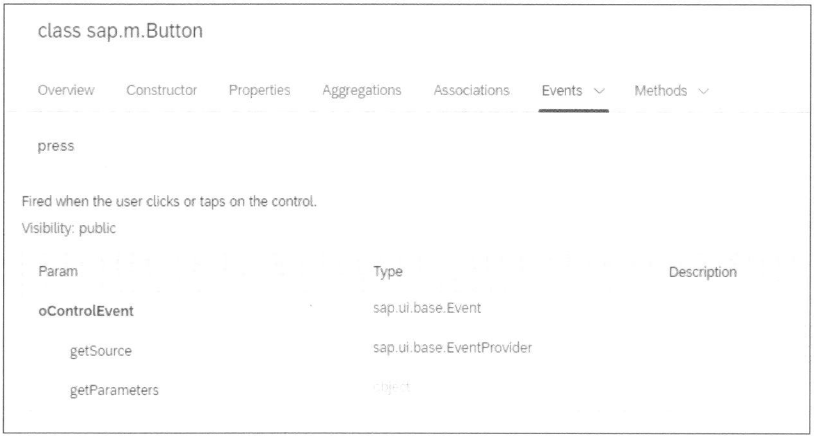

class sap.m.Button

Overview Constructor Properties Aggregations Associations Events Methods

press

Fired when the user clicks or taps on the control.
Visibility: public

Param	Type	Description
oControlEvent	sap.ui.base.Event	
getSource	sap.ui.base.EventProvider	
getParameters	object	

Abbildung 3.20 Das »press«-Event

»onPress«

Die entsprechende Funktion implementieren Sie im zur App-View zugehörenden Controller. Öffnen Sie die Datei **App.controller.js**, und definieren Sie eine Funktion onPress direkt nach der bereits existierenden onInit-Funktion. Beachten Sie, dass bei der literalen Schreibweise die Attribute und Funktionen eines Objekts durch Kommas getrennt werden, fügen Sie also nach der schließenden geschweiften Klammer der onInit-Funktion ein Komma ein. Die Implementierung sieht entsprechend dem in der API beschriebenen Event aus:

```
onPress : function(oEvent) {
 debugger;
}
```

Wir gehen allerdings einen kleinen Schritt weiter und fügen in die Implementierung der onPress-Funktion noch eine debugger-Anweisung ein.

Starten Sie die Anwendung neu, und wechseln Sie wieder in die Entwicklerwerkzeuge des Browsers. Klicken Sie auf den Button, um den Eventhandler onPress aufzurufen. Durch die debugger-Anweisung bleibt die Verarbeitung nun im Eventhandler stehen. Fahren Sie mit der Maus über den oEvent-Parameter der onPress-Funktion. Sie erhalten über ein Popup-Fenster eine Anzeige der Parameter, die über das Event geliefert werden. Sie erhalten nicht nur die zwei Parameter aus der API-Dokumentation, sondern noch weitere Informationen (siehe Abbildung 3.21). Um einen konkreten Parameter aus der Map auszulesen, können Sie über die Funktion getParameter und unter Angabe des auszulesenden Parameters auf die Information zugreifen.

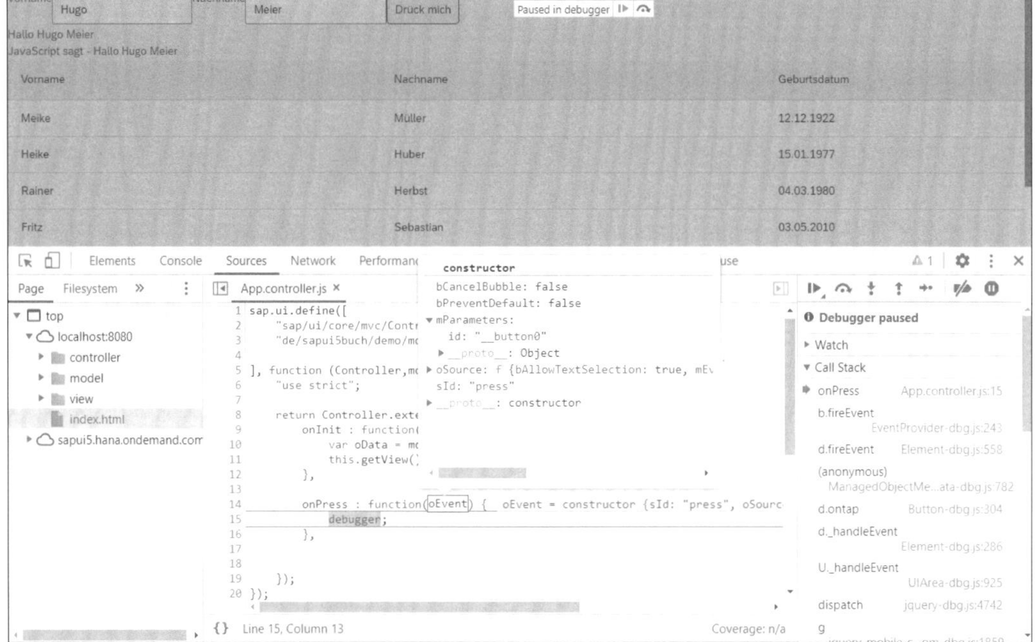

Abbildung 3.21 Die Eventinformationen des »press«-Events zur Laufzeit

Verarbeiten von Selektionsevents

Verarbeitung komplexer Events

Nach der grundsätzlichen Einführung in die Eventverarbeitung wollen wir uns in diesem Abschnitt mit der Verarbeitung von komplexeren Events befassen. Wir wollen unsere Anwendung dahingehend erweitern, dass wir aus der Personentabelle einen Eintrag auswählen und die dazugehörende Adresse direkt unter der Tabelle darstellen können. Erweitern Sie hierfür die Namensraumdeklaration in **App.view.xml**, und fügen Sie XML-Aliasse für die Namensräume sap.ui.layout, sap.ui.layout.form und sap.ui.core ein (siehe Listing 3.30).

```
<mvc:View controllerName="de.sapui5buch.demo.controller.App"
  xmlns:mvc="sap.ui.core.mvc" xmlns="sap.m"
  xmlns:l="sap.ui.layout"
  xmlns:f="sap.ui.layout.form" xmlns:core="sap.ui.core">
```

Listing 3.30 Erweiterung der XML-Namensräume

Fügen Sie als Nächstes den Code aus Listing 3.31 direkt unter der Tabellenimplementierung in der View **App.view.xml** ein. Wir gehen an dieser Stelle nicht auf die konkrete Implementierung und Nutzung der Layout-Controls ein, sondern verweisen auf Kapitel 7, »Arbeiten mit Layouts«. Für die Anzeige der Straße, der Hausnummer, der Postleitzahl sowie der Stadt legen wir entsprechende Inputfelder an.


```
<f:Form id="adressForm">
   <f:title>
     <core:Title text="Address" />
   </f:title>
   <f:layout>
      <f:ResponsiveGridLayout
         labelSpanXL="3"  labelSpanL="3"  labelSpanM="3"
         labelSpanS="12" adjustLabelSpan="false"
         emptySpanXL="4"  emptySpanL="4" emptySpanM="4"
         emptySpanS="0" columnsXL="1"      columnsL="1"
         columnsM="1"  singleContainerFullSize="false" />
   </f:layout>
   <f:formContainers>
     <f:FormContainer>
      <f:formElements>
        <f:FormElement label="Strasse u. Hausnummer">
         <f:fields>
           <Input value="{Strasse}" />
           <Input value="{Hausnummer}">
             <layoutData>
               <l:GridData span="XL1 L2 M2 S4" />
             </layoutData>
           </Input>
         </f:fields>
        </f:FormElement>
        <f:FormElement label=
               "Postleitzahl u. Strasse Code/City">
          <f:fields>
           <Input value="{PLZ}">
             <layoutData>
               <l:GridData span="XL1 L2 M2 S4" />
             </layoutData>
           </Input>
           <Input value="{Strasse}" />
          </f:fields>
        </f:FormElement>
      </f:formElements>
```

```
      </f:FormContainer>
    </f:formContainers>
</f:Form>
```

Listing 3.31 Formularlayout in SAPUI5

Als Nächstes müssen Sie die Tabelle für Benutzerinteraktionen empfänglich machen. Fügen Sie hierzu einen Eventhandler für das Event selectionChange ein, und definieren Sie über die Eigenschaft mode, wie die Tabelle dem Nutzer die Möglichkeit der Selektion geben soll:

```
<Table items="{/personen}" mode="SingleSelectLeft"
  selectionChange="onSelectionChange">
```

Der Modus SingleSelectLeft besagt, dass vor jeder Tabellenzeile ein Control für die Auswahl stehen muss.

3.6.2 Arbeiten mit dem Element-Binding

Über das *Element-Binding* verbinden Sie das Formular mit einem konkreten Element aus dem Datenmodel. Die Funktion onSelectionChange ermöglicht es, auszulesen, welchen Tabelleneintrag ein Nutzer ausgewählt hat. Dies geschieht in der Tabelle, so wie wir sie gerade verwenden, über einen Eventparameter mit dem Namen listItem. Im nächsten Schritt rufen wir auf dem selektierten Tabelleneintrag die Funktion getBindingContext auf (siehe Listing 3.32).

```
onSelectionChange : function(oEvent) {
    var oSelectedItem = oEvent.getParameter("listItem");
    var oBindingContext =
          oSelectedItem.getBindingContext();
    var sPath = oBindingContext.getPath();
    var oForm = this.byId("adressForm");
    oForm.bindElement(sPath + "/Adresse");
}
```

Listing 3.32 Implementierung der »onSelectionChange«-Funktion

Über diese Funktion erhalten wir den Bindungskontext zwischen der Tabellenzeile und dem Eintrag aus dem Datenmodel. Auf dem Bindungskontext können Sie über die Funktion getPath den konkreten Pfad des Modelleintrags auslesen. Zu guter Letzt besorgen wir uns über die Funktion byId die Referenz auf das Formular und rufen auf dieser Referenz die Funktion bindElement auf. Die Funktion erhält einen String, der sich aus dem Hauptmodelobjekt gefolgt vom Suffix (der Adresse) zusammensetzt. Sie erhalten also den kompletten Pfad zur Adresse im Modell.

Nachdem Sie die Funktion implementiert haben, starten Sie die Anwendung neu. Wählen Sie danach eine Zeile der Tabelle aus, wird Ihnen die Adresse im Formular angezeigt (siehe Abbildung 3.22).

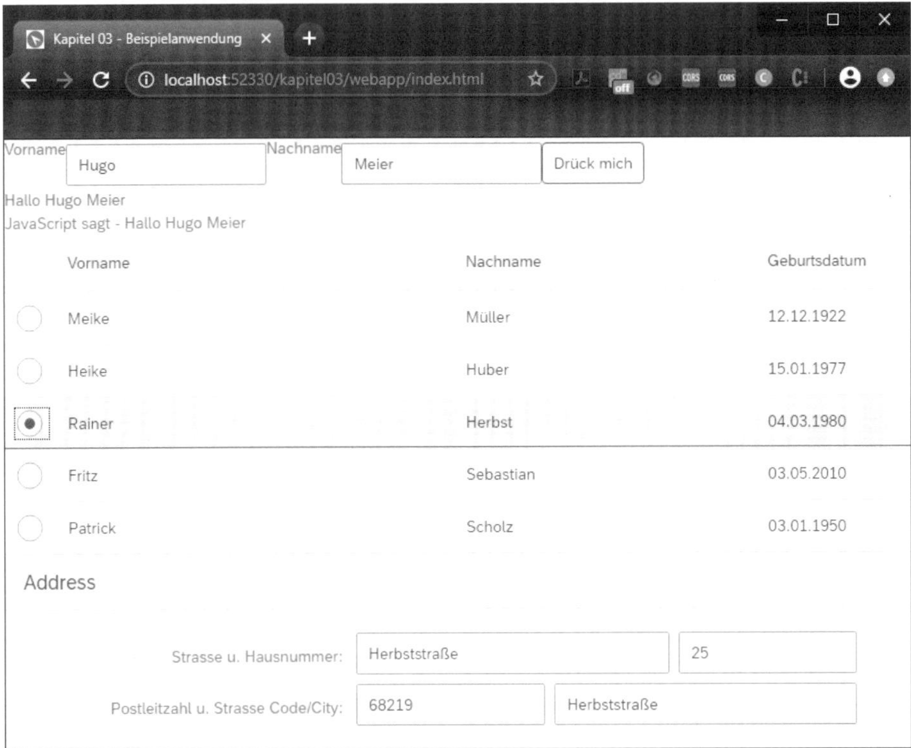

Abbildung 3.22 Das Element-Binding in Aktion

3.7 Komponentenorientierte Anwendungsentwicklung

Zum Abschluss dieses Kapitels zeigen wir Ihnen, wie Sie die Anwendung dahingehen ändern, dass sie als Komponente gekapselt wird. Zudem werden Sie UI5 Tooling integrieren.

3.7.1 Komponenten-Implementierung

SAPUI5-Anwendungen werden in aller Regel als Komponente gekapselt. Die Kapselung ermöglicht eine einfache Integration in andere Anwendungen oder in das SAP Fiori Launchpad, zudem können Komponenten so verwendet werden, dass der Konsument nicht viel über die Anwendung wissen muss. Wir wollen an dieser Stelle nicht zu tief in die Konzepte abtauchen, da wir sie in Kapitel 9, »Komponentenorientiertes Programmieren«, im Detail besprechen werden.

Einführung in die komponentenorientierte Entwicklung

SAPUI5-Komponenten werden in einer Datei mit dem Namen **Component.js** implementiert. Innerhalb dieser Datei setzen Sie ein Modul ein, ähnlich wie Sie es bei der Implementierung der Controls kennengelernt haben. Legen Sie im **webapp**-Ordner der Anwendung eine Datei mit dem Namen **Component.js** und dem Code aus Listing 3.33 an.

```
sap.ui.define([
   "sap/ui/core/UIComponent"
], function (UIComponent) {
  "use strict";
   return UIComponent.extend("de.sapui5buch.demo.Component",
   {
     init: function () {
       UIComponent.prototype.init.apply(this, arguments);
     }
  });
});
```

Listing 3.33 Rudimentäre Implementierung einer SAPUI5-Komponente

Das Modul besitzt eine Abhängigkeit zur SAPUI5-Klasse `sap.ui.core.UIComponent`. Die in der Callback-Funktion übergebene Referenz mit dem Namen `UIComponent` wird im weiteren Verlauf über den Aufruf `extend` erweitert. Damit der Entwickler, während die Komponente instanziiert und gestartet wird, auch eigenen Code einfügen kann, verfügen Komponenten über die Funktion `init`. In unserem Beispiel rufen wir in der Funktion die `init`-Funktion unserer Basisklasse `sap.ui.core.UIComponent` auf. Damit übergeben wir die Referenz auf unsere Komponenteninstanz und des Weiteren den in JavaScript obligatorischen Parameter `arguments`.

Metadaten der Komponente festlegen

Wie in Abschnitt 3.1.2 besprochen, kann eine SAPUI5-Anwendung über den Applikationsdeskriptor `manifest.json` konfiguriert werden. Damit die Anwendung Kenntnis über den Applikationsdeskriptor erlangt, müssen Sie angeben, dass die Metadaten aus einer **manifest**-Datei geladen werden sollen (siehe Listing 3.34). Sie fragen sich an dieser Stelle vielleicht, warum die Anwendung das nicht von selbst weiß. Den Applikationsdeskriptor gibt es erst seit SAPUI5 Version 1.28, vorher wurden die Konfigurationsinformationen direkt im Bereich `metadata` der Komponentenimplementierung gepflegt. In Kapitel 9, »Komponentenorientiertes Programmieren«, und Kapitel 10, »Anwendungsdeskriptor«, erläutern wir die Gründe genauer.

```
sap.ui.define([
      "sap/ui/core/UIComponent"
], function (UIComponent) {
  "use strict";
   return UIComponent.extend("de.sapui5buch.demo.Component",
   {
     metadata: {
       manifest: "json"
     },
     init: function () {
       UIComponent.prototype.init.apply(this, arguments);
     }
  });
});
```

Listing 3.34 Integration des Anwendungsdeskriptors

Damit die Anwendung über die Komponente gestartet wird, müssen Sie die Datei **index.html** anpassen, denn bis jetzt wird hier noch die App-View der Anwendung direkt aufgerufen. Ändern Sie dazu den Code in der Datei entsprechend Listing 3.35 ab.

```
<!DOCTYPE HTML>
<html>
  <head>
   <meta charset="utf-8">
   <meta name="viewport" content="width=device-width,
    initial-scale=1.0">
   <title>Kapitel 03 - Beispielanwendung</title>
   <script id="sap-ui-bootstrap"
     src="
       https://sapui5.hana.ondemand.com/1.71.1/resources/
          sap-ui-core.js"
     data-sap-ui-theme="sap_fiori_3"
     data-sap-ui-libs="sap.m"
     data-sap-ui-resourceroots='{"de.sapui5buch.demo": "./"}'
     data-sap-ui-compatVersion="edge"
     data-sap-ui-oninit="module:sap/ui/core/ComponentSupport"
     data-sap-ui-async="true"
     data-sap-ui-frameOptions="trusted"
    >
    </script>
  </head>
  <body class="sapUiBody">
```

```
    <div data-sap-ui-component data-name="de.sapui5buch.demo">
    </div>
  </body>
</html>
```

Listing 3.35 Integration der Komponente in die »index.html«

Über das div-Element im Body der Seite geben Sie mit dem Attribut data-sap-ui-component deklarativ an, dass eine Komponente gestartet werden soll, gefolgt von data-name="de.sapui5buch.demo". Damit geben Sie an, dass die Komponente im Namensraum de.sapui5buch.demo zu finden ist, wobei es sich um den Namensraum handelt, der über resource-roots auf unser Wurzelverzeichnis der Anwendung zeigt: also genau dorthin, wo **Component.js** liegt.

Start-View festlegen

An diesem Punkt gibt es nur noch ein letztes Problem: Nachdem Sie die **index.html**-Seite angepasst haben, ist an keiner Stelle mehr vermerkt, welche View beim Start der Anwendung geladen werden soll. Um das Problem zu beheben, fügen Sie in **manifest.json** im Konfigurationsbereich sap.ui5 die Konfiguration rootView ein. Über dieses Konfigurationsobjekt legen Sie fest, welche View der Anwendung die zentrale View ist, nachdem die Anwendung über die Komponente gestartet wurde. In unserem Fall geben wir im Attribut viewName den vollqualifizierten Namensraum de.sapui5buch.demo.view.App an (siehe Listing 3.36).

```
{
  "_version": "1.12.0",
  "sap.app": {
   "id": "de.sapui5buch.demo",
   "type": "application",
   "i18n": "i18n/i18n.properties",
   "applicationVersion": {
     "version": "1.0.0"
   },
  "title": "{{appTitle}}",
  "description": "{{appDescription}}",
  },
  "sap.ui": {
   "technology": "UI5"
  },
  "sap.ui5": {
   "rootView": {
    "viewName": "de.sapui5buch.demo.view.App",
    "type": "XML",
```

```
      "async": true
    },
    "dependencies": {
     "minUI5Version": "1.60.0",
     "libs": {
      "sap.ui.core": {},
      "sap.m": {},
      "sap.ui.layout": {}
    }
   }
  }
}
```

Listing 3.36 Der Anwendungsdeskriptor »manifest.json«

Starten Sie zum Abschluss die Anwendung ein letztes Mal neu, und testen Sie das Ergebnis (siehe Abbildung 3.23).

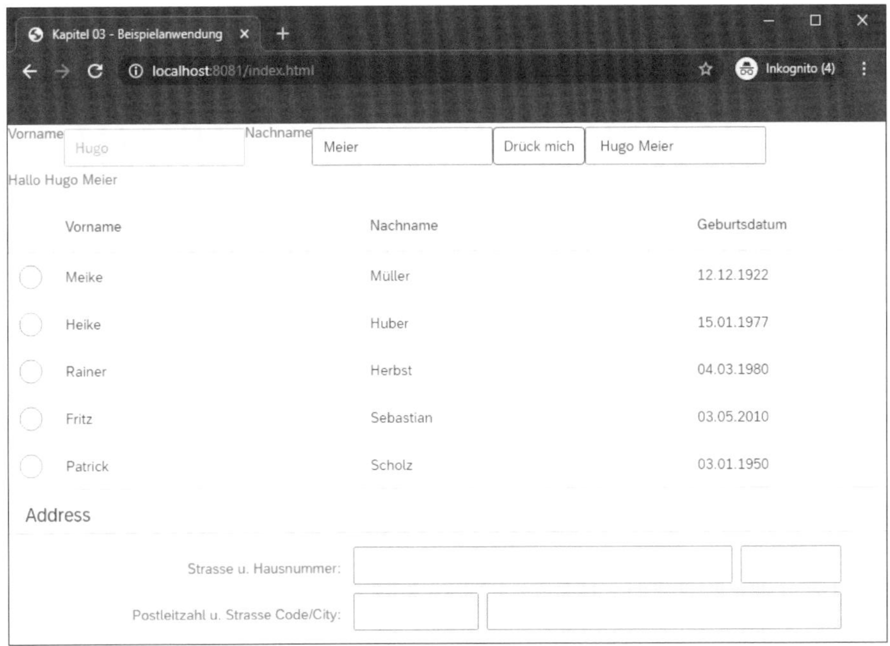

Abbildung 3.23 Die fertige SAPUI5-Anwendung

Wir haben Ihnen in diesem Kapitel die wichtigsten Aspekte von SAPUI5 erläutert. In den nachfolgenden Kapiteln gehen wir nun detailliert auf die Themen ein und erläutern Ihnen anhand von praktischen Beispielen die Hintergründe.

Kapitel 4
Das Bootstrapping

SAPUI5 als clientseitiges HTML-Framework benötigt auf der Clientseite einige zentrale Objekte, bevor die eigentliche Anwendung ausgeführt werden kann. Wie das Laden und Instanziieren dieser Objekte per Bootstrapping funktioniert, erfahren Sie in diesem Kapitel.

SAPUI5 ist ein clientseitiges HTML5-Framework. Dies bedeutet, dass eine Anwendung, die SAPUI5 verwendet, zu Beginn ihrer Ausführung das Framework oder zumindest die wichtigsten Kernkomponenten auf den Client geladen und konfiguriert haben muss. Nur so kann die entsprechende Anwendung ausgeführt werden. Dieser Vorgang wird als *Bootstrapping* bezeichnet. In diesem Kapitel zeigen wir Ihnen, wie Sie innerhalb der **index.html**-Seite Ihrer Anwendung das Bootstrapping implementieren und was sich im Hintergrund abspielt, wenn das Bootstrapping ausgeführt wird. Wir zeigen Ihnen auch, welche Möglichkeiten Sie bei der Konfiguration des Bootstrappings haben. Das Kapitel setzt dabei auf der in Kapitel 2, »Grundlegender Aufbau und Ressourcen«, eingeführten Projektstruktur auf. Die Anwendung selbst besteht aus der in Abbildung 2.3 gezeigten Struktur und verwendet den Namespace `de.sapui5buch.demo`.

In Abschnitt 4.1 beginnen wir mit einer allgemeinen Einführung in das Prinzip des Bootstrappings. Abschnitt 4.2 beschäftigt sich mit der Komponentenerstellung, und in Abschnitt 4.3 erfahren Sie, welche Möglichkeiten zur Konfiguration es gibt.

4.1 Einführung in das Bootstrapping von SAPUI5

Wie in Abschnitt 2.2.2 und Abschnitt 3.2 besprochen, werden SAPUI5-Anwendungen über eine HTML-Seite gestartet. Damit die SAPUI5-Bibliothek auch auf der Clientseite im Browser vorhanden ist, muss sie per Bootstrapping geladen werden. Das Bootstrapping muss komplett abgeschlossen sein, bevor die eigentliche SAPUI5-Anwendung ausgeführt werden kann. Listing 4.1 zeigt eine einfache Implementierung eines solchen Skripts.

Das Attribut `src` dieser Skriptdeklaration gibt an, dass eine JavaScript-Ressource mit dem Namen **sap-ui-core.js** geladen werden soll. Der SAPUI5 Core stellt das Herzstück von SAPUI5 dar. Im gezeigten Codebeispiel geben wir an, dass die SAPUI5-Bibliothek von dem gleichen Ort geladen werden soll, von dem zuvor die entsprechende HTML-Seite geladen wurde. Entwickler haben zur Laufzeit über die Funktion `getCore`, die über das zentrale Benutzeroberflächenobjekt zur Verfügung gestellt wird, Zugriff auf das Core-Objekt einer Anwendung:

```
var oCore = sap.ui.getCore();
```

Konfiguration der SAPUI5-Laufzeit

Die Implementierung des Bootstrappings erlaubt es, die SAPUI5-Laufzeitumgebung über Parameter zu konfigurieren. Die Laufzeitkonfiguration einer Anwendung wird der Anwendung über eine Instanz der Klasse `sap.ui.core.Configuration` bereitgestellt. SAPUI5 nutzt für das Konfigurieren von Laufzeitparametern die in HTML5 eingeführten *Custom Data Attributes*. Custom Data Attributes können in jedem HTML-Tag angegeben werden und beginnen standardmäßig mit `data`. SAP hat für die Attribute von SAPUI5 das Präfix `sap-ui` gewählt. Der letzte Teil beschreibt das Attribut, das konfiguriert werden soll.

```
<script id="sap-ui-bootstrap"
    type="text/javascript"
    src="resources/sap-ui-core.js"
    data-sap-ui-theme="sap_fiori_3"
>
</script>
```

Listing 4.1 Eine einfache Bootstrapping-Konfiguration

Das Programmbeispiel aus Listing 4.1 enthält ein Attribut. Mit dem `theme`-Attribut geben Sie an, welches Theme in der Anwendung verwendet werden soll. Im Beispiel ist dies das Theme `sap_fiori_3`. Hierbei handelt es sich um das Standard-Theme von SAPUI5 ab der Version 1.65. Weitere Details hierzu finden Sie in Kapitel 20, »Theming«.

Zugriff auf das Konfigurationsobjekt

Möchten Sie auf das Konfigurationsobjekt zur Laufzeit zugreifen, erfolgt der Zugriff über das Core-Objekt der Anwendung.

```
var oConfiguration = sap.ui.getCore().getConfiguration();
var oTheme = oConfiguration.getTheme();
```

Das Konfigurationsobjekt wird über das Bootstrapping befüllt oder erhält seine Werte über andere Optionen. Die Verarbeitung erfolgt (in absteigender Reihenfolge) nach folgender Priorisierung. Werte können gesetzt werden über:

1. den Aufruf von `set`-Funktionen (Dies ist nur für jene Werte möglich, für die es auch eine entsprechende Funktion gibt.)
2. URL-Parameter
3. `data-sap-ui-config-<Parameter>`
4. `data-sap-ui-config` im Bootstrapping
5. das globale Objekt `window["sap-ui-config"]`
6. serverweite Standardwerte, die über eine auf dem Server zentral zur Verfügung gestellte Datei mit dem Namen **sap-ui-config.json** gesetzt werden
7. systemweite Standardwerte

Das Content Delivery Network nutzen

Die SAPUI5-Bibliothek kann entweder lokal oder aber remote über das sogenannte *Content Delivery Network* (CDN) bezogen werden. Sie müssen hierzu lediglich dem `src`-Attribute im Bootstrapping die URL *https://sapui5.hana.ondemand.com/resources/sap-ui-core.js* zuweisen und erhalten dann zur Laufzeit die aktuellste SAPUI5-Version. Diese Information ist sehr wichtig. Wird sie nicht beachtet, kann es zu unschönen Seiteneffekte kommen.

Für den Fall, dass SAP in einer neuen SAPUI5-Version Änderungen einführt, die negative Auswirkungen auf Ihre Anwendung haben, kann Ihre Anwendung gegebenenfalls nicht mehr verwendet werden. Sie müssten sie dann entsprechend anpassen.

SAP bietet jedoch nicht nur die aktuellste Version von SAPUI5 an, sondern auch ältere Versionen. Listing 4.2 zeigt eine Bootstrapping-Konfiguration, die die Version 1.60.22 lädt.

```
<script id="sap-ui-bootstrap"
   type="text/javascript"
   src="https://sapui5.hana.ondemand.com/1.60.22/resources/
     sap-ui-core.js"
   data-sap-ui-theme="sap_fiori_3">
</script>
```

Listing 4.2 Laden einer spezifischen SAPUI5-Version über das CDN

Die Vorteile, die SAPUI5-Bibliothek über das CDN zu beziehen, liegen auf der Hand. Sie haben, ohne dass Sie lokal dafür Sorge tragen müssen, stets auf die aktuellste SAPUI5-Version und die neuesten Features Zugriff. Allerdings bedeutet die Nutzung des CDN auch, dass jeder Rechner, der die SAPUI5-Anwendung startet, die Bibliothek-Bestandteile aus dem Internet lädt, was nicht immer gewünscht oder möglich ist.

Schritte des Bootstrapping-Prozesses

Nachdem das Core-Objekt geladen ist, werden zur Initialisierung der SAPUI5-Laufzeitumgebung nacheinander die folgenden Schritte durchgeführt:

1. Die jQuery-Plugins werden geladen. Diese enthalten zentrale Funktionen des Frameworks.
2. Das zentrale SAP-Objekt, über das alle anderen Objekte referenziert werden, wird geladen.
3. Das `sap.ui.core.Core`-Objekt wird mit allen seinen Abhängigkeiten ausgeführt.
4. Die Laufzeitkonfiguration wird zusammengestellt, und das zentrale Konfigurationsobjekt, das über den Core bezogen werden kann, wird instanziiert und initialisiert.
5. Alle Bibliotheken, zu denen in der Anwendung entsprechende Abhängigkeiten definiert wurden, werden geladen. Enthalten diese wiederum Abhängigkeiten, werden auch sie aufgelöst (geladen).
6. Zu jeder abhängigen Bibliothek wird die CSS-Datei geladen, die das im Bootstrapping angegebene Theme definiert.
7. Nachdem alle vorherigen Schritte abgearbeitet wurden, wird das Event `init` ausgelöst.

Wie bereits in Kapitel 3, »In 7 Schritten zur ersten eigenen Anwendung«, erwähnt, gibt es in SAPUI5 zu jedem Event die Möglichkeit, einen Eventhandler zu registrieren. Dies gilt auch für das `init`-Event. Das Programmbeispiel aus Listing 4.3 zeigt, wie Sie einen Eventhandler für das `init`-Event registrieren können.

```
sap.ui.getCore().attachInit(function(){
    // application can be started
});
```

Listing 4.3 Verarbeiten des »init«-Events

Namensräume und Ressourcen

Eine SAPUI5-Anwendung besteht aus diversen *Ressourcen*. Diese werden in unterschiedlichen Ordnern im Projekt gespeichert. Die Ressourcen, die im Rahmen der Entwicklung erzeugt werden, werden jeweils einem *Namensraum* zugewiesen. Damit SAPUI5 in der Lage ist, Ressourcen zu laden, müssen Sie die Namensräume mit den Ordnern in Verbindung setzen. Hierzu stellt SAPUI5 den Konfigurationsparameter `data-sap-ui-resourceroots` zur Verfügung. Dem Parameter wird ein Objekt zugewiesen. Das Objekt selbst enthält Key-Value-Paare. Der Key stellt den Namensraum und der Wert die

Lokation in der Verzeichnisstruktur dar: Die einzelnen Key-Value-Paare werden mittels Komma getrennt.

```
data-sap-ui-resourceroots='{"de.sapui5buch.demo": "./"}'
```


Das Key-Value-Paar in diesem Beispiel legt fest, dass der Namensraum `de.sapui5buch.demo` auf der Ebene **./** beginnt. Dies ist das Wurzelverzeichnis unserer Anwendung, also dort, wo die **index.html**-Seite, die **Component.js** und die **manifest.json**-Datei abgelegt sind.

Auflösen von Namensräumen – Ressource finden

Das Mapping der Namensräume auf Orderstrukturen spielt eine wichtige Rolle beim Finden von Ressourcen. Wie bereits in Abschnitt 2.1.1 und Abschnitt 3.2.1 beschrieben, werden View-Implementierungen im Ordner **view** abgelegt. Unsere View **App.view.xml** liegt also in diesem Ordner und wird damit dem Namensraum `de.sapui5buch.demo.view` zugeordnet. Diese Zuordnung ergibt sich aus unserer Konfiguration des Parameters `resourceroots`.

Projektname versus Namensraum

Die Bezeichnungen von Projekten und Namensräumen und die damit verbundene Angabe des Parameters `resourcesroots` führt manchmal zu Verwirrungen. Der Projektname steht grundsätzlich in keiner Verbindung zum Namensraum im Projekt. Es gibt Entwicklungswerkzeuge, wie die SAP Web IDE, die den Projektnamen als letzten Teil des Namensraums nutzen, dies ist jedoch ein werkzeugspezifisches Verhalten und keine Vorgabe durch SAPUI5.

4.2 Komponentenerstellung

Wie bereits in Kapitel 2, »Grundlegender Aufbau und Ressourcen«, beschrieben, werden SAPUI5-Anwendungen als Komponente implementiert. Ausgangspunkt der Implementierung stellt dabei die Datei **Component.js** dar, die sich auf der gleichen Ebene wie die **index.html**-Seite befindet. Nachdem die SAPUI5-Laufzeit auf der Clientseite geladen und initialisiert wurde, kann die Anwendung über die Komponenten gestartet werden. Hierzu gibt es zwei verschiedene Varianten: die imperative und die deklarative Komponentenerstellung. Beide möchten wir Ihnen nun vorstellen.

4.2.1 Imperative Komponentenerstellung

Innerhalb der Verarbeitung des init-Events ist es möglich, die Komponente der Anwendung zu laden und ihren Inhalt darzustellen. Dies geschieht über die Implementierung von JavaScript-Code.

```
new sap.m.Shell({
    app: new sap.ui.core.ComponentContainer({
            height : "100%",
            name : "de.sapui5buch.demo"
        })}).placeAt("body");
```

Listing 4.4 Instanziierung einer Komponente über JavaScript

Der in Listing 4.4 gezeigte Code wird innerhalb des Eventhandlers (siehe Listing 4.3) implementiert. Wie Sie dem Quelltext entnehmen können, wird ein Objekt vom Typ sap.m.Shell instanziiert. Dieses Objekt erhält als Aufrufparameter ein Konfigurationsobjekt, bei dem ein Attribut app so konfiguriert wird, dass ein Komponentencontainer erstellt wird. Dieser Container wird über die placeAt-Funktion einem HTML-Control mit der Id body hinzugefügt.

4.2.2 Deklarative Komponentenerstellung

Im Rahmen der Weiterentwicklung von SAPUI5 wurden auch das Laden und Initialisieren einer Komponente weiterentwickelt. Mit SAPUI5 Version 1.65 wurde die deklarative Komponenteninitialisierung eingeführt. Die Aktivierung der Unterstützung erfolgt über den im folgenden Listing gezeigten Konfigurationsparameter.

```
data-sap-ui-oninit="module:sap/ui/core/ComponentSupport"
```

Implementierung der deklarativen Komponentenerstellung

Nachdem dieser Parameter gesetzt ist, kann auf das in Listing 4.4 dargestellte manuelle Instanziieren der Komponente verzichtet werden, und es wird möglich, die Komponente innerhalb der body-Implementierung deklarativ anzugeben. Wie Sie in Listing 4.5 sehen, wird hierzu ein div-Element in das body-Element eingeführt.

```
<body class="sapUiBody">
   <div
      data-sap-ui-component data-name="de.sapui5buch.demo"
      data-id="container"
      data-settings='{"id" : "demo"}'>
   </div>
</body>
```

Listing 4.5 Deklaratives Anlegen einer Komponente

Dieses `div`-Element erhält das Attribut `data-sap-ui-component`. Wie Sie sehen, wird diesem Attribut kein weiterer Wert zugewiesen. Über den zweiten Konfigurationsparameter `data-name` geben wir den Namensraum an, in dem die zu startende Komponente implementiert wurde. Über den Parameter `data-id` wird die ID des Komponentencontainers gesetzt. Sie können der Instanziierung des Komponentencontainers noch weitere Parameter übergeben, und zwar über das Attribut `data-settings`. Wie Sie aus dem Programmierbeispiel entnehmen können, wird dem Parameter ein JSON-Objekt übergeben. Dem Parameter aus Listing 4.5 übergeben wir das Attribut `id` mit dem Wert `demo`. Hierdurch legen wir fest, dass alle UI5-Controls, die im Rahmen der Komponente angelegt werden, das ID-Präfix `container-demo` erhalten.

4.3 Weitere Konfigurationsmöglichkeiten

SAPUI5 bietet eine Vielzahl von Konfigurationsmöglichkeiten für das Bootstrapping. In diesem Abschnitt wollen wir Ihnen einige weitere vorstellen.

4.3.1 Abhängigkeiten zu Bibliotheken konfigurieren

Abhängigkeiten konfigurieren

Im Bootstrapping ist es möglich, über den Parameter `data-sap-ui-libs` festzulegen, welche Abhängigkeiten die Anwendung zu anderen Bibliotheken besitzen soll. Das Attribut kann eine durch Kommata getrennte Liste von Namensräumen enthalten. Die dazugehörigen Bibliotheken werden beim Start der Anwendung geladen und stehen der Anwendung danach zur Verfügung:

```
data-sap-ui-libs="sap.m,sap.ui.table"
```

Die Verwendung des Parameters ist nicht notwendig, sobald Sie seine Anwendung in einer Komponente kapseln. Dies liegt daran, dass die Komponente über den Anwendungsdeskriptor die Abhängigkeiten zu anderen Ressourcen beschreibt. Diese Abhängigkeiten werden dann beim Start der Anwendung entsprechend aufgelöst und die Ressourcen geladen.

4.3.2 Asynchrone Verarbeitung

Während der Bootstrapping-Phase werden die Module der als abhängig deklarierten Bibliotheken geladen. Dieser Vorgang ist mit einer Vielzahl von Anfragen an den Server verbunden. SAPUI5 führt diese Ladevorgänge standardmäßig synchron aus. Synchrone Anfragen können sich unter Umständen blockieren und dadurch zu langen Antwortzeiten führen. Webanwendungen mit einem schlechten Antwortverhalten werden von Nutzern allerdings nicht gerne oder gar nicht verwendet.

Eine asynchrone Verarbeitung ist daher sinnvoller. SAPUI5 bietet hierfür den Konfigurationsparameter async an. Dafür führen Sie, wie in Listing 4.6 gezeigt, den Paramater in die Bootstrap-Konfiguration ein.

```
<script id="sap-ui-bootstrap"
     type="text/javascript"
     src="resources/sap-ui-core.js"
     data-sap-ui-async="true"
     data-sap-ui-theme="sap_fiori_3"
     data-sap-ui-libs="sap.m"
>
</script>
```

Listing 4.6 Konfiguration für ein asynchrones Laden

Die Nutzung des Parameters async zahlt sich nur aus, wenn alle Bibliotheken im Bootstrapping bekannt sind. Dies wird über den Parameter libs sichergestellt. Wenn es zusätzliche Abhängigkeiten gibt, die nicht aufgelistet sind (wie transitive Abhängigkeiten, die von einer aufgelisteten Bibliothek geerbt werden), kann SAPUI5 sie automatisch laden. SAPUI5 muss jedoch zuerst die konfigurierten Bibliotheken lesen und sich über diese Abhängigkeiten informieren, was ebenfalls Zeit in Anspruch nimmt.

4.3.3 Integration von SAPUI5-Anwendungen

Frame-Optionen

Anwendungslandschaften sind oft heterogen. Es werden unterschiedlichste Frameworks für die Implementierung von Anwendungen verwendet und in diversen Konstellationen ineinander integriert. Diese birgt Sicherheitsrisiken, da der Integrierende möglicherweise Zugriff auf Anwendungsaspekte erhält und dadurch Sicherheitslücken entstehen können. Im Rahmen des Bootstrappings kann der Entwickler einer SAPUI5-Anwendung festlegen, ob die Anwendung über Frames in andere Anwendungen integriert werden kann oder nicht. Der entsprechende Konfigurationsparameter lautet data-sap-ui-frameOptions. Er wird in der Bootstrapping-Konfiguration angegeben und kann die folgenden Werte enthalten:

- allow erlaubt das Einbetten der Anwendung für jeden. Dies ist die Standardeinstellung.
- deny verbietet das Einbetten der Anwendung.

- `trusted` gibt an, dass das Einbetten von vertrauenswürdigen Quellen, gemäß der Same-Origin-Policy, oder von Quellen, die über den sogenannten *Whitelist-Service* gesetzt wurden, erlaubt ist.

4.3.4 Kompatibilitätskennzeichen

SAPUI5 ist ein HTML5-Framework, das sich auf die Fahne geschrieben hat, stets abwärtskompatibel zu sein. Probleme können allerdings dann entstehen, wenn SAP Eigenschaften, Verhalten oder Standardwerte ändern muss. Wenn eine neue, angepasste SAPUI5-Version verwendet wird, kann das zu fehlerhaftem oder ungewünschtem Verhalten führen.

Bis zur Version 1.28 von SAPUI5 gab es diverse Konfigurationsmöglichkeiten, wie die Anwendung sich verhalten soll, falls eine Inkompatibilität festgestellt wird. Ab Version 1.28 legt man im Bootstrapping lediglich das Kennzeichen `data-sap-ui-compatVersion` fest und setzt dieses auf den Wert `edge`. Falls Sie Näheres über die Kompatibilitätsregeln und Versionen erfahren wollen, erhalten Sie im SAP Help Portal auf der Seite *http://s-prs.de/v752301* die entsprechenden Informationen.

Kapitel 5
Instanziierung und Lebenszyklus

Die Klassen von SAPUI5 sowie die Bestandteile einer Anwendung unterliegen einem dedizierten Lebenszyklus. In diesem Kapitel geben wir Ihnen eine Einführung in den Lebenszyklus von SAPUI5-Objekten und zeigen Ihnen, wie Sie Ihre Anwendung implementieren müssen.

Nachdem wir im vorangegangenen Kapitel das Bootstrapping genauer betrachtet haben, gehen wir in diesem Kapitel auf die Zusammenhänge zwischen verschiedenen Laufzeitobjekten ein, allen voran zwischen Controllern und assoziierten Modulen. Den Lebenszyklus solcher Objekte zu kennen und zu wissen, (ab und bis) wann bestimmte Ressourcen zur Verfügung stehen, kann Entwicklern helfen, ihren Applikationscode besser zu verstehen und Fehler sowie potenzielle Probleme durch Speicherlecks zu vermeiden.

In Abschnitt 5.1 werden wir uns zunächst mit dem Lifecycle-Management von SAPUI5 beschäftigen. In Abschnitt 5.2 erfahren Sie, wie Abhängigkeiten zwischen Anwendungsartefakten gesetzt und zur Laufzeit aufgelöst werden.

5.1 Einführung in das Lifecycle-Management von SAPUI5

Im Anschluss an das Bootstrapping startet die Anwendung über die aufgerufene Komponente. Wir wollen uns in diesem Abschnitt nun dem Lebenszyklus der Anwendung und ihrer Bestandteile widmen.

5.1.1 Verarbeitungsschritte einer Anwendung

Eine SAPUI5-Anwendung besteht, wie in den vorangegangenen Kapiteln beschrieben, aus unterschiedlichen Artefakten. Diese werden im Rahmen der Nutzung der Anwendung geladen, instanziiert, initialisiert und gerufen oder aber auch wieder zerstört. Wir wollen daher in diesem Abschnitt kurz auf die verschiedenen Objekte eingehen.

Start der Anwendung und Bootstrapping

Eine Anwendung wird im Standalone-Betrieb über die **index.html**-Seite gestartet. Durch das Bootstrapping werden die SAPUI5-Ressourcen geladen, und die Laufzeitumgebung rund um das `sap.ui.Core`-Objekt wird initialisiert.

Start der Komponente

Im Rahmen der **index.html**-Seite wird die Datei **Component.js** der Anwendung geladen und instanziiert (siehe Kapitel 4, »Das Bootstrapping«). Auch der Anwendungsdeskriptor **manifest.json** wird geladen. Während der Deskriptor verarbeitet wird, werden die dort konfigurierten Abhängigkeiten zu Bibliotheken aufgelöst und geladen. Auch die konfigurierten Modelle werden angelegt und je Konfiguration bereits mit Daten beladen. Im Anschluss wird die `init`-Funktion der Komponente aufgerufen. In der `init`-Funktion wird zunächst die Elternkomponente `UIComponent` der `init`-Funktion aufgerufen. Die Klasse `UIComponent` stellt die Basisklasse aller Komponenten dar. Diese instanziiert den in der Datei **manifest.json** konfigurierten Router und erzeugt die in dieser Datei definierte Wurzel-View `rootView`. Der Router übernimmt die Navigation innerhalb der Anwendung. Abbildung 5.1 stellt die Zusammenhänge dar.

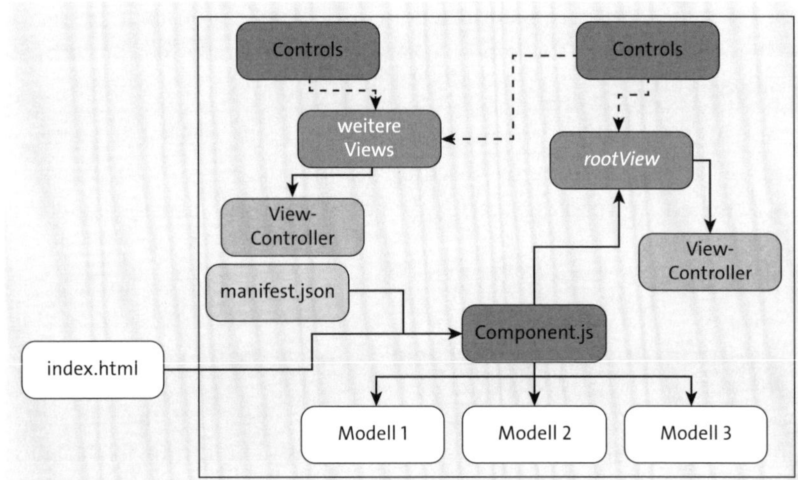

Abbildung 5.1 Artefakte einer SAPUI5-Anwendung

Verarbeitung der Benutzeroberflächenelemente

Der Controller dieser View wird instanziiert, und die `onInit`-Funktion des Controllers wird aufgerufen (falls sie implementiert ist). Die Controls der als Wurzel-View angegebenen View werden angelegt. Als Nächstes initialisiert die Komponente der Anwendung die Routerinstanz durch den Aufruf der `initialize`-Funktion auf dem Routerobjekt. Der Router legt alle weiteren benötigen Views an. Hierbei werden die Controller geladen, und die `onInit`-Funktion des jeweiligen Controllers wird aufgerufen. Die Views werden gerendert, und das Ergebnis wird in die root-Controls der Root-View eingefügt.

Verfügbarkeit der Modelle und Daten

Die Modelle, die im Rahmen der Komponentenverarbeitung angelegt wurden, sind nun in der View verfügbar. Die Datenbindung wird evaluiert, und die entsprechenden Daten werden über die Modelle geladen.

Die Schritte der Verarbeitung innerhalb der Komponente können Sie in Listing 5.1 nachvollziehen.

```
sap.ui.define([
  "sap/ui/core/UIComponent",
  "sap/ui/Device",
  "de/sapui5buch/demo/model/models"
], function (UIComponent, Device, models) {
   "use strict";
 return UIComponent.extend("de.sapui5buch.demo.Component", {
   metadata: {
     manifest: "json"
   },

  init: function () {
    UIComponent.prototype.init.apply(this, arguments);
    this.getRouter().initialize();
    this.setModel(models.createDeviceModel(), "device");
   }
  });
});
```

Listing 5.1 Implementierung der »Component.js«

Anwendungsdeskriptor »manifest.json«

Wie Sie Listing 5.1 entnehmen können, enthält die Implementierung der Komponente den Hinweis, dass die Konfiguration in der Datei **manifest.json** enthalten ist. Der Anwendungsdeskriptor enthält die beschriebenen Konfigurationsaspekte im Konfigurationsobjekt sap.ui5 (siehe Listing 5.2).

```
"sap.ui5": {
    "rootView": {
      "viewName": "de.sapui5buch.demo.view.App",
      "type": "XML",
      "async": true,
      "id": "idAppControl"
    },
    "dependencies": {
```

```
      "minUI5Version": "1.60.0",
      "libs": {
        "sap.ui.core": {},
        "sap.m": {},
        "sap.ui.layout": {}
      }
    },
    "contentDensities": {
      "compact": true,
      "cozy": true
    },
    "models": {
      "i18n": {
        "type": "sap.ui.model.resource.ResourceModel",
        "settings": {
          "bundleName": "de.sapui5buch.demo.i18n.i18n"
        }
      },
      "": {
        "type": "sap.ui.model.json.JSONModel",
        "settings": {},
        "uri": "./localService/BusinessPartnerSet.json",
        "preload": true
    }

    },
    "resources": {
      "css": [
        {
          "uri": "css/style.css"
        }
      ]
    },
```

Listing 5.2 Konfiguration der »manifest.json«-Datei

Das Programmbeispiel aus Listing 5.2 zeigt die Konfiguration der relevanten Aspekte. Wie Sie sehen, werden die Abhängigkeiten zu anderen Bibliotheken im Bereich `dependencies` beschrieben. Das Framework lädt die angegebenen Bibliotheken vom Server.

Konfiguration der Datenmodelle

Des Weiteren enthält die Konfigurationsdatei zwei Konfigurationsblöcke für Datenmodelle: eines für ein Übersetzungsmodell und eines für ein JSON-Modell. Das JSON-Modell wird beim Verarbeiten der **manifest.json**-

Datei mit der angegebenen Datei initialisiert und steht allen Bestandteilen der Anwendung, die durch die Komponente erzeugt und erreichbar sind, zur Verfügung. Wir werden in Kapitel 12, »Arbeiten mit Modellen«, näher auf die verschiedenen Modelle eingehen. Für die folgenden Kapitel werden wir auf den Daten des JSON-Modells arbeiten.

»rootView«-Konfiguration

Die in der Datei **manifest.json** definierte `rootView` implementiert lediglich das Grundmuster der Anwendung und kann im einfachsten Fall so aussehen wie in Listing 5.3. Wie Sie sehen, nutzt die View ein `sap.m.Shell`-Objekt als zentrales Control. Dieses stellt sicher, dass die Anwendung optimal an die jeweilige Bildschirmgröße angepasst wird, indem die Anwendung zentral in der Mitte des Bildschirms dargestellt wird. Links und rechts von der Anwendung werden Freiflächen angezeigt. Dieses Konzept heißt *Letterboxing* und ist ein Konzept zum optimalen Darstellen von Webseiten. Im Internet wird links und rechts oft Werbung angezeigt.

Innerhalb des Shell-Controls wird das zentrale `sap.m.App`-Control implementiert. Dieses Wurzel-Control stellt nachher den Anker dar, an dem die einzelnen Seiten, die angezeigt werden sollen, einhängt werden.

```
<mvc:View controllerName="de.sapui5buch.demo.controller.App"
  xmlns:mvc="sap.ui.core.mvc" displayBlock="true" xmlns="sap.m">
    <Shell id="shell">
      <App id="app">
        <pages>
           <Page id="page" title="{i18n>title}">
              <content></content>
           </Page>
        </pages>
      </App>
    </Shell>
</mvc:View>
```

Listing 5.3 Implementierung von »App.view.xml«

5.1.2 Lebenszyklus von Controllern

Die View-Implementierung von SAPUI5 zeichnet sich dadurch aus, dass der Entwickler in der View selbst angibt, welcher Controller die entsprechenden Aufgaben für die View übernimmt. Aus diesem Grund wird in SAPUI5 immer zuerst die View geladen, die wiederum die Laufzeitumgebung informiert, welcher Controller für sie zuständig ist.

Funktionen von Controllern

In SAPUI5 können Controller vier Funktionen enthalten, die im Rahmen des Lebenszyklus durch das SAPUI5-Framework aufgerufen werden. Diese Funktionen wollen wir uns genauer anschauen. Alle vier Funktionen sind in der Basisklasse `sap.ui.core.mvc.Controller` als *abstrakte Funktionen* implementiert. Dies bedeutet, dass abgeleitete Controller diese Funktionen nicht zwingend implementieren müssen. Fehlt die Implementierung einer der folgenden Funktionen im Controller, wird die Funktion einfach nicht aufgerufen.

In Abbildung 5.2 sehen Sie die vier Funktionen und ihre Rollen im Lebenszyklus einer View.

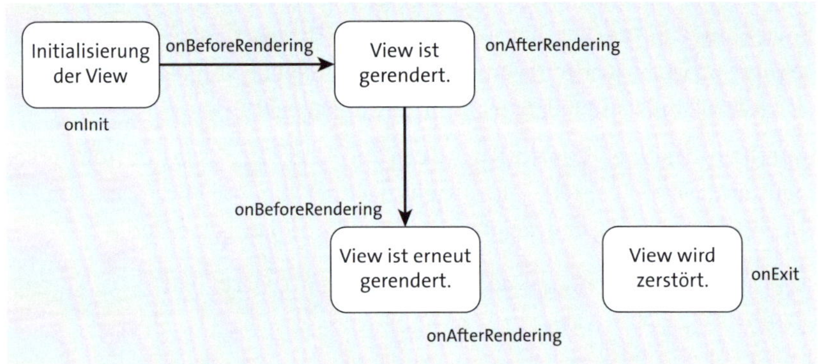

Abbildung 5.2 Lebenszyklus und Funktionen

onInit

Initialisierung der View

Die Funktion `onInit` wird während der Initialisierung der View genau einmal aufgerufen. Innerhalb der Funktion kann über die Funktion `getView` des Controllers zwar auf die zum Controller gehörende View zugegriffen werden, allerdings kann es sein, dass die Abhängigkeiten einer View zu diesem Zeitpunkt noch nicht vollständig geladen sind.

onExit

Aufräumen der View

Die Funktion `onExit` wird einmalig beim Zerstören der zugehörigen View aufgerufen. In der `onExit`-Funktion wird Code implementiert, der dafür sorgt, dass die View und alle Abhängigkeiten, die nach der Zerstörung einer View nicht mehr benötigt werden, freigegeben werden. Dadurch ist sichergestellt, dass Speicher nicht unnötig allokiert wird und etwaige Seiteneffekte vermieden werden.

Eine View wird über die Funktion `destroy` zerstört. `destroy` kann entweder explizit durch den Entwickler in der View aufgerufen werden oder aber implizit durch das Framework.

onBeforeRendering

Code vor dem Rendern implementieren

Die Funktion onBeforeRendering wird durch das Framework immer aufgerufen, bevor die View gerendert wird, außer beim ersten Mal. Aus diesem Grund kann die Funktion nicht für die Initialisierung verwendet werden. Stattdessen wird onInit benutzt.

onAfterRendering

Code nach dem Rendern implementieren

Die Funktion onAfterRendering wird jedes Mal beim Rendern der View aufgerufen. Die Funktion wird durch das SAPUI5-Framework aufgerufen, nachdem der Inhalt der View im DOM-Baum (*Document Object Model*) eingefügt wurde. Sie kann daher verwendet werden, um nachträglich Inhalte im DOM-Baum zu manipulieren: um neue Inhalte hinzuzufügen oder bestehende zu ändern. Wenn Sie einem komplexen UI-Control wie einer Tabelle dynamisch Spalten hinzufügen müssen, wäre onAfterRendering ein geeigneter Platz für den entsprechenden Code.

5.1.3 Lebenszyklus von Controls

SAPUI5-Controls besitzen ihren eigenen Lebenszyklus. Er ist sehr eng mit dem Lebenszyklus der View verbunden, die das jeweilige Control nutzt, und wird durch die View gesteuert. Controls erben von der Basisklasse sap.ui.core.Control. Diese wiederum erbt von der Klasse sap.ui.core.Element. Die Klasse sap.ui.core.Element stellt die Basisklasse aller Benutzeroberflächen-Aspekte von SAPUI5 dar. Durch diese Vererbungsbeziehung besitzen Controls in SAPUI5 vier Funktionen.

»init« und »exit«

Die Funktionen init und exit werden in der Klasse sap.ui.core.Element implementiert und durch den Entwickler eines Controls überschrieben. Die init-Funktion wird beim Erstellen einer Instanz eines Controls durch das SAPUI5-Framework aufgerufen, die exit-Funktion stellt das Gegenstück hierzu dar. Sie wird beim Zerstören des Elements durch das Framework aufgerufen, was durch die Funktion destroy geschehen kann. Diese Funktion ruft wiederum exit auf. Im Rahmen der Verarbeitung wird das gesamte Element mit allen Kindern durch das Framework zerstört und kann somit nicht mehr verwendet werden.

»onBeforeRendering« und »onAfterRendering«

Des Weiteren hat ein Control die Funktionen onBeforeRendering und onAfterRendering. Sie werden in der Basisklasse sap.ui.core.Control implementiert und können durch den Entwickler redefiniert werden. Die Funktionen werden immer bevor bzw. nachdem das Control gerendert wurde ausgeführt.

5.2 Ressourcen verwenden

Wie beschrieben weisen SAPUI5-Anwendungen diverse Abhängigkeiten zu unterschiedlichen Ressourcen auf. Damit diese Ressourcen verwendet werden können, müssen die Abhängigkeiten aufgelöst und dem Konsumenten zur Verfügung gestellt werden. In diesem Abschnitt sehen wir uns nun an, wie dies in SAPUI5 implementiert wird.

5.2.1 Arbeiten mit der Funktion »sap.ui.define«

SAPUI5-Artefakte werden als *Module* implementiert. Jedes Modul wird einem Namenraum zugeordnet. Über den Namensraum können Artefakte wie Controls, Elemente oder Komponenten geladen und verwendet werden. Mit der Version 1.28 von SAPUI5 wurde die Möglichkeit der sogenannten *Asynchronous Module Definition* (AMD) eingeführt. Damit können Module und ihre Abhängigkeiten so implementiert werden, dass der Entwickler sich keine weiteren Gedanken darüber machen muss, wann welche Ressource geladen wird.

»sap.ui.define«

Zur Implementierung der AMD bietet SAPUI5 die Funktion `sap.ui.define` an. Diese Funktion erhält beim Aufruf zwei Parameter:

- Der erste Parameter ist ein Array und wird verwendet, um die Abhängigkeiten zu anderen Modulen zu definieren. Die Abhängigkeiten werden dabei in eine kommagetrennte Liste vollqualifizierter Modulangaben geschrieben. Wird das Modul von einem Konsumenten geladen, werden zunächst die als abhängig definierten Module geladen, bevor das Modul selbst ausgeführt wird.
- Der zweite Parameter ist eine anonyme Funktion. Diese Funktion enthält die Implementierung des Moduls. Die Funktion erhält durch SAPUI5 die über die Liste der Abhängigkeiten definierten Module und kann sie im weiteren Verlauf im Rahmen der Implementierung verwenden.

Implementierung des View-Controllers

Wir betrachten hier die Implementierung des View-Controllers unserer App-View-Implementierung. Ein Controller einer View leitet sich von der Basisklasse `sap.ui.core.mvc.Controller` ab. Dies bedeutet für die Implementierung eines Controllers, dass die Abhängigkeit in der Implementierung eingeführt werden muss. Hieraus ergibt sich die in Listing 5.4 gezeigte Implementierung.

```
sap.ui.define(["sap/ui/core/mvc/Controller"],
  function (Controller) {
    return Controller.extend("de.sapui5buch.demo.controller.App", {
```

```
  });
});
```

Listing 5.4 Grundstruktur von »sap.ui.define« am Beispiel des App-View-Controllers

Wie Sie dem Programmbeispiel entnehmen können, enthält das Array die Angabe `sap/ui/core/mvc/Controller`. Der Punktseparator, der bei der Definition eines Moduls in JavaScript verwendet wird, wird durch einen Schrägstrich (Slash) ersetzt. Wird nun das Modul des Controllers geladen, wird die Abhängigkeit durch SAPUI5 aufgelöst und die Klasse `sap.ui.core.mvc.Controller` geladen bzw. aus dem Cache zur Verfügung gestellt. Besitzt ein Modul mehr als eine Abhängigkeit, werden die einzelnen Abhängigkeiten mit einem Komma getrennt.

Die Implementierung des Moduls erfolgt dann in der Funktion, die als zweiter Parameter in der Funktion `define` angegeben ist. Dieser Funktion wird als Aufrufparameter die abhängige Ressource übergeben. Sind mehr als eine Abhängigkeit vorhanden, werden die Ressourcen in der Reihenfolge übergeben, in der sie definiert sind. Der Parameter wird analog zur referenzierten Ressource benannt. Im Anschluss wird auf der übergebenen Referenz die Funktion `extend` aufgerufen. Diese erhält wiederum zwei Parameter: Der erste Parameter gibt den Modulnamen `de.sapui5buch.demo.controller.App` an, der zweite die eigentliche Implementierung des Moduls.

[«]

Benennung der Parameter

Die Bezeichnung der Parameter, die in der Funktion `sap.ui.define` übergeben werden, ist grundsätzlich frei wählbar. Allerdings empfiehlt es sich, den Parameter mit dem gleichen Namen wie die referenzierte Klasse zu benennen. Dies macht es wesentlich einfacher, während der Implementierung einen Überblick über die unterschiedlichen Referenzen des Moduls zu behalten.

5.2.2 Verwenden der Funktion »sap.ui.require«

Abhängigkeiten können nicht immer über die Funktion `sap.ui.define` definiert und zur Laufzeit entsprechend aufgelöst werden. Dies ist beispielsweise nicht möglich, wenn Abhängigkeiten zu Ressourcen je nach Status dynamisch aufgelöst werden müssen. Hierfür bietet SAPUI5 die Funktion `sap.ui.require` an.

Synchrone Verwendung

Die Funktion `sap.ui.require` kann im Rahmen der JavaScript-Code-Implementierung synchron verwendet werden. Für die synchrone Verwendung erhält die Funktion die ID des zu ladenden Moduls. Die Funktion liefert als Rückgabewert die Referenz auf das Modul oder, falls das Modul noch nicht auf der Clientseite verfügbar ist, den Wert `undefined` zurück. Das folgende Listing zeigt die Verwendung:

```
var oButton = sap.ui.require("sap/m/Button");
```

Asynchrone Verwendung

Neben der synchronen Verwendung kann die Funktion `sap.ui.require` auch asynchron verwendet werden. Hierbei wird der Funktion ein Array übergeben. Die darin enthaltenen Abhängigkeiten und ihre transitiven Abhängigkeiten werden geladen und an die optional angegebene Funktion übergeben. Die Funktion selbst wird asynchron aufgerufen (siehe Listing 5.5).

```
sap.ui.require(["sap/m/Button"], function(Button) {
   var oButton = new Button({
         text="Drück mich"
   })
});
```

Listing 5.5 Asynchrone Verwendung von »sap.ui.require«

Kapitel 6
Benutzeroberflächen und Dialoge gestalten

Ein wohl zentraler Teil der Entwicklung mit SAPUI5 stellt die Implementierung von Anwendungsoberflächen dar. Visuelle Aspekte in SAPUI5 können sehr unterschiedlich sein.

In den vorangegangenen Kapiteln haben Sie einen ersten Überblick über SAPUI5 erlangt. In diesem Kapitel wollen wir nun in die Tiefe der SAPUI5-Programmierung abtauchen und beginnen dabei mit der Gestaltung von Benutzeroberflächen. Wir geben Ihnen in Abschnitt 6.1 zunächst eine Einführung in die Programmierung von einfachen Benutzeroberflächen. Wir zeigen Ihnen, wie Sie SAPUI5-Controls nutzen können, um Benutzeroberflächen zu strukturieren, und besprechen in Abschnitt 6.2, wie Sie komplexe Anwendungsoberflächen erstellen. In Abschnitt 6.3 zeigen wir Ihnen, was Fragmente sind und welche Möglichkeiten sie für die Strukturierung von Anwendungsoberflächen bieten. Den Abschluss des Kapitels bildet Abschnitt 6.4 mit einer Einführung in die Implementierung von Dialogen. Wir zeigen Ihnen, wie Sie eigene Dialoge erstellen und wie Sie vorgefertigte Dialogklassen in Ihren Anwendungen nutzen können.

Wir verwenden in diesem Kapitel das in Kapitel 4 und Kapitel 5 eingeführte Projekt und erweitern es um die entsprechenden Artefakte.

6.1 Gestaltung von einfachen Benutzeroberflächen

Zur Gestaltung von Benutzeroberflächen gibt es unterschiedliche Möglichkeiten, und je nach Anwendung und Anwendungsfall bietet SAPUI5 einen reichhaltigen Schatz an UI-Controls. Wir widmen uns in diesem Abschnitt zunächst der Verwendung von einfacheren Benutzeroberflächen.

6.1.1 Verwendung von einfachen Controls

Wie Sie bereits wissen, haben einfache Controls in SAPUI5 keine Abhängigkeiten zu anderen Controls oder Elementen. Das bedeutet, sie können einfach verwendet werden. Öffnen Sie zunächst die View **App.view.xml**. Fügen Sie in den content-Bereich der content-Aggregation des Page-Controls ein Control vom Typ sap.m.Label, eines vom Typ sap.m.Input und eines vom Typ sap.m.Button ein (siehe Listing 6.1).

```
<Page id="page" title="Demo-Anwendung">
  <content>
    <Label text="Sag Hallo zu"/>
    <Input/>
    <Button text="Sag Hallo" press="onPress"/>
  </content>
</Page>
```

Listing 6.1 Einfache Controls in einer SAPUI5-Anwendung

Wie Sie sehen, geben wir den Controls einige Attribute mit. Die drei Controls können einfach verwendet werden, da unsere Anwendung in der Datei **manifest.json** eine Abhängigkeit zur Bibliothek sap.m definiert hat. Diese Abhängigkeit führt dazu, dass die Bibliothek geladen wird und wir lediglich einen XML-Namensraum in **App.view.xml** definieren müssen, der auf sap.m verweist.

Schauen Sie sich das Ergebnis im Browser an, nachdem Sie die Datei gespeichert haben. Die drei Controls werden relativ einfach in die Seite eingebettet (siehe Abbildung 6.1). Wie Sie sehen, spannt sich das Input-Control über die gesamte Breite der Seite auf. Wie Sie mit Layouts die Darstellung beeinflussen können, erfahren Sie in Abschnitt 6.1.3.

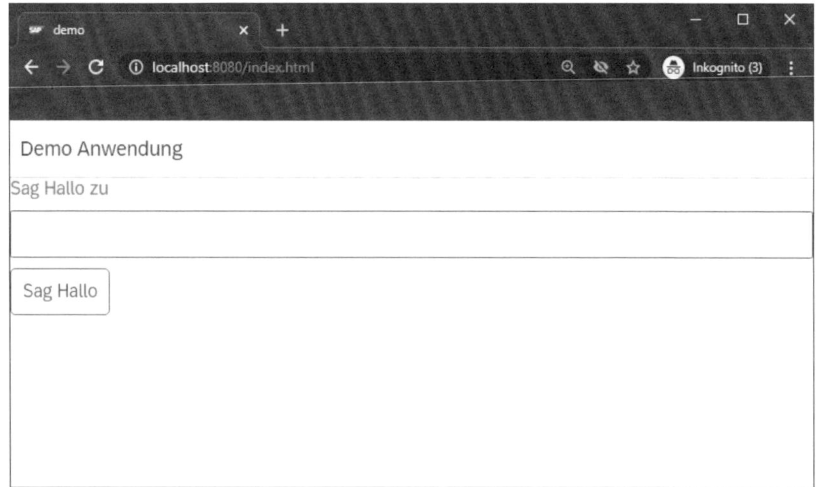

Abbildung 6.1 Einfache SAPUI5-Controls in Aktion

6.1.2 Zugriff auf UI-Controls

Arbeiten mit IDs

SAPUI5 erzeugt beim Rendern der UI-Controls und UI-Elemente eine generische ID für jedes UI-Control bzw. UI-Element, das keine feste ID als Attribut definiert. In unserem Beispiel hat das Eingabefeld beispielsweise die ID `__input0` erhalten (siehe Abbildung 6.2). Diese generischen IDs können theoretisch für den Zugriff auf die entsprechenden Controls verwendet werden. Allerdings ist die ID-Vergabe nicht Teil der öffentlichen API von SAPUI5, was bei Erscheinen einer neuen Version zu Problemen führen kann. Um dies zu vermeiden, legen Sie die ID über das Attribut `id` selbst fest.

```
<!DOCTYPE html>
<html class="sap-desktop sapUiTheme-sap_fiori_3 sapUiMedia-Std-Desktop sapUiMedia-StdExt-LargeDesktop" dir="l
sap-ui-animation="on" data-sap-ui-animation-mode="full">
 ▶<head>…</head>
 ▼<body class="sapUiBody" id="body" role="application" data-sap-ui-area="body">
    <!--<div data-sap-ui-component data-name="kapitel03" data-id="container" data-settings='{"id" : "mydemo1"
    <script src="//localhost:35729/livereload.js?snipver=1" async defer></script>
    <div aria-hidden="true" id="sap-ui-preserve" class="sapUiHidden sapUiForcedHidden" style="width: 0px; hei
   ▼<div id="__xmlview0" data-sap-ui="__xmlview0" data-sap-ui-preserve="__xmlview0" style="width: 100%;" clas
     ▼<div id="__layout0" data-sap-ui="__layout0" class="sapUiHLayout sapUiHLayoutNoWrap">
       ▼<div class="sapUiHLayoutChildWrapper">
...       ▶<div id="__xmlview0--idInput" data-sap-ui="__xmlview0--idInput" class="sapMInputBaseNoWidth sapMInpu
          </div> == $0
        </div>
       ▶<div class="sapUiHLayoutChildWrapper">…</div>
      </div>
     ▶<button id="__button0" data-sap-ui="__button0" class="sapMBtnBase sapMBtn">…</button>
     ▶<button id="__button1" data-sap-ui="__button1" class="sapMBtnBase sapMBtn">…</button>
    </div>
  </body>
</html>
```

Abbildung 6.2 Der HTML-DOM-Baum zur Laufzeit

Legen Sie bei dem Eingabefeld des Typs `sap.m.Input` aus Listing 6.1 das Feld `id` an, und setzen Sie den Wert auf `idInputField`:

```
<Input id="idInputField"/>
```

Schauen Sie sich nach der Änderung den DOM-Baum an. Das Eingabefeld hat nun die ID `container-demo---idAppControl--idInputField` (siehe Abbildung 6.3). Wie kommt diese ID zustande, da wir dem Attribut `id` des Eingabefeldes doch lediglich den Wert `idInputField` zugewiesen haben? Die Vergabe der ID erfolgt bei deklarativen View-Typen wie XML- und HTML-Views auf Basis der Container. In unserem Beispiel wurde dem Komponentencontainer in **index.html** die ID `container` zugewiesen und konfiguriert, dass alle Kind-Controls, die innerhalb des Containers angelegt werden, das Präfix `demo` erhalten sollen:

```
<div data-sap-ui-component data-name="de.sapui5buch.demo" data-id=
  "container"
    data-settings='{"id" : "demo"}'>
```

Abbildung 6.3 Statische ID-Vergabe im HTML-DOM-Baum

Stabile ID-Vergabe

Der zweite Teil der ID `idAppControl` kommt von der ID, die wir dem zentralen `sap.m.App`-Control hinzufügt haben (siehe Listing 5.3). Um die stabile ID-Vergabe zu testen, wollen wir den Wert, den der Nutzer in das Eingabefeld eingegeben hat, auslesen und in einem einfachen Nachrichtendialog anzeigen. Praktischerweise bietet SAPUI5 für diesen Anwendungsfall das Control `sap.m.MessageBox` an. Um das Control zu verwenden, müssen Sie zunächst eine Referenz für das Control anfordern. Fügen Sie dazu die Referenz in den Controller der App-View ein (siehe Listing 6.2).

```
sap.ui.define([
  "sap/ui/core/mvc/Controller",
  "sap/m/MessageBox"
], function(Controller,MessageBox) {
  "use strict";
  return Controller.extend("de.sapui5buch.demo.controller.App", {

  });
});
```

Listing 6.2 Referenz auf das Control »sap.m.MessageBox«

»onPress«

Als Nächstes implementieren Sie die Funktion `onPress` im Controller der View (siehe Listing 6.3). Die Funktion erhält als Aufrufparameter ein Eventobjekt. Über dieses Objekt haben Sie Zugriff auf alle relevanten Informationen, die Sie im Rahmen der Eventverarbeitung durch das SAPUI5-Framework erhalten.

```
return Controller.extend("de.sapui5buch.demo.controller.App", {
    onPress : function(oEvent) {
    }
});
```

Listing 6.3 Implementierung des Eventhandlers »onPress«

Prägen Sie nun die `onPress`-Funktion aus. Dazu besorgen Sie sich über die Funktion `byId` eine Referenz auf das Eingabefeld (siehe Listing 6.4). Sie kann entweder direkt auf dem Controller oder auf der Referenz der View aufgerufen werden. Im Anschluss können Sie die Funktion `getValue` aufrufen und erhalten als Rückgabewert die Benutzereingabe. Nachdem Sie den eingegebenen Wert in einer lokalen Variablen gespeichert haben, rufen Sie auf dem Objekt `MessageBox` die Funktion `show` auf. Die `show`-Funktion parametrisieren Sie mit zwei Argumenten: zum einen mit dem Wert, den Sie im Dialog anzeigen wollen, und zum anderen mit einem literalen JavaScript-Objekt, mit dem Sie das Control konfigurieren.

```
onPress : function(oEvent) {
      var oInputField = this.byId("idInputField");
// var oInputField = this.getView().byId("idInputField");
      var sValue = oInputField.getValue();
      MessageBox.show(
        "Hallo " + sValue, {
          icon: MessageBox.Icon.INFORMATION,
          title: "Hallo Nachricht",
          }
      );
    }
```

Listing 6.4 Implementierung der Funktion »onPress«

Nachdem Sie die Änderungen gespeichert haben, können Sie die Implementierung testen. Geben Sie einen Wert in das Eingabefeld ein, und klicken Sie auf die Schaltfläche. Es erscheint eine `MessageBox`, die den über JavaScript erzeugten Dialog zeigt (siehe Abbildung 6.4).

Das »width«-Attribut

Wir wollen jedoch nicht, dass das Eingabefeld die gesamte Breite der Seite einnimmt. Um die Breite zu begrenzen, legen Sie im `Input`-Control über das Attribut `width` eine Breite fest. Setzen Sie den Wert auf `20rem`:

```
<Input width="20rem"/>
```

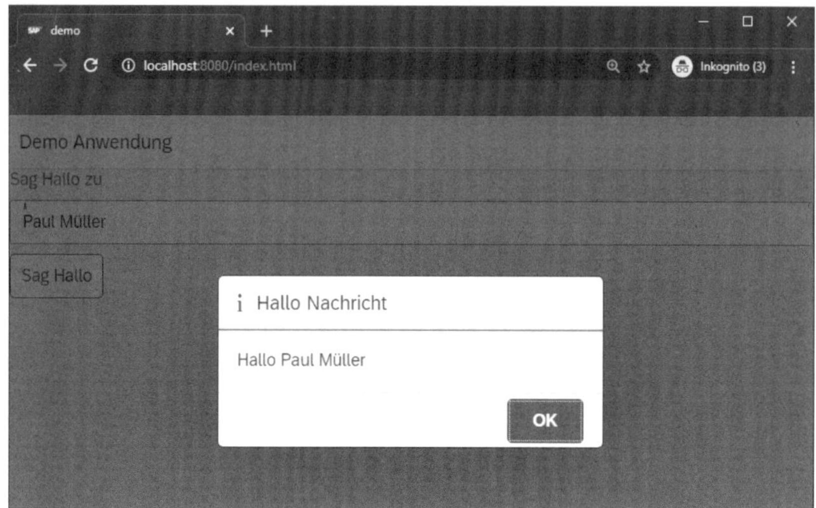

Abbildung 6.4 Die »MessageBox« in Aktion

Wir verwenden die Maßeinheit `rem`, um die Gesamtbreite in Relation zur Breite des Wurzelcontainers des `Input`-Controls zu setzen. Diese flexible Breitenangabe sorgt dafür, dass das `Input`-Feld auch bei einer Änderung der Fensterbreite sauber dargestellt wird.

Nachdem Sie gespeichert haben, sehen Sie nun zwar ein kleineres Eingabefeld, allerdings ist die Darstellung immer noch relativ unschön (siehe Abbildung 6.5). Dies wollen wir nun korrigieren.

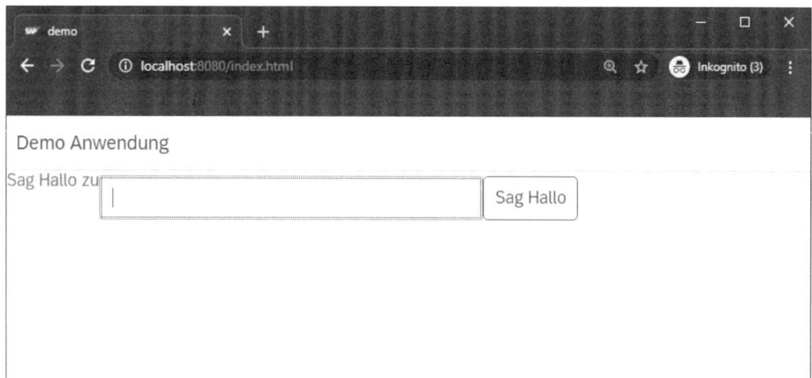

Abbildung 6.5 Verwendung des »width«-Attributs

6.1.3 Einführung in die Verwendung einfacher Layouts

Wir haben im vorangegangenen Abschnitt das Hinzufügen von einfachen Controls in SAPUI5 betrachtet. Das Hinzufügen von neuen Controls ist einfach, allerdings besteht die Herausforderung, Benutzeroberflächenaspekte optisch ansprechend auf der Benutzeroberfläche zu positionieren und zu strukturieren. SAPUI5 stellt einige Layout-Controls bereit, die wir in Kapitel 7, »Arbeiten mit Layouts«, näher beleuchten. An dieser Stelle wollen wir nur die bis jetzt implementierte Benutzeroberfläche etwas schöner machen. Die meisten Layout-Controls sind im Namensraum `sap.ui.layout` implementiert. Aus diesem Grund fügen wir in unsere Implementierung zunächst einen XML-Alias `layout` ein, das auf den Namensraum `sap.ui.layout` verweist (siehe Listing 6.5).


```
<mvc:View controllerName="de.sapui5buch.demo.controller.App"
  displayBlock="true"
  xmlns="sap.m" xmlns:layout="sap.ui.layout"
  xmlns:mvc="sap.ui.core.mvc">
```

Listing 6.5 Der Namensraum »sap.ui.layout« in einer XML-View

Fügen Sie nun das SAPUI5-Control `sap.ui.layout.VerticalLayout` ein, so dass die drei Controls in dem Layout-Control gekapselt sind (siehe Listing 6.6).

```
<layout:VerticalLayout>
   <Label text="Sag Hallo zu"/>
   <Input id="idInputField" width="20rem"/>
   <Button text="Sag Hallo" press="onPress"/>
</layout:VerticalLayout>
```

Listing 6.6 Einfügen des Controls »sap.ui.layout.VerticalLayout«

Im Anschluss speichern Sie die Änderungen und betrachten das Ergebnis (siehe Abbildung 6.6). Die Controls werden nun sauber positioniert.

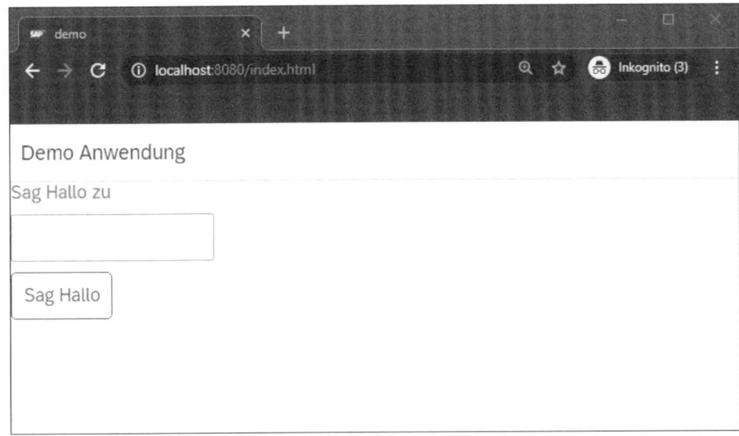

Abbildung 6.6 Das Layout-Control als Klammer

6.2 Gestaltung von komplexen Benutzeroberflächen

Nachdem Sie im vorangegangenen Abschnitt ein paar einfache Controls kennengelernt haben, wollen wir uns in diesem Abschnitt komplexeren Controls zuwenden und auch betrachten, wie ein einfaches Control einen gewissen Funktionsumfang erhält.

6.2.1 Implementieren einer Wertehilfe

»sap.m.Input«

Das Eingabefeld aus dem vorangegangenen Abschnitt ist zwar ganz nett anzusehen, sein Funktionsumfang ist jedoch eher gering. Das Feld `sap.m.Input` ist jedoch recht mächtig. Um das zu demonstrieren, machen wir aus dem Eingabefeld eine Wertehilfe unter Verwendung einer Vorschlagsliste. Diese Vorschlagliste zeigt, so wie Sie es von modernen Suchhilfen gewohnt sind, auf Basis der Eingabe gefilterte Daten an. Aktivieren Sie zunächst die grundsätzliche Funktionalität der Vorschlagsliste, und setzen Sie den Parameter `showSuggestion` auf `true`. Damit das Control nach der Eingabe auch Daten in einer Vorschlagliste anzeigen kann, geben Sie ihm über den Parameter `suggestionItems` an, welches Datenset aus dem Modell die anzuzeigenden Daten enthält. In unserem Beispiel übergeben wir hierzu den Pfad **/d/results** im Rahmen des Aggregation-Bindings. Zum Abschluss teilen wir dem Attribut `suggest` den Namen der Funktion mit, die aufgerufen wird, sobald der Nutzer beginnt, Werte in das Feld einzugeben (siehe Listing 6.7).

```
<Input id="idInputField" width="20rem"
    placeholder="BusinessPartner ID..."
    showSuggestion="true" suggest="onSuggest"
    suggestionItems="{/d/results}">
    <suggestionItems>
      <core:Item text="{BusinessPartnerID} {CompanyName}" />
    </suggestionItems>
</Input>
```

Listing 6.7 »sap.m.Input«-Control als Wertehilfe

Nachdem Sie das Eingabefeld entsprechend konfiguriert haben, wenden wir uns dem Eventhandler für das `suggest`-Event zu. Das `suggest`-Event wird nach jedem eingegebenen Buchstaben ausgelöst. Die Aufgabe des Eventhandlers ist es, die Daten unter Zuhilfenahme der bis dahin eingegebenen Zeichen zu filtern. SAPUI5 bietet für das Filtern eine entsprechende Filterklasse `sap.ui.model.Filter` an. Die Klasse verwendet für die Filterung sogenannte *Filteroperatoren*. Diese werden in der Klasse `sap.ui.model.FilterOperator` als Enumeration zur Verfügung gestellt. Um die beiden Klassen zu verwenden, fügen wir zunächst die Referenzen in den Controller ein (siehe Listing 6.8).

```
sap.ui.define([
  "sap/ui/core/mvc/Controller",
  "sap/m/MessageBox",
  "sap/ui/model/Filter",
  "sap/ui/model/FilterOperator"
], function(Controller, MessageBox, Filter, FilterOperator) {
```

Listing 6.8 Erweiterung der Abhängigkeiten des Controllers

Implementierung der Funktion »onSuggest«

Implementieren Sie danach die Funktion onSuggest (siehe Listing 6.9). Diese Funktion liest den Parameter suggestValue aus dem Eventobjekt aus. Dieser Parameter enthält den Wert, den der Anwender in das Eingabefeld eingegeben hat. Auf Basis dieses Wertes wird ein Filterobjekt erzeugt, das den eingegebenen Wert mit den zur Auswahl stehenden Werten abgleicht und diese auf zur Eingabe passende Werte einschränkt. Dem Anwender werden so nur die Werte in der Wertehilfe angeboten, die zu seiner Eingabe passen. Falls ein Wert eingegeben wurde, erzeugt man ein Filter-Objekt und parametrisiert dieses.

In unserem Beispiel prüfen wir die Eingabe gegen die Daten im Attribut BusinessPartnerID der Entität BusinessPartner. Wir gleichen daher ab, ob es einen Wert für diese Eigenschaft gibt, der mit der eingegebenen Zeichenkette beginnt. Das so erzeugte Filter-Objekt fügen wir in ein Array ein. Den Filter wenden wir auf die in der Aggregation suggestionItems befindlichen Datensätze zu den Business-Partnern an. Hierzu beziehen wir die entsprechende Binding-Referenz und rufen auf dem Ergebnis (einem Array aus Bindings) die Funktion filter auf (siehe Listing 6.9).

```
onSuggest: function(oEvent) {
   var sTerm = oEvent.getParameter("suggestValue");
   var aFilters = [];
   if (sTerm) {
    aFilters.push(new Filter("BusinessPartnerID",
      FilterOperator.StartsWith, sTerm));
}
   oEvent.getSource().getBinding("suggestionItems")
     .filter(aFilters);
}
```

Listing 6.9 Implementierung der Funktion »onSuggest«

Speichern Sie die Änderungen, und sehen Sie sich das Ergebnis an. Geben Sie testweise den Beginn einer gültigen Business-Partner-ID in das Eingabefeld ein, beispielsweise »01«. Sie erhalten eine Liste von Geschäftspartnern mit passender ID aus dem zugrundeliegenden Datenmodell (siehe Abbildung 6.7). Wenn Sie einen Eintrag aus dieser Liste auswählen, wird er in das Eingabefeld übernommen.

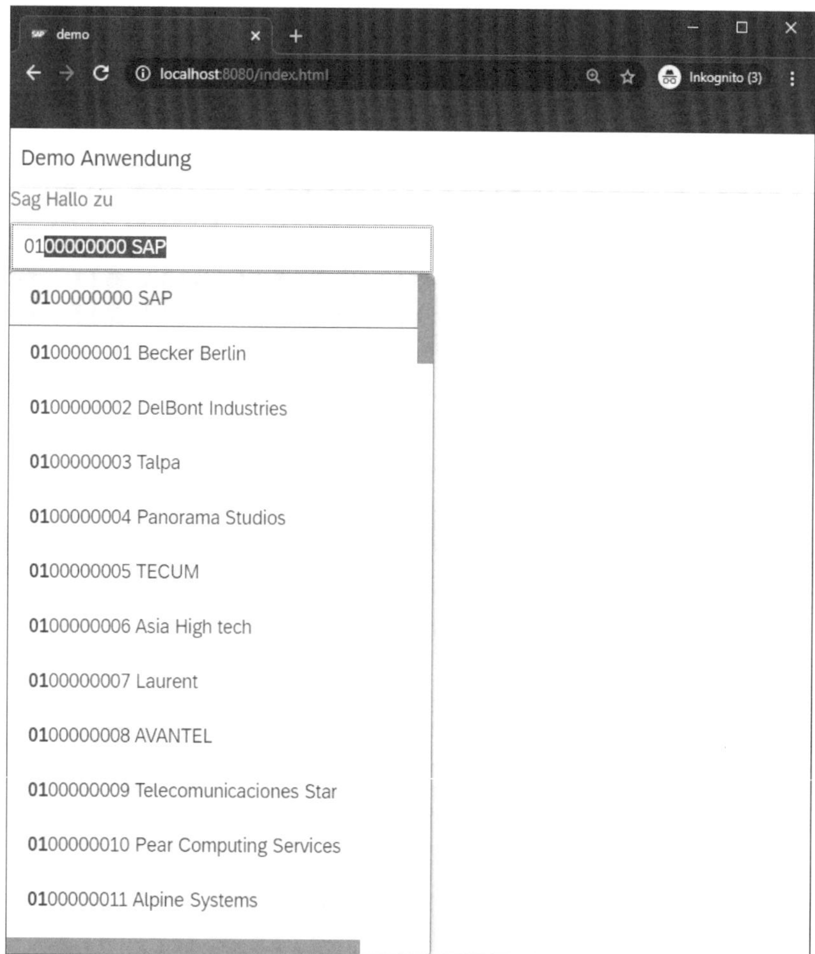

Abbildung 6.7 Darstellung der Vorschlagswerte für »BusinessPartnerID«

6.2.2 Komplexe Controls zur Seitengestaltung

Als Nächstes wollen wir für den ausgewählten Geschäftspartner mehr Details anzeigen lassen. SAPUI5 bietet hierfür vorgefertigte Masken an. Eine dieser Darstellungsformen ist die *Object Page*. Die Objektseite und ihre verwandten Controls werden im Namensraum `sap.uxap` implementiert. Das zentrale Control ist `sap.uxap.ObjectPageLayout`, das wir nun verwenden wollen, um die Objektdetails für unser `BusinessPartner`-Objekt darzustellen. Damit das Control in der View verwendet werden kann, fügen wir den Namensraum über einen XML-Alias mit dem Bezeichner `uxap` ein (siehe Listing 6.10).


```
<mvc:View controllerName="de.sapui5buch.demo.controller.App"
  displayBlock="true"
  xmlns="sap.m" xmlns:layout="sap.ui.layout"
  xmlns:mvc="sap.ui.core.mvc" xmlns:core="sap.ui.core"
      xmlns:uxap="sap.uxap">
```

Listing 6.10 Einführung des Namensraums »sap.uxap« als XML-Alias

Einfügen des Controls »sap.uxap.ObjectPageLayout«

Anschließend kommentieren wir das gesamte `Page`-Control aus, um der Seite eine andere Struktur zu geben, und fügen dann das zentrale Control `sap.uxap.ObjectPageLayout` in das `App`-Control ein. Wir geben dem Control die ID `ObjectPageLayout` und setzen die Eigenschaften `showHeaderContent` und `toggleHeaderOnTitleClick` auf `false` (siehe Listing 6.11). Hierdurch wird der Kopf der Objektseite nicht angezeigt.

```
<uxap:ObjectPageLayout id="ObjectPageLayout" showHeaderContent=
"false"   toggleHeaderOnTitleClick="false">
</uxap:ObjectPageLayout>
```

Listing 6.11 Implementierung des Controls »sap.uxap.ObjectPageLayout«

Implementierung der Aggregation »headerTitle«

Implementieren Sie nun den Kopf der Objektseite `headertitle` fest. Wir wollen, dass im Kopfbereich des Controls die Wertehilfe angezeigt wird, die wir in Abschnitt 6.2.1 angelegt hatten. Wir fügen daher die Implementierung des `Input`-Feldes in ein Control vom Typ `sap.uxap.ObjectPageDynamicHeaderTitle` ein (siehe Listing 6.12).

```
<uxap:headerTitle>
  <uxap:ObjectPageDynamicHeaderTitle>
   <uxap:heading>
     <Input id="idInputField" width="20rem"
        placeholder="BusinessPartner ID..."
        suggestionItemSelected="onSuggestionItemSelected"
        showSuggestion="true" suggest="handleSuggest"
        suggestionItems="{/d/results}">
       <suggestionItems>
        <core:Item text="{BusinessPartnerID} {CompanyName}"
         />
         </suggestionItems>
       </Input>
```

```
    </uxap:heading>
    </uxap:ObjectPageDynamicHeaderTitle>
  </uxap:headerTitle>
```

Listing 6.12 Implementierung des Objektkopfes

Implementierung der Aggregation »headerContent«

Nun wollen wir im Bereich `headerContent` des Controls `ObjectPageLayout` weitere Details zu unserem Geschäftspartner anzeigen. Wir implementieren hierfür die Aggregation `headerContent` entsprechend (siehe Listing 6.13).

```
<uxap:headerContent>
  <FlexBox wrap="Wrap" fitContainer="true"
     id="headerContent">
    <VBox class="sapUiLargeMarginEnd">
       <HBox>
         <Title text="Partnerdata"/>
           </HBox>
           <HBox>
             <Label class="sapUiTinyMarginEnd"
                  text="Firmenname:" />
             <Text text="{CompanyName}" />
           </HBox>
             <HBox>
             <Label class="sapUiTinyMarginEnd"
                  text="Partner ID:" />
             <Text text="{BusinessPartnerID}" />
           </HBox>
             <HBox>
             <Label class="sapUiTinyMarginEnd"
                 text="Legal Form:" />
             <Text text="{LegalForm}" />
           </HBox>
         </VBox>
         <VBox>
           <HBox>
            <Title text="Kontaktdaten"/>
           </HBox>
           <HBox>
            <Label class="sapUiTinyMarginEnd"
                  text="URL:" />
            <Text text="{WebAddress}" />
           </HBox>
           <HBox>
            <Label class="sapUiTinyMarginEnd"
```

```
            text="Email-Addresse:" />
        <Text text="{EmailAddress}" />
      </HBox>
      <HBox>
        <Label class="sapUiTinyMarginEnd"
          text="Telefon:" />
        <Text text="{PhoneNumber}" />
      </HBox>
      <HBox>
        <Label class="sapUiTinyMarginEnd"
            text="Fax:" />
        <Text text="{FaxNumber}" />
    </HBox>
  </VBox>
</FlexBox>
</uxap:headerContent>
```

Listing 6.13 Implementierung der »headerContent«-Aggregation

Implementierung von Sections

Das Control `sap.uxap.ObjectPageLayout` verfügt über sogenannte *Sections*. Diese werden in der Aggregation `sections` des Controls implementiert. Sections werden verwendet, um den `content`-Bereich der Object Page mit Inhalten zu füllen. Eine Section enthält dabei eine zusammengehörende Informationseinheit, so dass Sie Informationen durch die Verwendung von Sections clustern können. Eine Section wird über die Klasse `sap.uxap.ObjectPageSection` implementiert. Eine Section besitzt einen Titel. Die Titel der Sections werden über den eigentlichen Inhalt nebeneinander dargestellt. Eine Section kann wiederum *Untersections* haben. Prinzipiell gibt es für die Verwendung von Sections keine Beschränkung. Ab einer gewissen Anzahl kann die Anwendung jedoch nicht mehr sinnvoll vom Anwender genutzt werden. Grund dafür ist, dass die Titel der Sections grundsätzlich nebeneinander dargestellt werden. Je nach Bildschirmgröße kann es allerdings passieren, dass nicht alle Titel nebeneinander in eine Zeile passen. In diesem Fall werden die nicht mehr darzustellenden Titel in einer Dropdown-Liste visualisiert. Nutzer können dadurch leicht den Überblick verlieren. Achten Sie immer auf einen sauberen Informationsschnitt, werden Sie aber nicht zu feingranular. In unserem Falle wollen wir nur eine Section implementieren, die die Adresse des ausgewählten Geschäftspartners darstellen soll. Die Implementierung können Sie dem Programmbeispiel aus Listing 6.14 entnehmen.

```
<uxap:sections>
  <uxap:ObjectPageSection title="Adresse"
                 visible="false" id="addressSection">
    <uxap:subSections>
      <uxap:ObjectPageSubSection>
        <VBox>
         <HBox>
          <Label class="sapUiTinyMarginEnd"
                 text="Strasse:" />
          <Text text="{Street} {Building}" />
         </HBox>
         <HBox>
          <Label class="sapUiTinyMarginEnd"
                 text="Land PLZ Ort:" />
          <Text text="{Country} {PostalCode} {City}" />
         </HBox>
        </VBox>
      </uxap:ObjectPageSubSection>
     </uxap:subSections>
  </uxap:ObjectPageSection>
</uxap:sections>
```

Listing 6.14 Implementierung der Aggregation »sections« des Controls »sap.uxap.ObjectPageLayout«

Im Anschluss müssen Sie sich um die Verbindung zwischen der Auswahl eines `BusinessPartner`-Elements aus der Vorschlagsliste und dem Darstellen der Daten des durch den Nutzer ausgewählten Geschäftspartners kümmern. Hierzu implementieren Sie den Eventhandler `onSuggestionItemSelected` (siehe Listing 6.15). Die Funktion wird aufgerufen, sobald der Anwender einen Eintrag aus der Treffermenge ausgewählt hat (siehe hierzu auch die Implementierung der Wertehilfe in Listing 6.12). Hierzu liest der Eventhandler aus dem Eventobjekt den Parameter `selectedItem` aus und liest den Bindungspfad aus. Dieser Pfad wird der Funktion `_updateUI` übergeben, die wir im nächsten Schritt implementieren.

```
onSuggestionItemSelected : function(oEvent) {
  var oSelectedItem = oEvent.getParameter("selectedItem");
  var sBindingPath =
      oSelectedItem.getBindingContext().getPath();
  this._updateUI(sBindingPath);
}
```

Listing 6.15 Implementierung des Eventhandlers »onSuggestionItemSelected«

»_updateUI«

Den Abschluss unserer Implementierung bildet die Funktion `_updateUI`. Die Funktion erhält als Aufrufparameter den Binding-Pfad des ausgewählten Listeneintrags. Er wird den beiden Controls `headerContent` und `addressSection` übergeben (siehe Listing 6.16). Zum Schluss werden die Controls auf sichtbar gestellt.

```
_updateUI : function(sBindingPath) {
   var oHeaderContent = this.byId("headerContent");
  oHeaderContent.bindElement(sBindingPath);
  var oAdrSection = this.byId("addressSection");
  oAdrSection.setVisible(true);
  oAdrSection.bindElement(sBindingPath + "/Address")
  var oObjLayout = this.byId("ObjectPageLayout");
  oObjLayout.setShowHeaderContent(true);
  oObjLayout.setToggleHeaderOnTitleClick(true);
}
```

Listing 6.16 Die Funktion »_updateUI«

Nachdem Sie alle Änderungen gespeichert haben, testen Sie das Ergebnis. Wenn Sie einen Geschäftspartner ausgewählt haben, wird er entsprechend dargestellt (siehe Abbildung 6.8).

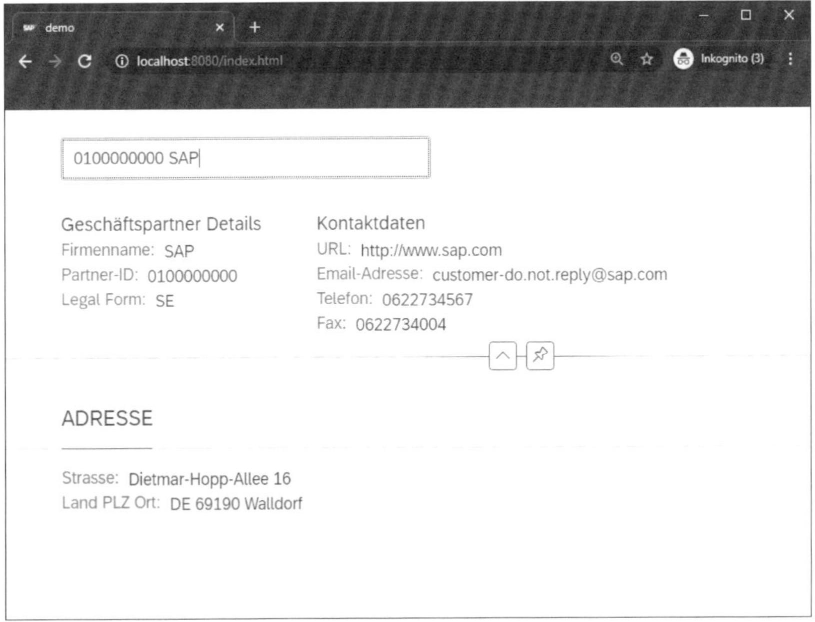

Abbildung 6.8 Das »ObjectPageLayout« im Einsatz

6.3 Arbeiten mit Fragmenten

Wie in den vorangegangenen Abschnitten beschrieben, besitzen Views eine gewisse Grundkomplexität. Views sind dadurch nicht gut für das Modularisieren von Oberflächenteilen geeignet. Besonders dann, wenn die Funktionalität an einer zentralen Stelle, beispielsweise in einem zentralen Controller, gehalten werden soll. Als Ausweg bliebe nur die Verwendung einer gemeinsamen Basisklasse, dies führt aber gegebenenfalls zur Vermengung von Zuständigkeiten und erhöht die Komplexität. Für eine leichtgewichtige Strukturierung bietet SAPUI5 sogenannte *Fragmente* an. Zur Laufzeit werden Fragmente als Unterknoten der View (*UI sub-tree*) bzw. anderer Fragmente im DOM-Baum angelegt und sind somit direkte Kinder des nutzenden Benutzeroberflächen-Artefakts (sprich der View oder eines anderen Fragments). Fragmente können in separaten Dateien, innerhalb einer View oder innerhalb eines anderen Fragments (über die sogenannte *Inlinedefinition*) implementiert werden. Die Inlinedefinition ist zwar möglich, wird aber sehr selten verwendet. Im Gegensatz zu einer View kann ein Fragment den Controller der Eltern-View, einen eigenen Controller oder gar keinen Controller besitzen.

6.3.1 Typen von Fragmenten

Fragmenttypen

In SAPUI5 können Fragmente als HTML-, JavaScript- und XML-Fragmente angelegt werden. Die Namen der Dateien, in denen Fragmente implementiert werden, folgen dem Muster `<NameDesFragments>.fragment.<Typ>`. Als Typ können Sie `html`, `js` oder `xml` angeben.

HTML-Fragmente

HTML

HTML-Fragmente werden in Dateien mit der Endung **.fragment.html** implementiert und besitzen einen einfachen Aufbau (siehe Listing 6.17). Die UI-Controls werden über `div`-Elemente eingebettet. Im Gegensatz zu HTML-Views besitzen HTML-Fragmente kein `template`-Tag.

```
<div
   data-sap-ui-type="sap.m.Button"
   data-press="onPress"
   data-text="Hallo SAPUI5">
</div>
```

Listing 6.17 Einfaches HTML-Fragment

JavaScript-Fragmente

JavaScript

Die Implementierung eines JavaScript-Fragments folgt im Großen und Ganzen der Implementierung einer JavaScript-View. JavaScript-basierte Fragmente werden über die Funktion `sap.ui.jsfragment` implementiert (siehe Listing 6.18). Die Funktion erhält zwei Argumente: den vollqualifizierten Fragmentnamen und die Implementierung des Fragments. Die Implementierung erfolgt über die Funktion `createContent`. Die Funktion erhält durch den Aufrufer optional eine Instanz eines Controllers, der daher als Parameter angegeben wird. Ob er tatsächlich durch den Fragmentkonsumenten mitgegeben wird, ist nicht sicher, da der Konsument nicht gezwungen wird, ein Controller-Objekt zu übergeben. Möchten Sie mehr als ein Control auf gleicher Ebene verwenden, können Sie ein Array von Controls zurückliefern. Listing 6.18 zeigt ein einfaches JavaScript-Fragment.

```
sap.ui.define([
    "sap/m/Button"
], function(Button) {
  "use strict";
  sap.ui.jsfragment("de.sapui5buch.demo.view.JSFragment", {
         createContent : function(oController) {
             var oButton = new Button({
                    text: "Hallo SAPUI5",
                    press: oController.onPress
             });

             return oButton;
         }
      });
});
```

Listing 6.18 Implementierung eines JavaScript-Fragments

XML-Fragmente

XML

XML-Fragmente werden ähnlich wie XML-Views implementiert, mit dem Unterschied, dass sie, solange sie nur ein Control enthalten, kein besonderes umschließendes Control nutzen müssen. Möchten Sie mehr als ein Control auf gleicher Ebene verwenden, müssen Sie die Control-Sammlung einem Wurzel-Control zuordnen. SAPUI5 stellt hierfür das Control `sap.ui.core.FragmentDefinition` zur Verfügung (siehe Listing 6.19).

```
<core: FragmentDefinition xmlns="sap.m" xmlns:core="sap.ui.core">
    <Label text="Label in einem Fragment"/>
    <Button text="Hallo SAPUI5" press="onPress"/>
</core: FragmentDefinition >
```

Listing 6.19 Implementierung eines XML-Fragments

6.3.2 Instanziierung von Fragmenten

Einbettung in Views

Nachdem Sie die Implementierung der drei Fragmentarten kennengelernt haben, wenden wir uns der Instanziierung und Verwendung zu. Fragmente können über zwei verschiedene Wege instanziiert werden. Sie können ein Fragment über JavaScript erzeugen oder es in HTML- oder XML-Views einbetten.

Fragmente mittels JavaScript laden und instanziieren

Das Instanziieren von Fragmenten über JavaScript kann entweder im Rahmen einer JavaScript-View-Implementierung oder im Kontext eines Controllers erfolgen. Die Implementierung im Controller wird in aller Regel dann gewählt, wenn beispielsweise abhängig von einer Aktion in der Benutzeroberflächen entschieden wird, ob Fragment A oder B geladen und instanziiert werden soll.

Dabei ist es egal, zu welchem View-Typ der Controller gehört. Für das Laden und Instanziieren eines Fragments bietet die Klasse `sap.ui.core.Fragment` die Methode `load` an. Die Methode erhält als Aufrufargument eine Map aus Key-Value-Paaren übergeben. Das Programmbeispiel aus Listing 6.20 zeigt Ihnen die Verwendung der Funktion `load` im Rahmen einer JavaScript-View. `load` enthält eine Map aus drei Key-Value-Paaren. Über den Parameter `name` geben Sie den vollqualifizierten Namen des Fragments an, das geladen werden soll. Als zweiten Parameter geben Sie das Attribut `type` mit, das die Werte `XML`, `JS` oder `HTML` enthalten kann. Der dritte Parameter, `controller`, ist optional und wird verwendet, um eine Referenz auf den Controller zu übergeben.

```
sap.ui.define([
    "sap/ui/core/Fragment",
    "sap/ui/layout/HorizonalLayout"
], function(Fragment, HorizontalLayout) {
   "use strict";
 sap.ui.jsview("de.sapui5buch.demo.view.JavaScriptView", {

  getControllerName:function() {
   return "de.sapui5buch.demo.controller.JavaScriptView";
```

```
  },

  createContent : function(oController) {
         var oLayout = new HorizontalLayout();
         Fragment.load({
             name:
                "de.sapui5buch.demo.view.JSFragment",
             type: "JS",
             controller : oController
         }).then(function (oFragment) {
             oLayout.addContent(oFragment);
         });
         return oLayout;
     }
  });
});
```

Listing 6.20 Instanziierung eines Fragments

Wie eingangs erwähnt, muss der übergebene Controller nicht der Controller der entsprechenden View sein. Sie können auch einen im Code implizit angelegten Controller oder eine ausgelagerte Implementierung verwenden. Listing 6.21 zeigt Ihnen die Nutzung eines in der View angelegten Controller-Objekts. Es ist nicht notwendig, das übergebene Objekt von einer Controller-Basisklasse abzuleiten.

```
sap.ui.define([
    "sap/ui/core/Fragment",
    "sap/ui/layout/HorizonalLayout"
], function(Fragment, HorizontalLayout) {
   "use strict";
 sap.ui.jsview("de.sapui5buch.demo.view.JavaScriptView", {
 // getControllerName
  createContent : function(oController) {
    var oMyController = {
      onPress : function(oEvent) {
        //handle press-event
      }
    }
    var oLayout = new HorizontalLayout();
      Fragment.load({
       name: "de.sapui5buch.demo.view.JSFragment",
       type: "JS",
       controller : oMyController
      }).then(function (oFragment) {
```

```
        oLayout.addContent(oFragment);
      });
    return oLayout;
    }
  });
});
```

Listing 6.21 Verwendung eines anderen Objekts als Controller

Fragmente in einer XML-View verwenden

Einbetten mit »Fragment«

XML-Views bieten ebenfalls die Möglichkeit, Fragmente einzubetten. Hierzu nutzen Sie das `Fragment`-Control. Das `Fragment`-Control erhält zwei Attribute (siehe Listing 6.22): zum einen das Attribut `fragmentName`, über das der vollqualifizierte Name des einzubettenden Fragments angegeben wird, zum anderen das Attribut `type`. Es gibt den Typ des Fragments an und kann die Werte `JS`, `XML` oder `HTML` enthalten.

```
<mvc:View controllerName="de.sapui5buch.demo.controller.XMLView"
  xmlns:mvc="sap.ui.core.mvc" xmlns="sap.m"
  xmlns:core="sap.ui.core" xmlns:l="sap.ui.layout">
    <l:HorizontalLayout>
    <l:content>
      <core:Fragment fragmentName=
        "de.sapui5buch.demo.view.XMLFragment" type="XML"/>
      <core:Fragment fragmentName=
        "de.sapui5buch.demo.view.JSFragment" type="JS"/>
      <core:Fragment fragmentName=
       "de.sapui5buch.demo.view.HTMLFragment" type="HTML"/>
    </l:content>
    </l:HorizontalLayout>
</mvc:View>
```

Listing 6.22 Instanziierung von Fragmenten in einer XML-View

6.3.3 IDs in Fragmenten

ID-Präfix-Verarbeitung bei Fragmenten in XML- und HTML-Views

Bei der Arbeit mit IDs in Fragmenten gibt es einiges zu beachten. Wenn Sie in einem Fragment statische IDs verwenden und das Fragment in eine XML-View einbetten, werden die IDs nicht mit einem Präfix versehen. Wenn Sie das Fragment nun mehr als einmal zu einem Zeitpunkt verwenden, führt dies dazu, dass aufgrund der mehrfach vorhandenen ID ein Fehler auftritt. Sie vermeiden diesen Fehler, indem Sie dem Fragment beim Einbetten in eine View bzw. in ein anderes Fragment eine (eindeutige) ID mitgeben. Betrachten wir das gerade Erläuterte an einem Beispiel und nehmen an dieser Stelle an, dass Sie ein Fragment wie in Listing 6.23 gezeigt implementieren.

```
<core:FragmentDefinition xmlns="sap.m"
  xmlns:core="sap.ui.core" xmlns:l="sap.ui.layout">
    <l:HorizontalLayout>
      <Input id="idInput" value="Hello"/>
      <Input value="SAPUI5"/>
    </l:HorizontalLayout>
</core:FragmentDefinition>
```

Listing 6.23 »Input«-Control mit ID in einem Fragment

Betten Sie das Fragment danach entsprechend in eine View ein (siehe Listing 6.24).

```
<mvc:View controllerName="de.sapui5buch.demo.controller.App"
    xmlns:mvc="sap.ui.core.mvc" xmlns="sap.m"
    xmlns:core="sap.ui.core">
  <core:Fragment
    fragmentName="de.sapui5buch.demo.view.IDInFragment"
    type="XML"
  />
</mvc:View>
```

Listing 6.24 Einbetten des Fragments in eine XML-View

Wechseln Sie nach dem Neustart der Anwendung in den Entwicklungswerkzeugen Ihres Browsers in die Elementansicht des DOM-Baums (siehe Abbildung 6.9). Das erste Input-Feld enthält kein spezifisches Präfix für das Fragment. Lediglich der View, in die das Fragment eingebettet ist, wurde ein Präfix vorangestellt.

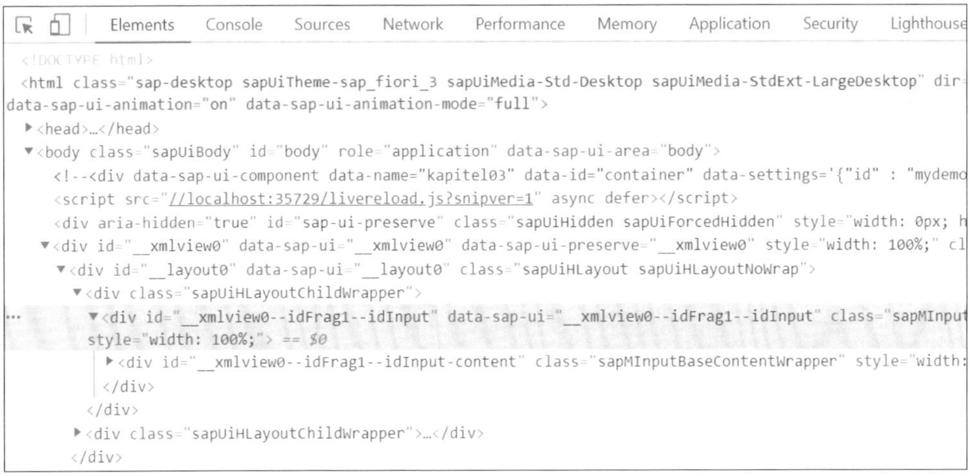

```
Elements  Console  Sources  Network  Performance  Memory  Application  Security  Lighthouse
<!DOCTYPE html>
<html class="sap-desktop sapUiTheme-sap_fiori_3 sapUiMedia-Std-Desktop sapUiMedia-StdExt-LargeDesktop" dir
data-sap-ui-animation="on" data-sap-ui-animation-mode="full">
 ▸<head>…</head>
 ▾<body class="sapUiBody" id="body" role="application" data-sap-ui-area="body">
    <!--<div data-sap-ui-component data-name="kapitel03" data-id="container" data-settings='{"id" : "mydemo
    <script src="//localhost:35729/livereload.js?snipver=1" async defer></script>
    <div aria-hidden="true" id="sap-ui-preserve" class="sapUiHidden sapUiForcedHidden" style="width: 0px; h
   ▾<div id="__xmlview0" data-sap-ui="__xmlview0" data-sap-ui-preserve="__xmlview0" style="width: 100%;" cl
     ▾<div id="__layout0" data-sap-ui="__layout0" class="sapUiHLayout sapUiHLayoutNoWrap">
       ▾<div class="sapUiHLayoutChildWrapper">
…        ▾<div id="__xmlview0--idFrag1--idInput" data-sap-ui="__xmlview0--idFrag1--idInput" class="sapMInput
          style="width: 100%;"> == $0
           ▸<div id="__xmlview0--idFrag1--idInput-content" class="sapMInputBaseContentWrapper" style="width:
           </div>
         </div>
       ▸<div class="sapUiHLayoutChildWrapper">…</div>
       </div>
```

Abbildung 6.9 ID-Verarbeitung in deklarativen Views

Möchten Sie das Fragment beispielsweise mehr als einmal in der View verwenden (siehe Listing 6.25), würden Sie unweigerlich eine Duplicate ID Exception zur Laufzeit im Browser erhalten.

```
<mvc:View controllerName="de.sapui5buch.demo.controller.App"
  xmlns:mvc="sap.ui.core.mvc" xmlns="sap.m"
  xmlns:core="sap.ui.core">
  <core:Fragment
      fragmentName="de.sapui5buch.demo.view.IDInFragment"
      type="XML"/>
   <core:Fragment
      fragmentName="de.sapui5buch.demo.view.IDInFragment"
      type="XML"/>
</mvc:View>
```

Listing 6.25 Wiederverwendung eines Fragments

Starten Sie nun die Anwendung erneut, erhalten Sie wie in Abbildung 6.10 gezeigt eine Duplicate ID Exception.

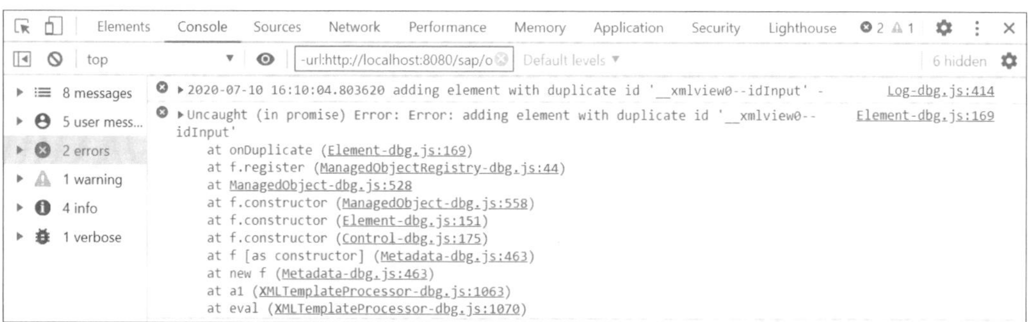

Abbildung 6.10 Duplicate ID Exception

Lösen können Sie dies nur, indem Sie in unserem Beispiel mindestens einem der Fragmente eine ID übergeben (siehe Listing 6.26).

```
<mvc:View controllerName="de.sapui5buch.demo.controller.App"
   xmlns:mvc="sap.ui.core.mvc" xmlns="sap.m"
   xmlns:core="sap.ui.core">
    <core:Fragment
      fragmentName="de.sapui5buch.demo.view.IDInFragment"
      type="XML" id="idFrag1"/>
    <core:Fragment
      fragmentName="de.sapui5buch.demo.view.IDInFragment"
      type="XML"/>
</mvc:View>
```

Listing 6.26 Übergabe einer eindeutigen ID beim Einbetten der Fragmente

Starten Sie nun die Anwendung erneut, ergibt sich der in Abbildung 6.11 gezeigte DOM-Baum.

```
Elements  Console  Sources  Network  Performance  Memory  Application  Security  Lighthouse
<!DOCTYPE html>
<html class="sap-desktop sapUiTheme-sap_fiori_3 sapUiMedia-Std-Desktop sapUiMedia-StdExt-LargeDesktop" dir="ltr" data-sap-ui-browser="cr85" data-sap-ui-os="win10" lang="de" data-sap-ui-animation="on" data-sap-ui-animation-mode="full" style="height: 100%;">
 ▶<head>…</head>
 ▼<body class="sapUiBody" style="height: 100%;">
   ▼<div data-name="de.sapui5buch.demo" data-id="container" data-settings="{"id" : "demo"}" id="id-1600411135233-2" data-sap-ui-area="id-1600411135233-2" style="height: 100%;">
     ▼<div id="container" data-sap-ui="container" class="sapUiComponentContainer" style="height: 100%;">
       ▼<div id="container-uiarea" style="height: 100%;">
         ▼<div id="container-demo---idAppControl" data-sap-ui="container-demo---idAppControl" data-sap-ui-preserve="container-demo---idAppControl" class="sapUiView sapUiXMLView" style="width: 100%; height: 100%;">
           ▼<div id="container-demo---idAppControl--shell" data-sap-ui="container-demo---idAppControl--shell" class="sapMShell sapMShellAppWidthLimited sapMShellGlobalOuterBackground">
               <div id="container-demo---idAppControl--shell-BG" class="sapContrastPlus sapMShellBG sapUiGlobalBackgroundImageForce sapUiGlobalBackgroundImage"></div>
               <div class="sapMShellBrandingBar"></div>
             ▼<div class="sapMShellCentralBox">
               ▶<header id="container-demo---idAppControl--shell-hdr" class="sapMShellHeader sapMShellBackgroundColorOnlyIfDefault">…</header>
               ▼<div id="container-demo---idAppControl--shell-content" data-sap-ui-root-content="true" class="sapMShellContent sapMShellGlobalInnerBackground">
                 ▼<div id="container-demo---idAppControl--idAppControl" data-sap-ui="container-demo---idAppControl--idAppControl" class="sapMNav sapUiGlobalBackgroundColor sapMApp" style="width: 100%;">
                     <div id="container-demo---idAppControl--idAppControl-BG" class="sapMAppBG sapUiGlobalBackgroundImage"></div>
                   ▼<div id="container-demo---idAppControl--page" data-sap-ui="container-demo---idAppControl--page" class="sapMPage sapMPageBgStandard sapMPageWithHeader sapMPageBusyCoversAll sapMNavItem">
                     ▶<header class="sapMPageHeader">…</header>
                     ▼<section id="container-demo---idAppControl--page-cont" class="sapMPageEnableScrolling" style="overflow: hidden auto;">
                       ▶<span id="__label0" data-sap-ui="__label0" aria-label="Sag Hallo zu" class="sapMLabel sapUiSelectable sapMLabelMaxWidth" style="text-align: left;">…</span>
...                    ▶<div id="__input0" data-sap-ui="__input0" class="sapMInputBase sapMInputBaseHeightMargin sapMInput" style="width: 100%;">…</div> == $0
                       ▶<button id="__button0" data-sap-ui="__button0" class="sapMBtnBase sapMBtn">…</button>
                      </section>
                    </div>
                  </div>
                </div>
... #container-demo---idAppControl--page  #container-demo---idAppControl--page-cont  div#__input0.sapMInputBase.sapMInputBaseHeightMargin.sapMInput
```

Abbildung 6.11 Verwendung von IDs bei Fragmenten

Bei der Arbeit mit IDs in Fragmenten sollten Sie also die folgenden Regeln beachten:

- Haben SAPUI5-Controls in einem Fragment eine ID, wird diese ID zur Laufzeit nur mit dem Präfix der View versehen, in die das SAPUI5-Control eingebettet ist. Dies gilt nur, wenn das Fragment keine eigene ID besitzt.
- Haben SAPUI5-Controls in einem Fragment mit ID eine ID, erhält die ID des Controls zur Laufzeit ein Präfix, das sich aus der ID der View sowie der ID des Fragments zusammensetzt.

Zugriff auf UI-Controls in Fragmenten mit ID

Um die Regeln an einem Beispiel zu testen, implementieren wir in der View den in Listing 6.27 gezeigten Code. Wir legen zwei `Fragment`-Elemente an. Beide Elemente werden mit der in Listing 6.23 gezeigten Implementierung verbunden. Dem ersten `Fragment`-Element wird jedoch eine ID zugeordnet. Zusätzlich legen wir zwei `Button`-Controls an. In den dazugehörenden Eventhandlers greifen wir zur Laufzeit auf das `Input`-Control des Fragments zu.

```
<mvc:View controllerName="de.sapui5buch.demo.controller.App"
 xmlns:mvc="sap.ui.core.mvc" xmlns="sap.m"
 xmlns:core="sap.ui.core">
  <core:Fragment
```

```
    fragmentName="de.sapui5buch.demo.view.IDInFragment"
    type="XML" id="idFrag1"/>
  <core:Fragment
    fragmentName="de.sapui5buch.demo.view.IDInFragment"
    type="XML"/>
  <Button text="Setze Input 1" press="onPress1"/>
  <Button text="Setze Input 2" press="onPress2"/>
</mvc:View>
```

Listing 6.27 ID-Verarbeitung

Bevor wir mit der Implementierung der Eventhandler fortfahren, testen wir unsere Anwendung. Wie in Abbildung 6.12 zeigt die Anwendung die Fragmentimplementierung zweimal an.

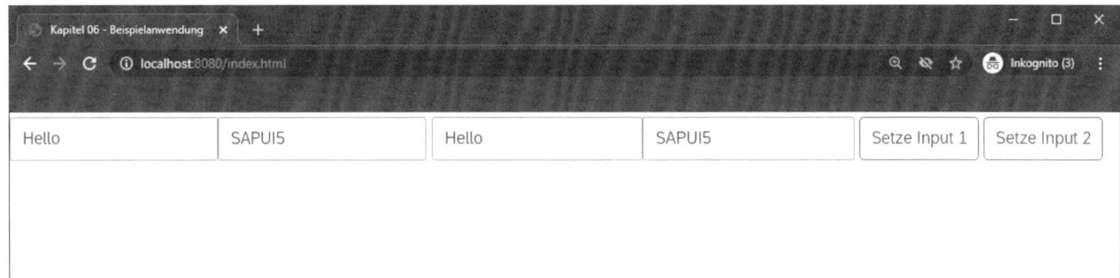

Abbildung 6.12 Darstellung des zweifach eingebetteten Fragments

Eventhandler »onPress1«

Als Nächstes wollen wir den Eventhandler `onPress1` ausprägen, und zwar so, dass bei einem Klick zunächst eine Referenz auf das `Input`-Feld der ersten Fragmentinstanz besorgt und anschließend der `value`-Eigenschaft des `Input`-Feldes der Wert `Hello 1` zugewiesen wird. Das Fragment hat beim Einbetten in die View die ID `idFrag1` erhalten. Gemäß obiger Regel hat nun das `Input`-Control eine zusammengesetzte ID, die auch die View-ID besitzt. Der Zugriff kann daher nicht einfach über die Funktion `byId` und die Übergabe der ID des `Input`-Controls erfolgen. Vielmehr müssen Sie zunächst die ID des `Input`-Controls inklusive Präfix generieren und über diese ID dann die `byId`-Funktion befüllen. Zum Erzeugen einer ID mit Präfix bietet die Fragmentklasse die Funktion `createId` an (siehe Listing 6.28).

```
onPress1 : function(oEvent) {
 var oInput = this.byId(
        sap.ui.core.Fragment.createId("idFrag1","idInput"));
 oInput.setValue("Hello 1");
}
```

Listing 6.28 Zugriff auf ein UI-Control mit Fragment-ID

Nun wollen wir noch das Input-Feld des zweiten Fragments mit einem neuen Wert befüllen. Da das zweite Fragment keine ID hat, ist der Zugriff über die byId-Funktion der View möglich (siehe Listing 6.29).

```
onPress2 : function(oEvent) {
   var oInput = this.byId("idInput");
    oInput.setValue("Hello 2");
}
```

Listing 6.29 Zugriff ohne Fragment-ID

6.3.4 Fragmente zur Strukturierung einer Anwendung

Nachdem Sie die Implementierung von Fragmenten kennengelernt haben, wollen wir unsere Beispielanwendung mittels Fragmenten besser strukturieren. Legen Sie dafür zunächst im Ordner **view** die folgenden Dateien an:

- **Input.fragment.xml**
- **Header.fragment.xml**
- **AddressSection.fragment.xml**

Erstellen Sie in jeder der drei Dateien ein Control vom Typ sap.ui.core.FragmentDefinition, und kopieren Sie den entsprechenden Inhalt der einzelnen Bereiche in die Dateien. Fügen Sie zum Abschluss die entsprechenden XML-Aliasse für die in den Fragmenten verwendeten SAPUI5-Namensräume ein.

Listing 6.30 zeigt Ihnen am Beispiel des Input-Feldes, wie das entsprechende Fragment aufgebaut ist.

```
<core:FragmentDefinition
 xmlns="sap.m"
 xmlns:core="sap.ui.core">
  <Input id="idInputField" width="20rem"
    placeholder="BusinessPartner ID..."
    suggestionItemSelected="onSuggestionItemSelected"
    showValueHelp="true"
    valueHelpRequest="onValueHelpRequest"
    showSuggestion="true" suggest="handleSuggest"
    suggestionItems="{/d/results}">
    <suggestionItems>
      <core:Item text="{BusinessPartnerID} {CompanyName}" />
    </suggestionItems>
  </Input>
</core:FragmentDefinition>
```

Listing 6.30 Implementierung des Fragments »Input.fragment.xml«

Nachdem Sie die drei Fragmente angelegt und die Inhalte entsprechend kopiert haben, ändern Sie die Implementierung der Datei **App.view.xml** so ab, dass die Fragmente verwendet werden (siehe Listing 6.31).

```
<mvc:View controllerName="de.sapui5buch.demo.controller.App"
  displayBlock="true"
  xmlns="sap.m" xmlns:layout="sap.ui.layout"
  xmlns:mvc="sap.ui.core.mvc" xmlns:core="sap.ui.core"
  xmlns:uxap="sap.uxap">
  <App id="idAppControl" >
    <pages>
     <uxap:ObjectPageLayout id="ObjectPageLayout"
        showHeaderContent="false"
        toggleHeaderOnTitleClick="false">
      <uxap:headerTitle>
       <uxap:ObjectPageDynamicHeaderTitle>
        <uxap:heading>
          <core:Fragment
          fragmentName="de.sapui5buch.demo.view.Input"
          type="XML"/>
        </uxap:heading>
       </uxap:ObjectPageDynamicHeaderTitle>
     </uxap:headerTitle>
     <uxap:headerContent>
      <core:Fragment
       fragmentName="de.sapui5buch.demo.view.Header"
       type="XML"/>
     </uxap:headerContent>
     <uxap:sections>
      <core:Fragment
       fragmentName="de.sapui5buch.demo.view.AddressSection"
       type="XML"/>
     </uxap:sections>
    </uxap:ObjectPageLayout>
   </pages>
 </App>
</mvc:View>
```

Listing 6.31 Implementierung der »App.view.xml« mit Fragmenten

Testen Sie die Anwendung zum Abschluss erneut. Bis auf die bessere Struktur der Anwendung haben sich keine Laufzeitänderungen, also Funktionsänderungen der Anwendung, ergeben.

6.4 Dialoge implementieren und verwenden

Dieser Abschnitt widmet sich der Implementierung von Dialogen. Wir zeigen Ihnen, wie Sie unter Verwendung von Fragmenten eigene Dialoge gestalten und wie Sie vorgefertigte Dialoge, die von SAPUI5 bereitgestellt werden, nutzen können.

6.4.1 Implementierung eigener Dialoge

»sap.m.Dialog«

Für die Implementierung eigener Dialoge, bei der Sie den Inhalt und die angebotene Funktionalität selbst implementieren, bietet SAPUI5 die Klasse `sap.m.Dialog` an. Die Implementierung leitet sich von `sap.ui.core.Control` ab.

Dialoge sind eine spezielle Form eines Controls, sie werden über dem eigentlichen View-Inhalt angezeigt und gehören somit nicht zur View. Dies ist besonders dahingehend interessant, dass HTML-Artefakte eines Dialogs nicht Bestandteil der HTML-Artefakte einer View sind. Sie existieren, nachdem der Dialog angezeigt wird, unabhängig voneinander.

Fragmente und Dialoge

Fragmente spielen bei der Entwicklung von Dialogen eine wichtige Rolle, denn es ist übliche Praxis, dass die Implementierung eines Dialogs innerhalb eines Fragments erfolgt. Das Fragment dient als Klammer um das eigentliche `Dialog`-Control. Das Programmbeispiel zeigt das Grundgerüst einer Dialogimplementierung:

```
<core:Fragment xmlns="sap.m" xmlns:core="sap.ui.core"
    xmlns:f="sap.ui.layout.form">
   <Dialog id="myDialog" title="Demo Dialog">
   </Dialog>
</core:Fragment>
```

Nachdem das Grundgerüst des Dialogs steht, müssen Sie den Inhalt implementieren. Für den Inhalt des Dialogs stellt die Klasse `sap.m.Dialog` die Aggregation `content` zur Verfügung. Des Weiteren bietet die Dialogimplementierung die Aggregationen `beginButton`, `endButton` und `buttons`. Die beiden erstgenannten Aggregationen können Sie verwenden, um am Anfang bzw. am Ende der Fußzeile des Dialogs jeweils eine Schaltfläche hinzuzufügen. Die Aggregation `buttons` kann eingesetzt werden, um in der Fußzeile eine beliebige Anzahl von Schaltflächen einzufügen. Wenn `buttons` benutzt wird, werden die möglicherweise bereits vorhandenen Schaltflächen in den anderen beiden Aggregationen ignoriert und nicht dargestellt. Listing 6.32 zeigt eine Beispielimplementierung.

```
<beginButton>
  <Button press="onCloseDialog" text="Ok"/>
</beginButton>
<content>
  <f:SimpleForm >
   <f:content>
    <Label text="Name"/>
    <Input id="idInput"/>
   </f:content>
  </f:SimpleForm>
</content>
```

Listing 6.32 Implementierung eines Dialogs

Dialoge werden durch den Controller einer View instanziiert und zur Anzeige gebracht. Die Instanziierung eines Dialogs erfolgt nach dem gleichen Muster, wie Fragmente über JavaScript geladen werden. Listing 6.33 zeigt die Implementierung der Funktion `onOpenDialog` im Controller der `App.controller.js`.

```
onOpenDialog : function () {
   if (!this.byId("myDialog")) {
     Fragment.load({
          id: this.getView().getId(),
          name: "de.sapui5buch.demo.view.Dialog",
          type: "XML",
          controller : this
     }).then(function (oDialog) {
        oView.addDependent(oDialog);
        oDialog.open();
     });
   } else {
     this.byId("myDialog").open();
   }
}
```

Listing 6.33 Implementierung der Funktion »onOpenDialog«

Über die `if`-Abfrage wird geprüft, ob im DOM-Baum bereits ein Element mit der ID `myDialog` existiert. Ist dies nicht der Fall, wird das Fragment entsprechend geladen. In der Funktion, die der `then`-Funktion des Promise übergeben wurde, ist besonders die Verwendung der Funktion `addDependent` interessant. Wie bereits erwähnt, sind Dialoge unabhängig von der View. Dies bedeutet, dass Modelle, die im Kontext der View stehen, nicht automatisch im Dialog erreichbar sind. Zudem ist der Lebenszyklus der beiden Artefakte entkoppelt. Wird die View verlassen und daraufhin aus dem DOM-Baum entfernt, wird der dazugehörige Dialog (oder die dazugehörenden Dialoge) nicht automatisch mit aus dem DOM entfernt. Dies führt unter Umständen zu DOM-Element-Leichen. Um die Lebenszyklen des Dialogs und der View miteinander zu verbinden und die durch die View zur Verfügung gestellten Modelle im Dialog erreichbar zu machen, ist es notwendig, die Funktion addDependent aufzurufen. Nachdem dies erfolgt ist, wird der Dialog über die Funktion open angezeigt.

Das Schließen eines Dialogs erfolgt über die close-Funktion der Dialoginstanz:

```
onCloseDialog : function(oEvent) {
    this.byId("myDialog").close();
}
```

6.4.2 Verwendung von Dialogklassen

Nachdem Sie gelernt haben, wie Sie einen eigenen Dialog implementieren, möchten wir an dieser Stelle noch kurz die Verwendung eines vordefinierten Dialogs zeigen. Das Beispiel soll so verändert werden, dass der Nutzer nicht nur eine Vorschlagsliste angezeigt bekommt, sondern zusätzlich die Möglichkeit hat, über F4 eine echte Wertehilfe aufzurufen. Hierzu kommt das Control sap.m.SelectDialog zum Einsatz. SelectDialog zeigt eine Liste von Werten und bietet ein Suchfeld, über das der Inhalt der Liste durchsucht werden kann.

Erweiterung des »sap.m.Input«-Controls

Damit Sie die F4-Hilfe über das Input-Control verwenden können, müssen Sie die Implementierung in **App.view.xml** um zwei Argumente erweitern. Fügen Sie das Attribut showValueHelp ein, und setzen Sie den Wert des Attributs auf true. Führen Sie danach einen Eventhandler für das Event valueHelpRequest ein (siehe Listing 6.34). Wir legen für das Event die Funktion onValueHelpRequest fest.

```
<Input id="idInputField" width="20rem"
      placeholder="BusinessPartner ID..."
      suggestionItemSelected="onSuggestionItemSelected"
      showValueHelp="true"
      valueHelpRequest="onValueHelpRequest"
      showSuggestion="true" suggest="handleSuggest"
      suggestionItems="{/d/results}">
      <suggestionItems>
```

```
        <core:Item text="{BusinessPartnerID} {CompanyName}" />
      </suggestionItems>
</Input>
```

Listing 6.34 Erweiterung des »Input«-Controls um eine F4-Funktionalität

Implementierung des Dialogs

Wie Sie bereits wissen, werden Dialoge als Fragmente in eigenen Dateien implementiert. Dies gilt auch für `SelectDialog`. Legen Sie daher im **view**-Ordner des Projekts eine neue Datei namens **SelectDialog.fragment.xml** an. Als Nächstes prägen Sie die Implementierung aus.

Das Control `sap.m.SelectDialog` besitzt eine Aggregation mit dem Namen `items`. Sie enthält die Daten, die wir in der Liste im Dialog anzeigen wollen: das `BusinessPartnerSet`. Aus dieser Liste kann der Nutzer einen Wert auswählen, oder er kann über das Suchfeld nach einem Listeneintrag suchen. Zudem besitzt das Control vier Events. Für uns interessant sind die Events `search`, `cancel` und `confirm`. `search` wird aufgerufen, wenn der Nutzer einen Suchbegriff in das Suchfeld eingibt und die Suche startet. Das Event `cancel` wird aufgerufen, wenn der Nutzer auf die Abbrechen-Schaltfläche des Dialogs klickt. `confirm` wird bei Auswahl eines Eintrags aus der Liste aufgerufen.

Implementierung des »SelectDialog«-Fragments

Nun implementieren wir das Fragment. Wir legen für die besprochenen Events die Eventhandler `onSearch` und `onClose` an. `onClose` wird sowohl für `cancel` als auch für `confirm` verwendet (siehe Listing 6.35).

```
<core:FragmentDefinition
   xmlns="sap.m"
   xmlns:core="sap.ui.core">
  <SelectDialog noDataText="Kein Business-Partner gefunden"
      title="Wählen Sie einen Business-Partner"
      search="onSearch" confirm="onClose" cancel="onClose"
      items="{path: '/d/results'}">
      <StandardListItem
        title="{BusinessPartnerID}"
        description="{CompanyName}"
        iconDensityAware="false"
        iconInset="false"
        type="Active" />
  </SelectDialog>
</core:FragmentDefinition>
```

Listing 6.35 Den »SelectDialog« implementieren

»valueHelpRequest«

Damit der Dialog angezeigt wird, müssen wir den Eventhandler für `valueHelpRequest` implementieren. Die Aufgabe dieser Funktion ist es, den Wert auszulesen, der im Input-Feld eingeben wurde. Danach erstellt sie den Dialog über das Fragment sowie einen Filter für den eingegebenen Wert, den sie direkt anwendet (siehe Listing 6.36).

```
onValueHelpRequest : function(oEvent) {
   var sInputValue = oEvent.getSource().getValue();
   this._sInputId = oEvent.getSource().getId();
   if (!this._oValueHelpDialog) {
    this._oValueHelpDialog = sap.ui.xmlfragment(
       "de.sapui5buch.demo.view.SelectDialog",
       this);
    this.getView().addDependent(this._oValueHelpDialog);
   }
   this._oValueHelpDialog.getBinding("items").filter(
     [new Filter("BusinessPartnerID",
      FilterOperator.Contains, sInputValue
   )]);
   this._oValueHelpDialog.open(sInputValue);
}
```

Listing 6.36 Implementierung der Funktion »onValueHelpRequest«

Eventhandler implementieren

Nun müssen noch die Eventhandler des SelectDialog-Objekts implementiert werden. Wir beginnen mit der Funktion onSearch. Die Funktion liest den Parameter value aus dem Event aus. Der Parameter enthält den im Suchfeld eingegebenen Wert, der verwendet wird, um ein Filter-Objekt zu instanziieren und entsprechend zu konfigurieren. Das erstellte Filter-Objekt wird auf der items-Aggregation der Liste im SelectDialog angewandt (siehe Listing 6.37).

```
onSearch: function(oEvent) {
  var sValue = oEvent.getParameter("value");
  var oFilter = new Filter(
     "BusinessPartnerID",
     FilterOperator.Contains, sValue
  );
   oEvent.getSource().getBinding("items").filter([oFilter]);
}
```

Listing 6.37 Implementierung der Funktion »onSearch«

Nun müssen Sie noch die onClose-Funktion implementieren. Sie wird einerseits beim Schließen des Dialogs, andererseits bei der Auswahl eines Eintrags aus der Liste aufgerufen. Die Funktion liest den Parameter selected-

`Item` aus dem Eventobjekt und ruft im Anschluss die Funktion `_updateUI` auf. Der Funktion wird der Binding-Pfad des ausgewählten Listeneintrags übergeben (siehe Listing 6.38).

```
onClose : function(oEvent) {
   var oSelectedItem =
     oEvent.getParameter("selectedItem");
   if (oSelectedItem) {
     this._updateUI(
      oSelectedItem.getBindingContext().getPath());
   }
}
```

Listing 6.38 Die Funktion »onClose«

Nachdem die Implementierung fertiggestellt ist, können Sie das Ergebnis testen. Starten Sie die Anwendung neu, setzen Sie, falls noch nicht geschehen, den Cursor in das Eingabefeld, und drücken Sie [F4]. Das Ergebnis: Der `sap.m.SelectDialog` wird korrekt angezeigt (siehe Abbildung 6.13).

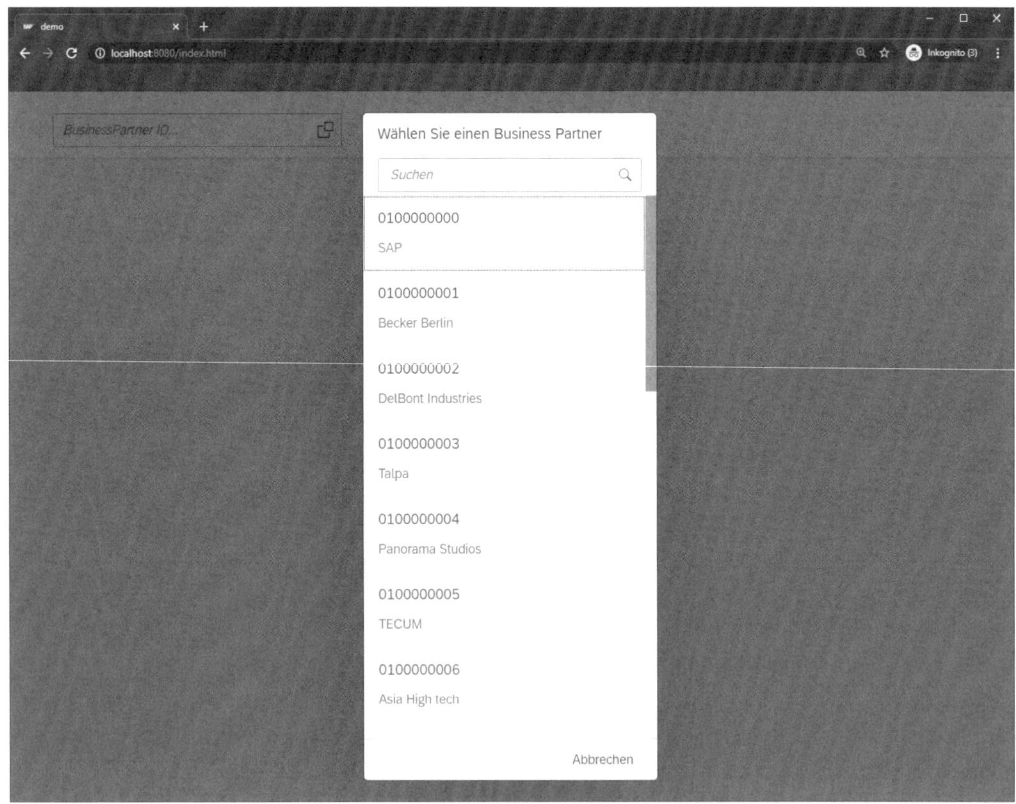

Abbildung 6.13 Der »sap.m.SelectDialog« im Einsatz

Geben Sie zum Testen den Wert »3« in das Suchfeld ein, und bestätigen Sie mit [↵] oder einem Klick auf das Lupensymbol. Die `BusinessPartner` werden anhand des Filterkriteriums gefiltert. Zum Abschluss wählen Sie einen Geschäftspartner aus der Liste aus, zum Beispiel die Nummer **0100000013**. Die Anwendung zeigt Ihnen die Details an (siehe Abbildung 6.14).

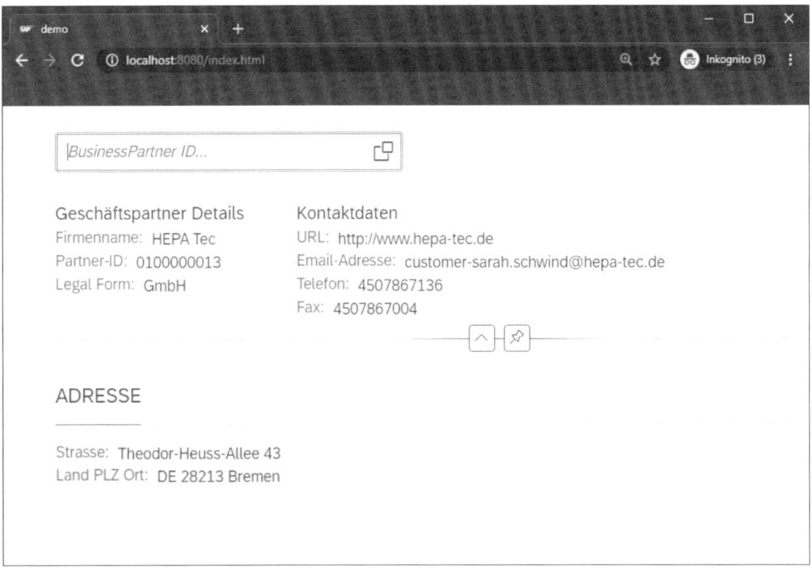

Abbildung 6.14 Details zum ausgewählten Geschäftspartner HEPA Tec

Kapitel 7

Arbeiten mit Layouts

In diesem Kapitel erfahren Sie, wie Sie die grundlegenden Gestaltungsmöglichkeiten zur Anordnung von SAPUI5-Elementen sowohl im Kleinen als auch bildschirmfüllend mit Hilfe der verfügbaren Layoutklassen des Frameworks umsetzen.

Die visuelle Strukturierung Ihrer Applikation bzw. ihrer jeweils sichtbaren Teile ist ein relevanter Aspekt der Oberflächengestaltung. Die korrekte Wahl der Layouts spielt eine wichtige Rolle in der Gestaltung und Bedienbarkeit Ihrer Applikation. Hierzu gehören einfache Layoutelemente und vordefinierte CSS-Klassen für Abstände und Einrückungen genauso wie Formulare und vollumfängliche Fullscreen-Layouts.

In Abschnitt 7.1 erhalten Sie zunächst eine Einführung in die Arbeit mit Layouts. Abschnitt 7.2 beschäftigt sich mit Standardlayouts zur Anordnung von UI-Controls. In Abschnitt 7.3 lernen Sie die Arbeit mit Formularlayouts kennen und in Abschnitt 7.4 den Umgang mit Fullscreen-Layouts.

7.1 Einführung in die Arbeit mit Layouts

Betrachten wir zunächst die Grundkonzepte des Einsatzes von Layout-Controls und welche Gestaltungsmöglichkeiten Ihnen auch innerhalb der regulären Controls zur Verfügung stehen.

7.1.1 Layout-Controls

Oberflächengestaltung mit Layouts

Layout-Controls sind Controls im herkömmlichen Sinne, die Sie genauso auf Ihrer Benutzeroberfläche platzieren wie Eingabefelder, Buttons oder Tabellen. Die Layout-Controls werden dabei jedoch nicht selbst dargestellt, sondern dienen als Container für andere Controls.

Namensräume von Layouts

Layout-Controls sind zum Großteil im Namensraum `sap.ui.layout` enthalten. Der spezialisierte Namensraum `sap.ui.layout.form` enthält zudem Layout-Controls für formularbasierte Benutzeroberflächen.

Darüber hinaus finden sich Controls in anderen Namensräumen wie `sap.m`, `sap.f` und `sap.uxap`, die die Funktion eines Layoutcontainers einnehmen, teilweise jedoch eigene Darstellungselemente besitzen.

Grundlagen

Die Art eines Layout-Controls und seine Konfiguration bestimmen die Anordnung der enthaltenen Controls. Sie können Layout-Controls ineinanderschachteln, um ein gewünschtes Gesamtlayout zu erhalten. Die Layoutkonfiguration findet, je nach Komplexität des verwendeten Layouts, auf verschiedenen Ebenen statt. Grundsätzlich können zwei Ebenen unterschieden werden: die Layout-Ebene und die Control-Ebene. Abbildung 7.1 illustriert das Grundprinzip der Verwendung von Layout-Controls und der beiden Konfigurationsebenen.

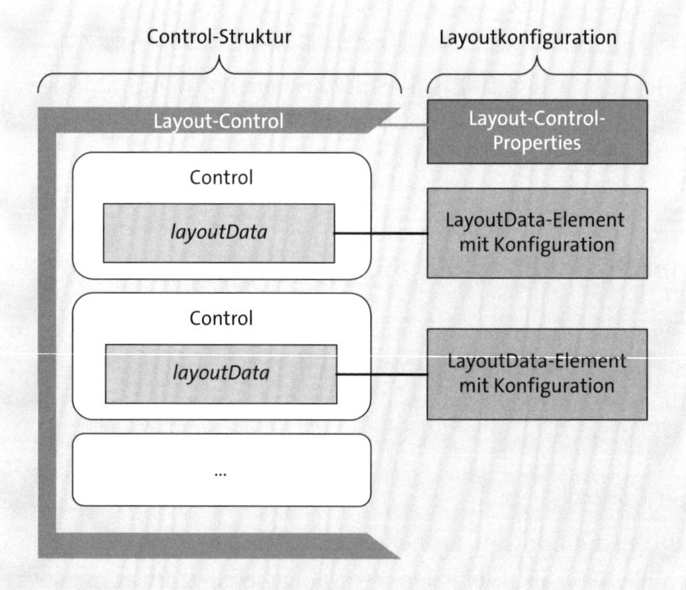

Abbildung 7.1 Grundprinzip von SAPUI5-Layout-Controls

Layout-Ebene

Auf der Layout-Ebene konfigurieren Sie ein Layout über seine Properties. Hier legen Sie grundsätzliche Optionen fest, wie beispielsweise die Gesamtbreite eines Layouts, seine Standardabstände oder Ausrichtung.

Control-Ebene

Auf der Control-Ebene konfigurieren Sie das Verhalten der einzelnen Controls des Layouts. Dies ist vor allem für komplexere Controls relevant und ermöglicht Ihnen eine hohe Flexibilität bei der Gliederung der Layoutinhalte. Für die Konfiguration auf Control-Ebene nutzen Sie die Aggregation `layoutData`, die Ihnen für alle Controls bzw. Elemente zur Verfügung steht. In dieser Aggregation platzieren Sie ein Element, das von der Basisklasse `sap.ui.core.LayoutData` abgeleitet ist. Die konkrete Implementierungsklasse von `sap.ui.core.LayoutData` wählen Sie wiederum passend zum eingesetzten Layout. Benutzen Sie das Layout-Control `Grid`, platzieren Sie in der `layoutData`-Aggregation das Element `sap.ui.layout.GridData`, um das Verhalten der in `Grid` enthaltenen Controls zu konfigurieren. Ein Beispiel stellen wir in Abschnitt 7.2.2 vor.

7.1.2 CSS-Klassen mit Layoutfunktion

CSS-Klassen

Eine weitere Möglichkeit, das Layout einer Applikation zu beeinflussen, sind vordefinierte CSS-Klassen, mit denen Sie die Abstände der Controls zueinander festlegen können. Sie eignen sich für kleinere Anpassungen, die Sie zusätzlich zu anderen Layouteinstellungen vornehmen möchten.

Bei den CSS-Klassen wird zwischen Klassen für *Control Margins* und Klassen für *Container Content Paddings* unterschieden.

Control Margins

CSS Margins

CSS-Klassen für Control Margins setzen Sie an Controls, deren Abstände zu anderen Benutzeroberflächenelementen Sie explizit beeinflussen möchten. Beispielhaft an einem `Input`-Feld gezeigt sieht die Zuweisung einer CSS-Klasse für Control Margins so aus:

```
<Input class="sapUiMediumMarginBeginEnd" />
```

Das `Input`-Feld wird durch diese Zuweisung beidseitig einen mittelgroßen Abstand zu anderen Controls einhalten. Die Größenangaben sind semantische Bezeichnungen. Ihnen sind feste Größen zugeordnet, diese lassen sich jedoch theoretisch ändern. Die verfügbaren Größen reichen von `Tiny` bis `Large`.

[«]

Überlappende Abstände

Beachten Sie, dass aneinandergrenzende Margins sich nicht addieren, sondern überlappen. Hier müssen Sie gegebenenfalls ein wenig experimentieren, um die richtigen Abstände einzustellen.

Seitenangaben

Die Angaben für Margins können sich auf eine Seite eines Controls beziehen, z. B. `Begin`, auf zwei gegenüberliegende Seiten, z. B. `TopBottom`, oder auf alle vier Seiten. Dies ist der Fall, wenn Sie keine explizite Seitenangabe vornehmen. Beachten Sie, dass die Seiten `Begin` und `End` nicht zwangsläufig mit links und rechts korrespondieren, sondern in Sprachen, deren Leserichtung von rechts nach links verläuft, entsprechend vertauscht sind.

Abhängig von den gewünschten Abstandsgrößen und Seiten wählen Sie den passenden Klassennamen. Die vordefinierten CSS-Klassen beginnen stets mit dem Bezeichner `sapUi`, gefolgt von der Größenangabe, dem Bezeichner `Margin` und optional den betroffenen Seiten des Controls (siehe Abbildung 7.2).

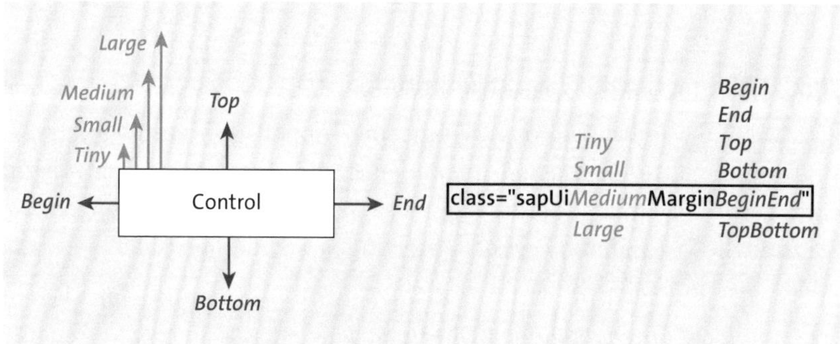

Abbildung 7.2 Systematik der CSS-Margin-Klassen

Statt fix definierter Margin-Klassen können Sie die Klasse `sapUiResponsiveMargin` vergeben. Sie sorgt bei Mobilgeräten dafür, dass die Margin-Größen von Controls mit dieser Klasse dynamisch gewählt werden, abhängig von der verfügbaren Bildschirmgröße.

Negative Margins

Sie können außerdem zweiseitige negative Margins vergeben. Dies ist in Fällen nützlich, wo Sie gegebenenfalls durch Controls fest vorgegebene Paddings ausgleichen möchten. Die Syntax dafür ist beispielsweise: `sapUiSmallNegativeMarginBeginEnd`. Einseitige negative Margins sind auf diese Art nicht möglich.

Um fest enthaltene Margins von einem Control zu entfernen, vergeben Sie die Klasse `sapUiNoMargin`, optional mit einer einseitigen Seitenangabe.

Container Content Paddings

CSS-Paddings

Für Container-Controls wie `sap.m.Page`, `sap.m.Dialog` oder auch `sap.ui.layout.HorizontalLayout` können Sie Padding-CSS-Klassen angeben, um einen Abstand zwischen der Außengrenze des jeweiligen Container-Controls und deren Inhalte zu erzeugen oder zu verhindern. Hierfür stehen Ihnen die folgenden CSS-Klassen zur Verfügung:

- sapUiNoContentPadding
- sapUiContentPadding
- sapUiResponsiveContentPadding

Die CSS-Klasse sapUiContentPadding vergibt einen festen Abstand von 1rem (16 px), während sapUiResponsiveContentPadding den Abstand abhängig von der verfügbaren Bildschirmgröße setzt.

7.2 Standardlayouts zur Anordnung von UI-Controls

In diesem Abschnitt gehen wir auf die gängigen Layout-Controls ein, die Sie häufig in Anwendungen antreffen und auch selbst nutzen werden. Die darüber hinaus verfügbaren Layouts finden Sie in der API-Referenz im Namensraum sap.ui.layout und im SAPUI5-Demo-Kit unter der Rubrik **Layout**.

7.2.1 Vertikale und horizontale Anordnung von UI-Controls

Das VerticalLayout und HorizontalLayout sind einfache Layouts zur Anordnung von Controls. Die Layouts ordnen Controls gemäß ihrem Namen unter- oder nebeneinander an.

Einfache Layouts

Nutzen Sie diese beiden Layouts, um eine kleine Anzahl von Controls in einem kleinen Rahmen anzuordnen. Dies kann nützlich sein, wenn Sie Controls innerhalb eines umfangreichen Layouts genauer und spezifisch anordnen möchten. Sie platzieren in diesem Fall beispielsweise die eigentlichen Controls in einem vertikalen Layout, das Sie wiederum von einem Fullscreen-Layout passend anordnen lassen. VerticalLayout und HorizontalLayout allein eignen sich in der Regel nicht, um die Inhalte ganzer Seiten sinnvoll anzuordnen.

Layout in XML-Views

Um die Layouts in einer XML-View zu verwenden, müssen Sie sicherstellen, dass die View einen Alias für den Namensraum sap.ui.layout definiert, etwa layout. Platzieren Sie dann das Control HorizontalLayout oder VerticalLayout in der View und darin wiederum die gewünschten Controls. Listing 7.1 zeigt dies beispielhaft für die Eingabefelder aus Abschnitt 2.4.1, »XML-View«.

```
<layout:HorizontalLayout class="sapUiContentPadding">
    <Label text="{i18n>input}" />
    <Input width="15rem" />
    <Button text="{i18n>Ok}" />
</layout:HorizontalLayout>
```

Listing 7.1 Beispiel für die Verwendung von »HorizontalLayout«

Beachten Sie, dass dem Layout die CSS-Klasse sapUiContentPadding zugewiesen wurde, wodurch die nebeneinander angeordneten Controls standardmäßig einen kleinen Abstand zueinander haben, statt direkt aneinander anzugrenzen. Abbildung 7.3 zeigt die entsprechende Benutzeroberfläche zum Code aus Listing 7.1.

Eingabe: [ ] Ok

Abbildung 7.3 Benutzeroberfläche mit »HorizontalLayout«

7.2.2 »Grid«-Layout

Grid ist ein Layout-Control, mit dem sich mehrere Controls auf einem Bildschirmbereich präzise anordnen lassen. Es eignet sich für die Strukturierung von Teilen eines Bildschirms, kann aber auch auf die volle Bildschirmgröße angewendet werden. Grid eignet sich zur Unterstützung verschiedener Bildschirmgrößen vom Smartphone bis zum Desktop. Je nach Größe sind unterschiedliche Darstellungen möglich.

»Grid« Grid teilt seinen verfügbaren Platz in 12 gleichmäßige Spalten ein. Controls, die innerhalb des Gitters platziert werden, können so konfiguriert werden, dass sie sich abhängig von der Bildschirmgröße in ihrer Breite relativ zu diesen 12 Spalten anpassen (siehe Abbildung 7.4).

»GridData« Die Aggregation layoutData der jeweiligen Controls wird mit dem Element sap.ui.layout.GridData versehen. Über das Attribut span können Sie die Breite des Controls festlegen. Der Attributwert ist eine Kombination aus der Angabe, für welche Bildschirmgröße zwischen S (für small, »klein«) und XL (für extra large, »extra groß«) die Breitenangabe gelten soll, und der Breitenangabe selbst, die zwischen 1 und 12 liegen kann. Das Listing zeigt ein Beispiel für eine solche Angabe:

```
<layout:GridData span="L9 M6 S12" />
```

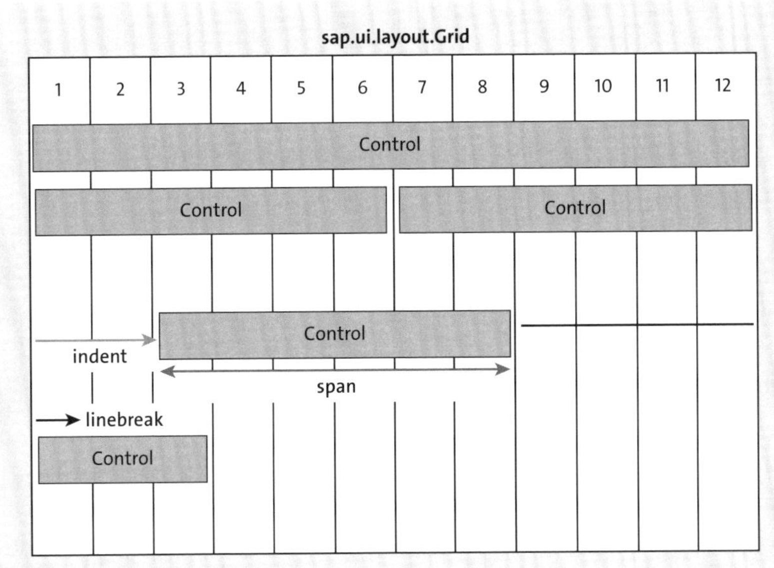

Abbildung 7.4 »Grid«-Layout

Bildschirmgrößen

Beachten Sie, dass bei der Angabe die Reihenfolge `XL`, `L`, `M`, `S` eingehalten werden muss.

Ein Control mit dem gezeigten `GridData`-Element wird auf einem großen Bildschirm (Größe L) 9 von 12 Spalten einnehmen. Auf einem mittelgroßen Bildschirm (Größe M, Tablets u. Ä.) nimmt das Control 6 Spalten ein, und auf einem kleinen Bildschirm (Größe S) wird es die volle Breite von 12 Spalten ausfüllen.

Über das `GridData`-Attribut `indent` können Sie Controls einrücken. Der Attributwert setzt sich genau wie bei `span` aus den Bildschirmgrößen und -breiten zusammen, wobei der Maximalwert für die Einrückung 11 beträgt: Die Summe aus der Anzahl der eingerückten Spalten und der Breite des Controls sollte 12 nicht überschreiten, da das Control sonst abgeschnitten wird. In jeder Zeile des Gitters werden die Controls ihrer Definitionsreihenfolge nach platziert, bis die Summe aus Breite und Einrückung die 12 Spalten überschreitet. Erst dann wird ein Control in die nächste Zeile platziert.

Zeilenumbrüche

Über das `GridData`-Attribut `linebreak` können Sie den Zeilenumbruch jedoch auch manuell herbeiführen. Ein Control mit diesem Parameter wird immer in einer neuen Zeile platziert und stellt dort das erste Control dar. Der Wert für `linebreak` ist ein Boolean und gilt für alle Bildschirmgrößen. Umbrüche für unterschiedliche Bildschirmgrößen erreichen Sie mit den jeweils spezifischen Attributen wie `linebreakXL` oder `linebreakS`.

7.2.3 »ResponsiveFlowLayout«

ResponsiveFlowLayout ist darauf ausgelegt, Controls abhängig von der verfügbaren Bildschirmbreite neben- bzw. untereinander anzuordnen. Dies entspricht zunächst auch dem Standard-HTML-Verhalten. Die Besonderheit von ResponsiveFlowLayout ist es, die Größe der Controls innerhalb einer Zeile beeinflussen zu können. Die zu platzierenden Controls werden gestreckt oder bis zu ihrer Mindestbreite gestaucht, um stets die volle Breite der Zeile zu nutzen. Erst wenn ein Control am Ende einer Zeile unter Beachtung der Mindestbreite nicht mehr platziert werden kann, findet ein automatischer Umbruch statt. Das Control wird in der nächsten Zeile dann wiederum auf die volle Breite gestreckt.

»ResponsiveFlowLayout« konfigurieren

Sie können Controls zu einem gewissen Grad konfigurieren, etwa durch Ändern der Mindestbreite oder durch die Zuteilung einer Gewichtung. Dies geschieht über die layoutData-Aggregation der Controls, in der das Element sap.ui.layout.ResponsiveFlowLayoutData platziert und konfiguriert wird. Über das Attribut minWidth legen Sie eine Mindestbreite fest, bis zu der ein Control gestaucht werden darf. Würde diese unterschritten, findet ein Zeilenumbruch für das Control statt. Das Attribut weight erlaubt Ihnen, eine relative Gewichtung der Controls zu definieren. Der Standardwert ist 1. Vergeben Sie beispielsweise eine 2 für ein Control, so erhält es (bei ausreichend verfügbarem Platz) gegenüber anderen Controls in derselben Zeile die doppelte Breite. Weisen Sie Controls in ResponsiveFlowLayout immer die Eigenschaft width="100%" zu. So stellen Sie sicher, dass sie die volle ihnen zustehende Breite einnehmen.

Erweiterung der Demoanwendung

Zum Abschluss dieses Abschnitts soll die in Kapitel 6, »Benutzeroberflächen und Dialoge gestalten«, aufgebaute Anwendung um passende Layouts erweitert werden. Dazu sollen die Daten im Kopfbereich unserer Detailanzeige durch ResponsiveFlowLayout angeordnet werden (siehe Listing 7.2).

```
<core:FragmentDefinition
  xmlns="sap.m"
  xmlns:core="sap.ui.core"
  xmlns:layout="sap.ui.layout" >
  <layout:ResponsiveFlowLayout id="headerContent" >
    <layout:VerticalLayout width="100%">
      <HBox>
        <Title text="Geschäftspartner-Details"/>
      </HBox>
      <HBox>
        <!-- [...] -->
      </HBox>
```

```
      <layout:layoutData>
        <layout:ResponsiveFlowLayoutData minWidth="250" />
      </layout:layoutData>
    </layout:VerticalLayout>
    <layout:VerticalLayout width="100%">
      <HBox>
        <Title text="Kontaktdaten"/>
      </HBox>
      <HBox>
       <!-[...] -->
      </HBox>
      <layout:layoutData>
        <layout:ResponsiveFlowLayoutData minWidth="250" />
      </layout:layoutData>
    </layout:VerticalLayout>
  </layout:ResponsiveFlowLayout>
</core:FragmentDefinition>
```

Listing 7.2 Das »ResponsiveFlowLayout« einsetzen (Demo)

Öffnen Sie die Datei **view/Header.fragment.xml**, und deklarieren Sie einen Alias für den Namensraum `sap.ui.layout`. Ersetzen Sie die bisher verwendete `FlexBox` durch ein `ResponsiveFlowLayout`. Achten Sie darauf, dass die vergebene ID erhalten bleibt, und löschen Sie die anderen Attribute `wrap` und `fitContainer`. Ersetzen Sie die `VBox`-Elemente durch `VerticalLayout`, und setzen Sie deren Attribut `width` auf 100 %. Die `HBox`-Elemente und ihre Inhalte bleiben unverändert. Platzieren Sie ein `ResponsiveFlowLayoutData`-Element mit `minWidth="250"` in der `layoutData` Aggregation jedes `VerticalLayout`-Objekts.

7.3 Arbeiten mit Formularlayouts

Formularbasierte Benutzeroberflächen

Formularlayouts dienen der Erstellung von formularbasierten Benutzeroberflächen, in denen Controls in logisch zusammenhängenden Gruppen angeordnet werden sollen, um Anwendern einen Ablauf bei der Bearbeitung zu ermöglichen. Die dafür eingesetzten Controls finden Sie im separaten Namensraum `sap.ui.layout.form`.

In diesem Abschnitt lernen Sie die zwei hauptsächlichen Möglichkeiten kennen, formularbasierte Benutzeroberflächen zu erstellen: ausführlich unter expliziter Verwendung des `Form`-Controls und all seiner Container, und vereinfacht unter Verwendung des `SimpleForm`-Controls. Das `Simple-`

Form-Control erlaubt Ihnen, während der Entwicklung syntaktische Abkürzungen zu nutzen, und erstellt zur Laufzeit wiederum die entsprechenden Form-Controls.

Formularlayouts nutzen die bisher beschriebenen Layouts zur Anordnung ihrer Controls, genauer gesagt ihrer jeweiligen Container. In Formularen sollten keine weiteren Layout-Controls oder nicht zum Formular gehörende Container verwendet werden.

7.3.1 Arbeiten mit dem »Form«-Control

»sap.ui.layout. form.Form«

Stellen Sie sicher, dass Ihre XML-View einen Alias für den Namensraum sap.ui.layout.form deklariert, und platzieren Sie an der gewünschten Stelle ein Form-Control.

Platzieren Sie das Element Title in der title-Aggregation oder analog das Control Toolbar in der toolbar-Aggregation. Wenn Sie eine Toolbar setzen, wird der Inhalt der title-Aggregation ignoriert, so dass Sie für eine Kombination aus Titel und Toolbar den Titel als Teil der Toolbar implementieren müssen.

Layouts für »Form«-Controls

Wählen Sie ein Layout, das die grundsätzliche Anordnung Ihrer Formularinhalte bestimmen soll, und platzieren Sie es in der layout-Aggregation des Form-Controls. Hier können Sie zwischen den Layouts ColumnLayout, ResponsiveGridLayout und ResponsiveLayout wählen. ColumnLayout unterteilt das Formular abhängig von der Bildschirmgröße in bis zu vier Spalten und verteilt die Container auf diese Spalten. Die beiden anderen Layouts entsprechen den in Abschnitt 7.2.2 und Abschnitt 7.2.3 beschriebenen Layouts Grid und ResponsiveFlowLayout.

Für die Demoimplementierung sollen die Adressdaten der Detailansicht in eine formularbasierte Ansicht überführt werden. Fügen Sie in der Datei **view/AddressSection.fragment.xml** nach Deklaration des sap.ui.layout.form-Namensraums zunächst ein entsprechendes Form-Control ein (siehe Listing 7.3).

```
<core:FragmentDefinition
  xmlns="sap.m" xmlns:core="sap.ui.core" xmlns:uxap="sap.uxap"
  xmlns:form="sap.ui.layout.form">
  <uxap:ObjectPageSection
    title="Adresse" visible="false" id="addressSection" >
    <uxap:subSections>
      <uxap:ObjectPageSubSection>
        <form:Form editable="true" >
          <form:layout>
```

```
            <form:ColumnLayout columnsL="2" />
          </form:layout>
        <!-- [...] -->
      </form:Form>
<!-- [...] -->
```

Listing 7.3 Initiales »Form«-Control (Demo)

Editierbare Elemente

Das Attribut `editable` deklariert, dass sich editierbare Elemente im Formular befinden werden. In diesem Fall wird die Zeilenhöhe der Formularelemente so angepasst, dass sie zu editierbaren Feldern wie Inputs passt. Setzen Sie das Attribut nur dann auf `false`, wenn sich keine editierbaren Felder im Formular befinden, um eine inkonsistente Darstellung zu vermeiden. Die Editierbarkeit der einzelnen Felder wie Inputs wird durch das Attribut nicht beeinflusst.

Für das Formular wählen wir hier `ColumnLayout`. Fügen Sie das Layout in die `layout`-Aggregation des Formulars ein. Mit `columnsL="2"` geben Sie an, dass die Container und Elemente im Formular auf großen Bildschirmen in maximal zwei Spalten aufgeteilt werden. Ist der Bildschirm kleiner, reduziert sich die Darstellung automatisch auf eine Spalte.

»FormContainer«-Hierarchie

Ein Formular ist in verschiedene Hierarchieebenen von Containern unterteilt (siehe Abbildung 7.5). Die Ebenen entsprechen einzelnen Rubriken oder Gruppen, die Sie für Ihr Formular vorsehen. Die oberste Ebene ist `FormContainer`. Jedem `FormContainer` können Sie wiederum mit einem Titel oder einer Toolbar versehen, die Ihre Rubrik beschreibt oder bestimmte Funktionen bietet. Über die Attribute `expanded` und `expandable` können Sie `FormContainer` ein- oder ausgeklappt darstellen bzw. den Anwendern ermöglichen, diese ein- bzw. auszuklappen.

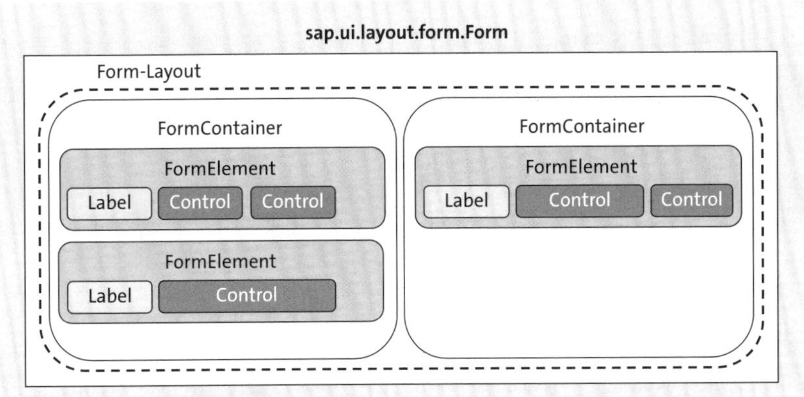

Abbildung 7.5 Containerhierarchie in einem »sap.ui.layout.form.Form«

FormContainer enthalten Container vom Typ FormElement. FormElement stellt als letzter Container dieser Hierarchie eine Zeile innerhalb einer Rubrik dar und kombiniert ein Label mit einem oder mehreren Formularfeldern. Die Felder sind einfache Controls wie Input- oder CheckBox-Controls, die in der fields-Aggregation eines FormElement-Objekts platziert werden.

Fügen Sie ein FormContainer-Element in das Form-Control ein, und platzieren Sie darin wiederum vier FormElement-Objekte (siehe Listing 7.4). Hierdurch werden unsere Eingabefelder dem Formular als zusammenhängende Gruppe hinzugefügt.

```
<!-- [...] -->
<form:Form editable="true" >
  <form:layout>
    <form:ColumnLayout columnsL="2" />
  </form:layout>

  <form:FormContainer>
    <form:FormElement label="Strasse">
      <Input value="{Street}" editable="false"  />
      <Input value="{Building}" editable="false" />
    </form:FormElement>

    <form:FormElement label="PLZ">
      <Input value="{PostalCode}" editable="false" />
    </form:FormElement>

    <form:FormElement label="Ort">
      <Input value="{City}" editable="false" />
    </form:FormElement>

    <form:FormElement label="Land">
      <Input value="{Country}" editable="false" />
    </form:FormElement>
  </form:FormContainer>
</form:Form>
<!-- [...] -->
```

Listing 7.4 »FormContainer« und Elemente (Demo)

Die Angaben für PLZ, Ort und Land werden nun als jeweils eigenes FormElement geführt. Setzen Sie das Attribut label jeweils auf den passenden Wert. Streng genommen handelt es sich hierbei um eine Aggregation, die aber als Inhalt auch einen String akzeptiert.

Platzieren Sie innerhalb des jeweiligen FormElement-Objekts nun Input-Controls, und binden Sie deren Eigenschaft value wie zuvor an die Modellwerte. Entfernen Sie abschließend die bisherige Struktur aus VBox und HBox aus der XML-View, falls noch nicht geschehen.

Sie haben deren Inhalte nun vollständig durch das Formular ersetzt.

7.3.2 Arbeiten mit dem »SimpleForm«-Control

»SimpleForm«

Mit Hilfe des Controls SimpleForm können Sie Formulare erstellen, ohne die einzelnen Elemente der Containerhierarchie explizit erstellen zu müssen. Sie platzieren innerhalb des SimpleForm-Controls die relevanten inhaltlichen Controls sowie Elemente, die als Stellvertreter für die später zur Laufzeit erstellten Controls FormContainer und FormElement dienen.

Platzieren Sie ein Title-Element innerhalb eines SimpleForm-Elements, so markiert es den Beginn eines FormContainer-Objekts. Platzieren Sie als Nächstes ein Label-Control, um den Beginn eines FormElement-Objekts zu markieren. Einfache Controls wie Input, CheckBox und andere werden zu Formularfeldern (Aggregation fields) innerhalb des durch das Label begründeten FormElement-Objekts.

Jedes weitere Label, das Sie platzieren, startet ein neues FormElement, und jedes weitere Title-Element startet einen neuen FormContainer.

Flache Hierarchien

Auf diese Art erhalten Sie eine flache Hierarchie, aus der zur Laufzeit eine Formularhierarchie generiert wird. Listing 7.5 zeigt das zuvor erstellte Formular als SimpleForm.

```
<form:SimpleForm editable="true"
  layout="ColumnLayout" columnsL="2" >

  <Title text="Form" visible="false" />

  <Label text="Strasse" />
  <Input value="{Street}" editable="false"  />
  <Input value="{Building}" editable="false" />

  <Label text="PLZ" />
  <Input value="{PostalCode}" editable="false" />

  <Label text="Ort" />
  <Input value="{City}" editable="false"  />

  <Label text="Land" />
```

```
    <Input value="{Country}" editable="false"  />
</form:SimpleForm>
```

Listing 7.5 »SimpleForm« (Demo)

Verwendung des »SimpleForm«-Controls

`SimpleForm` stellt eine gute Möglichkeit dar, das syntaktisch umfangreiche Formular durch die beschriebenen Abkürzungen schnell und einfach zu implementieren. Beachten Sie jedoch, dass die Lesbarkeit und Wartbarkeit dieser flachen Hierarchie ab einem gewissen Umfang nicht mehr unbedingt gegeben sind.

Nutzen Sie daher das `SimpleForm`-Control für kleinere und mittelgroße Formulare, und überlegen Sie sich, ab welcher Größe Sie wieder zum regulären, ausführlichen Formular wechseln. Nutzen Sie für sehr große Formulare gegebenenfalls Fragmente, um die einzelnen `FormContainer` in unterschiedlichen Dateien zu strukturieren und so die Übersichtlichkeit sicherzustellen.

7.4 Arbeiten mit Fullscreen-Layouts

Fullscreen-Layouts

Fullscreen-Layouts definieren die Anordnung der Inhalte einer gesamten Seite oder eines großen Teils des Bildschirms Ihrer Anwendung. Sie stellen somit die höchste Ebene der Layouthierarchie dar, während die enthaltenen Controls durch die bisher beschriebenen Layouts zusätzlich angeordnet werden können. Inhalte von Fullscreen-Layouts können neben Standardlayouts auch Views oder vollständige weitere Applikationskomponenten sein.

Je nach Szenario kommen verschiedene Layouts zum Einsatz. Diese sollten sich grundsätzlich an den Fiori-Designempfehlungen orientieren.

7.4.1 Einseitige Layouts

Für einfache Benutzeroberflächen oder rein listenbasierte Anwendungen ist oftmals ein einfaches `sap.m.App`-Control ausreichend. Das `App`-Control dient als »leere Leinwand«, auf der die für die Anwendung zentrale Liste oder Tabelle den vollen Platz einnimmt. `App` ist außerdem ein gängiger Container für die Navigation innerhalb mehrseitiger Anwendungen.

»ObjectPage-Layout«

Bereits in Abschnitt 6.2.2, »Komplexe Controls zur Seitengestaltung«, wurde das Control `sap.uxap.ObjectPageLayout` eingeführt. Es ist zur Anzeige komplexer Objekte wie Geschäftsobjekte oder Personen geeignet. Für die wichtigsten Informationen zum gezeigten Objekt bietet das `ObjectPageLayout` einen Kopfbereich. Mehrere Sektionen dienen zur geordneten und einzeln ansteuerbaren Anzeige der weiteren Objektdetails.

7.4.2 Mehrseitige Layouts

»Splitter«-Layouts

Auch Layouts wie `sap.ui.layout.Splitter` und `sap. ui.layout.ResponsiveSplitter` können zu den Fullscreen-Layouts gezählt werden. Beide Klassen sind dafür geeignet, Bildschirme in mehrere Teile mit unterschiedlichen Freiheitsgraden und Proportionen zu unterteilen. Sie sind in ihrer Verwendung generell etwas freier als »festgelegte« Layouts.

Für Master-Detail-Szenarien war in früheren SAPUI5-Versionen das Control `sap.m.SplitApp` das Mittel der Wahl. Das Master-Detail-Szenario enthält eine Master-Liste von Objekten mit einigen ausgewählten Objektdaten. Die Liste ist mit einigen grundlegenden Funktionen ausgestattet, beispielsweise einer rudimentären Suche oder Möglichkeiten zum Anlegen eines neuen Objekts. Daneben zeigt der Detailbereich die vollständigen Objektdaten. Der Detailbereich wird dabei wiederum mit einem Layout wie z. B. dem `ObjectPageLayout` weiter gestaltet. Die `SplitApp` unterstützt diese Anwendungsaufteilung entsprechend.

»FlexibleColumnLayout«

Als Quasi-Nachfolger der `SplitApp` bietet das `sap.f.FlexibleColumnLayout` eine modernere Variante eines für Master-Detail-Szenarien geeigneten Controls mit ansprechender Anmutung. Es ist nicht nur für Master-Detail-Szenarien geeignet, sondern unterstützt auch Master-Detail-Detail-Szenarien. Das `FlexibleColumnLayout` bietet dafür neben den beiden Spalten für die Master-Liste und den Detailbereich eine dritte Spalte für einen Detail-Detail-Bereich. Die Größen der einzelnen Bereiche können je nach aktuellem Arbeitsschritt unterschiedlich proportioniert werden (siehe Abbildung 7.6).

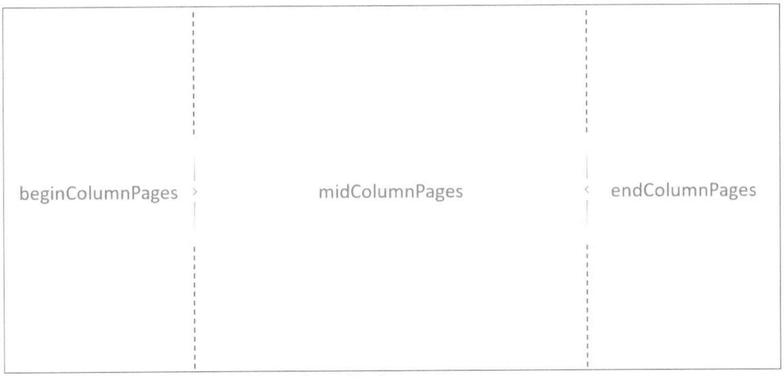

Abbildung 7.6 Struktur des »FlexibleColumnLayout«-Elements

Demoimplementierung

Wir wollen die vorhandene Demoimplementierung nun in ein Master-Detail-Format überführen. Fügen Sie den Namensraum `sap.f` zur View **view/App.view.xml** hinzu, und platzieren Sie ein `FlexibleColumnLayout`-Control als erstes Element innerhalb des `App`-Controls (siehe Listing 7.6).

```
<App id="idAppControl" >
  <pages>
    <f:FlexibleColumnLayout id="masterDetailBase" >
      <f:beginColumnPages>
        <core:Fragment fragmentName=
"de.sapui5buch.demo.view.BusinessPartnerTable" type="XML />
      </f:beginColumnPages>
      <f:midColumnPages>
        <uxap:ObjectPageLayout id="ObjectPageLayout" >
        <-- […] -->
        </uxap:ObjectPageLayout>
      </f:midColumnPages>
    </f:FlexibleColumnLayout>
  </pages>
</App>
```

Listing 7.6 Initiales »FlexibleColumnLayout« (Demo)

Stellen Sie sicher, dass das `FlexibleColumnLayout` eine stabile ID erhält, indem Sie seinen Parameter `id` mit einem fixen Wert belegen. Fügen Sie dann in die Aggregation `beginColumnPages` ein Fragment ein, das die noch zu erstellende Master-Liste enthalten wird. Verschieben Sie das bisher in der `App` enthaltene `ObjectPageLayout`-Control in die Aggregation `midColumnPages` des `FlexibleColumnLayout`-Elements. Sollten Sie die App jetzt testen, werden Sie zunächst nicht mehr sehen als vorher, da die `midColumnPages` standardmäßig ausgeblendet sind.

Master-Liste

Erstellen Sie anschließend die Datei **view/BusinessPartnerTable.fragment.xml**, um die Master-Liste zu definieren. Statt einer Liste wollen wir jedoch eine Tabelle verwenden. Implementieren Sie die Master-Liste entsprechend (siehe Listing 7.7).

```
<core:FragmentDefinition
    xmlns="sap.m"
    xmlns:core="sap.ui.core">
  <Table id="businessPartnerTable"
    items="{/d/results}"
    mode="SingleSelectMaster"
    selectionChange=".onListItemSelected"
```

```
    growing="true" growingThreshold="20" >
    <headerToolbar>
      <Toolbar>
       <ToolbarSpacer />
         <core:Fragment
          fragmentName="de.sapui5buch.demo.view.Input"
          type="XML" />
      </Toolbar>
    </headerToolbar>
    <columns>
      <Column>
        <Label text="Partner ID" />
      </Column>
      <Column>
        <Label text="Firmenname ID" />
      </Column>
      <Column>
        <Label text="Legal Form" />
      </Column>
    </columns>
    <items>
      <ColumnListItem type="Navigation">
        <Text text="{BusinessPartnerID}" />
        <Text text="{CompanyName}" />
        <Text text="{LegalForm}" />
      </ColumnListItem>
    </items>
  </Table>
</core:FragmentDefinition>
```

Listing 7.7 Tabelle für die Master-Liste (Demo)

Das items-Aggregation-Binding wird wie beim Dialog für die Geschäftspartnersuche definiert (siehe Abschnitt 6.4.2, »Verwendung von Dialogklassen«). Die Aggregation headerToolbar der Tabelle wird mit einem Toolbar-Control befüllt. Setzen Sie dort das Fragment für die Geschäftspartnersuche ein, das bisher im Header des ObjectPageLayout-Objekts stand. Definieren Sie SingleSelectMaster als Modus für die Tabelle. Dadurch kann genau eine Zeile ausgewählt werden, wobei das selectionChange-Event ausgelöst wird. Den Handler dafür implementieren wir in Kürze.

Eine Tabelle anlegen

Für die Tabelle definieren wir drei Spalten in der columns-Aggregation. Als Template-Control für die Aggregation items dient ein ColumnListItem.

<ColumnListItem type="Navigation"> gibt an, dass bei der Auswahl eines Items eine Navigation stattfinden soll, und zeigt jeweils einen kleinen Pfeil dafür an. Der Inhalt des ColumnListItem-Objekts gibt die jeweiligen Werte für die drei Spalten in einem Text-Control wieder. Je nach Anwendungsfall wären sowohl hier als auch in der Spaltendefinition andere Controls denkbar. Nach dem Neustart der Applikation ist die Master-Liste bildschirmfüllend zu sehen (siehe Abbildung 7.7).

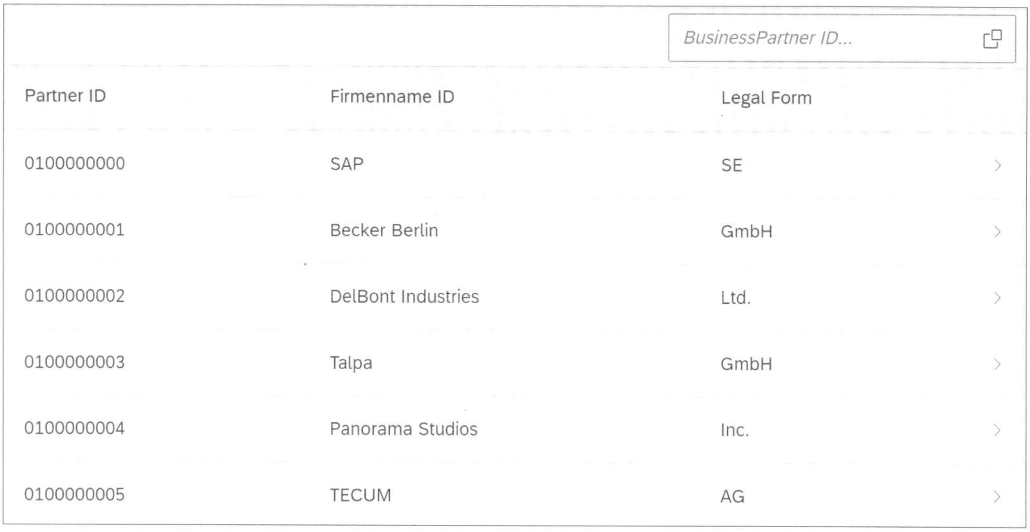

BusinessPartner ID...

Partner ID	Firmenname ID	Legal Form	
0100000000	SAP	SE	>
0100000001	Becker Berlin	GmbH	>
0100000002	DelBont Industries	Ltd.	>
0100000003	Talpa	GmbH	>
0100000004	Panorama Studios	Inc.	>
0100000005	TECUM	AG	>

Abbildung 7.7 Die Master-Liste als Tabelle (Demo)

Implementieren Sie nun im Controller **App.controller.js** die onListItem-Selected-Funktion, um auf die Auswahl eines Tabelleneintrags reagieren und die Detailseite einblenden zu können (siehe Listing 7.8).

```
onListItemSelected: function (oEvent) {
  var oSelectedItem = oEvent.getParameter("listItem");
  var sBindingPath = oSelectedItem.getBindingContext().getPath();
  this._updateUI(sBindingPath);
}
```

Listing 7.8 Implementierung der Funktion »onListItemSelected« (Demo)

Ähnlich wie bei der Auswahl eines Geschäftspartners über die Suchhilfe wird das ausgewählte Element aus dem Event ausgelesen. Sein Binding-Pfad wird an die Funktion _updateUI übergeben. Fügen Sie _updateUI noch den Code aus Listing 7.9 hinzu.

```
_updateUI : function(sBindingPath) {
  this.byId("masterDetailBase")
    .setLayout("TwoColumnsMidExpanded");
  // [...]
}
```

Listing 7.9 Öffnen der Detailansicht im Controller (Demo)

Detailbereich

Durch das – hier zunächst manuelle – Setzen der Layouteigenschaft für das `FlexibleColumnLayout` erreichen Sie, dass die zweite Spalte und damit der Detailbereich angezeigt werden. Dies ist nun sowohl bei der Auswahl eines Eintrags aus der Master-Liste als auch bei einer Auswahl über die Suchhilfe der Fall.

Passen Sie das `ObjectPageDynamicHeaderTitle`-Element in der View **App.view.xml** an, indem Sie, falls noch nicht geschehen, das bisherige Fragment in der `heading`-Aggregation entfernen und stattdessen einen `Button` in die Aggregation `actions` einfügen, mit dem Sie die Detailansicht wieder schließen können (siehe Listing 7.10).

```
<uxap:ObjectPageDynamicHeaderTitle>
  <uxap:actions>
    <Button icon="sap-icon://decline" type="Transparent"
            press=".onCloseDetail" />
  </uxap:actions>
</uxap:ObjectPageDynamicHeaderTitle>
```

Listing 7.10 Anpassung des Detailseiten-Headers (Demo)

Implementieren Sie danach noch die Funktion `onCloseDetail` (siehe Listing 7.11).

```
onCloseDetail: function () {
  this.byId("idInputField").setValue();
  this.byId("businessPartnerTable").removeSelections(true);
  this.byId("masterDetailBase").setLayout("OneColumn");
}
```

Listing 7.11 Schließen der Detailansicht im Controller (Demo)

Zurücksetzen der Master-Liste

Hier wird die Auswahl der Master-Liste zurückgesetzt, eventuelle Einträge im Suchfeld werden gelöscht, und das `FlexibleColumnLayout` wird wieder auf die alleinige Anzeige der ersten Spalte umgeschaltet.

Die Applikation sieht nun so aus wie in Abbildung 7.8 gezeigt.

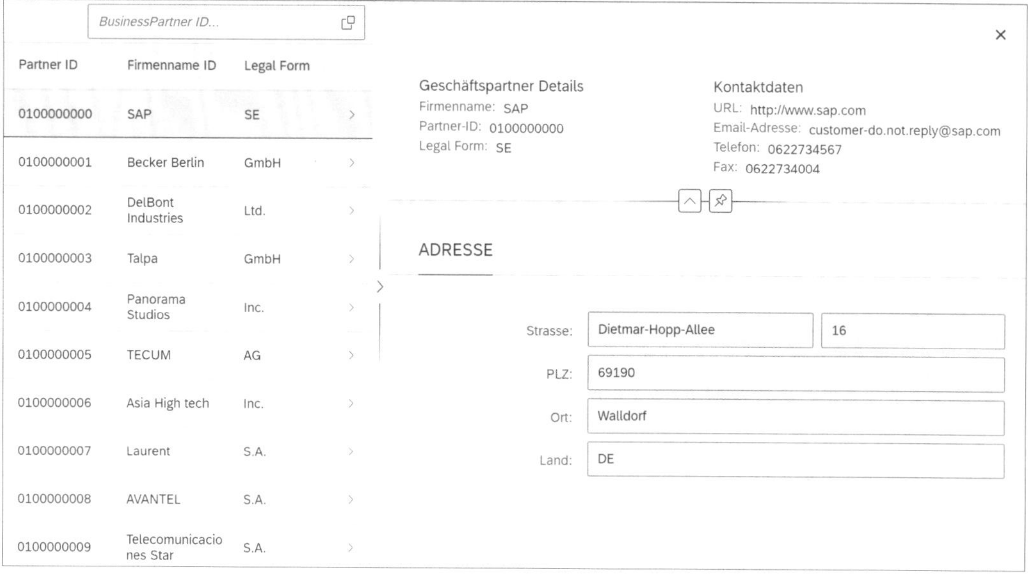

Abbildung 7.8 Die Demoapplikation im Master-Detail-Layout

Kapitel 8
Responsive und adaptive Benutzeroberflächen

In diesem Kapitel erfahren Sie, wie Sie einen nahtlosen Übergang zwischen allen gängigen Bildschirm- und Gerätearten für Ihre Anwendungen erreichen können und welche Designprinzipien Ihnen hierbei helfen.

Responsives und adaptives Design erlaubt es Ihnen, Anwendungen so zu gestalten, dass sie auf einer Vielzahl verschiedener Geräte und Bildschirmgrößen dargestellt und verwendet werden können. Dies ist insbesondere dann von Bedeutung, wenn Sie Anwendungen nach dem *Fiori-Prinzip* entwickeln. Das Fiori-Prinzip sieht vor, dass Anwendungen unabhängig von der Bildschirmgröße auf allen Geräten vom Mobilgerät bis zum Desktop gleichermaßen benutzbar bleiben.

In Abschnitt 8.1 stellen wir Ihnen die grundsätzlichen Unterschiede zwischen einem responsiven und einem adaptiven Design vor. Abschnitt 8.2 beschäftigt sich danach eingehender mit dem responsiven Design, während Abschnitt 8.3 das adaptive Design behandelt.

8.1 Responsiv versus adaptiv

Responsives und adaptives Design sind zwei Herangehensweisen, die sich durch ihre Implementierungsmaßnahmen und deren Auswirkungen auf die Anwendungsstruktur unterscheiden (siehe Abbildung 8.1).

Responsives Design

Responsives Design passt die verwendeten Controls und die Menge der dargestellten Daten an die jeweilige Bildschirmgröße an. Dabei ist das Ziel, die Art der gezeigten Daten, den Umfang der gebotenen Funktionalität und die verwendeten Controls unverändert zu lassen. Die Möglichkeiten umfassen beispielsweise responsive Controls, die sich automatisch an den verfügbaren Platz auf dem Bildschirm anpassen, und die Verwendung passender Layouts, um den verschiedenen Größenanforderungen gerecht zu werden.

Adaptives Design

Adaptives Design hingegen zielt nicht darauf ab, die Anwendung auf allen Bildschirmgrößen identisch darzustellen. Es nimmt gezielte Änderungen sowohl der Anwendung als auch der gezeigten Daten in Kauf, um die ideale Darstellung und Funktionalität der Anwendung auf verschiedenen Geräten zu erreichen. Dies umfasst die geräteabhängige Verwendung unterschiedlicher Controls und die Veränderung der gezeigten Daten, etwa durch Aggregation, sowie die Reduktion der gebotenen Funktionalität auf das relevante Minimum.

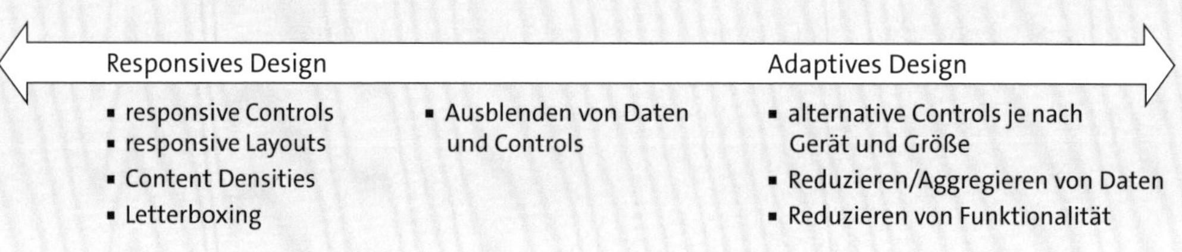

Abbildung 8.1 Responsives vs. adaptives Design

Generell sollten Sie sich frühzeitig entscheiden, welche Bildschirmgrößen Ihre Anwendung unterstützen soll. Es ist wesentlich schwieriger, eine einmal fertige Anwendung, die nur für Desktopbildschirme entwickelt wurde, nachträglich für Mobilgeräte fit zu machen, als die Anwendung von Anfang an für die Unterstützung aller Größen auszulegen.

Mobile first

Bei der Entwicklung Fiori-konformer Anwendungen ist daher das *Mobile-first-Prinzip* vorgesehen. *Mobile first* besagt, dass Sie die Entwicklung Ihrer Anwendung für das kleinste, leistungsschwächste Gerät beginnen sollen: Alle relevanten Daten und Funktionen müssen auf diesem kleinsten Gerät verfügbar sein. Dieser Ansatz macht es notwendig, sich auf die relevantesten Daten, ihre präzise und knappe Darstellung und die absolut notwendigen Funktionen zu konzentrieren, um die Anwendung auf diesen Geräten nutzbar zu machen. Darüber hinaus fordern eine potenziell geringe Leistung und Bandbreite das konsequente und frühzeitige Anwenden von Best Practices und Designvorgaben für optimale Performance. Ausgehend von dieser minimalen Darstellung und Kernfunktionalität kann die Anwendung nach und nach um weitere Daten, aufwendigere Darstellungen und Komfortfunktionen für größere Bildschirme und leistungsstärkere Geräte ergänzt werden. So stellen Sie nicht nur sicher, dass die Anwendung auf einer breiten Palette von Geräten unterstützt wird, diese Herangehensweise hilft Ihnen auch, diese Vorteile bei der Wartung und Anpassung Ihrer Anwendungen beizubehalten.

Geräte emulieren

Nutzen Sie während des Entwicklungsprozesses die Funktionen der Browser-Entwicklungskonsole, die es Ihnen ermöglichen, verschiedene Geräte, Bildschirme und Bandbreiten zu emulieren.

8.2 Implementierung responsiver SAPUI5-Anwendungen

Dieser Abschnitt beleuchtet zunächst die Möglichkeiten, Anwendungen an verschiedene Bildschirme anzupassen, ohne tiefgreifende Veränderungen (wie etwa den Austausch von Controls) vornehmen zu müssen. Sie erreichen ein responsives Design stattdessen durch die gezielte Verwendung responsiver Controls. Hierzu stehen Ihnen verschiedene Optionen zur Verfügung.

8.2.1 Responsive Controls

Um eine Entwicklung nach dem Mobile-first-Prinzip zu ermöglichen, nutzen Sie wo immer möglich die responsiven Controls, die vorwiegend im Namensraum `sap.m` zu finden sind.

»Sap.m.List« und »sap.m.Table«

Verwenden Sie für Listen und Tabellen beispielsweise `sap.m.List` und `sap.m.Table`, und nutzen Sie deren Konfigurationsmöglichkeiten, um sie optimal an verschiedene Bildschirmgrößen anzupassen. So können Zeilen beispielsweise ab einer bestimmten Größe ausgeblendet oder ihre Daten gruppiert und in einer komprimierten Form dargestellt werden.

Responsive Tabelle

Insbesondere bei Tabellen ist es wichtig, die gezeigten Daten, die sich üblicherweise auf mehrere Spalten verteilen, an unterschiedliche Größen anzupassen, wenn die Anwendung responsiv gestaltet werden soll. Sie erreichen dies für die Demoapplikation, indem Sie die Master-Tabelle um entsprechende Konfigurationseinstellungen erweitern. Ergänzen Sie die `sap.m.Column`-Elemente der in Kapitel 7, »Arbeiten mit Layouts«, erstellten View **BusinessPartnerTable.fragment.xml** entsprechend (siehe Listing 8.1).

```
<columns>
  <Column>
    <Label text="Partner-ID" />
  </Column>
  <Column minScreenWidth="Tablet"
    demandPopin="true" popinDisplay="WithoutHeader" >
    <Label text="Firmenname-ID" />
  </Column>
  <Column minScreenWidth="Tablet" >
    <Label text="Legal Form" />
  </Column>
</columns>
```

Listing 8.1 »Column«-Konfiguration für responsives Verhalten (Demo)

Attribute für die Konfiguration

Über das Attribut minScreenWidth bestimmen Sie die Mindestbreite der Applikation bzw. des Bildschirms, ab der eine Spalte angezeigt werden soll. Die Werte beziehen sich auf die üblichen Bildschirmgrößen Desktop, Tablet oder Phone. Ist der verfügbare Platz schmaler, wird die Spalte entweder ausgeblendet oder, wenn Sie das Attribut demandPopin="true" setzen, eingerückt. Über das Attribut popinDisplay können Sie Einfluss auf die Art der Einrückung nehmen. Block zeigt den Namen und den Wert der eingerückten Spalte untereinander an, während Inline beide Angaben in einer Zeile darstellt, sofern noch genügend Platz vorhanden ist. Wählen Sie WithoutHeader, um nur den Spaltenwert anzuzeigen. Abbildung 8.2 zeigt das Ergebnis dieser Anpassung.

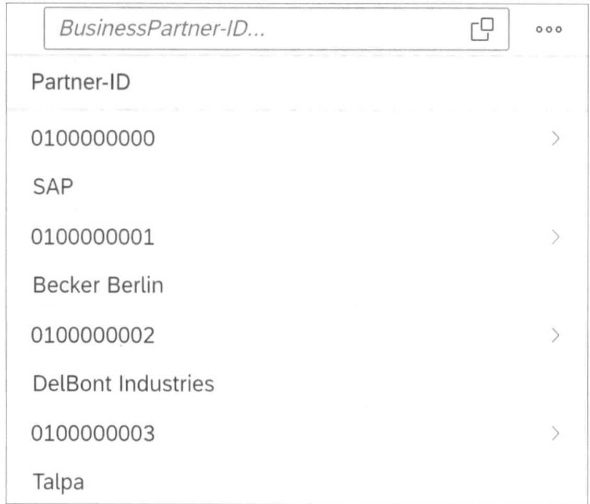

Abbildung 8.2 Master-Tabelle mit Spalteneinrückung (Demo)

»AutoPopinMode«

Die Konfiguration der einzelnen Spalten erlaubt Ihnen eine feine Kontrolle darüber, welche Spalten ab welcher Größe eingerückt oder ausgeblendet werden. Ist eine Feinkontrolle für einzelne Tabellen Ihrer Anwendung nicht notwendig und wollen Sie sie lediglich grundsätzlich responsiv halten, nutzen Sie das Attribut autoPopinMode für sap.m.Table. Hierdurch werden Mindestbreiten für Spalten und Einrückungen automatisch bestimmt. Sie können auch dann noch Einfluss auf die Einrückungen nehmen, indem Sie das Attribut importance der einzelnen Column-Elemente setzen. Wählen Sie hier zwischen den Werten Low (als Erstes einzurücken), Medium (als Zweites einzurücken), High (als Letztes einzurücken) oder None (Standardeinstellung – selber Stellenwert wie Medium).

Nun, da die Tabellenspalten für responsives Verhalten konfiguriert sind, fehlt noch die Anpassung der headerToolbar der Tabelle. Oftmals enthält eine solche Toolbar nicht nur ein einzelnes Suchfeld, sondern auch Buttons für das Filtern und Sortieren von Daten, das Anlegen von neuen Objekten oder das Personalisieren der Tabelle. Auch bei diesen Inhalten kann es sein, dass der Bildschirmplatz auf kleinen Geräten nicht ausreicht, sodass wir auch hier statt der regulären Toolbar ein responsives Control, eine `OverflowToolbar`, verwenden werden.

»OverflowToolbar«

Durch `sap.m.OverflowToolbar` werden Inhalte in einen *Overflow-Bereich* überführt, wenn zu wenig Platz verfügbar ist. Der Overflow-Bereich kann über einen Platzhalter-Button geöffnet werden. Das Verhalten der `OverflowToolbar`, beispielsweise im Hinblick darauf, welche Inhalte zuerst in den Overflow-Bereich fallen, können Sie natürlich individuell konfigurieren. Beachten Sie, dass nur bestimmte Controls in den Overflow-Bereich fallen können: Standardmäßig sind das Controls wie `Button`, `ComboBox` oder `DatePicker`. Eine vollständige Liste finden Sie in der API-Dokumentation zur `OverflowToolbar`. Grundsätzlich können Sie auch weitere Controls für die `OverflowToolbar` einsetzen. Die Controls müssen hierfür das Interface `sap.m.IOverflowToolbarContent` implementieren und damit ihr Overflow-Verhalten definieren.

Ersetzen Sie in der Demoimplementierung das bestehende `Toolbar`-Control der Master-Tabelle durch das Control `OverflowToolbar`, und fügen Sie zwei Buttons – einen für das Filtern und einen für das Sortieren – hinzu (siehe Listing 8.2). Die Buttons bleiben für den Moment noch ohne Funktion.

```
<headerToolbar>
  <OverflowToolbar asyncMode="true">
    <ToolbarSpacer />
    <core:Fragment fragmentName="de.sapui5buch.demo.view.Input"
                   type="XML"/>
    <OverflowToolbarButton
      icon="sap-icon://filter"
      text="Filtern"
      tooltip="Filtern" >
      <layoutData>
        <OverflowToolbarLayoutData priority="High" />
      </layoutData>
    </OverflowToolbarButton>
    <OverflowToolbarButton
      icon="sap-icon://sort"
      text="Sortieren"
      tooltip="Sortieren">
      <layoutData>
        <OverflowToolbarLayoutData priority="Low" />
```

```
      </layoutData>
    </OverflowToolbarButton>
  </OverflowToolbar>
</headerToolbar>
```

Listing 8.2 »OverflowToolbar« für die Master-Tabelle (Demo)

Platzieren Sie die `OverflowToolbar` wieder direkt in der `headerToolbar`-Aggregation der Master-Tabelle. `asyncMode` sorgt für eine asynchrone Neuberechnung der `OverflowToolbar` im Falle eines erneuten Renderns oder einer Größenänderung und blockiert dadurch nicht den sonstigen Ablauf.

Die beiden bisherigen Inhalte, das `ToolbarSpacer`-Control und das `Fragment`, bleiben unverändert bestehen. Zusätzlich wird für das Filtern und Sortieren jeweils ein `OverflowToolbarButton` platziert und mit Werten für die Eigenschaften `text` und `tooltip` sowie einem `icon` versehen.

Verhalten von Overflow-Controls

`OverflowToolbarButton` zeigt, solange es sich regulär in einer `OverflowToolbar` befindet, nur sein Icon an. Achten Sie daher darauf, dass Sie durch einen Tooltip die Funktion des Buttons immer mit angeben. Fällt der Button in den Overflow-Bereich, so wird dort zusätzlich der Text des Buttons angezeigt. Über das Control `OverflowToolbarLayoutData` und sein Eigenschaft `priority` können Sie beeinflussen, welche Controls bevorzugt in der Toolbar verbleiben und welche eher oder sogar niemals in den Overflow-Bereich fallen dürfen. In unserem Beispiel fällt bei einem kleinen Bildschirm der **Sortieren**-Button aufgrund seiner Priorität `Low` zuerst in den Overflow-Bereich, der **Filtern**-Button erst danach.

Gruppieren von Overflow-Controls

An dieser Stelle können Sie außerdem Controls gruppieren, die nur zusammen in den Overflow-Bereich fallen sollen. Das ist sinnvoll, wenn bei mehreren zusammengehörigen Controls verhindert werden soll, dass ein Teil davon in den Overflow-Bereich fällt, während ein anderer noch in der Toolbar verbleibt. Vergeben Sie für die Eigenschaft `group` Werte größer 0, um eine Gruppierung der Controls zu definieren. Controls in derselben Gruppe fallen entsprechend gemeinsam in den Overflow-Bereich. Sollten Controls innerhalb einer Gruppe unterschiedliche Prioritäten haben, so ist die höchste Priorität für das Verhalten ausschlaggebend. Die Prioritäten `AlwaysOverflow` und `NeverOverflow` sind für gruppierte Controls nicht erlaubt.

Damit auch das als Fragment eingebundene Suchfeld auf Größenänderungen reagieren kann, ändern Sie die Eigenschaft `width` in der View **Input.fragment.xml** von den momentan fixen `20rem` in `auto`. Um das Überfließen zu unterbinden, platzieren Sie ein `OverflowToolbarLayoutData`-Control in die Aggregation `layoutData` des `Input`-Feldes und konfigurieren es mit `prio-`

rity="NeverOverflow" (siehe Listing 8.3). Die vormals fixen 20 rem Breite können Sie hier als maxWidth anbringen, um auf großen Bildschirmen eine überbordende Breite des Feldes zu vermeiden.

```
<Input id="idInputField" width="auto"
placeholder="BusinessPartner-ID..." suggestionItemSelected=
  "onSuggestionItemSelected" showValueHelp="true" valueHelpRequest=
  "onValueHelpRequest"
showSuggestion="true" suggest="handleSuggest" suggestionItems=
  "{/d/results}">
  <!-- ... -->
  <layoutData>
    <OverflowToolbarLayoutData priority="NeverOverflow"
                               maxWidth="20rem"
    />
  </layoutData>
</Input>
```

Listing 8.3 Anpassung für responsives Verhalten am »Input«-Fragment (Demo)

Abbildung 8.3 zeigt die OverflowToolbar mit beiden Buttons bei ausreichendem Platz, Abbildung 8.4 zeigt sie bei geringem Platz und mit geöffnetem Overflow-Bereich.

BusinessPartner-ID...

Partner-ID	Firmenname-ID	Legal Form
0100000000	SAP	SE
0100000001	Becker Berlin	GmbH
0100000002	DelBont Industries	Ltd.
0100000003	Talpa	GmbH
0100000004	Panorama Studios	Inc.

Abbildung 8.3 Master-Tabelle mit »OverflowToolbarButton«-Controls (Demo)

Weitere responsive Controls

Zusätzlich zu den bislang implementierten Controls bieten sich für viele Anwendungen weitere responsive Controls an. Nutzen Sie sap.m.SplitApp oder sap.f.FlexibleColumnLayout, um responsive Master-Detail-Szenarien umzusetzen. Die SplitApp stellt auf kleinen Bildschirmen ihren Detail-Container als Vollbild dar, während der Master-Container bei Bedarf eingeblendet werden kann.

Abbildung 8.4 Overflow-Bereich der Master-Tabelle (Demo)

Nutzen Sie `sap.ui.layout.form.Form`-Controls und andere containerbasierte Ansätze, um ein responsives Verhalten, insbesondere in Kombination mit entsprechenden Layouts wie z. B. `ResponsiveGridlayout`, umzusetzen.

Popover-Controls

Popover-Controls wie `sap.m.Popover` bieten eine elegante Möglichkeit, an einer bestimmten Stelle der Anwendung Flächen für kleinere Meldungen oder Eingabefelder einzublenden und sie mit dieser Stelle zu verknüpfen. Dies kann beispielsweise der Button sein, über den das Popover geöffnet wurde, oder ein bestimmter Anwendungsinhalt, zu dem eine Meldung angezeigt werden soll. Insbesondere für das Szenario, bei dem eine Eingabe über ein Popover erfolgen soll oder Sie mehr als nur eine kurze Information anzeigen möchten, kann es bei kleinen Bildschirmen sinnvoll sein, dies im Vollbildformat zu tun.

Nutzen Sie `sap.m.ResponsivePopover`, um auch auf Mobiltelefonen eine optimale Darstellung zu erreichen. Das `ResponsivePopover` kombiniert die beiden Controls `sap.m.Popover` und `sap.m.Dialog` und zeigt bei ausreichendem Platz das reguläre Popover an, stellt sich jedoch bei weniger Platz als Dialog dar, der den gesamten Bildschirm ausfüllen kann.

Ziehen zum Aktualisieren

Als letztes Beispiel für die Umsetzung responsiver Controls wollen wir das Control `sap.m.PullToRefresh` für die Master-Ansicht der Demo-Implementierung umsetzen. `PullToRefresh` erlaubt es Anwendern auf Geräten mit Touchscreen-Unterstützung, Inhalte durch das Ziehen des Bildschirms nach unten zu aktualisieren, wie sie es auch von anderen mobilen Applikationen kennen (siehe Abbildung 8.5).

Damit die `OverflowToolbar` am oberen Ende der Anwendung steht, während das `PullToRefresh`-Control unterhalb zur Aktualisierung der Master-Tabelle erscheint, ist eine zusätzliche Umstrukturierung der View **BusinessPartnerTable.fragment.xml** notwendig.

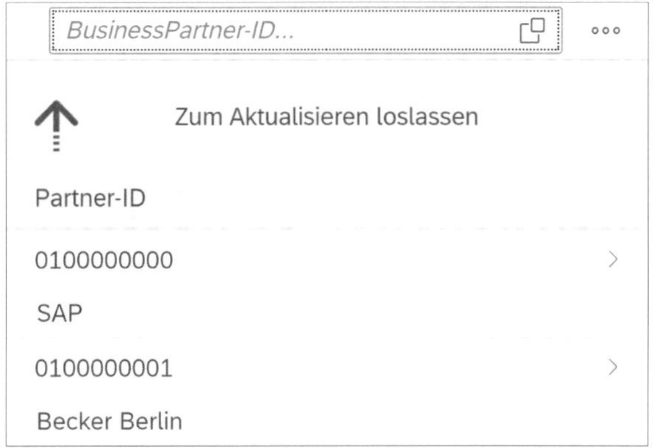

Abbildung 8.5 Master-Tabelle mit Pull-to-refresh-Funktion (Demo)

Platzieren Sie `sap.m.Page` als oberstes Element im Fragment, und schieben Sie die Tabelle in die `content`-Aggregation der Page. Setzen Sie das Attribut `showHeader` der Page auf `false`, und deklarieren Sie stattdessen die `subHeader`-Aggregation, um einen eigenen Header für die Page verwenden zu können. Verschieben Sie dann die `OverflowToolbar` in diese `subHeader`-Aggregation. Die `headerToolbar` der Table wird nun nicht mehr benötigt. Platzieren Sie anschließend ein `sap.m.PullToRefresh`-Control vor der Tabelle (Listing 8.4).

```
<core:FragmentDefinition
    xmlns="sap.m"
    xmlns:core="sap.ui.core">
  <Page showHeader="false" >
    <subHeader>
      <OverflowToolbar asyncMode="true">
        <!-- … -->
      </OverflowToolbar>
    </subHeader>
    <content>
      <PullToRefresh id="pullToRefreshBusinessPartners"
                     visible="{device>/support/touch}"
                     refresh=".onRefreshBusinessPartnerTable"
      />
      <Table id="businessPartnerTable" items="{/d/results}"
             mode="SingleSelectMaster"
             selectionChange=".onListItemSelected"
             growing="true" growingThreshold="20" >
        <columns>
          <!-- … -->
        </items>
```

```
      </Table>
    </content>
  </Page>
</core:FragmentDefinition>
```

Listing 8.4 »BusinessPartnerTable«-Fragment in neuer Struktur (Demo)

Da das `PullToRefresh`-Control nur auf Geräten mit Touchscreen-Unterstützung sinnvoll ist, binden Sie seine Eigenschaft `visible` gegen den `/support/touch`-Parameter des Gerätemodells. Auf diese Weise bleibt es auf Geräten ohne Touchscreen verborgen.

Definieren Sie dann eine Handler-Funktion für das `refresh`-Event. Dieses wird nach dem Ziehen des `PullToRefresh`-Controls gefeuert. Innerhalb der Handler-Funktion können Sie dann die Aktualisierung der Master-Tabelle anstoßen. Währenddessen zeigt das `PullToRefresh`-Control einen *Busy-Indicator* an. Rufen Sie am Ende des Ladevorgangs die Funktion `hide()`des `PullToRefresh`-Controls auf, um den Busy-Indicator wieder verschwinden zu lassen.

8.2.2 Content Densities

Content Densities SAPUI5 bietet mit sogenannten *Content Densities* eine weitere Möglichkeit, die Darstellung von Controls anzupassen. Die Zeilenhöhen und Abstände von Controls werden in Abhängigkeit von der gewählten Dichte (Density) angepasst, um entweder eine dichter gruppierte, kompakte Darstellung von Controls zu erreichen oder eine etwas lockerere, raumgreifendere Darstellung. Die Schriftgröße der Controls wird nicht verändert.

»Cozy« Die zwei primären Content Densities sind `Cozy` und `Compact`. Durch `Cozy` werden die Abstände und Zeilenhöhen größer gewählt. Controls nehmen mehr Fläche ein und haben größere Abstände zueinander. Dies macht `Cozy` zur idealen Einstellung für Geräte mit Touchscreen-Unterstützung, da die größeren Controls und Abstände eine Bedienung mit den Fingern erleichtern (siehe Abbildung 8.6). Diese Einstellung ist die Standardoption für Controls aus dem Namensraum `sap.m`.

»Compact« Im Gegenzug werden die Controls in der `Compact`-Density in geringerer Größe und engeren Abständen zueinander dargestellt und bieten somit die Möglichkeit, mehr Controls auf einem Bildschirmbereich darzustellen.

Die `Compact`-Density eignet sich für größere Bildschirme, etwa im Desktopformat, auf denen der verfügbare Platz effektiv genutzt werden soll, um viele Controls und Informationsflächen darzustellen (siehe Abbildung 8.7). Die `Compact`-Density bietet sich bei Desktopgeräten an, da Controls bei der

Bedienung mit einer Maus theoretisch pixelgenau auswählbar sind und kleine Controls oder Abstände keine negativen Auswirkungen haben.

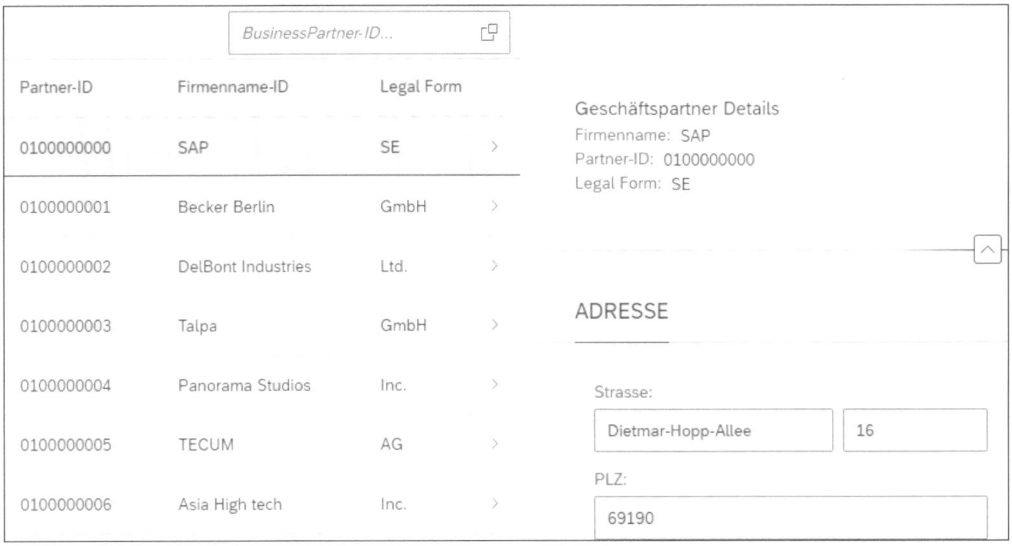

Abbildung 8.6 Benutzeroberfläche mit Content Density »Cozy«

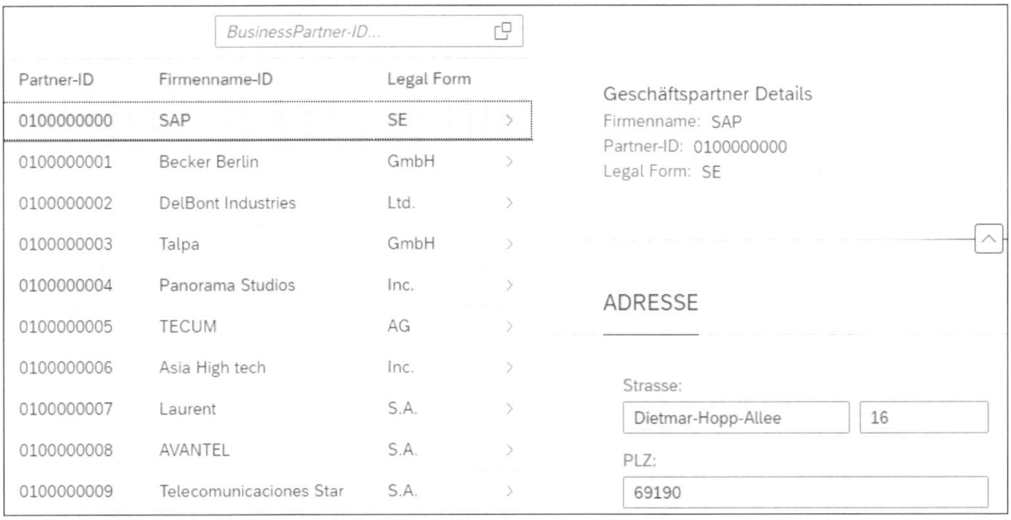

Abbildung 8.7 Benutzeroberfläche mit Content Density »Compact«

Nutzen Sie die `Cozy`-Density für Geräte im Tablet- oder Mobiltelefonformat und solche mit Touchscreen und die `Compact`-Density für Desktopgeräte oder solche ohne Touchscreen. Über die Geräte-API können Sie mit dem Attribut `device.support.touch` erfragen, ob das jeweilige Gerät Berührungseingaben unterstützt.

Content Density – CSS-Klassen

Das Einstellen einer Content Density erfolgt über die CSS-Klasse `sapUiSizeCozy` bzw. `sapUiSizeCompact`. Da sich diese Zuweisung entlang des DOM-Baums vererbt, muss und sollte dies nur einmal geschehen. Weisen Sie die passende Density-Klasse daher auf einer möglichst hohen Ebene zu, etwa dem HTML-Element `<body>` (siehe Listing 8.5) oder dem `RootControl` der Komponente Ihrer Anwendung.

```
init: function() {
// ...
  if ( !( document.body.classList.contains("sapUiSizeCompact")
       || document.body.classList.contains("sapUiSizeCozy"))
  ) {
    document.body.classList.add(
      this.getModel("device").getProperty("/support/touch")
      ? "sapUiSizeCozy" : "sapUiSizeCompact");
  }
}
```

Listing 8.5 Zuweisung der Content Density zum HTML-Element <body> (Demo)

Der Aufruf geschieht in der `init`-Funktion von **Component.js** im Anschluss an die Initialisierung des `device`-Modells. Eine explizite Zuweisung der Content Density ist nur dann sinnvoll, wenn die Anwendung mit einem Standalone-Deployment verwendet und über ihre **index.html** gestartet wird. Für den Fall, dass die Anwendung in einem Fiori Launchpad eingebettet ist, übernimmt dieses die Auswahl und Zuweisung der Content Density. Um diesen Fall abzudecken, führen wir eine zusätzliche Abfrage zu eventuell bereits bestehenden Content-Density-Zuweisungen durch und setzen unsere eigene Density-Klasse nur, wenn diese Abfrage keine bestehende Klasse findet.

Content Density in Dialogen

Beachten Sie, dass Dialoge gesondert behandelt werden müssen, da sie nicht im regulären DOM-Baum angesiedelt sind. Weisen Sie beim Initialisieren von Dialogen daher direkt die passende Content Density zu, um sie konsistent mit der restlichen Anwendung zu halten.

Achten Sie grundsätzlich darauf, Content Densities innerhalb derselben Hierarchie bzw. innerhalb derselben Anwendung nicht zu vermischen. Sie erreichen dies, indem Sie die Density wie beschrieben nur für Dialoge explizit und ansonsten ausschließlich einem hoch im DOM-Baum angesiedelten Element wie `<body>` zuweisen.

Um den Dialog innerhalb der Demo-Implementierung anzupassen, ergänzen Sie die Funktion `onValueHelpRequest` im Controller **App.controller.js** entsprechend (siehe Listing 8.6).

```
onValueHelpRequest : function(oEvent) {
  // ...
  if (!this._oValueHelpDialog) {
    // ...
    this.getView().addDependent(this._oValueHelpDialog);

    this._oValueHelpDialog.addStyleClass(
      this.getModel("device").getProperty("/support/touch")
      ? "sapUiSizeCozy" : "sapUiSizeCompact"
    );
  }
  //...
}
```

Listing 8.6 Setzen der Content Density auf einem Dialog (Demo)

Die Abfrage der Touchscreen-Unterstützung und die Auswahl der richtigen CSS-Klasse sind hier identisch mit der Verfahrensweise aus Listing 8.5. Vermeiden Sie gegebenenfalls diese Redundanz, indem Sie die Funktionalität in einer separaten Funktion in **Component.js** kapseln. Ausgehend von **App.controller.js** können Sie mit `this.getOwnerComponent()` auf die Funktionen in **Component.js** zugreifen.

»Condensed«-Density

Neben den zwei hauptsächlichen Content Densities `Cozy` und `Compact` stellt die dritte Density, `Condensed`, einen Sonderfall dar. Sie ist eine noch kompaktere Form der `Compact`-Density und nur für `sap.ui.table.Table` und davon abgeleitete Controls einsetzbar.

Setzen Sie `Condensed` ein, wenn eine Tabelle Ihrer Anwendung eine große Datenmenge auf einmal anzeigen muss und diese möglichst dicht gepackt werden soll. Die `Condensed`-Density kann nicht für sich allein eingesetzt werden, sie muss in Verbindung mit einem `Compact`-Density Container stehen. In Verbindung mit `Cozy`-Densities funktioniert sie nicht.

8.2.3 Responsive Layouts

Die in Kapitel 7, »Arbeiten mit Layouts«, beschriebenen Layouts helfen bei der Erstellung responsiver Anwendungen. Vermeiden Sie starre Control-Strukturen, und nutzen Sie stattdessen Layouts wie das `ResponsiveFlowLayout` oder entsprechend konfigurierte `Grid`-basierte Container, um eine saubere Anordnung Ihrer Benutzeroberflächen zu erreichen.

Best Practices

Achten Sie generell darauf, dass Inhalte korrekt umbrochen und Controls und Texte nicht abgeschnitten werden. Nutzen Sie Tooltips zur Ergänzung von Informationen und zur Kenntlichmachung von Control-Funktionen. Gruppieren Sie Controls, wo sinnvoll, in Container wie `FlexBox`-Controls oder `VerticalLayout` bzw. `HorizontalLayout`, so dass statt der einzelnen Controls jeweils der gesamte Container umbrochen wird. Regelmäßiges Testen aller Bildschirmgrößen hilft Ihnen hierbei, problematische Stellen frühzeitig zu erkennen und zu beheben.

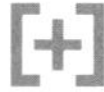

Responsives Verhalten testen

Bereits während der ersten Schritte der Benutzeroberflächenentwicklung für Ihre Applikation lohnt es sich, die grundlegenden Layouts und Control-Anordnungen zu testen. Nutzen Sie dazu einerseits die Device-Toolbar, mit der Sie als Teil der Entwicklungswerkzeuge Ihres Browsers verschiedene Gerätetypen und Bildschirmgrößen simulieren und das korrekte Verhalten der Anwendung sicherstellen können (siehe Abbildung 8.8).

Abbildung 8.8 Anwendung mit Device-Toolbar des Browsers

Testen Sie die unterschiedlichen Größen vom Desktop über Tablet bis zum Mobiltelefon. Schalten Sie zwischen Hoch- und Querformat um. Achten Sie darauf, dass manche Einstellungen nur beim Laden einer Applikation gesetzt werden. Dies ist zum Beispiel beim Setzen der Content Density der Fall. Laden Sie daher die Anwendung nach dem Wechsel des emulierten Geräts neu, um diese Einstellungen mit zu berücksichtigen.

Ein weiterer Aspekt der Responsivität ist die Veränderung der Zoomstufe des Browsers. Benutzer mit Sehbeeinträchtigungen vergrößern gegebenenfalls die Anzeige des Browsers, um Schriften leichter lesen und Schaltflächen einfacher bedienen zu können. Ihre voll responsive Anwendung sollte diesen Fall unterstützen. Zoomen Sie daher Ihre Anwendung im Browser auf 200 % der normalen Größe, und stellen Sie sicher, dass:

- Alle Texte und Bilder mit der doppelten Größe korrekt dargestellt werden.

- Alle Textelemente lesbar sind und keine Überschneidungen aufweisen.
- Alternativtexte für Medieninhalte vergrößert werden.
- Das Gesamtlayout der Spezifikation entspricht.
- Die Inhalte und Funktionen Ihrer Anwendung vollständig einsehbar und bedienbar sind.

Wiederholen Sie diese Tests nach jeder größeren Benutzeroberflächenänderung und zusätzlich je nach Bedarf.

8.2.4 CSS-Klassen

Responsives CSS

Ähnlich wie die vordefinierten CSS-Klassen für Margins und Paddings bietet SAPUI5 CSS-Klassen für das gezielte Ausblenden einzelner Controls auf der Basis der Bildschirmgröße. Sie müssen die Sichtbarkeit nicht manuell anpassen, sofern sie nicht von sonstigen (z. B. fachlichen) Bedingungen abhängt.

Die CSS-Klassennamen setzen sich aus der Kombination der gewünschten Funktionalität zusammen: `sapUiHideOn` bzw. `sapUiVisibleOnlyOn` mit den Größenangaben `Phone`, `Tablet` oder `Desktop`. Weisen Sie einem Control z. B. die Klasse `sapUiHideOnPhone` zu, um es auf kleinen Bildschirmen auszublenden. Mit der Klasse `sapUiVisibleOnlyOnDesktop` wird ein Control nur auf Bildschirmen im Desktopformat angezeigt und auf Tablet- und Smartphone-Größen ausgeblendet. Auch hier können Sie einzelne Controls oder auch ganze Container für responsives Verhalten konfigurieren.

8.2.5 Letterboxing

Oft genug müssen Anwendungsinhalte und Bedienelemente clever platziert und angeordnet, skaliert oder gegebenenfalls ausgeblendet werden, um alle relevanten Elemente auf einem begrenzten Bildschirm unterzubringen. Auf der anderen Seite sind aber auch Fälle möglich, in denen eine Anwendung einen überschaubaren Inhalt hat, sowohl was die anzuzeigenden Informationen anbelangt als auch im Umfang und in der Komplexität ihrer Bedienelemente. Trifft eine solche eher kleine Anwendung auf vergleichsweise viel Platz, kann viel ungenutzter Bildschirmraum entstehen, der die Benutzererfahrung beeinträchtigt.

Letterbox

Um dies zu vermeiden, kann es hilfreich sein, den verfügbaren Platz künstlich einzuschränken, indem die Anwendungsbreite auf einen festen Wert begrenzt wird, unabhängig von der tatsächlichen Bildschirmbreite. Dieses Vorgehen wird als *Letterboxing* bezeichnet.

In SAPUI5 erreichen Sie diesen Effekt über das Control `sap.m.Shell`. Nutzen Sie es als äußersten Container für Ihre Anwendung. Um das Letterboxing für die Demoimplementierung zu ergänzen, platzieren Sie die `Shell` in der View **App.view.xml** so, dass die `Shell` die App enthält (siehe Listing 8.7). Abbildung 8.9 zeigt unsere Demoanwendung mit aktiviertem Letterboxing.

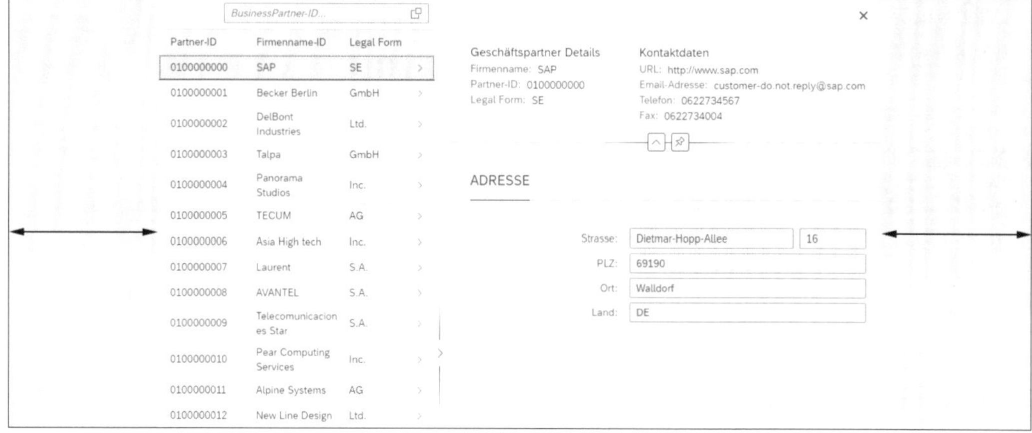

Abbildung 8.9 Demoanwendung mit Letterboxing

```
<Shell appWidthLimited="true" >
  <App id="idAppControl" class="sapUiSizeCompact" >
    <pages>
    [...]
    </pages>
  </App>
</Shell>
```

Listing 8.7 »Shell«-Control in einer XML-View

»Shell« Das `Shell`-Control und Letterboxing tragen nicht nur dazu bei, dass sich kleine Anwendungen nicht auf zu viel Bildschirmplatz »verlieren«. Eine begrenzte Breite kann auch den Anpassungsaufwand für das responsive Design begrenzen, da das Design keine willkürlich breiten Bildschirme berücksichtigen muss. So ist die Anwendung auf einem sehr breiten Bildschirm ähnlich breit wie auf einem kleineren Bildschirm, und bei einer Umstellung finden keine großen Änderungen statt. Wägen Sie allerdings sorgfältig ab, ob dies eine sinnvolle Begrenzung für Ihre jeweilige Anwendung darstellt oder ob Sie den eventuell vorhandenen Platz in der Breite nicht doch im Sinne der Anwender füllen können.

[«]

Konsistenter Einsatz von Letterboxing

Halten Sie den Einsatz von Letterboxing in Ihrer Anwendung konsistent, und schränken Sie entweder die gesamte Anwendung in ihrer Breite ein oder gar nicht. Vermeiden Sie es unbedingt, manche Seiten mit Letterboxing zu versehen, während andere die volle Breite einnehmen.

Über das Attribut `appWidthLimited` können Sie das Letterboxing deaktivieren, ohne das `Shell`-Control entfernen zu müssen. Setzen Sie den Attributwert dafür auf `false`.

Das `Shell`-Control bietet Ihnen darüber hinaus die Möglichkeit, Hintergrundfarben oder -bilder zu definieren. Auf diese Art können Sie die nicht ausgefüllten Bildschirmseiten für eine passende Begleitung der Anwendung, z. B. im Sinne Ihres Corporate Designs, nutzen.

Beachten Sie bei der Benutzung der `Shell`, dass sie als Inhalt nur ein Control vom Typ `App` oder `SplitApp` enthalten darf. Diese können in einer View enthalten sein, andere Controls sollten jedoch als direkter Inhalt vermieden werden und stattdessen Teil der `App` oder `SplitApp` sein.

8.3 Implementierung adaptiver SAPUI5-Anwendungen

Adaptives Design

Adaptives Design passt grundsätzlich nicht die Darstellung der Controls an, es ändert die verwendeten Controls selbst und gegebenenfalls auch die dargestellten Daten und Funktionen. In diesem Abschnitt zeigen wir einige Wege, die Sie nutzen können, um Anwendungen durch solche gezielten Änderungen an verschiedene Gerätearten und Bildschirmgrößen anzupassen.

8.3.1 Gezieltes Ausblenden von Controls

Das Ausblenden von Controls stellt den Übergang zwischen responsiven und adaptiven Designmaßnahmen dar. Das Ausblenden bestimmter Aspekte gehört zum Funktionsumfang responsiver Controls, die Applikation kann sich dadurch aber auch deutlich verändern. Während einige Controls wie `sap.m.Table` und `OverflowToolbar` bereits die Möglichkeit enthalten, sich oder ihre Inhalte auf verschiedenen Geräten unterschiedlich darzustellen und auszublenden, können Sie mit Hilfe der in Abschnitt 8.2.4 vorgestellten CSS-Klassen weitere Controls gezielt ausblenden, die dies nicht explizit unterstützen.

Controls ausblenden

Oft sind die CSS-Klassen nicht ausreichend, um ein Control auszublenden, etwa weil seine Sichtbarkeit an mehrere Bedingungen geknüpft ist. Nutzen Sie in diesen Fällen ein Expression-Binding oder ein Property-Binding mit einer Formatter-Funktion, um beispielsweise die Eigenschaft `visible` eines Controls zu beeinflussen:

```
<... visible="{= ${device>/support/touch} || ${device>/system/phone} }" >
```

Performance-optimierung

Gehen Sie nach Möglichkeit einen Schritt weiter, und lassen Sie Daten und Controls, die Sie aufgrund der Art des verwendeten Geräts nicht anzeigen möchten, erst gar nicht durch die Applikation laden. Diese Herangehensweise erlaubt es Ihnen, die Performance Ihrer Applikation positiv zu beeinflussen, was insbesondere auf leistungsschwachen Geräten eine Rolle spielt.

8.3.2 Reduktion von Daten

Die Reduktion von Daten ist in Szenarien sinnvoll, in denen auf großen Bildschirmen viele Daten angezeigt und von den Anwendern eingegeben werden sollen, dies jedoch auf kleineren Geräten nicht umsetzbar ist. Bei größeren Datenmengen und vielen anzuzeigenden Detailinformationen greifen responsive Methoden gegebenenfalls nicht mehr ausreichend.

In diesem Fall kann eine Anwendung durch adaptives Design so gestaltet werden, dass sie sich auf kleineren Bildschirmen auf die *Anzeige* von Daten konzentriert, sodass Anwender zumindest lesend am Anwendungsgeschehen teilhaben können, auch wenn sie keine Daten eingeben können.

Daten reduzieren

Hier kann es sinnvoll sein, die angezeigten Daten zu reduzieren, etwa durch eine automatische Einteilung auf mehrere Seiten (Paginierung). Ein anderer Ansatz wäre, Daten zu aggregieren und nur Zwischensummen oder relevante Durchschnitte und Zusammenfassungen prominent zu platzieren, sofern sie geeignet sind, den Anwendern die Datenlage näherzubringen.

Daten können auch durch Verschachtelung verborgen werden. Dialoge für Detail- bzw. Drilldown-Ansichten können hinter den primären Anzeigen aggregierter Daten eingeblendet werden. Beachten Sie, dass dies dennoch eine datenintensive Lösung darstellt.

Für die Eingabe können Sie für kleinere Bildschirme eine reduzierte Option anbieten. Die Eingabefelder sind auf das absolut notwendige Minimum reduziert, die Eingabe zusätzlicher Daten wird entweder aufgeschoben oder sie werden durch plausible Standardwerte ersetzt.

Diese Herangehensweise, Eingabefelder zu reduzieren, kann gegebenenfalls durch alternative Controls zur Eingabe ergänzt werden, die sich besser für kleine Bildschirme oder Mobilgeräte eignen.

8.3.3 Änderung der verwendeten Controls

In manchen Szenarien mag die Verwendung gewisser nichtresponsiver Controls auf großen Geräten gewollt sein. Soll dieselbe Anwendung dennoch auch auf kleineren Bildschirmen verwendet werden können, ist es geboten, auf andere Controls auszuweichen. Dies kann einzelne Controls oder Fragmente betreffen, aber auch der Austausch ganzer Views ist ein denkbarer Ansatz.

Lazy Loading und Factory-Funktionen erlauben Ihnen, die passenden Controls abhängig von der Bildschirmgröße und dem Gerät, auf dem die Anwendung gestartet wird, zu instanziieren und die jeweilige Verwendbarkeit Ihrer Anwendung sicherzustellen.

Controls adaptiv laden

Unsere Demoimplementierung ist durch die bisherigen responsiven Maßnahmen für den Betrieb auf allen Geräten geeignet. Um dennoch die Verwendung alternativer Controls praktisch zu demonstrieren, entscheiden wir uns, auf Mobilgeräten die Detailseite durch eine `IconTabBar` anstatt des bisherigen `ObjectPageLayout`-Elements darstellen zu lassen. Beide werden in Fragmenten gehalten. Beim Erstaufruf einer Detailseite wird nur das zum Gerätetyp passende geladen. Erstellen Sie zunächst zwei Fragmente im Verzeichnis **view**:

- **BusinessPartnerDetailsObjectPage.fragment.xml**
- **BusinessPartnerDetailsIconTab.fragment.xml**

Verschieben Sie die Inhalte der Aggregation `midColumnPages`, also das gesamte `ObjectPageLayout`, aus der View **App.view.xml** in das neue `BusinessPartnerDetailsObjectPage`-Fragment. Da nun das `ObjectPageLayout` den Hauptinhalt des Fragments darstellt, setzen Sie dessen Namensraum `sap.uxap` als Standard-Namensraum und entfernen die Präfixe entsprechend. Deklarieren Sie stattdessen den Namensraum `sap.m` unter dem Präfix `m`, und setzen Sie es vor die beiden Controls `Title` und `Button`. Ändern Sie abschließend die Attributwerte für `showHeaderContent` und `toggleHeaderOnTitleClick` im `ObjectPageLayout`-Control in `true` (siehe Listing 8.8).

```
<core:FragmentDefinition
  xmlns="sap.uxap"
  xmlns:core="sap.ui.core" xmlns:m="sap.m" >
  <ObjectPageLayout id="BusinessPartnerDetails"
```

```
    showHeaderContent="true" toggleHeaderOnTitleClick="true" >
     <headerTitle>
       <ObjectPageDynamicHeaderTitle>
         <heading>
           <m:Title text="{CompanyName}"/>
         </heading>
         <actions>
           <m:Button icon="sap-icon://decline"
              type="Transparent" press=".onCloseDetail" />
         </actions>
       </ObjectPageDynamicHeaderTitle>
     </headerTitle>
     <headerContent>
       <core:Fragment
         fragmentName="de.sapui5buch.demo.view.Header"
         type="XML" />
     </headerContent>
     <sections>
       <core:Fragment
         fragmentName="de.sapui5buch.demo.view.AddressSection"
         type="XML" />
     </sections>
  </ObjectPageLayout>
</core:FragmentDefinition>
```

Listing 8.8 »ObjectPageLayout«-Fragment für »BusinessPartnerDetails« (Demo)

Stellen Sie sicher, dass die Aggregation `midColumnPages` des `FlexibleColumnLayouts` in der View **App.view.xml** nun ohne Inhalt ist.

Implementieren Sie anschließend das **BusinessPartnerDetailsIconTab**-Fragment (siehe Listing 8.9).

```
<core:FragmentDefinition
  xmlns="sap.m"
  xmlns:core="sap.ui.core">
  <Page id="BusinessPartnerDetails" showNavButton="true"
    navButtonPress=".onCloseDetail"
    title="{CompanyName}" >
    <IconTabBar expandable="false" tabDensityMode="Inherit" >
      <items>
        <IconTabFilter text="Kontaktdaten"
          icon="sap-icon://business-card"
          id="headerSection" >
```

```
          <core:Fragment
            fragmentName="de.sapui5buch.demo.view.Header"
            type="XML" class="sapUiSmallMargin"/>
        </IconTabFilter>
        <IconTabFilter text="Adresse"
          icon="sap-icon://customer-and-contacts"
          id="addressSection" >
          <core:Fragment
            fragmentName="de.sapui5buch.demo.view.AddressForm"
            type="XML"/>
        </IconTabFilter>
        <IconTabFilter text="Bestellungen"
          icon="sap-icon://my-sales-order" count="5" >
          <!-- kein Inhalt -->
        </IconTabFilter>
      </items>
    </IconTabBar>
  </Page>
</core:FragmentDefinition>
```

Listing 8.9 »IconTabBar«-Fragment für »BusinessPartnerDetails« (Demo)

Das Fragment stellt in unserem Fall nur eine alternative Struktur bereit, für dessen Inhalte dieselben Fragmente geladen werden, wie es auch beim `ObjectPageLayout` der Fall ist. Mit dem `ObjectPageLayout` fällt auch die Schaltfläche zum Schließen der Detailansicht weg und muss ersetzt werden. Da das `FlexibleColumnLayout` auf Mobilgeräten jeweils nur die Master-Tabelle oder die Detailansicht zeigt und im Vollbild zwischen beiden wechselt, bietet sich eine Rückwärtsnavigation an, wie sie durch ein `sap.m.Page`-Control umgesetzt werden kann.

»IconTabBar«

Die `IconTabBar` wird daher in einer `Page` platziert. Mit `showNavButton="true"` zeigt die Page in ihrem Header automatisch einen Zurück-Button, dem Sie über das Event `onNavBack` eine Handler-Funktion zuweisen können. Als Handler-Funktion kann die bestehende Funktion `onCloseDetail()` verwendet werden. Bei der `IconTabBar` sind die Inhalte dem Namen entsprechend auf verschiedene Tabs aufgeteilt, die durch Icons oder Texte repräsentiert werden.

»IconTabFilter«

Je `IconTabFilter`-Control, das Sie in der `IconTabBar` platzieren, erhalten Sie einen solchen Tab. Das `Header`-Fragment mit den grundlegenden Kontaktdaten wird in einen ersten `IconTabFilter` geladen, dem ein Beschreibungstext und eine Margin-CSS-Klasse zugewiesen werden. Der Text ist optional, solange das verwendete Icon selbsterklärend ist. Die CSS-Klasse ermöglicht einen Abstand zum enthaltenen Formular, das sonst die Ränder des Controls `IconTabFilter` berühren würden.

Detailseiten verwalten

Für das `AddressForm`-Fragment wird ein zweiter Tab platziert. Ein dritter Tab simuliert eine Liste von Bestellungen. Wir werden sie zu diesem Zeitpunkt nicht implementieren, über das Attribut des `IconTabFilter`-Controls `count` könnte jedoch eine Gesamtanzahl der im Tab gezeigten Elemente zusätzlich zu dessen Icon angezeigt werden. Auf diese Art erlangen Anwender einen schnellen Überblick über die Daten der einzelnen Tabs (siehe Abbildung 8.10). Wird die Anwendung auf einem Mobilgerät gestartet und die Detailansicht geöffnet, können Sie über die jeweiligen Icons zwischen diesen Tabs navigieren.

Abbildung 8.10 »BusinessPartnerDetails« als »IconTabBar« (Demo)

Als Letztes muss das Laden des passenden Fragments beim Aufruf der Detailseite umgesetzt werden. Mit der momentanen Anwendungsstruktur tun Sie dies im Controller **App.controller.js**. Implementieren Sie zunächst eine Funktion `_getDetailPage()` (siehe Listing 8.10).

```
_getDetailPage: function () {
  return new Promise(function (resolve) {
    if(!Fragment.byId(this.createId("bpd"), "BusinessPartnerDetails")
) {
      var sFragmentName;
      var bDeviceIsPhone = this.getView().getModel("device")
                           .getProperty("/system/phone");
      if (bDeviceIsPhone) {
        sFragmentName =
          "de.sapui5buch.demo.view.BusinessPartnerDetailsIconTab";
      } else {
```

```
        sFragmentName = "de.sapui5buch.demo.view.
          BusinessPartnerDetailsObjectPage";
      }
      Fragment.load({
        id: this.createId("bpd"),
        name: sFragmentName,
        type: "XML",
        controller: this
      }).then(function (oFragment) {
         this.byId("masterDetailBase")
         .addMidColumnPage(oFragment);
         resolve(Fragment.byId(this.createId("bpd"),
           "BusinessPartnerDetails"));
      }.bind(this));
    } else { resolve(Fragment.byId(this.createId("bpd"),
               "BusinessPartnerDetails"));
    }
  }.bind(this));
}
```

Listing 8.10 »_getDetailPage«-Funktion zum Laden des Fragments (Demo)

Die Funktion instanziiert asynchron abhängig von der Geräteart entweder das Fragment `BusinessPartnerDetailsIconTab` (Geräteart `Phone`) oder das Fragment `BusinessPartnerDetailsObjectPage` (alle Gerätearten außer `Phone`), fügt es der Aggregation `midColumnPages` des `FlexibleColumnLayout`-Elements hinzu und liefert es über die `resolve()`-Funktion des Promise zurück. Durch die Abfrage der ID des instanziierten Fragments am Anfang der Funktion geschieht dies nur beim ersten Aufruf, bei allen weiteren Aufrufen wird das Fragment direkt zurückgeliefert. Da die Überprüfung über die ID stattfindet, müssen beide Fragmente dieselbe ID, `BusinessPartnerDetails`, definieren. Da stets nur eines der beiden instanziiert wird, führt dies nicht zu einem ID-Konflikt. Ändern Sie danach die Funktion `_updateUI()` entsprechend (siehe Listing 8.11).

```
_updateUI : function(sBindingPath) {
  this._getDetailPage().then(function (oDetailsPage) {
    oDetailsPage.bindElement(sBindingPath);
    var oAdrSection =
 Fragment.byId(this.createId("bpd"), "addressSection");
    oAdrSection.setVisible(true);
    oAdrSection.bindElement(sBindingPath + "/Address");
  }.bind(this));
```

```
  this.byId("masterDetailBase")
  .setLayout("TwoColumnsMidExpanded");
}
```

Listing 8.11 Geänderte »_updateUI«-Funktion zur Auswahl der Detailseite (Demo)

Detailbereich einblenden

Beim Aufruf der Funktion `_updateUI()` wird nun die zuvor implementierte Funktion `_getDetailPage()`genutzt, um das korrekte Detailfragment zu instanziieren. Da das Fragment im aufgelöst zurückgegebenen Promise enthalten ist, können Sie den Binding-Pfad zum ausgewählten Objekt per Element-Binding direkt daran binden.

Wie auch zuvor wird die Adress-Section separat gebunden; das dazugehörige Control wird wiederum per ID gesucht. Beachten Sie die vergebene Fragment-ID `bdp`, die jeweils mitberücksichtigt werden muss. Abschließend wird das `layout` für das `FlexibleColumnLayout` angepasst, um den Detailbereich anzeigen zu können.

Die Anwendung ist nun durch responsive und durch adaptive Maßnahmen an die Verwendung auf allen gängigen Geräten und Bildschirmgrößen angepasst. Im Laufe der Weiterentwicklung kann immer wieder eine Überprüfung notwendig sein, ob die Darstellung auch nach Änderungen noch korrekt funktioniert.

Performance bei adaptivem Design

Sind unterschiedliche Controls oder Views für unterschiedliche Geräte bzw. Zustände vorgesehen, vermeiden Sie es, alle unterschiedlichen Darstellungsformen zu instanziieren und zu platzieren und ihre Anzeige nur über ihre Sichtbarkeit zu steuern. Die Performance der Anwendung würde dadurch negativ beeinflusst. Instanziieren Sie stattdessen nur die für die aktuelle Darstellungsoption notwendigen Elemente. Dazu trägt auch ein durchgängiger Lazy-Loading-Ansatz bei.

Kapitel 9

Komponentenorientiertes Programmieren

Kapselung und Wiederverwendung spielen eine wichtige Rolle in der Softwareentwicklung. Auch SAPUI5 bietet über die komponentenorientierte Programmierung die Möglichkeit, Aspekte der Anwendung zu kapseln und entsprechend wiederzuverwenden.

In diesem Kapitel wenden wir uns der Kapselung und Wiederverwendung zu. Wir zeigen Ihnen, wie Sie Komponenten zur Kapselung von visuellen Aspekten implementieren (*Faceful-Komponenten*) und wie Sie Komponenten implementieren, die lediglich Funktionalitäten kapseln (*Faceless-Komponenten*). Des Weiteren gehen wir noch einmal auf die Kapselung von Anwendungen ein, so wie wir sie in Kapitel 8 verwendet haben. In Abschnitt 9.1 erläutern wir den grundsätzlichen Aufbau einer Komponente, während Abschnitt 9.2 sich mit der Integration von Komponenten beschäftigt. Zum Ende des Kapitels erläutern wir die Integration von Komponenten und zeigen, welche Möglichkeiten Sie imperativ bzw. deklarativ haben. Grundsätzlich sollten Sie immer anstreben, Funktionen und Benutzeroberflächenaspekte, die an mehr als einer Stelle benötigt werden, zu kapseln. Ein Problem dabei ist, dass man oft erst nach der Implementierung und im produktiven Einsatz der entsprechenden Anwendung erkennt, dass die Funktionalität an anderer Stelle nochmals verwendet werden kann. Dieses Problem ist aber eher organisatorisch und weniger einem Framework geschuldet.

9.1 Aufbau einer Komponente

Wie in Kapitel 2, »Grundlegender Aufbau und Ressourcen«, beschrieben, werden SAPUI5-Anwendungen grundsätzlich als Komponente implementiert. Eine Komponente wird in einer Datei mit dem Namen **Component.js** implementiert und einem dedizierten Namensraum zugeordnet. Komponenten werden über einen Satz an Metadaten beschrieben. Diese können entweder direkt in der Komponente oder aber im Anwendungsdeskriptor **manifest.json** implementiert sein. Zudem ist es je nach Komponentenart möglich, eine Mischform zu verwenden. Der Anwendungsdeskriptor muss sich im gleichen Verzeichnis wie die Datei **Component.js** befinden.

Arten von Komponenten

In SAPUI5 wird zwischen den folgenden Arten von Komponenten unterschieden:

- *Faceless-Komponente*: Eine Faceless-Komponente ist, wie der Name vermuten lässt, eine Komponente, die keine Visualisierung enthält. Sie wird beispielsweise verwendet, um die Implementierung eines Backenddienstes zu kapseln und dem Aufrufer über eine *Fassade* (Schnittstelle) entsprechend zur Verfügung zu stellen. Der Konsument der Schnittstelle nutzt sie ohne direktes Wissen, wie der Zugriff auf das Backend aussieht, geschweige denn, welche Art von Backend verwendet wird. Es handelt sich um eine Blackbox.
- *Faceful-Komponente*: Gemeinsame Benutzeroberflächenaspekte, die in unterschiedlichen Anwendungen verwendet werden und über eine einheitliche Schicht mit dem Konsumenten interagieren sollen, werden Faceful-Komponenten genannt. Diese Art der Komponente hat eine Visualisierung und kann einfach in eine Anwendung integriert werden, ohne dass der Konsument zwingend wissen muss, wie die konkrete Implementierung aussieht. Faceful-Komponenten leiten sich von der Klasse `sap.ui.core.UIComponent` ab. Diese wiederum erbt von der Basisklasse `sap.ui.core.Component`. Die `sap.ui.core.UIComponent` kann allerdings eine Funktion `createContent` implementieren. Hierüber kann der visuelle Inhalt einer Komponente angelegt werden.

9.1.1 Interface einer Komponente

Komponenten sind für den Konsumenten eine Blackbox: Der Nutzer kennt die Interna, die konkrete Implementierung einer Komponente nicht. Damit der Konsument mit der Komponente interagieren kann, bietet diese normalerweise eine Kommunikationsfassade an. Über diese Schnittstelle kann der Konsument etwaige Attribute einer Komponente ändern oder aber Funktionalität, die durch die Komponente angeboten wird, aufrufen.

Metadaten einer Komponente

Wie bereits erwähnt, enthält der Anwendungsdeskriptor alle wichtigen Informationen (Metadaten), die eine Komponente beschreiben. Die **manifest.json**-Datei wurde jedoch erst später in das Framework eingeführt und ist damit noch relativ neu. Vor der Einführung wurden die Metadaten einer Komponente direkt in der Komponente beschrieben. Im Zuge der Einführung der **manifest.json**-Datei wurden jedoch nicht alle Beschreibungsmerkmale einer Komponente in die Datei des Anwendungsdeskriptors überführt. Teile wurden in der Komponente belassen. Einer dieser Teile ist die

Definition des Interface einer Komponente. Die Metadaten einer Komponente werden innerhalb der Komponente implementiert, unabhängig, ob es sich um eine Faceless- oder Faceful-Komponenten handelt. Sehen Sie sich die Grundstruktur einer Komponente an:

```
"metadata": {
        "manifest": "json"
}
```

Über den Parameter `manifest` und den Wert `json` wird angegeben, dass es eine **manifest.json**-Datei gibt, die die Konfiguration enthält. Der Anwendungsdeskriptor einer Komponente **manifest.json** ist anatomisch gesehen gleich aufgebaut wie der einer herkömmlichen Anwendung (siehe Listing 9.1). Allerdings wird im Konfigurationsobjekt `sap.app` die Eigenschaft `type` auf den Wert `component` gesetzt.


```
{
    "_version": "1.9.0",
    "sap.app": {
        "id": " de.sapui5buch.demo.custcomponent",
        "type": "component",
//
}
```

Listing 9.1 »manifest.json« einer Komponente

Die Implementierung einer Komponente erbt von der Klasse `sap.ui.core.ManagedObject` und kann daher viele der dort vorhandenen Fähigkeiten nutzen – insbesondere jene zur Beschreibung der Schnittstelle. Diese Schnittstellen-Metadatenbeschreibungen können nicht über **manifest.json** beschrieben werden, sondern müssen innerhalb der Komponente eingefügt werden. Sie können in den Metadaten der Komponenten für die Komponente Eigenschaften, Aggregationen, Assoziationen, öffentliche Methoden (Schnittstellenmethoden) und Events konfigurieren. Je nachdem, welche Art von Konfigurationsobjekt angelegt wird, bietet SAPUI5 zur Laufzeit Funktionen für die Arbeit mit den Objekten an. Wir wollen uns in den nächsten Abschnitten mit dieser Konfiguration befassen.

Eigenschaften der Komponente festlegen

Komponenten können (wie auch SAPUI5-Controls oder Elemente) Eigenschaften besitzen. Zur Laufzeit hat der Nutzer der Komponenten über `get`- bzw. `set`-Funktionen Zugriff auf diese Eigenschaften. Listing 9.2 zeigt die Konfiguration dreier Eigenschaften. Wie Sie sehen, sind diese Eigenschaften typisiert. SAPUI5 stellt neben den angesprochenen Funktionen standardmäßig die Möglichkeit bereit, die Eigenschaften via Datenbindung mit Modellaspekten zu versorgen.

```
"metadata": {
   "manifest": "json",
   "properties": {
        "vorname": {
             "type":"string",
             "defaultValue":"Manfred"
        },
        "nachname": {
             "type":"string",
             "defaultValue":"Huber"
        },
        "customer": {
             "type":"boolean"
        },
},
```

Listing 9.2 Eigenschaftendefinition einer Komponente

Aggregationen festlegen

Manchmal ist es notwendig, einer Komponente gewisse Artefakte von außen zu übergeben, die dann innerhalb der Komponente verwendet werden. Beispielsweise sollen bei einer Komponente mit Visualisierung durch den Konsumenten UI-Controls übergeben werden, die dann in der Komponente dargestellt werden. Dies ist über die Definition von Aggregationen möglich (siehe Listing 9.3).

```
"aggregations": {
   "custControl": {
     "type": "sap.ui.core.Control",
      multiple: false
   },
    "columns": {
      "name": "additionalColumns",
      "type": "sap.m.Column",
       multiple: true,
       singularName: "additionalColumn"
     }
}
```

Listing 9.3 Aggregationskonfiguration einer Komponente mit Visualisierung

Die Komponente aus Listing 9.3 besitzt zwei Aggregationen. Die Aggregation mit dem Namen `custControl` ist ein Platzhalter für ein Control aus dem SAPUI5-Framework, das von `sap.ui.core.Control` abgeleitet sein muss. Über das Attribut `multiple` können Sie einstellen, wie viele Objekte erlaubt sein sollen. Abhängig von der Angabe werden die Funktionen `setCustControl`, `getCustControl` und `destroyCustoControl` bereitgestellt. Unsere Konfiguration enthält zusätzlich eine Aggregation mit dem Namen `columns`. Wie Sie der Konfiguration entnehmen können, ist es über die Attribute `name` und `singularName` möglich, die Namensvergabe feingranular zu beeinflussen. Das Attribut `singularName` gibt an, wie die Aggregation für die Verwendung bei Funktionen heißen soll, die nur ein Objekt des Typs erwarten. Wie Sie sehen, handelt es sich zudem um eine strenger typisierte Aggregation. Der Konsument kann mehr als ein Objekt vom Typ `sap.m.Column` mitgeben, da das Attribut `multiple` auf `true` steht. Dies hat zur Laufzeit zur Folge, dass dem Konsumenten auf Basis der angegebenen Bezeichner die Funktionen `addAdditionalColumn`, `destroyAdditionalColumns`, `getAdditionalColumns`, `indexOfAdditionalColumn`, `insertAdditionalColumn`, `removeAdditionalColumn` und `removeAllAdditionalColumns` zur Verfügung stehen. Die so zur Verfügung gestellten Objekte können innerhalb der Komponente verwendet werden. Wie schon für die Eigenschaften bietet SAPUI5 auch Aggregationen den vollen Binding-Support an. Auch das Entfernen von Controls durch `remove`-Funktionen und Entfernen des Bindings durch `unbind` ist möglich.

Analog zu den Aggregationen ist es möglich, Assoziationen zu definieren (siehe Listing 9.4). Auch die Funktionen, die bereitgestellt werden, folgen dieser Nomenklatur.

```
"associations": {
  "title": {
    "type": "sap.m.Title",
    multiple: false
   }
}
```

Listing 9.4 Konfiguration einer Assoziation

Schnittstellenmethoden festlegen

Die Schnittstellendefinition einer Komponente umfasst nicht nur die auf Basis der Eigenschaftsdefinition verfügbaren Eigenschaftsfunktionen, sondern kann dem Konsumenten auch weitere Funktionen anbieten. Diese werden über die Konfiguration `publicMethods` in den Metadaten bekannt gegeben. Sehen Sie sich beispielhaft die Konfiguration einer Funktion `sayHello` an. Wie Sie sehen, wird die Methode nicht weiter ausspezifiziert, sondern nur der Funktionsname angegeben:

```
"publicMethods": [
   "sayHello"
],
```

Events festlegen

Innerhalb der Komponentenschnittelle ist es möglich, Events zu konfigurieren. Listing 9.5 zeigt Ihnen eine entsprechende Konfiguration. Zur Laufzeit ist es dem Nutzer der Komponente gemäß der allgemeinen Nomenklatur möglich, einen Eventhandler zu registrieren oder die Registrierung aufzuheben. Dies geschieht in unserem Beispiel über die Funktionen `attachUpdate` bzw. `detachUpdate`. Um das Event auszulösen, wird die Funktion `fireUpdate` bereitgestellt. Events können Parameter über das Eventobjekt an den Eventhandler weitergeben. Die Eventparameter werden auch in der Definition des Events in der Komponente beschrieben. Wie Sie Listing 9.5 entnehmen können, besitzt unser Event zur Laufzeit einen Parameter `businessPartner` vom Typ `object`. Der Eventinitiator kann diesen Parameter beim Auslösen des Events mit einem entsprechend sinnvollen Wert befüllen.

```
"events" : {
    "update" : {
        parameters : {
          businessPartner : {
              type : "object"
          }
        }
    }
}
```

Listing 9.5 Eventkonfiguration in der Komponentenschnittstelle

9.1.2 Implementierung einer Faceless-Komponente

»BusinessPartnerRole«

Nachdem wir die grundlegenden Aspekte einer Komponente betrachtet haben, implementieren wir nun eine Faceless-Komponente. Jeder `BusinessPartner` in unserem Datenmodell enthält ein Feld `BusinessPartnerRole`. Das Feld enthält keinen Klartext, sondern lediglich einen Schlüssel. Der Klartext zu diesem Schlüssel liegt in einer anderen Entität bzw. datenbankseitig in einer anderen Tabelle. Die Aufgabe unserer Komponente besteht nun darin, zu einem Schlüssel den dazugehörenden Klartext aus einem Datenmodell auszulesen und an den Aufrufer zurückzuliefern.

Legen Sie in Ihrem Projekt zunächst einen neuen Ordner mit dem Namen **brRole** an. Erzeugen Sie danach in diesem Ordner eine Datei mit dem Namen **Component.js**. Als Nächstes fügen Sie das in Listing 9.6 gezeigte Grundgerüst einer Komponentenimplementierung in die Datei ein. Wie eingangs erwähnt, wollen wir ein JSON-Modell verwenden, daher enthält die Komponente eine Referenz auf die Klasse `sap.ui.model.json.JSONModel`.

```
sap.ui.define([
  "sap/ui/core/Component",
  "sap/ui/model/json/JSONModel"
], function(Component,JSONModel) {
    "use strict";
    return
     Component.extend("de.sapui5buch.demo.bpRole.Component",
     {
     }
});
});
```

Listing 9.6 Grundgerüst einer Faceless-Komponente

Implementierung des Komponenteninterface

Im nächsten Schritt definieren Sie das Komponenteninterface. Beschreiben Sie dazu eine Eigenschaft `roleid` (siehe Listing 9.7). Diese Eigenschaft soll vom Konsumenten der Komponente verwendet werden, um den Inhalt des Feldes `BusinessPartnerRole` des ausgewählten `BusinessPartner`-Objekts an die Komponente zu übergeben. Zusätzlich legen wir das Attribut `defaultValue` an und setzen den Wert auf `00`. Ergänzen Sie die Implementierung durch eine Methode `getBPRoleById`. Diese Funktion prägen wir in den nächsten Schritten aus.

```
"metadata": {
   "properties": {
    "roleid": {
       "type":"string",
       "defaultValue":"00"
    },
   },
   "publicMethods": [
    "getBPRoleById"
   ]
},
```

Listing 9.7 Komponenteninterface-Definition

In unserem einfachen Beispiel nutzen wir keine Manifest-Datei, daher müssen wir das JSON-Modell entsprechend manuell einlesen. Da wir es nur einmal beim Instanziieren der Komponente benötigen und später auf die eingelesenen Daten zugreifen wollen, implementieren wir die init-Funktion in der Komponente entsprechend (siehe Listing 9.8). Zunächst erzeugen wir eine Instanz vom Typ sap.ui.model.json.JSONModel und übergeben als Aufrufparameter den Pfad zu der im Ordner **localService** befindlichen Datei **VH_BPRoleSet.json**.

```
init : function() {
   var oModel = new
     JSONModel("./localService/VH_BPRoleSet.json");
   this.setModel(oModel);
}
```

Listing 9.8 Implementierung der »init«-Funktion der Komponente

Die Datei **VH_BPRoleSet.json** enthält den Export des entsprechenden EntitySets des OData-Dienstes *GWSAMPLE_BASIC* (siehe Listing 9.9).

```
{
  "d" : {
    "results" : [
      {
        "BpRole" : "01",
        "Shorttext" : "Customer"
      },
      {
        "BpRole" : "02",
        "Shorttext" : "Supplier"
      }
    ]
  }
}
```

Listing 9.9 Inhalt der Datei »VH_BPRoleSet.json«

Zum Schluss implementieren Sie die Funktion getBPRoleById (siehe Listing 9.10). Wir beziehen in der Funktion eine Referenz auf das JSON-Modell und iterieren im Anschluss über die Daten im Modell. Wir vergleichen, ob die durch den Konsumenten gesetzte Eigenschaft Roleid dem Wert des Feldes BpRole entspricht, und liefern, falls dies zutrifft, das Feld Shorttext an den Aufrufer zurück.

```
getBPRoleById : function() {
   var oModel = this.getModel(),
   aRoles = oModel.getProperty("/d/results");
   for(var i = 0; i < aRoles.length; i++) {
```

```
        if(aRoles[i].BpRole === this.getRoleid()) {
            return aRoles[i].Shorttext;
        }
    }
    return "not defined";
}
```

Listing 9.10 Implementierung der Funktion »getBPRoleById«

Wie diese Komponente in unsere Anwendung eingebettet wird, zeigen wir Ihnen in Abschnitt 9.2.3.

9.1.3 Implementierung einer Faceful-Komponente

Typen von Komponenten

Bei der Implementierung einer Faceful-Komponente unterscheiden wir zwischen zwei Komponententypen: Zum einen können Sie Anwendungen selbst als Komponente implementieren. Zum anderen können Anwendungen visuelle Artefakte in Komponenten auslagern, um diese dann mehrfach zu verwenden oder um die Anwendung besser strukturieren zu können.

Kapseln von Benutzeroberflächen-Aspekten

Eigene Komponenten mit Visualisierung werden von der Basisklasse `sap.ui.core.UIComponent` abgeleitet. Sie haben bereits eine dieser Kindkomponenten kennengelernt: die zentrale Komponente unserer Anwendung, die über die **index.html**-Seite geladen und instanziiert wird. Die Basisimplementierung anderer Komponenten, die nicht für das Kapseln einer Anwendung verwendet werden, hat den gleichen Aufbau. Wir wollen für dieses Kapitel eine Komponente implementieren, die die Kontaktinformationen für einen `BusinessPartner` kapselt. Zusätzlich wollen wir anhand des Beispiels zeigen, wie Sie auf Events reagieren können, die in einer Komponente auftreten. Hierzu fügen wir einen Button in die Komponente ein. Der Text, der auf dem Button angezeigt werden soll, wird durch den Konsumenten dynamisch vergeben. Abbildung 9.1 zeigt das Endergebnis der Implementierung.

Zuerst müssen Sie die aktuelle Implementierung des Fragments **Header.fragment.xml** ändern. Der Programmcode in Listing 9.11 zeigt die Anpassungen: Für die Kontaktdetails wurde eine `sap.m.VBox`-Control eingeführt, das die ID `component` besitzt. Innerhalb dieses Controls werden Sie die implementierte Komponente imperativ einfügen.

Abbildung 9.1 Zielbild unserer Beispielimplementierung

```
<core:FragmentDefinition
 xmlns="sap.m"
 xmlns:core="sap.ui.core">
 <FlexBox wrap="Wrap" fitContainer="true" id="headerContent">
 <VBox class="sapUiLargeMarginEnd">
    <HBox>
      <Title text="Geschäftspartner Details"/>
    </HBox>
  <HBox>
   <Label class="sapUiTinyMarginEnd" text="Firmenname:" />
   <Text text="{CompanyName}" />
  </HBox>
  <HBox>
    <Label class="sapUiTinyMarginEnd" text="Partner ID:" />
    <Text text="{BusinessPartnerID}" />
  </HBox>
    <HBox>
     <Label class="sapUiTinyMarginEnd" text="Legal Form:" />
     <Text text="{LegalForm}" />
    </HBox>
  </VBox>
  <VBox>
    <VBox>
     <HBox>
```

```
      <Title text="Kontaktdaten"/>
    </HBox>
    <VBox id="component"/>
   </VBox>
  </VBox>
 </FlexBox>
</core:FragmentDefinition>
```

Listing 9.11 Angepasste Implementierung des Fragments »Header.fragment.xml«

Legen Sie zunächst einen neuen Ordner in Ihrem Projekt an. In unserem Beispiel nennen wir ihn **contact**. Als Nächstes erstellen Sie innerhalb dieses Ordners eine Datei mit dem Namen **Component.js**. Die Datei erhält eine rudimentäre Implementierung (siehe Listing 9.12).

```
sap.ui.define([
  "sap/ui/core/UIComponent"
], function(UIComponent) {
  "use strict";
  var Component =
   UIComponent.extend(
      "de.sapui5buch.demo.contact.Component", {
    metadata : {
      manifest: "json"
    }
  });
 return Component;
});
```

Listing 9.12 Grundanatomie einer Faceful-Komponente

Im nächsten Schritt legen Sie eine Datei mit dem Namen **manifest.json** auf der gleichen Ebene wie die gerade erzeugte **Component.js** an. Im Anschluss fügen Sie den in Listing 9.13 gezeigten Code ein. Im Anwendungsdeskriptor **manifest.json** legen Sie fest, dass die ID der Komponente `de.sapui5buch.demo.contact` lautet. Zusätzlich wird der `type` der Anwendung auf `component` gesetzt.

```
{
    "_version": "1.12.0",
    "sap.app": {
      "id": "de.sapui5buch.demo.contact",
      "type": "component",
```

```
    "i18n": "i18n/i18n.properties",
    "applicationVersion": {
      "version": "1.0.0"
    },
    "title": "{{appTitle}}",
    "description": "{{appDescription}}",
    "embeddedBy" : "../"
  },
  "sap.ui": {
    "technology": "UI5",
    "icons": {
      "icon": "",
      "favIcon": "",
      "phone": "",
      "phone@2": "",
      "tablet": "",
      "tablet@2": ""
    },
    "deviceTypes": {
      "desktop": true,
      "tablet": true,
      "phone": true
    }
  },
  "sap.ui5": {
    "dependencies": {
      "minUI5Version": "1.60.0",
      "libs": {
        "sap.ui.core": {},
        "sap.m": {},
        "sap.ui.layout": {}
      }
    },

    "contentDensities": {
      "compact": true,
      "cozy": true
    },
    "models": {
      "i18n": {
        "type": "sap.ui.model.resource.ResourceModel",
        "settings": {
```

```
            "bundleName":
               "de.sapui5buch.demo.contact.i18n.i18n"
          }
        }
      }
    }
}
```

Listing 9.13 Implementierung der Datei »manifest.json«

Sprachunabhängigkeit

Die Komponente soll sprachunabhängig sein. Wie Sie Listing 9.13 entnehmen können, definieren wir hierzu ein Modell vom Typ `sap.ui.model.resource.ResourceModel` und legen fest, von wo die Texte der Anwendung geladen werden. Aus der Angabe `de.sapui5buch.demo.contact.i18n.i18n` geht hervor, dass wir unsere Übersetzungstexte im Ordner **i18n** innerhalb unseres Komponentennamensraums `de.sapui5buch.demo.contact` abgelegt haben. Also legen Sie im Ordner **contact** einen Unterordner **i18n** an. Im Anschluss erstellen Sie in diesem Ordner eine Datei mit dem Namen **i18n.properties** und fügen die in Listing 9.14 gezeigten Key-Value-Paare ein.

```
sUrl=URL
sMail=EMail-Adresse
sTelefon=Telefon
sFax=Fax
```

Listing 9.14 Inhalt der Datei »i18n.properties«

Schnittstellendefinition

Wie eingangs beschrieben, soll der Konsument der Anwendung den auf dem Button dargestellten Text von außen über die Schnittstelle der Komponente übergeben können. Daher definieren wir eine Eigenschaft `btnText` vom Typ `string` (siehe Listing 9.15). Wir geben an, dass der Standardwert der Eigenschaft auf `Öffnen` gesetzt wird, falls kein Wert vom Konsumenten übergeben wird. Des Weiteren legen wir in der Schnittstelle ein Event mit dem Namen `getInTouch` fest. Das Eventobjekt, das mit dem Event ausgeliefert wird, besitzt einen Parameter vom Typ `object` mit dem Namen `contactDetails`.

```
metadata : {
   manifest: "json",
   properties: {
     btnText: {
        type:"string",
        defaultValue:"Öffnen"
```

```
      }
    },
    events : {
      getInTouch : {
       parameters : {
         contactDetails : {
            type : "object"
         }
       }
      }
    }
}
```

Listing 9.15 Schnittstellendefinition

»init«-Funktion der Komponente

Als Nächstes implementieren Sie die `init`-Funktion der Komponente. Anders als bei der Komponente zum Starten der Anwendung implementieren Sie sie außerhalb der eigentlichen Implementierung der Komponente:

```
Component.prototype.init = function () {
   UIComponent.prototype.init.apply(this, arguments);
};
```

Wir rufen die `init`-Funktion der Basisklasse auf und übergeben der Komponente die Aufrufargumente.

Implementierung der Funktion »createContent«

Als Nächstes folgt die Implementierung der eigentlichen visuellen Aspekte unserer Anwendung. Hierzu erweitern Sie zunächst die Moduldefinition der Komponente (siehe Listing 9.16). Wie Sie sehen, fügen wir lediglich einige Abhängigkeiten zu UI-Controls ein, die wir im Verlauf der Implementierung benötigen.

```
sap.ui.define([
       "sap/ui/core/UIComponent",
       "sap/m/VBox",
       "sap/m/HBox",
       "sap/m/Label",
       "sap/m/Link",
       "sap/m/Button"
], function(UIComponent,VBox, HBox, Label, Link, Button) {
```

Listing 9.16 Erweiterte Moduldefinition der Komponente

Im Anschluss prägen Sie die Funktion `_createUIItem` aus. Die Funktion stellt eine Hilfsfunktion für das Anlegen eines Objekts vom Typ `sap.m.HBox` mit

Inhalt dar. Die Funktion fügt einem neu erzeugten HBox-Objekt ein sap.m.Label- sowie ein sap.m.Link-Control hinzu (siehe Listing 9.17).

```
Component.prototype._createUIItem = function(sText, sPath) {
  var oHBox = new HBox();
  oHBox.addItem(new Label( {text : sText}));
  oHBox.addItem(new Link( {text : sPath}));
  return oHBox;
};
```

Listing 9.17 Die Funktion »_createUIItem«

Nun prägen Sie die Funktion createContent aus. In der Funktion rufen Sie viermal die Hilfsfunktion _createUIItem auf und übergeben entsprechend ein Binding zu einem i18n-Schlüssel sowie ein Binding zu einer Eigenschaft der Entität BusinessPartner (siehe Listing 9.18). Zusätzlich legen Sie ein Button-Control an. Registrieren Sie bei diesem Button-Control eine Eventhandler-Funktion für das press-Event. Rufen Sie, nachdem der Pfad des Kontaktinformationen-Bindings aus dem BindingContext-Objekt ausgelesen wurde, die Funktion fireGetInTouch auf. Die Funktion wird vom SAPUI5-Framework zur Verfügung gestellt. Sie informiert alle Listener, die auf das Event getInTouch hören, und liefert ihnen die übergebenen Parameter zur weiteren Verarbeitung.

```
Component.prototype.createContent = function() {
  var vBox = new VBox();
  vBox.addItem(
     this._createUIItem("{i18n>sUrl}:","{WebAddress}"));
  vBox.addItem(
     this._  createUIItem("{i18n>sMail}:","{EmailAddress}"));
  vBox.addItem(
     this._createUIItem("{i18n>sTelefon}:","{PhoneNumber}"));
  vBox.addItem(
     this._createUIItem("{i18n>sFax}:","{FaxNumber}"));
   this.oButton = new Button();
   this.oButton.attachPress(function(oEvent){
    var sPath = this.getBindingContext().getPath();
    this.fireGetInTouch({
      "contactDetails":{
       "emailadr" :
        this.getModel().getProperty(sPath+"/EmailAddress"),
       "phone":
        this.getModel().getProperty(sPath+"/PhoneNumber")
      }
```

```
    });
 }.bind(this));
  vBox.addItem(this.oButton);
  return vBox;
}
```

Listing 9.18 Die »createContent«-Funktion der Komponente

Komponenteneigenschaften verwenden

Wie bereits geschildert, kann der Konsument beim Instanziieren bzw. bei der Nutzung die Eigenschaften der Komponente setzen. Analog zur Eventverarbeitung bietet SAPUI5 auch für die Eigenschaften eine Standardimplementierung an (siehe Listing 9.19). Die Funktion `setProperty` bzw. `getProperty` wird aufgerufen, und die entsprechende Eigenschaft wird im Kontext gesetzt bzw. ausgelesen.

```
Component.prototype.setBtnText = function (sValue) {
  this.setProperty("btnText",sValue);
}

Component.prototype.getBtnText = function () {
  return this.getProperty("btnText");
}
```

Listing 9.19 Beispielimplementierung der Zugriffsfunktionen für Eigenschaften

Die gezeigte Standardimplementierung, besonders die der `set`-Funktion, ist für uns jedoch nicht geeignet. Wie geschildert wollen wir, dass der Konsument den Text des Buttons über die Eigenschaft `btnText` individuell setzen kann. Daher müssen wir die Funktion überschreiben und die Standardimplementierung leicht abwandeln. Listing 9.20 zeigt Ihnen die neue Variante. Wir rufen die Funktion `setText` auf der Referenz `oButton` auf und übergeben den durch den Nutzer der Komponenten übergebenen Wert. Zusätzlich rufen wir die Funktion `setProperty` auf der Komponentenreferenz auf und weisen der Komponenteneigenschaft `btnText` den übergebenen Wert zu.

```
Component.prototype.setBtnText = function (sValue) {
 if(sValue !== null || sValue != undefined) {
  this.oButton.setText(sValue);
  this.setProperty("btnText",sValue);
 }
}
```

Listing 9.20 Redefinition der Funktion »setBtnText«

Kapseln einer Anwendung

Integration in andere Umgebungen

Eine besondere Form von Faceful-Komponenten sind Komponenten zur Kapselung von Anwendungen. Die Kapselung einer Anwendung als Komponente erleichtert zum einen die nahtlose Integration der Anwendung in andere Umgebungen, wie beispielsweise das SAP Fiori Launchpad, zum anderen führt die Kapselung auch zu klar definierten Zuständigkeiten innerhalb der Anwendung. Die Implementierung einer gekapselten Anwendung folgt den gleichen, bereits vorgestellten Konzepten für die Implementierung von Komponenten. Der wohl größte Unterschied ist, dass eine Anwendung, die als Komponente gekapselt ist, normalerweise keine Schnittstellendefinition besitzt. Listing 9.21 zeigt die für unser Anwendungsbeispiel verwendete Komponente. Wie Sie sehen, besitzt sie die gleiche Struktur. Die Details, die in der `init`-Funktion implementiert sind, werden wir in den nächsten Kapiteln detailliert besprechen.

```
sap.ui.define([
  "sap/ui/core/UIComponent",
  "sap/ui/Device",
  "de/sapui5buch/demo/model/models"
], function(UIComponent, Device, models) {
  "use strict";

  return UIComponent.extend("de.sapui5buch.demo.Component", {
    metadata: {
      manifest: "json"
    },

    init: function() {
      UIComponent.prototype.init.apply(this, arguments);
      this.getRouter().initialize();
      this.setModel(models.createDeviceModel(), "device");
    }
  });
});
```

Listing 9.21 Komponente zur Kapselung einer Anwendung

9.2 Integration von Komponenten

Komponenten verwenden

Im vorangegangenen Abschnitt haben wir uns die Implementierung von Komponenten angesehen. In diesem Abschnitt schauen wir uns nun die Verwendung der Komponenten an.

9.2.1 Verwendung deklarieren

Abhängigkeiten deklarieren

Ein Konsument einer Komponente sollte die Nutzung der Komponente im Applikationsdeskriptor **manifest.json** deklarieren. Dies gilt sowohl für Komponenten, die im gleichen Projekt wie der Konsument liegen, als auch für Komponenten, die gekapselt in Bibliotheken enthalten sind. Die Konfiguration der Verwendung erfolgt im Konfigurationsobjekt sap.ui5. Listing 9.22 zeigt Ihnen die Konfiguration der in Abschnitt 9.1.3 implementierten Komponente, sie gilt jedoch ebenso für Faceless-Komponenten.

```
"sap.ui5": {
  "componentUsages": {
    "contact": {
      "name": "de.sapui5buch.demo.contact",
      "settings": {},
      "componentData": {},
      "lazy": true
    }
  }
}
```

Listing 9.22 Konfiguration in der Datei »manifest.json« zur Wiederverwendung einer Komponenteninstanz

Geben Sie im Objekt componentUsage der Konfiguration für die Komponente, die Sie verwenden möchten, entsprechend einen Alias an: hier also contact. Diesem Objekt geben Sie im Anschluss über das Attribut name den Namensraum der Komponente mit, den Sie verwenden möchten. Über die Konfigurationsattribute settings und componentData können Sie die Parameter konfigurieren, die an die Komponente übergeben werden sollen. Die Attribute der settings-Konfiguration enthalten die Attribute, die Sie über die Schnittstelle der Komponente befüllen möchten. Der Bereich componentData enthält jene, die über die startup-Parameter der Komponente befüllt werden können und nicht schnittstellengetreu sind. Das Attribut lazy gibt an, ob die Komponente erst bei Verwendung oder schon im Vorfeld geladen werden soll.

Vor der Einführung von componentUsage war es üblich, über die in Listing 9.23 gezeigte Konfiguration vorhandene Abhängigkeiten zu anderen Komponenten zu beschreiben. Diese Art der Konfiguration wird von SAP nicht mehr empfohlen und sollte entsprechend geändert werden. Achten Sie, falls Sie bereits eigenentwickelte Anwendungen im Unternehmen haben, darauf, dass Sie bei anstehenden anderweitigen Anpassungen auch die empfohlene Notation verwenden.

```
"dependencies": {
      "minUI5Version": "1.60.0",
      "libs": {
        "sap.ui.core": {},
        "sap.m": {},
        "sap.ui.layout": {}
      },
      "components": {
        "de.sapui5buch.demo.contact": {}
      }
    },
```

Listing 9.23 Abhängigkeiten zu Komponenten definieren

9.2.2 Faceful-Komponente

Einbettung in Container

Faceful-Komponenten, also Komponenten, die von `sap.ui.core.UIComponent` abgeleitet sind, können nicht ohne den Container, der sie umgibt, visualisiert werden. Sie müssen stets in ein Objekt vom Typ `sap.ui.core.ComponentContainer` eingebettet werden. `ComponentContainer` ist ein normales Control und besitzt daher auch die in Kapitel 4, »Das Bootstrapping«, besprochenen Methoden. Der Container trennt die integrierende Anwendung von der Komponente und ist für das Lifecycle-Management der integrierten Komponente zuständig. Die Trennung durch `ComponentContainer` ist wichtig, denn sie bedeutet, dass die integrierte Komponente nicht direkt auf Aspekte der sie umgebenden Anwendung zugreifen kann. So ist es beispielsweise nicht ohne weiteres möglich, auf die Modelle zuzugreifen, die eine Anwendung verwendet. Hierfür bedarf es einer Erlaubnis durch die integrierende Anwendung. Die Integration kann entweder imperativ über JavaScript-Code oder deklarativ im Rahmen einer XML- oder HTML-View erfolgen. Wir zeigen Ihnen in diesem Abschnitt die unterschiedlichen Möglichkeiten der Integration sowie die Integration der Komponente in unsere bestehende Anwendung.

Lebenszyklus einer Benutzeroberflächen-Komponente

Bei der Verwendung des Controls `sap.ui.core.ComponentContainer` kann der Entwickler über die Eigenschaft `lifecycle` beeinflussen, wer die Verantwortung über den Lebenszyklus der Komponente hat. Es sind drei in der Enumeration `sap.ui.core.ComponentLifecyle` implementierte Werte erlaubt:

- Bei der Einstellung `Application` übernimmt die Anwendung, die die Komponente integriert hat, die Verantwortung, die Komponenten aufzuräumen.
- Die Verwendung von `Container` bedeutet, dass der `ComponentContainer` die mit ihm verbundenen Komponenten aufräumt. Dies kann notwendig werden, wenn dem `ComponentContainer` eine neue Komponenteninstanz zugewiesen wird oder wenn die `ComponentContainer`-Instanz selbst zerstört wird.
- `Legacy` wird verwendet, um zu erreichen, dass die Komponente zerstört wird, wenn der assoziierte `ComponentContainer` zerstört wird, jedoch nicht, wenn dem `ComponentContainer` eine neue Komponente zugewiesen wird. Dies kann sinnvoll sein, wenn ein und derselbe Container für unterschiedliche Komponenten verwendet werden soll, die ausgetauschte Komponente und deren Inhalte jedoch zu einem späteren Zeitpunkt wieder angezeigt werden sollen.

Die Standardeinstellung des `ComponentContainer`-Controls ist `Legacy`. Für die Erzeugung von Komponenten gibt es je nach Verwendung der Komponente unterschiedliche Möglichkeiten. Zum einen können Komponente imperativ und zum anderen deklarativ eingebunden werden.

Imperative Integration

Die *imperative* Integration einer Komponente kommt immer dann in Betracht, wenn Sie die Komponentenerzeugung dynamisch steuern wollen. SAPUI5 stellt hierfür diverse Möglichkeiten zur Verfügung. Allerdings steht immer der `ComponentContainer` im Mittelpunkt zur Visualisierung. Listing 9.24 zeigt, wie Sie eine Komponente direkt beim Anlegen der `sap.ui.core.ComponentContainer`-Instanz erzeugen können.

```
var oContainer = new sap.ui.core.ComponentContainer({
   name: "de.sapui5buch.demo.contact",
   settings: {btnText: "Kontakt aufnehmen"},
   manifest: true,
   async: true
});
var oHBox = this.byId("idHBox");
oHBox.addItem(oContainer);
```

Listing 9.24 Nutzung eines »sap.ui.core.ComponentContainer«-Controls

Sie übergeben der Konstruktorfunktion ein Konfigurationsobjekt, über das Sie festlegen, welche Komponente geladen werden soll. Der Parameter `name` erhält den Namensraum, in dem die Komponente implementiert ist. Der Parameter `settings` enthält die Schnittstellenparameter der Komponente.

Neben dieser Form kann die Komponente auch über die `load`-Funktion der Klasse `sap.ui.core.Component` geladen werden. Die Funktion arbeitet bei asynchroner Nutzung über Promises. Listing 9.25 zeigt die Verwendung.

```
Component.load({
  name: "de.sapui5buch.demo.contact",
  async:true,
  settings: {btnText: "Kontakt aufnehmen"}
}).then(function(oComponent) {
  var oContainer = new ComponentContainer({
   component: oComponent
  });
  var oHBox = this.byId("idHBox");
  oHBox.addItem(oContainer);
});
```

Listing 9.25 Laden einer Komponente über den Namensraum

Laden über die »manifest«-Datei

Die `load`-Funktion der Komponente kann die entsprechende Komponente auch ohne die Angabe eines Namensraums laden. `load` benötigt hierzu lediglich die Angabe des Pfades zur **manifest.json**-Datei. Listing 9.26 zeigt Ihnen ein Beispiel.

```
Component.load({
 manifest:
  "de/sapui5buch/demo/customComponent/manifest.json",
}).then(function(oComponent) {
  var oContainer = new ComponentContainer({
   component: oComponent
  });
  var oHBox = this.byId("idHBox");
  oHBox.addItem(oContainer);
});
```

Listing 9.26 Komponenteninstanziierung über »manifest.json«

Nutzung von wiederverwendbaren Komponenten

Wie unter Abschnitt 9.2.1 erwähnt sollten Komponenten, die Sie wiederverwenden möchten, im Rahmen der `componentUsage` in der **manifest.json**-Konfigurationsdatei beschrieben werden. Die so angelegte Konfiguration können Sie dann in einer Komponente, in einem Controller oder in einem anderen JavaScript-Artefakt der Anwendung verwenden. Voraussetzung ist natürlich, dass sie im Kontext von **manifest.json** liegen und somit über die dazugehörende Komponente erreichbar ist. In unserem Beispiel implementieren wir für die Nutzung der componentUsage contact eine Funktion _loadComponentManually. Die Funktion erhält zwei Aufrufparameter: Der erste Parameter oHeaderContent stellt das zu Beginn eingeführte VBox-Control mit der ID component dar, der zweite Parameter den Binding-Path zum ausgewählten BusinessPartner. Wir passen zunächst die Funktion _updateUI an und fügen dort den entsprechenden Code ein (siehe Listing 9.27). Wir beziehen lediglich eine Referenz auf die VBox im Headerfragment und übergeben sie, zusammen mit dem Binding-Path, an die Funktion _loadComponentManually.

```
_updateUI : function(sBindingPath) {
//
  var oArea =
  this.getView().byId(
    sap.ui.core.Fragment.createId("header","component"));
  this._loadComponentManually (oArea, sBindingPath);
}
```

Listing 9.27 Auszug aus der Funktion »_updateUI«

Implementierung von »_loadComponentManually«

Als Nächstes implementieren wir die Funktion _loadComponentManually (siehe Listing 9.28). Dazu rufen wir zunächst die Factory-Funktion createComponent direkt auf der Anwendungskomponente auf. Die Funktion erhält über den Parameter usage mitgeteilt, welche Komponentenverwendung aus der Manifest-Datei verwendet werden soll. Als Nächstes übergeben wir den Parameter btnText mit dem entsprechenden Text für den Button, den wir in der Komponente anzeigen möchten. Zusätzlich geben wir mit async an, dass die Komponente asynchron geladen werden soll. Im Rahmen der Promise-Verarbeitung wird das so erzeugte Komponentenobjekt weiterverwendet. Wie Sie Listing 9.28 entnehmen können, fügen wir über die Funktion attachGetInTouch eine anonyme Funktion zur Verarbeitung des Events hinzu, das in der Komponente ausgelöst wurde. Die Funktion liest das übergebene Event aus dem Eventobjekt aus und verarbeitet es weiter. In unserem sehr einfachen Beispiel wird implizit das Standard-E-Mail-Programm aufgerufen. Den Abschluss der _loadComponentManually-Funktion bildet das Instanziieren eines sap.ui.core.ComponentContainer-Objekts. Beachten Sie die Eigenschaft propagateModel: Das Setzen dieses Attributes und die Aktivierung über true sind wichtig, weil das Modell unserer komponentenkonsumierenden Anwendung ansonsten nicht von der konsumierten Komponente verwendet werden kann. Über den Aufruf der Funktion `setComponent` weisen wir dem `ComponentContainer`-Objekt die Komponenteninstanz zu.

```
_loadComponentManually : function (
     oHeaderContent, pathToElement)
{

 if(!this.oCompCont) {
      this.getOwnerComponent().createComponent({
        usage: "contact",
        settings: {btnText: "Kontakt aufnehmen"},
        async:true

    }).then(function(oComp){
          oComp.attachGetInTouch(function(oEvent) {
            var mailAdr =
              oEvent.getParameter("contactDetails").emailadr,
            mail = document.createElement("a");
            mail.href = "mailto:"+mailAdr;
            mail.click();
          });
          this.oCompCont = new ComponentContainer({
              propagateModel : true
          });
        this.oCompCont.setComponent(oComp);
        oHeaderContent.addItem(this.oCompCont);
        this.oCompCont.bindElement(pathToElement);
    }.bind(this)).catch(function(oError) {
        //Fehlerbehandlung
    });
  } else {
    this.oCompCont.bindElement(pathToElement);
  }
}
```

Listing 9.28 Die Funktion »_loadComponentManually«

Deklarative Integration

Nachdem wir die Nutzung der imperativen Verwendung besprochen haben, wenden wir uns der *deklarativen* Nutzung zu. Deklarative Komponenten kommen immer dann zum Einsatz, wenn Sie eine deklarative Sprache wie z. B. XML verwenden (siehe Listing 9.29).

```
<ComponentContainer xmlns="sap.ui.core" usage="contact"
  async="true"
  settings="{
     btnText: 'Kontakt aufnehmen',
     getInTouch:'onGetInTouch'}"
     propagateModel="true"
>
</ComponentContainer>
```

Listing 9.29 Deklarative Verwendung des »sap.ui.core.Component Container«-Controls

Wie Sie sehen, folgt die Implementierung grundsätzlich der herkömmlichen Verwendung eines UI-Controls. Über das Attribut usage wird die konfigurierte Komponentenverwendung angegeben und entsprechend über die weiteren Attribute parametrisiert.

Start einer komponentisierten Anwendung

Zur Vervollständigung möchten wir noch kurz auf die Implementierung der Komponenteninstanziierung im Rahmen der **index.html**-Seite zum Start einer Anwendung hinweisen. Da wir diese bereits in Kapitel 4, »Das Bootstrapping«, und Kapitel 5, »Instanziierung und Lebenszyklus«, besprochen haben, gehen wir hier nicht weiter ins Detail. Listing 9.30 zeigt die Implementierung in der **index.html**-Seite.

```
<div data-sap-ui-component data-name="de.sapui5buch.demo"
  data-id="container"
    data-settings='{"id" : "demo"}'>
  </div>
```

Listing 9.30 Verwendung einer gekapselten Anwendung in »index.html«

9.2.3 Faceless-Komponente

Verwendung ohne Container

Die Nutzung einer Faceless-Komponente lässt sich relativ einfach von der Nutzung einer Faceful-Komponente ableiten. Der einzige Unterschied ist, dass Sie bei einer Faceless-Komponente keinen Container für die Visualisierung benötigen. Konfigurieren Sie zunächst eine Komponentenverwendung in der **manifest.json**-Datei (siehe Listing 9.31).

```
"componentUsages": {
      "contact": {
        "name": "de.sapui5buch.demo.contact",
        "lazy": true
      },
      "bpRole" : {
```

```
        "name": "de.sapui5buch.demo.bpRole",
        "lazy": true
      }
    },
```

Listing 9.31 Konfiguration der Komponentenverwendung »bpRole«

Als Nächstes fügen Sie den in Listing 9.32 gezeigten Code die init-Funktion des Controllers **App.controller.js** ein. Weisen Sie die neu angelegte Komponenteninstanz im Rahmen der Promise-Verarbeitung einer Membervariablen mit dem Namen bpRoleService zu.

```
this.getOwnerComponent().createComponent({
        usage: "bpRole",
        async:true
    }).then(function(oComp){
      this.bpRoleService = oComp;
    }.bind(this)).catch(function(oError) {
        // Fehlerbehandlung
});
```

Listing 9.32 Laden und Verwenden einer Faceless-Komponente

Nachdem Sie die Referenz auf die Komponente haben, können Sie die Faceless-Komponente verwenden. Listing 9.33 zeigt die Verwendung im Rahmen der Wertehilfe-Verarbeitung in der Funktion onSuggestionItemSelected. Wie Sie sehen, rufen wir zunächst die Eigenschaft BusinessPartnerRole des gewählten Geschäftspartners auf. Hier sind die Werte 01 für Customer und 02 für Supplier möglich. Den ausgelesenen Wert übergeben Sie an die Funktion setRoleid. Die Funktion wird Ihnen gemäß dem Schnittstellenkontrakt von SAPUI5 zur Verfügung gestellt. Im Anschluss rufen Sie die Funktion getBPRoleById auf und erhalten den zu Roleid gehörenden Text. Diesen Text geben Sie der Einfachheit halber als MessageToast aus. Die nötige Referenz haben Sie zuvor zu den Abhängigkeiten des Controllers hinzugefügt.

```
onSuggestionItemSelected : function(oEvent) {
  var oSelectedItem = oEvent.getParameter("selectedItem"),
  sBindingPath = oSelectedItem.getBindingContext().getPath(),
  bpRoleID =
       this.getOwnerComponent().getModel().getProperty(
         sBindingPath+"/BusinessPartnerRole");
  this.bpRoleService.setRoleid(bpRoleID);
  var bpRole =  this.bpRoleService.getBPRoleById();
```

```
        MessageToast.show("Geschäftspartner hat die Rolle " +
          bpRole);
        this._updateUI(sBindingPath);
},
```

Listing 9.33 Verwendung einer Faceless-Komponente

Nachdem Sie die Änderungen gespeichert haben, können Sie die Anwendung testen. Wenn Sie einen Geschäftspartner in der Vorschlagsliste ausgewählt haben, ergibt sich das in Abbildung 9.2 gezeigte Bild.

Abbildung 9.2 Anzeige der Geschäftspartner-Rolle

Kapitel 10
Anwendungsdeskriptor

Für Komponenten und Bibliotheken gibt es in SAPUI5 viele Konfigurationsmöglichkeiten. Die zentrale Stelle hierfür ist der Anwendungsdeskriptor. Er stellt sowohl eine Dokumentation als auch eine API dar und wird durch die Ablaufumgebung verarbeitet.

SAPUI5-Anwendungen, -Komponenten und -Bibliotheken besitzen unterschiedliche Anforderungen an die Laufzeitumgebung, sie haben Abhängigkeiten zu verschiedenen Ressourcen und Konfigurationen. Es gibt zwei Möglichkeiten, diese Aspekte zu verwalten:

- Die erste Möglichkeit ist, die Informationen direkt im JavaScript-Code zu hinterlegen.
- Die zweite Möglichkeit ist, die Informationen an einer zentralen Stelle bereitzustellen.

Die direkte Implementierung innerhalb der Anwendung hat Nachteile: Die Übersichtlichkeit leidet, da die Informationen an verschiedenen Stellen verteilt liegen. Zudem kann das zugrundeliegende Framework keine dieser Konfigurationsaspekte auslesen und zentral zur Verfügung stellen. SAP hat daher schon früh damit begonnen, die Konfiguration der Anwendungsmetadaten an einer zentralen Stelle durchzuführen: in der *Komponentenimplementierung*, der Datei **Component.js**. Da diese Konfiguration dennoch im Code erfolgte und keinem Webstandard folgte, führte SAP den *Anwendungsdeskriptor* (siehe Datei **manifest.json**) ein. Damit folgte das Unternehmen bei der Umsetzung dem W3C-Standard *Web App Manifest* (siehe *http://s-prs.de/v752302*).

Dokument und API

Der Anwendungsdeskriptor ist sowohl ein Dokument als auch eine API. Ziel ist es, die Orchestrierung und Automatisierung der Entwicklungs-, Bereitstellungs- und Betriebsaspekte einer App zu vereinfachen, um eine Erfahrung zu schaffen, bei der die App als Einheit wahrgenommen wird, selbst wenn ihre Inhalte und Dienste über die Systemlandschaft verteilt sind.

Wir wollen in diesem Kapitel die unterschiedlichen Konfigurationsaspekte besprechen. Einige haben wir in den zurückliegenden Kapiteln schon verwendet, jedoch nicht im Detail ausgeführt. Dies wollen wir nun ändern und uns tiefer mit dem Anwendungsdeskriptor auseinandersetzen: Abschnitt 10.1 bietet Ihnen eine Einführung in den Aufbau des Anwendungsdeskriptors und beschäftigt sich mit den verschiedenen Namensräumen. Abschnitt 10.2 zeigt Ihnen, wie Sie zur Laufzeit auf die Metadaten zugreifen können. Die folgenden Kapitel des Buchs werden die Datei **manifest.json** dann entsprechend verwenden.

10.1 Aufbau des Anwendungsdeskriptors

Der Anwendungsdeskriptor einer komponentenorientierten SAPUI5-Anwendung, einer Bibliothek oder allgemein einer wiederverwendbaren Komponente ist die Datei **manifest.json**. Diese Datei wird im Wurzelverzeichnis der zu implementierenden Komponente abgelegt und besitzt einen klar vorgegebenen Aufbau. Der Anwendungsdeskriptor wurde mit SAPUI5-Version 1.28 eingeführt, allerdings wurden wichtige Aspekte wie beispielweise das Instanziieren von Modellen erst mit Version 1.30 aktiviert.

JSON-Objekt

In der Datei **manifest.json** wird ein JSON-Objekt beschrieben. Es besitzt die folgende Grundstruktur:

```
{
  "_version": "1.17.0",
  "start_url": "index.html"
}
```

Die Eigenschaft `_version` ist zwingend anzugeben. Der Wert `1.17.0` steht für die SAPUI5-Versionen 1.70 und 1.71. Die Versionsangabe ist nicht durch den Standard des W3C vorgegeben. Die Eigenschaft `start_url` ist eine vom Standard vorgesehene Konfigurationseigenschaft und kann bei SAPUI5-Anwendungen weggelassen werden.

Namensräume

Die Grundkonfiguration enthält drei sogenannte *Namensräume*, über die die Anwendung, die Abhängigkeiten und weitere Informationen festgelegt werden. Diese drei Namensräume erläutern wir im Folgenden. Wir werden nicht alle Konfigurationsaspekte berücksichtigen und verweisen an dieser Stelle auf die Downloadmaterialien, in denen wir Ihnen eine voll konfigurierte **manifest.json**-Datei zur Verfügung stellen.

10.1.1 Der »sap.app«-Namensraum

Der erste Namenraum (auch wenn die Reihenfolge zur Laufzeit keine Rolle spielt) ist `sap.app`. Dieser Namensraum enthält generelle Anwendungsattribute, auf die wir in diesem Abschnitt nacheinander eingehen. Wir orientieren uns dabei an der Reihenfolge, in der die Attribute im Namensraum sap.app der Datei **manifest.json** aufgeführt sind. Er wird direkt in der JSON-Objekt-Definition eingefügt:

```
"sap.app": {
}
```

Eindeutige Anwendungsidentifikation

Jede SAPUI5-Anwendung muss einen eindeutigen Identifikationsschlüssel besitzen, der über die Eigenschaft id festgelegt wird. Dieser eindeutige Schlüssel sollte mit dem Namensraum der Komponente (Komponenten-ID) korrespondieren und wird beim Deployment der Anwendung (beispielsweise auf ein SAP-System) verwendet, um zu prüfen, ob bereits eine Anwendung mit dieser ID auf dem System deployt ist. »id«

10

Typ

SAPUI5 unterscheidet grundsätzlich zwischen drei verschiedenen Objektarten. Die Manifest-Datei muss ausweisen, welche Objektart die Anwendung widerspiegelt. Zulässig sind die Typen application, component, library und card. application ist die Standardeinstellung für den Typ und wird wie in Listing 10.1 gezeigt zugewiesen. »type«

```
"sap.app": {
    "id": "de.sapui5buch.demo",
    "type": "application"
}
```

Listing 10.1 Auszug aus der Konfiguration für »sap.app«

Sprachabhängige Detailinformationen

Wie Sie bereits wissen, bietet SAPUI5 die Möglichkeit, sprachunabhängige Anwendungen zu implementieren. Die nötigen sprachabhängigen Texte werden im Projekt in sogenannten *Property-Dateien* als Key-Value-Paare hinterlegt. Über den Parameter i18n geben Sie den relativen Pfad zur Datei **i18n.properties** an. In unserem Beispiel befindet sich die Datei im Standardordner **i18n** des Projekts (siehe Listing 10.2). Der Parameter title muss gepflegt werden: Er enthält den Titel, der im Browserfenster angezeigt werden soll. Außerdem sind die Eigenschaften subTitle, shortTitle, info und description zulässig, sie sind jedoch keine Pflichtangaben. Die sprachabhängigen Informationen werden über {{key}} konfiguriert, wobei key für den Schlüssel in der Übersetzungsdatei steht. »i18n«

```
"i18n": "i18n/i18n.properties",
"title": "{{title}}",
"subTitle": "{{subtitle}}"
"shortTitle": "{{shorttitle}}"
"info": "{{info}}"
"description": "{{appDescription}}"
```

Listing 10.2 Sprachabhängige Informationen der Anwendung

Anwendungsversion

»applicationVersion« Die Konfiguration im Namensraum `sap.app` muss zwingend ein Konfigurationsobjekt `applicationVersion` enthalten, das die Pflichteigenschaft `version` enthält. Über diese gibt der Entwickler die Version der Anwendung an. Das folgende Listing zeigt das Konfigurationsobjekt `applicationVersion` für eine Anwendung, die in der Version `1.0.0` vorliegt.

```
"applicationVersion": {
      "version": "1.0.0"
    },
```

Verschlagwortung und technische Attribute

»tags« Die Konfiguration `sap.app` verfügt mit dem Konfigurationsobjekt `tags` über die Möglichkeit, Schlagwörter und technische Attribute anzugeben. Als technisches Attribut ist beispielsweise die Angabe des technischen Katalogs im SAP-Fiori-Kontext vorstellbar. Listing 10.3 zeigt die `tags`-Konfiguration.

```
"tags": {
   "keywords": ["{{keyWord1}}","{{keyWord2}}"],
   "technicalAttributes": ["ATTRIBUTE1", "ATTRIBUTE2"]
}
```

Listing 10.3 Verschlagwortung und technische Attribute

Anwendungskomponenten-Hierarchie

»ach« Wie Sie sicher wissen, werden SAP-Anwendungen Komponenten zugeordnet. Hierüber können Sie beispielweise Support-Tickets zu einer Anwendung erfassen. Die Anwendungen im Bereich SAP ERP HCM sind beispielsweise der Komponente *PA-FIO* zugeordnet. Anwendungen, die sich in einer Komponente befinden, erhalten dann ein zusätzliches Kürzel. Die Anwendung *My Team Calendar* trägt beispielsweise die Abkürzung CAL. Hieraus ergibt sich PA-FIO-CAL, wodurch die Anwendung eindeutig identifiziert werden kann. In der **manifest.json**-Datei kann diese Zuordnung über das Attribut `ach` erfolgen. Der Name dieses Attributs ist eine Abkürzung für *Ap-*

plication Component Hierarchy. Das folgende Listing zeigt die Konfiguration des Attributs für die Komponente PA-FIO:

```
"ach": "PA-FIO"
```

Einbetten von Komponenten

»embeds«

Wie im vorangegangenen Kapitel beschrieben, sind Komponenten ein gern verwendetes Mittel, um Anwendungsaspekte zu kapseln und wiederzuverwenden. Für Komponenten, die gekapselt sind, wird über das Attribut `embeds` der relative Pfad zur **manifest.json**-Datei der einzubettenden Komponente angegeben. Mit dem Parameter `embeddedBy` wird für Komponenten und Bibliotheken der relative Pfad zurück zur **manifest.json**-Datei angegeben. Beide Attribute sind zwingend erforderlich, falls die eingebetteten Artefakte **manifest.json**-Dateien verwenden:

```
    "embeds": ["mycomponent1", "subpath/mycomponent2"],
    "embeddedBy": "../../",
```

Datenquellen

»dataSources«

SAPUI5-Anwendungen beziehen ihre Daten von REST-Diensten. Häufig werden hierfür OData-Dienste verwendet (siehe Abschnitt 12.3). Natürlich ist auch vorstellbar, dass die Daten z. B. über Web Services geliefert werden. Im Konfigurationsobjekt `sap.app` können Sie die Konfigurationsinformationen zur Datenquelle über das Unterobjekt `dataSources` hinterlegen. Auf diese Informationen kann das SAPUI5-Framework oder auch der Entwickler zugreifen, um Daten auszulesen und sie zu verwenden, um eine Verbindung zum jeweiligen Dienst aufzubauen. Die konkrete Konfiguration einer Datenquelle besitzt einen eindeutigen Alias, über das sie angesprochen werden kann. Unsere Konfiguration verwendet den Alias `equipment` (siehe Listing 10.4).

```
"dataSources": {
  "equipment": {
        "uri": "/sap/opu/odata/snce/PO_S_SRV;v=2/",
        "type": "OData",
                "settings":
                    "odataVersion": "2.0",
                    "annotations": ["equipmentanno"],
                    "localUri": "model/metadata.xml",
                    "maxAge": 360
                }
            },
            "equipmentanno": {
```

```
            "uri": "/sap/bc/bsp/sap/BSCBN_ANF_EAM/BSCBN_
              EQUIPMENT_SRV.anno.XML",
            "type": "ODataAnnotation",
            "settings": {
                "localUri": "model/annotations.xml"
            }
        }
```

Listing 10.4 Die »dataSources«-Konfiguration

Das Konfigurationsobjekt muss das Attribut uri enthalten. Dieses Attribut beinhaltet normalerweise den relativen Pfad zum Datenservice. Wie in unserem Beispiel gezeigt, kann der Pfad aber auch eine spezifische Version eines OData-Dienstes nutzen. Wird die Version nicht explizit angegeben, wird standardmäßig Version 1.0 verwendet. Über die Eigenschaft type können Sie festlegen, welche Art von Datenquelle verwendet werden soll: Erlaubt sind OData, ODataAnnotation, INA, XML oder JSON. Wird das Attribut nicht angegeben, wird standardmäßig der Wert OData verwendet. XML kommt in aller Regel bei Web Services zum Einsatz, JSON bei Diensten, die die Daten im JSON-Format zurückliefern und ODataAnnotation, wenn der OData-Service über Annotationen verfügt (beispielsweise bei der Verwendung von SAP Fiori Elements). Die Angabe INA steht für *Information Access Toolkits* und stellt ein SAP-spezifisches Protokoll für Suchen dar.

Datenquellen-spezifische Einstellungen

Eine DataSources-Konfiguration kann spezifische Einstellungsmöglichkeiten für die Datenquelle vorsehen. Hierzu können Sie innerhalb der DataSources-Konfiguration ein Konfigurationsobjekt mit dem Namen settings konfigurieren. Listing 10.4 zeigt beispielsweise für die Datenquelle equipment, dass es sich um einen OData-Service handelt, der auf der Version 2 des OData-Standards basiert und dessen Metadaten in der Datei **metadata.xml** in einem lokalen Verzeichnis **model** abgelegt sind (Eigenschaft localUri).

Für die Eigenschaft odataVersion sind aktuell die Werte 2.0 und 4.0 erlaubt. Des Weiteren verweist die Konfiguration über die Angabe annotations darauf, dass es eine Datenquelle mit dem Namen equipmentanno gibt, die die Annotationsinformationen für die Verwendung von SAP Fiori Elements liefert. An der type-Angabe können Sie erkennen, dass es sich hier um einen Datenservice handelt, der Annotationsinformationen liefert. Diese können später von der Anwendung oder dem SAPUI5-Framework weiterverarbeitet werden. Die Anwendung bzw. das Framework können basierend auf den Annotationen und Benutzeroberflächen-Templates dynamisch Benutzeroberflächen generieren (siehe Kapitel 24, »SAP Fiori«).

10.1.2 Der »sap.ui«-Namensraum

Ein weiterer Pflichteintrag in der **manifest.json**-Konfiguration ist das Objekt `sap.ui`. Es wird in der Regel (auch wenn es keine fixe Reihenfolge gibt) als zweites Konfigurationsobjekt direkt nach dem `sap.app`-Namensraum in die Konfiguration des Anwendungsdeskriptors eingefügt. Auch die Attribute dieses Namensraums gehen wir im Folgenden nacheinander durch.

Angabe der Technologie

»technology«

Über das Attribut `technology` wird im `sap.ui`-Namensraum angegeben, welche Technologie bei der Implementierung verwendet wurde. Zulässige Werte sind `UI5`, `WDA`, `NWBC`, `URL`, `GUI` oder `WCF`. Die Werte stehen für:

- `UI5`: SAPUI5 oder OpenUI5
- `WDA`: Web Dynpro ABAP
- `NWBC`: SAP (NetWeaver) Business Client
- `URL`: Umleitung auf eine URL
- `GUI`: SAP GUI
- `WCF`: Windows Communication Framework

Das folgende Listing zeigt die Angabe der Technologie SAPUI5 im Attribut `technology`:

```
"sap.ui": {
        "technology": "UI5",
}
```

Icons

»icons«

Innerhalb der `sap.ui`-Konfiguration kann über das Konfigurations-Objekt `icons` die Nutzung der zu verwendenden Icons konfiguriert werden. Es handelt sich nicht um eine Pflichtangabe. Listing 10.5 zeigt eine mögliche Konfiguration. Über das Attribut `icon` können Sie festlegen, welches Icon für die Anwendung verwendet werden soll. Das Attribut `favIcon` gibt den Pfad zu einer Datei im **ICO**-Format an, die für Shortcuts auf den Endgeräten Browser und Desktop verwendet werden soll. Mit dem Parameter `phone` kann ein 57 × 57 Pixel großes Bild für iPhones und iPads ohne Retina-Display angegeben werden. Über `phone@2` geben Sie ein 114 × 114 Pixel großes Bild für iPhones mit Retina-Display an. Die Parameter `tablet` und `tablet@2` werden analog zu `phone` und `phone@2` verwendet, allerdings für iPads.

```
"icons": {
  "icon": "sap-icon://add-contact",
  "favIcon":
    "icon/F1373_Approve_Purchase_Orders.ico",
  "phone":
    "icon/launchicon/57_iPhone_Desktop_Launch.png",

  "phone@2":
        "icon/launchicon/114_iPhone-Retina_Web_Clip.png",
  "tablet": "icon/launchicon/72_iPad_Desktop_Launch.png",
  "tablet@2": "icon/launchicon/144_iPad_Retina_Web_Clip.png"
},
```

Listing 10.5 Icon-Konfiguration im »sap.ui«-Namensraum

Unterstützte Plattformen

»deviceTypes« Wie bereits erläutert, können SAPUI5-Anwendungen auf unterschiedlichen Endgeräten ausgeführt werden. Allerdings kann es Situationen geben, in denen die Nutzung auf einem bestimmten Endgerät nicht gewünscht ist. Mit dem Konfigurationsobjekt `deviceTypes` und den Attributen `desktop`, `tablet` und `phone` können Sie festlegen, für welche Endgeräte die Anwendung empfohlen wird (siehe Listing 10.6). Die Konfiguration kann von Plattformen, Laufzeitumgebungen oder der Anwendung selbst ausgelesen und verarbeitet werden. Der Standardwert der drei Attribute ist `true`.

```
"deviceTypes": {
    "desktop": true,
    "tablet": true,
    "phone": false
}
```

Listing 10.6 Die »deviceTypes«-Konfiguration

Vollbildmodus

»fullWidth« SAPUI5-Anwendungen werden nicht in jeder Laufzeitumgebung im Vollbildmodus dargestellt. Führen Sie eine Anwendung im SAP Fiori Launchpad auf einem Desktop aus, werden links und rechts Freibereiche angezeigt (*Letterboxing*). Durch die Angabe des Parameters `fullWidth` können Sie definieren, dass die Anwendung im Vollbildmodus ausgeführt werden soll:

```
"fullWidth": true
```

Unterstützte Themes

»supported-Themes«

Zum Abschluss möchten wir noch das mittlerweile veraltete Konfigurationsobjekt `supportedThemes` erwähnen. Es handelt sich um die als Array zu konfigurierende Angabe von unterstützten Themes (siehe Listing 10.7). Dieses Objekt sollte in Neuentwicklungen nicht mehr verwendet werden.

```
"supportedThemes": [
    "sap_hcb",
    "sap_fiori_3"
]
```

Listing 10.7 Konfigurationsobjekt »supportedThemes«

10.1.3 Der »sap.ui5«-Namensraum

Als drittes Konfigurationsobjekt enthält der Anwendungsdeskriptor den `sap.ui5`-Namensraum. Dieser beinhaltet Konfigurationsaspekte, die unter anderem von der SAPUI5-Laufzeitumgebung und entsprechenden Bestandteilen verarbeitet werden.

Abhängigkeiten definieren

»dependencies«

SAPUI5-Anwendungen haben normalerweise Abhängigkeiten zu Bibliotheken aus dem SAPUI5-Framework. Komplexere Anwendungen und Anwendungslandschaften sind in Bibliotheken aufgeteilt. Damit die Anwendung ausgeführt werden kann, müssen die Abhängigkeiten auf den Client geladen werden. Damit das ohne großes Zutun des Entwicklers passiert, muss jede Abhängigkeit über das Konfigurationsobjekt `dependencies` in der **manifest.json**-Konfiguration spezifiziert werden. In der Konfiguration wird über das Attribut `minUI5Version` die niedrigste SAPUI5-Version angegeben, die für die Anwendung zur Verfügung gestellt werden muss, damit die Applikation noch lauffähig ist (siehe Listing 10.8).

```
"dependencies": { //mandatory,externaldependencies
   "minUI5Version": "1.66.0",
   "libs": {
      "sap.m": {
          "minVersion": "1.34.0"
      },
      "sap.ui.layout": {
          "minVersion": "1.34.0",
          "lazy": true
      }
   },
```

```
        "components": {
          "sapui5.demo.customcomponent": {
              "minVersion": "1.1.0",
              "lazy": true
          }
        }
    }
```

Listing 10.8 Konfiguration von Abhängigkeiten

Des Weiteren werden über die Konfigurationsobjekte `libs` bzw. `components` die Abhängigkeiten zu Bibliotheken oder Komponenten festgelegt. Der Parameter `lazy` gibt an, ob die Bibliothek schon beim Start der Anwendung geladen werden soll, oder erst, wenn sie benötigt wird. Der Standardwert für diesen Parameter ist `false`.

Komponentenverwendung

»componentUsages«

Wie in Kapitel 9, »Komponentenorientiertes Programmieren«, erläutert, wird die Komponentenverwendung ebenfalls in der **manifest.json**-Datei konfiguriert, und zwar über das Konfigurationsobjekt `componentUsages`. Pro Komponentenverwendung geben Sie eine ID an (siehe Listing 10.9). In unserem Beispiel verwenden wir die ID `address` und legen entsprechend ein Konfigurationsobjekt an. Im Anschluss konfigurieren wir die Details zur Komponente. Mit dem Attribut `name` legen wir den Namensraum der Komponente fest, die verwendet werden soll. Optional legen Sie über `settings` bzw. `componentData` Parameter fest, die von der Komponente weiterverarbeitet werden können. Der Parameter `lazy` gibt an, ob die Komponenten direkt beim Auslesen der Komponentenverwendung geladen werden sollen oder erst beim Zugriff. Der Standardwert dieses Attributs lautet `true`.

```
"componentUsages": {
   "address": {
     "name": "de.sapui5buch.demo.address",
     "settings": {},
     "componentData": {},
   }
}
```

Listing 10.9 Konfiguration der Komponentenverwendung

Modelle

»models«

SAPUI5-Anwendungen leben von den Daten, die in der bzw. von der Anwendung verarbeitet werden. Die in Abschnitt 10.1.1, »Der ›sap.app‹-Namensraum«, eingeführten dataSources-Konfigurationen können verwendet werden, um beim Instanziieren der Komponente Modelle für die jeweilige Datenquelle anzulegen und sogar initial mit Daten zu befüllen. Neben diesen Modellen auf Basis von Datenquellen können auch ganz allgemein Modelle angelegt werden, die im Rahmen der Anwendung über die Komponente erreichbar sind und im Laufe ihres Lebenszyklus benötigt werden. Der sap.ui5-Namensraum stellt hierfür das Konfigurationsobjekt models zur Verfügung (siehe Listing 10.10).

```
"models": {
         "i18n": {
            "type":
              "sap.ui.model.resource.ResourceModel",
            "uri": "i18n/i18n.properties",
            "settings": {
               "enhanceWith": [{
                  "bundleUrl": "i18n/i18n.properties",
                  "bundleUrlRelativeTo": "manifest"
               }]
            }
         },
         "equipment": {
            "preload": true,
            "dataSource": "equipment",
            "settings": {
            }
         }
      }
```

Listing 10.10 Datenmodell-Konfiguration

Defaultmodell

Die exemplarische Konfiguration enthält zwei Modelle, die jeweils eine ID haben. Beim Start der Anwendung wird die Modellkonfiguration ausgelesen, und die Modelle werden angelegt. In unserem Beispiel erhalten wir so ein Modell mit der ID i18n und eines mit der ID equipment. Es ist auch möglich, nur *ein* sogenanntes *Defaultmodell* zu konfigurieren. Hierzu lassen Sie lediglich die ID-Angabe in den doppelten Anführungszeichen weg. Das Defaultmodell ist das zentrale Modell einer Anwendung.

Übersetzungsmodell

Wie Sie aus der Konfiguration ersehen können, handelt es sich bei dem Modell i18n um ein Modell des Typs ResourceModel. Solche Übersetzungsmodelle werden im Rahmen einer Best Practice stets mit der ID i18n versehen. Sie stellen zur Laufzeit die sprachabhängigen Texte bereit. Über den Parameter uri geben Sie den relativen Pfad zur Übersetzungsdatei an, die die

Texte der Anwendung in der Standardsprache enthält. Sollte das Attribut `embeddedBy` im `sap.app`-Namensraum konfiguriert sein, so wird es an dieser Stelle mitberücksichtigt.

Wie schon bei der `dataSources`-Konfiguration können über den Konfigurationsparameter `settings` dedizierte Einstellungen für das Modell vorgenommen werden. In Listing 10.10 wird beispielsweise über das Attribut `enhanceWith` angegeben, dass das Übersetzungsmodell durch eine weitere sprachabhängige Datei erweitert wird. Dabei wird über das Attribut `bundleUrlRelativeTo` angegeben, zu welcher Ressource der Pfad relativ aufgelöst werden soll. Valide Angaben sind `manifest` oder `component`, wobei die Angabe von `component` der Standard ist.

Modelle mit Datenquellen verbinden

Wie Sie der Modellkonfiguration in Listing 10.10 entnehmen können, besitzt das Modell `equipment` den Parameter `dataSource`. Über diesen Parameter verbinden Sie die Modellkonfiguration mit einer Konfiguration aus der `dataSources`-Konfiguration, die im Namensraum `sap.app` durchgeführt wurde. Der Parameter `preload` gibt an, dass das Modell sofort erstellt wird, nachdem das Manifest von der *Component Factory* geladen wurde und bevor die Komponenteninstanz erstellt wird. Die Component Factory ist Bestandteil von SAPUI5 und für das Laden der Komponenten zuständig. Im Rahmen der Modellkonfiguration können über `settings` noch weitere Konfigurationsaspekte zu den unter `dataSources` angegebenen hinzugefügt werden. Hier sollte Sie darauf achten, dass Sie diese Möglichkeit nur nutzen, wenn diese zusätzlichen Einstellungen von SAPUI5 benötigt werden.

Konfiguration der Eingabevalidierung

»handleValidation«

SAPUI5 besitzt ein Typsystem (siehe Kapitel 15, »Eingabevalidierung und eigene Datentypen«). Diese Typen werden im Namensraum `sap.ui.model.type` zusammengefasst. Binden Sie eine Eigenschaft eines Datenmodells an ein UI-Control, können Sie angeben, welcher Datentyp aus dem Typsystem (oder welcher selbst implementierte Datentyp) der gebundenen Eigenschaft zugrunde liegt. Gibt der Nutzer Daten in das entsprechende UI-Control ein, die nicht datentypkonform sind, werden datentypspezifische Fehler ausgelöst. Diese Fehler können entweder imperativ abgefangen und im JavaScript-Code weiterverarbeitet werden, oder SAPUI5 kann sich um die Verarbeitung dieser Standardfehler kümmern. Möchten Sie die Verarbeitung der Standardmeldungen lieber SAPUI5 überlassen, so können Sie dies innerhalb der `sap.ui5`-Konfiguration über den Parameter `handleValidation` angeben:

```
"handleValidation": true
```

Message Manager

Bei dem Parameter handelt es sich um einen boolean-Parameter. Der Standardwert dieser Eigenschaft ist false. Dies gilt auch, wenn der Parameter gar nicht in der **manifest.json**-Datei konfiguriert ist. Setzen Sie den Parameter auf true, werden die Standardmeldungen vom sogenannten *Message Manager* der Komponente verarbeitet. Es handelt sich dabei um ein Objekt vom Typ sap.ui.core.message.MessageManager.

Unterstützte Darstellungsdichte

»contentDensities«

Wie bereits erläutert, können SAPUI5-Anwendungen auf unterschiedlichen Endgeräten ausgeführt werden. Dabei kann der Nutzer über die Maus oder Tastatur mit der Anwendung interagieren oder die Anwendung über Touch und Gesten steuern. Je nach Art der Interaktion sollten die Controls in entsprechender Größe dargestellt werden. Welche Formfaktoren von der Anwendung unterstützt werden, müssen Sie im sap.ui5-Namensraum über den Konfigurationsparameter contentDensities festlegen. Aktuell sind die Darstellungsdichten compact und cozy möglich. Sie sind standardmäßig auf true eingestellt. Listing 10.11 zeigt eine von diesen Standardwerten abweichende Konfiguration. Je nach Endgerät und unterstützter Darstellungsdichte werden die dazugehörigen CSS-Klassen sapUiSizeCompact bzw. sapUiSizeCozy angewandt.


```
"contentDensities": {
            "compact": true,
            "cozy": false
}
```

Listing 10.11 Konfiguration der unterstützten Darstellungsdichten

Zentrale View

»rootView«

Im Rahmen der Initialisierung der Anwendung können Sie festlegen, welche View geladen werden soll, nachdem die Komponente und alle dazugehörenden Konfigurationsaspekte geladen und instanziiert wurden. Das entsprechende Konfigurationsobjekt heißt rootView. Innerhalb dieser Konfiguration legt der Entwickler über das Attribut viewName den vollqualifizierten Namen der View fest. Da SAPUI5 unterschiedliche View-Arten unterstützt, muss über das Attribut type die Art der View angegeben werden. Zulässig sind die vier von SAPUI5 unterstützten Typen HTML, JS, JSON und XML. Die als rootView verwendete View stellt quasi die Zeichenfläche dar, in der später über Navigationsregeln andere Views angezeigt werden können. Je nachdem, wie die rootView aufgebaut ist, muss festgelegt werden, wo genau die Views bzw. View-Artefakte in der Wurzel-View dargestellt werden sollen. Dieser Anker wird über die in der View angegebene ID festgesetzt und in der rootView-Konfiguration über die Eigenschaft id angegeben (siehe Listing 10.12). In unserem Beispiel lautet die ID idAppControl. Mit dem Parameter async können Sie angeben, ob die View synchron oder asynchron geladen werden soll.

```
"rootView": {
    "viewName": "de.sapui5buch.demo.view.App",
    "type": "XML",
    "id": "idAppControl",
    "async": true
}
```

Listing 10.12 Die »rootView«-Konfiguration

Die Implementierung der konfigurierten rootView wird in Listing 10.13 gezeigt. Sie enthält ein Control vom Typ sap.m.App, das die ID idAppControl besitzt.

```
<mvc:View controllerName="de.sapui5buch.demo.controller.App"
  displayBlock="true"
  xmlns="sap.m" xmlns:layout="sap.ui.layout"
  xmlns:mvc="sap.ui.core.mvc" xmlns:core="sap.ui.core"
      xmlns:uxap="sap.uxap">
  <App id="idAppControl" >
      <pages>
      </pages>
  </App>
</mvc:View>
```

Listing 10.13 Zur »rootView«-Konfiguration gehörende View-Implementierung

Navigation

SAPUI5-Anwendungen bestehen in aller Regeln nicht nur aus der unter rootView angegebenen View. Anwendungen besitzen eine Vielfalt an Ansichten, zu denen der Nutzer wechseln kann. Die Navigation wird dabei durch einen sogenannten *Router* übernommen. SAPUI5 stellt eine Implementierung eines solchen Routers bereit, die Sie auch anpassen können. Dies geschieht im Rahmen der routing-Konfiguration im Namensraum sap.ui5.

»routing« Die routing-Konfiguration besteht aus drei Konfigurationsobjekten: dem config-Objekt, über das Sie die grundsätzliche Konfiguration angeben, dem routes-Objekt, in dem Sie Navigationsrouten festlegen, sowie den targets, über die Routen mit einem bzw. mehreren Zielen (Views) verbunden werden. Kapitel 11, »Routing und Navigation«, widmet sich dem Thema detailliert, trotzdem wollen wir Ihnen an dieser Stelle einen groben Überblick geben. Das Objekt `config` enthält die grundsätzliche Konfiguration für den Router.

»config«-Konfiguration

Im Rahmen der `config`-Konfiguration legen Sie über das Attribut `routerClass` den zu verwendenden Router fest (siehe Listing 10.14). Beim Routing geht es prinzipiell darum, eine View, die gerade angezeigt wird, durch eine andere zu ersetzen. Views sind einem Namensraum zugeordnet. Damit Sie diesen nicht bei jeder Zielkonfiguration konfigurieren müssen, bietet das `config`-Objekt die Attribute `viewPath` und `viewType` an. Das Attribut `viewPath` enthält den Namensraum und `viewType` den Typ der View. Für das Ersetzen von Views muss natürlich bekannt sein, wo das Ersetzen stattfinden soll. Hierzu gibt es die beiden Attribute `controlId` und `controlAggregation`. In `controlId` geben Sie die ID des UI-Controls an, in dem die View dargestellt werden soll, und in `controlAggregation` den Namen der Aggregation.

```
"routing": {
      "config": {
        "routerClass": "sap.m.routing.Router",
        "viewType": "XML",
        "viewPath": "de.sapui5buch.demo.view",
        "controlId": "idAppControl",
        "controlAggregation": "pages",
        "async": true
      },
      "routes": [

      ],
      "targets": {
      }
    }
```

Listing 10.14 Beispiel einer Routingkonfiguration

In unserem Beispiel handelt es sich bei dem mit `controlId` definierten Control um ein Control, das die Aggregation `pages` bereitstellt und das die ID `idAppControl` besitzt. Dies ist das `sap.m.App`-Control aus Listing 10.13. Um eine möglichst gute Performance zu erhalten, empfehlen wir, Ressourcen asynchron zu laden. Für diese Konfiguration wird der Parameter `async` verwendet.

»routes«-Konfiguration

Nach der Konfiguration der relevanten `config`-Aspekte müssen die Routen festgelegt werden, die in der Anwendung angesteuert werden. Eine Route besteht aus einem Namen, der dem Router zur Laufzeit übergeben wird, um zu dem entsprechenden Navigationsziel zu gelangen (siehe Listing 10.15).

```
"routing": {
      "config": {
      },
      "routes": [
        {
          "name": "Main",
          "pattern": "",
          "target": [
            "MainTarget"
          ]
        }
      ],
      "targets": {

      }
    }
```

Listing 10.15 Die »routes«-Konfiguration

Patterns Ein sehr wichtiges Merkmal beim Navigieren in SAPUI5-Anwendungen ist, dass der Benutzer ein Navigationsziel als Lesezeichen speichern können sollte. Dabei soll die Anwendung in dem Zustand geladen werden können, der bestand, als das Lesezeichen erstellt wurde. Nach dem Neuladen dieses Standes soll die Anwendung, soweit das möglich ist, entsprechend weitergenutzt werden können. Hierzu gibt es in SAPUI5 die Möglichkeit, sogenannte *Patterns* zu definieren. Das Pattern wird beim Aufruf der Route als Hash an die URL angehängt, so dass darüber auch die Route identifiziert werden kann. Patterns können Platzhalter für Informationen enthalten, die dem Navigationsziel beim Aufruf übergeben werden. In unserem Beispiel in Listing 10.15 wird kein Pattern angegeben, es handelt sich somit um eine Route, die aufgerufen werden soll, wenn kein Hash an die Anwendung übergeben wird. Dies ist beim initialen Aufruf der Anwendung der Fall.

»target«-Konfiguration Nach dem Parameter `pattern` müssen ein oder mehrere Ziele über die Angabe der `target`-Konfiguration definiert werden. Die `target`-Konfiguration gibt an, welche *Targets*, also welche Ziel-Views, aufgerufen werden sollen. Sie erfolgt im Konfigurationsobjekt `targets` (siehe Listing 10.16). Jedes Target erhält einen eindeutigen Namen und über das Attribut `viewName` den Namen der View, die verwendet werden soll. Über die Eigenschaft `viewLevel` können Sie die logische Ordnung der Views angeben. Beim Zurücknavigieren wird diese dann entsprechend sauber eingehalten. Target-Konfigurationen können die Basisinformation aus dem `config`-Objekt bei Bedarf überschreiben: beispielsweise, wenn Sie anstelle einer XML-View eine JavaScript-View oder aber eine View aus einem anderen Namensraum nutzen möchten. Die Attribute sind die gleichen wie beim `config`-Objekt.

```
"routing": {
      "config": {
      },
      "routes": [
      ],
      "targets": {
        "MainTarget": {
          "viewType": "XML",
          "viewLevel": 1,
          "viewName": "Overview"
        }
      }

    }
```

Listing 10.16 Die Konfiguration der Targets

SAPUI5 Flexibility

»flexEnabled«

SAPUI5-Anwendungen können vom Endbenutzer flexibel angepasst werden. Der Nutzer kann beispielsweise UI-Controls auf der Benutzeroberfläche anders anordnen oder Felder aus- und einblenden. Die daraus entstehende *Variante* der Anwendung kann er auch anderen Benutzern zur Verfügung stellen. Damit der Nutzer diese sogenannte *SAPUI5 Flexibility* nutzen kann, muss er entsprechende Berechtigungen besitzen. Zudem muss die Anwendung gewisse Voraussetzungen erfüllen, und in der Datei **manifest.json** muss das Flag `flexEnabled` gesetzt sein:

```
"flexEnabled": true,
```

Erweiterungen

SAPUI5 bringt ein Erweiterungskonzept mit. Demnach können Teile einer Anwendung erweitert, überschrieben oder ersetzt oder Benutzeroberflächenaspekte als unsichtbar bzw. sichtbar eingestellt werden. Die Erweiterungen sind modifikationsfrei. Das bedeutet, die Originalanwendung wird nicht verändert, die Erweiterungen finden in einem sogenannten *Erweiterungsprojekt* bzw. Adaptionsprojekt statt.

»extends« In der **manifest.json**-Datei eines Erweiterungsprojektes werden die implementierten Erweiterungen beschrieben. Ausgangspunkt für die Konfiguration stellt das Konfigurationsobjekt `extends` dar (siehe Listing 10.17). Anhand des Attributs `component` wird der Namensraum der erweiterten Anwendung angegeben. Als Nächstes konfigurieren Sie über das `extensions`-Objekt die Erweiterungen des Projekts.

```
"extends": {
  "component": "sapuibuch.demo ",
  "extensions": {
         "extensions": {
               "sap.ui.viewExtensions": {
                   "sapuibuch.demo.view.MyView": {
                            "demo_extension": {
                              "className": "sap.ui.core.Fragment",
                              "fragmentName":
          "sapui5buch.demo.extension.view.MyExtensionFragment",
                              "type": "XML"
                            }
         }
     },
         "sap.ui.viewModifications": {
          "sapuibuch.demo.view.MyView": {
             "idInput": {
              "visible": false
             }
         }
},
         "sap.ui.viewReplacements": {
              "sapuibuch.demo.view.DemoView": {
                  viewName: "sapuibuch.demo. extension
                                  .view.NewDemoView",
                     type: "XML"
                  }
             },
         "sap.ui.controllerExtensions": {
               "sapuibuch.demo.controller.MyView": {
          "controllerName": "
          sapui5buch.demo.extension.controller.CarrierCustom"
              }
            }
         }
  }
}
```

Listing 10.17 Die »extends«-Konfiguration eines Erweiterungsprojekts

Erweiterungspunkte

Das `sap.ui.viewExtensions`-Objekt enthält Konfigurationen von Erweiterungen für einen sogenannten *Erweiterungspunkt* (Extension Point), der in der Basisanwendung implementiert wurde. In unserem Beispiel lautet der Erweiterungspunkt `demo_extension` und befindet sich in einer View namens `sapuibuch.demo.view.MyView`. Über `className` wird angegeben, welche Art von Erweiterung implementiert wurde. In unserem Beispiel wurde ein Fragment für die Implementierung der Erweiterung genutzt. Über das Attribut `fragmentName` geben Sie an, wie die Implementierung der Erweiterung heißt.

View-Replacements

Neben Erweiterungen von Views können auch nur Teile von bestehenden Views aus- oder eingeblendet werden. View-Teile müssen hierfür eine statische ID besitzen. Die entsprechende Konfiguration findet im Konfigurationsobjekt `sap.ui.viewModifications` statt. In unserem Beispiel wird in der View `sapuibuch.demo.view.MyView` das Control mit der ID `idInput` unsichtbar gesetzt. Um eine komplette View in der Basisanwendung zu ersetzen, kommen sogenannte *View-Replacements* zum Einsatz. Hierzu wird im Erweiterungsprojekt die Konfiguration `sap.ui.viewReplacements` genutzt.

Controller-Erweiterungen

Zu guter Letzt können Sie auch Controller-Implementierungen der Basis-Anwendung erweitern. Hierzu konfigurieren Sie im Bereich `sap.ui.controllerExtensions`, welcher Controller der Basis-Anwendung durch die Implementierung in der Erweiterung ersetzt bzw. erweitert werden soll.

[«]

Weitere Konfigurationsmöglichkeiten

Neben den hier gezeigten Konfigurationsmöglichkeiten gibt es einige weitere. Wir stellen Ihnen im Download-Bereich des Buches eine komplette **manifest.json**-Datei zur Verfügung.

10.2 Zugriff auf die Konfigurationsdaten zur Laufzeit

Die im Anwendungsdeskriptor hinterlegten Konfigurationsinformationen werden nicht nur von der SAPUI5-Laufzeitumgebung ausgewertet und führen dazu, dass beispielsweise Modelle angelegt werden. Das Framework bietet auch die Möglichkeit, zur Laufzeit auf die Konfiguration zuzugreifen und die Konfigurationsinformationen zu verwenden. In diesem Abschnitt gehen wir auf diese Möglichkeit ein.

»getManifestObject«

Die Konfigurationsinformationen werden als Metadaten auf Komponentenebene verarbeitet und stehen demnach auch hier zur Verfügung. Sie erhalten über eine Referenz Zugriff auf die Informationen. Für den Zugriff stellt die Komponenteninstanz zur Laufzeit die Funktion `getManifestObject` zur Verfügung. Diese Funktion liefert ein Objekt vom Typ `sap.ui.core.Manifest` an den Aufrufer. Das folgende Listing zeigt den Zugriff auf das Manifest im Rahmen eines Controllers:

```
var oManifest =
        this.getOwnerComponent().getManifestObject ();
```

»sap.ui.core. Manifest« Die Klasse `sap.ui.core.Manifest` bietet einige Methoden für die Verarbeitung der Informationen (siehe Abbildung 10.1).

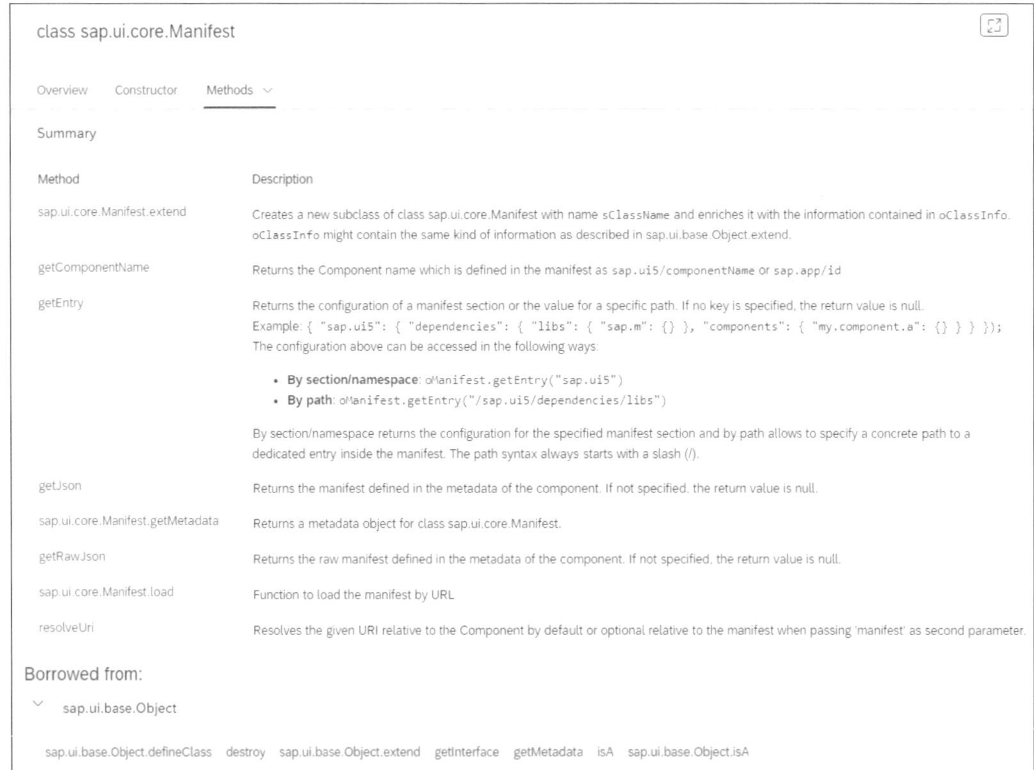

Abbildung 10.1 Die API-Dokumentation von »sap.ui.core.Manifest«

Indem Sie auf das Manifest-Objekt zugreifen, können Sie die Inhalte auslesen und in einer Anwendung weiterverwenden. Mit dem folgenden Aufruf erhalten Sie beispielsweise den Inhalt des Konfigurationsobjekts `sap.ui`, den Sie in Abbildung 10.2 sehen.

```
this.getOwnerComponent().getManifestObject().
  getEntry("sap.ui");
```

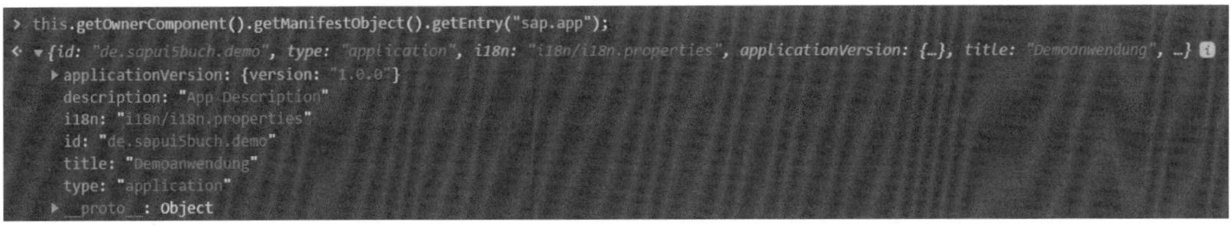

```
> this.getOwnerComponent().getManifestObject().getEntry("sap.app");
< ▾{id: "de.sapui5buch.demo", type: "application", i18n: "i18n/i18n.properties", applicationVersion: {…}, title: "Demoanwendung", …}
   ▸applicationVersion: {version: "1.0.0"}
    description: "App Description"
    i18n: "i18n/i18n.properties"
    id: "de.sapui5buch.demo"
    title: "Demoanwendung"
    type: "application"
   ▸__proto__: Object
```

Abbildung 10.2 Der Inhalt des Objekts »sap.app« im Debugger

Den Zugriff auf ein spezifisches Objekt zeigt Ihnen das Beispiel aus Listing 10.18. Hier wird auf das Konfigurationsobjekt `contentDensities` zugriffen und geprüft, ob das Flag `cozy` auf `true` steht.

```
var oContentDensities =
    this.getOwnerComponent().getManifestObject().getEntry(
           "/sap.ui5/contentDensities");
if(oContentDensities.cozy === true) {
//
}
```

Listing 10.18 Auslesen eines spezifischen Konfigurationsobjekts

10

Kapitel 11
Routing und Navigation

In diesem Kapitel lernen Sie die Standardaspekte der Navigation in SAPUI5 in Vollbildanwendungen und Master-Detail-Szenarien kennen und erhalten einen Einblick in die komponentenübergreifende Navigation.

Beim Wechsel zwischen verschiedenen Ansichten oder Seiten innerhalb Ihrer Anwendungen kommt das *SAPUI5-Routing* zum Einsatz. In diesem Kapitel lernen Sie die grundlegenden Navigationskonzepte von SAPUI5 kennen und wenden sie auf unser Master-Detail-Szenario an.

11.1 Einführung in die Navigationskonzepte von SAPUI5

Navigationskonzepte

In SAPUI5 kommt ein hashbasiertes Routingsystem zum Einsatz. Anhand einer Notation, die bestimmten, festzulegenden Mustern folgt, kann eine Navigationsroute innerhalb der Anwendung angesteuert werden. Dieser sogenannte *Hash* folgt in der Browser-URL auf das Hash-Zeichen #, das wiederum der grundlegenden URL der Applikation angehängt wird. Eine typische URL zu einer SAPUI5-Anwendung hat daher diese Form:

http(s)://basislink_zur_anwendung/#/route

Das Auslesen des Hash und die darauffolgende Navigation ist Aufgabe des *SAPUI5-Routers*. Dieses Modul wird beim Anwendungsstart durch die Komponente initialisiert und reagiert fortan auf Änderungen der Browser-URL bzw. des Hash.

11.1.1 Übersicht

Routingkonfiguration

Mit Hilfe einer *Routingkonfiguration*, die im Anwendungsdeskriptor definiert ist, kann der Router eine getroffene Route erkennen, die dazugehörigen Navigationsziele und damit assoziierten Views laden und in den dafür vorgesehenen Navigationscontainern platzieren (siehe Abbildung 11.1).

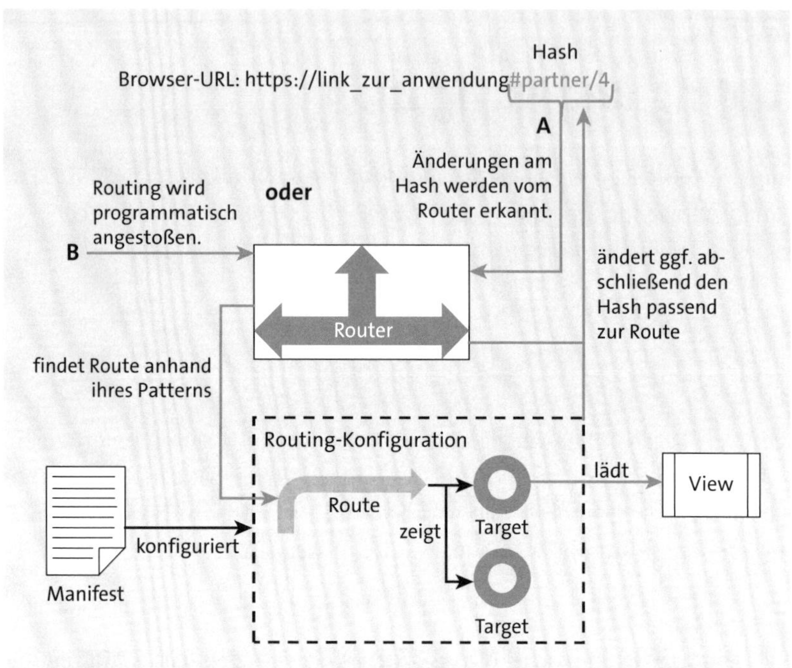

Abbildung 11.1 Routingkonzept in SAPUI5

Ein Navigationsvorgang kann auf zwei Wegen angestoßen werden:

- automatisch durch Ändern des Hash in der Browser-URL
- programmatisch, etwa durch Aufruf der `navTo()`-Funktion des Routers

Routerfunktion

Ändert sich der Hash in der Browser-URL, wird er ausgelesen. Dies gilt sowohl für den ersten Aufruf der Anwendung mit leerem Hash als auch für Hashes mit Routingparametern. Über diesen Navigationsweg ist es Anwendern möglich, eine Route direkt einzugeben oder über ein gespeichertes Lesezeichen aufzurufen.

Die programmatische Navigation folgt typischerweise aus der Bedienung der Anwendung. Eine solche Navigation kann beispielsweise stattfinden, wenn Anwender eine Ressource auswählen und die Anwendung zur Detailansicht für diese Ressource navigiert. Ebenso kann der Anwender von einer Ansicht auf die vorige zurücknavigieren.

Bei der programmatischen Navigation wird die Route direkt über ihren Namen angesteuert. Bei der Navigation über den Hash wird der Name gegen ein Muster (Pattern) abgeglichen, und bei einer Übereinstimmung wird die entsprechende Route angesteuert. Wird eine Route programmatisch angesteuert, ersetzt der Router den Hash in der Browser-URL automatisch passend zum Muster der Route. Eventuell übergebene Parameter werden ebenfalls Teil des Hash.

Routen und Targets

Routen

Eine *Route* ist somit das zentrale Objekt des Navigationskonzeptes. Sie wird durch die Klasse `sap.ui.core.routing.Route` abgebildet. Neben ihrem Namen für die programmatische Ansteuerung und ihrem Muster für die hashbasierte Ansteuerung gehört zu jeder Route eine Liste von Navigationszielen, sogenannte *Targets*. Eine Route verweist auf ein oder mehrere Targets.

Targets

Ein Target beschreibt eine Zielansicht und definiert die Details für das Laden dieser Ansicht. Unter anderem kann ein Target definieren, welche View geladen wird und wo sie – innerhalb der vom jeweiligen Navigationscontainer gebotenen Möglichkeiten – platziert wird. Weitere Optionen umfassen das Definieren einer Übergangsanimation für den Navigationsvorgang oder das Setzen einer Ebene (`viewLevel`), über die eine implizite Hierarchie unterschiedlicher Targets festgelegt werden kann.

Targets bieten den Vorteil, dass sie erst dann geladen werden, wenn sie wirklich benötigt werden. Die dazugehörigen Views werden erst instanziiert, wenn die entsprechende Route angesteuert wird, was sich positiv auf die Anwendungsperformance auswirken kann.

Navigationscontainer

Root-Control für die Navigation

Eine View, die durch ein Target geladen wird, wird zur Anzeige in einem *Navigationscontainer* platziert. Der Navigationscontainer stellt das Basis-Control dar, innerhalb dessen die Navigation stattfindet. Dies kann beispielsweise ein `sap.m.App`-Control oder auch ein `sap.m.SplitApp` oder `sap.f.FlexibleColumnLayout` sein und wird typischerweise auf der `rootView` der Anwendung platziert.

Der Navigationscontainer enthält je nach Layout eine oder mehrere Control-Aggregationen, in die die Views geladen werden. Abbildung 11.2 zeigt den grundsätzlichen Ablauf.

Beim Start der Anwendung werden die zur Standardroute gehörenden Views in der Control-Aggregation des Navigationscontainers platziert. Wird dann zu einem anderen Target navigiert, ersetzen dessen Views die bisher vorhandenen.

Beim Ansteuern einer Route können die Views mehrerer in der Route enthaltener Targets in verschiedenen Control-Aggregationen platziert werden. Dies ist beispielsweise in Master-Detail-Szenarien sinnvoll (siehe Abbildung 11.3).

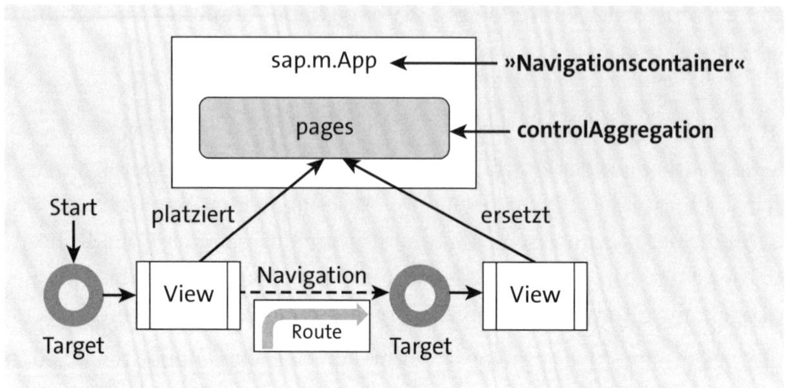

Abbildung 11.2 Navigationscontainer und Control-Aggregation

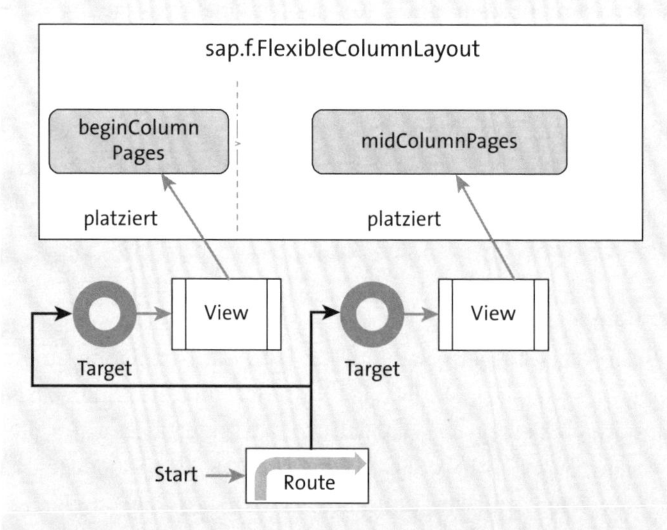

Abbildung 11.3 Navigation mit mehreren Control-Aggregationen

11.1.2 Routingkonfiguration

Die Routen mitsamt ihren Namen, Pattern und Referenzen auf Targets sind in der Routingkonfiguration im Manifest deklariert. Die Routingkonfiguration ist im Abschnitt `sap.ui5.routing` des Manifests verortet.

Standardeinstellungen der Routingkonfiguration

Im Unterpunkt `config` legen Sie die Standardeinstellungen der Routingkonfiguration fest. Diese können gegebenenfalls von Routen und Targets überschrieben werden, ersparen Ihnen aber ansonsten eine mehrfache Konfiguration derselben Werte für unterschiedliche Routen oder Targets.

Zu den Einstellungen im `config`-Bereich gehören:

- `routerClass` – die Klasse des instanziierten Routers
- `viewType` – der Standardtyp der geladenen Views (z. B. `XML`)
- `path` – der Standardpfad zu den Views der Anwendung
- `controlId` – die ID des zu verwendenden Navigationscontainers
- `controlAggregation` – die Standardaggregation, in der geladene Views platziert werden
- `async` – die Angabe, ob Targets asynchron geladen werden

Die weiteren Einstellungen werden je Route bzw. je Target vorgenommen.

Router

Routerklasse

Welche Routerklasse für eine Anwendung gewählt wird, hängt maßgeblich von dem verwendeten Navigationscontainer ab. Die Basisklasse `sap.ui.core.routing.Router` enthält den Großteil der für das Routing benötigten Funktionalität. In der Regel verwenden Sie jedoch eine davon abgeleitete Spezialisierung, die entsprechende Zusatzmöglichkeiten für die jeweilige Anwendung bietet.

Verwenden Sie die Klasse `sap.m.routing.Router` für mobile Anwendungen, in denen Sie mit einer `sap.m.App` oder `sap.m.SplitApp` als Navigationscontainer hauptsächlich zwischen verschiedenen Seiten im Vollbild navigieren. Der hierfür spezialisierte Router bietet Ihnen die Möglichkeit, Übergangsanimationen und View-Ebenen zu definieren, die zu einem konsistenten Navigationsfluss beitragen.

Nutzen Sie hingegen die Klasse `sap.f.routing.Router`, um innerhalb eines `sap.f.FlexibleColumnLayout`-Controls zu navigieren. Der Router stellt Ihnen hierbei die Möglichkeit zur Verfügung, das Ziellayout der jeweiligen Route deklarativ festzulegen.

Vorbereitung auf das Routing

In der Demoimplementierung verwenden wir die in Listing 11.1 gezeigte Konfiguration in **manifest.json**, um die Anwendung für das Routing vorzubereiten:

```
"sap.ui5": {
  "rootView": {
    "viewName": "de.sapui5buch.demo.view.App",
    "type": "XML",
    "async": true,
    "id": "idAppControl"
  },
  "routing": {
```

```
      "config": {
        "routerClass": "sap.f.routing.Router",
        "viewType": "XML",
        "path": "de.sapui5buch.demo.view",
        "controlId": "masterDetailBase",
        "controlAggregation": "beginColumnPages",
        "async": true
      },
      "routes": [],
      "targets": {}
    }
  }
```

Listing 11.1 Grundlegende Routingkonfiguration im Manifest (Demo)

Stellen Sie zunächst sicher, dass die `rootView` korrekt eingestellt ist. Fügen Sie dann `routing.config` mit den gezeigten Werten ein, falls sie noch nicht vorhanden ist.

In der Demoimplementierung arbeiten wir mit dem `FlexibleColumnLayout`. Setzen Sie daher als `routerClass` die Klasse `sap.f.routing.Router`. Da wir, soweit möglich, ausschließlich XML-Views verwenden, geben Sie `XML` als `viewType` an.

Geben Sie im Parameter `path` unser Verzeichnis **view** mit dem Anwendungspräfix an. Ihre Targets beziehen sich später auf diesen Pfad, so dass Sie die dortigen Angaben relativ zum **view**-Verzeichnis setzen können. So können Sie in der Regel direkt den Dateinamen der View ohne weitere Präfixe angeben.

Im Parameter `controlId` referenzieren Sie das Root-Control, das als Navigationscontainer dienen wird. Geben Sie als Wert die ID des in der View **App.view.xml** verwendeten `FlexibleColumnLayout`-Controls an. Hier stehen Ihnen mehrere Aggregationen zur Verfügung (siehe Abbildung 11.3): `beginColumnPages`, `midColumnPages` und (nicht in der Abbildung gezeigt) `endColumnPages`. Die im Standardlayout (`OneColumn`) genutzte Aggregation ist `beginColumnPages`. Geben Sie sie für den Parameter `controlAggregation` an.

Router-initialisierung

Stellen Sie abschließend sicher, dass der Router instanziiert wird. Dies geschieht in der `init()`-Funktion der **Component.js** (siehe Listing 11.2).

```
init: function() {
  // call the base component's init function
  UIComponent.prototype.init.apply(this, arguments);
  // enable routing
```

```
  this.getRouter().initialize();
  // ...
}
```

Listing 11.2 Routerinitialisierung in der »Component.js«

In den nächsten Schritten legen Sie Routen und Targets an, so dass der Router zum Einsatz kommt.

Routen

Routen konfigurieren

Sie konfigurieren die Routen Ihrer Anwendung im Abschnitt `sap.ui5.routing.routes` des Manifests. `routes` stellt hierbei ein Array, in dem Sie Routen als JSON-Objekte anlegen. Bei der Konfiguration sind je Route drei Parameter von zentraler Bedeutung:

- `name` – der eindeutige Name der Route
- `pattern` – das Muster, nach dem die Route angesteuert wird, sofern der Hash in der Browser-URL diesem Muster entspricht
- `target` – eine Liste von Targets, die durch die Route geladen werden

Wie in Abschnitt 11.1.1 erwähnt, können Routen direkt programmatisch oder über einen passenden Hash angesteuert werden. Über den konfigurierten Parameter `name` kann die Route von der Anwendung aus programmatisch aufgerufen werden. Der Parameter `pattern` legt das Muster fest, über das die Route per Hash aufgerufen wird. Das Pattern bietet wiederum verschiedene Konfigurationsmöglichkeiten:

- hartkodierte Patterns
- parametrisierte Patterns
- Patterns mit Query-Parametern
- *Rest-as-String-Parameter*

Routenpatterns

Hartkodierte Patterns enthalten einen fest vorgegebenen Teil, der durch den Hash genau wiedergegeben werden muss, um die Route aufzurufen. Ein Beispiel für ein solches Pattern wäre `/partner` in Ihrer Routingkonfiguration. Die URL zum Aufruf entspricht dann dem Muster *https://link_zur_anwendung/#/partner*. Nutzen Sie hartkodierte Patterns, um statische Bereiche Ihrer Anwendung zu kennzeichnen.

Routenparameter

Parametrisierte Patterns erlauben Ihnen, dynamische Routen anzulegen, die Pflicht- oder optionale Parameter enthalten. Sie konfigurieren Pflichtparameter, indem Sie den gewünschten Parameternamen in geschweifte Klammern setzen: `/partner/{partnerId}`. Die Route wird nun durch Hashes wie *#/partner/1*, *#/partner/a* etc. aufgerufen. Beim programmatischen Ansteuern einer solchen Route müssen Sie einen Parameter `partnerId` übergeben.

Optionale Parameter konfigurieren Sie mit Doppelpunkten: `/partner/:partnerId:`. Eine solche Route wird sowohl durch einen Hash *#/partner* als auch durch *#/partner/1* angesteuert. Beim programmatischen Aufruf steht es Ihnen frei, den Parameter `partnerId` mitzugeben. Nutzen Sie parametrisierte Routen, um spezifische, benannte Parameter zu definieren und diese bei der Navigation zu übergeben. Auf diese Art realisieren Sie beispielsweise die Auswahl von Detailseiten und generell die Interaktion mit den Geschäftsobjekten Ihrer Anwendung.

Patterns mit Query-Parametern

Patterns mit Query-Parametern enthalten eine beliebige Reihe von URL-Parametern. Wie bei parametrisierten Patterns können sie als Pflicht- oder optionale Parameter angelegt werden.

Konfigurieren Sie Query-Parameter beispielsweise entweder mit `/partner{?query}` für Pflichtparameter oder `/partner:?query:` für optionale Parameter. Beide Patterns reagieren auf Hashes wie *#/partner?tab=Orders&filter=none*, während das zweite Pattern entsprechend auch bei *#/partner* reagiert. Beim Aufruf einer Route mit Query-Parametern erhalten Sie ein Objekt mit dem definierten Parameternamen – in unserem Beispiel `?query` –, aus dem Sie die übergebenen URL-Parameter und ihre Werte auslesen können. Nutzen Sie Query-Parameter, wenn Sie mehrere, nicht fest spezifizierte Parameter in einer Route übergeben möchten, die sich je nach Situation unterscheiden können und nicht die direkte Interaktion mit Geschäftsobjekten betreffen.

Rest-as-String-Parameter

Mit einem *Rest-as-String-Parameter* können Sie eine Route mit einem fest definierten und einem beliebigen flexiblen Teil anlegen. Legen Sie hierzu den fest definierten Teil der Route mit den bereits gezeigten hartkodierten oder parametrisierten Patterns an, und ergänzen Sie sie um einen Parameter, der mit dem Zeichen * versehen ist. Dieser repräsentiert einen beliebigen weiteren Hash, den Sie unter dem vergebenen Parameternamen individuell auslesen können.

Konfigurieren Sie eine solche Route beispielsweise mit `/partner/{partnerId}/:all*:`, so erhalten Sie bei einem Aufruf von *#/partner/3/details?filter=none* den zusätzlichen Parameter `all`, aus dem Sie den Hash */details?filter=none* auslesen können.

Stellen Sie sicher, dass der Rest-as-String-Parameter an letzter Stelle steht, wenn Sie mehrere Parameter kombinieren. Nutzen Sie den Rest-as-String-Parameter nur für konkrete Anwendungsfälle, die dies erfordern. Nutzen

Sie ihn nicht zum Abfangen ungültiger Hashes. Hierfür ist das Target bypassed vorgesehen, das wir in Abschnitt 11.2.2 gesondert betrachten.

Sie können die hier beschriebenen Parameter grundsätzlich miteinander kombinieren, um die Routen für Ihre Anwendung sinnvoll zusammenzustellen.

[«]

Reihenfolge von Routen

Beachten Sie, dass bei der Konfiguration Ihrer Routen deren Reihenfolge im Manifest eine bedeutende Rolle einnimmt. Grundsätzlich wird nur die erste Route, deren Pattern dem aktuellen Hash entspricht, angesteuert, und die dazugehörigen Events werden ausgelöst.

Passen potenziell mehrere Patterns zu bestimmten für Ihre Anwendung vorgesehene Hashes, ordnen Sie die Routen entsprechend Ihrer beabsichtigten Prioritäten an.

Nutzen Sie alternativ den Parameter greedy einer Route, um ihre Events auch dann auslösen zu lassen, wenn bereits eine andere Route auf den aktuellen Hash reagiert hat.

Standardroute

Im Parameter target konfigurieren Sie alle Targets der Route in einem Array. Sie referenzieren dabei den Schlüssel des jeweiligen Targets. Legen Sie für die Demoimplementierung eine erste Standardroute an (siehe Listing 11.3).

```
"routes": [
  {
    "name": "home",
    "pattern": "",
    "target": [
      "businessPartnerMaster"
    ],
    "layout": "OneColumn"
  }
],
```

Listing 11.3 Standardroute für die Anwendung (Demo)

Vergeben Sie home als name und als pattern einen leeren String. Hierdurch definieren Sie die Standardroute, die beim Start der Anwendung – also bei einem leeren Hash – angesteuert wird. Da im FlexibleColumnLayout zuerst nur die Master-Tabelle angezeigt werden soll, definieren Sie ein einzelnes Target businessPartnerMaster und geben das Layout OneColumn vor. Letzteres ist möglich, da wir die Klasse sap.f.routing.Router verwenden.

Targets

Targets konfigurieren

Sie konfigurieren Targets im Abschnitt `sap.ui5.routing.targets` des Manifests. `targets` ist hierbei ein JSON-Objekt, dem Sie pro Target ein weiteres Objekt, identifiziert durch einen eindeutigen Schlüssel, hinzufügen. Fügen Sie in der Demoimplementierung ein erstes Target hinzu (siehe Listing 11.4).

```
"targets": {
  "businessPartnerMaster": {
    "type": View
    "name": "BusinessPartnerMaster"
  }
}
```

Listing 11.4 Target für die Master-Tabelle (Demo)

Zielressource

An dieser Stelle benötigen Sie zunächst nur die Angabe der Zielressource im Parameter `name`. Über den Parameter `type` geben Sie zudem an, welche Art von Zielressource – View oder Komponente – durch das Target geladen wird. In unserem Fall laden wir eine View `BusinessPartnerMaster`, die noch angelegt werden muss.

Alle weiteren Parameter sind in der Standardkonfiguration enthalten, die Sie zuvor definiert haben. Beachten Sie, dass Sie auch dem Parameter `type` einen Standardwert vorgeben könnten. Wir entscheiden uns hier jedoch, den Typ je Target an Ort und Stelle zu kennzeichnen. Bei Abweichungen können Sie je Target u. a. die folgenden Felder konfigurieren:

- `viewType` – gibt den Typ der zu ladenden View (XML, JS, JSON, HTML) an.
- `viewName` – gibt den Namen der zu ladenden View an; kann in Verbindung mit `viewPath` als Alternative zu `name` genutzt werden.
- `viewPath` – gibt den Pfad innerhalb der Anwendung zu der zu ladenden View an. Die Angabe wird als Präfix genutzt und kann in Verbindung mit `viewName` als Alternative zum Parameter `path` genutzt werden. Bevorzugen Sie jedoch, wenn möglich, `name` und `path`.
- `controlId`: ID des Navigationscontainers; weicht in der Regel nicht vom Standardwert ab.
- `controlAggregation` – repräsentiert die Aggregation des Navigationscontainers, in die die Zielressource geladen wird.

Wenn Sie die Klasse `sap.m.routing.Router` nutzen, können Sie außerdem u. a. die folgenden Felder konfigurieren:

- `viewLevel`: Weisen Sie hiermit Targets eine ganzzahlige »Ebene« zu. Hierdurch können Sie verschiedene Views in eine logische Reihenfolge bringen, die dem typischen Nutzungsablauf Ihrer Anwendung entspricht. Bei der Navigation passt sich die Animation an die entsprechende Ebene an: »vorwärts« bei der Navigation auf eine höhere, gleiche oder undefinierte Ebene, »zurück« bei der Navigation auf eine niedrigere Ebene.

- `transition` definiert die Art, auf die Navigation von und zu dem Target animiert wird. Wählen Sie zwischen `slide` (Standard), `baseSlide`, `flip`, `fade` und `show`.

11.1.3 Erste Navigation in der Anwendung

Nachdem Sie sichergestellt haben, dass der Router initialisiert wird, eine Routingkonfiguration im Manifest definiert haben und eine Standardroute und ein dazu passendes Target angelegt haben, ist die Anwendung für die Benutzung des Routers konfiguriert.

Routing in der Demoimplementierung

Für die Demoimplementierung ist jetzt noch eine Umstrukturierung notwendig. Das Target für die Standardroute `home` erwartet eine View. Bislang laden wir die `BusinessPartnerMaster`-Tabelle als Fragment in der View **App.view.xml**, die nun aber nur noch das `FlexibleColumnLayout` enthalten soll.

An dieser Stelle beginnen wir, die Funktionalitäten und Verantwortlichkeiten, die bisher allein durch **App.controller.js** übernommen wurden, aufzutrennen und auf die Controller der neu erstellten View aufzuteilen.

Erstellen Sie zunächst eine neue View mit dem Namen **BusinessPartnerMaster.view.xml** und einen dazugehörigen Controller **BusinessPartnerMaster.controller.js**. Implementieren Sie danach die View (siehe Listing 11.5).

```
<mvc:View controllerName=
"de.sapui5buch.demo.controller.BusinessPartnerMaster"  displayBlock=
"true" xmlns="sap.ui.core" xmlns:mvc="sap.ui.core.mvc" >
  <Fragment
    fragmentName="de.sapui5buch.demo.view.BusinessPartnerTable"
    type="XML"/>
</mvc:View>
```

Listing 11.5 XML-View »BusinessPartnerMaster« (Demo)

Die View lädt nun als Inhalt das Fragment, das zuvor in den `beginColumnPages` des `FlexibleColumnLayout`-Controls in der View **App.view.xml** geladen wurde. Stellen Sie sicher, dass Sie das Fragment dort entfernen. Das `FlexibleColumnLayout` sollte nun keine Inhalte mehr direkt deklarieren, die Inhalte wollen wir ausschließlich durch den Router bereitstellen lassen. Sie können die Deklaration des FlexibleColumnLayout-Controls auf folgenden Einzeiler reduzieren:

```
<f:FlexibleColumnLayout id="masterDetailBase" />
```

Implementieren Sie nun den BusinessPartnerMaster-Controller (siehe Listing 11.6).

```
sap.ui.define([
  "de/sapui5buch/demo/controller/BaseController",
  "sap/ui/model/Filter",
  "sap/ui/model/FilterOperator"
], function(Controller, Filter, FilterOperator) {
  "use strict";
  return Controller.extend("de.sapui5buch.demo.controller.
    BusinessPartnerMaster", {
    onInit: function () {},
    onSuggest: function(oEvent) {
      //...
    },
    onSuggestionItemSelected : function(oEvent) {
      //...
    },
    onListItemSelected: function (oEvent) {
      //...
    },
    onValueHelpRequest : function(oEvent) {
      //...
    },
    onSearch: function(oEvent) {
      //...
    },
    onRefreshBusinessPartnerTable: function () {
      //...
    }
  });
});
```

Listing 11.6 »BusinessPartnerMaster«-Controller (Demo)

Stellen Sie sicher, dass die Module Filter und FilterOperator als Abhängigkeit deklariert werden, und übernehmen Sie die gezeigten Methoden aus **controller.App.controller.js**. Entfernen Sie die Methoden und Abhängigkeiten dort; sie werden nicht mehr benötigt.

Sie sollten nun die Anwendung starten können und wie vorher die Master-Tabelle sehen. Die Suchhilfe und das Aktualisieren bei Mobilgeräten sollten wie gehabt funktionieren.

Um auch die Auswahl einer Detailseite über das Routing abzubinden, sind einige weitere Schritte notwendig, die wir in Abschnitt 11.2 genauer erklären.

11.2 Navigation am Beispiel einer Master-Detail-Anwendung

Bisher haben wir eine Standardroute home angelegt, die unsere Master-Tabelle im Vollbild anzeigt. Wir wollen nun über eine weitere Route zu den Objektdetails gelangen. In einem Master-Detail-Szenario übergeben Sie typischerweise den Schlüssel des aus der Master-Liste ausgewählten Objekts an die Detailseite, um ihn für die Datenbindung zu verwenden.

11.2.1 Implementieren der Detailroute

Detailroute

Legen Sie im Manifest eine weitere Route detail mit einem Pflichtparameter an (siehe Listing 11.7).

```
"routes": [
  {
    "name": "home",
    "..."
  },
  {
    "name": "detail",
    "pattern": "partner/{partnerId}",
    "target": [
      "businessPartnerMaster",
      "businessPartnerDetail"
    ],
    "layout": "TwoColumnsMidExpanded"
  }
]
```

Listing 11.7 Detailroute im Manifest (Demo)

Wählen Sie als Pattern partner/{partnerId}. Über den hartkodierten Teil des Patterns bilden wir die semantische Bedeutung der Route bzw. des Hash ab, während die nachfolgende Partner-ID das ausgewählte Objekt designiert.

Target zur Detailroute

Geben Sie als Targets sowohl das bisherige Target `businessPartnerMaster` als auch das noch zu erstellende Target `businessPartnerDetail` an. Bei der Navigation in einer Vollbildanwendung geben Sie hier nur das Detail-Target an, im Master-Detail-Szenario wollen wir jedoch sowohl die Master-Liste als auch die Detailseite gleichzeitig einsehen können. Legen Sie als Nächstes das Detail-Target an (siehe Listing 11.8).

```
"targets": {
  "businessPartnerMaster": {
    "type": "View",
    "name": "BusinessPartnerMaster"
  },
  "businessPartnerDetail": {
    "type": "View",
    "name": "BusinessPartnerDetail",
    "viewType": "JS",
    "controlAggregation": "midColumnPages"
  }
}
```

Listing 11.8 Detail-Target im Manifest (Demo)

Da Sie die Detail-View als JavaScript-View anlegen müssen, geben Sie `JS` als `viewType` an. Die Detailseite soll in der mittleren Spalte des `FlexibleColumnLayout`-Controls platziert werden; geben Sie daher `midColumnPages` als `controlAggregation` an.

Parameter übergeben

Ändern Sie als Nächstes den Master-Controller **BusinessPartnerMaster.controller.js**, um den notwendigen Übergabeparameter auszulesen und die Navigation bei der Auswahl eines Objekts zu starten. Passen Sie dazu die Funktionen `onSuggestionItemSelected` und `onListItemSelected` an (siehe Listing 11.9).

```
onSuggestionItemSelected : function(oEvent) {
  var oSelectedItem = oEvent.getParameter("selectedItem");
  var sBindingPath = oSelectedItem.getBindingContext().getPath();
  this.getRouter().navTo("detail", {
    partnerId: encodeURIComponent(sBindingPath)
  });
},

onListItemSelected: function (oEvent) {
  var oSelectedItem = oEvent.getParameter("listItem");
  var sBindingPath = oSelectedItem.getBindingContext().getPath();
```

```
  this.getRouter().navTo("detail", {
    partnerId: encodeURIComponent(sBindingPath)
  });
},
```

Listing 11.9 Navigation mit Parameterübergabe (Demo)

Routerinstanz aufrufen

Über die vom `BaseController` bereitgestellte Funktion `getRouter()` wird die Routerinstanz aufgerufen. Über die Funktion `navTo()` steuern Sie gezielt eine Route an. Geben Sie hierfür den Namen der Route als ersten Parameter an. Der zweite Parameter ist ein JavaScript-Objektliteral, in dem die zu übergebenden Parameter enthalten sind. Hier müssen alle Pflichtparameter – in unserem Fall `partnerId` – angegeben werden, ansonsten träte zur Laufzeit ein Fehler auf.

Als Wert wollen wir idealerweise das Feld `BusinessPartnerID` aus unserem Modell übergeben. Da wir jedoch momentan mit einem JSON-Modell arbeiten, in dem die Objekte nicht über einen Schlüssel, sondern nur über ihren Index referenziert sind, ist eine Übergabe des Binding-Paths einfacher, um aus diesem wiederum den Binding-Kontext des ausgewählten Objekts zu erhalten. Über die ID wäre dies nur mit zusätzlichem Aufwand möglich, zum Beispiel über eine Lookup-Funktion.

Den Binding-Pfad übergeben

Die Übergabe des Binding-Pfads erfordert das Kodieren des Pfades, da Sonderzeichen, insbesondere Schrägstriche, nicht als Teil der URL interpretiert werden sollen. Dies geschieht über die Standard-JavaScript-Funktion `encoreURIComponent()`.

Erstellen Sie nun eine View **BusinessPartnerDetail.view.js** und einen Controller **BusinessPartnerDetail.controller.js**. Wir wollen die Vorgehensweise aus Abschnitt 8.3, »Implementierung adaptiver SAPUI5-Anwendungen«, beibehalten und, abhängig von der Geräteart, entweder eine `sap.m.Page` mit `IconTabBar` oder ein `ObjectPageLayout` für die Darstellung verwenden. Das jeweilige Fragment soll beim Laden der View instanziiert und der View hinzugefügt werden. Da das dynamische Hinzufügen von Inhalten direkt zu einer View-Instanz, z. B. mit Hilfe der Funktion `addContent()`, bei XML-Views nicht unterstützt wird, behelfen wir uns, indem wir eine JavaScript-View anlegen (siehe Listing 11.10).

```
sap.ui.jsview("de.sapui5buch.demo.view.BusinessPartnerDetail", {
 getControllerName: function () {
  return "de.sapui5buch.demo.controller.BusinessPartnerDetail";
 },
 createContent: function (oController) {
```

```
  return [];
 }
});
```

Listing 11.10 Detail-View (Demo)

Verweisen Sie, wie bei JavaScript-Views üblich, in der Methode getControllerName auf den dazugehörigen Controller. Lassen Sie die Funktion createContent ein leeres Array zurückliefern. Die Inhalte der View werden in unseren bisherigen Fragmenten definiert und beim Initialisieren der View geladen. Erstellen Sie nun den Controller (siehe Listing 11.11).

```
sap.ui.define([
  "de/sapui5buch/demo/controller/BaseController",
  "sap/ui/core/Fragment"
], function (Controller, Fragment) {
  "use strict";
  return Controller.extend("de.sapui5buch.demo.controller.
    BusinessPartnerDetail", {

    onInit: function () {
      var sFragmentName;
      var bDeviceIsPhone =
 this.getOwnerComponent().getModel("device").getProperty(
   "/system/phone");

      if (bDeviceIsPhone) {                sFragmentName =
        "de.sapui5buch.demo.view.BusinessPartnerDetailsIconTab";
      } else {
        sFragmentName = "de.sapui5buch.demo.view.
           BusinessPartnerDetailsObjectPage";
      }

      Fragment.load({
        id: this.createId("bpd"),
        name: sFragmentName,
        type: "XML",
        controller: this
      }).then(function (oFragment) {
        this.getView().addContent(oFragment);
      }.bind(this));

      this.getRouter().getRoute("detail")
          .attachPatternMatched(this._onRouteMatched, this);
```

```
    }
  });
});
```

Listing 11.11 Detail-Controller (Demo)

In der Funktion `onInit()` wird nun, wie es bisher in **controller.App.controller.js** geschah, der aktuelle Gerätetyp bestimmt und abhängig davon der zu ladende Fragmentname ermittelt. Sie können den Code entsprechend aus dem App-Controller übernehmen. Eine Änderung ergibt sich nach dem Laden des Fragments in der Funktion `then()`: Das Fragment wird nun mit `addContent()` der View hinzugefügt, anstatt es direkt in das `FlexibleColumnLayout` einzufügen. Es wird außerdem kein Promise mehr aufgelöst, und es findet auch keine Abfrage mehr zum Lazy Loading statt, da das beim Laden des Targets bereits der Fall ist. Die Funktion vereinfacht sich dadurch spürbar. Die Funktion `_getDetailPage()`im App-Controller wird nun nicht mehr benötigt.

Routingevents

Im letzten Teil der Funktion `onInit()` wird ein Eventhandler für das Event `patternMatched` der `detail`-Route deklariert. Diesen verwenden Sie zum Auslesen der übergebenen Parameter und zum Binden der Objektdaten an die Benutzeroberfläche.

Events bei der Navigation

Bei der Navigation treten verschiedene Events auf. Auf manche dieser Events sollen, je nach Anwendung, Eventhandler reagieren, andere wiederum sollen gegebenenfalls ignoriert oder erst gar nicht ausgelöst werden. Sie erhalten daher hier eine Übersicht der wichtigsten Events.

Eine Route, auf der navigiert wird, kann die Events `matched`, `patternMatched`, `beforeMatched` und `switched` auslösen.

Das `matched`-Event einer Route wird ausgelöst, wenn entweder das Pattern der Route selbst oder das Pattern einer verschachtelten Route mit dem aktuellen Hash übereinstimmt. Somit werden beim Ansteuern von untergeordneten Routen per `attachMatched` auch die Handler-Funktionen der übergeordneten Routen aufgerufen.

Vermeiden Sie dies, indem Sie das Event `patternMatched` verwenden. Es wird nur bei der Übereinstimmung des Patterns der eigenen Route ausgelöst und ist in der Regel ausreichend.

Das Event `beforeMatched` entspricht dem `matched`-Event, es wird jedoch ausgelöst, bevor die dazugehörigen Targets geladen werden.

> Ein internes switched-Event wird zudem ausgelöst, wenn eine andere Route als die bisherige angesteuert wurde.
>
> Zu den Events, die vom Router selbst ausgelöst werden, gehören routeMatched, routePatternMatched und bypassed. Die Events routeMatched und routePatternMatched werden für jede Route ausgelöst werden. Die angesteuerte Route ist Teil der Eventparameter und kann entsprechend ausgelesen werden. Ziehen Sie im Sinne des möglichst spezifischen Eventhandlings die Routenevents den Routerevents vor.
>
> Das Event bypassed wird ausgelöst, wenn ein Hash keiner Route zugeordnet werden kann. Der fehlerhafte Hash ist wiederum als Parameter enthalten. Nutzen Sie dieses Event, um ungültige Routen abzufangen und Ihren Anwendern eine sinnvolle Fehlerseite zu präsentieren.
>
> Das Event display eines geladenen Targets wird ausgelöst, wenn ein Target über das Ansteuern einer Route geladen wird oder wenn es direkt über seine Funktion display() angezeigt wird. Auch hier können Sie u. a. Informationen über die geladene View, das enthaltene Control und die übergebenen Daten auslesen.
>
> Für weitere Detailangaben und Updates konsultieren Sie die Routingsektion der API-Dokumentation, insbesondere die Referenzen zu Routen und Targets.

Parameter auslesen

Implementieren Sie als Nächstes die _onRouteMatched()-Funktion (siehe Listing 11.12).

```
_onRouteMatched: function (oEvent) {
  var oArgs = oEvent.getParameter("arguments");
  var sPartnerId = oArgs.partnerId;
  var sBindingPath = decodeURIComponent(sPartnerId);

  this.getView().bindElement(sBindingPath);
  var oAdrSection =
 Fragment.byId(this.createId("bpd"), "addressSection");
  oAdrSection.setVisible(true);
  oAdrSection.bindElement(sBindingPath + "/Address");
}
```

Listing 11.12 Eventhandler für »patternMatched« im Detail-Controller (Demo)

Im Parameter arguments des patternMatched-Events werden die übergebenen Parameter hinterlegt. Der übergebene Binding-Pfad wird daraus ausgelesen und mit decodeURIComponent() wieder dekodiert. Der Binding-Kontext, der durch diesen Pfad adressiert wird, wird per Element-Binding an die

View und der im Binding-Kontext enthaltene Address-Bereich nochmals gesondert an die entsprechende Sektion gebunden.

Schließen der Detailsicht

Abschließend müssen auch das Schließen der Detailansicht und die Rückkehr zur Master-Tabelle navigatorisch umgesetzt werden. Implementieren Sie im Controller **BusinessPartnerDetail.controller.js** die Funktion onCloseDetail(), indem Sie die home-Route aufrufen:

```
onCloseDetail: function () {
  this.getRouter().navTo("home");
}
```

Definieren Sie dazu passend im Controller **BusinessPartnerMaster.controller.js** eine Eventhandler-Funktion, und weisen Sie sie dem patternMatched-Event der home-Route zu (siehe Listing 11.13).


```
onInit: function () {
  this.getRouter().getRoute("home")
      .attachPatternMatched(this._onObjectMatched, this);
},
// ...
_onRouteMatched: function (oEvent) {
  this.byId("idInputField").setValue();
  this.byId("businessPartnerTable").removeSelections(true);
}
```

Listing 11.13 Eventhandler für »patternMatched« im Master-Controller (Demo)

Die Master-Ansicht zurücksetzen

Im Eventhandler zum Event patternMatched werden die durchzuführenden Befehle zum Zurücksetzen der Master-Ansicht – das Löschen eventueller Eingaben im Suchfeld und das Aufheben der Selektion in der Master-Tabelle – implementiert. Damit ist nun die gesamte Funktionalität aus dem App-Controller in den Master- bzw. Detail-Controller verschoben. Die eventuell noch im App-Controller vorhandenen Funktionen werden nicht mehr benötigt.

Die Anwendung ist nun in ihrem bisherigen Stand vollständig auf das SAPUI5-Navigationskonzept umgestellt. Sie können wie gewohnt Partner auswählen, ihre Details betrachten und die Detailansicht wieder schließen. Zudem erscheint der übergebene Binding-Pfad, den wir in Kapitel 12 durch die Partner-ID ersetzen werden, im Hash der Browser-URL (siehe Abbildung 11.4).

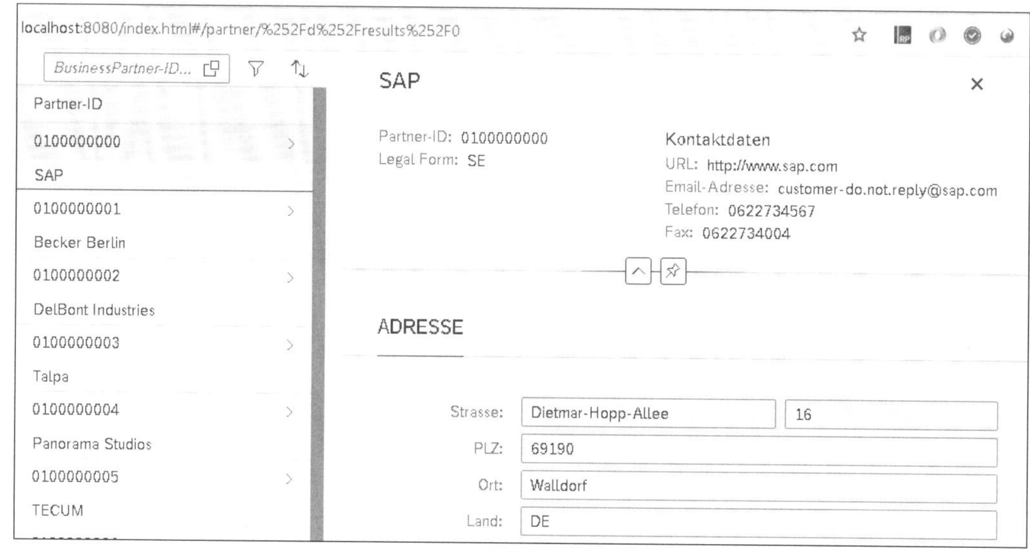

Abbildung 11.4 Anwendung mit Navigation und parametrisiertem Hash (Demo)

Auf diese Art können Ihre Anwender nun auch Detailseiten direkt verlinken und beispielsweise als Lesezeichen sichern.

11.2.2 Ungültige Routen abfangen

Bei der Navigation innerhalb einer Anwendung kann es dazu kommen, dass eine Route aufgerufen wird, zu der kein passendes Target gefunden werden kann. Dies kann beispielsweise bei der hashbasierten Navigation auftreten, wenn in der URL ein fehlerhafter Hash verwendet wird. Auch bei der Navigation zu einem Zielobjekt ist es denkbar, dass zu einem übergebenen Schlüsselparameter kein passendes Objekt gefunden werden kann.

Ungültige Routen abfangen mit »bypassed«

Um Ihre Anwender in diesen Szenarien passend darüber zu informieren und ihnen eine Möglichkeit zur Weiter- bzw. Rücknavigation zu bieten, blenden Sie eine entsprechende Informationsseite als Target ein. Im Falle eines fehlerhaften Hash nutzen Sie das Event des Routers `bypassed`, um zu dieser Informationsseite zu navigieren. Bei einem nicht vorhandenen Objekt in einem Master-Detail-Szenario blenden Sie die Informationsseite anstatt der Objektdetails ein.

Nichtexistente Routen

»bypassed«-Targets

Versuchen Sie, im derzeitigen Stand der Demoimplementierung zu einem Hash zu navigieren, zu dem keine Route existiert, z. B. *#/partners*, so hat dies keinen Effekt; es findet schlicht keine Navigation statt.

Für Ihre Anwender ist dies natürlich keine optimale Situation. Der Versuch, in der Anwendung zu navigieren, sollte in jedem Fall eine Reaktion nach sich ziehen, wenn auch nur eine rein informative.

Um in diesem Fall auf das bypassed-Event, also das Fehlen einer passenden Route zum aktuellen Hash, zu reagieren, müssen Sie zunächst keine explizite Handler-Funktion implementieren. Stattdessen können Sie bereits im Manifest deklarativ ein bypassed-Target anlegen. Fügen Sie dazu der Routerkonfiguration in **manifest.json** ein notFound-Target hinzu (siehe Listing 11.14).

```
"routing": {
  "config": {
    "routerClass": "sap.f.routing.Router",
    "…",
    "controlAggregation": "beginColumnPages",
    "bypassed": {
      "target": "notFound"
    },
    "async": true
  },
"…",
  "targets": {
    "…",
    "notFound": {
      "type": "View",
      "name": "NotFound"
    }
  }
}
```

Listing 11.14 Einfügen eines »bypassed«-Targets im Manifest (Demo)

Die Anwendung wird nun automatisch die View NotFound anzeigen, wenn versucht wird, zu einer nichtexistenten Route zu navigieren. **»NotFound«**

Erstellen Sie die View **NotFound.view.xml**, und nutzen Sie für ihre inhaltliche Gestaltung ein sap.m.MessagePage-Control (siehe Listing 11.15).

```
<mvc:View
  controllerName="de.sapui5buch.demo.controller.NotFound"
  xmlns="sap.m" xmlns:mvc="sap.ui.core.mvc">
  <MessagePage
    title="Nicht verfügbar"
    text="Die gewünschte Ressource konnte nicht geladen werden"
    icon="sap-icon://document"
```

```
    showNavButton="true"
    navButtonPress=".onNavBack">
  </MessagePage>
</mvc:View>
```

Listing 11.15 »NotFound«-View zum Abfangen fehlerhafter Routen (Demo)

Für die NotFound-View ist es wichtig, den Anwendern eine Möglichkeit zu bieten, von der Informationsseite wieder zurückzunavigieren. Typischerweise wird hierfür die Standard-Rücknavigation genutzt, wie sie von der Funktion onNavBack() des BaseController-Elements geboten wird.

Einrichtung der »NotFound«-View

In unserem Master-Detail-Szenario mit FlexibleColumnLayout müssen wir außerdem sicherstellen, dass die NotFound-View als Vollbildseite angezeigt wird. Das Target notFound lädt die View in die Aggregation beginColumnPages. Rufen wir also von einer Master-Detail-Anzeige aus eine fehlerhafte Route auf, so würde die View NotFound momentan anstatt der Master-Tabelle auf der linken Seite angezeigt, die Detailansicht des zuletzt angezeigten Objekts bliebe aber bestehen.

Um eine solche Situation zu vermeiden, stellen Sie sicher, dass das layout des FlexibleColumnLayout-Controls bei der Anzeige des notFound-Targets wieder auf OneColumn umgestellt wird.

Lokale Modelle zur Verwaltung von View-Zuständen

Für Fälle, in denen einzelne Eigenschaften bestimmter Controls gesetzt und ausgelesen werden müssen, bieten sich lokale Modelle – in der Regel JSON-Modelle – an, um den Wert dieser Controls zu hinterlegen und für Akteure außerhalb des betreffenden Controls zugänglich zu machen.

Die Eigenschaft der Controls wird dann per Property-Binding gegen dieses lokale Modell gebunden. Kapitel 12, »Arbeiten mit Modellen«, geht im Detail auf diese Möglichkeiten ein.

Da der Controller NotFound keinen direkten API-Zugriff zum FlexibleColumnLayout hat, behelfen wir uns mit einem lokalen JSON-Modell im App-Controller, das durch die Modellvererbung auch im NotFound-Controller verfügbar ist. Implementieren Sie den Controller **NotFound.controller.js** (siehe Listing 11.16).

```
sap.ui.define([
  "de/sapui5buch/demo/controller/BaseController"
], function (Controller) {
```

```
  "use strict";
return Controller.extend("de.sapui5buch.demo.controller.NotFound", {
    onInit: function () {
      this.getRouter().getTarget("notFound")
          .attachDisplay(this._onNotFoundDisplayed, this);
    },
    _onNotFoundDisplayed : function () {
      this.getModel("appView")
          .setProperty("/layout", "OneColumn");
    }
  });
});
```

Listing 11.16 Der Controller »NotFound« mit Layoutanpassung (Demo)

Lokales View-Modell

Die Handler-Funktion für das Aufrufen des Targets wird hier über das Event des Targets `display` zugewiesen. Somit stellen Sie sicher, dass die jeweiligen Befehle umgesetzt werden, unabhängig davon, ob das `notFound`-Target über seine `display()`-Funktion oder über den Router geladen wurde.

In der Eventhandler-Funktion wird der Parameter `/layout` in einem JSON-Modell `appView`, das im App-Controller gesetzt wird, auf den gewünschten Wert `OneColumn` gesetzt. Das entsprechende JSON-Modell müssen wir nun noch erstellen und die Eigenschaft `layout` des `FlexibleColumnLayout`-Controls dagegen binden. Ergänzen Sie die View **App.controller.js** daher entsprechend (siehe Listing 11.17).

```
sap.ui.define([
  "sap/ui/core/mvc/Controller",
  "sap/m/MessageBox",
  "sap/ui/model/json/JSONModel"
], function(Controller, MessageBox, JSONModel) {
  "use strict";
  return Controller.extend("de.sapui5buch.demo.controller.App",  {
    onInit: function () {
      this.getView().setModel(new JSONModel(), "appView");
    },
    // ...
  });
});
```

Listing 11.17 Setzen eines lokalen JSON-Modells im App-Controller (Demo)

Passen Sie danach die View **App.view.xml** an:

```
<f:FlexibleColumnLayout id="masterDetailBase"
   layout="{appView>/layout}" />
```

Die View NotFound wird nun aus jeder Anwendungssituation heraus im Vollbild angezeigt (siehe Abbildung 11.5).

Abbildung 11.5 Ausschnitt aus der »NotFound«-View (Demo)

Ungültige Detailobjektschlüssel

»NotFound«-View für Detailobjekte

Bisher haben wir ungültige Hashes – also solche, zu denen keine Route in unserer Anwendung existiert – abgedeckt. In einem Master-Detail-Szenario kann es aber auch vorkommen, dass die Navigation zu einem Detailobjekt fehlschlägt, das heißt, die Route an sich ist gültig, es kann aber zum übergebenen Objektschlüssel kein passendes Detailobjekt geladen werden. Dies spielt insbesondere bei Deep Links eine Rolle, bei denen gegebenenfalls eine URL gespeichert ist, deren Objekt mittlerweile nicht mehr existiert.

In solchen Fällen wollen wir eine ähnliche Informationsseite anzeigen, hier aber anstelle des Detailobjekts. Sie setzen dies mit einer separaten DetailObjectNotFound-View und dem dazugehörigen Target um, da sich die Funktionalität von der bisherigen NotFound-View unterscheidet. Legen Sie zunächst eine View **DetailObjectNotFound.view.xml** an (siehe Listing 11.18).

```
<mvc:View
  controllerName="de.sapui5buch.demo.controller.DetailObjectNotFound"
  xmlns="sap.m" xmlns:mvc="sap.ui.core.mvc">
  <MessagePage
    title="BusinessPartner nicht gefunden"
    text="Das ausgewählte Objekt konnte nicht geladen werden"
    icon="sap-icon://product"
    description=""
    showNavButton="{= ${device>/system/phone} ||
```

```
      ${device>/system/tablet} &&
      ${device>/orientation/portrait}
    }"
    navButtonPress=".onNavBack">
  </MessagePage>
</mvc:View>
```

Listing 11.18 »DetailObjectNotFound«-View für Detailobjekte (Demo)

»DetailObjectNotFound«

Die View ist fast identisch mit `NotFound`. Da die View `DetailObjectNotFound` aber als Detailseite dargestellt werden soll, muss sie auf ausreichend großen Geräten keinen Button für die Zurücknavigation enthalten. Das Attribut `showNavButton` der `MessagePage` ist daher mit einem Expression-Binding belegt, das den Button nur auf Mobiltelefonen und Tablets im Hochformat anzeigt.

Erstellen Sie zur View einen leeren Controller, der von unserem `BaseController` erbt (siehe Listing 11.19). Es ist hier keine eigene Funktionalität notwendig.

```
sap.ui.define([
  "de/sapui5buch/demo/controller/BaseController"
], function (Controller) {
  "use strict";
return Controller.extend("de.sapui5buch.demo.controller.
  DetailObjectNotFound", {});
});
```

Listing 11.19 Leerer Controller für »DetailObjectNotFound« (Demo)

Ergänzen Sie danach das Target `detailObjectNotFound` in **manifest.json** (siehe Listing 11.20).

```
"detailObjectNotFound": {
  "type": "View",
  "name": "DetailObjectNotFound",
  "controlAggregation": "midColumnPages"
}
```

Listing 11.20 Target »detailObjectNotFound« im Manifest (Demo)

Dabei ist es wichtig, dass `midColumnPages` als `controlAggregation` gesetzt wird. Das Target soll in Fällen angezeigt werden, in denen kein gültiges Detailobjekt geladen werden kann. Passen Sie dazu den Controller `BusinessPartnerDetail` an (siehe Listing 11.21).

```
_onRouteMatched: function (oEvent) {
  var oArgs = oEvent.getParameter("arguments");
  var sPartnerId = oArgs.partnerId;
  var sBindingPath = decodeURIComponent(sPartnerId);

  this.getView().bindElement({
    path: sBindingPath,
    events: {
      change: this._onBindingChange.bind(this)
    }
  });
},

_onBindingChange: function () {
  var oView = this.getView();
  var oElementBinding = oView.getElementBinding();
  var oContext = oElementBinding.getBoundContext();

  // No data for the binding
  if (!oContext) {
    this.getRouter().getTargets()
        .display("detailObjectNotFound");
    return;
  }
  var oAdrSection = Fragment.byId(this.createId("bpd"),
      "addressSection");
  oAdrSection.setVisible(true);
  oAdrSection.bindElement(oContext.getPath() + "/Address");
},
```

Listing 11.21 Objektprüfung beim Setzen eines Detailobjekts (Demo)

In der Funktion `bindElement()` wird nun zusätzlich zum Binding-Pfad eine Handler-Funktion für das `change`-Event des durch die Methode erstellten `sap.ui.model.ContextBinding` zugewiesen.

In dieser Handler-Funktion wird anhand des gebundenen `Context`-Objekts geprüft, ob das Binding erfolgreich war. Konnte kein Detailobjekt zum übergebenen Pfad gebunden werden, ist der `Context` undefiniert, und das Target `detailObjectNotFound` wird geladen.

Das weitere Binding der Adresssektion ist nur dann sinnvoll, wenn ein Detailobjekt gebunden werden konnte. Die dazugehörigen Zeilen wurden daher aus der Funktion `_onRouteMatched()` in die Funktion `_onBindingChange()`

verschoben. Nun wird auch bei einer Route, die zwar gültig ist, aber das Objekt nicht laden kann, eine passende Informationsseite gezeigt (siehe Abbildung 11.6).

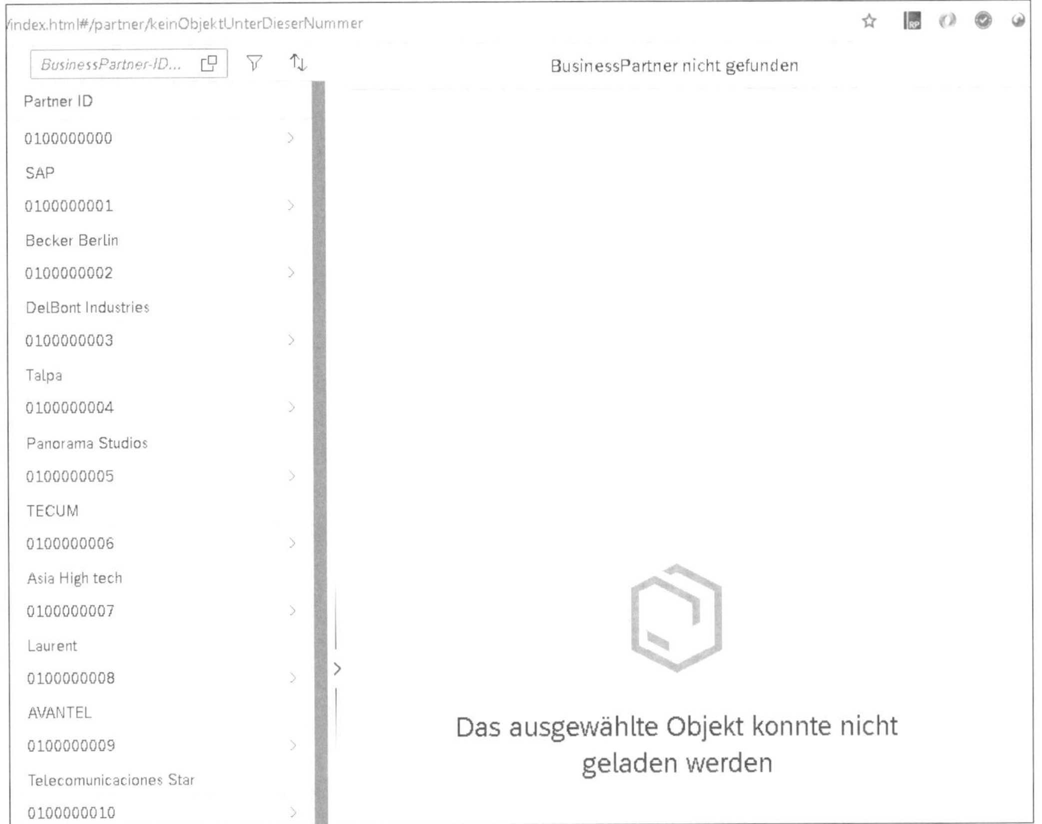

Abbildung 11.6 »DetailObjectNotFound«-View in der Anwendung (Demo)

11.3 Erweiterte Routingkonzepte

In diesem Abschnitt betrachten wir abschließend das Ansteuern verschachtelter Views innerhalb einer Route sowie die Navigation mit verschachtelten Komponenten, die es Ihnen erlauben, Ihre Anwendungen in einer modularen Architektur und einem entsprechend komponentenbasierten Ansatz zu strukturieren.

11.3.1 Target-Kopplung für verschachtelte Views

Wie Sie bisher gesehen haben, können mehrere Targets in einer Route referenziert werden, um bei der Navigation zu dieser Route geladen und angezeigt zu werden. Die so referenzierten Targets sind nur lose gekoppelt, ihre einzige Verbindung besteht über die Route. Darüber hinaus können sie jedoch auch einzeln verwendet werden.

Beim Ansteuern der Route werden die Targets in der Reihenfolge ihrer Deklaration asynchron geladen. Nutzen Sie das Referenzieren mehrerer Targets für Situationen, in denen Sie die Targets entweder unabhängig voneinander – etwa in einem Master-Detail-Szenario – oder nur für manche Routen verwenden wollen.

Target-Beziehungen

Für Situationen, in denen mehrere Views einen festen Verbund bilden, ist eine engere Kopplung zwischen den beteiligten Targets empfehlenswert. Nutzen Sie diese Option beispielsweise für Views, die als Rahmen für weitere, darin verschachtelte Views dienen. Die eingebettete View wird also durch den Router in eine Aggregation der äußeren View geladen. In diesem Fall ist es notwendig, den Rahmen vor der darin eingebetteten View zu laden. Sie erreichen dies über eine Parent-Beziehung, die Sie in der Routingkonfiguration definieren. Das Target, das die Rahmen-View lädt, dient dabei als Eltern-Target, das Target, das die eingebettete View lädt, wiederum als Kind-Target. Das Kind-Target verweist dabei über den Parameter `parent` auf das Eltern-Target (siehe Listing 11.22).

```
"routes": [{
    "pattern": "...",
    "name": "...",
    "target": [ "einzubettendesTarget" ]
  }],
"targets": {
    "rahmenTarget": {
      "type": "View",
      "name": "Rahmen",
      "controlId": "app",
      "controlAggregation": "pages"
    },
    "einzubettendesTarget": {
      "parent": "rahmenTarget",
      "type": "View",
      "name": "EinzubettendeView",
      "controlId": "rahmenControl",
      "controlAggregation": "content"
    },
}
```

Listing 11.22 Koppeln von Targets in der Routingkonfiguration

Bei der Integration in eine Route muss nur das einzubettende Target durch die Route referenziert werden. Beim Ansteuern dieser Route wird sichergestellt, dass das Rahmen-Target vor dem eingebetteten Target geladen wird (siehe Abbildung 11.7).

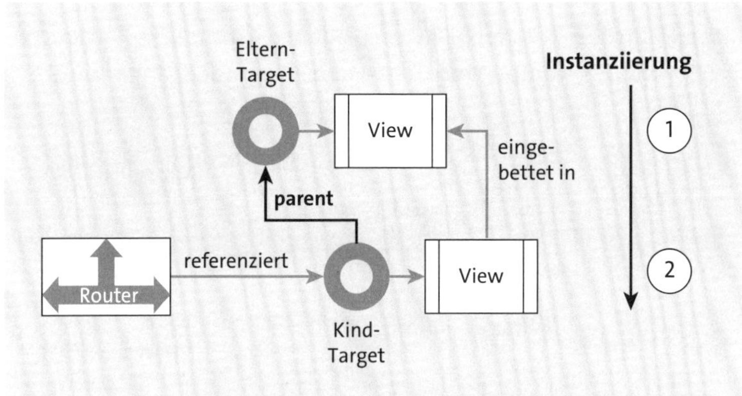

Abbildung 11.7 Enge Kopplung von Targets über den »parent«-Parameter

11

11.3.2 Routing mit verschachtelten Komponenten

Routen zu Komponenten

Mit zunehmendem Umfang und entsprechender Strukturierung Ihrer Anwendungen werden Sie verschiedene funktionale Komponenten wiederverwendbar anlegen und diese in unterschiedliche Anwendungen integrieren wollen.

Mehrere dieser Komponenten werden hierbei auch alleinstehend verwendet und weisen dafür einen eigenen Router auf. Um das Routing beim Einbetten einer solchen Komponente konsistent beizubehalten, konfigurieren Sie verschachtelte Routen in der einbettenden Komponente. Die notwendigen Schritte hierfür sind:

- Registrierung der eingebetteten Komponente im Manifest (`usage`)
- Anlegen eines Targets, das auf die eingebettete Komponente verweist
- Anlegen einer Route und Zuweisen eines Präfix für die Schachtelung

Bei der gemeinsamen Verwendung mehrerer Komponenten mit jeweils eigenen Routern reagieren alle Router potenziell auf Änderungen im Hash. Bei der Verschachtelung muss daher sichergestellt werden, dass eine Unterscheidungsmöglichkeit gegeben ist, anhand derer die Router »ihren« Teil des Hash kennen und so nur auf für sie relevanten Änderungen reagieren können. Das Präfix, das Sie der verschachtelten Route zuweisen, sorgt für diese Unterscheidung. Es dient als Trennzeichen zwischen der übergeordneten und der verschachtelten Komponente und ist in der Form *&/präfix* auch Teil der URL. Das Trennzeichen stellt für die verschachtelte Komponente den Beginn ihres Hash dar, so wie das Rautenzeichen # den Beginn des Hash für die übergeordnete Komponente darstellt (oder wie es für die eingebettete Komponente der Fall wäre, wenn sie alleinstehend betrieben würde). Abbildung 11.8 illustriert die verschiedenen Aspekte des Routings zu einer verschachtelten Komponente und deren Zusammenhänge.

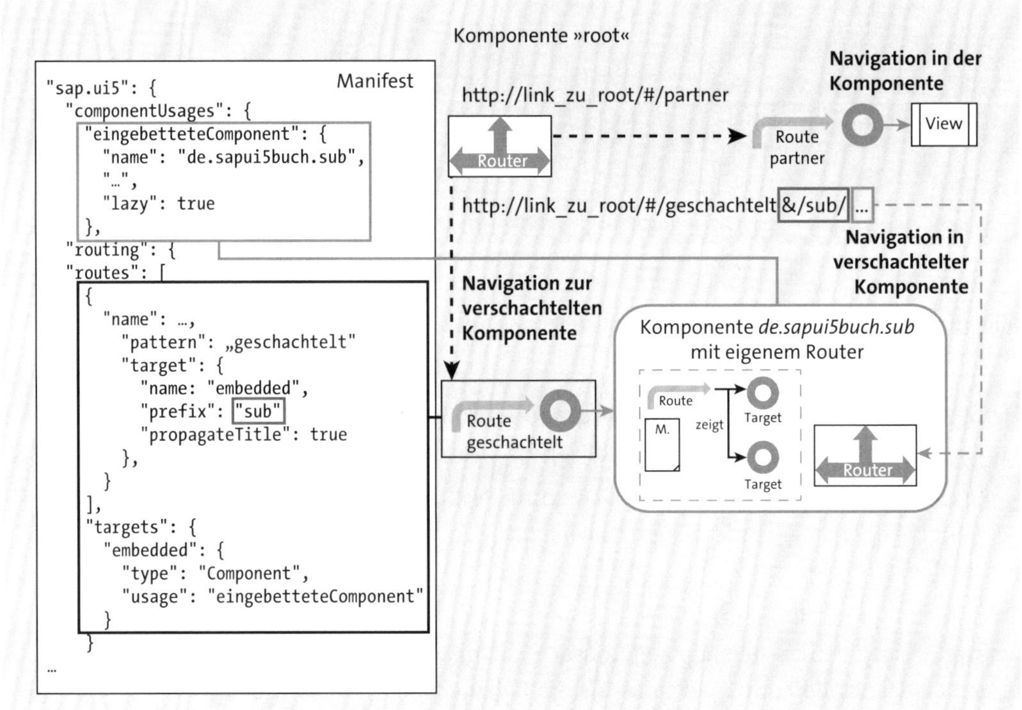

Abbildung 11.8 Navigation mit verschachtelten Komponenten

Komponenten für die Navigation registrieren

Um eine eingebettete Komponente für die Navigation zu registrieren, stellen Sie zunächst sicher, dass die Komponente im Manifest in den `componentUsages` registriert ist. Sie tragen hier den Komponentennamen ein sowie eventuelle Eigenschaften über die Parameter `settings` oder `componentData` und geben an, ob die Komponente `lazy` oder bereits vorab geladen werden sollte.

Legen Sie dann in der Routingkonfiguration ein Target vom Typ `Component` an, und verweisen Sie mit dem Parameter `usage` auf die registrierte Komponente. Sie verwenden dabei den unter `componentUsages` verwendeten Schlüssel. In der Target-Konfiguration haben Sie außerdem eine weitere Möglichkeit, mit dem Parameter `options` zusätzliche Einstellungen zu den in componentUsages eingestellten Optionen zu definieren. Über den Parameter containerOptions können Sie außerdem Einstellungen für den Component-Container angeben, in den die Zielkomponente integriert wird.

Legen Sie wie gehabt eine Route mit einem Namen und einem Pattern an, zu der Sie in der einbettenden Anwendung navigieren können. Als Target für die Route definieren Sie ein Objekt, in dem Sie im Parameter name den Namen des Targets setzen. In einem weiteren Parameter prefix setzen Sie das Präfix, das von der eingebetteten Komponente als Trennzeichen verwendet werden soll.

In der Anwendung können Sie nun die Route ansteuern und so die eingebettete Komponente laden. In der Komponente selbst können Sie gemäß der dortigen Routingkonfiguration navigieren.

Verschachtelte Routen direkt ansteuern

Wenn Sie eine verschachtelte Komponente per Navigation ansteuern, die wiederum eine eigene Routingkonfiguration besitzt, ist es oft sinnvoll, direkt eine andere als die Standardroute aufzurufen. Dies können Sie beim Aufruf der Funktion navTo() aus der äußeren Komponente heraus über den Parameter componentTargetInfo realisieren. In diesem Parameter machen Sie Angaben zur Navigation innerhalb der angesteuerten Komponente.

Als Beispiel könnten Sie unsere bisher erstellte Demoanwendung als Komponente in einer weiteren Anwendung einbetten. Die Routingkonfiguration in dieser weiteren Anwendung sieht eine Route businessPartners vor, deren gleichnamiges Target BusinessPartners vom Typ Component auf die im Manifest registrierte componentUsage für unsere Demoanwendung verweist. Wollen Sie nun die eingebettete Demoanwendung ansteuern und darin direkt auf eine Detailseite navigieren, so geben Sie die Route detail mit dem notwendigen Parameter partnerId als componentTargetInfo beim Aufruf der Funktion navTo() mit an (siehe Listing 11.23).

```
this.getRouter().navTo("businessPartners", {}, {
  BusinessPartners: {
    route: "detail",
    parameters: {
      partnerId: //partnerId...
    }
  }
});
```

Listing 11.23 Weitergabe von Navigationsinformationen an eine verschachtelte Komponente

Das Objekt `componentTargetInfo` wird der Funktion `navTo()` als dritter Parameter übergeben. Der zweite Parameter, das `parameters` Objekt für die Route `businessPartners`, bleibt hier leer, da die Route keine eigenen Parameter aufweist.

Konfigurationsobjekte für Targets angeben

Im Objekt `componentTargetInfo` können Sie für jedes Target, das durch die Route angesteuert wird, ein entsprechendes Konfigurationsobjekt angeben, indem Sie als Objektschlüssel den Namen des Targets verwenden. In unserem Beispiel sind dies nur die Angaben für das Target `BusinessPartners`. In einem solchen Konfigurationsobjekt geben Sie wiederum die gleichen Parameter an, die beim Aufruf der Funktion `navTo()` zum Einsatz kommen: `route`, `parameters` und `componentTargetInfo`. Auf diese Weise können Sie auch Navigationsangaben für tiefer verschachtelte Komponenten weitergeben.

Das Definieren von Komponenten-Targets und die Weitergabe von Navigationsinformationen bietet Ihnen eine große Flexibilität beim Einsatz von Komponenten mit eigenem Routing.

Kapitel 12
Arbeiten mit Modellen

Das Modell spielt innerhalb des MVC-Musters eine wichtige Rolle für das Halten von Daten. In diesem Kapitel stellen wir Ihnen die Arbeit mit den drei verschiedenen Modelltypen in SAPUI5 vor.

Für SAPUI5 als HTML5-Framework, das auf dem MVC-Paradigma (Model – View – Controller) basiert, spielen Modelle eine zentrale Rolle. Zum einen dienen sie der Verarbeitung von Geschäftsdaten, die über einen REST-basierten Service (siehe Abschnitt 12.1) oder Webservice zur Verfügung gestellt werden, zum anderen halten sie sessionbezogene Daten, die während der Nutzung der Anwendung auf Clientseite anfallen.

Dieses Kapitel stellt Ihnen die Arbeit mit drei verschiedenen Modelltypen in SAPUI5 vor. Zunächst lernen Sie in Abschnitt 12.1 das JSON-Modell für die Verarbeitung von Daten, die im JSON-Format vorliegen, kennen, wobei die Daten entweder lokal in der Anwendung in einer JSON-Datei implementiert oder über einen entsprechenden Service bereitgestellt werden. In Abschnitt 12.2 erläutern wir, wie Sie das Ressourcenmodell für die Internationalisierung von Anwendungen nutzen. Das OData-Modell für die Datenbeschaffung über OData-Dienste ist Thema von Abschnitt 12.3. Sie erfahren im Einzelnen, welche Nutzungsmöglichkeiten die Modelle bieten.

12.1 JSON-Modell

Clientseitiges Modell

Das *JSON-Modell* in SAPUI5 ist ein sogenanntes *clientseitiges Modell*, das Daten im JSON-Format bereitstellt. Clientseitige Modelle sind Modelle, die nach dem Instanziieren des Modellobjekts und dem Laden der Daten in das Modell vollständigen Zugriff auf die Informationen bieten. Dies bedeutet auch, dass alle Funktionen, die auf dem Modell ausgeführt werden, auf der Clientseite verarbeitet werden. Man könnte sagen, dass dies den Vorteil hat, dass nach dem einmaligen Laden keine weiteren Ladevorgänge nötig sind. Allerdings bedeutet dies auch, dass größere Datenmengen möglicherweise, je nach Ausstattung des Clients, zu Performanceproblemen führen können. Operationen wie das Sortieren, Gruppieren oder Filtern führen nicht zu weiteren Anfragen an den Server, sondern werden direkt auf dem Client ausgeführt.

12.1.1 Arbeiten mit einem lokalen JSON-Modell

Nicht immer werden zu verarbeitende Daten in einer SAPUI5-Anwendung von einem Backendservice bereitgestellt. Sei es, weil Konfigurationsdaten nicht hart in der Anwendung implementiert oder weil Statusinformationen im Laufe der Nutzung der Anwendung temporär auf dem Client gehalten werden sollen. Hierzu bietet sich die Verwendung von lokalen JSON-Modellen an. In diesem Abschnitt wenden wir uns der Nutzung eines lokalen JSON-Modells zu.

»data.json«

Legen Sie für das folgende Beispiel eine Datei mit dem Namen **data.json** im Ordner **model** unseres Projekts an, und fügen Sie den Code aus Listing 12.1 in diese Datei ein. Dieses einfache JSON-Objekt besitzt zwei Felder, `vorname` und `nachname`.

```
{
    "vorname":"Hugo",
    "nachname":"Schnell"
}
```

Listing 12.1 Ein einfaches JSON-Objekt

Referenz im Controller

Als Nächstes wollen wir diese Datei laden und in einem Objekt vom Typ `sap.ui.model.json.JSONModel` ablegen. Hierzu erweitern Sie die `define`-Deklaration unseres Controllers und fügen eine Abhängigkeit zur Klasse `sap/ui/model/json/JSONModel` hinzu (siehe Listing 12.2). Zusätzlich fügen Sie eine Referenz auf das `JSONModel`-Objekt in die Callback-Funktion ein.

```
sap.ui.define([
  "sap/ui/core/mvc/Controller",
  "sap/ui/model/json/JSONModel"
], function(Controller,JSONModel) {
  "use strict";
  return Controller.extend("de.exxcellent.demo.mydemo1.
    controller.Main", {
    _loadDataLocal : function(){
     var oModel = new JSONModel("./model/data.json");
     this.getOwnerComponent().setModel(oModel,
       "myDataModel");
```

```
    }
  });
});
```

Listing 12.2 Laden einer lokalen JSON-Datei

Im Anschluss implementieren wir die Funktion `_loadDataLocal`. Hier erzeugen wir eine Instanz der `JSONModel`-Implementierung und übergeben dem Funktionsaufruf den Pfad zur Datei **data.json**.

»setModel« und »getModel«

Wie bereits erläutert, können Modellobjekte und die darin enthaltenen Daten über die Funktion `setModel`-Objekten zur Verfügung gestellt werden. Diese Funktion wird von allen Klassen angeboten, die von der Klasse `sap.ui.base.ManagedObject` abgeleitet sind. Sie kann mit einem zweiten Parameter, einem String-Literal, aufgerufen werden und somit dem Modellobjekt innerhalb des Kontexts eine ID zuteilen.

Für den Zugriff auf ein Modell liefert die Klasse `sap.ui.base.ManagedObject` die Funktion `getModel`. Diese Funktion kann entweder ohne Parameter für den Zugriff auf ein sogenanntes *Defaultmodell* genutzt werden, das zuvor mit der Funktion `setModel` ohne Modell-ID gesetzt wurde, oder für den Zugriff auf ein bestimmtes Modell mit einer Modell-ID.

Direkte Definition des JSON-Modells

Neben dem Einlesen der Daten aus einer JSON-Datei ist es auch möglich, die Daten direkt im Code zu definieren und anschließend über das JSON-Modell zur Verfügung zu stellen. Listing 12.3 zeigt hierfür zwei Möglichkeiten: Sie können entweder das Datenobjekt direkt beim Instanziieren des `JSONModel`-Objekts übergeben oder die Funktion `setData` auf einem bereits existierenden `JSONModel`-Objekt aufrufen und die Daten dieser Funktion übergeben. Die Implementierung kann beispielsweise in einer Funktion im Controller erfolgen, aber auch in einer JavaScript-basierten View oder einer Hilfsklasse.

```
var oViewModel = new JSONModel({
  vorname : "Hugo",
  nachname : "Schnell"
});
var oData = {
  vorname : "Hugo",
  nachname : "Schnell"
};
var oModel = new JSONModel();
oModel.setData(oData);
```

Listing 12.3 Weitere Beispiele zur Arbeit mit lokalen Daten

Konfiguration des JSON-Modells im Anwendungsdeskriptor

Bei clientseitigen Modellen können Sie die Modellkonfiguration auch innerhalb des Anwendungsdeskriptors definieren. Dies hat den Vorteil, dass alle wichtigen Konfigurationsinformationen der Anwendung hier an einer zentralen Stelle liegen und nicht auf verschiedene Dateien verteilt. Im Anwendungsdeskriptor wird das Modell im Konfigurationsobjekt `sap.ui5` konfiguriert (siehe Listing 12.4).

```
"sap.ui5": {
  "models": {
   "": {
     "type": "sap.ui.model.json.JSONModel",
     "settings": {},
     "uri": "./model/data.json",
     "preload": true
 }
...
```

Listing 12.4 Konfiguration eines JSON-Modells im Anwendungsdeskriptor

Über den Parameter `preload` steuern Sie an dieser Stelle, dass nicht nur eine Instanz der `JSONModel`-Implementierung angelegt wird, sondern direkt die im Attribut `uri` angegeben Ressource geladen werden und über das Modell zur Verfügung stehen soll.

12.1.2 Arbeiten mit REST-Services

Aufruf eines REST-Services

Das `JSONModel`-Objekt bietet über die Funktion `loadData` die Möglichkeit, Daten über die HTTP-GET-Operation eines REST-Service (siehe auch Abschnitt 12.3, »OData-Modell«) oder aus einer Datei innerhalb des Projektordners zu laden. Nach erfolgreicher Ausführung der HTTP-GET-Operation werden die Daten in das JSON-Modell-Objekt geschrieben. Dazu muss der REST-Service die Daten im JSON-Format liefern. Außerdem muss die *Same-Origin-Policy* des Browsers beachtet werden.

Same-Origin-Policy

Die Same-Origin-Policy unterbindet das erfolgreiche Verarbeiten von Anfragen an Dienste anderer Domänen, Subdomänen oder Protokolle als denen des Anfragenden. Falls es dennoch nötig ist, einen Service zu konsumieren, der von einer anderen Destination als der Anwendung stammt, muss mit einem *Reverse Proxy*, wie beispielsweise dem *SAP Web Dispatcher*, gearbeitet werden.

Listing 12.5 zeigt die Verwendung der Funktion loadData. Ihr wird im einfachsten Fall die URL des Dienstes übergeben, der die HTTP-GET-Anfrage verarbeitet.

Funktion »loadData«

```
_loadDataRemote: function () {
      var searchTerm = "Elvis";
      var url = "http://itunes.apple.com/search?term=" + searchTerm
        + "&country=FR&media=music&entity=song&callback=?";
      var oModel = new JSONModel("")
      oModel.loadData(url).then(fnSuccess, fnError);
   }
```

Listing 12.5 Laden von Daten über die Funktion »loadData«

Zugriff auf das Modell

Nachdem das Modell geladen wurde, können Sie auf die darin enthaltenen Daten zugreifen. Für den lesenden Zugriff auf die Daten wird die Funktion getProperty und für den ändernden Zugriff die Funktion setProperty angeboten. Folgende Codezeile liest beispielweise den Wert des Parameters vorname aus einem Modell:

```
var sVorname = oModel.getProperty("/vorname");
```

Beim Zugriff auf ein Objekt innerhalb der Struktur JSONModel oder auf eine Eigenschaft eines solchen Objekts geben Sie bei komplexeren Strukturen den vollen Zugriffspfad an. Die folgende Anweisung liest beispielweise ein Objekt aus, das sich in einem Array befindet. Es handelt sich hier um das erste Objekt aus einer Array-Struktur (der Index beginnt bei 0):

```
var sVorname = this.getOwnerComponent().getModel().getProperty(
      "/persons/0/firstname");
```

12.2 Ressourcenmodell

Auslesen der Nutzersprache

In einer globalisierten Welt ist es nur natürlich, dass Anwendungen in mehreren Ländern zum Einsatz kommen. Hierzu ist es unablässig, dass die Nutzer die Anwendungen in ihrer jeweiligen Sprache nutzen können. Diese Anforderung muss schon bei der Implementierung einer Anwendung berücksichtigt werden. Sie muss sprachunabhängig implementiert werden. Die Texte, die in der Anwendung zur Laufzeit angezeigt werden, müssen abhängig von der Nutzersprache geladen werden. Die Sprache des jeweiligen Nutzers kann zur Laufzeit über das Konfigurationsobjekt ausgelesen werden. Die Funktion getConfiguration liefert das Konfigurationsobjekt:

```
var sCurrentLocale =
sap.ui.getCore().getConfiguration().getLanguage();
```

ResourceBundle-Dateien

Das SAPUI5-Framework verwendet für sprachabhängige Anwendungen das gleiche Konzept wie die Java-Plattform. Sprachabhängige Texte werden in sogenannten Ressourcenpaketen, den *ResourceBundle-Dateien*, gespeichert. Diese Textdateien werden mit der Endung **.properties** im Projekt abgelegt.

Der Dateiname ist immer der gleiche (**i18n**), ergänzt um ein Suffix, über das festgelegt wird, in welcher Sprache die Texte in der Datei vorliegen. Diese Sprachsuffixe werden gemäß der älteren JDK-Gebietsschemasyntax (Java Development Kit) gebildet.

Standardmäßig sollte in Ihrem Projektordner jeweils eine ResourceBundle-Datei ohne Sprachsuffix vorhanden sein, die die nicht übersetzten Rohtexte in der Sprache des Entwicklers bzw. der Defaultsprache enthält. Auf diese Datei wird zugegriffen, wenn keine geeignetere Sprache gefunden werden kann.

Ordner »i18n«

Die Dateien werden normalerweise in einem Ordner mit dem Namen **i18n** gespeichert. Abbildung 12.1 zeigt einen möglichen Aufbau für den Inhalt dieses Ordners. Die Gesamtheit aller ResourceBundle-Dateien eines Projekts wird als *ResourceBundle* bezeichnet.

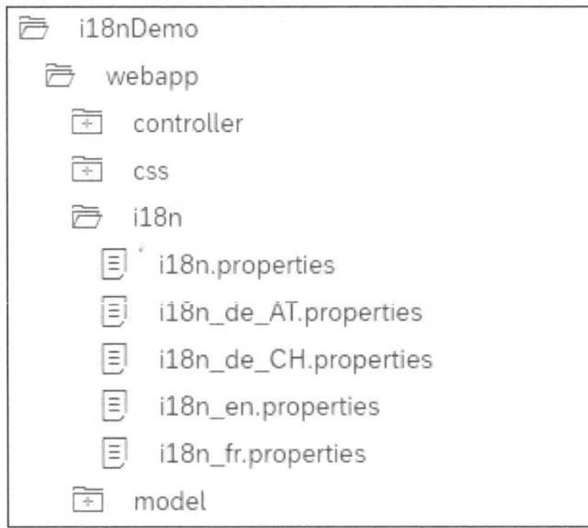

Abbildung 12.1 Exemplarischer Aufbau des ResourceBundles im Projekt

Aufbau einer ResourceBundle-Datei

Eine ResourceBundle-Datei enthält mehrere Key-Value-Paare. Der Wert enthält jeweils den sprachabhängigen Text. Der Schlüssel wird als sprachunabhängige Referenz in der Anwendung verwendet. Sprachabhängige Texte können Platzhalter enthalten. Diese werden zur Laufzeit dynamisch durch die Anwendungslogik befüllt.

Listing 12.6 zeigt den Inhalt einer ResourceBundle-Datei. Das Gleichheitszeichen oder ein Komma werden als Trenner zwischen dem Schlüssel und dem Wert verwendet (üblich ist das Gleichheitszeichen). Der Schlüssel `txtParameterDemo` in unserem Beispiel zeigt, wie man mit Platzhaltern arbeitet. Eine Platzhalterdefinition besteht aus einer öffnenden und einer schließenden Klammer. Die Klammer enthält einen Index, über den man den Platzhalter später in der Anwendungsimplementierung dynamisch mit Text befüllt.

```
txtStreet=Strasse
txtZip=PLZ
txtCity=Ort
txtCountry=Land
txtAdress=Adresse
txtPartnerId=Partner ID
txtCompId=Firmenname
txtLegalForm=Rechtsform
txtKontaktdaten=Kontaktdaten
txtBPId=BusinessPartner ID...
txtNoBP=Kein Business-Partner gefunden
txtSelBP=Wählen Sie einen Business-Partner
txtParameterDemo=Date:{0}
```

Listing 12.6 Inhalt der Datei »i18n.properties«

Der Inhalt der Datei **i18n_en.properties** für die Texte in englischer Sprache sieht von der Grundstruktur her ähnlich aus wie der der Datei **i18n.properties** für die Defaultsprache (siehe Listing 12.7).

```
txtStreet=Street
txtZip=Zip
txtCity=City
txtCountry=Country
txtAdress=Adress
txtPartnerId=Partner ID
txtCompId=Company Name
txtLegalForm=Legal Form
txtKontaktdaten=Contact details
txtBPId=BusinessPartner ID...
txtNoBP=No Business Partner found
txtSelBP=Please select a Business Partner
txtParameterDemo=Date:{0}
```

Listing 12.7 Inhalt der Datei »i18n_en.properties«

12.2.1 Textklassifizierung

In den allermeisten Fällen werden die sprachabhängigen Texte nicht vom Entwickler erstellt. Damit Übersetzende zusätzliche Informationen vorliegen haben, werden Übersetzungsdateien mit *Textklassifizierungen* versehen. Eine Klassifizierung steht einem oder mehreren Key-Value-Paaren voran und startet mit einem #-Symbol. Im Anschluss muss der sogenannte *Texttyp* angegeben werden.

Angabe des Texttyps

Nach der Angabe des Texttyps können optional die maximale Länge des Textes in der Zielsprache sowie zusätzliche Informationen hinterlegt werden (siehe Listing 12.8). Die maximale Länge der Übersetzung in der Zielsprache muss länger sein als die Länge des Textes in der Quellsprache. Sie darf aber nicht länger als 255 Zeichen sein.

```
#<TextType>
#<TextType>,<MaximumLength>
#<TextType>,<MaximumLength>:<AdditionalContextInformation>
#<TextType>:<AdditionalContextInformation>
```

Listing 12.8 Syntax der Texttypen

Tabelle 12.1 gibt eine Übersicht über die von SAP definierten Texttypen. Es gibt zwei Gruppen. Die Namen der ersten Gruppe beginnen mit einem X und werden für Texte verwendet, die maximal 120 Zeichen lang sind. Die Namen der zweiten Gruppe beginnen mit einem Y, und die Texte haben eine Länge von mehr als 120 Zeichen.

Texttyp	Beschreibung
XACT	Accessibility
XBUG	Button
XCKL	Checkbox
XCOL	Spaltenüberschrift
XFLD	Label
XGRP	Gruppen-Überschrift
XLNK	Hyperlink
XLOG	Eintrag in einer Log-Datei
XLST	Listbox-Eintrag

Tabelle 12.1 Vordefinierte Texttypen von SAPUI5

Texttyp	Beschreibung
XMIT	Menü-Eintrag
XMSG	Nachrichtentext
XRBL	Radiobutton-Text
XSEL	Selection-Text
XTIT	Tabellenüberschrift
XTOL	Tooltip-Text
YINS	Anleitung
YMSG	Nachricht lang
NOTR	nicht näher spezifizierter Text

Tabelle 12.1 Vordefinierte Texttypen von SAPUI5 (Forts.)

Aufbau einer Übersetzungsdatei

Der Inhalt einer Übersetzungsdatei könnten beispielsweise wie in Listing 12.9 gezeigt aussehen.

```
#XTXT
title=Produktkatalog
#XBUT,20
btnSave=Speichern
btnCancel=Abbrechen
#XMSG,20:MessageToast-Meldung zur Anzeige des aktuellen Datums
txtParameterDemo=Datum:{0}
```

Listing 12.9 Verwendung von Textklassifizierungen in Übersetzungsdateien

Verwendung der Übersetzungsdatenbank des ABAP Repositorys

SAP bietet für SAPUI5-Anwendungen auch die Möglichkeit an, Übersetzungen über die Transaktion SE63 im angebundenen SAP-System durchzuführen. Dazu muss im SAP-System über das Programm `/UI5/TEXT_FILE_GEN_TRANS_KEY` eine eindeutige GUID generiert werden. Diese GUID muss dann als erste Zeile in die **.properties**-Datei für die Standardsprache eingefügt werden. Als Nächstes muss die Anwendung auf das SAP-Zielsystem deployt werden. Bitte beachten Sie jedoch, dass diese Vorgehensweise von SAP nicht empfohlen wird.

12.2.2 Zugriff auf die länderspezifischen Textdateien

Lokalisierte Texte laden

Wenn Sie lokalisierte Texte in Ihrer Anwendung benötigen, können Sie das JavaScript-Modul `sap.base.i18n.ResourceBundle` verwenden, um die länderspezifische Textdatei vom Server zu laden und auf deren Texte zuzugreifen. Für die Instanziierung dieses Moduls rufen Sie die Funktion `ResourceBundle.create()` auf. Ihr können vier optionale Aufrufparameter übergeben werden. Unter anderem kann mit dem Parameter `locale` ein Gebietsschema übergeben werden. Falls Sie kein Gebietsschema übergeben, wird das Schema aus der SAPUI5-Laufzeitkonfiguration genutzt. Falls diese Konfiguration nicht verfügbar sein sollte, wird das Standardgebietsschema `"en"` genutzt.

Die `create`-Funktion gibt ein neues ResourceBundle oder bei einer asynchronen Nutzung ein Promise (siehe Hinweiskasten) für dieses ResourceBundle zurück. Ob die Antwort synchron oder asynchron zurückgegeben werden soll, kann über den Parameter `async` gesetzt werden. Standardmäßig arbeitet die `create`-Funktion synchron, was jedoch aus Gründen der Performance eher vermieden werden sollte.

Promise

Mit der Version 6 von ECMA-Script (JavaScript) wurde das Konzept der Promises eingeführt und entsprechend implementiert. Ein Promise ist ein Objekt, das die Beendigung einer asynchronen Operation darstellt. Abhängig davon, ob die Operation erfolgreich oder nicht erfolgreich beendet werden konnte, wird das Promise gekennzeichnet.

Zugriff auf die Texte

Nachdem das ResourceBundle geladen wurde, kann auf seinen Inhalt zugegriffen werden. Hierfür steht die Funktion `getText` zur Verfügung. Sie liefert eine länderspezifische Zeichenfolge als Wert für einen bestimmten Schlüssel zurück.

Gebietsschema

Ist ein Gebietsschema angegeben, fordert das ResourceBundle die länderspezifische **.properties**-Datei an (z. B. **i18n_fr_FR.properties**). Wenn für das angeforderte Gebietsschema keine Datei gefunden wird oder die Datei keinen Text für den angegebenen Schlüssel enthält, werden über ein Fallback-Verfahren unterschiedliche Gebietsschemata nacheinander abgearbeitet. Wenn das Gebietsschema eine Regionsinformation (`fr_FR`) enthält, wird zunächst versucht, eine Datei für das Gebietsschema ohne die Region zu finden (`fr`). Wenn eine solche Datei ebenfalls nicht gefunden werden kann oder sie den angeforderten Text nicht enthält, wird die Datei mit den englischen Texten verwendet (vorausgesetzt, dass es sie gibt; die meisten Entwicklungsprojekte enthalten jedoch mindestens englische Texte). Wenn die Suche nach dieser Datei ebenfalls fehlschlägt, wird versucht, die Datei ohne Gebietsschema zu verwenden. Wenn keine der angeforderten Dateien gefunden werden kann oder keine einen Text für den angegebenen Schlüssel enthält, wird der Schlüssel selbst als Text zurückgegeben.

Beispiel

Listing 12.10 zeigt die Verwendung der Funktion `ResourceBundle.create`. Diese wird hier mit dem Parameter `async` aufgerufen. Aus diesem Grund liefert die Funktion ein Promise zurück. Dieses wird mit einem `sap.base.i18n.ResourceBundle` aufgelöst. Die Funktion `getText` wird verwendet, um anhand des Schlüssels auf einen Text im geladenen ResourceBundle zuzugreifen.

```
loadBundle : function() {
      ResourceBundle.create({
        url: "i18n/i18n.properties",
        async:true
      }.then(function(oResourceBundle) {
        var oDateFormat = DateFormat.getDateInstance({
           style:"long"
        });
        var sDate = oDateFormat.format(new Date());
        var sDateText =
         oResourceBundle.getText("txtParameterDemo",[sDate]);
        oView.byId("idText").setText(sDateText);
      }))
}
```

Listing 12.10 Verwendung der Funktion »ResourceBundles.create«

Regeln zur Locale-Verarbeitung

Welche Sprache für die Ausgabe der Anwendung verwendet wird, wird auf Basis einer festgelegten Strategie durch die Anwendung festgelegt. Diese Strategie definiert Folgendes:

1. Ist in der Anwendung ein Gebietsschema fest hinterlegt, wird die dazugehörende Übersetzungsdatei geladen.
2. Ist kein Gebietsschema hinterlegt, wird die Browsersprache verwendet, die über den Parameter `window.navigator.browserLanguage` festgelegt ist. Dieser Parameter enthält bei Verwendung des Internet Explorers bzw. Edge die Sprache des Betriebssystems.
3. Ist die Sprache des Betriebssystems bzw. Browsers nicht bekannt, wird die Sprache des Benutzers verwendet, die über den Parameter `window.navigator.userLanguage` gesetzt wird. Nutzt der Anwender den Internet Ex-

plorer, enthält der Parameter die Sprache, die in der Konfiguration der Region hinterlegt ist.

4. Ist die Benutzersprache nicht bekannt, wird die Sprache des Browsers verwendet, wie sie im Parameter `window.navigator.language` hinterlegt ist.
5. Bei Endgeräten, die das Betriebssystem Android verwenden, wird der Parameter `window.navigator.userAgent` ausgelesen.
6. Liegen keine anderen Sprachzuweisungen vor, wird die erste Sprache verwendet, die in den Benutzereinstellungen als primäre Sprache hinterlegt ist. Der Parameter hierfür lautet `window.navigator.languages`. Hierbei handelt es sich um ein Array mit mehreren Sprachen. Es wird die Sprache mit dem Index 0 aus diesem Array verwendet.
7. Liegen diese Einstellungen nicht vor, kann die Sprache über den API-Aufruf `setLanguage` im Konfigurationsobjekt gesetzt werden.
8. Gibt es keine entsprechende Konfiguration, kann die Sprache über den URL-Parameter `sap-ui-language` oder `sap-language` übergeben werden.

Spracheinstellung im Internet Explorer

Die Verarbeitung der Spracheinstellungen ist in den verschiedenen Browsern unterschiedlich. Hier sticht besonders der Internet Explorer hervor. Daher können die Einstellungen im Dialogfeld **Spracheinstellungen** des Browsers nicht für die aktuelle Sprache von SAPUI5 verwendet werden. Dies ist für Entwickler oft verwirrend und ein bekanntes Manko des Internet Explorers. Um das Problem zu umgehen, ist eine zusätzliche Serveranforderung erforderlich, bei der der Internet Explorer die entsprechende Einstellung im Header `Accept-Language` bereitstellt. Diese Serveranforderung erfordert jedoch eine Backendkomponente. SAPUI5 muss ohne Serverkomponente ausgeführt werden können, daher ist die Serveranforderung hier noch nicht implementiert.

12.2.3 Arbeiten mit dem Objekt »ResourceModel«

Ressourcenmodell für die Datenbindung

ResourceBundles bilden die unterste Schicht zur sprachunabhängigen Verarbeitung von Anwendungen. Der Zugriff auf die ResourceBundles ist lediglich über die API möglich. Im großen Stil können Oberflächen mit ResourceBundles jedoch nur umständlich übersetzt werden. Der Grund dafür ist, dass die Datenbindung von den ResourceBundles nicht direkt unterstützt wird. SAPUI5 bietet hierfür das Objekt `ResourceModel` an. Es ist im Namensraum `sap.ui.model.resource` definiert.

»ResourceModel«-Instanziierung

Listing 12.11 zeigt die Verwendung des ResourceModel-Objekts. Der Konstruktor der Implementierung erhält ein JSON-Objekt mit zwei Parametern. Der erste Parameter bundleName gibt den vollqualifizierten Pfad zur Standard-i18n-Properties-Datei an. Der zweite Parameter async gibt an, dass die Übersetzungsdateien asynchron geladen werden wollen. Dies für dazu, dass ein Promise zurückgeliefert wird.

```
sap.ui.define([
  "sap/ui/core/mvc/Controller",
  "sap/ui/model/resource/ResourceModel"
], function (Controller, ResourceModel) {
  "use strict";

  return Controller.extend("de.sapui5buch.demo.controller.Main", {
    onInit: function () {
     var i18nModel = new ResourceModel( {
        bundleName : "de.sapui5buch.demo.i18n.i18n",
        async : true
     });
     this.getOwnerComponent().setModel(i18nModel,"i18n");
     i18nModel.getResourceBundle().then(function(oResourceBundle {
       // Access the data in the resoucebundle
     }));
},
// rest of controller implementation
```

Listing 12.11 Instanziierung eines »ResourceModel«-Objekts

Verwenden des Anwendungsdeskriptors

Die in Listing 12.11 gezeigte direkte Instanziierung innerhalb des JavaScript-Codes ist nur eine Möglichkeit, das ResourceModel zu erzeugen. Der Nachteil der codebasierten Erzeugung ist hier der gleiche wie bei der codebasierten Erzeugung des JSONModel-Objekts. Die Konfigurationsinformationen sind im Code nur sehr schwer zu entdecken. Es wird daher empfohlen, die Konfiguration des ResourceModel-Objekts im Deskriptor der Anwendung zu beschreiben.

Listing 12.12 zeigt eine entsprechende Konfiguration im Bereich sap.ui5 der Datei **manifest.json**. Das so zur Laufzeit angelegte Objekt wird im Kontext der Komponente abgelegt.

```
"sap.ui5": {
  "models": {
    "i18n": {
      "type": "sap.ui.model.resource.ResourceModel",
```

```
            "settings": {
               "bundleName": "de.sapui5buch.demo.i18n.i18n"
            }
      }
   }
}
```

Listing 12.12 »ResourceModel«-Konfiguration in der Datei »manifest.json«

Zugriff auf das i18n-Modell

Nachdem das i18n-Modell in der Anwendung zur Verfügung steht, kann über die bekannte Datenbindung auf die Textinformationen zugegriffen werden. Wir zeigen dies exemplarisch an dem Fragment **AddressForm.fragment.xml** aus unserem Projekt. Der Zugriff erfolgt unter Verwendung der Modell-ID, die im Manifest angegeben wurde. In unserem Beispiel lautet sie `i18n`. Allerdings wird kein Schrägstrich zwischen der Modell-ID und der Eigenschaft aus dem Modell verwendet (siehe Listing 12.13).

```
<core:FragmentDefinition xmlns="sap.m"
   xmlns:core="sap.ui.core" xmlns:layout="sap.ui.layout"
   xmlns:form="sap.ui.layout.form">
    <form:Form editable="true" >
      <form:layout>
        <form:ColumnLayout columnsL="2" />
      </form:layout>
      <form:FormContainer>
        <form:FormElement label="{i18n>txtStreet}">
           <Input value="{Street}" editable="false"/>
           <Input value="{Building}" editable="false"/>
        </form:FormElement>
        <form:FormElement label="{i18n>txtZip}">
           <Input value="{PostalCode}" editable="false" />
        </form:FormElement>
        <form:FormElement label="{i18n>txtCity}">
           <Input value="{City}" editable="false" />
        </form:FormElement>
        <form:FormElement label="{i18n>txtCountry}">
           <Input value="{Country}" editable="false" />
        </form:FormElement>
       </form:FormContainer>
   </form:Form>
</core:FragmentDefinition>
```

Listing 12.13 Verwendung des i18n-Modells mit Datenbindung

12.3 OData-Modell

Einführung in OData

Das *Open Data Protocol* (OData) hat sich bei SAP mittlerweile als Standardprotokoll etabliert. OData standardisiert die Art und Weise, wie auf Daten zugegriffen wird. Anstatt für jeden Zugriff auf Daten neue APIs zu nutzen, die jeweils für den Webdienst einer Anwendung spezifisch sind, bietet OData eine gängige Methode zum Abfragen und Aktualisieren von Daten.

OData steht im Einklang mit der Funktionsweise des Webs. Das Protokoll verwendet URIs zur Ressourcenidentifizierung und verpflichtet sich zur Nutzung einer HTTP-basierten, einheitlichen Schnittstelle für die Interaktion mit diesen Ressourcen, genau wie das Web. Diese Befolgung der wichtigsten Webprinzipien ermöglicht es OData, neue Maßstäbe für Datenintegration und Interoperabilität für eine breite Palette von Clients, Servern, Diensten und Tools zu setzen.

Konventionen für den Datenaustausch

OData baut auf den von *AtomPub* für HTTP verbreiteten Konventionen auf, die den Austausch von Daten, Inhalten und Informationen zwischen unabhängig entwickelten Systemen vereinfachen. Um die Integration mit HTML- und JavaScript-Clients zu vereinfachen, definiert OData eine optionale JSON-Darstellung des Protokolls, die das XML-basierte AtomPub-Format ergänzt.

REST

OData gibt es schon seit ein paar Jahren, und es gibt immer mehr Anbieter von OData-Diensten im Internet. OData-Dienste sind sogenannte *REST-Services*. REST steht für *Representational State Transfer*. Dienste, die diesem Paradigma folgen, besitzen die folgenden Eigenschaften:

- Umsetzung des Client-Server-Modells
- Zustandslosigkeit
- Caching
- einheitliche Schnittstelle
- schichtenbasiertes System
- Code-on-Demand

Schnittstelleninformationen

Ein OData-Service ist selbstbeschreibend. Jeder OData-Service beschreibt über das sogenannte *Servicedokument* (englisch *service document*) seine Schnittstelle. Hierüber kann ein Konsument erfahren, welche Ressourcen über den Service erreichbar sind. Abbildung 12.2 zeigt das Servicedokument des OData-Dienstes *GWSAMPLE_BASIC*. Dieser Dienst ist auf jedem SAP-System verfügbar. Er muss lediglich vom SAP-Basis-Team aktiviert werden. Der Pfad zum Servicedokument des Dienstes lautet:

<protokoll>://server:port/sap/opu/odata/IWBEP/GWSAMPLE_BASIC

Das Servicedokument liefert Informationen zu Entitätsmengen, z. B. den Entitäten mit den Namen `BusinessPartnerSet` oder `SalesOrderSet`. Allerdings enthält es keine weiteren Informationen darüber, wie eine Entität dieses Typs aufgebaut bzw. mit anderen Entitäten verbunden ist.

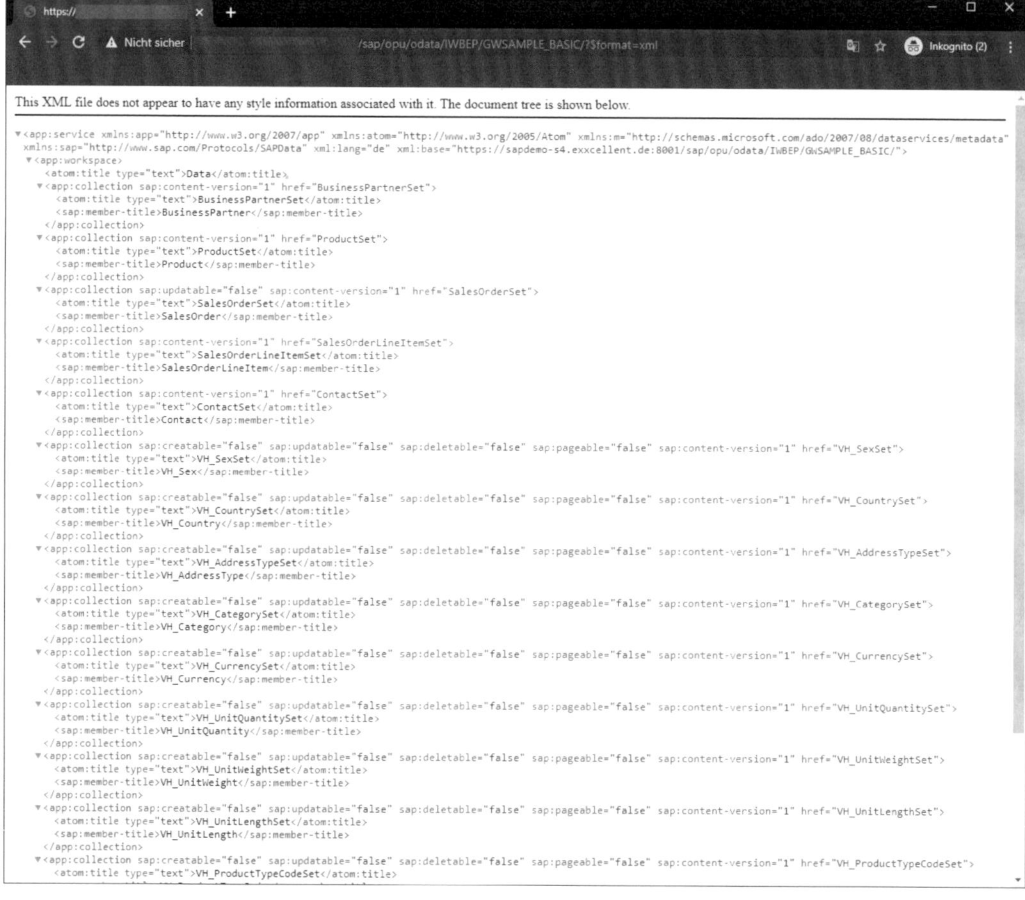

Abbildung 12.2 Servicedokument des OData-Dienstes »GWSAMPLE_BASIC«

Struktur-informationen

Neben dem Servicedokument gibt es das *Metadatendokument*. Darin werden die Struktur und die Organisation der vom HTTP-Endpunkt des Dienstes zur Verfügung gestellten Ressourcen beschrieben. Um die Metadaten eines Dienstes zu erhalten, sendet der Konsument den Parameter `$metadata` an den entsprechenden OData-Service. Für unser Beispiel sieht die URL zum Abruf der Metadaten wie folgt aus:

<protokoll>://<server>:<port>/sap/opu/odata/IWBEP/GWSAMPLE_BASIC/$metadata

Abbildung 12.3 zeigt das Metadatendokument des Dienstes `GWSAMPLE_BASIC`. Diese Antwort des Servers enthält die gesamte Beschreibung des Dienstes.

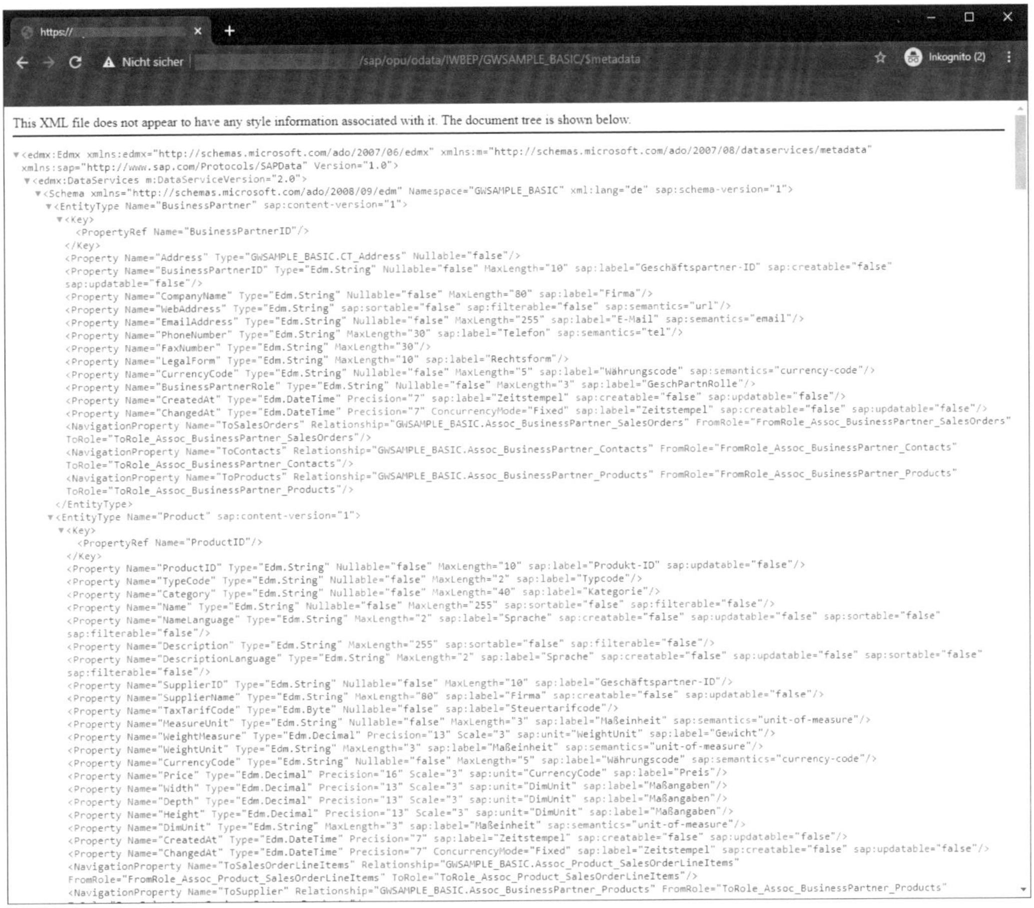

https://
Nicht sicher /sap/opu/odata/IWBEP/GWSAMPLE_BASIC/$metadata
Inkognito (2)

This XML file does not appear to have any style information associated with it. The document tree is shown below.


```
▼<edmx:Edmx xmlns:edmx="http://schemas.microsoft.com/ado/2007/06/edmx" xmlns:m="http://schemas.microsoft.com/ado/2007/08/dataservices/metadata"
 xmlns:sap="http://www.sap.com/Protocols/SAPData" Version="1.0">
 ▼<edmx:DataServices m:DataServiceVersion="2.0">
  ▼<Schema xmlns="http://schemas.microsoft.com/ado/2008/09/edm" Namespace="GWSAMPLE_BASIC" xml:lang="de" sap:schema-version="1">
   ▼<EntityType Name="BusinessPartner" sap:content-version="1">
    ▼<Key>
      <PropertyRef Name="BusinessPartnerID"/>
     </Key>
     <Property Name="Address" Type="GWSAMPLE_BASIC.CT_Address" Nullable="false"/>
     <Property Name="BusinessPartnerID" Type="Edm.String" Nullable="false" MaxLength="10" sap:label="Geschäftspartner-ID" sap:creatable="false"
     sap:updatable="false"/>
     <Property Name="CompanyName" Type="Edm.String" Nullable="false" MaxLength="80" sap:label="Firma"/>
     <Property Name="WebAddress" Type="Edm.String" sap:sortable="false" sap:filterable="false" sap:semantics="url"/>
     <Property Name="EmailAddress" Type="Edm.String" Nullable="false" MaxLength="255" sap:label="E-Mail" sap:semantics="email"/>
     <Property Name="PhoneNumber" Type="Edm.String" MaxLength="30" sap:label="Telefon" sap:semantics="tel"/>
     <Property Name="FaxNumber" Type="Edm.String" MaxLength="30"/>
     <Property Name="LegalForm" Type="Edm.String" MaxLength="10" sap:label="Rechtsform"/>
     <Property Name="CurrencyCode" Type="Edm.String" Nullable="false" MaxLength="5" sap:label="Währungscode" sap:semantics="currency-code"/>
     <Property Name="BusinessPartnerRole" Type="Edm.String" Nullable="false" MaxLength="3" sap:label="GeschPartnRolle"/>
     <Property Name="CreatedAt" Type="Edm.DateTime" Precision="7" sap:label="Zeitstempel" sap:creatable="false" sap:updatable="false"/>
     <Property Name="ChangedAt" Type="Edm.DateTime" Precision="7" ConcurrencyMode="Fixed" sap:label="Zeitstempel" sap:creatable="false" sap:updatable="false"/>
     <NavigationProperty Name="ToSalesOrders" Relationship="GWSAMPLE_BASIC.Assoc_BusinessPartner_SalesOrders" FromRole="FromRole_Assoc_BusinessPartner_SalesOrders"
     ToRole="ToRole_Assoc_BusinessPartner_SalesOrders"/>
     <NavigationProperty Name="ToContacts" Relationship="GWSAMPLE_BASIC.Assoc_BusinessPartner_Contacts" FromRole="FromRole_Assoc_BusinessPartner_Contacts"
     ToRole="ToRole_Assoc_BusinessPartner_Contacts"/>
     <NavigationProperty Name="ToProducts" Relationship="GWSAMPLE_BASIC.Assoc_BusinessPartner_Products" FromRole="FromRole_Assoc_BusinessPartner_Products"
     ToRole="ToRole_Assoc_BusinessPartner_Products"/>
    </EntityType>
   ▼<EntityType Name="Product" sap:content-version="1">
    ▼<Key>
      <PropertyRef Name="ProductID"/>
     </Key>
     <Property Name="ProductID" Type="Edm.String" Nullable="false" MaxLength="10" sap:label="Produkt-ID" sap:updatable="false"/>
     <Property Name="TypeCode" Type="Edm.String" Nullable="false" MaxLength="2" sap:label="Typcode"/>
     <Property Name="Category" Type="Edm.String" Nullable="false" MaxLength="40" sap:label="Kategorie"/>
     <Property Name="Name" Type="Edm.String" Nullable="false" MaxLength="255" sap:sortable="false" sap:filterable="false"/>
     <Property Name="NameLanguage" Type="Edm.String" MaxLength="2" sap:label="Sprache" sap:creatable="false" sap:updatable="false" sap:sortable="false"
     sap:filterable="false"/>
     <Property Name="Description" Type="Edm.String" MaxLength="255" sap:sortable="false" sap:filterable="false"/>
     <Property Name="DescriptionLanguage" Type="Edm.String" MaxLength="2" sap:label="Sprache" sap:creatable="false" sap:updatable="false" sap:sortable="false"
     sap:filterable="false"/>
     <Property Name="SupplierID" Type="Edm.String" Nullable="false" MaxLength="10" sap:label="Geschäftspartner-ID"/>
     <Property Name="SupplierName" Type="Edm.String" MaxLength="80" sap:label="Firma" sap:creatable="false" sap:updatable="false"/>
     <Property Name="TaxTarifCode" Type="Edm.Byte" Nullable="false" sap:label="Steuertarifcode"/>
     <Property Name="MeasureUnit" Type="Edm.String" Nullable="false" MaxLength="3" sap:label="Maßeinheit" sap:semantics="unit-of-measure"/>
     <Property Name="WeightMeasure" Type="Edm.Decimal" Precision="13" Scale="3" sap:unit="WeightUnit" sap:label="Gewicht"/>
     <Property Name="WeightUnit" Type="Edm.String" MaxLength="3" sap:label="Maßeinheit" sap:semantics="unit-of-measure"/>
     <Property Name="CurrencyCode" Type="Edm.String" Nullable="false" MaxLength="5" sap:label="Währungscode" sap:semantics="currency-code"/>
     <Property Name="Price" Type="Edm.Decimal" Precision="16" Scale="3" sap:unit="CurrencyCode" sap:label="Preis"/>
     <Property Name="Width" Type="Edm.Decimal" Precision="13" Scale="3" sap:unit="DimUnit" sap:label="Maßangaben"/>
     <Property Name="Depth" Type="Edm.Decimal" Precision="13" Scale="3" sap:unit="DimUnit" sap:label="Maßangaben"/>
     <Property Name="Height" Type="Edm.Decimal" Precision="13" Scale="3" sap:unit="DimUnit" sap:label="Maßangaben"/>
     <Property Name="DimUnit" Type="Edm.String" MaxLength="3" sap:label="Maßeinheit" sap:semantics="unit-of-measure"/>
     <Property Name="CreatedAt" Type="Edm.DateTime" Precision="7" sap:label="Zeitstempel" sap:creatable="false" sap:updatable="false"/>
     <Property Name="ChangedAt" Type="Edm.DateTime" Precision="7" ConcurrencyMode="Fixed" sap:label="Zeitstempel" sap:creatable="false" sap:updatable="false"/>
     <NavigationProperty Name="ToSalesOrderLineItems" Relationship="GWSAMPLE_BASIC.Assoc_Product_SalesOrderLineItems"
     FromRole="FromRole_Assoc_Product_SalesOrderLineItems" ToRole="ToRole_Assoc_Product_SalesOrderLineItems"/>
     <NavigationProperty Name="ToSupplier" Relationship="GWSAMPLE_BASIC.Assoc_BusinessPartner_Products" FromRole="ToRole_Assoc_BusinessPartner_Products"
```


Abbildung 12.3 Metadaten des Dienstes »GWSAMPLE_BASIC«

»ODataModel«-Klasse

SAPUI5 unterstützt die Implementierung des OData-Standards in der Version 2.0 über die Implementierung der Klasse `sap.ui.model.odata.v2.ODataModel`. Zudem implementiert SAPUI5 den Standard in der Version 4.0 über die Klasse `sap.ui.model.odata.v4.ODataModel`. Wir gehen in den folgenden Abschnitten nur auf die grundlegende Nutzung der `ODataModel`-Implementierung auf Basis der Version 2.0 ein. Weiterführende Informationen zu den Versionen 2.0 und 4.0 erhalten Sie in Kapitel 14.

12.3.1 Anlegen einer »ODataModel«-Instanz

Instanziierung im Konstruktor

Damit Sie mit dem OData-Modell arbeiten können, müssen wir eine Instanz der Klasse `ODataModel` anlegen. Hierzu gibt es zwei unterschiedliche Möglichkeiten

lichkeiten. Als Erstes zeigen wir Ihnen in Listing 12.14 die Instanziierung im Konstruktor. Hier können Sie die URL zum Aufruf des OData-Services übergeben. Während der Instanziierung des Modells sendet SAPUI5 einen Request an den OData-Service, über den die Metadaten (`$metadata`) abgefragt werden.

```
sap.ui.define([
  "sap/ui/core/mvc/Controller",
  "sap/ui/model/odata/v2/ODataModel"
], function (Controller, ODataModel) {
  "use strict";

  return Controller.extend("de.exxcellent.demo.mydemo1.controller.
    Main", {
    onInit: function () {
     var sURL = "<protokoll>://<server>:<port>/sap/opu/odata/IWBEP/
       GWSAMPLE_BASIC";
     var oModel = new ODataModel(sURL);
     this.getOwnerComponent().setModel(oModel);
    },
//...
```

Listing 12.14 Instanziierung eines v2-»ODataModel«-Objekts

[»]

Same-Origin-Policy beachten

Für das Konsumieren eines OData-Dienstes durch eine auf dem Client ausgeführte SAPUI5-Anwendung gilt die gleiche Regel wie bei anderen REST-Diensten: Es muss die Same-Origin-Policy des Browsers beachtet werden.

Konfiguration im Anwendungsdeskriptor

Als zweite Variante können OData-Modelle auch, analog zu den zuvor behandelten Modellarten, in der Datei **manifest.json** konfiguriert werden. Dazu fügen Sie im Abschnitt `sap.app` des Anwendungsdeskriptors im Konfigurationsobjekt `dataSources` eine entsprechende Konfiguration ein (siehe Listing 12.15).

```
"sap.app": {
       "dataSources": {
             "GWSAMPLE_BASIC": {
               "uri": "/sap/opu/odata/IWBEP/GWSAMPLE_BASIC/",
               "type": "OData",
               "settings": {
                 "localUri": "localService/metadata.xml"
```

```
            }
        }
    }
},
```

Listing 12.15 Festlegen einer OData-Datenquelle in der Datei »manifest.json«

Konfiguration eines OData-Modells

Nachdem die OData-Datenquelle im `sap.app`-Konfigurationsobjekt angelegt ist, kann die Konfiguration des Modells im `sap.ui5`-Bereich erfolgen (siehe Listing 12.16).

```
"sap.ui5": {
    "models": {
      "": {
          "type": "sap.ui.model.odata.v2.ODataModel",
             "settings": {
                 "defaultOperationMode": "Server",
                 "defaultBindingMode": "OneWay",
                 "defaultCountMode": "Request"
             },
          "dataSource": "GWSAMPLE_BASIC",
          "preload": true
      }
},
```

Listing 12.16 Modellkonfiguration in der Datei »manifest.json«

Entfernen des lokalen JSON-Modells

Durch den Umstieg auf die Verwendung des OData-Dienstes benötigen Sie das in **manifest.json** angelegte JSON-Modell nicht mehr. Daher können Sie das JSON-Modell für das Bereitstellen des `BusinessPartnerSet`-Objekts über die Datei **BusinessPartnerSet.json** entfernen.

Abfrage der Anzahl der Datensätze

»CountMode«

Bindet man ein SAPUI5-Control wie beispielsweise eine Tabelle an ein EntitySet, sendet SAPUI5 eine Anfrage an den Server, um die zugehörenden Daten zu erhalten. Bei genauer Betrachtung des Netzwerkverkehrs wird Ihnen auffallen, dass nicht nur eine HTTP-GET-Anfrage an den Server geschickt wird, sondern zwei. Dies liegt an dem sogenannten `CountMode` innerhalb der `ODataModel`-Implementierung. Bevor die Daten vom Server abgefragt werden, sendet SAPUI5 einen Request, um zu erfragen, wie viele Daten das entsprechende EntitySet enthält. Erst danach wird eine zweite Anfrage geschickt, um die Daten abzurufen. Dieses Verhalten nennt man *Request-Modus*.

SAPUI5 bietet noch weitere Modi an. Sie werden in der Enumeration `sap.ui.model.odata.CountMode` implementiert: *Inline-*, *InlineRequest-* und *None-Modus*:

- Beim Inline-Modus wird bei der Anfrage an den Server zur Abfrage der Daten für das EntitySet der URL-Parameter `$inlinecount=allpages` übergeben, und zwar nur dann, wenn davor keine `count`-Abfrage stattgefunden hat. Die Anzahl der gesamten Datensätze des EntitySets erhält man so zusammen mit den Daten in der Antwort des Servers.
- Beim InlineRequest-Modus wird ebenfalls der URL-Parameter `$inlinecount=allpages` übergeben, jedoch bei jedem Request.
- Der None-Modus unterbindet die Abfrage der Anzahl der Datensätze.

Der `CountMode` kann bei der Konfiguration des Modells in der Datei **manifest.json** (siehe Listing 12.16) oder im Rahmen der Instanziierung (siehe Listing 12.14) gesetzt werden. Alternativ können Sie die Funktion `setDefaultCountMode` aufrufen. Ändern Sie allerdings durch den Aufruf dieser Funktion das Count-Verhalten Ihrer Anwendung, hat dies erst auf zukünftige Anfragen eine Auswirkung, jedoch nicht auf existierende Datenbindungen.

Operationsmodus

»OperationMode«

Beim OData-Modell handelt es sich um ein serverseitiges Modell. Dies bedeutet, dass alle Operationen, die auf dem Modell ausgeführt werden, zu einer Anfrage beim entsprechenden Server führen, unabhängig davon, ob sie über Methodenaufrufe oder die Datenbindung definiert wurden. Dies liegt an dem *Operationsmodus*. Die in SAPUI5 zur Verfügung stehenden Operationsmodi werden über die Enumeration `sap.ui.model.odata.OperationMode` definiert:

- `Server`: Der Operationsmodus `Server` gibt an, dass alle Operationen wie auf dem Server verarbeitet werden. Jede Anfrage stellt somit einen Request an den Server dar.
- `Client`: Der Operationsmodus `Client` definiert, dass alle Operationen auf dem Client ausgeführt werden. Dieser Modus kann damit nur dann eingesetzt werden, wenn die zu verarbeitenden Daten auf dem Client zur Verfügung stehen.
- `Auto`: Dieser Operationsmodus hängt vom gesetzten `CountMode` ab.
- `Default`: Der Operationsmodus `Default` gibt an, dass alle Operationen so lange auf dem Server verarbeitet werden, bis die gesamten Daten auf der Clientseite zur Verfügung stehen. Ist dies der Falle, erfolgt ein Wechsel in den `Client`-Modus.

Datenbindungsmodus

»BindingMode«

Auch für das Binden der Daten bietet SAPUI5 verschiedene Modi an. Für die `ODataModel`-Implementierung ist der Standardmodus `OneWay`. Dies hat zur Folge, dass Änderungen von Eigenschaften aus dem OData-Modell nicht in das Modell zurückgeschrieben werden. Es findet somit kein Aufruf der entsprechenden `setProperty`-Funktion der Eigenschaft mehr statt, nachdem der Nutzer die Daten über die Anwendungsoberfläche geändert hat. Der Entwickler ist selbst dafür verantwortlich, dass die Daten korrekt in das Modell übertragen werden.

»setDefaultBindingMode«

Möchten Sie dies ändern, können Sie den Bindungsmodus entweder in der Konfiguration des Modells, bei seiner Instanziierung oder vor der ersten Nutzung des Modells (Binding) über die Funktion `setDefaultBindingMode` ändern. Spätere Aufrufe dieser Funktion könnten dazu führen, dass die bis zu diesem Zeitpunkt vorhandenen Datenbindungen nicht korrekt auf das neue Verhalten umgestellt werden. Alle vorhandenen Bindungstypen werden über die Enumeration `sap.ui.model.BindingMode` angeboten.

12.3.2 Arbeiten mit dem OData-Modell

Nachdem das OData-Modell instanziiert ist, können Sie es verwenden, um Ihre Anwendung mit Daten zu versorgen.

[«]

Projektaufsatz – Proxy definieren

Da es den Umfang dieses Kapitels übersteigt, gehen wir an dieser Stelle nicht weiter auf den Projektaufsatz ein. Wie Sie ein Projekt mit OData-Backend aufsetzen, erklärt Abschnitt 22.2.3, »Proxyserver definieren«.

Datenbindung

Lokalen Datenzugriff anpassen

Bis jetzt haben wir in unserer aktuellen Implementierung mit lokalen JSON-Dateien gearbeitet. Dies ändern wir nun. Hierfür öffnen Sie die Datei **BusinessPartnerTable.fragment.xml** und ändern dort das Binding für die Aggregation `items`, indem Sie den Namen des EntitySets `BusinessPartnerSet` mit einem führenden Schrägstrich einfügen (siehe Listing 12.17).

```
<Table id="businessPartnerTable"
  items="{/BusinessPartnerSet}" mode="SingleSelectMaster"
  selectionChange=".onListItemSelected"
  growing="true" growingThreshold="20"
```

```
  autoPopinMode="false" >
...
</Table>
```

Listing 12.17 Aggregationsbindung mit OData

Analog ändern Sie auch die Implementierung des Fragments **SelectDialog.fragment.xml**. Hier ändern Sie das Binding wie in Listing 12.18 gezeigt. Auch hier nutzen wir einfach den Namen des EntitySets `BusinessPartnerSet`.

```
<core:FragmentDefinition
     xmlns="sap.m"
     xmlns:core="sap.ui.core">
     <SelectDialog
          noDataText="{i18n>txtNoBP}"
          title="{i18n>txtSelBP}"
          search="onSearch"
          confirm="onClose"
          cancel="onClose"
          items="{
               path: '/BusinessPartnerSet'
          }" >
          <!-- ListItem-Code -->
     </SelectDialog>
</core:FragmentDefinition>
```

Listing 12.18 Anpassung der »SelectDialog.fragment.xml«-Implementierung

Nach dem gleichen Muster ändern Sie das Binding der Aggregation `suggestionItems` in der Datei **Input.fragment.xml** auf das `BusinessPartnerSet`-EntitySet ab.

Binden komplexer Strukturen

Die `BusinessPartner`-Entität des OData-Dienstes weist eine Besonderheit auf, die Einfluss auf das korrekte Funktionieren unserer Anwendung hat. Starten Sie die Anwendung und wählen einen Geschäftspartner in der Übersicht aus, sehen Sie zwar die Detaildaten im Kopfbereich der ObjectPage, es fehlt jedoch die Adresse. Die Adresse ist keine eigenständige Entität, die über eine Navigationseigenschaft der `BusinessPartner`-Entität geladen wird, sondern ein komplexer Datentyp. Wie Sie dem Metadatendokument in Abbildung 12.4 entnehmen können, hat die Eigenschaft `Address` den Typ `GWSAMPLE_BASIC_CT.Address`.

```
▼<edmx:Edmx xmlns:edmx="http://schemas.microsoft.com/ado/2007/06/edmx" xmlns:m="http://schemas.microsoft.com/ado/2007/08/dataservices/metadata"
 xmlns:sap="http://www.sap.com/Protocols/SAPData" Version="1.0">
 ▼<edmx:DataServices m:DataServiceVersion="2.0">
  ▼<Schema xmlns="http://schemas.microsoft.com/ado/2008/09/edm" Namespace="GWSAMPLE_BASIC" xml:lang="en" sap:schema-version="1">
   ▼<EntityType Name="BusinessPartner" sap:content-version="1">
    ▼<Key>
      <PropertyRef Name="BusinessPartnerID"/>
     </Key>
     <Property Name="Address" Type="GWSAMPLE_BASIC.CT_Address" Nullable="false"/>
     <Property Name="BusinessPartnerID" Type="Edm.String" Nullable="false" MaxLength="10" sap:label="Business Partner ID" sap:creatable="false" sap:updatable="false"/>
     <Property Name="CompanyName" Type="Edm.String" Nullable="false" MaxLength="80" sap:label="Company"/>
     <Property Name="WebAddress" Type="Edm.String" sap:label="Web Address" sap:sortable="false" sap:filterable="false" sap:semantics="url"/>
     <Property Name="EmailAddress" Type="Edm.String" Nullable="false" MaxLength="255" sap:label="Email" sap:semantics="email"/>
     <Property Name="PhoneNumber" Type="Edm.String" MaxLength="30" sap:label="Phone" sap:semantics="tel"/>
     <Property Name="FaxNumber" Type="Edm.String" MaxLength="30" sap:label="Fax Number"/>
     <Property Name="LegalForm" Type="Edm.String" MaxLength="10" sap:label="Legal Form"/>
     <Property Name="CurrencyCode" Type="Edm.String" Nullable="false" MaxLength="5" sap:label="Currency Code" sap:semantics="currency-code"/>
     <Property Name="BusinessPartnerRole" Type="Edm.String" Nullable="false" MaxLength="3" sap:label="Bus. Part. Role"/>
     <Property Name="CreatedAt" Type="Edm.DateTime" Precision="7" sap:label="Time Stamp" sap:creatable="false" sap:updatable="false"/>
     <Property Name="ChangedAt" Type="Edm.DateTime" Precision="7" ConcurrencyMode="Fixed" sap:label="Time Stamp" sap:creatable="false" sap:updatable="false"/>
     <NavigationProperty Name="ToSalesOrders" Relationship="GWSAMPLE_BASIC.Assoc_BusinessPartner_SalesOrders" FromRole="FromRole_Assoc_BusinessPartner_SalesOrders"
     ToRole="ToRole_Assoc_BusinessPartner_SalesOrders"/>
     <NavigationProperty Name="ToContacts" Relationship="GWSAMPLE_BASIC.Assoc_BusinessPartner_Contacts" FromRole="FromRole_Assoc_BusinessPartner_Contacts"
     ToRole="ToRole_Assoc_BusinessPartner_Contacts"/>
     <NavigationProperty Name="ToProducts" Relationship="GWSAMPLE_BASIC.Assoc_BusinessPartner_Products" FromRole="FromRole_Assoc_BusinessPartner_Products"
     ToRole="ToRole_Assoc_BusinessPartner_Products"/>
    </EntityType>
   ▶<EntityType Name="Product" sap:content-version="1">...</EntityType>
   ▶<EntityType Name="SalesOrder" sap:content-version="1">...</EntityType>
   ▶<EntityType Name="SalesOrderLineItem" sap:content-version="1">...</EntityType>
   ▶<EntityType Name="Contact" sap:content-version="1">...</EntityType>
   ▶<EntityType Name="VH_Sex" sap:content-version="1">...</EntityType>
   ▶<EntityType Name="VH_Country" sap:content-version="1">...</EntityType>
   ▶<EntityType Name="VH_AddressType" sap:content-version="1">...</EntityType>
   ▶<EntityType Name="VH_Category" sap:content-version="1">...</EntityType>
   ▶<EntityType Name="VH_Currency" sap:content-version="1">...</EntityType>
   ▶<EntityType Name="VH_UnitQuantity" sap:content-version="1">...</EntityType>
   ▶<EntityType Name="VH_UnitWeight" sap:content-version="1">...</EntityType>
   ▶<EntityType Name="VH_UnitLength" sap:content-version="1">...</EntityType>
   ▶<EntityType Name="VH_ProductTypeCode" sap:content-version="1">...</EntityType>
   ▶<EntityType Name="VH_BPRole" sap:content-version="1">...</EntityType>
   ▶<EntityType Name="VH_Language" sap:content-version="1">...</EntityType>
   ▼<ComplexType Name="CT_Address">
     <Property Name="City" Type="Edm.String" MaxLength="40" sap:label="City" sap:semantics="city"/>
     <Property Name="PostalCode" Type="Edm.String" MaxLength="10" sap:label="Postal Code" sap:semantics="zip"/>
     <Property Name="Street" Type="Edm.String" MaxLength="60" sap:label="Street" sap:semantics="street"/>
     <Property Name="Building" Type="Edm.String" MaxLength="10" sap:label="Building"/>
     <Property Name="Country" Type="Edm.String" MaxLength="3" sap:label="Country" sap:semantics="country"/>
     <Property Name="AddressType" Type="Edm.String" MaxLength="2" sap:label="Address Type"/>
    </ComplexType>
```


Abbildung 12.4 Metadaten der Entität »BusinessPartner«

Explizite Datenbindung anpassen

Solche komplexen Strukturen werden geladen, sobald die dazugehörende Entität geladen wird. Dies macht einen separaten Request unnötig. Daher ändern wir zunächst die Implementierung der Funktion `_updateUI` im Controller **App.controller.js** und entfernen dort die explizite Elementbindung bei dem Objekt `oAdrSection`. Kommentieren Sie die entsprechende Zeile dazu wie in Listing 12.19 gezeigt aus. Wie Sie dem Programmbeispiel entnehmen können, beziehen wir zunächst eine Referenz auf das `ODataModel`-Objekt und rufen darauf die Funktion `metadataLoaded` auf. Die Nutzung der Funktion stellt sicher, dass das Binding nur dann tatsächlich ausgeführt wird, falls die Metadaten der Anwendung erfolgreich geladen wurden. Die Funktion liefert ein Promise zurück, auf das wir wie gezeigt reagieren.

```
_updateUI : function(sBindingPath) {
 this._getDetailPage().then(function (oDetailsPage) {
  this.getOwnerComponent().getModel().metadataLoaded().then(
   function(oSuccess) {
      oDetailsPage.bindElement(sBindingPath);
      var oAdrSection = Fragment.byId(this.createId("bpd"),
      "addressSection");
       oAdrSection.setVisible(true);
    this.byId("masterDetailBase").setLayout("TwoColumnsMidExpanded")
```

```
;
        }.bind(this), function(oError) {
            //handle error
        });
    // oAdrSection.bindElement(sBindingPath + "/Address");
   }.bind(this));
   this.byId("masterDetailBase").setLayout(
                "TwoColumnsMidExpanded");
}
```

Listing 12.19 Anpassung der Funktion »_updateUI«

Methode »createKey«

SAPUI5 bietet für das Konstruieren des Pfades zu einer konkreten Entität die Methode createKey an. Der Methode übergeben wir zwei Parameter (siehe Listing 12.20). Der erste Parameter ist der Name des EntitySets, der zweite Parameter ist ein literales JavaScript-Objekt, dem wir pro Primärschlüssel-Feld ein Key-Value-Paar übergeben.

```
var oModel = this.getOwnerComponent().getModel();
// create primary keys with key generation
var sPath = oModel.createKey("/BusinessPartnerSet", {
  BusinessPartnerID :"0100000000"
});

// read the product with the primary keys foo and bar
oModel.read(sPath, {

  success: function(oData) { },
  error: function(oError) { }

});
```

Listing 12.20 Verwendung der Methode »createKey«

Nachdem die _updateUI-Funktion geändert ist, müssen Sie noch das Binding im Fragment **AddressForm.fragment.xml** entsprechend ändern (siehe Listing 12.21).

```
<form:FormContainer>
  <form:FormElement label="{i18n>txtStreet}">
    <Input value="{Address/Street}" editable="false"/>
    <Input value="{Address/Building}" editable="false" />
  </form:FormElement>
```

```
  <form:FormElement label="{i18n>txtZip}">
    <Input value="{Address/PostalCode}" editable="false" />
  </form:FormElement>
  <form:FormElement label="{i18n>txtCity}">
    <Input value="{Address/City}" editable="false" />
  </form:FormElement>
  <form:FormElement label="{i18n>txtCountry}">
    <Input value="{Address/Country}" editable="false" />
  </form:FormElement>
</form:FormContainer>
```

Listing 12.21 Binding-Anpassungen im Fragment »AddressForm«

OData-Request-Verarbeitung

Im Anschluss können wir die Anwendung wieder wie vorgestellt nutzen. Dabei werden drei Anfragen an den OData-Service gestellt:

1. In der ersten Anfrage wird das Servicedokument vom SAP-System abgeholt.
2. In der dritten Anfrage werden die Daten über einen Batch-Request geladen.
3. Eine weitere Anfrage ruft die Metadaten des Dienstes ab.

Wie Sie aus Abbildung 12.5 entnehmen können, werden die Anfragen an *localhost* gestellt.

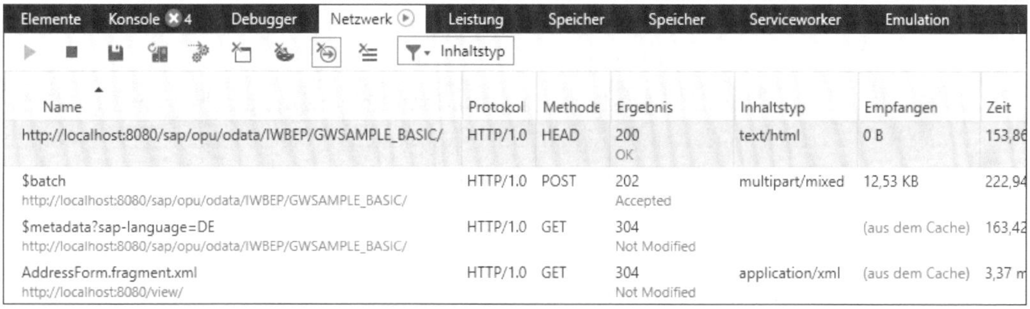

Elemente | Konsole 4 | Debugger | Netzwerk | Leistung | Speicher | Speicher | Serviceworker | Emulation

Inhaltstyp

Name	Protokol	Methode	Ergebnis	Inhaltstyp	Empfangen	Zeit
http://localhost:8080/sap/opu/odata/IWBEP/GWSAMPLE_BASIC/	HTTP/1.0	HEAD	200 OK	text/html	0 B	153,86
$batch http://localhost:8080/sap/opu/odata/IWBEP/GWSAMPLE_BASIC/	HTTP/1.0	POST	202 Accepted	multipart/mixed	12,53 KB	222,94
$metadata?sap-language=DE http://localhost:8080/sap/opu/odata/IWBEP/GWSAMPLE_BASIC/	HTTP/1.0	GET	304 Not Modified		(aus dem Cache)	163,42
AddressForm.fragment.xml http://localhost:8080/view/	HTTP/1.0	GET	304 Not Modified	application/xml	(aus dem Cache)	3,37 m

Abbildung 12.5 OData-Service-Anfragen im Netzwerkverkehr des Browsers

Lesen eines Objekts

Um ein Objekt aus dem OData-Modell zu laden, stellt die Klasse `sap.ui.model.odata.v2.ODataModel` die Funktion `getObject` bereit. Ihr muss der vollständige Pfad zu dem zu lesenden Objekt übergeben werden (siehe Listing 12.22). Sollte die Entität, deren Datensatz wir lesen möchten, mehr als eine Schlüsseleigenschaft besitzen, müssen die Schlüsselbezeichner beim Zugriff mit angegeben werden.

```
var oProduct = oModel.getObject("/ProductSet('HT-1001')");
var oSOItem = oModel.getObject("/SalesOrderLineItemSet(SalesOrderID=
  '0500000000',ItemPosition='0000000010'")
```

Listing 12.22 Lesen eines Objekts aus dem OData-Modell

Der Aufruf der Funktion getObject führt zu keinem Request an den Server. Es werden lediglich die Daten zurückgeliefert, die im Modell bereits gelesen wurden. Sollten die entsprechenden Daten auf dem Client nicht vorhanden sein, liefert die Funktion den Wert undefined zurück. Falls die Entität nur eine Schlüsseleigenschaft besitzt, muss die Eigenschaft nicht zwingend bei der Pfadangabe angegeben werden. Bei mehr als einem Schlüssel ist die Angabe des Schlüsselbezeichners obligatorisch.

Zugriff auf Objekteigenschaften

Der Zugriff auf eine bestimmte Eigenschaft einer Entität erfolgt durch die Angabe des vollständigen Pfads. Hierzu verwenden Sie die Funktion getProperty. Sie liefert nur diejenigen Werte einer Entität, die auf der Clientseite im Modell vorhanden sind:

```
var sProductID = oModel.getProperty(
  "/ProductSet('HT-1001')/ProductID");
```

Es wird kein Request abgesetzt, um die Informationen vom Server zu laden. Dies ist besonders dann zu beachten, wenn Sie die Menge an Eigenschaften beispielsweise durch die Angabe einer select-Anweisung reduziert haben und dann auf eine Eigenschaft zugreifen möchten, die Sie in der select-Anweisung nicht mit angegeben haben.

Datenzugriff in JavaScript

Der Zugriff auf die Daten des OData-Modells kann manchmal nicht über die Datenbindung bzw. nicht über das Modell erfolgen. Es gibt Situationen, in denen man die Daten erst direkt im JavaScript-Code lesen und dann weiterverarbeiten muss. Hierzu stellt das OData-Modell die Funktion read zur Verfügung (siehe API-Dokumentation unter *http://s-prs.de/v752303*). Diese Funktion benötigt die Angabe des Parameters sPath als Pflichtparameter. Er gibt an, welche Entität bzw. welches EntitySet vom OData-Service gelesen werden soll. Der Pfad wird relativ zu dem Pfad des Servicedokuments beschrieben, der bei der Anlage des ODataModel-Objekts angegeben wurde.

Als zweiten optionalen Parameter enthält die Signatur der Funktion read den Parameter mParameters. Dieser Parameter ist eine Map, mit der Sie die Verarbeitung des HTTP-GET-Requests feinjustieren können.

Beispiel

Wir wollen im folgenden Programmierbeispiel das Produkt mit der höchsten ID lesen (siehe Listing 12.23). Hierzu geben Sie als ersten Parameter den Namen des EntitySets ProductSet an. Als zweiten Parameter übergeben Sie ein parametrisiertes JSON-Objekt. Der Parameter urlParameters gibt an, welche OData-Query-Optionen an den Service gesendet werden sollen ($top, $orderby und $select).

```
_readHighestProductIDHelper : function() {
      return new Promise(function(resolve, reject) {
        oModel.read("/ProductSet", {
          urlParameters : {
            "$top" : 1,
            "$orderby" : "ProductID desc",
            "$select" : "ProductID"
          },
          success: function(oData, response) {
            resolve(oData);
          },
          error : function(oError) {
            reject(oError);
          }
        }
    )});
}
```

Listing 12.23 Parametrisiertes Lesen

Query-Optionen

Durch diese Query-Optionen geben Sie dem OData-Service Folgendes mit:

- Mit $select geben wir an, dass wir nur die Eigenschaft ProductID des EntitySets lesen möchten.
- $orderby gibt an, dass wir die vorhandenen Produkt-IDs absteigend sortiert lesen möchten.
- $top gibt an, dass wir lediglich den ersten Wert aus der entsprechend sortierten Liste lesen möchten.

Nach der Angabe der urlParameters folgen die Parameter success und error. success löst das entsprechende Promise auf und liefert die Antwort auf die Serveranfrage an den Konsumenten zurück. Im Fehlerfall wird über die Funktion error die Verarbeitung des Promise fehlerhaft beendet.

Funktion »_readHighestProductID« aufrufen

Die eben implementierte Funktion rufen Sie im Anschluss auf. Listing 12.24 zeigt die entsprechende Implementierung.

```
_readProductID : function() {
  this._readHighestProductID().then(
      function(oData) {
       MessageToast("Produkt mit höchster ID " +
```

```
                    oData.results[0].ProductID);
        }, function(oError) {
          MessageToast.show(oError.message);
        })
      },
```

Listing 12.24 Aufruf und Verarbeitung der Funktion »_readHighestProductID«

Metadaten-Bindung

Die Metadaten des OData-Services können nicht nur vom SAPUI5-Framework selbst verarbeitet werden, sondern wir können diese Informationen auch im Rahmen der Anwendung nutzen. Die Metadaten enthalten viele wichtige Informationen über die Eigenschaften und Fähigkeiten der Entitäten. Es werden Feldlängen, im Backend vorhandene Übersetzungen oder auch die im Backend theoretisch zur Verfügung gestellten Funktionen wie das Anlegen, Filtern, Sortieren oder das Ändern einer Entität an den Client ausgeliefert. »Theoretisch zur Verfügung gestellt« schreiben wir deshalb, weil die Metadaten nicht zwingend den tatsächlich implementierten Funktionsumfang widerspiegeln.

Wir wollen uns zum Abschluss dieses Kapitels noch die Möglichkeiten der Metadaten-Bindung ansehen. Dazu binden wir Eigenschaften von SAPUI5-Controls an die vom Backendsystem gelieferten Metadaten. Wir können den Bindungspfad hierzu entweder absolut oder relativ angegeben.

Absolutes Binding

Als Erstes möchten wir die Übersetzungsinformationen in der Implementierung des `BusinessPartnerTable`-Fragments so anpassen, dass die Übersetzungstexte nicht mehr aus dem i18n-Modell gelesen werden, sondern direkt aus den Metadaten. Der Binding-Pfad beim absoluten Binding lautet in generischer Schreibweise `#<EntityName>/<EntityProperty>/<MetadataAttribute>`. Daraus lässt sich die Implementierung der Tabelle zur Darstellung der `BusinessPartner`-Entitäten aus Listing 12.25 ableiten.

```
<Table id="businessPartnerTable"
  items="{/BusinessPartnerSet}" mode="SingleSelectMaster"
  selectionChange=".onListItemSelected"
  growing="true" growingThreshold="20"
  autoPopinMode="false" >
  <columns>
   <Column>
     <Label
     text="{/#BusinessPartner/BusinessPartnerID/@sap:label}"
      />
   </Column>
```

```
    <Column minScreenWidth="Tablet"
         demandPopin="true"
         popinDisplay="WithoutHeader">
         <Label
          text="{/#BusinessPartner/CompanyName/@sap:label}" />
    </Column>
    <Column minScreenWidth="Tablet" >
     <Label text="{/#BusinessPartner/LegalForm/@sap:label}" />
    </Column>
   </columns>
   <items>
     <ColumnListItem type="Navigation">
       <Text text="{BusinessPartnerID}" />
       <Text text="{CompanyName}" />
       <Text text="{LegalForm}" />
     </ColumnListItem>
   </items>
</Table>
```

Listing 12.25 Absolute Metadaten-Bindung

Relatives Binding

Falls Sie auf Attribute zugreifen wollen, die nicht mit `sap:` beginnen, verwenden Sie das sogenannte *relative Binding*. Das relative Binding bezieht sich auf das EntitySet und wird generisch wie folgt verwendet:

```
</EntitySetName>/<EntityProperty>/#<MetadataAttribute>
```

Für unser Beispiel ergibt dies folgende Datenbindung:

```
<Label text="BusinessPartnerSet/LegalForm /#@sap:label}"/>
```

Groß- und Kleinschreibung der Metadatenattribute

Beachten Sie beim Zugriff auf Metadatenattribute, die nicht mit `sap` beginnen, dass die Attribute in der `$metadata`-Abfrage mit einem Großbuchstaben beginnen, der Anfangsbuchstabe beim Binding allerdings klein sein muss.

Für das Binding des Attributs `MaxLength` des Attributs `CompanyName` der `BusinessPartner`-Entität lautet der Binding-Path beispielsweise folgendermaßen:

`/#BusinessPartner/CompanyName/@maxLength`.

Kapitel 13
Sortieren, gruppieren und filtern

Die meisten SAP-Anwendungen verarbeiten große Mengen an Daten; dabei ist es für den Nutzer nicht immer einfach, den Überblick zu behalten. Durch Sortier-, Gruppier- und Filtermöglichkeiten können Anwendungen den Nutzer unterstützen, schnell und einfach einen Überblick über die Daten zu erhalten und die Information zu finden, die aktuell benötigt wird.

Informationen für die Anwender sinnvoll, überschaubar und strukturiert zur Verfügung zu stellen, ist einer der Kernaspekte für datenzentrierte Anwendungen, wie sie mit SAPUI5 umgesetzt werden. Um sowohl die Menge visuelle Informationen für die Anwender als auch die über ein Netzwerk übertragenen Daten auf ein Minimum zu reduzieren, sind Methoden für das Filtern, Gruppieren und Sortieren dieser Informationen unabdingbar. Wir zeigen Ihnen in diesem Kapitel verschiedene Vorgehensweisen, diese Funktionen in unserer SAPUI5-Applikation zu implementieren. Grundsätzlich können alle drei Funktionen nur beim Aggregation-Binding angewandt werden. Dies liegt daran, dass alle drei auf eine Menge von Daten angewandt werden.

Server- und clientseitige Modelle

Das Sortieren, Gruppieren und Filtern kann einerseits serverseitig, andererseits clientseitig erfolgen. Der Ort der Verarbeitung hängt von der Wahl des Modells ab:

- **Clientseitige Modelle**

  Das Modell `sap.ui.model.json.JSONModel` ist, wie besprochen, ein clientseitiges Modell. Wurden die Daten einmal auf den Client geladen und sind im Modell enthalten, werden die drei Operationen auf die geladene Menge an Daten auf Clientseite ausgeführt. Die Sortierung wird hierbei anhand der Ordnung durchgeführt, die SAPUI5 standardmäßig implementiert.

  Natürlich wäre es denkbar, dass ein Entwickler Sortier-, Gruppier- oder Filteranfragen an einen REST-Service schickt und dieser die Operationen auf dem Server ausführt und die Daten an den Client zurückliefert. Automatisch passiert dies nicht (genauso verhält es sich beim Modell `sap.ui.model.xml.XMLModel`).

- **Serverseitige Modelle**

  Anders sieht es bei serverseitigen Modellen aus, wie `sap.ui.model.odata.v2.ODataModel`. Wendet man eine der Operationen auf eine `ODataModel`-Instanz an, wird von SAPUI5 ein Request an den Server geschickt. Der Request enthält die Informationen über die Sortier-, Gruppier- oder Filteranfrage. Der Service wertet die Anfrage aus, führt die nötigen Operationen auf dem Server aus und liefert das Ergebnis an den Client zurück. Diese Verarbeitung erfolgt nur, wenn für den Konfigurationsparameter `OperationMode` der Wert `Server` eingestellt ist (siehe hierzu Abschnitt 12.3.1).

13.1 Sortieren

Klasse »sap.ui.model.Sorter«

SAPUI5 bietet für das Sortieren von Datensätzen die Klasse `sap.ui.model.Sorter` an. Wie Sie der API-Dokumentation entnehmen können, besitzt die Konstruktorfunktion dieser Klasse vier Parameter. Der erste Parameter `sPath` gibt den Binding-Pfad zu dem Attribut im Modell an, das als Sortierkriterium verwendet werden soll. Dieser Parameter muss gesetzt werden. Der zweite Parameter der Funktion, `bDescending`, gibt an, ob absteigend sortiert werden soll. Geben Sie den Parameter nicht an, ist die Standardsortierreihenfolge aufsteigend.

Sortiermenge gruppieren

Die `Sorter`-Klasse kann zudem verwendet werden, um die Sortiermenge unter Verwendung des angegebenen Feldes zu gruppieren. Die Konfiguration der Basisgruppierungsfunktionalität kann entweder über einen `boolean`-Wert aktiviert oder über die Übergabe einer Funktion konfiguriert werden, die den Algorithmus für die Gruppierung implementiert. Hierzu steht der dritte Parameter der Funktion, `vGroup`, zur Verfügung. Der vierte Parameter, `fnComparator`, kann bei clientseitiger Verarbeitung verwendet werden, um eine entsprechende JavaScript-Funktion zu übergeben, die die Standardsortierung überschreibt.

Implementierungsvarianten

SAPUI5 bietet für die Implementierung der Sortierung zwei verschiedene Möglichkeiten an: in der View oder innerhalb des JavaScript-Codes des Controllers bzw. eines anderen JavaScript-Artefakts der Anwendung. Die deklarative Variante innerhalb der View ist nur in XML- oder HTML-Views möglich. Sie wird nur für komplexe UI-Controls angeboten, d. h. für UI-Controls, die über listenhafte Aggregationen verfügen, wie beispielsweise `sap.ui.table.Table`, `sap.m.Table` oder `sap.m.ComboBox`.

13.1.1 Deklarative Implementierung

Zunächst wollen wir uns die deklarative Implementierung der Sortierung ansehen. Als Beispiel möchten wir beim Start der Anwendung die Liste der Geschäftspartner auf Basis des Firmennamens sortieren. Dazu passen wir die Implementierung des Fragments `BusinessPartnerTable.fragment.xml` an.

Extended-Binding-Syntax

Wie beschrieben, wird die Sortierung dazu direkt in der View implementiert, und zwar bei der Angabe des Aggregation-Bindings. Dies hat zur Folge, dass die Sortierung immer dann angewandt wird, wenn das Binding verarbeitet wird. Um eine Sortierung beim Binding anzugeben, nutzen Sie die Extended-Binding-Syntax. Dazu fügen Sie das Attribut `sorter` direkt an das Binding der `items`-Aggregation an. Dem Attribut weisen Sie anschließend ein Objekt zu, über das Sie angeben, welches Attribut für die Sortierung verwendet werden soll (siehe Listing 13.1).

```
<Table
  items="{
    path: '/BusinessPartnerSet',
    sorter:{path:'CompanyName'}
   }"
  mode="SingleSelectMaster"
  selectionChange=".onListItemSelected"
  growing="true" growingThreshold="20"
  autoPopinMode="false"
>
```

Listing 13.1 Implementierung der Sortierung im Fragment »BusinessPartnerTable.fragment.xml«

Nachdem Sie diese Änderungen gespeichert haben, können Sie die Anwendung testen. Die Liste der Geschäftspartner wird nach Firmennamen absteigend sortiert (siehe Abbildung 13.1). Das absteigende Sortieren ist die Standardeinstellung.

Netzwerkanalyse

Betrachten wir kurz die Anfrage, die in an den Server geschickt wurde. Öffnen Sie dazu die Entwicklungswerkzeuge Ihres Browsers, und wechseln Sie in den Bereich **Netzwerk**. Dem Request für das EntitySet `BusinessPartnerSet` wurde der URL-Parameter `orderby` übergeben (siehe Abbildung 13.2). Die vollständige URL lautet nun:

BusinessPartnerSet?$skip=0&$top=20&$orderby=CompanyName%20asc

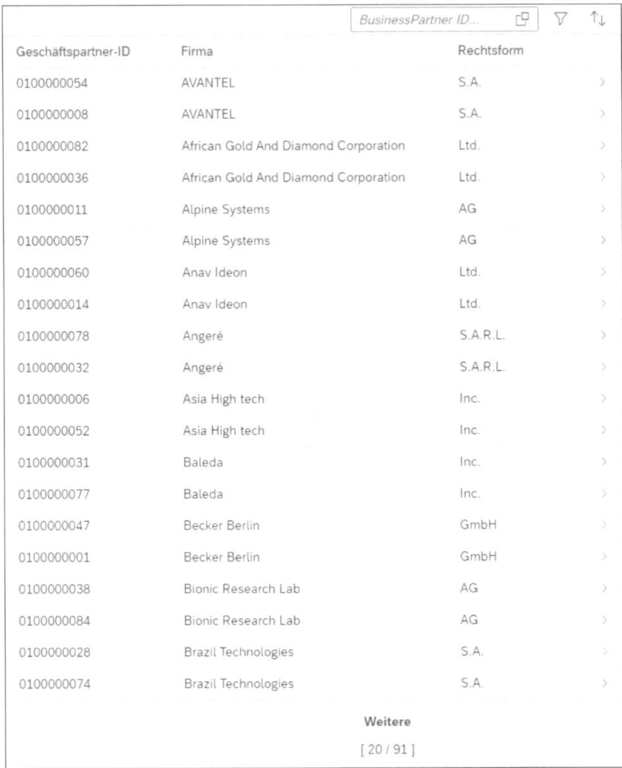

Geschäftspartner-ID	Firma	Rechtsform
0100000054	AVANTEL	S.A.
0100000008	AVANTEL	S.A.
0100000082	African Gold And Diamond Corporation	Ltd.
0100000036	African Gold And Diamond Corporation	Ltd.
0100000011	Alpine Systems	AG
0100000057	Alpine Systems	AG
0100000060	Anav Ideon	Ltd.
0100000014	Anav Ideon	Ltd.
0100000078	Angeré	S.A.R.L.
0100000032	Angeré	S.A.R.L.
0100000006	Asia High tech	Inc.
0100000052	Asia High tech	Inc.
0100000031	Baleda	Inc.
0100000077	Baleda	Inc.
0100000047	Becker Berlin	GmbH
0100000001	Becker Berlin	GmbH
0100000038	Bionic Research Lab	AG
0100000084	Bionic Research Lab	AG
0100000028	Brazil Technologies	S.A.
0100000074	Brazil Technologies	S.A.

Weitere

[20 / 91]

Abbildung 13.1 Liste der Geschäftspartner, sortiert nach Firmennamen

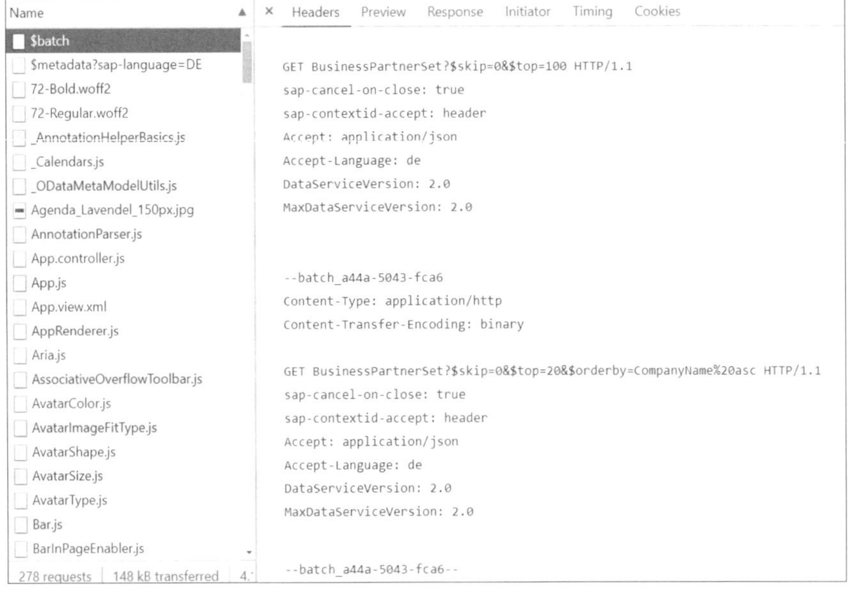

Abbildung 13.2 Serveranfrage mit Sortierkriterium

Als Nächstes wollen wir die Sortierreihenfolge ändern. Die Geschäftspartner sollen nun absteigend sortiert werden. Hierzu erweitern Sie die sorter-Angabe, in dem Sie das Attribut descending einfügen und ihm den Wert true zuweisen (siehe Listing 13.2).

Auf- oder absteigend sortieren

```
<Table id="businessPartnerTable"
  items="{
       path: '/BusinessPartnerSet',
       sorter:{path:'CompanyName', descending: true}
        }"
  mode="SingleSelectMaster"
  selectionChange=".onListItemSelected"
  growing="true" growingThreshold="20"
  autoPopinMode="false">
```

Listing 13.2 Absteigende Sortierung der Geschäftspartner

Die deklarative Sortierung ist nicht nur auf ein Sortierkriterium beschränkt. Um mehrere Kriterien anzugeben, müssen Sie die Zuweisung des sorter-Attributs ändern.

Mehrere Sortierkriterien angeben

In Listing 13.3 weisen wir dem Attribut zunächst ein Array aus Objekten zu. Im Anschluss fügen wir für jedes Attribut, das als Sortierkriterium verwendet werden soll, ein Objekt in das Array ein. Auch hier geben wir wieder die Sortierreihenfolge an.

```
<Table id="businessPartnerTable"
    items="{path: '/BusinessPartnerSet',
    sorter:[
        {path:'CompanyName', descending: true},
        {path:'BusinessPartnerID', descending: false}]}"
    mode="SingleSelectMaster"
    selectionChange=".onListItemSelected"
    growing="true" growingThreshold="20"
    autoPopinMode="false" >
```

Listing 13.3 Übergabe mehrerer Sortierkriterien

Die Liste der Geschäftspartner wird daraufhin wie in Abbildung 13.3 aufbereitet.

BusinessPartner ID...

Geschäftspartner-ID	Firma	Rechtsform	
0100000026	Vente Et Réparation de Ordinateur	S.A.R.L.	>
0100000072	Vente Et Réparation de Ordinateur	S.A.R.L.	>
0100000025	Tessile Casa Di Roma	Srl	>
0100000071	Tessile Casa Di Roma	Srl	>
0100000009	Telecomunicaciones Star	S.A.	>
0100000055	Telecomunicaciones Star	S.A.	>
0100000003	Talpa	GmbH	>
0100000049	Talpa	GmbH	>
0100000005	TECUM	AG	>
0100000051	TECUM	AG	>
0100000041	South American IT Company	S.A.	>
0100000087	South American IT Company	S.A.	>
0100000044	Sorali	AG	>
0100000090	Sorali	AG	>
0100000042	Siwusha	CJV	>
0100000088	Siwusha	CJV	>
0100000000	SAP	SE	>
0100000046	SAP	SE	>
0100000020	Russian Electronic Trading Company	z.a.o.	>
0100000066	Russian Electronic Trading Company	z.a.o.	>

Weitere

[20 / 91]

Abbildung 13.3 Sortierung nach mehr als einem Kriterium

13.1.2 Imperative Implementierung

Nachdem wir uns die Sortierung direkt in der XML-View angesehen haben, betrachten wir nun, wie Sie die Klasse `sap.ui.model.Sorter` für die imperative Implementierung der Sortierung im JavaScript-Code einsetzen können. Dazu ändern wir unsere Anwendung so ab, dass die Geschäftspartner bei einem Klick auf das Icon ↑↓ zunächst nach Rechtsform und im zweiten Schritt nach Rechtsform und ID sortiert werden.

Anpassung der Implementierung

Bevor wir mit der Implementierung der Sortierung beginnen können, müssen wir unsere Anwendung etwas umbauen: Vergeben Sie beim Einbetten des Fragments `BusinessPartnerTable.fragment.xml` in der Datei **App.view.xml** eine ID für das Fragment. Hierzu versehen Sie das Attribut `id` des Fragments mit dem Wert `bpOverview` (siehe Listing 13.4).

```
<App id="idAppControl">
 <pages>
  <f:FlexibleColumnLayout id="masterDetailBase" >
   <f:beginColumnPages>
      <core:Fragment id="bpOverview"
   fragmentName="de.sapui5buch.demo.view.BusinessPartnerTable"
      type="XML"/>
   </f:beginColumnPages>
   <f:midColumnPages>
   </f:midColumnPages>
  </f:FlexibleColumnLayout>
 </pages>
</App>
```

Listing 13.4 Festlegen einer statischen ID für das »BusinessPartnerTable«-Fragment

Vergabe einer statischen ID

Nachdem Sie die Datei **App.view.xml** angepasst haben, müssen Sie auch die Tabelle für die Geschäftspartner mit einer ID versehen. Hierzu öffnen Sie die Datei **BusinessPartnerTable.fragment.xml** und fügen dem `Table`-Control das Attribut `id` hinzu. Diesem Attribut weisen Sie den Wert `businessPartnerTable` zu (siehe Listing 13.5).

```
<Table id="businessPartnerTable"
 items="{path: '/BusinessPartnerSet',
   sorter:[
    {path:'CompanyName', descending:true},
    {path:'BusinessPartnerID', descending: false}]}"
 mode="SingleSelectMaster"
 selectionChange=".onListItemSelected"
 growing="true" growingThreshold="20"
 autoPopinMode="false" >
```

Listing 13.5 Vergabe einer statischen ID für die Geschäftspartnertabelle

Eventhandler registrieren

Über der eben angepassten Tabelle fügen wir nun eine Eventhandler-Funktion für das `press`-Event des Sortier-Buttons hinzu. Wie Sie Listing 13.6 entnehmen können, nennen wir diese Funktion `onSortPressed`.

```
<OverflowToolbarButton icon="sap-icon://sort"
  text="Sortieren" tooltip="Sortieren" press="onSortPressed">
    <layoutData>
      <OverflowToolbarLayoutData priority="Low" />
     </layoutData>
</OverflowToolbarButton>
```

Listing 13.6 Eventhandler für den Sortier-Button

Controller anpassen

Damit wir die Klasse sap.ui.model.Sorter in unserem Controller nutzen können, müssen wir darin eine Abhängigkeit zu der Klasse definieren. Hierzu erweitern Sie die Implementierung der Klasse App.controller.js. Ergänzen Sie in der Liste der Abhängigkeiten eine Referenz auf die Klasse sap.ui.model.Sorter (siehe Listing 13.7).

```
sap.ui.define([
  "sap/ui/core/mvc/Controller",
  "sap/m/MessageBox",
  "sap/ui/model/Filter",
  "sap/ui/model/FilterOperator",
  "sap/ui/core/Fragment",
  "sap/ui/model/Sorter"
], function(Controller, MessageBox, Filter, FilterOperator, Fragment,
 Sorter) {
```

Listing 13.7 Abhängigkeit zur Klasse »sap.ui.model.Sorter« definieren

Funktion »onSortPressed«

Im Anschluss implementieren Sie den Eventhandler onSortPressed. Zunächst besorgen Sie sich in Listing 13.8 eine Referenz auf die Tabelle der Geschäftspartner und speichern diese in einer lokalen Variablen oBusinessPartnerTable. Im nächsten Schritt legen Sie eine Instanz der Klasse sap.ui.model.Sorter an. Übergeben Sie das Attribut LegalForm. Über den boolean-Wert geben Sie an, dass wir eine absteigende Sortierung verwenden wollen. Als Nächstes rufen Sie auf dem Tabellenobjekt die Funktion getBinding für die Tabelle auf und übergeben ihr den Namen der Aggregation items, deren Binding wir auslesen wollen. Zum Start der Sortierung rufen Sie für die erhaltene Referenz die Funktion sort auf und übergeben dieser Funktion die zuvor erzeugte Sorter-Instanz.

```
onSortPressed : function(oEvent) {
   var oBusinessPartnerTable = Fragment.byId(
     this.createId("bpOverview"), "businessPartnerTable");
   var oSortByLegalForm = new Sorter(
     'LegalForm',true});
   oBusinessPartnerTable.getBinding("items").sort(
     oSortByLegalForm);
},
```

Listing 13.8 Implementierung der Funktion »onSortPressed«

Starten Sie die Anwendung nun erneut. Abbildung 13.4 zeigt das Ergebnis nach dem Klick auf den Sortier-Button. Die Geschäftspartner werden absteigend nach der Rechtsform sortiert. Beachten Sie, dass auch hier wieder ein

Request an den Server gesandt wurde. Die deklarative Sortierung wird nicht angewandt. Sie wird lediglich beim Rendern der View verwendet.

BusinessPartner-ID...

Geschäftspartner-ID	Firma	Rechtsform
0100000020	Russian Electronic Trading Company	z.a.o.
0100000066	Russian Electronic Trading Company	z.a.o.
0100000045	Consumer	none
0100000071	Tessile Casa Di Roma	Srl
0100000025	Tessile Casa Di Roma	Srl
0100000040	Chemia A Technicznie Fabryka	Sp.z.o.o.
0100000086	Chemia A Technicznie Fabryka	Sp.z.o.o.
0100000046	SAP	SE
0100000000	SAP	SE
0100000032	Angeré	S.A.R.L.
0100000026	Vente Et Réparation de Ordinateur	S.A.R.L.
0100000019	Pateu	S.A.R.L.
0100000072	Vente Et Réparation de Ordinateur	S.A.R.L.
0100000065	Pateu	S.A.R.L.
0100000078	Angeré	S.A.R.L.
0100000041	South American IT Company	S.A.
0100000028	Brazil Technologies	S.A.
0100000022	Quimica Madrilenos	S.A.
0100000009	Telecomunicaciones Star	S.A.
0100000018	Compostela	S.A.

Weitere

[20 / 91]

Abbildung 13.4 Nach Rechtsform sortierte Liste der Geschäftspartner

Mehrere Sortierkriterien

Ähnlich wie bei der deklarativen Sortierung ist es auch bei der imperativen Sortierung möglich, den Inhalt einer Aggregation nach mehr als einem Attribut zu sortieren. In unserem Beispiel wollen wir neben der Rechtsform nach der Geschäftspartner-ID sortieren. Hierzu ändern Sie die Implementierung der Funktion `onSortPressed` wie in Listing 13.9 gezeigt.

```
onSortPressed : function(oEvent) {
  var oBusinessPartnerTable =
       Fragment.byId(this.createId("bpOverview"),
           "businessPartnerTable");
  var oSortByLegalForm =
       new Sorter('LegalForm',true);
```

```
    var oSortByBusinessPartner =
        new Sorter('BusinessPartnerID',false);
    oBusinessPartnerTable.getBinding("items").sort(
        [oSortByLegalForm, oSortByBusinessPartner]);
},
```

Listing 13.9 Sortierung nach den Attributen »LegalForm« und »BusinessPartnerID«

Starten Sie die Anwendung nun erneut, erhalten Sie nach dem Klick auf den Sortier-Button das in Abbildung 13.5 gezeigte Resultat.

BusinessPartner-ID...

Geschäftspartner-ID	Firma	Rechtsform
0100000020	Russian Electronic Trading Company	z.a.o.
0100000066	Russian Electronic Trading Company	z.a.o.
0100000045	Consumer	none
0100000025	Tessile Casa Di Roma	Srl
0100000071	Tessile Casa Di Roma	Srl
0100000040	Chemia A Technicznie Fabryka	Sp.z.o.o.
0100000086	Chemia A Technicznie Fabryka	Sp.z.o.o.
0100000000	SAP	SE
0100000046	SAP	SE
0100000019	Pateu	S.A.R.L.
0100000026	Vente Et Réparation de Ordinateur	S.A.R.L.
0100000032	Angeré	S.A.R.L.
0100000065	Pateu	S.A.R.L.
0100000072	Vente Et Réparation de Ordinateur	S.A.R.L.
0100000078	Angeré	S.A.R.L.
0100000007	Laurent	S.A.
0100000008	AVANTEL	S.A.
0100000009	Telecomunicaciones Star	S.A.
0100000016	Mexican Oil Trading Company	S.A.
0100000018	Compostela	S.A.

Abbildung 13.5 Sortierung nach Rechtsform und Geschäftspartner-ID

13.1.3 Eigene Vergleichsfunktion implementieren

Komplexe Sortieralgorithmen

Die Standardsortierung ist nicht für jeden Anwendungsfall passend. Es gibt Situationen, in denen der Algorithmus, der bestimmt, welches Objekt vor bzw. nach einem anderen steht, komplexer ist. Die Implementierung eines solchen Algorithmus kann bei der serverseitigen Verarbeitung individuell erfolgen und hängt von der Backend-Technologie ab. Bei der Verwendung von clientseitigen Modellen, seien es die Klassen `sap.ui.model.xml.XMLModel` oder `sap.ui.model.json.JSONModel` oder die `ODataModel`-Klassen im Clientmodus, muss die Sortierung über eine individuelle, in JavaScript implementierte *Vergleichsfunktion* ausgeprägt werden.

Den »defaultComparator« überschreiben

Diese Vergleichsfunktion überschreibt die Standardimplementierung der Funktion `defaultComparator` in der Klasse `sap.ui.model.Sorter`. Die Dokumentation der Funktion `defaultComparator` beschreibt, wie Sie Abbildung 13.6 entnehmen können, bereits sehr gut, wie eine etwaige Implementierung einer eigenen Funktion arbeitet.

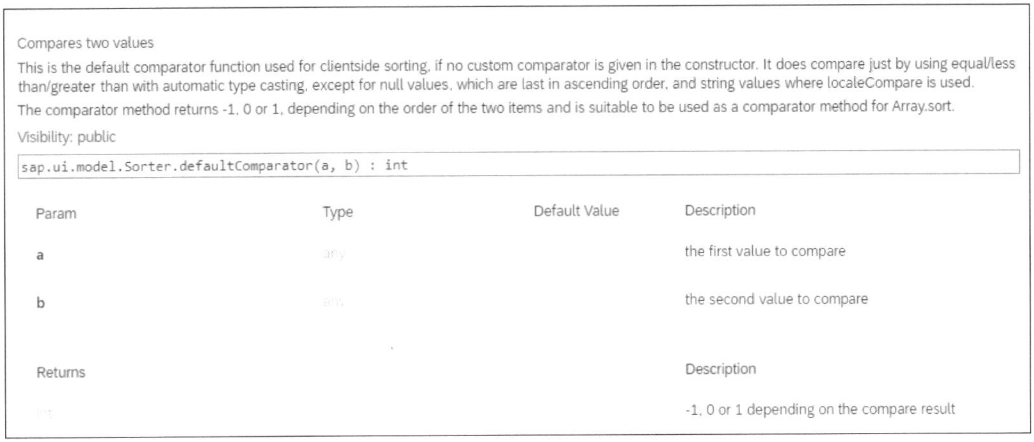

Compares two values

This is the default comparator function used for clientside sorting, if no custom comparator is given in the constructor. It does compare just by using equal/less than/greater than with automatic type casting, except for null values, which are last in ascending order, and string values where localeCompare is used.

The comparator method returns -1, 0 or 1, depending on the order of the two items and is suitable to be used as a comparator method for Array.sort.

Visibility: public

```
sap.ui.model.Sorter.defaultComparator(a, b) : int
```

Param	Type	Default Value	Description
a	any		the first value to compare
b	any		the second value to compare

Returns	Description
int	-1, 0 or 1 depending on the compare result

Abbildung 13.6 API-Dokumentation der »defaultComparator«-Funktion

Rückgabewert der Funktion

`a` stellt den ersten zu vergleichenden Wert dar, `b` den zweiten. Die Funktion wird bei der Sortierung aufgerufen. Hierbei werden die beiden zu vergleichenden Objekte als Aufrufparameter übergeben. Sie liefert einen Integer-Wert an den Aufrufer zurück (siehe Tabelle 13.1).

Wert	Beschreibung
-1	Der übergebene Wert a ist kleiner als b.
0	Die übergebenen Werte a und b sind gleich.
1	Der übergebene Wert a ist größer als b.

Tabelle 13.1 Rückgabewert der Funktion und die Bedeutung

Beispielimplementierung

Nehmen wir an, dass die Sortierung ausschließlich auf der Länge des Firmennamens beruhen soll, könnte eine sehr einfache Implementierung wie in Listing 13.10 aussehen.

```
customComparator : function(a, b) {
  if(a.length === b.length) {
   return 0;
  } else if(a.length < b.length) {
   return -1;
  } else {
   return 1;
  }
}
```

Listing 13.10 Beispielhafte Implementierung einer eigenen Sortierfunktion

Nach der Implementierung muss diese Vergleichsfunktion lediglich noch beim Binding (bei der deklarativen Implementierung) oder im JavaScript-Code (bei der imperativen Implementierung) angegeben werden. Listing 13.11 zeigt die Verwendung der Vergleichsfunktion.

```
<Table id="businessPartnerTable"
 items="{path: '/BusinessPartnerSet',
   sorter:[{path:'CompanyName',
            comparator:'.customComparator'
          }]
        }"
 mode="SingleSelectMaster"
 selectionChange=".onListItemSelected"
 growing="true" growingThreshold="20"
 autoPopinMode="false" >
```

Listing 13.11 Angabe einer eigenen Vergleichsfunktion bei der Sortierung

13.2 Gruppieren

Dieser Abschnitt wendet sich nun dem Gruppieren von Objekten zu. Auch hier gibt es eine deklarative und eine imperative Variante der Implementierung. Zur Aktivierung der Gruppierung an sich genügt ein Flag bei der Implementierung der Sortierung (siehe Abschnitt 13.1, »Sortieren«).

13.2.1 Deklarative Gruppierung

Zunächst betrachten wir die deklarative Implementierung der Gruppierung. Hierzu erweitern wir die Implementierung der Sortierung für die Geschäftspartnerliste. Fügen Sie die Eigenschaft `group` ein, und weisen Sie ihr den Wert `true` zu (siehe Listing 13.12).

```
<Table id="businessPartnerTable"
  items="{path: '/BusinessPartnerSet',
   sorter:[
     {path:'CompanyName',descending: true,group:true},
     {path:'BusinessPartnerID', descending: false}]}"
  mode="SingleSelectMaster"
  selectionChange=".onListItemSelected"
  growing="true" growingThreshold="20"
  autoPopinMode="false" >
```

Listing 13.12 Aktivierung der Gruppierungsfunktion

Geschäftspartner-ID	Firma	Rechtsform
Vente Et Réparation de Ordinateur		
0100000026	Vente Et Réparation de Ordinateur	S.A.R.L.
0100000072	Vente Et Réparation de Ordinateur	S.A.R.L.
Tessile Casa Di Roma		
0100000025	Tessile Casa Di Roma	Srl
0100000071	Tessile Casa Di Roma	Srl
Telecomunicaciones Star		
0100000009	Telecomunicaciones Star	S.A.
0100000055	Telecomunicaciones Star	S.A.
Talpa		
0100000003	Talpa	GmbH
0100000049	Talpa	GmbH
TECUM		
0100000005	TECUM	AG
0100000051	TECUM	AG
South American IT Company		
0100000041	South American IT Company	S.A.
0100000087	South American IT Company	S.A.
Sorali		
0100000044	Sorali	AG
0100000090	Sorali	AG
Siwusha		
0100000042	Siwusha	CJV
0100000088	Siwusha	CJV
SAP		
0100000000	SAP	SE
0100000046	SAP	SE

Abbildung 13.7 Liste der Geschäftspartner, gruppiert nach Firmenname

Damit ist die Gruppierung aktiviert. Nachdem Sie die Änderungen gespeichert haben, starten Sie unsere Anwendung erneut und erhalten eine nach Firmennamen gruppierte Anzeige der Geschäftspartner (siehe Abbildung 13.7).

13.2.2 Imperative Gruppierung

Nun wenden wir uns der imperativen Gruppierung zu. Um sie auszuprägen, müssen Sie lediglich im Konstruktoraufruf der `Sorter`-Klasse den Parameter für die Aktivierung der Gruppierung auf `true` stellen. Wir wollen unsere Anwendung allerdings etwas aufwerten und dem Nutzer die Möglichkeit bieten, das Kriterium auszuwählen, nach dem die Geschäftspartner gruppiert werden sollen. Dazu ergänzen wir einen einfachen Auswahldialog, den der Nutzer über einen neuen Button in der Toolbar der Tabelle aufrufen kann. Klickt der Nutzer auf den Button [≡], öffnet sich der in Abbildung 13.8 gezeigte Dialog. Nachdem der Nutzer seine Auswahl getätigt und bestätigt hat, wird die entsprechende Gruppierung durchgeführt. Zur Implementierung des Auswahldialogs verwenden wir ein in SAPUI5 enthaltenes Dialog-Control, das Control `sap.m.ViewSettingsDialog`.

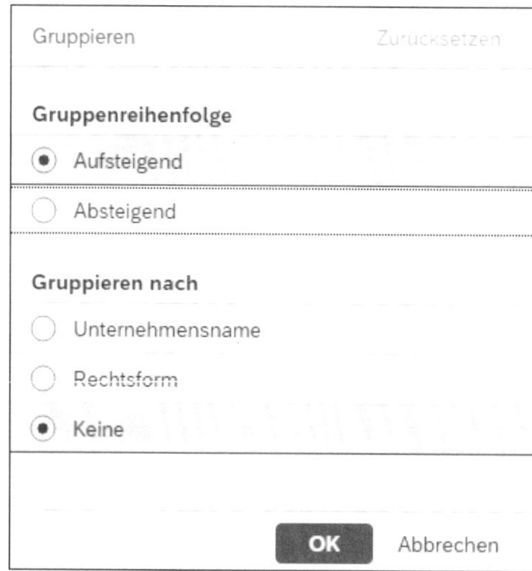

Abbildung 13.8 Dialog zur Auswahl der Gruppiereigenschaft

[+]

Dialog zur Auswahl des Sortierkriteriums

Das `sap.m.ViewSettingsDialog`-Control könnten Sie auch als Dialog für die Konfiguration der Sortierung verwenden. Hierzu bietet das Control die Aggregation `sortItems` an.

Erweiterung der »OverflowToolbar«

Zunächst einmal erweitern Sie das Control OverflowToolbar für die Toolbar im Fragment BusinessPartnerTable.fragment.xml um ein neues Control vom Typ sap.m.OverflowToolbarButton für den neuen Button. Wie in Listing 13.13 gezeigt, erhält der neue Button einen Eventhandler onGroupPress für das press-Event.

```
<OverflowToolbarButton icon="sap-icon://group-2"
    text="Gruppieren" tooltip="Gruppiereinstellungen"
    press="onGroupPress">
  <layoutData>
   <OverflowToolbarLayoutData priority="Low" />
  </layoutData>
</OverflowToolbarButton>
```

Listing 13.13 Einfügen eines »sap.m.OverflowToolbarButton«-Controls

Implementierung des Auswahldialogs

Im nächsten Schritt implementieren Sie den Auswahldialog. Hierzu legen Sie zunächst ein neues Fragment mit dem Namen GroupSettingsDialog.fragment.xml im **view**-Ordner des Projekts an. Listing 13.14 zeigt die Implementierung des Dialogs in diesem Fragment.

```
<core:FragmentDefinition xmlns="sap.m"
   xmlns:core="sap.ui.core">
  <ViewSettingsDialog confirm="onGroupDialogConfirm">
   <groupItems>
    <ViewSettingsItem text="Unternehmensname"
      key="CompanyName" />
    <ViewSettingsItem text="Rechtsform" key="LegalForm" />
   </groupItems>
  </ViewSettingsDialog>
</core:FragmentDefinition>
```

Listing 13.14 Implementierung des Fragments »GroupSettingsDialog.fragment.xml«

Fügen Sie zunächst ein Control vom Typ sap.m.ViewSettingsDialog in die FragmentDefinition ein, und weisen Sie dem Event confirm den Eventhandler onGroupDialogConfirm zu. Als Nächstes fügen Sie zwei Elemente vom Typ sap.m.ViewSettingsItem in die dafür vorgesehene Aggregation groupItems ein. Geben Sie bei beiden ViewSettingsItem-Elementen jeweils das text-Attribut und das key-Attribut an. Dem key-Attribut weisen Sie die Eigenschaft der Entität BusinessPartnerSet zu, nach der gruppiert werden soll, hier CompanyName bzw. LegalForm.

Dialogreferenzen verwalten

Nach der Implementierung des Fragments müssen Sie den View-Controller in der Datei **App.controller.js** entsprechend anpassen. Hier wollen wir zunächst eine Hilfsfunktionalität ausprägen. Ziel dieser Funktionalität soll es sein, dass wir das `ViewSettingsDialog`-Konzept nicht nur für die Gruppierung, sondern später auch für das Filtern verwenden können. In beiden Fällen benötigen wir ein Fragment, und die Erzeugung dieses Fragments ist in beiden Fällen identisch.

Für die Implementierung der Hilfsfunktionalität führen Sie zunächst eine neue Membervariable `_mViewSettingsDialogs` in der `onInit`-Funktion des Controllers ein:

```
onInit: function () {
  this._mViewSettingsDialogs = {};
},
```

Diese Variable soll im weiteren Verlauf als Map-Objekt dienen, um die Referenzen auf Dialog-Objekte zu halten und entsprechend wiederzuverwenden.

Hilfsfunktion »_loadFragment«

Als Nächstes implementieren wir die Hilfsfunktion `_loadFragment`. Die Funktion erhält als Aufrufparameter den Namen eines `ViewSettingsDialog`-Fragments und liefert ein Promise an den Aufrufer zurück. Im Rahmen der `Promise`-Funktion prüfen wir, ob es in der `_mViewSettingsDialogs`-Map bereits eine Referenz für den entsprechenden Dialog gibt oder ob der Dialog zuvor noch nicht angelegt wurde. Abhängig vom Ergebnis dieser Prüfung wird die bereits vorhandene Referenz zurückgegeben oder ein neues Objekt angelegt, dies dann in der Map gespeichert und entsprechend die Referenz auf das neu angelegte Objekt an den Aufrufer zurückgeliefert (siehe Listing 13.15).

```
_loadFragment : function(sFragmentName) {
 return new Promise(function (resolve) {
  var oDialog = this._mViewSettingsDialogs[sFragmentName];
  if (!oDialog) {
   Fragment.load({
       name: sFragmentName,
       type: "XML",
       controller: this
   }).then(function (oDialog) {
     this._oFilterDialog = oDialog;
     this.getView().addDependent(oDialog);
```

```
      this._mViewSettingsDialogs[sFragmentName] = oDialog;
      resolve(oDialog);
    }.bind(this));
  } else {
    resolve(oDialog);
  }
 }.bind(this));
},
```

Listing 13.15 Die Funktion »_loadFragment«

Funktion »onGroupPress«

Nachdem wir das Fragment implementiert haben, können wir mit der Implementierung der Funktion `onGroupPress` beginnen. Diese Funktion hat die Aufgabe, den gerade eben implementierten Dialog anzuzeigen. Wie Sie Listing 13.16 entnehmen können, rufen wir einfach die Funktion `_loadFragment` auf und öffnen das zurückgelieferte Dialog-Objekt.


```
onGroupPress: function (oEvent) {
  this._loadFragment(
   "de.sapui5buch.demo.view.GroupSettingsDialog").then(
      function(oDialog) {
         oDialog.open();
});
},
```

Listing 13.16 Die Funktion »onGroupPress«

Funktion »onGroupDialogConfirm«

Zum Abschluss unserer Implementierung prägen wir nun noch die Funktion `onGroupDialogConfirm` aus. Wie in Listing 13.17 lesen Sie zunächst die übergebenen Parameter aus dem übergebenen `Event`-Objekt aus und speichern sie in einer lokalen Variablen. Zudem beziehen wir das `Binding`-Objekt der `items`-Aggregation aus unserer Geschäftspartnertabelle. Als Nächstes prüfen Sie, ob in den Eventparametern das Feld `groupItem` gefüllt ist. Dieses Objekt enthält die Auswahl, die der Nutzer im Dialog getroffen hat. Aus dem entsprechenden Objekt beziehen wir das `key`-Attribut, das in unserem Beispiel das Attribut der Entität enthält, nach der wir gruppieren wollen. Zusätzlich lesen wir das Feld `groupDescending` aus. Das Feld enthält die Auswahl des Nutzers, ob er auf- oder absteigend sortieren möchte. Mit den so zusammengetragenen Informationen legen Sie eine Instanz eines `sap.ui.model.Sorter`-Objekts an und wenden es auf das Binding der `items`-Aggregation an.

```
onGroupDialogConfirm : function(oEvent) {
  var mParams = oEvent.getParameters(),
     oBinding = Fragment.byId(this.createId("bpOverview"),
           "businessPartnerTable").getBinding("items"),
     sPath, bDescending,aGroups = [];
  if (mParams.groupItem) {
    sPath = mParams.groupItem.getKey();
    bDescending = mParams.groupDescending;
    aGroups.push(new Sorter(sPath, bDescending, true));
    oBinding.sort(aGroups);
  }
},
```

Listing 13.17 Die Funktion »onGroupDialogConfirm«

Testen der Anwendung

Nachdem Sie die Implementierung so weit abgeschlossen haben, testen Sie Ihre Anwendung. Nach dem Start der Anwendung öffnen Sie den Auswahldialog durch einen Klick auf den Button [≡]. Anschließend legen Sie fest, dass die Geschäftspartner nach Unternehmensnamen absteigend gruppiert werden sollen (siehe Abbildung 13.9), und bestätigen mit **OK**.

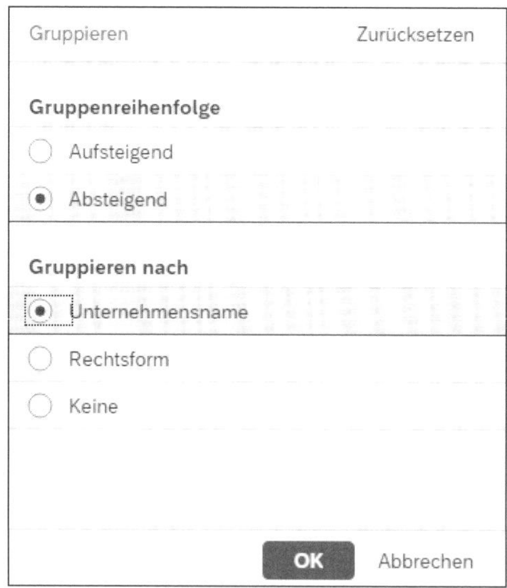

Abbildung 13.9 Gruppier-Auswahldialog

Die Liste der Geschäftspartner wird nun gemäß Ihrer Auswahl sortiert und gruppiert (siehe Abbildung 13.10).

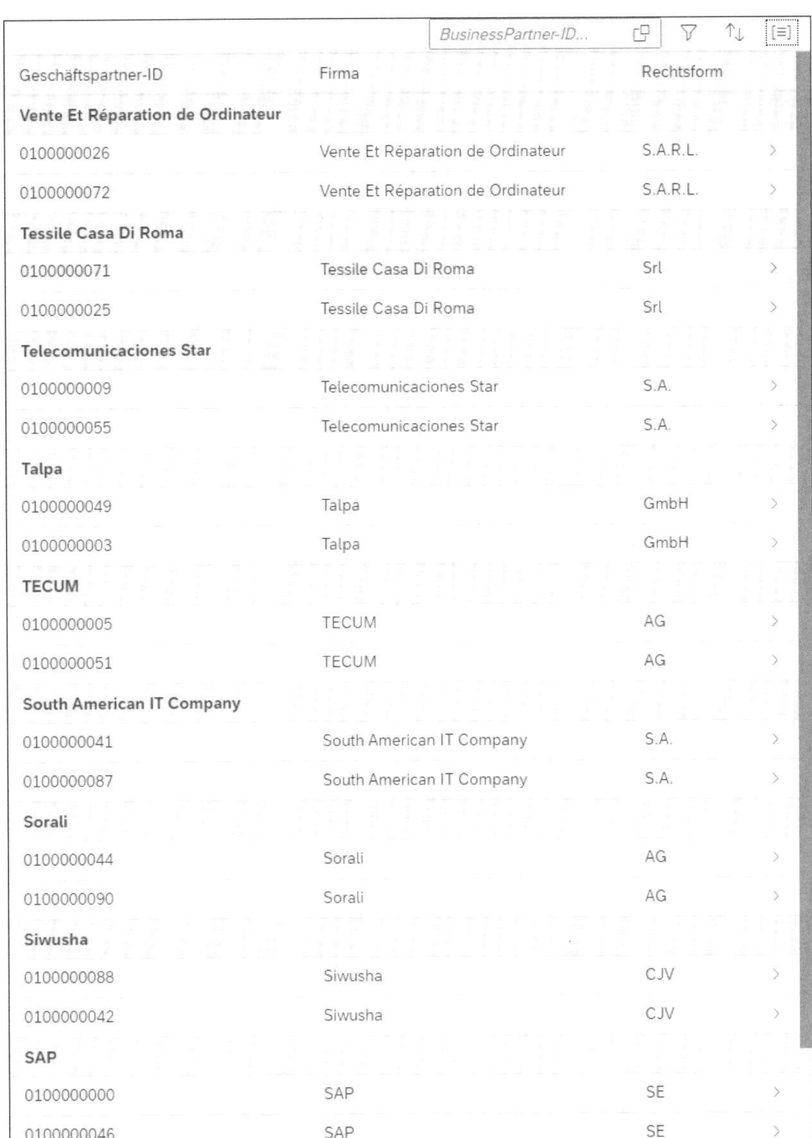

BusinessPartner-ID...

Geschäftspartner-ID	Firma	Rechtsform
Vente Et Réparation de Ordinateur		
0100000026	Vente Et Réparation de Ordinateur	S.A.R.L.
0100000072	Vente Et Réparation de Ordinateur	S.A.R.L.
Tessile Casa Di Roma		
0100000071	Tessile Casa Di Roma	Srl
0100000025	Tessile Casa Di Roma	Srl
Telecomunicaciones Star		
0100000009	Telecomunicaciones Star	S.A.
0100000055	Telecomunicaciones Star	S.A.
Talpa		
0100000049	Talpa	GmbH
0100000003	Talpa	GmbH
TECUM		
0100000005	TECUM	AG
0100000051	TECUM	AG
South American IT Company		
0100000041	South American IT Company	S.A.
0100000087	South American IT Company	S.A.
Sorali		
0100000044	Sorali	AG
0100000090	Sorali	AG
Siwusha		
0100000088	Siwusha	CJV
0100000042	Siwusha	CJV
SAP		
0100000000	SAP	SE
0100000046	SAP	SE

Abbildung 13.10 Sortierte und gruppierte Geschäftspartnerliste

13.2.3 Implementierung eigener Gruppierfunktionen

Analog zur Implementierung eigener Vergleichsfunktionen für die Sortierung bietet SAPUI5 auch die Möglichkeit, imperativ Einfluss auf die Gruppierung zu nehmen. Wie bereits in Abschnitt 13.1, »Sortieren«, beschrieben, kann der Parameter group des Konstruktors der Klasse sap.ui.model.Sorter sowohl ein boolean-Wert als auch eine Funktion sein. Die übergebene Funktion liefert den Gruppierungstext zurück. Sie erhält als Übergabeparameter eine Referenz auf den Binding-Kontext und liefert darauf basierend die Gruppenüberschrift. Listing 13.18 zeigt ein Implementierungsbeispiel.

```
getGroup: function (oContext){
  var sKey = oContext.getProperty("CompanyName");
 return {
   key: sKey,
   title: sKey || "Kein Firmenname vorhanden"
 };
},
```

Listing 13.18 Implementierung einer Gruppierungsfunktion

Implementierung der Gruppierungsfunktion

Die Implementierung der Gruppierungsfunktion wird im Anschluss beim Binding der Aggregation angegeben, wie in Listing 13.19 gezeigt.

```
<Table id="businessPartnerTable"
  items="{path: '/BusinessPartnerSet',
         sorter:[
          {path:'CompanyName', descending: true,
           group: .getGroup]},
         groupHeaderFactory:'.getGroupHeader'}",
  mode="SingleSelectMaster"
  selectionChange=".onListItemSelected"
  growing="true" growingThreshold="20"
  autoPopinMode="false" >
```

Listing 13.19 Angabe der »group«-Funktion beim Binding

Die items-Aggregation der Klasse sap.m.Table besitzt (über ihre Basisklasse) die Eigenschaft groupHeaderFactory. Diese wird verwendet, um die Gruppenüberschrift in der Tabelle darzustellen. Eine mögliche Implementierung zeigt Listing 13.20.

```
getGroupHeader: function (oGroup){
  return new sap.m.GroupHeaderListItem({
         title: oGroup.title,
         upperCase: false
  });
}
```

Listing 13.20 Implementierung der Funktion »getGroupHeader«

13.3 Filtern

Filterfunktionen

Zum Abschluss dieses Kapitels wollen wir uns noch mit dem Filtern von Daten beschäftigen. Die Filterfunktionen werden analog zu den Sortier- und Gruppierfunktionen für Datenmengen und somit für Aggregationen angeboten. SAPUI5 stellt dazu die Klasse `sap.ui.model.Filter` zur Verfügung. Wie Sie Abbildung 13.11 entnehmen können, bietet der Konstruktor der Klasse diverse Möglichkeiten, `Filter`-Objekte anzulegen und entsprechend zu konfigurieren. Ergänzend bietet SAPUI5 eine Klasse `sap.ui.model.FilterOperator` an. Diese Klasse enthält aktuell fünfzehn Filteroperatoren.

class sap.ui.model.Filter

Overview Constructor Methods

Param	Type	Default Value	Description
vFilterInfo	sap.ui.model.Filter[]		Filter info object or a path or an array of filters
path			Binding path for this filter
test			Function which is used to filter the items and which should return a Boolean value to indicate whether the current item passes the filter
comparator			Function which is used to compare two values, this is used for processing of equal, less than and greater than operators
operator	sap.ui.model.FilterOperator		Operator used for the filter
value1			First value to use with the given filter operator
value2?			Second value to use with the filter operator (only for some operators)
variable?			The variable used in lambda operators (`Any` and `All`)
condition?	sap.ui.model.Filter		A `Filter` instance which will be used as the condition for the lambda operator
filters	sap.ui.model.Filter[]		Array of filters on which logical conjunction is applied
and?		false	Indicates whether an "AND" logical conjunction is applied on the filters. If it's not set or set to `false`, an "OR" conjunction is applied
caseSensitive?			Indicates whether a string value should be compared case sensitive or not.
vOperator?	sap.ui.model.FilterOperator		Either a filter operator or a custom filter function or a Boolean flag that defines how to combine multiple filters
vValue1?			First value to use with the given filter operator
vValue2?			Second value to use with the given filter operator (only for some operators)

Abbildung 13.11 Der Konstruktor der Klasse »sap.ui.model.Filter«

13.3.1 Deklarative Verwendung von Filtern

Attribut »filters«

Zunächst betrachten wir die Verwendung von Filtern innerhalb von deklarativen Views am Beispiel von XML-Views. In unserem Beispiel wollen wir zunächst die Liste der Geschäftspartner dahingehend filtern, dass nur noch Geschäftspartner angezeigt werden, die die Rechtsform SE haben. Hierzu fügen Sie zunächst, wie in Listing 13.21 gezeigt, in die Aggregation `items` der Tabelle `businessPartnerTable` das Attribut `filters` ein und weisen ihm ein Array zu. Innerhalb dieses Arrays legen wir ein Objekt an. Diesem Objekt fügen Sie als Erstes die Eigenschaft `path` hinzu und weisen ihr den Wert `LegalForm` zu. Hiermit geben Sie an, dass der Filter auf das Attribut `LegalForm` des Entity-Sets `BusinessPartnerSet` angewandt werden soll.

```
<Table id="businessPartnerTable"
 items="{path: '/BusinessPartnerSet',
 sorter:[
  {path:'CompanyName', descending: true, group:false},
  {path:'BusinessPartnerID', descending: false}],
 filters:[{path:'LegalForm',operator:'EQ',value1:'SE'}]}"
 mode="SingleSelectMaster"
 selectionChange=".onListItemSelected"
 growing="true" growingThreshold="20"
 autoPopinMode="false" >
```

Listing 13.21 Implementierung eines Filters in einer XML-View

Der zweite Parameter `operator` gibt an, welcher `FilterOperator` angewandt werden soll. In unserem Beispiel weisen wir dem Attribut `operator` den Wert `'EQ'` zu, da wir nur jene Geschäftspartner in der Liste belassen wollen, deren Feld `LegalForm` den Wert »SE« enthält. Damit der Filter angewendet werden kann, müssen Sie noch den Wert eingeben, nach dem Sie filtern möchten. Hierzu geben Sie das Attribut `value1` an und weisen ihm den Wert `'SE'` zu.

Anwendung testen

Im Anschluss an die Anpassung der Tabellenimplementierung testen Sie unsere Anwendung und erhalten die Ausgabe aus Abbildung 13.12.

BusinessPartner-ID...

Geschäftspartner-ID	Firma	Rechtsform
0100000000	SAP	SE
0100000046	SAP	SE

Abbildung 13.12 Ergebnis der Filterung nach einer Rechtsform

Kombinieren von Filtern

SAPUI5 bietet bei der deklarativen Verwendung auch die Möglichkeit, eine Kombination von Filtern anzugeben. Sie können entweder mehrere Filter unabhängig voneinander angeben oder Filter kombinieren. Wie Sie aus Listing 13.22 ersehen können, wird bei der Kombination von Filtern das Attribut `and` eingeführt. Durch die Zuweisung des `boolean`-Werts `true` geben Sie an, dass die beiden konfigurierten Filter mit einem logischen UND verbunden werden sollen.

```
<Table id="businessPartnerTable"
  items="{path: '/BusinessPartnerSet',
  sorter:[
   {path:'CompanyName', descending: true, group: false},
   {path:'BusinessPartnerID', descending: false}],
  filters:[
   {path:'LegalForm',operator:'EQ',value1:'SE',and:'true'},
   {path:'BusinessPartnerID',operator:'Contains',value1:'46'}
  ]}"
  mode="SingleSelectMaster"
  selectionChange=".onListItemSelected"
  growing="true" growingThreshold="20"
  autoPopinMode="false" >
```

Listing 13.22 Mehrere Filter anwenden

Das Resultat dieser Filterkonfiguration sehen Sie in Abbildung 13.13.

BusinessPartner-ID...

Geschäftspartner-ID	Firma	Rechtsform
0100000046	SAP	SE

Abbildung 13.13 Anwendung mehrerer Filter

Nach Wertebereich filtern

Zum Abschluss dieses Abschnitts wollen wir noch kurz das Geheimnis des Attributs `value1` lüften. Wo es `value1` gibt, sollte es eigentlich auch `value2` geben. Wie Sie wahrscheinlich schon bei der Einführung in die Klassen `sap.ui.model.Filter` und `sap.ui.model.FilterOperator` wahrgenommen haben, können Sie bei der Konfiguration des Filters auch einen Bereich angeben, in denen ein Wert liegen soll. Die Angabe eines Bereichs wird allerdings nur bei der Verwendung des Filteroperators `BT` verwendet. »BT« steht dabei für *between*. Listing 13.23 zeigt, wie Sie auf diese Weise beispielweise nach Geschäftspartnern filtern können, deren ID zwischen den Werten `'0100000026'` und `'0100000051'` liegt. Für den zweiten Wert nutzen Sie das Attribut `value2`.

```
<Table id="businessPartnerTable"
  items="{path: '/BusinessPartnerSet',
  sorter:[
   {path:'CompanyName', descending: true, group: false},
   {path:'BusinessPartnerID', descending: false}],
  filters:[
    {path:'BusinessPartnerID',operator:'BT',
      value1:'0100000026', value2:'0100000051'}]}"
  mode="SingleSelectMaster"
  selectionChange=".onListItemSelected"
  growing="true" growingThreshold="20"
  autoPopinMode="false" >
```

Listing 13.23 Verwendung von »sap.ui.model.FilterOperator.BT«

13.3.2 Imperative Verwendung von Filtern

Implementierung der Filterfunktion

In diesem Abschnitt widmen wir uns der Verwendung der Klasse `sap.ui.model.Filter` und der Operatoren innerhalb des JavaScript-Codes. In der aktuellen Implementierung unserer Anwendung ist bereits das Filtersymbol in der Toolbar der Geschäftspartnertabelle implementiert, allerdings besitzt der Button noch keinerlei Funktion. Bei der Implementierung dieser Funktion gehen wir einen ähnlichen Weg wie bei der Implementierung der Gruppierungsfunktion: Wir verwenden wieder die Klasse `sap.m.ViewSettingsDialog`. Dieses Mal allerdings nutzen wir nicht die Aggregation `groupItems`, sondern die Aggregation `filterItems`, um Filterkriterien festzulegen. Damit wollen wir erreichen, dass der in Abbildung 13.14 gezeigte Dialog aufgerufen wird, wenn der Nutzer auf das Filtersymbol klickt.

Abbildung 13.14 Anzeige eines Filterdialogs

Wählt der Nutzer ein Filterkriterium aus, soll er die Möglichkeit haben, das Filterkriterium noch zu verfeinern (siehe Abbildung 13.15).

Abbildung 13.15 Wert des Filterkriteriums festlegen

Eventhandler »onFilterPressed«

Im ersten Schritt fügen Sie dem entsprechenden Button einen Eventhandler `onFilterPressed` für das `press`-Event hinzu (siehe Listing 13.24).

```
<OverflowToolbarButton icon="sap-icon://filter"
   text="Filtern" tooltip="Filtern" press="onFilterPressed">
   <layoutData>
      <OverflowToolbarLayoutData priority="High"/>
   </layoutData>
</OverflowToolbarButton>
```

Listing 13.24 Registrierung der Eventhandler-Funktion »onFilterPressed«

Dialog zur Filterkonfiguration

Im Anschluss implementieren Sie das Fragment zur Einstellung der Filter. Hierzu legen Sie zunächst ein neues Fragment mit dem Namen `FilterSettingsDialog.fragment.xml` im Ordner **view** an. Im Anschluss implementieren Sie das Control `sap.m.ViewSettingsDialog`.

Für das Bestätigen-Event legen Sie einen Eventhandler `onFilterSettingsConfirm` an (siehe Listing 13.25). Im Schluss legen Sie in der Aggregation `filterItems` zwei Elemente vom Typ `sap.m.ViewSettingsFilterItem` fest: für die Rechtsform und für die Filterkriterien der Geschäftspartner-ID.

```
<core:FragmentDefinition xmlns="sap.m"
 xmlns:core="sap.ui.core">
  <ViewSettingsDialog confirm="onFilterSettingsConfirm">
   <filterItems>
    <ViewSettingsFilterItem text="Rechtsform" key="LegalForm"
     multiSelect="false">
      <items>
       <ViewSettingsItem text="SE" key="LegalForm_EQ_SE"/>
       <ViewSettingsItem text="GmbH"
                  key="LegalForm_EQ_GmbH"/>
       <ViewSettingsItem text="Ltd."
                  key="LegalForm_EQ_Ltd"/>
       </items>
     </ViewSettingsFilterItem>
     <ViewSettingsFilterItem
        text="BusinessPartner ID"key="BPID"
          multiSelect="false">
        <items>
          <ViewSettingsItem text="Kleiner als 0100000045"
            key="BusinessPartnerID_LE_0100000045"/>
          <ViewSettingsItem text="Größer als 0100000050"
            key="BusinessPartnerID_GT_0100000050"/>
          <ViewSettingsItem text="Gleich 0100000050"
            key="BusinessPartnerID_EQ_0100000050"/>
        </items>
     </ViewSettingsFilterItem>
   </filterItems>
  </ViewSettingsDialog>
</core:FragmentDefinition>
```

Listing 13.25 Implementierung des Fragments »FilterSettingsDialog.fragment.xml«

Jedes der `sap.m.ViewSettingsFilterItem`-Elemente erhält in der `items`-Aggregation Elemente vom Typ `sap.m.ViewSettingsItem`. Diese Elemente beschreiben, welche Filtermöglichkeiten dem Nutzer angeboten werden. Jedes dieser Elemente verfügt über ein `text`- und ein `key`-Attribut. Das `key`-Attribut definieren Sie in der Form `<BindingProperty>_<FilterOperator>_<Filterwert>`. Wir wählen diese Form, da wir bei der Implementierung der Filterfunktion im Anschluss die Schlüssel der ausgewählten Elemente auslesen und über diese Informationen den entsprechenden Filter anlegen.

Funktion »onFilterPressed«

Im Anschluss implementieren wir die Funktion `onFilterPressed`. Sie ähnelt der des Dialogs zur Gruppierung (siehe Listing 13.26). Wir rufen wieder die

Funktion `_loadFragment` auf und übergeben den Namen unserer Fragmentimplementierung für den Filterdialog.

```
onFilterPressed : function(oEvent) {
  this._loadFragment(
    "de.sapui5buch.demo.view.FilterSettingsDialog").then(
          function(oDialog) {
            oDialog.open();
          }
  );
},
```

Listing 13.26 Die Funktion »onFilterPressed«

Funktion »onFilterSettingsConfirm«

Den Abschluss unserer Implementierung bildet die Funktion `onFilterSettingsConfirm`. Hier lesen Sie zunächst die im Eventobjekt enthaltenen Parameter aus. Einer dieser Parameter ist `filterItems`. Er enthält die durch den Nutzer ausgewählten Filterelemente (siehe Listing 13.27).


```
onFilterSettingsConfirm : function(oEvent) {
  var mParams = oEvent.getParameters(),
  oBinding = Fragment.byId(this.createId("bpOverview"),
     "businessPartnerTable").getBinding("items"),
  aFilters = []        ;
  mParams.filterItems.forEach(function(oItem) {
   var aSplit = oItem.getKey().split("_"),
   sPath = aSplit[0],
   sOperator = aSplit[1],
   sValue1 = aSplit[2],
   oFilter = new Filter(sPath, sOperator, sValue1);
   aFilters.push(oFilter);
});
 if(aFilters.length > 0) {
   var oComFilter = new Filter(
       {filters: aFilters,and: true});
   oBinding.filter(oComFilter);
 } else {
  oBinding.filter(null);
 }
},
```

Listing 13.27 Implementierung der Funktion »onFilterSettingsConfirm«

Wir verarbeiten im Rahmen der forEach-Implementierung die ausgewählten Filterelemente. Wir lesen hierbei zunächst die key-Eigenschaft aus und teilen unter Verwendung des »_«-Separators die einzelnen Elemente auf. Im Anschluss legen wir eine neue Instanz der Klasse sap.ui.model.Filter an und übergeben ihr die entsprechenden Parameter.

Der so erzeugte Filter wird dann in einem Array abgelegt. Im Anschluss prüfen wir, ob das Array befüllt ist:

- Ist dies der Fall, legen wir einen neuen Filter an, damit wir alle ausgewählten Filterkriterien mit einem logischen UND verbinden können, und übergeben ihm das Array aus Filterobjekten und die Eigenschaft and. Dann rufen wir die Funktion filter für das Binding-Objekt auf.
- Falls das Array nicht befüllt ist, hat der Nutzer entweder keine Filter ausgewählt oder auf den Zurücksetzen-Button im Dialog geklickt. Ist dies der Fall, führen wir durch den Aufruf der filter-Funktion mit einer null-Referenz einen Reset durch.

Testen der Anwendung

Nachdem Sie alle Artefakte implementiert haben, können Sie die Anwendung testen. Dazu klicken Sie auf den Button mit dem Filtersymbol (▽) und wählen im folgenden Dialog eine Rechtsform aus (siehe Abbildung 13.14).

Im Anschluss wird Ihnen der Dialog aus Abbildung 13.15 angezeigt. Hier wählen Sie den Wert **GmbH** aus und klicken auf **OK**. Ihnen werden jetzt nur noch die Geschäftspartner mit der Rechtsform »GmbH« angezeigt (siehe Abbildung 13.16).

Abbildung 13.16 Gefilterte Geschäftspartnerliste

Weiteres Filterkriterium festlegen

Wechseln Sie zum Ausgangsbild des Filterdialogs (Klick auf <), und rufen Sie ihn noch einmal auf. Sie können nun ein weiteres Filterkriterium auswählen (siehe Abbildung 13.17).

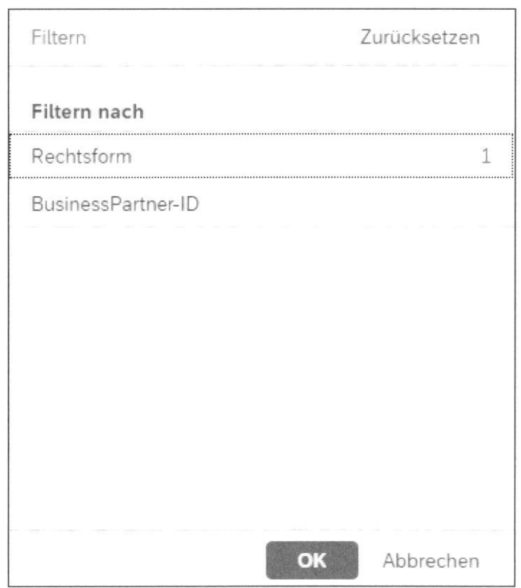

Abbildung 13.17 Festlegen eines weiteren Filterkriteriums

Festlegen eines weiteren Filterkriteriums

Hier wählen Sie **BusinessPartner ID** und geben anschließend an, dass nur noch Geschäftspartner angezeigt werden sollen, deren ID **Kleiner als 0100000045** ist. Bestätigen Sie den Dialog mit **OK** (siehe Abbildung 13.18).

Abbildung 13.18 Auswahl des Filterwertes für die Geschäftspartner-ID

Ihnen wird nun nur noch ein Geschäftspartner angezeigt, auf den beide Filterkriterien zutreffen (siehe Abbildung 13.19).

Abbildung 13.19 Reduzierte Anzahl an Geschäftspartnern

Zurücksetzen der Filter

Um die Filterkriterien zurückzusetzen, rufen Sie den Filterdialog nochmals auf und klicken auf den Button **Zurücksetzen**. Ihre Auswahl wird nun zurückgesetzt.

Kapitel 14
CUDQ mit OData

Das SAPUI5-Framework bietet über die OData-Modell-Implementierung die Nutzung des OData-Dienstes in den Versionen v2 und v4. Dies macht es möglich, komplexe Geschäftsanwendungen zu implementieren und die Möglichkeiten von OData auszuschöpfen.

Nachdem wir in Kapitel 12 nur das Verarbeiten der Daten eines OData-Dienstes über das Binding besprochen haben (also den lesenden Zugriff – *Read*), wenden wir uns in diesem Kapitel dem Anlegen (*Create*), Ändern (*Update*) und Löschen (*Delete*) und Abfragen (*Query*) zu. Fasst man alle Operationen zusammen, spricht man auch von *CUDQ*.

Wie bereits eingeführt, bietet die Klasse `sap.ui.model.odata.v2.ODataModel`, sowie auch die Klassen `sap.ui.model.json.JSONModel` und `sap.ui.model.xml.XMLModel` das One-Way- und das Two-Way-Binding an. Das standardmäßig aktive One-Way-Binding führt zu einer direkten Anfrage an den OData-Service, außer Sie verwenden Batch-Gruppen. Dieses Kapitel stellt Ihnen die Verwendung des One-Way-Bindings vor und zeigt Ihnen, wie Sie mittels dieser Binding-Methode unter Verwendung eines JSON-Modells als temporäre Datenhaltungsmöglichkeit Geschäftsobjekte anlegen und bearbeiten.

Die Abschnitte zu Create (Abschnitt 14.1), Update (Abschnitt 14.2) und Delete (Abschnitt 14.3) zeigen Ihnen zudem, wie Sie bei der Verwendung des Two-Way-Bindings vorgehen und welche Vorteile die Verwendung bringt. Wir zeigen Ihnen darüber hinaus in Abschnitt 14.4, wie Sie die durch den OData-Standard verfügbaren Query-Options in SAPUI5 nutzen. In Abschnitt 14.5 gehen wir auf die Nutzung von Funktionsimporten ein und zeigen Ihnen, wie Sie sie aus SAPUI5 aufrufen können. In Abschnitt 14.6 geben wir Ihnen eine Einführung in die Verwendung der OData-Modell-v4-Implementierung von SAPUI5. Wir stellen die Konzepte, die Verwendung sowie die Einschränkungen der Klasse `sap.ui.model.odata.v4.ODataModel` vor.

14.1 Create

Die Anlage von Entitäten über den OData-Service kann über die Klasse sap.ui.model.odata.v2.ODataModel in zwei verschiedenen Varianten erfolgen. Entscheidend dafür, welche Variante Sie wählen, ist die Art des Binding-Modus, der im OData-Modell gesetzt ist. Egal, welche Variante Sie wählen, die Anfragen werden immer mit der HTTP-Methode *POST* an den Server gesendet.

Vorbereitungen in der Anwendung

Damit in Ihrer Anwendung das Anlegen einer neuen Entität möglich ist, müssen Sie die Anwendung entsprechend erweitern. Wir wollen erreichen, dass der Nutzer über einen Button direkt aus der Tabelle der Geschäftspartner zu einer View navigiert, wo er die Daten zu einem neuen Geschäftspartner einfügen und entsprechend speichern kann. Hierfür fügen Sie in die Tabellenimplementierung in **BusinessPartnerTable.fragment.xml** zunächst die Aggregation headerToolbar ein, implementieren einen Control vom Typ sap.m.OverflowToolbar und fügen hier entsprechend ein sap.m.Button-Control ein (siehe Listing 14.1). Diesem weisen Sie unter anderem für das press-Event einen Eventhandler onCreate zu.

```
<Table id="businessPartnerTable"
  items="{path: '/BusinessPartnerSet',
        sorter:[
         {path:'CompanyName', descending: true, group: false},
         {path:'BusinessPartnerID', descending: false}],
        filters:[
        {path:'BusinessPartnerID',operator:'BT',
          value1:'0100000026', value2:'0100000051'}]}"
  mode="SingleSelectMaster"
  selectionChange=".onListItemSelected"
  growing="true" growingThreshold="20" autoPopinMode="false" >
 <headerToolbar>
  <OverflowToolbar>
   <ToolbarSpacer></ToolbarSpacer>
   <Button icon="sap-icon://create" press="onCreate" />
  </OverflowToolbar>
 </headerToolbar>
<!-- … -->
```

Listing 14.1 Einfügen einer Toolbar mit Aktions-Button

Im Anschluss legen Sie eine neue View mit dem Namen **BusinessPartnerCreate.view.xml** im **view**-Ordner und den dazugehörenden Controller **BusinessPartnerCreate.controller.js** im **controller**-Ordner Ihrer Anwendung an. Damit Sie die View auch darstellen können, fehlt noch eine entsprechende Routing-Target-Kombination. Fügen Sie daher die in Listing 14.2 gezeigte Route sowie das in Listing 14.3 gezeigte Target in die **manifest.json** Ihrer Anwendung ein.

```
{
    "name": "create",
    "pattern": "create",
    "target": [
      "businessPartnerMaster",
      "businessPartnerCreate"
    ],
   "layout": "TwoColumnsMidExpanded"
}
```

Listing 14.2 Routingkonfiguration für die Route »create«

Im Anschluss an die Route legen Sie das Target `businessPartnerCreate` an und weisen dem Attribut `name` den Namen der View zu.

```
"businessPartnerCreate" : {
    "type": "View",
    "name": "BusinessPartnerCreate",
    "controlAggregation": "midColumnPages"
},
```

Listing 14.3 Target-Konfiguration für das Target »businessPartnerCreate«

Als Nächstes fügen Sie die Funktion `onCreate` in den Controller **BusinessParternMaster.controller.js** ein und implementieren sie entsprechend:

```
onCreate : function(oEvent) {
  this.getRouter().navTo("create",{});
}
```

Zum Abschluss bereiten Sie die Implementierung des Controllers der View `BusinessPartnerCreate` vor (siehe Listing 14.4).

```
sap.ui.define([
  "de/sapui5buch/demo/controller/BaseController",
  "sap/ui/model/json/JSONModel",
  "sap/m/MessageBox"
], function(Controller,JSONModel,MessageBox) {
  "use strict";
  return Controller.extend(
```

```
"de.sapui5buch.demo.controller.BusinessPartnerCreate", {
  });
});
```

Listing 14.4 Basisimplementierung des Controllers »BusinessPartnerCreate«

14.1.1 Anlegen einer Entität bei One-Way-Binding

Der Standard-Binding-Modus der Klasse `sap.ui.model.odata.v2.ODataModel` ist, wie in Kapitel 10, »Anwendungsdeskriptor«, erläutert, der Binding-Modus OneWay.

Die »create«-Funktion

Bei der Verwendung des One-Way-Bindings bietet die Klasse `sap.ui.model.odata.v2.ODataModel` die Methode `create` an. Die Methode enthält drei Parameter (siehe Abbildung 14.1).

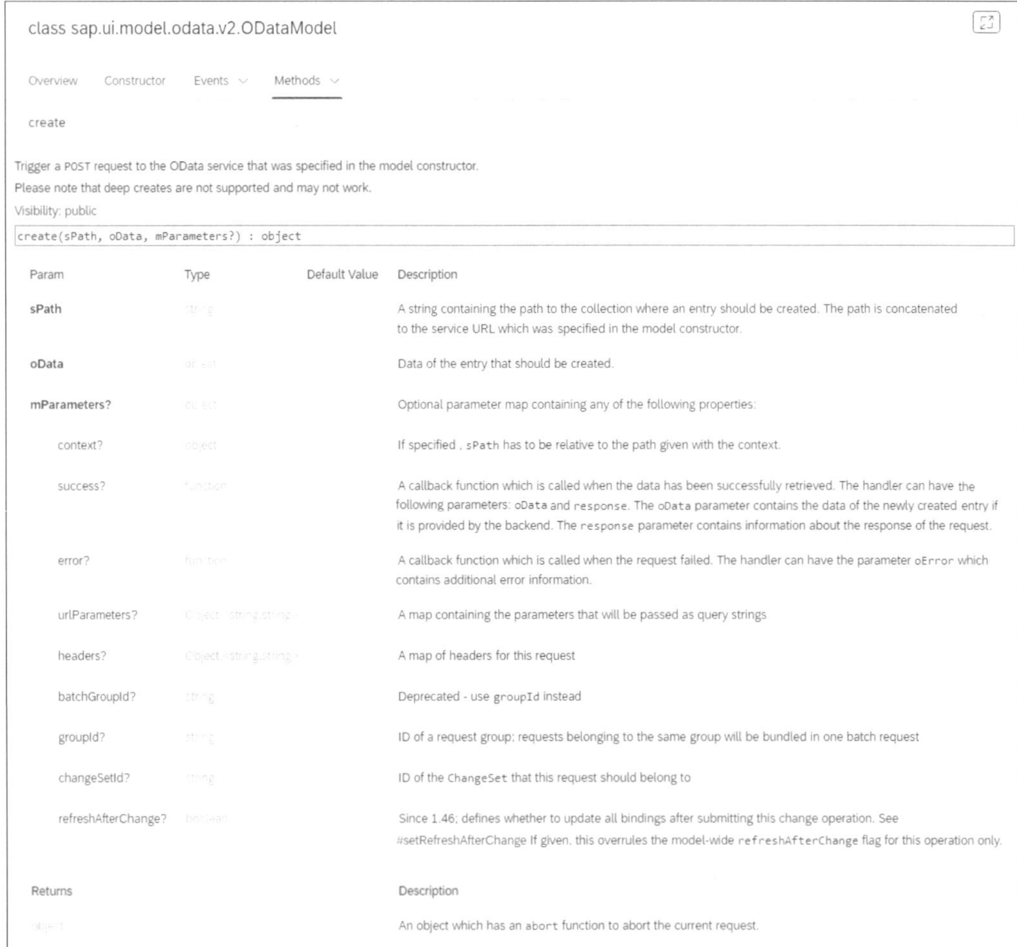

Abbildung 14.1 Die API-Dokumentation der Funktion »create«

Der erste Parameter gibt an, in welchem EntitySet des OData-Dienstes die neue Entität angelegt werden soll. Der zweite übergebene Parameter ist das eigentliche Objekt, das angelegt werden soll. Wichtig hierbei ist, dass dieses Objekt die Struktur der Entität wiedergibt und dabei natürlich auch die im OData-Dienst erwarteten Datentypen eingehalten werden. Der dritte Parameter der Funktion beschreibt ein Parameterobjekt, über das gewisse Aspekte bei der Verarbeitung gesteuert werden.

Implementierung von »onInit« – Vorbereitung eines View-Modells

Damit Sie das für die Methode `create` benötigte Objekt eines Geschäftspartners in Ihrer View erfassen können, müssen Sie den Controller sowie die dazugehörende View entsprechend implementieren. Der Controller soll der View ein JSON-Modell bereitstellen; Daten, die in der View eingegeben werden, werden über das beim JSON-Modell obligatorische Two-Way-Binding in das Modell geschrieben. Hierzu implementieren Sie in der `onInit`-Funktion den in Listing 14.5 gezeigten Code.

```
onInit : function() {
        this.getRouter().getRoute("create").attachPatternMatched(
          this._onRouteMatched, this);
      },
```

Listing 14.5 Implementierung der Funktion »onInit«

Im Anschluss prägen Sie die Funktion `_onRouteMatched` aus (siehe Listing 14.6). Hier legen Sie zunächst eine Instanz vom Typ `sap.ui.model.json.JSONModel` an (die entsprechende Referenz haben Sie zuvor in `sap.ui.define` des Controllers gesetzt). Danach legen Sie ein literales JavaScript-Objekt an. Hier setzen Sie `BusinessPartnerRole` auf `02` (entspricht *Supplier*) und `Adresstyp` ebenfalls auf `02` (entspricht der Geschäftsadresse *Business*). Im Anschluss setzen Sie das Modell in den View-Kontext und vergeben dabei die Modell-ID `newBP`.

```
_onRouteMatched : function() {
        var oModel = new JSONModel();
        var oData = {
          BusinessPartnerRole:"02",
          Address : {
            AddressType : "02"
          }
        };
        oModel.setData(oData);
        this.getView().setModel(oModel,"newBP");
      }
```

Listing 14.6 Implementierung der Funktion »_onRouteMatched«

Implementierung von »BusinessPartnerCreate.view.xml«

Die Implementierung der View **BusinessPartnerCreate.view.xml** ist im Grunde genommen sehr simpel. Legen Sie für jedes relevante Attribut der BusinessPartner-Entität ein Eingabefeld an, und binden Sie dieses an ein Attribut des Modells mit der ID newBP (siehe Listing 14.7).

Was Ihnen sicher auffällt, ist, dass wir zuvor beim Anlegen des Modells gar nicht alle Attribute der Entität eingefügt haben. Dies ist auch gar nicht notwendig. Die Attribute werden automatisch mit dem beim Binding angegebenen Namen im Modell eingefügt, und der im UI-Control eingegebene Wert wird entsprechend dem Attribut zugewiesen. Wir legen zusätzlich in der title-Aggregation ein Control vom Typ sap.m.Button an und weisen ihm für das press-Event den Eventhandler onSave zu. Dem text-Attribut weisen wir einen Schlüssel im i18n-Modell der Anwendung zu. Der Schlüssel txtSaveBtn enthält in unserer Übersetzungsdatei den Wert Speichern.

```
<mvc:View
 xmlns="sap.m"
 xmlns:mvc="sap.ui.core.mvc"      xmlns:f="sap.f"
 xmlns:core="sap.ui.core" xmlns:layout="sap.ui.layout"
 xmlns:form="sap.ui.layout.form"
 controllerName=
  "de.sapui5buch.demo.controller.BusinessPartnerCreate">
  <f:DynamicPage id="dynamicPageId" headerExpanded="true"
   toggleHeaderOnTitleClick="{/titleClickable}">
    <f:title>
     <f:DynamicPageTitle>
      <f:actions>
       <Button text="{i18n>txtSaveBtn}"
             type="Emphasized" press="onSave"/>
      </f:actions>
     </f:DynamicPageTitle>
    </f:title>
    <f:content>
    <form:Form editable="true" >
        <form:layout>
            <form:ColumnLayout columnsL="2" />
        </form:layout>
        <form:formContainers>
        <form:FormContainer title="{i18n>txtGP}">
         <form:FormElement label="{i18n>txtCompName}">
          <Input value="{newBP>/CompanyName}"/>
         </form:FormElement>
```

```
        <form:FormElement label="{i18n>txtWeb}">
         <Input value="{newBP>/EmailAddress}"/>
         <Input value="{newBP>/WebAddress}"/>
        </form:FormElement>
        <form:FormElement label="{i18n>txtLegalForm}">
         <Input value="{newBP>/LegalForm}"/>
        </form:FormElement>
        <form:FormElement label="{i18n>txtPhonefax}">
         <Input value="{newBP>/PhoneNumber}"/>
         <Input value="{newBP>/FaxNumber}"/>
        </form:FormElement>
        <form:FormElement label="{i18n>txtCur}">
         <Input value="{newBP>/CurrencyCode}"/>
        </form:FormElement>
       </form:FormContainer>
        <form:FormContainer title="{i18n>txtAdr}">
        <form:FormElement label="{i18n>txtStreet}">
         <Input value="{newBP>/Address/Street}"/>
         <Input value="{newBP>/Address/Building}"/>
        </form:FormElement>
        <form:FormElement label="{i18n>txtZip}">
         <Input value="{newBP>/Address/PostalCode}"/>
        </form:FormElement>
        <form:FormElement label="{i18n>txtCity}">
         <Input value="{newBP>/Address/City}"/>
        </form:FormElement>
        <form:FormElement label="{i18n>txtCountry}">
         <Input value="{newBP>/Address/Country}"/>
        </form:FormElement>
        </form:FormContainer>
       </form:formContainers>
    </form:Form>
  </f:content>
 </f:DynamicPage>
</mvc:View>
```

Listing 14.7 Implementierung der View »BusinessPartnerCreate.view.xml«

Implementierung von »onSave«

Nachdem die View fertig implementiert ist, können Sie die Funktion onSave implementieren. Die Funktion liest zunächst die Daten aus dem View-Modell newBP aus und speichert sie in einer Variablen (siehe Listing 14.8). Im Anschluss rufen Sie die private Funktion _create auf, die Sie im nächsten Schritt implementieren. Wie Sie dem Programmbeispiel entnehmen können, liefert die Funktion _create ein Promise zurück, das Sie dann entsprechend verarbeiten. Die Funktion selbst erhält als ersten Parameter den Pfad zum EntitySet BusinessPartnerSet, der zweite Parameter ist das aus dem View-Modell gelesene Objekt.

```
onSave : function(oEvent) {
  var oData = this.getView().getModel("newBP").getData();
  this._create("/BusinessPartnerSet", oData)
      .then(function(oData) {
      MessageBox.show(
          "Neuer BusinessPartner mit ID " +
             oData.BusinessPartnerID + " wurde angelegt",
          {
            icon: MessageBox.Icon.SUCCESS,
            title: "Hinweis",
             onClose: function () {
              this.getRouter().navTo("home");
             }
         });
    }.bind(this)).catch(function(oError) {
       this._handleErrorMessage(oError);
    }.bind(this));
},
```

Listing 14.8 Speichern einer Entität mit der Funktion »create«

Nun fehlt noch die Implementierung der Funktion _create. Wie Sie dem Programmbeispiel aus Listing 14.9 entnehmen können, beziehen wir zunächst eine Referenz auf das OData-Modell-Objekt unserer Anwendung. Im Anschluss implementieren wir ein Promise und rufen im Rahmen der entsprechenden Funktion die create-Funktion der OData-Modell-Klasse auf.

```
_create : function(sPath, oObject) {
  var oDataModel = this.getOwnerComponent().getModel();
  var oPromise = new Promise(function(resolve, reject) {
  var mParameters = {
    success: function(oData) {
      resolve(oData);
    },
      error: function(oError) {
        reject(oError.statusCode);
      }
```

```
  };
  oDataModel.create(sPath, oObject, mParameters);
  });
 return oPromise;
},
```

Listing 14.9 Implementierung der Funktion »_create«

Verarbeitung von Fehlern

Nun müssen Sie noch die Funktion `_handleErrorMessage` implementieren. Eine als `error`-Funktion implementierte Funktion erhält, falls bei der Verarbeitung des Requests ein Fehler auftritt, ein Objekt mit den Fehlerdetails übergeben. Das Objekt besitzt eine wohldefinierte Struktur, über die Sie beispielsweise den HTTP-Status oder auch die komplette Fehlermeldung auslesen können. Konvertieren Sie das Attribut `responseText` – es liegt als JSON-Objekt vor (siehe Listing 14.10). Im Anschluss lassen Sie den Inhalt des Attributs `value` in einer `sap.m.MessageBox` anzeigen.

```
_handleErrorMessage : function(oError) {
        var oErr = JSON.parse(oError.responseText);
        MessageBox.show(
            oErr.error.message.value,
            MessageBox.Icon.ERROR,
            "Es ist ein Fehler aufgetreten"
        );
}
```

Listing 14.10 Funktion »_handleErrorMessage« zur Verarbeitung von Fehlern

Test der Anwendung

Nachdem Sie die benötigten Aspekte für das Anlegen einer neuen Entität implementiert haben, können Sie die Anwendung testen. Hierzu starten Sie die Anwendung und klicken in der Toolbar der Tabelle auf das Icon . Auf der Detailseite wird die Erfassungsmaske angezeigt. Füllen Sie hier nun das Formular für die Erfassung eines neuen Geschäftspartners aus (siehe Abbildung 14.2).

Geschäftspartner-ID anzeigen

Nach der Erfassung klicken Sie auf **Speichern**. Nachdem der Geschäftspartner im Backend angelegt wurde, erhalten Sie eine Erfolgsmeldung mit der ID des Geschäftspartners (siehe Abbildung 14.3).

Bestätigen Sie den Dialog mit **OK**, und prüfen Sie in der Liste der Geschäftspartner, ob auch tatsächlich das neue Objekt angelegt wurde.

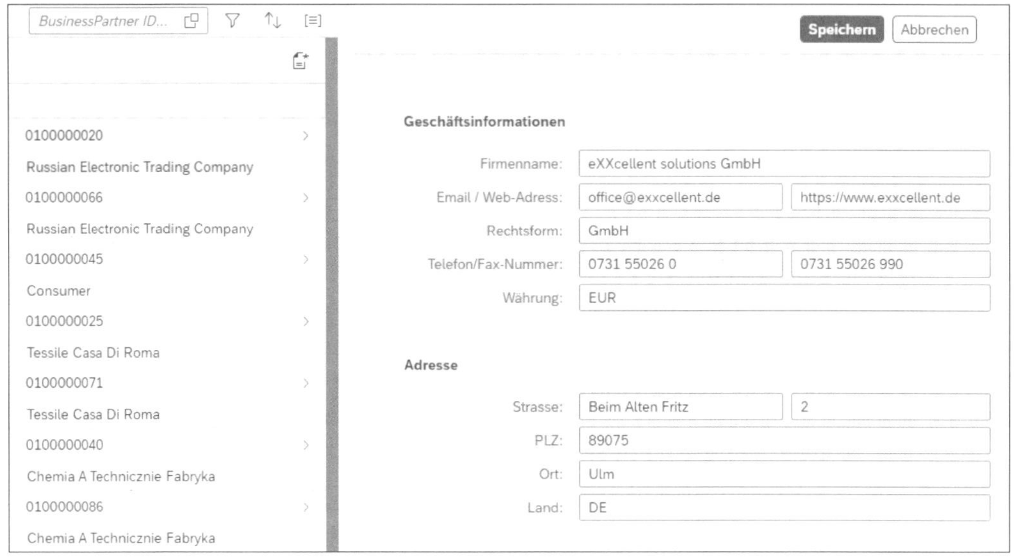

Abbildung 14.2 Erfassen eines neuen Geschäftspartners

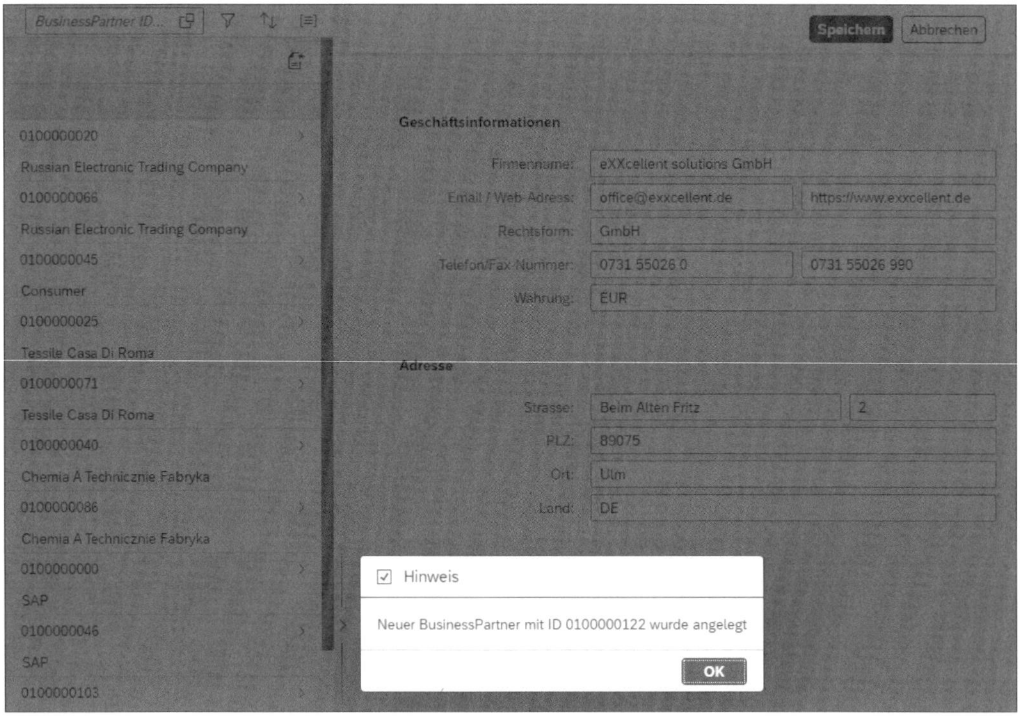

Abbildung 14.3 Erfolgsmeldung für das neu angelegte »BusinessPartner«-Objekt

Die Liste der Geschäftspartner aktualisiert sich automatisch, und der neue Geschäftspartner wird in der Liste angezeigt. Wählen Sie ihn dort aus, um sich Details anzeigen zu lassen (siehe Abbildung 14.4).

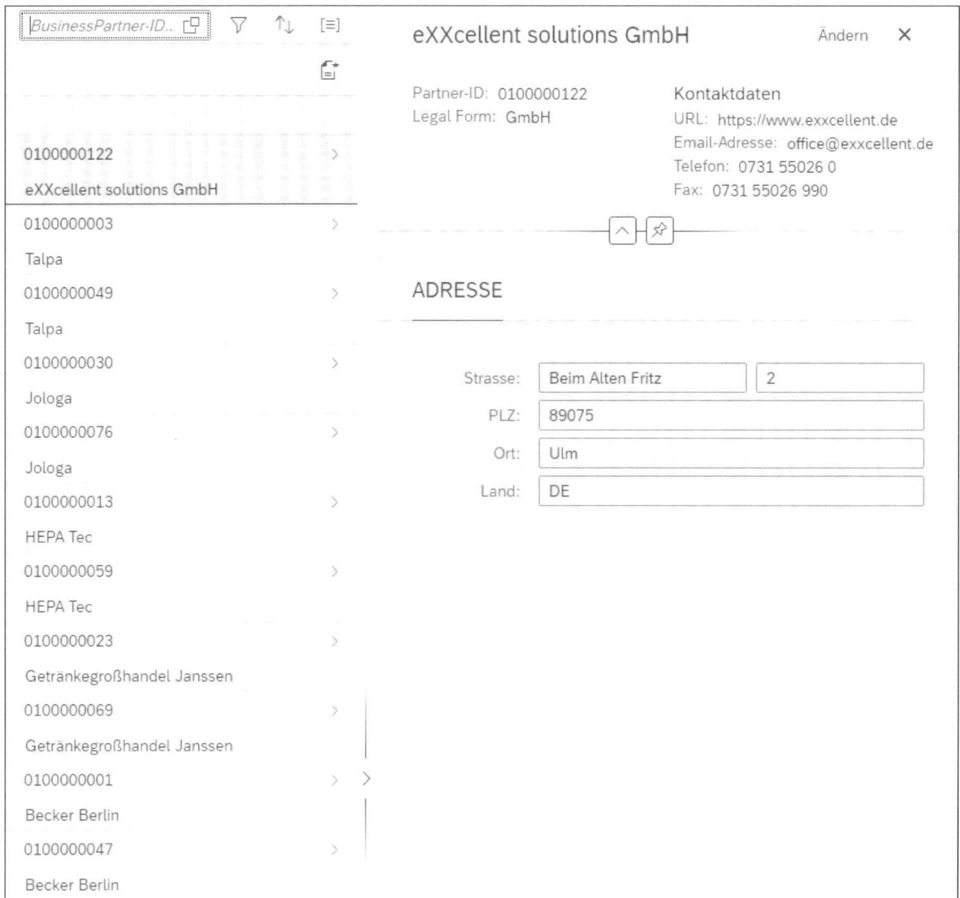

Abbildung 14.4 Details des neu angelegten Geschäftspartners im Ansichtsmodus

14.1.2 Anlegen einer Entität über Two-Way-Binding

Das Anlegen einer Entität über `create` erfordert auch bei einfachen Anwendungen etwas Aufwand. Der Entwickler muss sich um ein paar Aspekte selbst kümmern, und Sie benötigen zwingend ein weiteres Modell für das Einlesen der Eingaben, die durch den Nutzer getätigt werden. An dieser Stelle sei der Vollständigkeit halber gesagt, dass Sie die Eingaben des Nutzers aus den Eingabefeldern auch über `byId` und den anschließenden Zugriff auf den Inhalt des Eingabefeldes hätten lösen können. Dies bedeutet je nach Formulargröße allerdings einen größeren Aufwand und führt zu einer

Menge an Code. Bei der Verwendung des Two-Way-Bindings entfällt dies. Hier können Sie sich beim Binding und damit bei der Verarbeitung der Eingaben so verhalten, wie Sie es beispielsweise bei `sap.ui.model.json.JSONModel` und dessen Two-Way-Binding-Fähigkeiten gesehen haben. Des Weiteren ändert sich das Absetzen der Anfrage an den Server, damit Änderungen gespeichert werden. Die Klasse `sap.ui.model.odata.v2.ODataModel` bietet zudem Funktionen an, über die neue, noch temporäre Entitäten im Modell angelegt werden können. Des Weiteren werden Funktionen bereitgestellt, die prüfen, ob das Modell geändert wurde, und Funktionen zum Verwerfen von Änderungen.

[»]

Erweiterung der Implementierung

Für die Implementierung des Two-Way-Binding-Beispiels wurde eine neue View mit dem Namen **BusinessPartnerCreatetw.view.xml** und dem dazugehörenden Controller angelegt. Für das Testen der Anwendung mit der neuen View wird die gleiche Routingkonfiguration wie im One-Way-Binding-Beispiel verwendet, lediglich bei der Target-Konfiguration wurde auf die neue View verwiesen.

Änderung des Binding-Modes

Damit Sie das Two-Way-Binding in Ihrer Anwendung verwenden können, müssen Sie zunächst die Konfiguration der Datenquelle in der **manifest.json**-Datei der Anwendung ändern. Setzen Sie hierzu den Konfigurationsparameter `defaultBindingMode` von `OneWay` auf den Wert `TwoWay` (siehe Listing 14.11).

```
"": {
      "type": "sap.ui.model.odata.v2.ODataModel",
              "settings": {
                  "defaultOperationMode": "Server",
                  "defaultBindingMode": "TwoWay",
                  "defaultCountMode": "Request"
              },
           "dataSource": "GWSAMPLE_BASIC",
           "preload": true
            }
```

Listing 14.11 Aktivierung des Two-Way-Bindings

Implementierung von »BusinessPartnerCreate.view.xml«

Im Anschluss prägen Sie die (wie im Hinweis beschrieben zuvor angelegte) View **BusinessPartnerCreatetw.view.xml** aus. Die Grundimplementierung entspricht der View **BusinessPartnerCreate.view.xml**. Wie Sie jedoch dem Programmbeispiel Listing 14.12 entnehmen können, binden wir die Attribute nicht mehr an ein eigenes Datenmodel, sondern nutzen jetzt unser Defaultmodell. Die Frage, die sich noch stellt und im Rahmen der Erläuterungen zum Controller beantwortet wird, ist, gegen welchen BindingContext die View gebunden wird. Wie Sie dem Beispiel auch entnehmen können, haben wir neben dem **Save**-Button nun einen **Cancel**-Button.

```
<mvc:View xmlns="sap.m"
     xmlns:mvc="sap.ui.core.mvc" xmlns:f="sap.f"
     xmlns:core="sap.ui.core" xmlns:layout="sap.ui.layout"
     xmlns:form="sap.ui.layout.form"
     controllerName=
       "de.sapui5buch.demo.controller.BusinessPartnerCreatetw">
  <f:DynamicPage id="dynamicPageId" headerExpanded="true"
       toggleHeaderOnTitleClick="{/titleClickable}">
    <f:title>
      <f:DynamicPageTitle>
       <f:actions>
        <Button text="{i18n>txtSaveBtn}" type="Emphasized"
          press="onSave"/>
        <Button text="{i18n>txtCancelBtn}" press="onCancel"/>
      </f:actions>
      </f:DynamicPageTitle>
    </f:title>
    <f:content>
        <form:Form editable="true" >
           <form:layout>
             <form:ColumnLayout columnsL="2" />
           </form:layout>
           <form:formContainers>
              <form:FormContainer title="{i18n>txtGP}">
                <form:FormElement label="{i18n>txtCompName}">
                   <Input value="{CompanyName}"/>
                </form:FormElement>
                <form:FormElement label="{i18n>txtWeb}">
                   <Input value="{EmailAddress}"/>
                   <Input value="{WebAddress}"/>
                </form:FormElement>
                <form:FormElement label="{i18n>txtLegalForm}">
                   <Input value="{LegalForm}"/>
                </form:FormElement>
                <form:FormElement label="{i18n>txtPhonefax}">
                   <Input value="{PhoneNumber}"/>
                   <Input value="{FaxNumber}"/>
```

```
              </form:FormElement>
              <form:FormElement label="{i18n>txtCur}">
                <Input value="{CurrencyCode}"/>
              </form:FormElement>
            </form:FormContainer>
            <form:FormContainer title="{i18n>txtAdr}">
              <form:FormElement label="{i18n>txtStreet}">
                <Input value="{Street}"/>
                <Input value="{Building}"/>
              </form:FormElement>
              <form:FormElement label="{i18n>txtZip}">
                <Input value="{Address/PostalCode}"/>
              </form:FormElement>
              <form:FormElement label="{i18n>txtCity}">
                <Input value="{Address/City}"/>
              </form:FormElement>
              <form:FormElement label="{i18n>txtCountry}">
                <Input value="{Address/Country}"/>
            </form:FormElement>
          </form:FormContainer>
          </form:formContainers>
        </form:Form>
      </f:content>
    </f:DynamicPage>
</mvc:View>
```

Listing 14.12 Implementierung der View »BusinessPartnerCreatetw.view.xml«

Anlegen eines neuen Objekts mit »createEntry«

Nachdem Sie die View implementiert haben, wenden Sie sich der Implementierung des dazugehörenden Controllers zu. Zunächst müssen Sie dafür sorgen, dass die View einem BindingContext zugeordnet wird. Wir benötigen für unseren Anwendungsfall einen Kontext, der auf ein neues Objekt zeigt, jedoch im Standardmodell unserer Anwendung, also im OData-Modell, existiert. Die Klasse `sap.ui.model.odata.v2.ODataModel` stellt für das Anlegen von temporären Einträgen im entsprechenden OData-Modell-Objekt die Funktion `createEntry` zur Verfügung. Die Funktion liefert als Rückgabewert einen BindingContext, der auf das neue Objekt zeigt. Damit bietet die Funktion genau das, was wir benötigen.

Die Funktion erhält zwei Parameter. Der erste Parameter gibt das EntitySet an, in dem das Objekt angelegt werden soll, der zweite gibt die gewohnte Parameter-Map an. Allerdings bietet die Parameter-Map zusätzlich die Eigenschaft `properties`. Mit ihr ist es möglich, das neu anzulegende Objekt bereits mit Eigenschaften zu versorgen. Mit diesem Wissen prägen Sie nun die `onInit`-Funktion des View-Controllers aus. Übergeben Sie analog zum One-Way-Binding-Beispiel auch hier bereits beim Aufruf der Funktion `createEntry` den Adresstyp sowie die Art des Geschäftspartners an (siehe Listing 14.13). Das durch die Funktion zurückgelieferte BindingContext-Objekt stellen Sie der View über die Funktion `setBindingContext` zur Verfügung.

```
onInit : function() {
  var oModel = this.getOwnerComponent().getModel();
  this.oContext = oModel.createEntry("/BusinessPartnerSet",
    {
     properties: {
      BusinessPartnerRole : "02",
      Address : {
        AddressType : "02"
      }
    }});
  this.getView().setBindingContext(this.oContext);
},
```

Listing 14.13 Erzeugen eines neuen Eintrags über die Funktion »createEntry«

14

Speichern der Änderungen durch »submitChanges«

Im Anschluss implementieren Sie den Eventhandler `onSave`. Prüfen Sie zunächst über die Funktion `hasPendingChanges`, ob es Änderungen gegeben hat (siehe Listing 14.14): Änderungen, die durch das Hinzufügen eines neuen Objekts, das Ändern eines bestehenden oder aber durch das Löschen einer Entität entstanden sind. Falls Änderungen existieren, rufen Sie die Funktion `submitChanges` auf und übertragen alle Änderungen an den OData-Service im Backend.

```
onSave : function(oEvent) {
  var oModel = this.getOwnerComponent().getModel();
  if(oModel.hasPendingChanges()) {
    oModel.submitChanges({
      success: this._handleSuccess
      error: this._handleErrorMessage
    });
  }
},
```

Listing 14.14 Änderungen an den OData-Service übergeben

Temporär angelegte Entität mittels »deleteCreatedEntry« löschen

Im Anschluss an die onSave-Implementierung wenden wir uns der Implementierung der onCancel-Methode zu. Falls sich der Nutzer der Anwendung dazu entscheidet, doch kein neues Objekt anzulegen, müssen wir das temporär erzeugte Objekt wieder aus dem OData-Modell-Objekt entfernen. Hierzu bietet die Klasse ODataModel die Methode deleteCreatedEntry an. Die Funktion erhält als Aufrufparameter die Referenz des angelegten temporären Objekts:

```
onCancel : function(oEvent) {
  oModel.deleteCreatedEntry(this.oContext);
},
```

Änderungen abfragen oder zurücksetzen

Möchten Sie bei der Verwendung von Two-Way-Binding generell alle Änderungen, die bis dahin am Modell durchgeführt wurden, zurücksetzen, verwenden Sie die Funktion resetChanges. Die ODataModel-Klasse bietet auch die Funktion getPendingChanges an, mit der Sie die bis dahin durchgeführten Änderungen erfragen können.

14.1.3 Deep Insert

Geschäftsobjekte, die über einen OData-Service gelesen, geändert oder angelegt werden können, besitzen unter Umständen eine gewisse Komplexität. Eine Bestellung beispielsweise besteht aus einem Bestellkopf und aus Bestellpositionen. Möchten Sie eine Bestellung über einen OData-Service anlegen, ist es aus Businesssicht sinnvoll, die Einzelteile der Bestellung nicht in einzelnen Schritten anzulegen – also zunächst den Bestellkopf an den OData-Service zu schicken, diesen in der Datenbank anzulegen und danach die einzelnen Bestellpositionen zur Weiterverarbeitung an den Service zu übergeben –, sondern alle zusammengehörenden Entitäten in einer Operation bzw. Transaktion zu verarbeiten. Diese Art der Verarbeitung wird als *Deep Insert* bezeichnet. Die Klasse sap.ui.model.odata.v2.ODataModel bietet über die Funktion create den Deep Insert implizit an. Übergeben Sie der Funktion ein tief strukturiertes Objekt, also beispielsweise eine Bestellung mit Bestellpositionen, wird diese Struktur vollständig an den OData-Service übergeben. Dieser muss dann allerdings die entsprechende Funktion auf der Backendseite implementieren.

14.1.4 XSRF-Token-Verarbeitung

XSRF-Token verarbeiten und erneuern

Zur Verhinderung eines Angriffs über eine websiteübergreifende Anfragenfälschung (*Cross-Site Request Forgery*, XSRF) benötigt ein OData-Dienst möglicherweise XSRF-Token für Änderungsanforderungen durch die Clientanwendung. In diesem Fall muss der Client ein Token vom Server abrufen und es bei jeder Änderungsanforderung an den Server senden. Die Klasse `sap.ui.model.odata.v2.ODataModel` ruft das XSRF-Token beim Lesen der Metadaten ab und sendet es dann automatisch mit jedem Schreibanforderungsheader. Dieses Token kann unter Umständen seine Gültigkeit verlieren. Zur Erneuerung des Tokens bietet die Klasse `ODataModel` die Funktion `refreshSecurityToken` an. Der Aufruf führt zu einer `Get`-Anfrage nach dem Servicedokument des angebundenen OData-Dienstes. Stellen Sie sicher, dass die Anfrage auch tatsächlich zum Server gelangt und von ihm beantwortet wird. Es darf kein Caching geben, da sonst das »neue« Token gar nicht neu ist, sondern dem alten entspricht und damit anfällig für Angriffe ist.

14.2 Update

Nachdem wir das Anlegen einer Entität betrachtet haben, wenden wir uns in diesen Abschnitt dem Speichern von Änderungen zu. Auch hier betrachten wir zunächst die Vorgehensweise beim One-Way-Binding und im Anschluss, wie Änderungen im Rahmen des Two-Way-Bindings verarbeitet werden. Update-Anfragen werden an den Server entweder per *PUT* oder via *PATCH/MERGE* geschickt.

14.2.1 Speichern von Änderungen mit One-Way-Binding

Die Klasse `sap.ui.model.odata.v2.ODataModel` bietet für das Speichern von Änderungen, die an einer Entität durchgeführt wurden, die Funktion `update` an. Die Funktion erhält wie schon die `create`-Funktion bis zu drei Parameter. Der erste Parameter gibt den Pfad zur Entität an, deren Daten im Backend geändert werden sollen, der zweite Parameter ist ein Objekt und enthält das Geschäftsobjekt, das geändert wurde. Der dritte, optionale Parameter kann verwendet werden, um weitere Verarbeitungsoptionen zu setzen. Auch hier ist es empfehlenswert, die Parameter `success` und `error` mit entsprechenden Funktionen zu versorgen.

Erfassungs-View implementieren

Aus der Dokumentation der Funktion `update` ergibt sich für die Implementierung eine ähnliche Vorgehensweise, wie Sie sie beim Anlegen eines Geschäftspartners über One-Way-Binding bereits angewendet haben. Zunächst einmal fügen Sie eine neue View und einen dazugehörenden Controller in das Projekt ein. Wir nennen die View **BusinessPartnerUpdate.view.xml**. Im Anschluss kopieren Sie den Inhalt der Datei **BusinessPartnerCreate.view.xml** in die neu angelegte View und ändern die Modell-ID bei den Binding-Pfaden von `newBP` in `updateBP` ab. Im nächsten Schritt erweitern

Sie die Implementierung des Fragments **BusinessPartnerDetailsObjectPage.fragment.xml** dahingehend, dass Sie neben dem **Abbrechen**-Button einen Button für den Wechsel in den Bearbeitungsmodus implementieren (siehe Listing 14.15). Der Button soll die Beschriftung **Ändern** erhalten; hierzu fügen Sie in die **i18n**-Datei der Anwendung den Schlüssel `txtUpdateBtn` ein und weisen ihm den Wert `\u00c4ndern` zu.

```
<ObjectPageDynamicHeaderTitle>
 <heading>
  <m:Title text="{CompanyName}"/>
 </heading>
 <actions>
  <m:Button text="{i18n>txtUpateBtn}" type="Transparent"
   press=".onUpdateDetail" />
  <m:Button icon="sap-icon://decline" type="Transparent"
   press=".onCloseDetail" />
 </actions>
</ObjectPageDynamicHeaderTitle>
```

Listing 14.15 Erweiterung des Controls »ObjectPageDynamicHeaderTitle«

Target-Konfiguration

Als Nächstes erweitern wir das Routing. Für unser Beispiel möchten wir dieses Mal unsere View über ein Target anzeigen. Hierdurch stellen wir sicher, dass die Bearbeitungsansicht nicht als Lesezeichen gespeichert werden kann und der Nutzer stets aktiv in den Bearbeitungsmodus wechseln muss. Fügen Sie hierzu ein neues Target in die Routingkonfiguration ein (siehe Listing 14.16).

```
"businessPartnerUpdate" : {
 "type": "View",
 "name": "BusinessPartnerUpdate",
 "controlAggregation": "midColumnPages"
},
```

Listing 14.16 Target-Konfiguration »businessPartnerUpdate«

Zum Target navigieren

Im Anschluss fügen Sie den Eventhandler `onUpdateDetail` in die Controller-Implementierung der View `BusinessPartnerDetail` ein. Wie Sie Listing 14.17 entnehmen können, beziehen wir vom Routerobjekt die Referenz auf die konfigurierten Targets und rufen im Anschluss die Funktion `display` auf. Hierbei übergeben wir den Namen unseres konfigurierten Targets sowie über ein Konfigurationsobjekt die ID des aktuellen `BusinessPartner`-Objekts.

```
onUpdateDetail : function() {
  this.getRouter().getTargets().display("businessPartnerUpdate",
    {
      partnerId: this.sPartnerId
    }
  );
}
```

Listing 14.17 Eventhandler »onUpdateDetail«

Daten in der Update-View bereitstellen

Fügen Sie im Anschluss den in Listing 14.18 gezeigten Code in die Implementierung des Controllers der View `BusinessPartnerUpdate` ein. Registrieren Sie zunächst in der `onInit`-Funktion einen Eventhandler `_onTargetDisplay` für das entsprechende Displayevent. Im Eventhandler lesen Sie die übergebene Partner-ID aus und beziehen im Anschluss über die Funktion `getObject` das entsprechende `BusinessPartner`-Objekt aus dem Modell. Das so bezogene Objekt stellen Sie der View in einem `sap.ui.model.json.JSONModel` mit der ID `updateBP` zur Verfügung.

```
sap.ui.define([
  "de/sapui5buch/demo/controller/BaseController",
  "sap/ui/model/json/JSONModel",
  "sap/m/MessageBox"
], function(Controller,JSONModel,MessageBox) {
  "use strict";
  return Controller.extend(
    "de.sapui5buch.demo.controller.BusinessPartnerUpdate", {

      onInit : function() {
       this.getRouter().getTarget("businessPartnerUpdate").
          attachDisplay(this._onTargetDisplay, this);
      ,
      _onTargetDisplay: function (oEvent) {
        var oArgs = oEvent.getParameter("data");
        this.sPartnerId = oArgs.partnerId;
        var oObject =
          this.getOwnerComponent().getModel().getObject(
           "BusinessPartnerSet('"+this.sPartnerId+"')");
        var oModel = new JSONModel();
        oModel.setData(oObject);
        this.getView().setModel(oModel,"updateBP");
 },
//
 });
});
```

Listing 14.18 Implementierung des Controllers »BusinessPartnerUpdate«

Aufruf der »update«-Funktion

Dann implementieren Sie den Eventhandler onSave (siehe Listing 14.19). Hier beziehen Sie zunächst die Daten aus dem lokalen JSON-Modell updateBP und rufen im Anschluss eine noch zu implementierende Funktion _update auf. Anschließend verarbeiten Sie das Ergebnis.

```
onSave:function(oEvent){
  var oData=
      this.getView().getModel("updateBP").getData();
  this._update("/BusinessPartnerSet('"+
      this.sPartnerId+"')", oData).then(function(){
         this.getRouter().navTo("detail", {
            partnerId: this.sPartnerId
        });
      }).catch(function(oError){
         // handle
      });
},
```

Listing 14.19 Implementierung der Funktion »onSave«

Implementierung der Hilfsfunktion »_update«

Zum Abschluss implementieren Sie die Funktion _update (siehe Listing 14.20). Die Funktion ruft die update-Methode der Klasse sap.ui.model.odata.v2.ODataModel auf und übergibt das entsprechende Objekt.

```
_update : function(sPath, oObject) {
  var oDataModel = this.getOwnerComponent().getModel();
  var oPromise = new Promise(function(resolve, reject) {
    var mParameters = {
      success: resolve,
      error: function(oError) {
         reject(oError.statusCode);
      }
    };
   oDataModel.update(sPath, oObject, mParameters);
  });
 return oPromise;
},
```

Listing 14.20 Implementierung der Funktion »_update«

Starten Sie die Anwendung, und wählen Sie einen Eintrag aus der Liste aus. Sie erhalten, wie in Abbildung 14.5 gezeigt, Ihre Anwendung im Anzeigemodus.

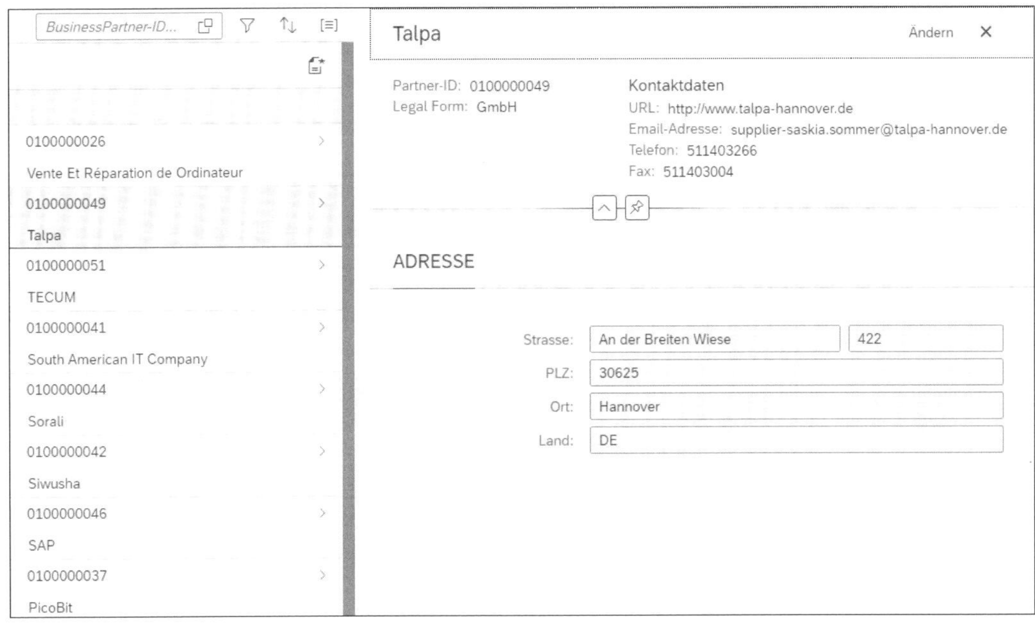

Abbildung 14.5 Anzeigemodus der Anwendung

14

Daten ändern

Klicken Sie auf den Button **Ändern**. Ändern Sie zum Test den Namen der Straße von **An der Breiten Wiese** in **An der Schmalen Wiese** (siehe Abbildung 14.6), und klicken Sie auf **Speichern**.

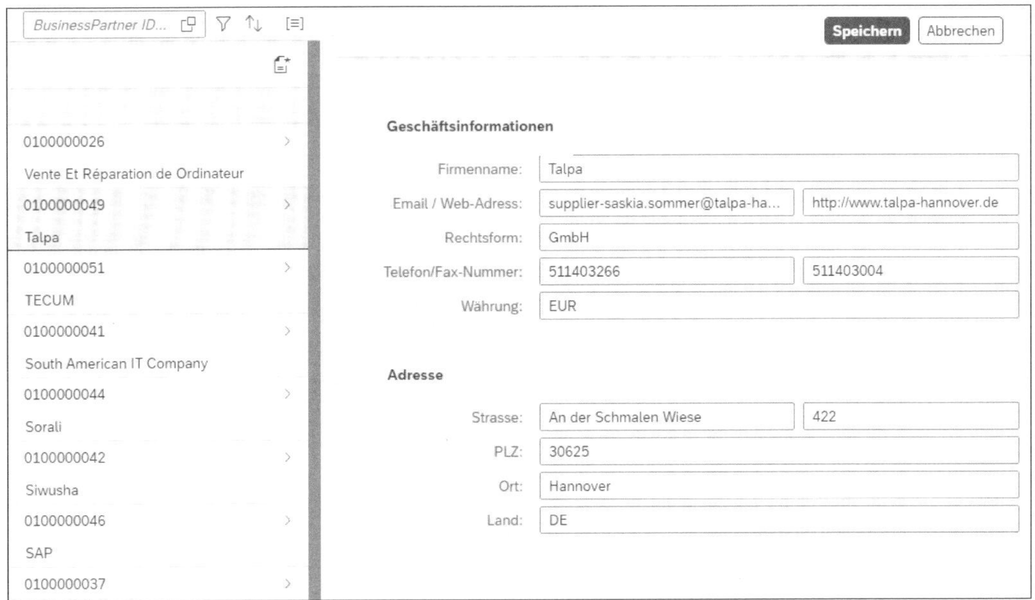

Abbildung 14.6 Bearbeitungsmodus

Nach der erfolgreichen Verarbeitung wechselt die View wieder in die Darstellung des Anzeigemodus. Der geänderte Straßenname wird angezeigt (siehe Abbildung 14.7).

Abbildung 14.7 Geänderter Datensatz im Anzeigemodus

Auffrischen des Modells

Aktualisierung des Modells

Änderungen, die sich im OData-Modell ergeben – sei es durch das Löschen, Hinzufügen oder ändern von Entitäten –, führen in der Defaultkonfiguration zu einem Auffrischen des Modells. Möchten Sie dies nicht, können Sie entweder den Parameter `refreshAfterChange` in der Modellkonfiguration auf `false` setzen oder aber beim Anlegen des Modells das Attribut `refreshAfterChange` in den Aufrufparametern auf `false` setzen. Dies führt dazu, dass beispielsweise abhängige Statusänderungen, die beim Ändern einer Entität passieren, nicht direkt in der Benutzeroberfläche sichtbar werden: beispielsweise dann, wenn Sie ein Statusfeld von »offen« auf »abgeschlossen« setzen und daraufhin ein Icon, das vom Statusfeld abhängig ist, die Farbe wechseln soll. In diesem Fall müssen Sie entweder aktiv über die `read`-Funktion nachlesen oder aber beim Senden des Requests den Parameter `refreshAfterChange` setzen. Das automatische Auffrischen des Modells kann auch zu Performanceproblemen führen: beispielsweise dann, wenn abhängige Entitäten mittels `expand`-Anweisungen (siehe Abschnitt 14.4.2) hinzugelesen werden. Dies führt dazu, dass beim Auffrischen unter Umständen sehr viele Daten nachgelesen werden, was je nach Datenmenge und Implementierung im Backend zu einem schlechteren Nutzererlebnis führen kann.

14.2.2 Vorgehensweise bei Batch-Verarbeitung

Nicht immer ist es sinnvoll, Verarbeitungsanfragen einzeln an den Server zu schicken, z. B. wenn eine gewisse Art von Transaktionalität verwendet werden soll. Die sogenannte *Batch-Verarbeitung* erlaubt es, Operationen zu gruppieren und in nur einem Request an den Server zu senden. Der OData-Standard erlaubt eine solche Batch-Verarbeitung unter Verwendung des Parameters `$batch`.

Operationen zusammenfassen

Die Klasse `sap.ui.model.odata.v2.ODataModel` bietet über die Funktion `setUseBatch` die Möglichkeit an, die Batch-Verarbeitung zu aktivieren bzw. zu deaktivieren. Standardmäßig ist die Batch-Verarbeitung aktiv. Um einen Request einer Batch-Gruppe zuzuordnen, bietet die Klasse beim Aufruf der Funktionen `create`, `update`, `delete` die Möglichkeit, den Parameter `groupId` in der Aufrufparameterliste anzugeben. Diesem Parameter können Sie einen freiwählbaren Gruppenidentifizierer mitgeben. Der Gruppenidentifizierer muss lediglich im Vorfeld über die Funktion `setDeferredGroups` bekannt gemacht werden. Analog bietet auch die Funktion `submitChanges` die Möglichkeit, über die Parameterliste das entsprechende Feld zu setzen. Operationen mit der gleichen `groupId` werden in einem `batch`-Request verarbeitet. In unserem Beispiel setzen wir über die Funktion `setDeferredGroups` auf der OData-Modell-Referenz eine Gruppe `updateGroup` (siehe Listing 14.21). Im Anschluss iterieren wir über eine (fiktive) Menge an Geschäftspartnerobjekten und rufen für jedes dieser Objekte die `update`-Methode der Klasse `ODataModel` auf. Wir übergeben in der Parameterliste jeweils das Feld `groupId` und setzen es auf den Wert `updateGroup`. Zum Abschluss rufen wir die Funktion `submitChanges` auf und teilen der Funktion durch die Angabe des Parameters `groupId` mit, dass wir die Änderungen in einem Request an den Server senden wollen.

```
_deleteWithGroup : function(aBusinessPartners) {
  var oDataModel = this.getOwnerComponent().getModel();
  var mParameters = {};
  oModel.setDeferredGroups(["updateGroup"]);
  for (var i = 0; i < aBusinessPartners.length; i++) {
    var oBP = aBusinessPartners[i];
    mParameters.groupId = "updateGroup";
    oModel.update(
      "/BusinessPartnerSeet('"+oBP.BusinessParterID+"')", oBP,
      mParameters);
  }
  oDataModel.submitChanges({
       groupId: " updateGroup ",
```

```
            success: this._handleSuccess,
            error: this._handleError
    });
}
```

Listing 14.21 Zusammenfassen von Operationen

14.2.3 Verwenden von ETags

Traditionell haben SAP-GUI-Anwendungen zur Sicherstellung der Datenkonsistenz bei paralleler Verwendung pessimistisches Sperren mit Hilfe von Sperrobjekten implementiert. Eine parallele Bearbeitung des Objekts ist dadurch nicht möglich. Diese enge Kopplung hat ihre Vorteile, passt jedoch nicht zu modernen Webanwendungen, die zustandslos, entkoppelt und skalierbar sein müssen. OData bietet *ETag*-basiertes optimistisches Parallelitätsmanagement für die Operationen `UPDATE` und `DELETE`. Bei einem *ETag* handelt es sich meist um einen Zeitstempel (z. B. ein Feld `ChangedAt`) oder um einen eindeutigen Hashwert, der einem Objekt zugeordnet ist. Er wird entsprechend aktualisiert, wenn ein Objekt sich ändert. Der Client erhält das ETag bei einen einfachen `Read`-Anfrage an den Client zurückgeliefert.

Schickt der Nutzer eine Änderungsoperation, muss das ETag entsprechend an den Server über den sogenannten *If-Match-Header* geschickt werden. Die ETag-basierte optimistische Parallelitätssteuerung sperrt Datenbankobjekte für sehr kurze Zeiträume (normalerweise Millisekunden). Dies ist die tatsächliche Zeit zum Ausführen der Datenbankschreibtransaktion. Nehmen wir an, dass Anwender A den `BusinessPartner` XYZ im Änderungsmodus der Anwendung öffnet und kurze Zeit später Anwender B das Gleiche macht. Beide können parallel in ihrer jeweiligen Browsersitzung die Daten des Geschäftspartners ändern. Speichert Anwender A seine Änderungen, wird auf Backendseite geprüft, ob z. B. das Attribut `ChangedAt` in der Datenbanktabelle für `BusinesPartner` XYZ noch identisch mit dem Feldinhalt des If-Match-Headers ist, der vom Client geschickt wurde. Ist dies der Fall, werden die geänderten Daten gespeichert und dabei das Feld `ChangedAt` in der Datenbank aktualisiert. Speichert Anwender B die Daten, stimmt das `ChangedAt`-Datum, das von Client B geschickt wird, nicht mehr mit dem der Datenbank überein. Anwender B erhält eine Fehlermeldung, dass die Daten in der Datenbank aktueller sind als jene, die in seinem Request geschickt wurden. Der von uns verwendete OData-Service besitzt eine entsprechende ETag-Konfiguration (siehe Abbildung 14.8). Das `ChangedAt`-Datum des Geschäftspartners wird hier als ETag genutzt.

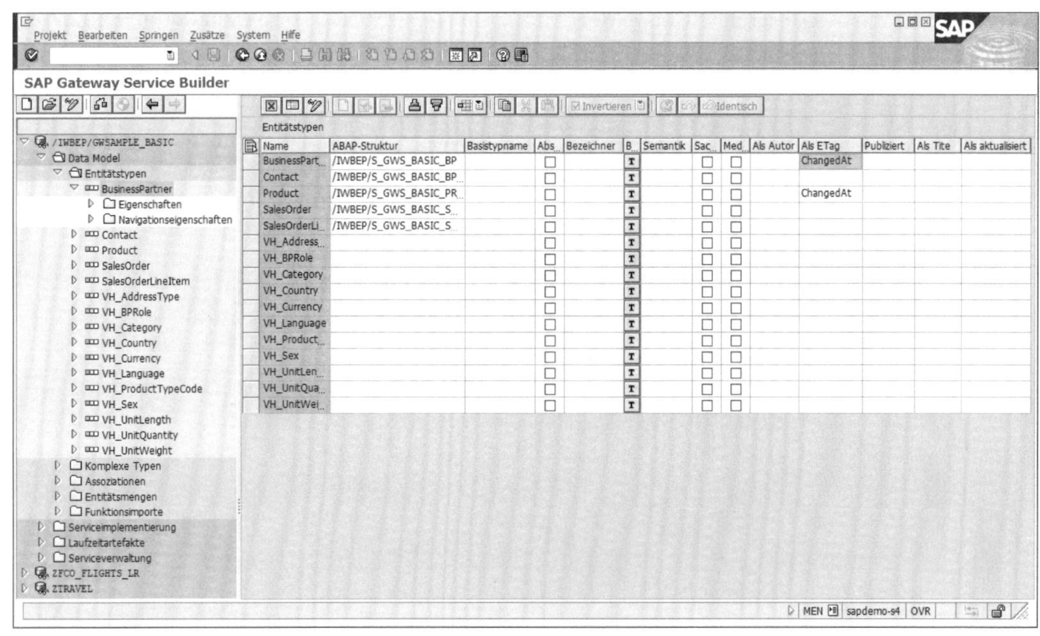

Abbildung 14.8 ETag-Konfiguration bei einem SAP-OData-Service

Führen wir in unserem Beispiel auf unserem OData-Service PUT oder MERGE Anfragen aus, wird das ChangedAt-Datum als ETag an den Server gesandt. Dieser kann dann entsprechend das Feld auswerten. Abbildung 14.9 zeigt den Payload einer Update-Anfrage für unsere Anwendung.

Abbildung 14.9 ETag-Verarbeitung

Verwendung von ETags in SAPUI5

Das ETag wird normalerweise durch SAPUI5 aus den Metadaten des OData-Dienstes bezogen und dann entsprechend im If-Match-Header übertragen. Falls Sie diesen Automatismus nicht verwenden möchten, können Sie das ETag auch direkt beim Absetzen der Serveranfrage über die Parameterliste setzen. Das Programmbeispiel aus Listing 14.22 zeigt, wie Sie ein eigenes ETag bei einer Update-Operation an den Server senden.

```
_update : function(sPath, oObject) {
  var oDataModel = this.getOwnerComponent().getModel();
  var oPromise = new Promise(function(resolve, reject) {
    var mParameters = {
      success: resolve,
      error: function(oError) {
        reject(oError.statusCode);
      },
      mParameters.eTag = "*";
    };
    oDataModel.update(sPath, oObject, mParameters);
   });
  return oPromise;
},
```

Listing 14.22 Setzen des »eTag«-Parameters beim Update

14.2.4 Speichern von Änderungen mit Two-Way-Binding

Das Speichern von Änderungen ist bei der Verwendung des Two-Way-Bindings wesentlich einfacher. Die Vorgehensweise ist analog zu der beim Übermitteln von neuen Objekten.

14.3 Delete

Nach dem Anlegen und Ändern eines Eintrags betrachten wir nun in diesem Abschnitt das Löschen. Die Vorgehensweise beim One-Way-Binding und beim Two-Way-Binding ist dabei identisch.

Für das explizite Löschen einer Entität stellt die Klasse `sap.ui.model.odata.v2.ODataModel` die Funktion `remove` bereit. Die Funktion erhält wieder zwei Parameter. Der erste Parameter `sPath` enthält beim Aufruf der Funktion die URI zur entsprechenden Entität, die gelöscht werden soll. Dabei muss der vollständige Schlüssel der entsprechenden Entität übergeben werden. Der zweite Parameter ist wiederum die Map, die für die Parametrisierung des Aufrufs verwendet wird.

Integration der Löschfunktion

Wir wollen die Löschfunktion in unsere Anwendung integrieren und erweitern hierzu die View **BusinessPartnerUpdate.view.xml** um einen weiteren Button. Der Codeschnipsel aus Listing 14.23 zeigt die Anpassung.

```
<f:DynamicPage id="dynamicPageId" headerExpanded=
"true" toggleHeaderOnTitleClick="{/titleClickable}">
  <f:title>
    <f:DynamicPageTitle>
     <f:actions>
      <Button text="{i18n>txtSaveBtn}" type="Emphasized"
         press="onSave"/>
      <Button text="{i18n>txtDeleteBtn}" press="onDelete"/>
      <Button text="{i18n>txtCancelBtn}" press="onCancel"/>
     </f:actions>
   </f:DynamicPageTitle>
  </f:title>
```

Listing 14.23 Erweiterung der Bearbeitungs-View

Implementierung des Eventhandlers »onDelete«

Im Anschluss implementieren wir den dazugehörenden Eventhandler onDelete in der Datei **BusinessPartnerUpdate.controller.js**. Wir rufen in der Funktion eine Hilfsfunktion _delete auf (siehe Listing 14.24). Wie schon beim Update liefert diese Funktion ein Promise zurück, das wir entsprechend verarbeiten.

```
onDelete : function(oEvent) {
  var that = this;
  this._delete("/BusinessPartnerSet('"+
      this.sPartnerId +"')").then(function() {
        that.getRouter().navTo("home");
  }).catch(function(oError) {
    this._handleErrorMessage(oError);
  }.bind(this));
}
```

Listing 14.24 Implementierung der Funktion »onDelete«

Absetzen der Delete-Anfrage

Im nächsten Schritt implementieren wir die Hilfsfunktion _delete (siehe Listing 14.25).

```
_delete : function(sPath) {
  var oDataModel = this.getOwnerComponent().getModel();
  var oPromise = new Promise(function(resolve, reject) {
    var mParameters = {
      success: resolve,
```

```
        error: function(oError) {
          reject(oError);
        }
      };
      oDataModel.remove(sPath, mParameters);
      });
      return oPromise;
    }
```

Listing 14.25 Löschen einer Entität mit »remove«

14.4 Query

Anfragen implementieren

Nicht nur Änderungsoperationen werden durch das OData-Protokoll unterstützt, sondern auch feingranular spezifizierte Queries. In Kapitel 13, »Sortieren, gruppieren und filtern«, haben wir bereits das Sortieren, Gruppieren und Filtern detailliert betrachtet. Wie Sie wissen, wird die Nutzung der entsprechenden SAPUI5-Klassen im Hintergrund durch SAPUI5 in spezifische OData-Anfragen umgesetzt. Das OData-Protokoll bietet allerdings noch mehr Möglichkeiten der Einflussnahme. Sie können mittels `$select`- und `$expand`-Anfragen die Datenmenge, die vom Server zurückgeliefert wird, einschränken oder aber auch erweitern. Wir wollen uns in diesem Abschnitt des Kapitels mit den Möglichkeiten dieser Anfragen beschäftigen. Queries werden an den Server mittels HTTP-GET geschickt.

14.4.1 Select-Anfrage implementieren

»select«

Nicht immer ist es notwendig, alle Attribute einer Entität vom Server an den Client auszuliefern. Es gibt Szenarien, in denen eine Entität verschiedene Attribute besitzt, die SAPUI5-Anwendung jedoch nur eine kleine Auswahl davon benötigt. Der OData-Standard bietet hierfür den Query-Parameter `select`. Dem `select`-Parameter weisen Sie über eine kommaseparierte Angabe von Eigenschaften der gewünschten Entität mit, welche Attribute Sie auslesen möchten.

In SAPUI5 können Sie die `select`-Anfrage entweder deklarativ direkt in einer View, beispielweise einer XML-View, oder imperativ im Rahmen von JavaScript-Code implementieren. Für die Implementierung in einer XML-View erhält das Aggregation-Binding des verwendeten SAPUI5-Controls das Attribut `parameters`. Diesem Attribut wird über ein Objekt mitgegeben, welche URL-Parameter an den Server geschickt werden sollen. Listing 14.26 zeigt die Verwendung des `parameters`-Attributs für eine `select`-Anfrage. Sie übergeben in einer kommaseparierten Liste die Attribute der Entität. Wichtig an dieser Stelle ist, dass Sie zum einen die Attribute in Hochkommata setzen müssen, und zum anderen, dass zwischen den Kommas und dem darauf folgenden Attribut kein Leerzeichen sein darf, da dies sonst zu Fehlern führt.

```
<Table id="businessPartnerTable"
    items="{path: '/BusinessPartnerSet',
          sorter:[
            {path:'CompanyName', descending: true, group:
               false},
             {path:'BusinessPartnerID', descending: false}],
        parameters:{select:'BusinesPartnerID,CompanyName'}}"
    mode="SingleSelectMaster"
    selectionChange=".onListItemSelected"
    growing="true" growingThreshold="20"
    autoPopinMode="false" >
```

Listing 14.26 Deklarative Implementierung einer »select«-Anfrage

Wie geschildert, kann auch innerhalb des JavaScript-Codes die select-Anfrage an den Server konstruiert werden. Für das eigentliche Lesen der Daten verwenden Sie die read-Funktion der Klasse sap.ui.model.odata.v2.ODataModel. In Kapitel 10, »Anwendungsdeskriptor«, haben wir die read-Funktion bereits eingeführt. Sie können der Funktion über eine Parameter-Map als zweiten Aufrufparameter diverse Attribute übergeben. Eines dieser Attribute ist urlParameters. Der Parameter urlParameters erhält für die select-Anfrage das Attribut $select übergeben (siehe Listing 14.27). Diesem Attribut weisen Sie wiederum kommasepariert die Liste aller Attribute zu, die Sie von dem übergebenen EntitySet auslesen wollen.

```
_selectDemo : function() {
  this.getOwnerComponent().getModel().read(
     "/BusinessPartnerSet", {
          urlParameters: {
            "$select": "BusinessPartnerID,CompanyName"
          },
         success: function(oData) {
           debugger;
         },
         error: this.handleODataError
  });
},
```

Listing 14.27 Imperative Implementierung einer »select«-Anfrage

Das Ergebnis dieser Anfrage können Sie im Debug-Modus Ihres Browsers betrachten. Abbildung 14.10 zeigt das Ergebnis für die erste Entität des zurückgelieferten EntitySets. Wie Sie sehen, werden nur noch die BusinessPartnerID sowie der CompanyName zurückgeliefert.

```
> oData.results[0]
< ▼{__metadata: {…}, BusinessPartnerID: "0100000000", CompanyName: "SAP"}
    BusinessPartnerID: "0100000000"
    CompanyName: "SAP"
  ▶ __metadata: {id: "https:// /sap/opu/odata/iwbep/GWSAMPLE_BASIC/BusinessPartnerSet('0100000000')", uri: "https:// ./sap/opu/odata/iwbep…
  ▶ __proto__: Object
>
```

Abbildung 14.10 Rückantwort des Servers

Verwendung von Promises auch bei »read«-Anfragen

Beachten Sie, dass der Aufruf der read-Funktion auf dem OData-Modell in der Praxis auch in einem Promise gekapselt werden soll. Wir haben in diesem Abschnitt der Einfachheit darauf verzichtet.

14.4.2 Expand-Anfrage implementieren

»expand«

In OData können Entitäten Assoziationen zu anderen Entitäten besitzen. Über die zur Assoziation gehörende Navigationseigenschaft können Sie von einer Entität zu der assoziierten Entität navigieren. Manchmal möchten Sie jedoch eine Entität inklusive der assoziierten Entität bzw. der assoziierten Entitäten direkt mit der »Hauptentität« vom Server beziehen. Hierfür bietet der OData-Standard die expand-Query-Option. Nehmen wir an, dass Sie neben den Informationen der BusinessPartner-Entität die dazugehörenden Kontaktinformationen benötigen. Dann sähe eine Anfrage an den Server wie folgt aus:

/sap/opu/odata/IWBEP/GWSAMPLE_BASIC/BusinessPartnerSet?$expand=ToContacts

Der expand-Parameter wird analog zum select-Parameter einfach an den Aufruf angehängt. Er erhält als Parameter die Bezeichner der Navigationseigenschaft(en). Jetzt werden nicht mehr nur die Attribute des Geschäftspartners vom Server geliefert, sondern auch die dazugehörenden Details der Contact-Entität. Die Implementierung in SAPUI5 erfolgt analog zur select-Query-Option. Wie Sie in Listing 14.28 sehen, wird auch bei expand der parameters-Parameter entsprechend konfiguriert.

```
<Table id="businessPartnerTable"
    items="{path: '/BusinessPartnerSet',
      sorter:[
```

```
        {path:'CompanyName', descending: true, group:false},
        {path:'BusinessPartnerID', descending:false}],
      parameters:{expand:'ToContacts'}}"
    mode="SingleSelectMaster"
    selectionChange=".onListItemSelected"
    growing="true" growingThreshold="20"
    autoPopinMode="false" >
```

Listing 14.28 Deklarative Implementierung einer »expand«-Anfrage

Die imperative Implementierung folgt dem gleichen Muster wie die `select`-Implementierung (siehe Listing 14.29). Sie können natürlich auch mehr als eine Assoziation angeben, auch hier verwenden Sie zur Trennung ein Komma. Ein Leerzeichen zwischen dem Komma und der darauffolgenden Assoziationsangabe führt analog zum `select` zu einem Fehler.

```
_expandDemo : function() {
  this.getOwnerComponent().getModel().read(
      "/BusinessPartnerSet", {
        urlParameters: {
           "$expand": "ToContacts"
        },
        success: function(oData) {
         debugger;
        },
        error:this.handleODataError
}
```

Listing 14.29 Imperative Implementierung einer »expand«-Anfrage


```
> oData.results[0]
▾{__metadata: {…}, Address: {…}, BusinessPartnerID: "0100000000", CompanyName: "SAP", WebAddress: "http://www.sap.com", …}
  ▸Address: {__metadata: {…}, City: "Walldorf", PostalCode: "69190", Street: "Dietmar-Hopp-Allee", Building: "16", …}
   BusinessPartnerID: "0100000000"
   BusinessPartnerRole: "01"
  ▸ChangedAt: Fri Feb 07 2020 15:24:36 GMT+0100 (Mitteleuropäische Normalzeit) {}
   CompanyName: "SAP"
  ▸CreatedAt: Fri Feb 07 2020 15:24:36 GMT+0100 (Mitteleuropäische Normalzeit) {}
   CurrencyCode: "EUR"
   EmailAddress: "customer-do.not.reply@sap.com"
   FaxNumber: "0622734004"
   LegalForm: "SE"
   PhoneNumber: "0622734567"
  ▾ToContacts:
    ▾results: Array(2)
      ▸0: {__metadata: {…}, Address: {…}, ContactGuid: "0050569b-f09a-1eea-92b6-b27d655013e5", BusinessPartnerID: "0100000000", Title: "", …}
      ▸1: {__metadata: {…}, Address: {…}, ContactGuid: "0050569b-f09a-1eea-92b6-b27d655033e5", BusinessPartnerID: "0100000000", Title: "", …}
       length: 2
      ▸__proto__: Array(0)
    ▸__proto__: Object
  ▸ToProducts: {__deferred: {…}}
  ▸ToSalesOrders: {__deferred: {…}}
   WebAddress: "http://www.sap.com"
  ▸__metadata: {id: "https:// /sap/opu/odata/iwbep/GWSAMPLE_BASIC/BusinessPartnerSet('0100000000')", uri: "https:// …
  ▸__proto__: Object
```


Abbildung 14.11 Antwort der »expand«-Anfrage

Führen Sie den in Listing 14.29 gezeigten Code aus, so erhalten Sie für das erste BusinessPartner-Objekt der Serverantwort die in Abbildung 14.11 gezeigten Informationen. Im Objekt des Geschäftspartners erhalten Sie jetzt auch die dazugehörenden Kontaktinformationen zurückgeliefert.

[»]

Performancekritikalität von »expand«-Anfragen

Beachten Sie, dass expand-Anfragen je nach Implementierung und Datenumfang laufzeitkritisch sein können. Dies ist besonders vor dem Hintergrund zu beachten, dass bei dem Auffrischen des Modells beispielsweise nach dem Speichern einer Änderung die beteiligten expand-Anfragen auch ausgewertet werden. Dies kann dazu führen, dass die Anwendung ein schlechtes Antwortverhalten zeigt und die Akzeptanz bei den Nutzern entsprechend negativ ist.

14.4.3 Kombination aus »select« und »expand«

Nicht immer werden alle Attribute von Entitäten, die über expand dazu gelesen werden, vom Konsumenten benötigt. Für die Auswahl einzelner Felder aus der über expand dazu gelesenen Entität können Sie in der select-Anweisung den Namen der Assoziation voranstellen und die Assoziation und das zu selektierende Feld mit einem Slash abtrennen. Listing 14.30 zeigt die Implementierung der kombinierten Verwendung.

```
<Table id="businessPartnerTable"
    items="{path: '/BusinessPartnerSet',
      sorter:[
        {path:'CompanyName', descending: true, group:false},
        {path:'BusinessPartnerID', descending:false}],
      parameters:{select:'BusinessPartnerID,CompanyName,
                  ToContacts/FirstName,ToContacts/LastName',
                 expand:'ToContacts'}}"
    mode="SingleSelectMaster"
    selectionChange=".onListItemSelected"
    growing="true" growingThreshold="20"
    autoPopinMode="false" >
```

Listing 14.30 Kombination von »select« und »expand« in einer XML-View

Auch im JavaScript-Code können Sie sowohl select als auch expand kombinieren. Listing 14.31 zeigt, wie Sie die beiden Query-Optionen zusammenfügen.

```
_selectDemo : function() {
  this.getOwnerComponent().getModel().read(
    "/BusinessPartnerSet", {
       urlParameters: {
            "$select":"BusinessPartnerID,CompanyName,
                  ToContacts/FirstName,ToContacts/LastName",
            "$expand": "ToContacts"
         },
//
  });
},
```

Listing 14.31 »select« und »expand« kombinieren

Das Ergebnis dieser Anfrage stellt sich für die erste Entität des `BusinessPartnerSet`-Objekts wie in Abbildung 14.12 gezeigt dar.

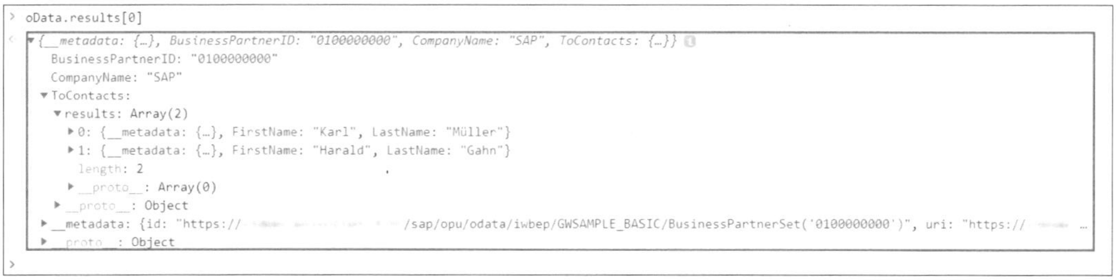

```
> oData.results[0]
< ▾{__metadata: {…}, BusinessPartnerID: "0100000000", CompanyName: "SAP", ToContacts: {…}}
    BusinessPartnerID: "0100000000"
    CompanyName: "SAP"
   ▾ToContacts:
     ▾results: Array(2)
       ▸0: {__metadata: {…}, FirstName: "Karl", LastName: "Müller"}
       ▸1: {__metadata: {…}, FirstName: "Harald", LastName: "Gahn"}
        length: 2
       ▸__proto__: Array(0)
     ▸__proto__: Object
   ▸__metadata: {id: "https:// /sap/opu/odata/iwbep/GWSAMPLE_BASIC/BusinessPartnerSet('0100000000')", uri: "https:// …
   ▸__proto__: Object
>
```

Abbildung 14.12 Kombination aus »select« und »expand«

14.4.4 Verwendung von »top« und »skip«

In manchen Fällen soll die Anwendung nicht alle Datensätze laden, sondern lediglich eine gewisse Anzahl. Beispielsweise möchten Sie nicht die ersten 30 Geschäftspartner laden, sondern lediglich die 10 darauffolgenden. Hierfür bietet der OData-Standard die Query-Optionen `top` und `skip`. Die beiden Parameter werden analog zu den anderen Query-Optionen übergeben. Das Programmbeispiel aus Listing 14.32 zeigt die Verwendung. Die Verwendung in einer XML-View folgt der schon beschriebenen Vorgehensweise. Beachten Sie, dass `top` und `skip` auch zum Einsatz kommen, wenn Sie in einem `sap.m.Table`-Control die Parameter `growingThreshold` und `growing` verwenden.

```
_topskip : function() {
   this.getOwnerComponent().getModel().
     read("/BusinessPartnerSet", {
          urlParameters: {
```

```
                "$top": "10",
                "$skip": "30"
            },
    //
    });
}
```

Listing 14.32 Verwendung von »top« und »skip«

14.5 Funktionsimport

In diesem Abschnitt widmen wir uns dem Konsumieren von *Funktionsimporten* (Function Imports). Wir geben eine kurze Einführung in das Konzept der Funktionsimporte und wann sie verwendet werden. Im Anschluss zeigen wir, wie Sie Funktionsimporte mit SAPUI5 konsumieren.

14.5.1 Einführung in Funktionsimporte

Die bis jetzt besprochenen Operationen hatten ausschließlich einen Bezug zur Entity bzw. zum EntitySet. Es gibt allerdings Situationen, in denen es nötig ist, Funktionalität einem OData-Service-Konsumenten ohne jeglichen Bezug zu einer konkreten Entität bereitzustellen. Diese Serviceoperationen werden als Funktionsimporte bezeichnet. Funktionsimporte werden immer dann eingesetzt, wenn die dahinterstehende Operation nicht auf eine der CRUD-Operationen des OData-Dienstes gemappt werden kann. Achten Sie darauf, dass Sie keine der CRUD-Operationen als Funktionsimport implementieren.

Verfügbare HTTP-Methoden

Ein Funktionsimport kann prinzipiell per GET oder POST aufgerufen werden. »Prinzipiell« deshalb, weil es letztendlich an der Unterstützung des entsprechenden Backends liegt. Bei einem GET-Aufruf werden die Aufrufparameter des Funktionsimports vom Client als URL-Parameter an den Funktionsimport übermittelt. Dies kann unter Umständen zu Sicherheitsproblemen führen: beispielsweise dann, wenn einer der Aufrufparameter eine konkrete Benutzer-ID oder Kundennummer ist.

Metadaten der Funktionsimporte

Ob und welche Funktionsimporte ein OData-Service besitzt, wird analog zu den anderen Details eines Dienstes innerhalb der Metadaten des Dienstes dargestellt. Beispielsweise besitzt der *GWSAMPLE_BASIC*-OData-Service fünf Funktionsimporte. In den Metadaten werden sowohl die Aufrufparameter als auch die Rückgabeparameter und weitere Informationen beschrieben.

Testen von Funktionsimporten

Funktionsimporte können, wie bereits geschildert, sehr einfach konsumiert werden. Abbildung 14.13 zeigt den Aufruf des Funktionsimports `SalesOrder_Confirm` mit Hilfe des Werkzeugs *Postman*. Wir übergeben dem Aufruf den Parameter `SalesOrderID` und weisen diesem Parameter den Wert `'0500000000'` zu. Wie auch schon bei den anderen Operationen ist es dabei wichtig, dass im Vorfeld das X-CSRF-Token entsprechend vom Server bezogen wurde und es als Headerparameter beim Request mitgeschickt wird.

Abbildung 14.13 Aufruf eines Funktionsimports über Postman

14.5.2 Funktionsimport mit SAPUI5 konsumieren

Nach der kurzen Einführung in Funktionsimporte wollen wir nun den Konsum eines Funktionsimports mit SAPUI5 betrachten. Die Klasse `sap.ui.model.odata.v2.ODataModel` bietet für den Aufruf von Funktionsimporten die Methode `callFunction` an (siehe SAPUI5- Dokumentation unter *http://s-prs.de/v752304*). Die Methode beschreibt in ihrer Signatur zwei Parameter. Der erste Parameter `sFunctionName` enthält beim Aufruf den Namen des Funktionsimports und ist obligatorisch. Der zweite Parameter `mParameters` ist ein Map-Objekt, über das diverse Verarbeitungsparameter gesetzt werden können.

Auf Basis der API-Dokumentation ergibt sich dann der in Listing 14.33 gezeigte Code. Wie Sie sehen, übergeben wir die Parameter über die Parameterliste an den Funktionsimport. Beachten Sie, dass der Name des Funktionsimports stets absolut, also mit führendem Slash angegeben werden muss.

```
confirmSalesOrder : function(sSOId) {
  var oDataModel = this.getOwnerComponent().getModel()
  oDataModel.callFunction("/SalesOrder_Confirm", {
      method: "POST",
      urlParameters: {
         SalesOrderID : sSOId
      },
      success: function(oData) {
         MessageToast.show("Bestellung "+oData.SalesOrderID +
          " hat neuen Status " +
          oData.LifecycleStatusDescription);
      },
      error: function(oError) {
      //
      }
  });
}
```

Listing 14.33 Aufruf des Funktionsimports »SalesOrder_Confirm«

14.6 Das OData-Modell der 4-Version – ein Ausblick

Zum Abschluss dieses Kapitels geben wir noch einen Ausblick zum Thema OData. SAPUI5 bietet neben der v2-OData-Modell-Implementierung eine Implementierung des v4-OData-Standards an. Der Namensraum `sap.ui.model.odata.v4` enthält alle hierfür relevanten Klassen. Im Zentrum steht die Klasse `sap.ui.model.odata.v4.ODataModel`.

Reduzierter Funktionsumfang

Die v4-Implementierung bringt einige Neuerungen mit sich. Die Implementierung besitzt aktuell noch einen reduzierten Funktionsumfang, so dass die Verwendung nicht immer möglich ist und entsprechend im Vorfeld der Implementierung geprüft werden muss, ob die Anforderungen der Anwendung von den den zur Verfügung stehenden Mitteln erfüllt werden. Details hierzu finden Sie unter der URL *http://s-prs.de/v752305*.

Ein wichtiger Unterschied zur v2-Implementierung ist, dass das v4-Modell den Zugriff auf Daten nur über das Binding erlaubt. Direkter Zugriff auf die Daten, wie beispielsweise beim v2-Modell über eine read-Funktion, wird nicht angeboten. Dies kann sich vorteilhaft auf die Anwendung auswirken, da dadurch die Geschäftsprozess-Aspekte zwingend im Backend implementiert werden müssen. Die Daten werden nicht auf den Client geladen, wodurch im Anschluss die Geschäftslogik auch nicht in JavaScript im Client auf den geladenen Daten arbeiten muss. Es bleibt zu hoffen, dass das v4-Modell weiterentwickelt wird und Sie so die Vorteile des v4-Standards nutzen können. Andererseits kann dieser Vorteil auch, wie Sie in den Abschnitten zu den CUD-Operationen (siehe hierzu Abschnitt 14.6.3 und folgende) sehen werden, zu etwas unschönen Programmkonstrukten führen.

Unterschiede zu v2-OData

Das Anlegen eines Objektes der Klasse sap.ui.model.odata.v4.ODataModel erfolgt analog zur v2-Version entweder über die Verwendung der imperativen Vorgehensweise, sprich innerhalb des Codes, oder aber deklarativ, also über **manifest.json**. Das Programmbeispiel aus Listing 14.34 zeigt Ihnen die Konfiguration eines v4-OData-Modells. Wir verwenden das v4-Pendant zu unserem bisherigen OData-Service.

Anlegen eines v4-OData-Modells


```
{
 "sap.app" : {
    "dataSources": {
      "GWSAMPLE_BASIC": {
                 "uri":
                   "/sap/opu/odata4/IWBEP/V4_SAMPLE/default/
                   IWBEP/V4_GW_SAMPLE_BASIC/0001/",
                 "type": "OData",
                 "settings": {
                 "odataVersion" : "4.0"
                 }
               }
        }
    },
}
```

Listing 14.34 Anlage einer v4-OData-Modell-Datenquelle

Aktivieren und Registrieren des OData-Dienstes

Der hier verwendete v4-OData-Service bzw. die Servicegruppe, in der sich der obige OData-Service befindet, ist nicht standardmäßig auf dem SAP-System aktiv. Sie müssen die entsprechende Servicegruppe zunächst registrieren.

[«]

Modellinstanz konfigurieren

Nachdem Sie die Datenquelle konfiguriert haben, können Sie für die Datenquelle ein entsprechendes Modell anlegen (siehe Listing 14.35). Das v4-Modell bietet die Möglichkeit, festzulegen, ob Anfragen an den Server im Batch-Modus verarbeitet werden sollen oder nicht. Die Konfiguration erfolgt über den Parameter `groupId`. Zusätzlich kann über den Parameter `updateGroupId` eine explizite Batch-Gruppe für Änderungsoperationen angegeben werden. Falls Sie den Parameter nicht setzen, verwendet SAPUI5 `groupId`. Wie Sie dem Listing entnehmen können, besitzt die dargestellte Konfiguration zusätzlich den Parameter `synchronizationMode`. Dieser Parameter steuert die Synchronisation zwischen unterschiedlichen Bindings, die sich auf die gleichen Daten beziehen. Der Parameter muss auf `None` stehen, was bedeutet, dass keinerlei Synchronisation stattfindet. Wie auch bei v2 kann der `operationMode` entsprechend gesetzt werden, eine Besonderheit ist allerdings, dass der `operationMode` auch direkt beim Binding gesetzt werden kann. Der Parameter `autoExpandSelect` wird verwendet, um das OData-Modell zu beauftragen, die `$expand`- und `$select`-Aspekte einer Anwendung auf Basis des Bindings zu erkennen.

```
"sap.ui5" : {
    "models" : {
        "": {
          "settings": {
          "autoExpandSelect" : true,
          "operationMode" : "Server",
          "synchronizationMode" : "None",
          "updateGroupId" : "MyOwnUpdateGroup"
          },
       "dataSource": "GWSAMPLE_BASIC",
       "preload": true
        }
    }
}
```

Listing 14.35 Konfiguration eines Datenmodells

Das v4-OData-Modell von SAPUI5 unterstützt die Binding-Modi One-Time-Binding, One-Way-Binding sowie Two-Way-Binding. Beim v4-Modell ist das Two-Way-Binding die Voreinstellung. Analog zum v2-Modell kann der Modus entsprechend in der **manifest.json** oder beim Instanziieren des Modells im Code geändert werden.

Das SAPUI5-Framework bietet die Möglichkeit, v2-OData-Dienste unter Verwendung der Klasse `sap.ui.model.odata.v4.ODataModel` zu betreiben. Dabei sind jedoch ein paar Einschränkungen zu beachten. Bitte konsultieren Sie hierzu stets die Dokumentation unter *http://s-prs.de/v752306* zu der von Ihnen im Einsatz befindlichen SAPUI5-Version.

14.6.1 Unterstützte Datenbindungs-Techniken

In den zurückliegenden Kapiteln haben wir die volle Breite der Datenbindungs-Funktionalitäten von SAPUI5 verwendet. Die OData-v4-Modell-Implementierung unterstützt dabei die folgenden Binding-Typen:

- List-Binding: Das List-Binding wird verwendet, um die Entitäten eines EntitySets, komplexe oder primitive Typen zu binden. Im Hintergrund wird die Klasse `sap.ui.model.odata.v4.ODataListBinding` verwendet.
- Context-Binding: Das Context-Binding wird für das Binden einer einzigen Entität bzw. einer Struktur aus Eigenschaften verwendet. Dabei liegt die Klasse `sap.ui.model.odata.v4.ODataContextBinding` zugrunde.
- Property-Binding. Für das Binden einer einzelnen Eigenschaft wird das Property-Binding verwendet. Die dazugehörende Klasse aus dem SAPUI5-Framework ist `sap.ui.model.odata.v4.ODataPropertyBinding`.

Die unterstützten Bindings und die dahinterliegenden Klassen des Frameworks werden analog zu den in den zurückliegenden Kapiteln beschriebenen Konzepten verwendet. Dies bedeutet, für sie ändert sich die Implementierung einer Tabelle in einer XML-View nicht, egal, ob Sie ein Modell vom Typ v2 oder v4 verwenden (siehe Listing 14.36). Dies gilt auch bei der imperativen Vorgehensweise, bei der Sie das Binding im Code beispielsweise bei einer View setzen.

```
<Table id="businessPartnerTable"
    items="{path: '/BusinessPartnerList',
      sorter:[
       {path:'CompanyName', descending: true, group: false},
       {path:'BusinessPartnerID', descending: false}]
    }"
    mode="SingleSelectMaster"
    selectionChange=".onListItemSelected"
    growing="true" growingThreshold="20"
    autoPopinMode="false" >
```

Listing 14.36 List-Binding eines OData-v4-Modells

14.6.2 Sortieren und Filtern mit dem v4-OData-Modell

Sollten Sie den operationMode direkt beim Binding setzen wollen, so können Sie ihn über die Angabe des Parameters $$operationMode beeinflussen:

```
items="{path: '/BusinessPartnerList',
        parameters:{ $$operationMode: 'Server'}}"
```

Statische und dynamische Sortierung

Die Klasse sap.ui.model.odata.v4.ODataListBinding bietet sowohl dynamisches als auch statisches Sortieren an. Die dynamische Sortierung folgt dabei der gleichen Vorgehensweise wie bereits in Kapitel 13, »Sortieren, gruppieren und filtern«, für das v2-OData-Modell besprochen und in Listing 14.36 gezeigt. Zum Festlegen eines statischen Sortierers wird die Systemabfrageoption $orderby in den Bindungsparametern verwendet. Die angegebene statische Sortierinformation wird mit jeder Datendienstanforderung für das entsprechende Binding an den Server geschickt und kann nicht überschrieben werden. Das Programmbeispiel in Listing 14.37 zeigt die Kombination aus statischer und dynamischer Sortierung.

```
<Table id="businessPartnerTable"
  items="{path: '/BusinessPartnerList',
    sorter:[
      {path:'CompanyName', descending: true, group: false},
      {path:'BusinessPartnerID', descending: false}],
parameters: { $orderby: 'LegalForm'}}"
>
```

Listing 14.37 Statische Sortierung mit »$orderby«

Statisches Filtern vs. dynamisches Filtern

Mit sap.ui.model.odata.v4.ODataListBinding ist nicht nur die Kombination aus dynamischen und statischen Sortierern möglich, sondern auch die Verwendung von dynamischen und statischen Filtern. Listing 14.38 zeigt die Verwendung eines statischen Filters. Statische Filter können nicht überschrieben werden, sie werden somit immer angewandt. Die Kombination beider Filterarten ist natürlich auch möglich.

```
<Table id="businessPartnerTable"
    items="{path: '/BusinessPartnerList',
      parameters: {
        $filter: 'LegalForm eq \'SE'\'
      }
    }"
>
```

Listing 14.38 Statische Filter

[«]

v4-OData-Modell unterstützt Lambda-Operationen

Das OData-v4-Modell unterstützt alle Lambda-Operatoren, wie in der OData-Version-4.0-Spezifikation definiert. Sie werden durch `sap.ui.model.Filter`-Objekte mit den Filteroperatoren `sap.ui.model.FilterOperator.Any` oder `sap.ui.model.FilterOperator.All` dargestellt.

14.6.3 Ändern einer Entität mit dem v4-OData-Modell

Ändern von Daten

Das Ändern von Daten ist mit dem v4-OData-Modell und dem Two-Way-Binding denkbar einfach. Die Vorgehensweis sind analog zu der beim Two-Way-Binding unter Verwendung des v2-OData-Modells. Die Speicherung erfolgt im Anschluss über die Funktion `submitBatch` des OData-Modell-Objekts. Bei Verwendung einer eigenen Batch-Gruppe wird der Funktion diese Batch-Gruppe als Aufrufparameter übergeben.

Diese Batch-Gruppe erhalten Sie über die Funktion `getUpdateGroupId`. Listing 14.39 zeigt die Verwendung.

```
onSave : function(oEvent) {
 var oDataModel = this.getOwnerComponent().getModel();
 oDataModel.submitBatch(
    oDataModel.getUpdateGroupId()
 ).then(
 this._handleSuccess,this._handleErrorMessage);
},
```

Listing 14.39 Absetzen eines Submits zur Speicherung der Änderungen

14.6.4 Löschen einer Entität mit v4-OData-Modell

Löschen einer Entität

Für das Löschen einer Entität wird auf dem zur Laufzeit gehörenden Kontextobjekt der Entität vom Typ `sap.ui.model.odata.v4.Context` die Funktion `delete` angeboten. Die Funktion kann optional bei ihrem Aufruf den Gruppenbezeichner der Batch-Gruppe erhalten. Falls keine explizite Gruppe angegeben ist, wird die Gruppen-ID für das Update verwendet. Die Funktion `delete` liefert ein Promise-Objekt an den Aufrufer zurück. Das Objekt wird bei erfolgreichem Löschen ohne eine Meldung aufgelöst. Sollte ein Fehler auftreten, wird er im `reject`-Fall zurückgeliefert. Listing 14.40 zeigt die Verwendung der `delete`-Funktion.

```
onDelete : function(oEvent) {
  this.getView().getBindingContext().delete("$auto").then(
    this._handleSuccess,this._handleErrorMessage);
  )
}
```

Listing 14.40 Löschen einer Entität unter dem v4-OData-Modell

14.6.5 Anlegen einer Entität mit dem v4-OData-Modell

Anlegen einer Entität

Das Anlegen einer neuen Entität erfolgt, anders als beim v2-OData-Modell, nicht über das Modell direkt, sondern über das Binding. Hierzu bietet die Klasse `sap.ui.model.odata.v4.ODataListBinding` die Methode `create` an. Die Methode beschreibt in ihrer Signatur drei optionale Parameter: Mit dem ersten Parameter, `oInitialData`, ist es möglich, die anzulegende Entität mit Werten zu initialisieren. Der zweite Parameter, `bSkipRefresh`, kann verwendet werden, um die automatische Aktualisierung der angelegten Entität zu initiieren. Dieser Parameter steht standardmäßig auf `false`. Der dritte Parameter, `bAtEnd`, gibt an, ob die neue Entität am Ende der Liste eingefügt werden soll. Dieser Parameter steht standardmäßig auf `false`, so dass die Entität normalerweise am Anfang der Liste eingefügt wird. Die Funktion `create` liefert ein Objekt vom Typ `sap.ui.model.odata.v4.Context` zurück, dieses zeigt direkt auf das neue Objekt. Man könnte nun meinen, dass man analog zum Two-Way-Binding beim v2-OData-Modell vorgehen und das Kontextobjekt an die Formular-View binden kann (so wie in Abschnitt 14.1.2 besprochen). Dies ist allerdings nicht möglich, denn um Eigenschaften eines Objekts zu ändern, muss dieses in der aktuellen Implementierung des v4-OData-Modells erst gespeichert werden. Dies führt dazu, dass Sie, um bei v4 ein Objekt anzulegen, den gleichen Ansatz wählen müssen wie bei der Implementierung des One-Way-Ansatzes beim v2-Modell. Sie arbeiten mit einem Zwischenmodell vom Typ `sap.ui.model.json.JSONModel`, mit einem Objekt, das an die View gebunden ist. Die Implementierung des Speicherns ist dann allerdings nicht so schön. Da die `create`-Methode auf der Klasse `sap.ui.model.odata.v4.ODataListBinding` angeboten wird, müssen Sie sich entsprechend mit einer etwas unschönen Lösung behelfen. In der Implementierung wurde die Referenz auf die Tabelle, die die Geschäftspartner darstellt, in der Komponente als Variable `_table` gehalten (siehe Listing 14.41). Im Anschluss kann das Anlegen über die Funktion `create` erfolgen. Die Funktion erhält als Parameter die Daten aus dem Zwischenmodell. Zum Abschluss des Speichervorgangs rufen Sie die Funktion `submitBatch` auf. Ist das Objekt angelegt, erhalten Sie über den Callback `created` entsprechend eine Rückmeldung und können diese verarbeiten.

```
_createV4 : function(oObject) {
  var oTable = this.getOwnerComponent()._table,
  oBinding = oTable.getBinding("items"),
  oDataModel = this.getOwnerComponent().getModel(),
  oContext = oBinding.create(oObject);
  oDataModel.submitBatch(
   oDataModel.getUpdateGroupId()).then(
    this._handleSuccess,this._handleErrorMessage);

  oContext.created().then(function(oData) {
     MessageBox.show(
        "Neuer BusinessPartner mit ID " +
          oData.BusinessPartnerID + " wurde angelegt", {
            icon: MessageBox.Icon.SUCCESS,
            title: "Hinweis",
            onClose: function () {
              this.getRouter().navTo("home");
     }
  });
 }.bind(this), function(oError) {
     this._handleErrorMessage(oError);
 }.bind(this));
}
```

Listing 14.41 Anlegen einer neuen Entität mit v4-OData-Modell

[«]

Voraussetzungen für v4-OData-Modell prüfen

Bitte prüfen Sie ganz genau, ob Sie in der bei Ihnen eingesetzten SAPUI5-Version unter Berücksichtigung der Anforderungen Ihres Projekts die v4-Implementierung der Klasse `ODataModel` verwenden können. Eine Beispielimplementierung mit dem hier gezeigten Code finden Sie im Download-Paket zum Buch unter *www.sap-press.de/5067*.

Kapitel 15

Eingabevalidierung und eigene Datentypen

Sicherheit beginnt bereits auf der Clientseite; daher ist es unerlässlich, dafür zu sorgen, dass Daten korrekt erfasst und gemäß den verwendeten Datentypen verarbeitet werden.

Daten werden in den unterschiedlichsten Formaten und Datentypen in einer Anwendung verarbeitet. In der Anwendung selbst kann der Nutzer in formularbasierten Benutzeroberflächen Daten, die durch ein Backend geliefert wurden, bearbeiten oder gänzlich neu erfassen.

Zwischen der Art, wie Sie Daten eingeben, wie diese in Modellen gehalten und wie sie Nutzern angezeigt werden, können große Unterschiede bestehen. Hier kommen SAPUI5-Datentypen, das Parsen und Validieren von Eingaben und die Formatierung von Ausgaben zum Tragen.

In diesem Kapitel zeigen wir Ihnen, wie Sie Datentypen einsetzen und konfigurieren, welche Best Practices beim Formatieren empfehlenswert sind und wie Entwickler eigene Datentypen erstellen können, wenn die Standardtypen nicht für den jeweiligen Anwendungsfall ausreichend sind. In Abschnitt 15.1 erhalten Sie eine Einführung über die Arbeit mit Datentypen; Abschnitt 15.2 befasst sich mit der Implementierung eigener Datentypen.

15.1 Einführung in die Arbeit mit Datentypen

Das SAPUI5-Framework bietet eine überschaubare Anzahl an eingebauten einfachen Datentypen. Diese werden *Simple Types* genannt. Anders als in anderen Framework-Implementierungen können Simple Types in SAPUI5 nur bei der Datenbindung von Eigenschaften (Property-Binding) verwendet werden. Im Rahmen dieser Verwendung bieten sie die Möglichkeit, die zu verarbeitenden Daten zu formatieren, zu parsen und zu validieren. Die Verarbeitung dieser Funktionen erfolgt in einer vordefinierten Reihenfolge. In diesem Abschnitt geben wir Ihnen eine Einführung in die Verwendung der bestehenden Datentypen.

15.1.1 Die Klasse »sap.ui.model.SimpleType«

Einfache Datentypen

In SAPUI5 werden alle zur Verfügung gestellten einfachen Datentypen von der Basisklasse `sap.ui.model.SimpleType` abgeleitet. Bei der Klasse handelt es sich, wie Sie der Dokumentation unter *http://s-prs.de/v752307* entnehmen können, um eine als abstrakt markierte Klasse, so dass die Klasse selbst nicht eigenständig verwendet werden kann, sondern lediglich als Basisklasse fungiert.

Die Methoden der Klasse »sap.ui.model.SimpleType«

Die Implementierung eines Datentyps, der von der Klasse `sap.ui.model.SimpleType` abgeleitet ist, bietet drei für die Verarbeitung beim Binding relevante Methoden:

- `formatValue`: Die Funktion `formatValue` wird aufgerufen, um die Modellrepräsentation der gebundenen Eigenschaft in eine Präsentationsdarstellung zu überführen. Die Funktion kann im Fehlerfall eine Exception vom Typ `sap.ui.model.FormatException` auslösen. Die Exception kann durch die SAPUI5-Anwendung selbst verarbeitet werden.
- `parseValue`: Die Funktion `parseValue` parst den in der Darstellungsrepräsentation verwendeten Typ in den im Datenmodell erwarteten Typ. Die Funktion wird beispielsweise verwendet, wenn Sie in der Benutzeroberfläche mit einem Ganzzahlen-Typ arbeiten möchten, im Datenmodell allerdings ein Fließkomma-Wert zwingend erwartet wird. Tritt beim Parsen ein Fehler auf, löst die Funktion eine `sap.ui.model.ParseException` aus.
- `validateValue`: Wurde die Funktion `parseValue` erfolgreich abgearbeitet, wird die Funktion `validateValue` aufgerufen. Die Funktion implementiert die Überprüfung von Bedingungen, die durch den Datentyp definiert und vom Entwickler beim Binden angegeben wurden. Dies betrifft Bedingungen wie erlaubte Ober- und Untergrenzen, die der eingegeben Wert einhalten muss. Tritt bei der Verarbeitung ein Fehler auf, löst die Funktion eine `sap.ui.model.ValidateException` aus.

Verwenden von Datentypen

Datentypen in deklarativen Views verwenden

Die mit dem Framework ausgelieferten Datentypen werden im Rahmen der erweiterten Binding-Syntax bei der Binding-Implementierung angegeben. Falls der Datentyp Bedingungen, Formatoptionen oder Ähnliches besitzt, werden sie mit angegeben. Daraus ergibt sich eine generische Syntax für die Implementierung des Bindings (siehe Listing 15.1). Je nachdem, welche Fähigkeiten der unter type angegebene Datentyp besitzt, werden die Formatoptionen und Bedingungen konfiguriert.

```
<Input value="{
  path:'/Bindingpfad',
  type: '<Datentype>',
  formatOptions: {
  },
  constraints: {
  }
}"/>
```

Listing 15.1 Generische Darstellung der Binding-Eigenschaften

Verarbeitungsreihenfolge der Standardmethoden

Verarbeitungsreihenfolge

Abbildung 15.1 zeigt das Zusammenspiel der drei genannten Funktionen. Wichtig ist, dass tatsächlich nur dann alle Funktionen aufgerufen werden, wenn das Modell das Two-Way-Binding verwendet. Nutzen Sie beispielsweise das OData-Modell und ändern dort den Binding-Mode nicht, wird beim Aufbau des Bindings lediglich die Funktion formatValue durchlaufen. Ein Aufruf der Funktionen setProperty oder getProperty, die verwendet werden, um beispielsweise einen Wert aus dem Datenmodell auslesen, führt ebenfalls nicht zum Ausführen der Funktionen. Die Funktionen werden nur bei der Verarbeitung des Bindings ausgeführt.

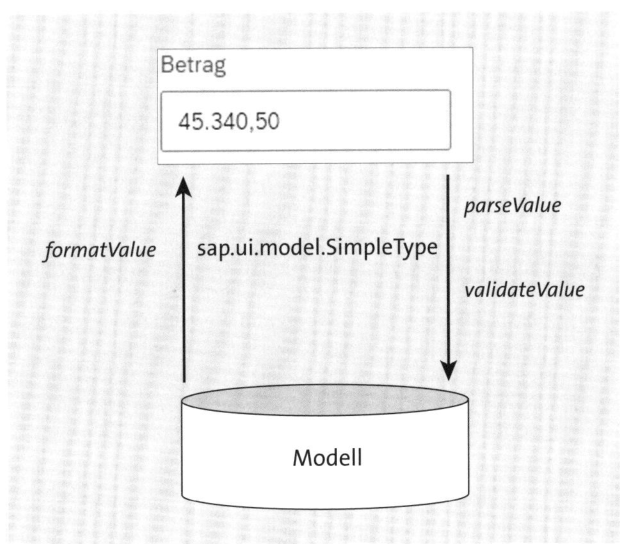

Abbildung 15.1 Zusammenspiel der Funktionen der Klasse »sap.ui.model.SimpleType«

15.1.2 Kundenspezifisches Verarbeiten von fehlerhaften Benutzereingaben

Fehlerverarbeitung

Die Funktionen `formatValue`, `parseValue` und `validateValue` lösen bei vorliegenden Fehlern die in Abschnitt 15.1.1 genannten Ausnahmen aus. Diese Ausnahmen können vom Entwickler der Anwendung verarbeitet werden. Allerdings werden die Ausnahmen nicht durch einen üblichen `try-catch`-Block im JavaScript-Code abgefangen: Das Framework selbst fängt die Ausnahmen ab und feuert im Anschluss Events, die durch Parteien abgefangen werden können, die an dem Event interessiert sind. Die Exception vom Type `sap.ui.model.FormatException` wird zu einem Event `formatError`, die Exception `sap.ui.model.ParseException` zu einem Event `parseError` und die Ausnahme `sap.ui.model.ValidateExeption` zu dem Event `validateError`. Die Events sind im SAPUI5-Framework bei der Klasse `sap.ui.base.ManagedObject` definiert und somit in der Klassenhierarchie von SAPUI5 sehr weit oben zu finden. Tabelle 15.1 zeigt die Event-API-Dokumentation der Klasse `sap.ui.base.ManagedObject`. An den Events interessierte Parteien einer Anwendung können die zu den Events mitausgelieferten `attach`-Funktionen verwenden. Achten Sie darauf, dass die dazugehörigen `detach`-Funktionen für das Entfernen eines registrierten Eventhandlers nicht vernachlässigt wird.

Event	Beschreibung
`formatError`	Wird ausgelöst, falls bei der Formatierung des neu eingegebenen Wertes ein Fehler aufgetreten ist und eine Exception ausgelöst wurde.
`modelContextChange`	Wird ausgelöst, wenn das Modell oder Kontexte für das Objekt geändert werden. Dies kann z. B. über `setModel` oder aber über `setBindingContext` passieren.
`parseError`	Wird ausgelöst, falls beim Parsen des neu eingegebenen Wertes eine Exception ausgelöst wird.
`validationError`	Wird ausgelöst, falls beim Validieren des neu eingegebenen Wertes eine Exception ausgelöst wird.
`validationSuccess`	Wird ausgelöst, nachdem ein neuer Wert in das Modell überführt wird. Dies geschieht nur, falls keine Fehler auftreten.

Tabelle 15.1 Events der Klasse »sap.ui.base.ManagedObject«

Die für die Verarbeitung der Events registrierten Funktionen erhalten über das Eventobjekt viele Informationen, die für eine sinnvolle Steuerung des

Nutzererlebnisses verwendet werden können. Tabelle 15.2 zeigt die Attribute, die über das Eventobjekt an den Eventhandler weitergereicht werden. Die Funktion erhält über den Parameter `element` eine Referenz auf das UI-Control, dessen Binding mit dem Datentyp verbunden ist. Hierüber ist es möglich, beispielsweise das UI-Control farblich hervorzuheben, um den Nutzer auf eine fehlerhafte Eingabe hinzuweisen.

Parameter	Typ	Beschreibung
`sId`	String	ID des Events
`oSource`	`sap.ui.base.EventProvider`	Objekt des Eventverursachers
`mParameters`	Object	Parameter-Map mit Key-Value-Paaren für das ausgelöste Event

Tabelle 15.2 Eventparameter der »SimpleType«-Events

Die Behandlung dieser drei Events kann somit auf unterschiedlichen Ebenen erfolgen. Sie können die Verarbeitung eines Events direkt beim UI-Control, einem Eltern-Control, in dem das entsprechende UI-Control eingebettet ist, oder aber auf dem SAPUI5-Core-Objekt verarbeiten. Beachten Sie, dass das Event über Event-Bubbling (siehe Hinweiskasten) bis zum Core nach oben steigt. Es ist zu empfehlen, das Event nur dann nach oben steigen zu lassen, wenn dies ausdrücklich gewünscht ist. Unterbrechen Sie das Aufsteigen gegebenenfalls durch den Aufruf der Funktion `cancelBubble` auf dem Eventobjekt.

15

Die Methode steht jedem Eventobjekt in SAPUI5 zur Verfügung und wird in der Basisklasse `sap.ui.base.Event` aller Events implementiert (siehe *http://s-prs.de/v752308*).

[«]

Event-Bubbling

Ein HTML-Dokument besteht oft aus verschachtelten Elementen. Übergeordnete Elemente (Elternelemente) können in HTML auf Events reagieren, die in untergeordneten Elementen aufgetreten sind. Dieser Vorgang wird *Event-Bubbling* genannt.

Erfolgreiche Validierung

Wie Sie der API-Dokumentation aus Tabelle 15.1 entnehmen können, gibt es nicht nur die drei genannten Events, die im Fehlerfall auftreten. Auch bei der erfolgreichen Verarbeitung des Bindings wird ein Event ausgelöst. Dieses Event `validationSuccess` wird ausgelöst, nachdem ein gebundenes Feld geändert wurde und bei der Verarbeitung kein Fehler aufgetreten ist. Fehler können durch die Funktionen `formatValue`, `validateValue` und `parseValue` mit einer Exception ausgelöst werden. Die Eventhandler-Funktion erhält analog zu den Funktionen `formatValue`, `validateValue` und `parseValue` über das übergebene Eventobjekt entsprechend Zugriff auf Parameter. Bis auf den Parameter `message` sind die übergebenen Parameter mit denen der anderen drei Funktionen identisch. Falls der Nutzer in einem UI-Control, das beim Binding einen Datentyp verwendet, einen Verarbeitungsfehler angezeigt bekommt und daraufhin seine Eingabe korrigiert, muss zwingend das Event `validationSuccess` verarbeitet werden. In dieser Eventhandler-Funktion muss dann das UI-Control wieder zurückgesetzt werden. Andernfalls sähe der Nutzer das UI-Control weiterhin farblich hervorgehoben.

15.1.3 Zentrales Message-Management

Mit dem »MessageManager« arbeiten

SAPUI5 bietet neben der Möglichkeit, im Rahmen der Eingabevalidierung auftretende Fehler selbst abzufangen und zu verarbeiten, zusätzlich die Möglichkeit eines zentralen Message-Managements. Die zuständige Klasse ist `sap.ui.core.message.MessageManager`. Zur Laufzeit wird ein Singleton-Objekt von dieser Klasse über die Funktion `sap.ui.getCore().getMessageManager()` zur Verfügung gestellt. Der `MessageManager` kann für das Verarbeiten der Events vom Typ `ValidationError` und `ParseError` verwendet werden. Damit Sie in den Genuss der zentralen Verarbeitung kommen, müssen Sie die Verarbeitung aktivieren. Die Aktivierung kann über drei verschiedene Wege erfolgen:

- Aktivierung über die **manifest.json** im Konfigurationsobjekt `sap.ui5` (siehe Kapitel 10, »Anwendungsdeskriptor«)
- beim Instanziieren einer Komponente (siehe Kapitel 9, »Komponentenorientiertes Programmieren«)
- Für spezifische Controls der Anwendung durch Registrierung der entsprechenden Controls am `MessageManager`-Objekt über die Funktion `registerObject`. Die Funktion erwartet zwei Parameter: Der erste Parameter ist das Objekt, das Sie registrieren möchten. Das Objekt muss vom Typ `sap.ui.base.ManagedObject` sein. Der zweite Parameter ist ein `boolean`-Parameter. Mit der Übergabe von `true` geben Sie an, dass ein `Message`-Objekt erzeugt werden soll.

SAPUI5 bietet in seiner aktuellen Implementierung verschiedene Standard-Datentypen, die wir uns in Abschnitt 15.1.4 ansehen werden.

15.1.4 Im Lieferumfang befindliche Datentypen

Standard-Datentypen

Das SAPUI5-Framework wird mit aktuell dreizehn Datentypen ausgeliefert. Jeder dieser Datentypen leitet sich von der Basisklasse `sap.ui.model.SimpleType` ab und bietet Optionen für die Formatierung (`formatOptions`) sowie Konfigurationsmöglichkeiten für die Angabe von Bedingungen (`constraints`). Folgende Datentypen sind aktuell im SAPUI5-Framework implementiert:

- `sap.ui.model.type.Integer`
- `sap.ui.model.type.Float`
- `sap.ui.model.type.String`
- `sap.ui.model.type.Boolean`
- `sap.ui.model.type.Date`
- `sap.ui.model.type.Time`
- `sap.ui.model.type.DateTime`
- `sap.ui.model.type.Currency`
- `sap.ui.model.type.FileSize`
- `sap.ui.model.type.Currency`
- `sap.ui.model.type.DateInterval`
- `sap.ui.model.type.Unit`
- `sap.ui.model.type.TimeInterval`

Unter *http://s-prs.de/v752309* finden Sie eine aktuelle, für Ihre SAPUI5-Version gültige Liste der verfügbaren Datentypen.

Verwendung von Datentypen

Für die unterschiedlichen Optionen, die Sie bei dem jeweiligen Datentyp nutzen können, verweisen wir an dieser Stelle auf die SAPUI5-Dokumentation. Trotzdem möchten wir an dieser Stelle beispielhaft die Verwendung der Klasse `sap.ui.model.type.Integer` zeigen. Die Klasse bietet über die Bedingungen `minimum` und `maximum` die Möglichkeit, einen Wertebereich anzugeben (siehe Listing 15.2). Zusätzlich können Sie über die Formatieroption `groupingEnabled` angeben, ob bei der Ausgabe der Integer-Zahl ein Trennzeichen angezeigt werden soll. Über den Parameter `groupingSeperator` geben Sie das entsprechende Trennsymbol an.

```
<Input value="{
          path:'/company/numOfEmployees,
          type: 'sap.ui.model.type.Integer',
          constraints:{ minimum:1,maximum: 5000000},
          formatOptions: {
             groupingEnabled: true,
```

```
            groupingSeparator: '.'
        }
}"/>
```

Listing 15.2 Verwenden eines eingebauten Datentyps am Beispiel von »sap.ui.model.type.Integer«

Führen Sie das Beispiel bei dem Wert 104867 aus, erhalten Sie das in Abbildung 15.2 gezeigte Ergebnis.

```
{
    "company": {
        "numOfEmployees": 104867
    }
}
```

Number of Employees:

104.867

Abbildung 15.2 Ergebnis der Nutzung der Klasse »sap.ui.model.type.Integer«

Natürlich ist die Verwendung auch in JavaScript möglich (siehe Listing 15.3). Die Optionen zur Formatierung und die Bedingungen in zwei Objekten werden dem Konstruktor übergeben.

```
var oInt = new sap.ui.model.type.Integer(
  {
    groupingEnabled: true,
    groupingSeparator: .
  },
  {
    minimum: 1,
    maximum: 5000000
  }
);
var oInput = new sap.m.Input({
  value:{
    path: "/company/numOfEmployees", type: oInt
  }
});
//Alternativ auch möglich
oInput.bindValue("/company/numOfEmployees", oInt);
```

Listing 15.3 Verwenden von Datentypen in JavaScript

15.1.5 Formatter-Klassen von SAPUI5

Die Formatierungsfähigkeiten der Datentypen können lediglich im Rahmen des Bindings verwendet werden. SAPUI5 bietet jedoch auch separate Formatierungsklassen an, die eine Formatierung innerhalb des JavaScript-Codes ohne Datentyp und Binding ermöglichen. Die Formatierer sind im Namensraum `sap.ui.core.format` enthalten. Im Namenraum `sap.ui.core.format` sind aktuell vier Formatierer implementiert (siehe Abbildung 15.3).

namespace sap.ui.core.format

Control Sample: N/A
Module: sap/ui/core/format/NumberFormat
Library: sap.ui.core

Visibility: public
Available since: N/A
Application Component: CA-UI5-COR

Overview

Format classes

Namespaces & Classes	Description
sap.ui.core.format.DateFormat	The DateFormat is a static class for formatting and parsing single date and time values or date and time intervals according to a set of format options.
sap.ui.core.format.FileSizeFormat	The FileSizeFormat is a static class for formatting and parsing numeric file size values according to a set of format options.
sap.ui.core.format.ListFormat	The ListFormat is a static class for formatting and parsing an array of strings in a locale-sensitive manner according to a set of format options.
sap.ui.core.format.NumberFormat	The NumberFormat is a static class for formatting and parsing numeric values according to a set of format options.

Abbildung 15.3 Formatter von SAPUI5

Verwendung der Klasse »sap.ui.core.format.DateFormat«

Die Klasse `sap.ui.core.format.DateFormat` stellt sicherlich eine der wichtigen mitgelieferten Formatierungsfunktionalitäten in SAPUI5 dar, denn auch im reinen JavaScript-Code sind die Darstellung und Verarbeitung von Datum und Uhrzeiten immer wieder erforderlich. Wir wollen zur Demonstration der Arbeit mit der Klasse das `ChangedAt`-Datum eines `BusinessPartner`-Objekts genauer betrachten. Wir wollen aus dem `ChangedAt`-Datum das Datum sowie die Uhrzeit der Änderung getrennt voneinander formatieren. Das Programmbeispiel aus Listing 15.4 zeigt die Verwendung.

```
var changedAt = this.getOwnerComponent().getModel().getProperty(
    sBindingPath+"/ChangedAt");
var dateFormat =
    DateFormat.getDateInstance({pattern : "dd.MM.yyyy" });
var timeFormat =
    DateFormat.getTimeInstance({pattern: "HH:mm:ss a"});
var date = dateFormat.format(changedAt);
var time = timeFormat.format(changedAt);
Log.warning("Formatiertes Datum: " + date);
Log.warning("Formatierte Uhrzeit: " + time);
```

Listing 15.4 Verwendung von »sap.ui.core.format.DateFormat«

Zunächst beziehen wir über den Binding-Pfad das `ChangedAt`-Datum eines Geschäftspartners. Als Nächstes rufen wir auf der `DateFormat`-Klasse, zu der wir über den Controller im Rahmen von `sap.ui.define` eine Abhängigkeit definiert haben, die Funktion `getDateInstance` auf und übergeben ein Konfigurationsobjekt. Dieses Objekt erhält das Attribut `pattern`, über das wir festlegen, welches Zielformat wir für das Änderungsdatum unseres Geschäftspartners erzielen wollen. Ähnlich verfahren wir für das Festlegen des Formats für die Uhrzeit der Änderung. Im Anschluss rufen wir die Funktion `format` auf und übergeben das Änderungsdatum. Zum Abschluss geben wir die formatierten Werte über die Logging-API von SAPUI5 aus. Führen Sie den Code aus Listing 15.4 aus, sehen Sie in der Konsole des Browsers das in Abbildung 15.4 gezeigte Ergebnis.

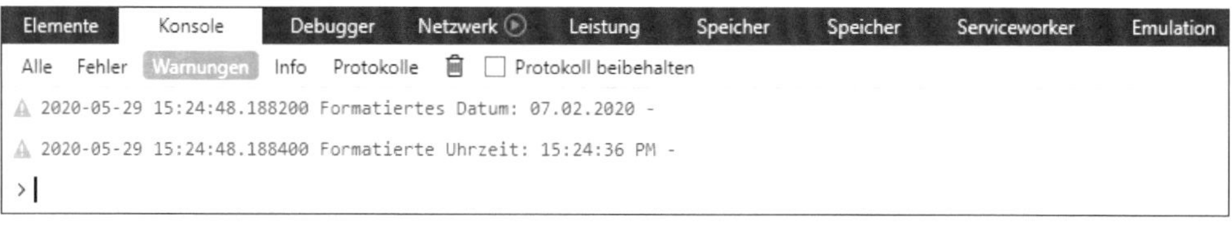

Abbildung 15.4 Ausgabe der formatierten Datumsinformationen

Die Klasse `sap.ui.core.format.DateFormat` unterstützt diverse Patternelemente, die in der Implementierung der Klasse über das Objekt `oSymbols` implementiert sind. Jedes dieser Patternelemente verfügt über eine Funktion `format` und eine Funktion `parse`. Den Quelltext der Implementierung finden Sie unter *http://s-prs.de/v752310*. Tabelle 15.3 zeigt die wichtigsten Patternbestandteile.

Patternbestandteil	Beschreibung
`"y"`	Jahresangabe. Geben Sie den Buchstaben zweimal an, falls Sie nur die letzten beiden Ziffern der vierstelligen Jahresangabe nutzen wollen.
`"M"`	Monat
`"d"`	Tag im Monat
`"H"`	Stundendarstellung. Mit 0 beginnend bis 23
`"k"`	Stundendarstellung. Mit 1 beginnend bis 24
`"K"`	Stundendarstellung. Mit 0 beginnend bis 11

Tabelle 15.3 Häufig genutzte Patternbestandteile für die Formatierung von Datum und Zeit

Patternbestandteil	Beschreibung
"h"	Stundendarstellung. Mit 1 beginnend bis 12
"m"	Minute
"s"	Sekunde
"S"	Angabe der Millisekundendarstellung

Tabelle 15.3 Häufig genutzte Patternbestandteile für die Formatierung von Datum und Zeit (Forts.)

15.2 Implementierung eigener Datentypen

Nachdem wir die mit SAPUI5 ausgelieferten Datentypen und ihre Verwendung vorgestellt haben, wenden wir uns in diesem Abschnitt der Implementierung eines eigenen Datentyps zu.

Anlegen der Rumpfimplementierung

Legen Sie zunächst einen neuen Ordner mit dem Namen **type** im Ordner **model** an. Im Anschluss legen Sie in **type** eine Datei mit dem Namen **ZipCode.js** an. Fügen Sie dann den in Listing 15.5 gezeigten Programmcode ein.


```
sap.ui.define([
 "sap/ui/model/SimpleType",
], function(SimpleType) {
 return SimpleType.extend(
      "de.sapui5buch.demo.model.type.ZipCode", {
  });
});
```

Listing 15.5 Rumpfimplementierung eines eigenen Datentyps

Basisimplementierung vorbereiten

Datentypen, die von `sap/ui/model/SimpleType` abgeleitet sind, müssen die drei Funktionen `formatValue`, `validateValue` und `parseValue` implementieren. Diese Funktionen müssen Sie im Rahmen eines eigenen Datentyps immer implementieren, auch dann, wenn Sie den Wert einer Modelleigenschaft gar nicht formatieren müssen. Die Funktionen erhalten in ihrer Signatur einen Parameter. Dieser Parameter wird zur Laufzeit mit dem Wert der bei der Datenbindung angegebenen Eigenschaft aus dem Modell befüllt. Nicht benötigte Funktionen liefern den nicht geänderten Wert zurück, der durch das Framework übergeben wurde. Hieraus ergibt sich die in Listing 15.6 gezeigte einfache Implementierung. Wie Sie sehen, greift der Datentyp noch nicht wirklich entscheidend ein.

```
sap.ui.define([
  "sap/ui/model/SimpleType",
],
 function(SimpleType) {
  return
  SimpleType.extend("de.sapui5buch.demo.model.type.ZipCode",
 {
    formatValue: function(oValue) {
      return oValue;
    },
    parseValue: function(oValue) {
      return oValue;
    },
    validateValue: function(oValue) {
     return oValue
    }
 });
});
```

Listing 15.6 Basisimplementierung eines eigenen Datentyps

Nachdem Sie die Referenz gesetzt haben, fügen Sie in der View `BusinessPartnerUpdate` den neuen Datentyp in das Binding der Postleitzahl ein. Listing 15.7 zeigt die Verwendung. Sie gehen also analog zur Verwendung von SAPUI5-Standarddatentypen vor.

```
<form:FormElement label="{i18n>txtZip}">
  <Input value="{
        path: 'updateBP>/Address/PostalCode',
        type:'de.sapui5buch.demo.model.datatype.ZipCode'}"/>
</form:FormElement>
```

Listing 15.7 Einfügen des eigenen Datentyps in die Benutzeroberfläche

15.2.1 Validierung der Eingabe

In unserem ersten Beispiel wollen wir nun sicherstellen, dass der Nutzer nur fünfstellige Postleitzahlen eingeben kann. Wie beschrieben findet die Validierung in der Funktion `validateValue` statt. Wir passen daher die Implementierung der Funktion `validateValue` an (siehe Listing 15.8). Falls der Wert nicht die Länge 5 hat, lösen wir eine Exception vom Typ `sap.ui.model.ValidateException` aus.

```
sap.ui.define([
 "sap/ui/model/SimpleType",
 "sap/ui/model/ValidateException"
],
  function(SimpleType,ValidateException) {
   return
    SimpleType.extend(
      "de.sapui5buch.demo.model.datatype.ZipCode", {
      formatValue : function(oValue) {
        return oValue;
      },

      parseValue :  function(oValue) {
        return oValue;
      },
      validateValue : function(oValue) {
       if (!/^(\d{5})?$/.test(oValue)) {
        throw new ValidateException(
          "Postleitzahl muss fünfstellig sein.");
       }
       return oValue;
      }
 });
});
```

Listing 15.8 Prüfung der Länge der Postleitzahl in der Funktion »validateValue«

Abhängigkeit definieren

Nach der Implementierung des Datentyps wollen wir den Datentyp in der View **BusinessPartnerUpdate.view.xml** einführen. Damit der Datentyp auf der Clientseite verwendet werden kann, müssen wir eine Abhängigkeit setzen. Hierzu erweitern wir die Liste der Abhängigkeiten im Controller **BusinessPartnerUpdate.controller.js** (siehe Listing 15.9).

```
sap.ui.define([
  "de/sapui5buch/demo/controller/BaseController",
  "sap/ui/model/json/JSONModel",
  "sap/m/MessageBox",
  "de/sapui5buch/demo/model/datatype/ZipCode"
], function(Controller,JSONModel,MessageBox,ZipCode) {
  "use strict";
  return Controller.extend(
    "de.sapui5buch.demo.controller.BusinessPartnerUpdate", {
```

Listing 15.9 Hinzufügen der Abhängigkeit in den Controller

Registrierung beim zentralen »MessageManager«

In unserem Beispiel wollen wir die zentrale Nachrichtenverarbeitung von SAPUI5 nutzen. Hierzu registrieren wir unser View-Objekt der `BusinessPartnerUpdate`-View beim zentralen `MessageManager`-Objekt (siehe Listing 15.10).

```
sap.ui.define([
  //
], function(Controller,JSONModel,MessageBox,ZipCode) {
  "use strict";
  return Controller.extend(
  "de.sapui5buch.demo.controller.BusinessPartnerUpdate", {
   onInit : function() {
     this.getRouter().getTarget("businessPartnerUpdate").
        attachDisplay(this._onTargetDisplay, this);
     sap.ui.getCore().getMessageManager()
         .registerObject(this.getView(),true);
},
```

Listing 15.10 Registrierung beim zentralen »MessageManager«

Nachdem wir die Änderungen gespeichert haben, testen wir die Anwendung. Nachdem wir einen `BusinessPartner` aus der Liste ausgewählt haben, wechseln wir in den Bearbeitungsmodus und geben in das Postleitzahlenfeld einen Wert ein, dessen Länge ungleich 5 ist. Das Resultat ist eine Fehlermeldung (siehe Abbildung 15.5).

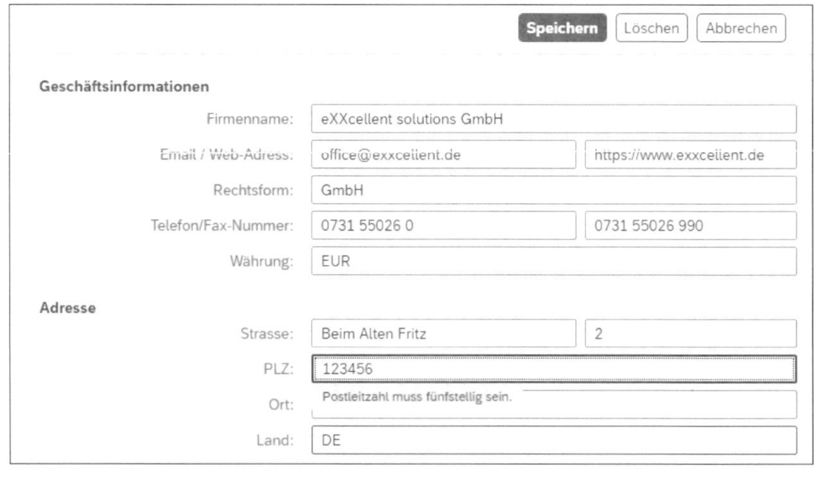

Abbildung 15.5 Anzeige der Fehlermeldung

Implementierung von Constraints

Die aktuelle Implementierung von `validateValue` hat allerdings Optimierungsbedarf: Die Länge wurde direkt im Code implementiert. Als Nächstes wollen wir betrachten, wie wir beim Binding entsprechend Vorgaben über die Konfiguration von Constraints implementieren können. In unserem Beispiel wollen wir den Verwender unseres Datentyps in die Lage versetzen, beim Binding einen Bereich von gültigen Postleitzahlen anzugeben. Hierbei soll er ein Constraint-Objekt mit einem Attribut `range` beim Binding angeben können. Für das `range`-Attribut soll man dann über zwei Attribute (`value1` und `value2`) einen Wertebereich angeben können. `value1` gibt die Untergrenze und `value2` die Obergrenze an. Listing 15.11 zeigt das entsprechend angepasste Binding für die Postleitzahl.

```
<form:FormElement label="{i18n>txtZip}">
   <Input value="{
         path: 'updateBP>/Address/PostalCode',
         type:'de.sapui5buch.demo.model.datatype.ZipCode',
           constraints:{
             range:{
               value1: 10000, value2: 15000
             }
         }}"/>
</form:FormElement>
```


Listing 15.11 Angabe von Constraints bei eigenen Datentypen

Im Anschluss passen wir die Implementierung der Funktion `validateValue` an (siehe Listing 15.12). Für den Zugriff auf die Constraints, die beim Binding angegeben wurden, bietet SAPUI5 die Membervariable `oConstraints` an. Im Fehlerfall wird eine Exception vom Typ `sap.ui.model.ValidateException` ausgelöst. Die nötige Referenz muss entsprechend im Datentyp gesetzt sein.

```
validateValue : function(oValue) {
 var range = this.oConstraints.range;
 var separator = this.oFormatOptions.separator;
 if(range) {
 if(oValue < range.value1 || oValue > range.value2) {
   throw new ValidateException(
     "Der angegebene Wert ist nicht zulässig,
       er muss zwischen " +
         range.value1 + " und " + range.value2 + " liegen");
  }
 }
 return oValue;
}
```

Listing 15.12 Verwendung von Constraints in der Funktion »validateValue«

Im Anschluss testen wir die Anwendung, indem wir eine nicht gültige Postleitzahl eingeben. Abbildung 15.6 zeigt das Ergebnis.

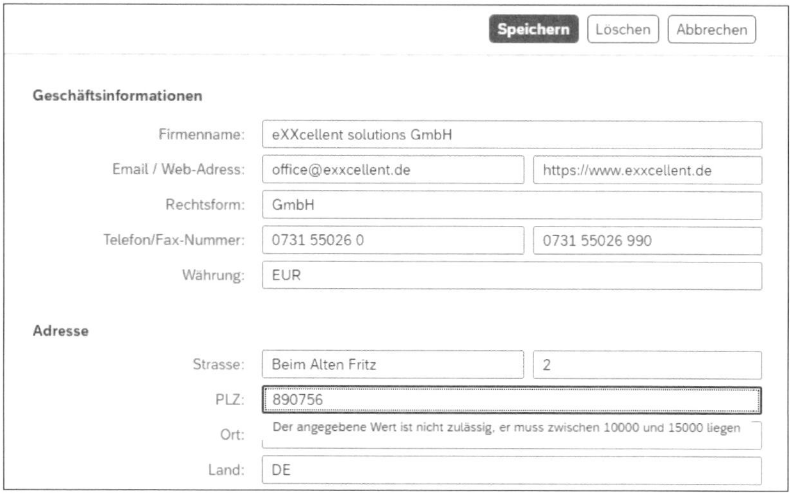

Abbildung 15.6 Fehlermeldung durch Verstoß gegen Regeln

Erweitern des Bindings mit »formatOptions«

15.2.2 Formatierung der Daten

Zum Abschluss unserer Implementierung wollen wir die Möglichkeit der Formatierung betrachten. In unserem sehr einfachen Beispiel möchten wir bei unserem eigenen Datentyp einen Separator und einen Index beim Binding angeben. Der Trenner soll im Rahmen der Funktion `formatValue` an der angegebenen Stelle eingefügt werden. Listing 15.13 zeigt das resultierende Binding in der View **BusinessPartnerUpdate.view.xml**. Der Trennstrich soll nach dem ersten Zeichen des Wertes eingefügt werden.

```
<form:FormElement label="{i18n>txtZip}">
 <Input value="{
    path: 'updateBP>/Address/PostalCode',
    type:'de.sapui5buch.demo.model.datatype.ZipCode',
    constraints:{
       range:{
         value1: 10000, value2: 15000
       }
    },
    formatOptions : {
      separator: '-',
      index: 1
    }}"/>
</form:FormElement>
```

Listing 15.13 Formatierungsoptionen beim Binding

Im Anschluss prägen wir die formatValue-Funktion unseres Datentyps aus. Analog zu den Constraints bietet SAPUI5 über eine Membervariable der Klasse entsprechend Zugriff auf die Formatierungsoptionen, die bei der Verwendung des Datentyps durch den Entwickler gesetzt wurden. Die Variable lautet oFormatOptions. Listing 15.14 zeigt das Programmbeispiel. Wir fügen am übergebenen index einfach den ebenfalls übergebenen Trenner ein. Sollte der Index größer als die Länge der eingegebenen Postleitzahl sein, wird die Exception sap.ui.model.FormatExeception mit einer entsprechenden Fehlermeldung ausgegeben.

Implementierung der Funktion »formatValue«

```
formatValue : function(oValue) {
 var separator = this.oFormatOptions.separator;
 var index = this.oFormatOptions.index;
 if(oValue.length< index) {
  throw new FormatException(
    "Der angegebene Index liegt außerhalb des zulässigen
     Bereichs. Bitte informieren Sie den Entwickler!");
 }
 if(separator && index){
 oValue = oValue.slice(0, index) + separator +
    oValue.slice(index);
 }
 return oValue;
},
```

Listing 15.14 Implementierung der Funktion »formatValue«

15.2.3 Parsen der Eingabe

Eine implementierte formatValue-Funktion führt meist zu einer Anpassung der parseValue-Funktion: nämlich dann, wenn die Benutzeroberflächendarstellung nicht im Backend benötigt wird bzw. gar nicht erlaubt ist. In unserem Beispiel entfernen wir im Rahmen der parseValue-Funktion lediglich den in der formatValue-Funktion eingefügten Separator (siehe Listing 15.15). Das Programmbeispiel zeigt auch, wie im Fehlerfall eine sap.ui.model.ParseException ausgelöst wird (die entsprechend benötige Referenz muss hierfür im Datentyp gesetzt sein).

```
parseValue :  function(oValue) {
 var separator = this.oFormatOptions.separator;
 if(!separator) {
  //throw new ParseException("Kein Separator angegeben");
 } else {
```

```
    oValue = oValue.replace(separator,'');
   }
   return oValue;
  },
```

Listing 15.15 Erweiterung der Funktion »parseValue«

Der Vollständigkeit halber zeigt Listing 15.16 die Abhängigkeiten des selbstimplementierten Datentyps `de.sapui5buch.demo.model.datatype.ZipCode`.

```
sap.ui.define([
 "sap/ui/model/SimpleType",
 "sap/ui/model/ValidateException",
 "sap/ui/model/ParseException",
 "sap/ui/model/FormatException"
],function(
  SimpleType,ValidateException,ParseException,FormatException)
 {
  return
    SimpleType.extend("de.sapui5buch.demo.model.datatype.ZipCode",  {
```

Listing 15.16 Liste der Abhängigkeiten der Klasse »ZipCode«

Im Anschluss testen wir unsere Implementierung: Die Postleitzahl wird entsprechend formatiert dargestellt (siehe Abbildung 15.7).

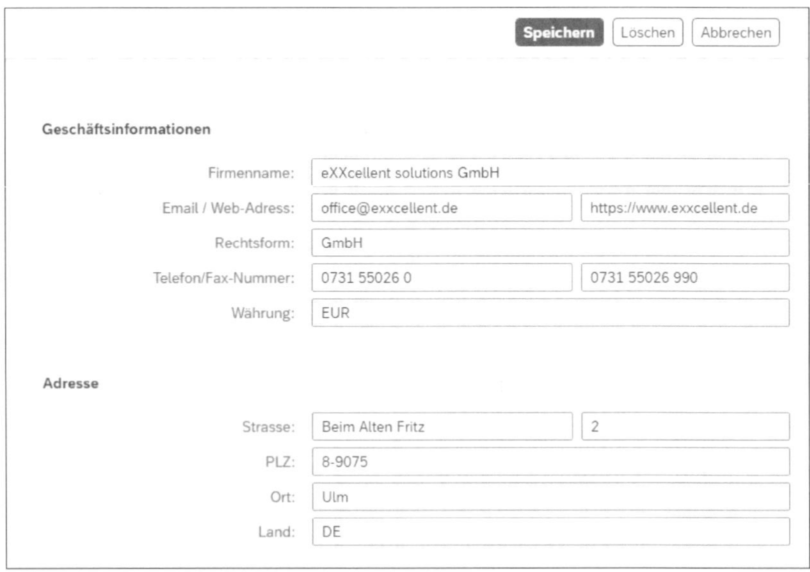

Abbildung 15.7 Formatierte Postleitzahl

15.2.4 Fehlerbehandlung selbst implementieren

Zum Abschluss dieses Kapitels wollen wir das Implementieren eines eigenen Fehlerhandlings betrachten. Wie in Abschnitt 15.1.2 besprochen, können wir für Fehler, die im Rahmen von `formatValue`, `parseValue` und `validateValue` auftreten, auch eigene Handler-Funktionen implementieren. Die registrierten Handler-Funktionen erhalten im Fehlerfall ein Eventobjekt übergeben, über das der Entwickler auf diverse Informationen zugreifen kann. Abbildung 15.8 zeigt den Aufbau und den Inhalt eines Fehlerobjekts bei einem Validierungsfehler. Die Struktur ist bei den anderen beiden Events identisch. Über das Feld `element` erhalten Sie aus dem übergebenen Fehlerobjekt Zugriff auf das UI-Control, das die fehlerhafte Eingabe enthält. Dadurch können Sie beispielsweise das Feld mit einem roten Rahmen und einem Tooltip versehen, um den Nutzer auf den Fehler hinzuweisen. Die anderen Felder sind selbsterklärend.

```
> oErrror
< ▾constructor {sId: "validationError", oSource: f, mParameters: {…}, bCancelBubble: false, bPreventDefault: false}
    bCancelBubble: false
    bPreventDefault: false
  ▾mParameters:
    ▸element: f {bAllowTextSelection: true, mEventRegistry: {…}, sId: "__input14", mProperties: PropertyBag, mAggregations: {…}, …}
    ▸exception: V {name: "ValidateException", message: "Der angegebene Wert ist nicht zulässig, er muss zwischen 10000 und 15000 liegen", violatedConstraints: undefined}
     id: "__input14"
     message: "Der angegebene Wert ist nicht zulässig, er muss zwischen 10000 und 15000 liegen"
     newValue: "88888"
     oldValue: "88885"
     property: "value"
    ▸type: f {sName: "SimpleType", oFormatOptions: {…}, oConstraints: {…}}
    ▸__proto__: Object
  ▸oSource: f {bAllowTextSelection: true, mEventRegistry: {…}, sId: "__input14", mProperties: PropertyBag, mAggregations: {…}, …}
   sId: "validationError"
  ▸__proto__: constructor
>
```

Abbildung 15.8 Das Fehlerobjekt eines Validierungsfehlers

Damit diese selbstgeschriebenen Handler-Funktionen aufgerufen werden, müssen Sie zunächst die Registrierung der View beim `MessageManager` von SAPUI5 entfernen. Hierzu kommentieren Sie die in Listing 15.17 gezeigten Codezeilen in der Funktion `onInit` der Controller-Klasse `BusinessPartnerUpdate.controller.js` aus.

```
onInit : function() {
this.getRouter().getTarget("businessPartnerUpdate").attachDisplay
  (this._onTargetDisplay, this);
//sap.ui.getCore().getMessageManager()
   //.registerObject(this.getView(),true);
}
```

Listing 15.17 Zentrales Message-Management deaktivieren

Validierungsfehler verarbeiten

Danach wollen wir Fehler, die bei der Validierung der Eingaben aufgetreten sind, abfangen. Das UI-Control soll farblich umrahmt werden, und die Fehlermeldung soll als Tooltip erscheinen. Fügen Sie dafür eine Abhängigkeit zur Klasse sap.ui.core.ValueState in die BusinessPartnerUpdate-Implementierung ein (siehe Listing 15.18).

```
sap.ui.define([
  "de/sapui5buch/demo/controller/BaseController",
  "sap/ui/model/json/JSONModel",
  "sap/m/MessageBox",
  "de/sapui5buch/demo/model/datatype/ZipCode",
  "sap/ui/core/ValueState"
], function(Controller,JSONModel,MessageBox,ZipCode,
            ValueState)
{
  "use strict";
  return Controller.extend(
    "de.sapui5buch.demo.controller.BusinessPartnerUpdate", {
```

Listing 15.18 Abhängigkeit zu »sap.ui.core.ValueState« setzen

Im Anschluss registrieren Sie in der onInit-Funktion einen Eventhandler für das ValidationError-Event. Wie Sie dem Programmbeispiel aus Listing 15.19 entnehmen können, greifen wir in dem Eventhandler auf das Feld element des Error-Objekts zu. Im Anschluss prüfen Sie, ob das Control die Methode setValueState unterstützt. Ist dies der Fall, setzen Sie die Eigenschaft auf Error. Damit wird das UI-Control rot eingefärbt. Im Anschluss fügen Sie die Fehlernachricht als Tooltip hinzu.

```
onInit : function() {
//
 var oComponent = this.getOwnerComponent();
 oComponent.attachValidationError(function(oError) {
  var oControl = oError.getParameter("element");
   if(oControl.setValueState) {
     oControl.setValueState(ValueState.Error);
     oControl.setTooltip(oError.getParameter("message"));
   }
 });
//
}
```

Listing 15.19 Implementierung einer Handler-Funktion für das Event »validationError«

Schließlich testen Sie die Anwendung, indem Sie zuerst einen fehlerhaften und im Anschluss einen korrekten Wert in das Postleitzahlen-Feld eingeben. Es zeigt sich, dass das Feld trotz Korrektur der Eingabe weiterhin als fehlerhaft angezeigt wird (siehe Abbildung 15.9).

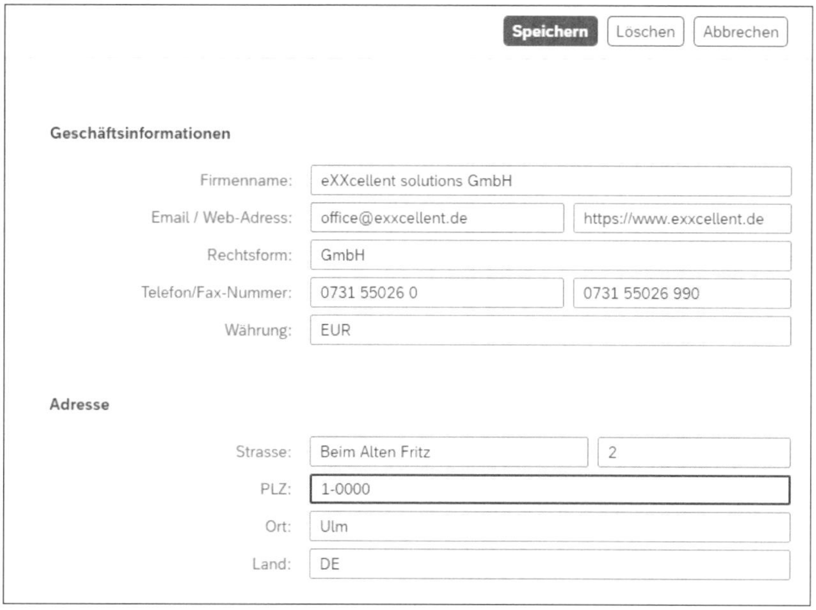

Abbildung 15.9 Fehlerhafte Visualisierung des Eingabefeldes

Never trust the Client

Obwohl SAPUI5 die Möglichkeit bietet, die eingegebenen Daten auf der Clientseite zu validieren, sollten Sie die empfangenen Daten immer auch im Backend prüfen. Es wäre möglich, dass der REST-Service nicht über die Anwendung aufgerufen wird oder ein Angreifer die Daten bei der Übertragung manipuliert und damit möglicherweise Schaden anrichtet. Es gilt: »Never trust the client.«

Damit das hervorgehobene Control nach einem Fehler wieder zurückgesetzt wird, müssen Sie einen entsprechenden Eventhandler für das `ValidationSuccess`-Event implementieren. Fügen Sie Listing 15.20 in die `onInit`-Funktion des `BusinessPartnerUpdate`-Controllers ein. Um einen visuellen Effekt zu erzielen, setzen Sie die Eigenschaft `valueState` des Eingabefeldes auf den Wert `Success`. Damit wird das Feld im Standard grün umrandet. In einem echten Szenario würde man den Wert eher auf `None` setzen.

```
oComponent.attachValidationSuccess(function(oError) {
  var oControl = oError.getParameter("element");
  if(oControl.setValueState) {
   oControl.setValueState(ValueState.Success);
   oControl.setTooltip("");
  }
});
```

Listing 15.20 Implementierung des »validationSuccess«-Eventhandlers

Nach dem Start der Anwendung geben Sie zunächst eine ungültige Postleitzahl ein und danach eine gültige – es zeigt sich der in Abbildung 15.10 gezeigte Dialog.

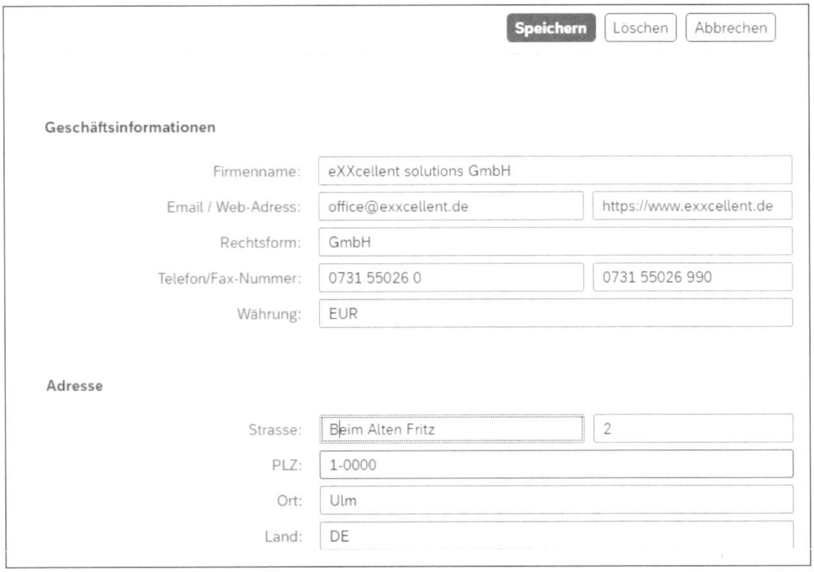

Abbildung 15.10 Erfolgreiche Validierung der Eingaben

Zu guter Letzt zeigen wir Ihnen die Verarbeitung von Formatierungsfehlern. Ändern Sie das Binding in der View **BusinessPartnerUpdate.view.xml** wie in Listing 15.21 gezeigt ab. Das Attribut `index` wird auf den Wert `8` gesetzt. Da die Postleitzahl aus dem Datenmodell nur fünfstellig ist, wird ein Fehler provoziert.

```
<form:FormElement label="{i18n>txtZip}">
  <Input value="{
    path: 'updateBP>/Address/PostalCode',
    type:'de.sapui5buch.demo.model.datatype.ZipCode',
    constraints:{
```

```
      range:{
        value1: 10000, value2: 15000
      }
    },
    formatOptions : {
      separator: '-',
      index: 8
  }}"/>
</form:FormElement>
```

Listing 15.21 Anpassung der »formatOptions«-Konfiguration

Nach der Anpassung testen wir die Anwendung und erhalten wie erwartet die in Abbildung 15.11 gezeigte Ansicht. Die Postleitzahl wird nicht dargestellt.

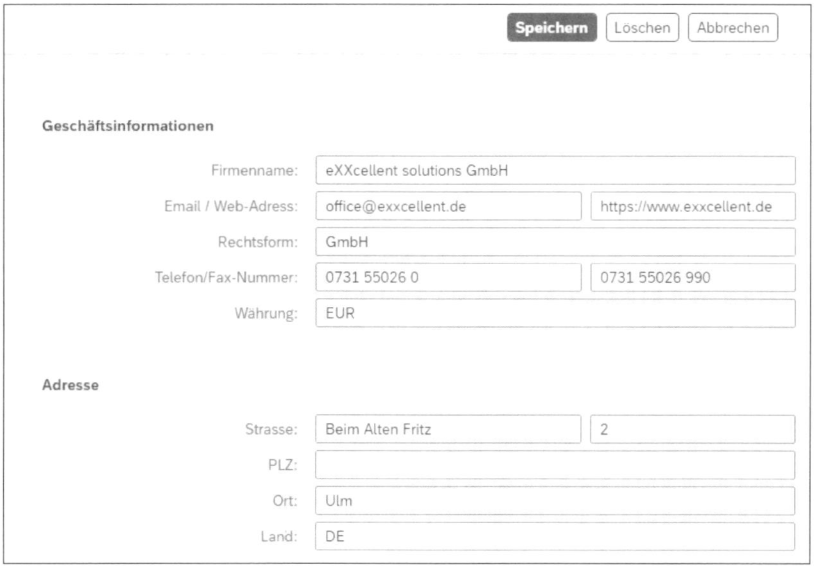

Abbildung 15.11 Fehlerhaftes Verhalten bei der Anzeige der Postleitzahl

Zur Verarbeitung des Fehlverhaltens registrieren wir in der `onInit`-Funktion einen Eventhandler für das Event `formatError`. Das Programmbeispiel aus Listing 15.22 zeigt die Implementierung. Wie Sie dem Beispiel entnehmen können, zeigen wir lediglich einen Message-Dialog mit der Fehlermeldung an.

```
oComponent.attachFormatError(function(oError) {
 MessageBox.show(oError.getParameter("message"), {
   icon: MessageBox.Icon.ERROR,
```

```
    title: "Es ist ein Fehler aufgetreten"
  })
});
```

Listing 15.22 Implementierung des Eventhandlers für das Event »formatError«

Im Anschluss testen wir die Anwendung erneut und erhalten beim Aufruf der View für das Aktualisieren des Geschäftspartners eine Fehlermeldung (siehe Abbildung 15.12).

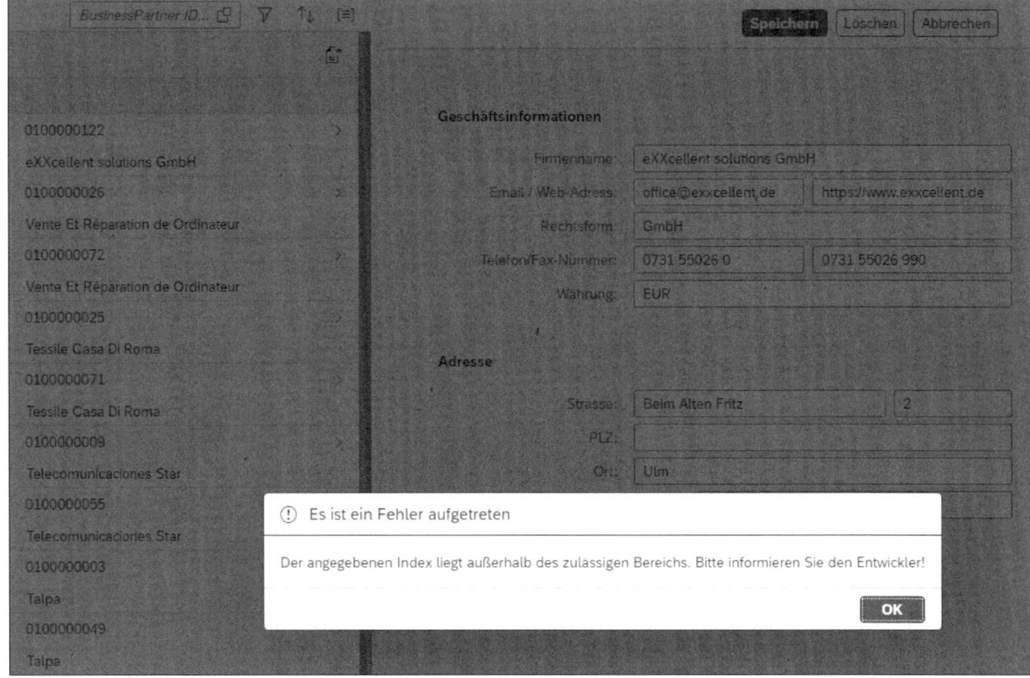

Abbildung 15.12 Anzeige der Fehlermeldung

Auf die Implementierung eines Eventhandlers für das `parseError`-Event verzichten wir an dieser Stelle. Die Vorgehensweise ist identisch mit den drei gezeigten Beispielen.

Limitation des »MessageManager«-Objekts

Die Events `parseError` und `validateError` werden durch den eingebauten `MessageManager` verarbeitet, das Event `formatError` jedoch nicht. Falls eine Registrierung für die automatische Verarbeitung vorliegt, wird eine nachträgliche Registrierung eines Eventhandlers für das Event `formatError` nicht verwendet. Ein etwaiges Event wird ignoriert.

TEIL III

Weiterführende Themen

Kapitel 16
Smart Controls

Entwicklern begegnen bei der Implementierung von Software oft die gleichen Anforderungen. Das SAPUI5-Framework bietet über die Smart Controls wiederverwendbare UI-Controls, die bereits eine Vielzahl von Funktionen liefern und mit wenig Entwicklungsaufwand entsprechende Komplexitäten abbilden können.

Die Implementierung von Software zeichnet sich unter anderem dadurch aus, dass immer wieder die gleichen Funktionen und Anforderungen implementiert werden müssen. Immer wieder müssen Informationen in einer Tabelle dargestellt werden, für die der Nutzer Filter-, Sortier-, Gruppier- oder Exportfunktionen benötigt. Auch oft gefordert, besonders im SAP-Kontext, ist die Nutzung von Wertehilfen. Die Umsetzung ist mit großem Aufwand in der Benutzeroberfläche verbunden, und am Ende hat man ein sehr ähnliches, wenn nicht sogar das gleiche Ergebnis. Damit die Implementierung besser skaliert, hat SAP die sogenannten *Smart Controls* in SAPUI5 implementiert. Dieses Kapitel widmet sich der Nutzung dieser Smart Controls. Wir geben Ihnen in Abschnitt 16.1 eine Einführung in die Controls sowie konkrete Implementierungsbeispiele. Abschnitt 16.2 beschäftigt sich mit der Verwendung einer `SmartTable`, Abschnitt 16.3 stellt Ihnen die `SmartFilterBar` vor. Zum Abschluss des Kapitels finden Sie in Abschnitt 16.4 Informationen zu `SmartForm`-Objekten.

16.1 Einführung in Smart Controls

In den Kapiteln 12 und 14 haben wir im Rahmen von OData und dem OData-Modell darüber gesprochen, dass ein OData-Service eine wohldefinierte Schnittstelle hat. Diese Schnittstelle liefert über die Metadaten eine Vielzahl an Informationen an den Konsumenten aus.

Metadaten-getriebene Verarbeitung

Die Metadaten eines OData-Service liefern neben den Datentyp auch Übersetzungsinformationen und Informationen darüber, ob ein Wert filterbar oder sortierbar ist oder ob er CUDQ-Operationen bietet. Diese Metadaten können zwar auch vom Entwickler selbst ausgelesen werden, allerdings bedeutet dies wieder Aufwand. Ziel von SAP war es daher, UI-Controls zur Verfügung zu stellen, die zum einen immer wiederkehrende Anforderungen abbilden und zusätzlich durch die Metadaten eines OData-Dienstes so konfiguriert werden können, dass ein Großteil des Entwicklungsaufwandes entfällt.

Der Namensraum »sap.ui.comp«

Die Smart Controls von SAPUI5 sind im Namensraum `sap.ui.comp` implementiert. Jede einzelne Smart-Control-Implementierung wird in einem separaten Modell implementiert. Es gibt folgende Smart Controls:

- `SmartFilterBar`
- `SmartField`
- `SmartForm`
- `SmartList`
- `SmartMicroChart`
- `SmartMultiEdit`
- `SmartMultiInput`
- `SmartTable`
- `SmartVariants`

Jedes dieser Smart Controls basiert im Inneren auf der Implementierung eines anderen, nicht smarten Controls und erweitert es eben um die entsprechende metadatengetriebene Intelligenz. Smart Controls können nur mit OData v2 verwendet werden und setzen voraus, dass der entsprechende OData-Service über das *Defaultmodell* (ein Modell ohne Modell-ID) in der Anwendung referenziert wird.

16.2 Verwendung der »SmartTable«

Nach der Einführung in die Smart Controls wollen wir uns der konkreten Nutzung widmen. Im ersten Schritt betrachten wir die Verwendung des Controls `sap.ui.comp.smarttable.SmartTable`.

16.2.1 Implementierung der Grundfunktionen

Nachdem wir ein Projekt mit einer View und einem Controller angelegt haben und den OData-Service *GWSAMPLE_BASIC* in die Konfiguration von **manifest.json** aufgenommen haben (siehe Kapitel 12, »Arbeiten mit Modellen«), können wir mit der Implementierung beginnen. Für die Verwendung der `SmartTable` fügen wir der View-Implementierung zunächst einen XML-Namespace-Alias hinzu (siehe Listing 16.1).

```
<mvc:View
  xmlns="sap.m"
  xmlns:smartTable="sap.ui.comp.smarttable"
  xmlns:html="http://www.w3.org/1999/xhtml"
  controllerName="sapuibuch.demo.smart.controller.App"
  xmlns:core="sap.ui.core"
>
```

Listing 16.1 Hinzufügen eines XML-Alias für den »smarttable«-Namensraum

Implementierung einer »SmartTable«

Im Anschluss kann das Control in der View verwendet werden. In unserem Beispiel legen wir über das Attribut `entitySet` fest, dass das `SmartTable`-Control das EntitySet *BusinessPartnerSet* des OData-Dienstes darstellt (siehe Listing 16.2).

```
<smartTable:SmartTable id="BusinessPartner"
  entitySet="BusinessPartnerSet" tableType="ResponsiveTable"
  useTablePersonalisation="true" header="Business Partner"
  showRowCount="true" class="sapUiResponsiveContentPadding" >
</smartTable:SmartTable>
```

Listing 16.2 Implementierung einer »SmartTable«

Tabellenheader festlegen

Damit der Nutzer weiß, welche Daten in der Tabelle dargestellt werden, legen wir mit dem Attribut `header` fest, dass im Tabellenkopf der Text »Business Partner« dargestellt wird. Zusätzlich geben wir über den Parameter `showRowCount` an, dass neben dem Text die Anzahl an `BusinessPartner`-Objekten, die in der Tabelle angezeigt werden, in runden Klammern eingeblendet wird. Das `SmartTable`-Control verfügt zusätzlich mit dem Attribut `tableType` über eine sehr mächtige Fähigkeit: Sie können über das Attribut steuern, welches der in SAPUI5 zur Verfügung stehenden Tabellen-Controls für die Darstellung des Tabelleninhalts verwendet werden soll. Das Attribut ist vom Enumerationstyp `sap.ui.comp.smarttable.TableType`. Diese enthält die folgenden Typen:

- `AnalyticalTable`: Verwendet das Control `sap.ui.table.AnalyticalTable`.
- `ResponsiveTable`: Steht für das Control `sap.m.Table`.
- `Table`: Rendert die Tabelle als `sap.ui.table.Table`-Control.
- `TreeTable`: Zeigt den Tabelleninhalt als `sap.ui.table.TreeTable` an.

Verwenden von »sap.m.Table«

Wir entscheiden uns für das Control `sap.m.Table` und weisen daher dem Attribut `tableType` den Wert `ResponsiveTable` zu. Zusätzlich ermöglichen wir durch das Attribut `useTablePersonalization`, dass der Nutzer die darzustellenden Tabellenspalten selbst auswählen kann.

Im Anschluss starten wir die Anwendung und erhalten direkt eine Fehlermeldung (siehe Abbildung 16.1). Die Fehlermeldung zeigt dem Anwender an, dass noch keine Attribute des zugrundeliegenden EntitySets festgelegt wurden.

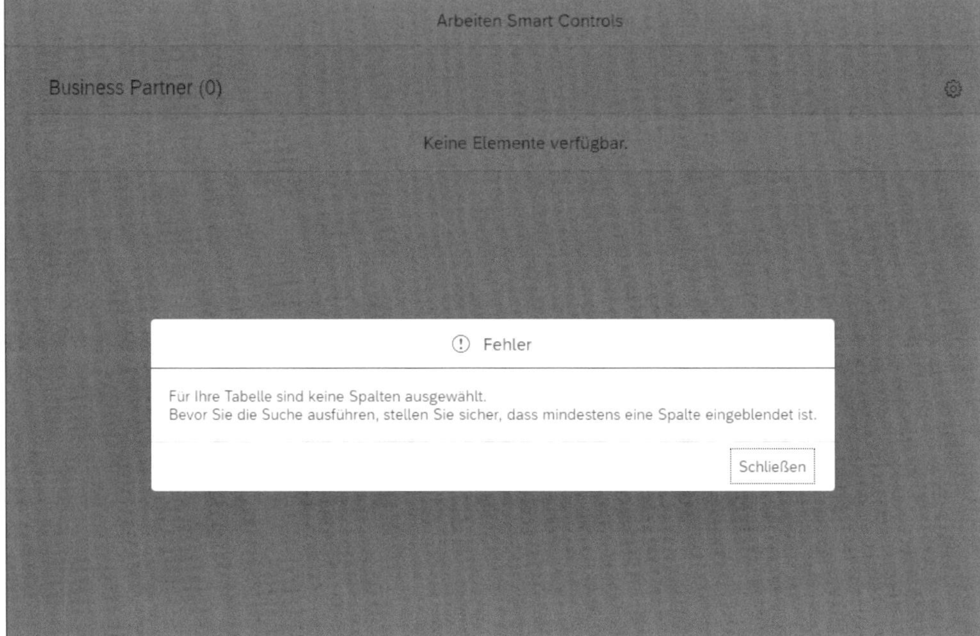

Abbildung 16.1 Fehlermeldung – keine Spalten ausgewählt

Konfiguration der Tabellenspalten

Bestätigen Sie die Fehlermeldung durch einen Klick auf **Schließen**. Für die Auswahl von Attributen für die Darstellung klicken Sie auf das Zahnradsymbol im Tabellenkopf. Es erscheint ein Dialog (siehe Abbildung 16.2). Hier wählen Sie die Attribute **BusinessPartnerID**, **CompanyName** und **Rechtsform**. Es werden alle Attribute der Entität `BusinessPartner` angezeigt und sind durch den Anwender auswählbar. Der Nutzer hat dadurch maximale Flexibilität. Zusätzlich kann er den Inhalt der Tabelle über die Sortier-, Filter- und Gruppierfunktionen anpassen.

Nachdem Sie die Auswahl bestätigt haben, werden zwar die ausgewählten Spalten angezeigt, allerdings fehlen noch die Daten (siehe Abbildung 16.3).

Initiale Spaltenkonfiguration festlegen

Dies sollten Sie entsprechend korrigieren: Fügen Sie das Attribut `initiallyVisibleFields` zu dem `SmartTable`-Control hinzu. In einer kommaseparierten Liste geben Sie an, dass die Attribute `BusinessPartnerID`, `CompanyName` und `LegalForm` beim Start der Anwendung als Tabellenspalten dargestellt werden sollen.

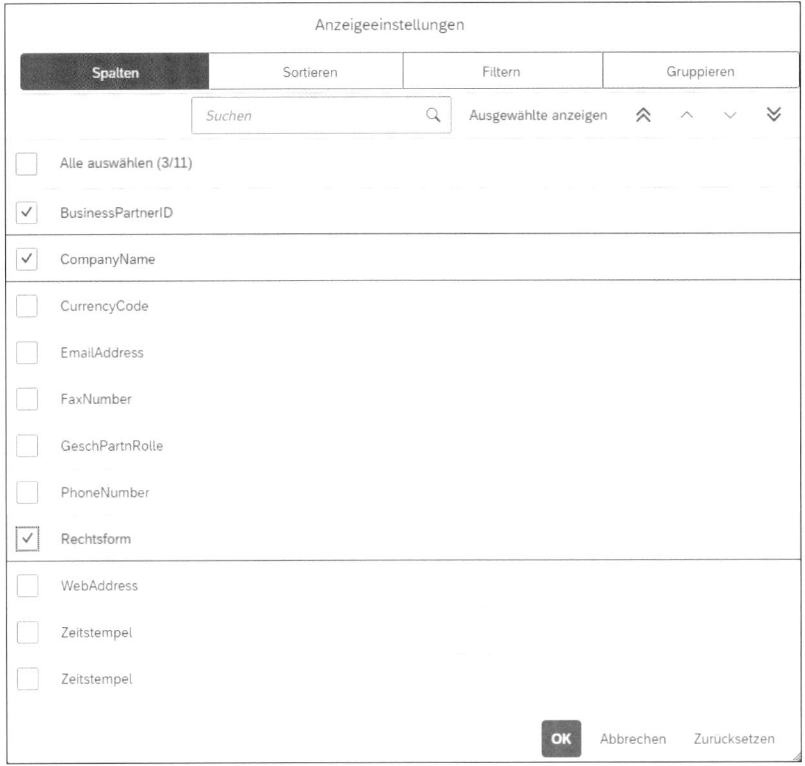

Abbildung 16.2 Personalisierung der Anzeige

Abbildung 16.3 Anzeige der ausgewählten Spalten ohne Daten

Damit die Daten auch tatsächlich geladen werden, wird das Attribut `enableAutoBinding` konfiguriert. Setzen Sie das Attribut auf `true`:

```
initiallyVisibleFields=
"BusinessPartnerID,CompanyName,LegalForm" enableAutoBinding="true"
```

Im Anschluss an die Anpassungen erhalten Sie die entsprechenden Spalten in der Tabelle angezeigt (siehe Abbildung 16.4). Der Nutzer kann weiterhin über das Zahnrad den Inhalt der Tabelle an seine Bedürfnisse anpassen und Spalten einfügen oder entfernen.

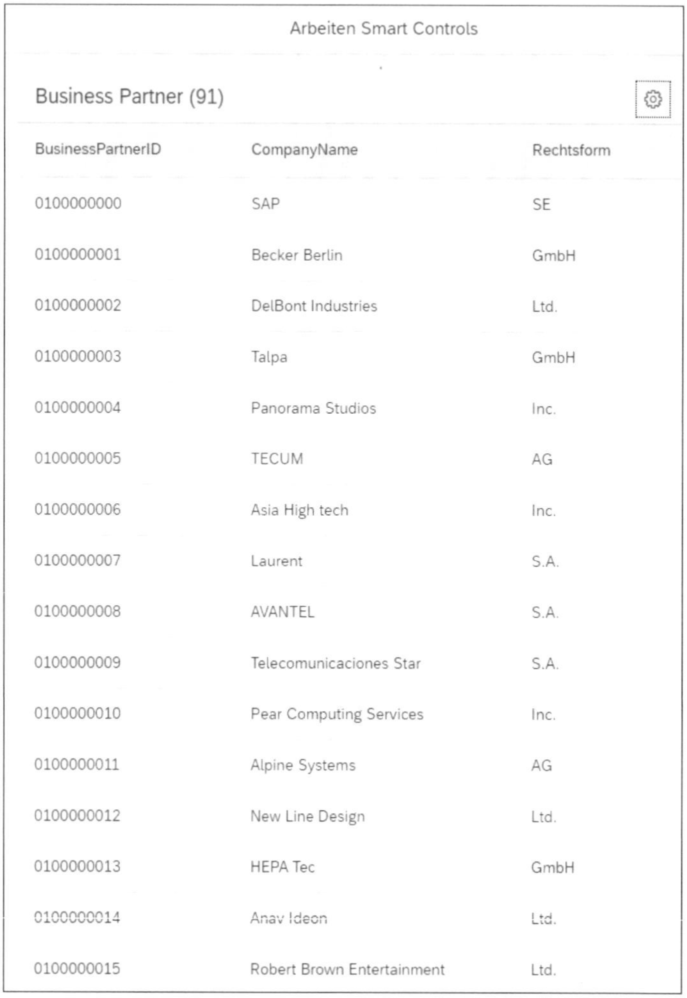

Arbeiten Smart Controls

Business Partner (91)

BusinessPartnerID	CompanyName	Rechtsform
0100000000	SAP	SE
0100000001	Becker Berlin	GmbH
0100000002	DelBont Industries	Ltd.
0100000003	Talpa	GmbH
0100000004	Panorama Studios	Inc.
0100000005	TECUM	AG
0100000006	Asia High tech	Inc.
0100000007	Laurent	S.A.
0100000008	AVANTEL	S.A.
0100000009	Telecomunicaciones Star	S.A.
0100000010	Pear Computing Services	Inc.
0100000011	Alpine Systems	AG
0100000012	New Line Design	Ltd.
0100000013	HEPA Tec	GmbH
0100000014	Anav Ideon	Ltd.
0100000015	Robert Brown Entertainment	Ltd.

Abbildung 16.4 Anzeige der Spalten direkt nach dem Start

Excel-Export ermöglichen

Nutzer von Anwendungen, in denen Daten tabellarisch darstellt werden, benötigen oft auch die Möglichkeit eines Datenexports nach Excel. Das `SmartTable`-Control verfügt über eine Exportfunktion, die Sie über das Attribut `useExportToExcel` aktivieren können. Fügen Sie dem Tabellen-Control die Eigenschaft hinzu, und setzen Sie sie auf `true`. Fügen Sie zusätzlich einen Eventhandler mit dem Namen `onBeforeExport` für das Event `beforeExport` hinzu:

```
useExportToExcel="true" beforeExport="onBeforeExport"
```

Die Funktion kann verwendet werden, um spezielle Funktionalitäten zu implementieren, die aufgerufen werden sollen, bevor die Daten in eine Excel-Datei exportiert werden.

Datenexport

Im Anschluss an die Anpassungen erhält die Tabelle im Kopf ein weiteres Icon. Der Nutzer kann über das Dropdown-Menü die Funktionen **Exportieren** und **Exportieren als...** aufrufen (siehe Abbildung 16.5).

Über die Funktion **Exportieren** kann er den Exportiervorgang direkt starten und erhält eine Excel-Datei mit dem Inhalt der Tabelle.

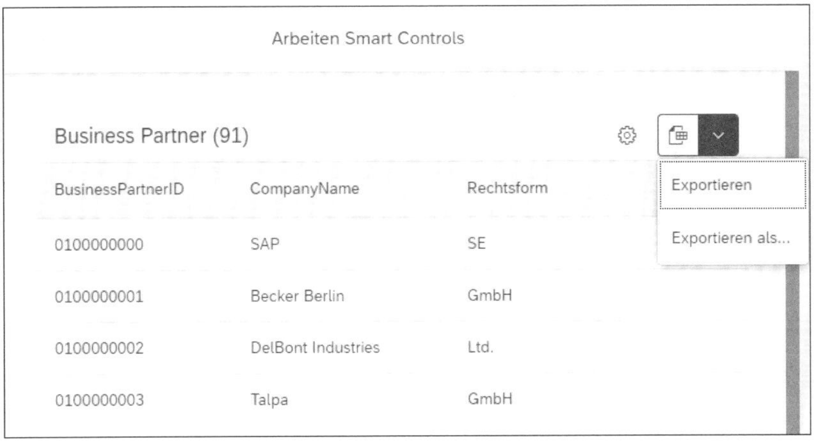

Abbildung 16.5 Exportfunktionalität

Datenexport-Optionen

Die Funktion **Exportiere als...** öffnet einen Dialog, über den der Nutzer drei Optionen einstellen kann (siehe Abbildung 16.6). Er kann den Dateinamen festlegen sowie Einfluss darauf nehmen, ob die Daten jeweils einzeln in Spalten geschrieben werden sollen und ob etwaige eingestellte Filtereinstellungen und die damit verbundenen angezeigten Daten verwendet werden sollen.

Exportfunktion und die Parameter

Wir wollen kurz einen Blick auf die Implementierung der in das Control eingefügten Eventhandler-Funktion `onBeforeExport` werfen. Wie in Listing 16.3 gezeigt, erhält die Funktion ein Eventobjekt.

```
onBeforeExport: function (oEvt) {
  var mExcelSettings = oEvt.getParameter("exportSettings");
  var mUserExportSettings = oEvt.getParameter("userExportSettings");
}
```

Listing 16.3 Implementierung der Funktion »onBeforeExport«

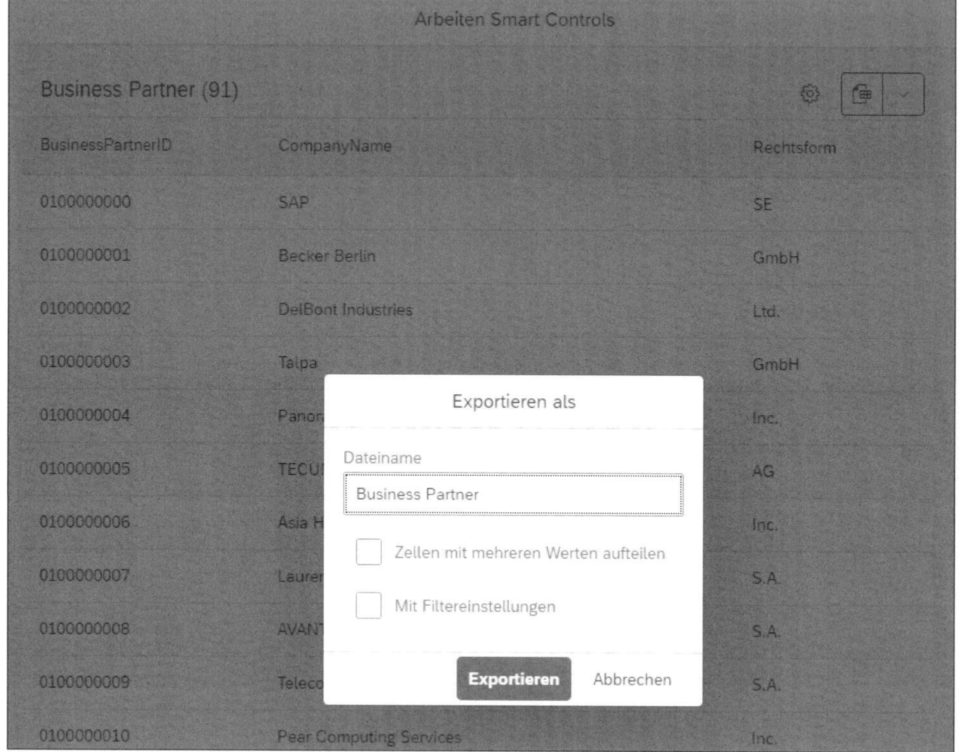

Abbildung 16.6 Konfiguration der Exporteinstellungen

Dieses enthält zwei Parameter: Der Parameter `exportSettings` liefert ein Objekt, über das Sie die Attribute `dataSource`, `fileName` und `workbook` auslesen können. Das Attribut `dataSource` liefert mittels eines Objekts die Informationen über die Datenquelle; hier kann beispielsweise über das Attribut `count` die Anzahl der Datensätze ausgelesen werden. Das Attribut `fileName` enthält den vom Anwender oder den Entwickler festgelegten Dateinamen für den Export. Das Attribut `workbook` liefert Informationen über das Excel-Workbook. Der Eventparameter `userExportSettings` liefert die Attribute `splitCells` und `includeFilterSettings`. Sie enthalten die vom Nutzer im Exportdialog getroffenen Auswahlen.

16.2.2 Zeilenauswahl bei »SmartTable« aktivieren

Das `SmartTable`-Control nutzt das über das Attribut `tableType` angegebene Tabellen-Control. Möchten Sie Einfluss auf das Verhalten bei der Auswahl einer Zeile in der Tabelle oder auf die Darstellung haben, beispielsweise weil Sie nicht nur die Daten des zugrundliegenden EntitySet-Objekts, sondern auch andere Spalten darstellen möchten, fügen Sie dem Smart Control das entsprechende Table-Control hinzu. Das so angegebene Table-Control wird dann gerendert und erhält (neben dem über das intelligente Control zur Verfügung gestellten Aussehen, den Daten und dem Verhalten) entsprechend die zusätzlichen Aspekte.

Auswahl einer Zeile verarbeiten

In unserem Beispiel möchten wir eine Zeile aus der Tabelle auszuwählen können, um dann später im Abschnitt SmartForms die Details des ausgewählten Geschäftspartners anzuzeigen. Da wir über das Attribut tableType festgelegt haben, dass wir ein sap.m.Table-Control nutzen wollen, erweitern wir die SmartTable-Implementierung um ein Element vom Typ sap.m.Table (siehe Listing 16.4). Dem neuen Control fügen wir einen Eventhandler onSelectionChange für das selectionChange-Event hinzu. Zusätzlich ergänzen wir die Eigenschaft mode. Hierüber geben wir an, dass nur ein Eintrag ausgewählt werden soll, direkt beim Klick auf eine Zeile.

```
<smartTable:SmartTable id="BusinessPartner"
  entitySet="BusinessPartnerSet" tableType="ResponsiveTable"
  useExportToExcel="true" beforeExport="onBeforeExport"
  useVariantManagement="false"
  useTablePersonalisation="true" header="Business Partner"
  showRowCount="true" smartFilterId="smartFilterBar"
  enableAutoBinding="true"
  class="sapUiResponsiveContentPadding"
  initiallyVisibleFields="BusinessPartnerID,CompanyName,
      LegalForm">
  <Table selectionChange="onSelectionChange"
   mode="SingleSelectMaster"/>
</smartTable:SmartTable>
```

Listing 16.4 Erweiterung der »SmartTable«-Implementierung

Nachdem Sie das sap.m.Table-Control eingeführt haben, können Sie die Anwendung testweise starten. Wie Sie Abbildung 16.7 entnehmen können, sind nun die Zeilen der Tabelle interaktiv und reagieren auf die Auswahl einer Tabellenzeile durch einen Klick.

Nun können Sie die Funktion onSelectionChange implementieren. Hier greifen Sie, wie für das Control üblich, auf das gebundene Datenobjekt zu und lesen beispielsweise die Eigenschaft BusinessPartnerID aus (siehe Listing 16.7).

```
onSelectionChange : function(oItem) {
  var oId =
     oItem.getParameter("listItem").getBindingContext().
          getProperty("BusinessPartnerID");
```

```
    this.getOwnerComponent().getRouter().navTo(
                "Details", {
                  "bpid":oId
    });
}
```

Listing 16.5 Die Funktion »onSelectionChange«

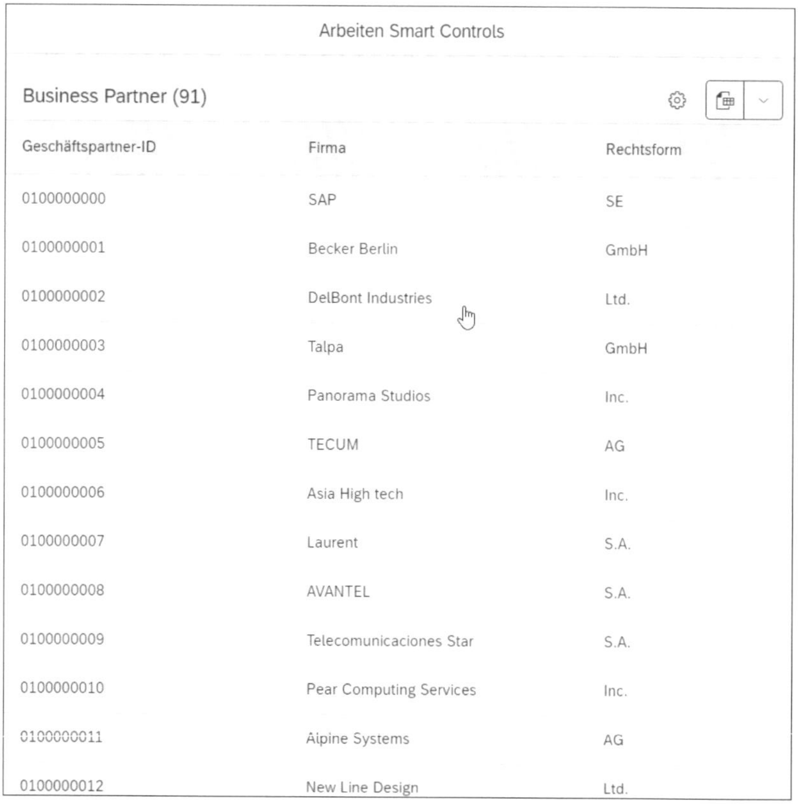

Arbeiten Smart Controls

Business Partner (91)

Geschäftspartner-ID	Firma	Rechtsform
0100000000	SAP	SE
0100000001	Becker Berlin	GmbH
0100000002	DelBont Industries	Ltd.
0100000003	Talpa	GmbH
0100000004	Panorama Studios	Inc.
0100000005	TECUM	AG
0100000006	Asia High tech	Inc.
0100000007	Laurent	S.A.
0100000008	AVANTEL	S.A.
0100000009	Telecomunicaciones Star	S.A.
0100000010	Pear Computing Services	Inc.
0100000011	Alpine Systems	AG
0100000012	New Line Design	Ltd.

Abbildung 16.7 Auswahl eines Tabelleneintrags

16.3 »SmartFilterBar«

Dem Nutzer bietet das `SmartTable`-Control über die Spaltenauswahl schon eine sehr gute Option, die darzustellenden Spalten entsprechend zu beeinflussen. Allerdings hat das Control keinerlei Möglichkeit, Filter anzugeben. SAPUI5 bietet hierzu ein eigenes Control an, die `SmartFilterBar`. Die `SmartFilterBar` ist im SAPUI5-Namensraum `sap.ui.comp.smartfilterbar` implementiert und bietet viele Built-in-Funktionen für das Filtern von Daten an. In diesem Abschnitt wenden wir uns der Verwendung des Controls zu.

Damit Sie das SmartFilterBar-Control nutzen können, fügen Sie zunächst einen XML-Alias für den SAPUI5-Namensraum sap.ui.comp.smartfilterbar in die View ein (siehe Listing 16.6).

Einfügen des Namensraums

```
<mvc:View
        xmlns="sap.m"
        xmlns:mvc="sap.ui.core.mvc"
        xmlns:smartFilterBar="sap.ui.comp.smartfilterbar"
        xmlns:smartTable="sap.ui.comp.smarttable"
        xmlns:html="http://www.w3.org/1999/xhtml"
        controllerName="sapuibuch.demo.smart.controller.App"
        xmlns:core="sap.ui.core"
        height="100%">
```

Listing 16.6 XML-Namensraum für das Control »SmartFilterBar«

Als Nächstes fügen Sie das in Listing 16.7 gezeigte SmartFilterBar-Control direkt über der SmartTable-Implementierung ein. Setzen Sie die id auf smartFilterBar, und verbinden Sie die SmartFilterBar über die Eigenschaft entitySet mit dem EntitySet BusinessPartnerSet. Geben Sie über den Parameter enableBasicSearch an, dass Sie ein Suchfeld in der Filterbar integrieren wollen. Dieses soll auf dem Feld BusinessPartnerID suchen, was Sie über die Eigenschaft basicSearchFieldName konfigurieren. Damit etwaige Personalisierungen im Rahmen der Variantenbildung gespeichert werden können, setzen Sie das Attribut persistencyKey auf den selbstdefinierten Wert MyFilterBar.

Implementierung der »SmartFilterBar«

16

```
<smartFilterBar:SmartFilterBar id="smartFilterBar"
   entitySet="BusinessPartnerSet"
   persistencyKey="MyFilterBar"
   basicSearchFieldName="BusinessPartnerID"
   enableBasicSearch="true" >
</smartFilterBar:SmartFilterBar>
```

Listing 16.7 Hinzufügen vordefinierter Filterfelder

Damit das SmartFilterBar-Control und die SmartTable zusammenarbeiten können, müssen Sie die beiden Controls verbinden: Hierzu geben Sie bei SmartTable das Attribut smartFilterBar an und weisen dem Attribut die ID smartFilterBar des SmartFilterBar-Controls zu (siehe Listing 16.8).

Angabe des Attributs »smartFilterBar«

```
<smartTable:SmartTable id="BusinessPartner"
  entitySet="BusinessPartnerSet" tableType="ResponsiveTable"
  useExportToExcel="true" beforeExport="onBeforeExport"
  useVariantManagement="false"
```

```
  useTablePersonalisation="true" header="Business Partner"
  showRowCount="true"  smartFilterId="smartFilterBar"
  enableAutoBinding="true"
  class="sapUiResponsiveContentPadding"
  initiallyVisibleFields="BusinessPartnerID,
     CompanyName,LegalForm">
</smartTable:SmartTable>
```

Listing 16.8 Angabe des »smartFilterBar«-Attributs

Grundfunktionen der »SmartFilter-Bar«

Starten Sie die Anwendung. Das hinzufügte Control wird korrekt dargestellt (siehe Abbildung 16.8).

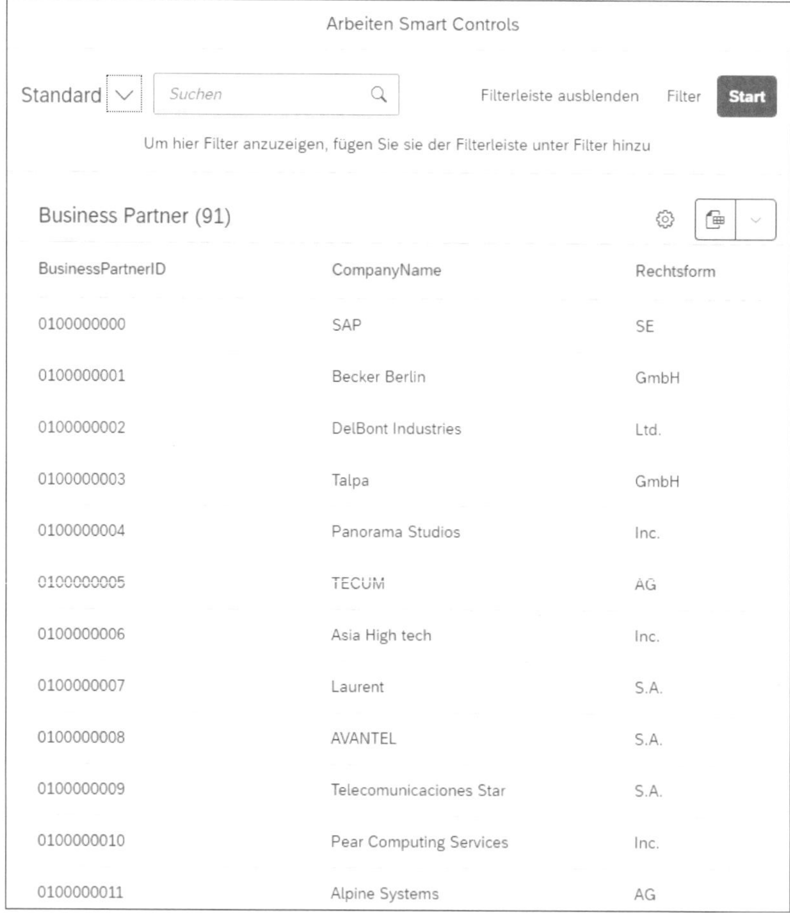

Abbildung 16.8 Initiale »SmartFilterBar«-Darstellung

Das SmartFilterBar-Control verfügt in der Grundimplementierung über die Konfiguration und Verwaltung von Selektionsvarianten, ein Suchfeld, über das der Nutzer nach konkreten Datensätzen suchen kann, die Schaltflächen **Filterleiste ausblenden** bzw. **Filterleiste einblenden**, **Filter** für das Festlegen von Filterkriterien und **Start** für das Anwenden der ausgewählten Filter.

Um nun Filterkriterien auszuwählen, klicken Sie auf den Button **Filter** und erhalten den in Abbildung 16.9 gezeigten Dialog.

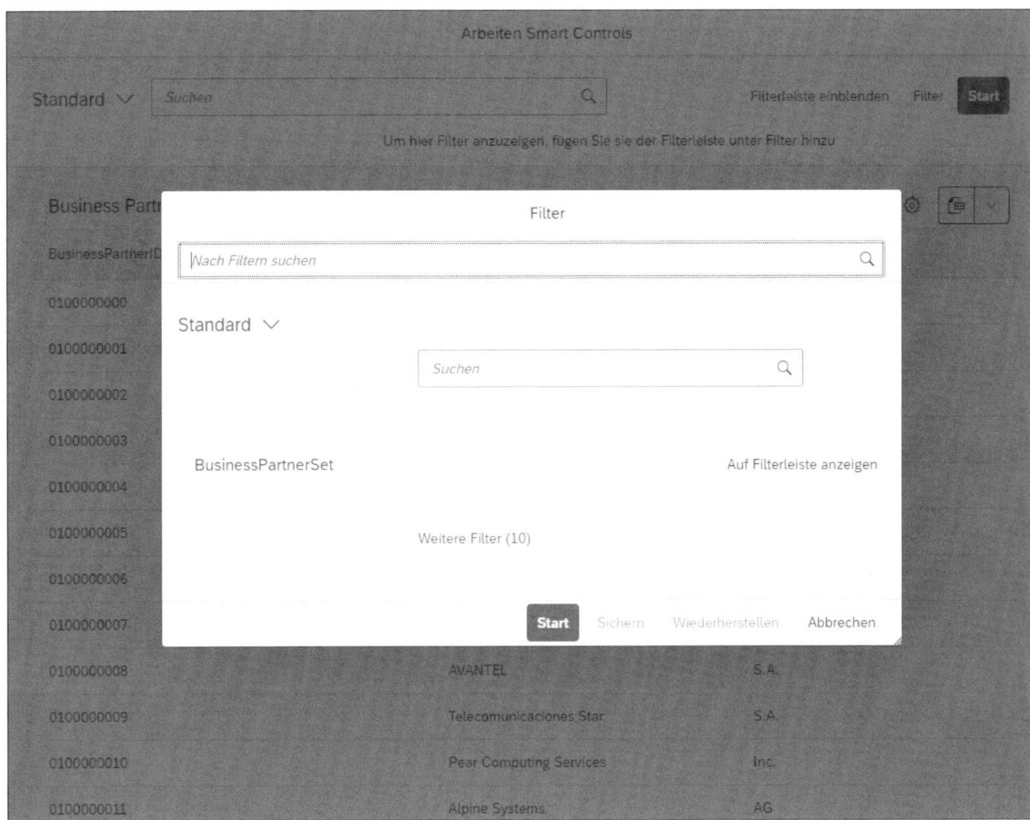

Abbildung 16.9 Dialog zur Filterkonfiguration

Auswahl der Filterkriterien

Wenn Sie auf **Weitere Filter** klicken, erhalten Sie den in Abbildung 16.10 gezeigten Dialog zur Auswahl der Attribute der zugrundeliegenden Entität, auf denen wir Filter anwenden wollen. Hier werden bereits die sprachabhängigen Texte der Attribute aus der Entität verwendet. Wählen Sie die Attribute **Geschäftspartner-ID**, **Firma** und **Rechtsform** aus, und bestätigen Sie mit **OK**.

Im Anschluss werden die ausgewählten Filterkriterien dargestellt (siehe Abbildung 16.11).

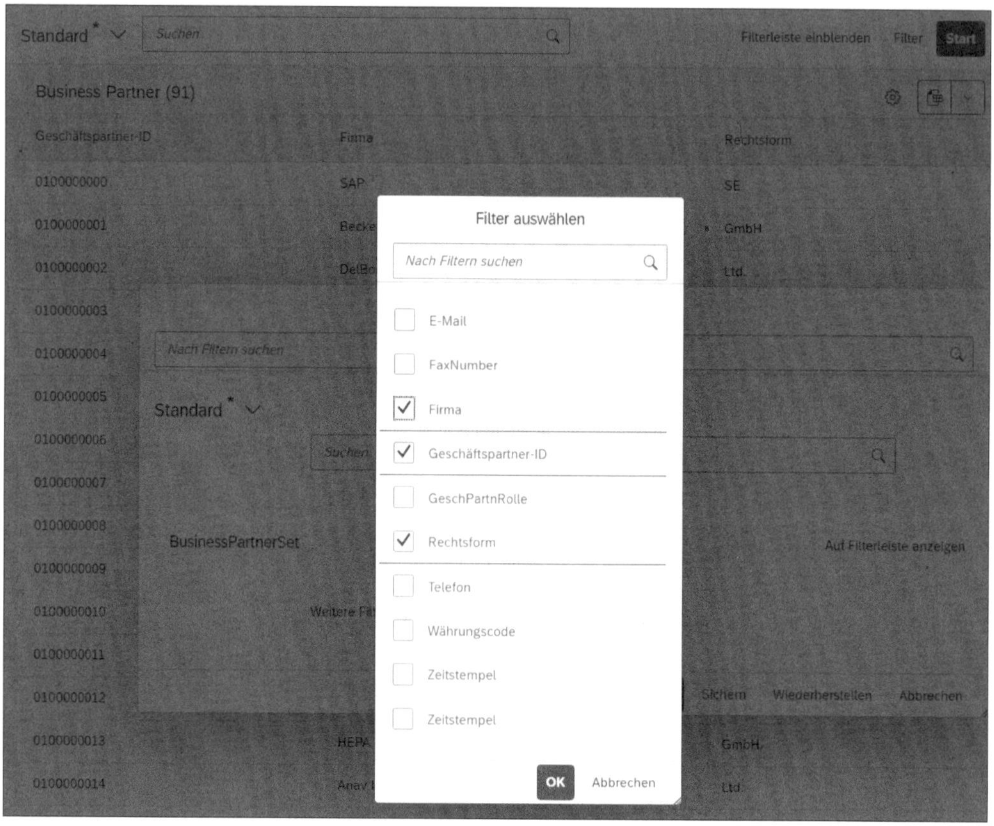

Abbildung 16.10 Auswahl der Filterkriterien

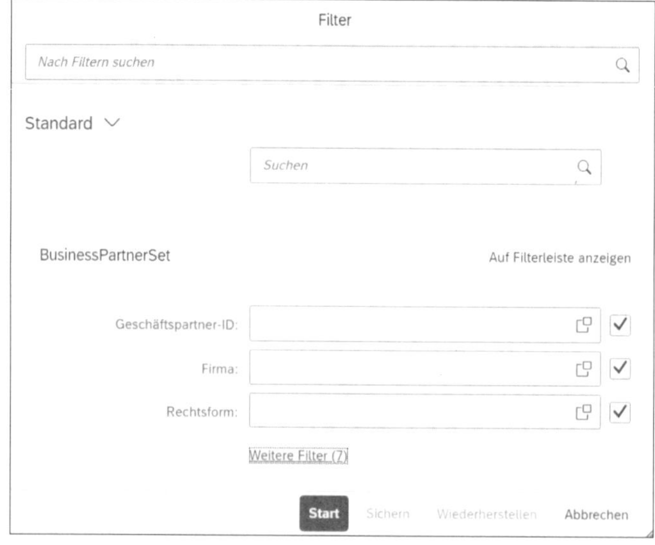

Abbildung 16.11 Festgelegte Filterkriterien

Konfiguration der Filterbedingungen

Rufen Sie nun die Wertehilfe des Filterkriteriums **Geschäftspartner-ID** auf. Es erscheint der in Abbildung 16.12 gezeigte Dialog. Wir wollen in unserem Beispiel nach Geschäftspartnern filtern, deren Partner-ID eine 3 enthält. Geben Sie daher in das entsprechende Feld eine 3 ein, und drücken Sie [↵]. Das Filterkriterium wird in den Bereich **Ausgewählte Elemente** übernommen. Das führende und abschließende * für einen **Enthält**-Filter wird automatisch hinzufügt. Da wir keine weiteren Filterkriterien festlegen wollen, klicken wir auf **OK**.

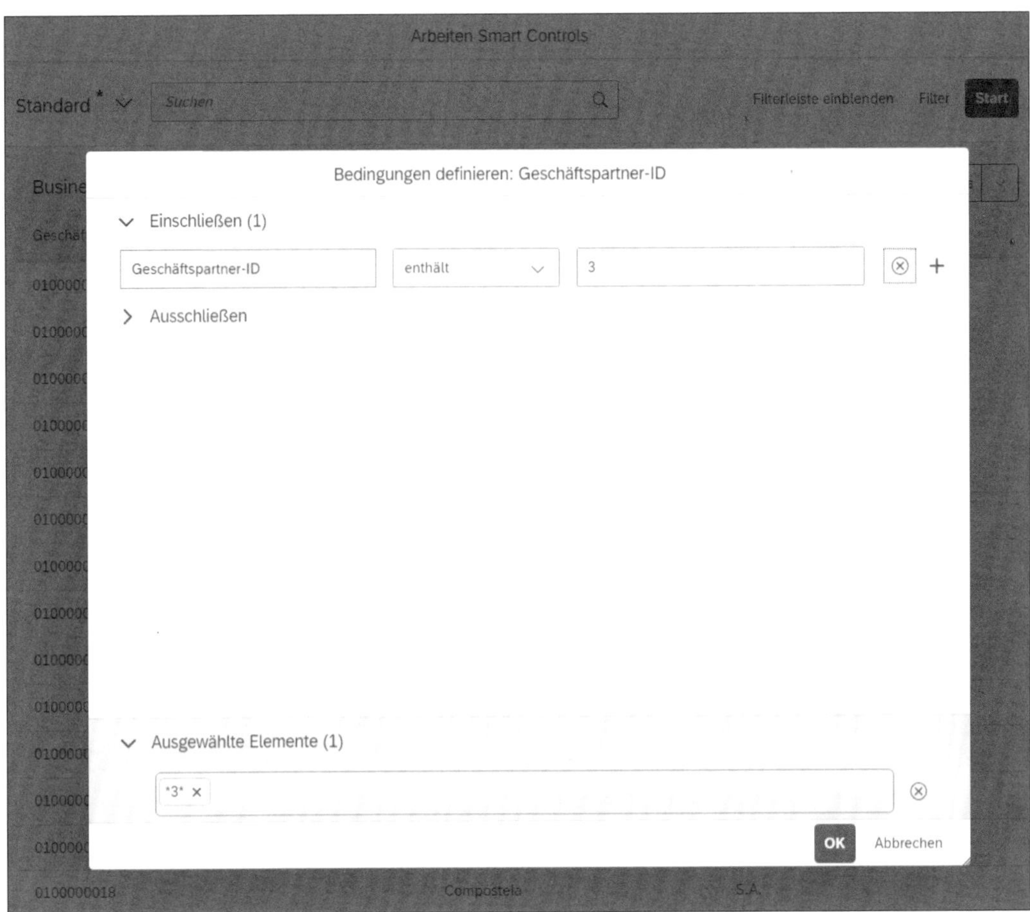

Abbildung 16.12 Filterbedingungen definieren

Die Filterkonfiguration wird übernommen (siehe Abbildung 16.13). Um den Filter anzuwenden, klicken Sie auf **Start**. Die Filterkonfiguration wird auf die Liste der Geschäftspartner angewandt, und nur noch jene, deren ID eine 3 enthält, werden angezeigt.

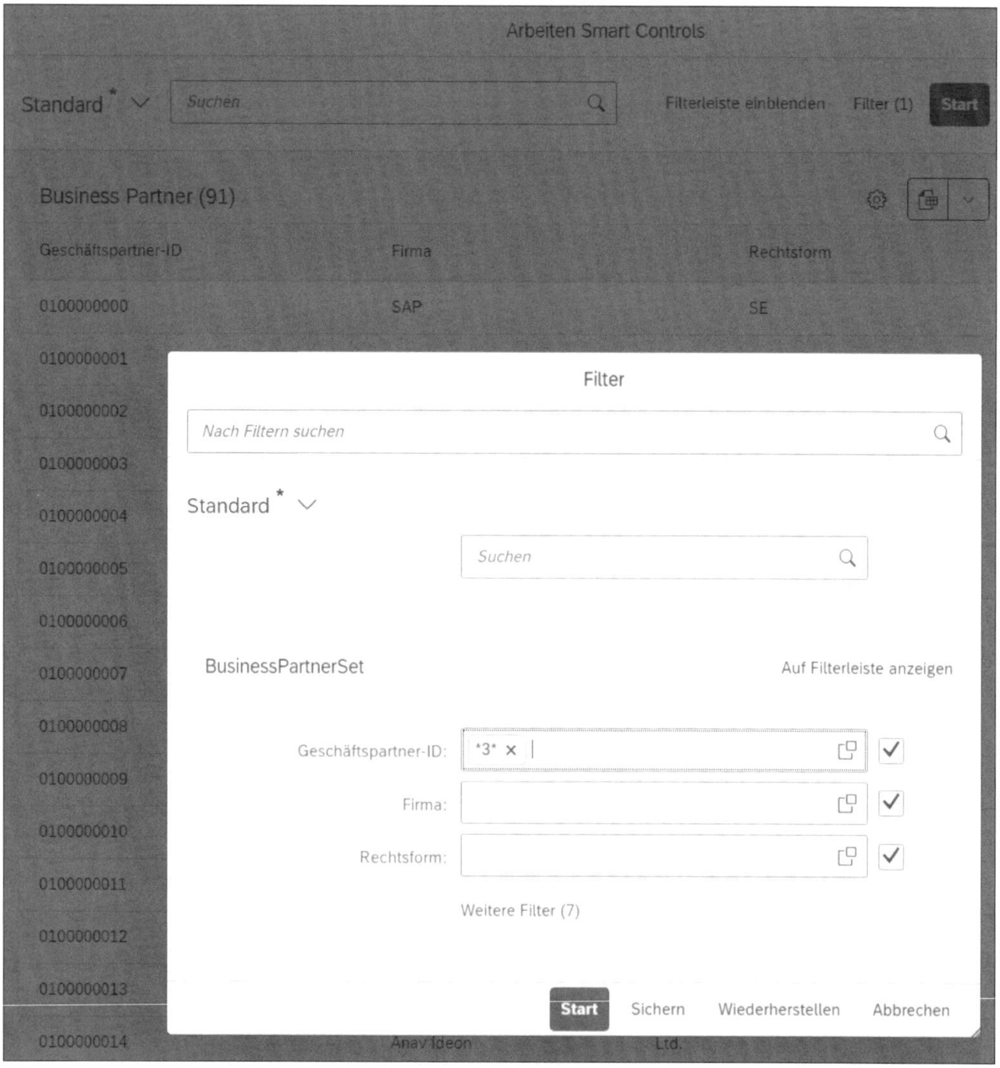

Abbildung 16.13 Filterkonfiguration

Einschränkungen des verwendeten OData-Service

Die dargestellte Suche arbeitet bei dem verwendeten OData-Service leider nicht ganz korrekt. Der Standard-Service von SAP kann beispielweise eine Suchanfrage nach dem Begriff »SAP« nicht verarbeiten. Der Request, der an den Server geschickt wird, hat den Aufbau *BusinessPartnerSet/$count?search-focus=CompanyName&search=SAP* und kann nicht ohne entsprechende Anpassungen am Service verarbeitet werden.

16.3.1 Filterkriterien festlegen

Filter vorkonfigurieren

In vielen Fällen ist bereits bei der Implementierung bekannt, nach welchen Kriterien der Nutzer normalerweise filtern möchte, sodass wir erreichen möchten, dass der Nutzer die Felder nicht bei jedem Aufruf neu konfigurieren muss. Wir wollen unsere Filterbar bereits beim Start mit Filtern für die Geschäftspartner-ID, den Firmennamen und die Rechtsform ausstatten. Die `SmartFilterBar` stellt für das Festlegen der Filter die Aggregation `controlConfiguration` zur Verfügung. Die Aggregation erwartet Controls vom Typ `sap.ui.comp.smartfilterbar.ControlConfiguration`. Fügen Sie drei Controls des Typs in die Aggregation ein (siehe Listing 16.9). Jedes der Controls erhält die Attribute `key` und `visibleInAdvancedArea`. Das Attribut `key` erhält das Attribut der Entität, das für den Filter verwendet werden soll. `visibleInAdvancedArea` gibt an, ob das Filterkriterium in der Filterbar direkt angezeigt werden soll. Da wir genau aus diesem Grund die Filterbar erweitern möchten, setzen wir den Wert auf `true` (der Standard ist `false`).

```
<smartFilterBar:SmartFilterBar id="smartFilterBar"
  entitySet="BusinessPartnerSet"
  persistencyKey="UI5FilterBar"
  basicSearchFieldName="BusinessPartnerID"
  enableBasicSearch="true" >
 <smartFilterBar:controlConfiguration>
  <smartFilterBar:ControlConfiguration
     key="BusinessPartnerID" visibleInAdvancedArea="true">
  </smartFilterBar:ControlConfiguration>
  <smartFilterBar:ControlConfiguration
     key="CompanyName" visibleInAdvancedArea="true">
  </smartFilterBar:ControlConfiguration>
  <smartFilterBar:ControlConfiguration
    key="LegalForm" visibleInAdvancedArea="true">
  </smartFilterBar:ControlConfiguration>
 </smartFilterBar:controlConfiguration>
</smartFilterBar:SmartFilterBar>
```

Listing 16.9 Erweitern der Filterimplementierung

Nach den Anpassungen starten Sie die Anwendung neu. Es werden direkt die drei Controls für die Konfiguration der Filter angezeigt. Geben Sie in das Filterfeld für die Geschäftspartner-ID den Wert »*3*« (inklusive der Sternchen) ein, und drücken Sie [↵]. In der Tabelle werden nur noch die Geschäftspartner dargestellt, deren ID eine 3 enthält (siehe Abbildung 16.14).

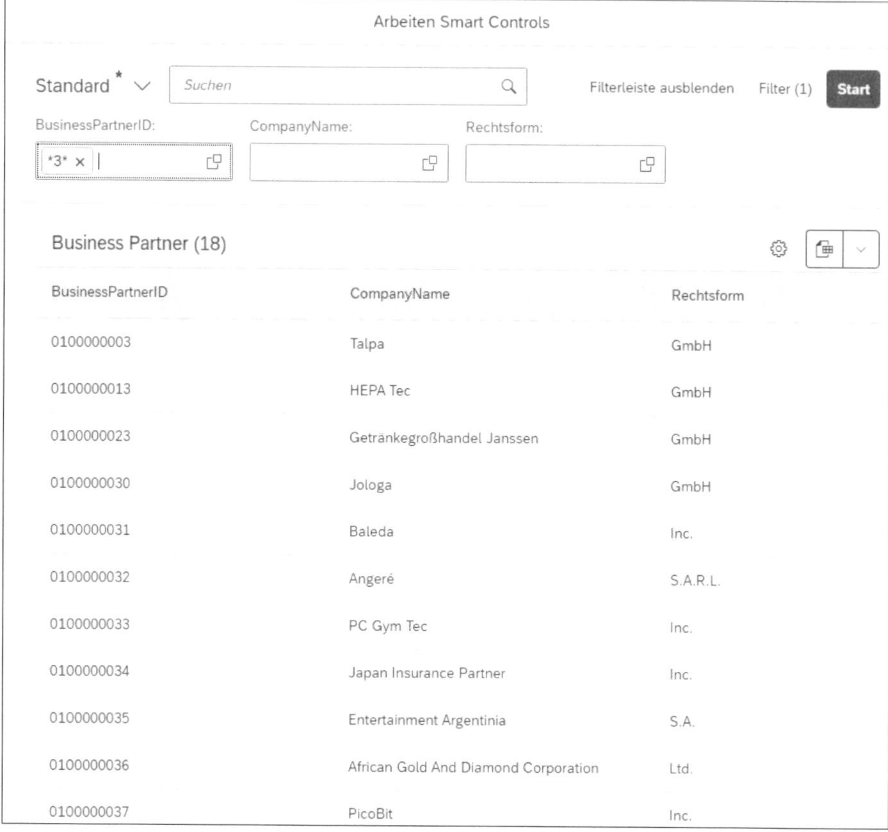

Abbildung 16.14 Tabelle mit angewandtem Filter

16.4 »SmartForm«

Intelligente Objekte

Zum Abschluss wollen wir noch die Details eines in der Tabelle ausgewählten Geschäftspartners auf einer zweiten View anzeigen. Hierzu verwenden wir die smarte Variante eines Formulars, das sogenannte `SmartForm`, von SAPUI5. Das `SmartForm`-Control wird im Namensraum `sap.ui.comp.smartform` implementiert und stellt im Grunde eine Implementierung von `sap.ui.layout.form.Form` dar. Die Intelligenz des `SmartForm`-Objekts wird in Zusammenarbeit mit dem Control `sap.ui.comp.smartfield.SmartField` hergestellt. Erzeugt man den Inhalt des Formulars mittels Controls des `SmartField`-Typs, erhalten die Felder die Labels aus dem Attribut `sap:label` des angebundenen Entity-Attributs.

Namensräume bekannt machen

Damit Sie die beiden Controls in einer View nutzen können, müssen Sie die beiden Namensräume entsprechend in der View bekannt machen (siehe Listing 16.10).

```
<mvc:View
        xmlns="sap.m"
        xmlns:core="sap.ui.core"
        xmlns:mvc="sap.ui.core.mvc"
        xmlns:smartForm="sap.ui.comp.smartform"
        xmlns:smartField="sap.ui.comp.smartfield"
        xmlns:html="http://www.w3.org/1999/xhtml"
        controllerName="sapuibuch.demo.smart.controller.Details"
        height="100%">
```

Listing 16.10 Einführen der SAPUI5-Namensräume

Im Anschluss können Sie die Detailansicht unter Verwendung von `sap.ui.comp.smartform.SmartForm`- und `sap.ui.comp.smartfield.SmartField`-Controls ausprägen (siehe Listing 16.11). Über die Eigenschaft `editTogglable` können Sie dem Formular mitgeben, ob ein Control gerendert werden soll, über das Sie zwischen Anzeige- und Bearbeitungsmodus wechseln können. Möchten Sie auf die Aktion reagieren, implementieren Sie für das Event `editToggled` einen Eventhandler. Das Attribut `title` erhält den Wert, der in der Titelzeile des Formulars angezeigt wird. Im Weiteren können Sie Daten über das Control `sap.ui.comp.smartForm.Group` zu Gruppen zusammenfassen. Eine Gruppe erhält ihre Überschrift über das Attribut `label`. Die einzelnen Datenelemente einer Gruppe werden über `sap.ui.comp.smartform.GroupElement`-Controls gekapselt. Wie in unserem Beispiel fügen Sie darin das entsprechende Formularelement ein.

```
<smartForm:SmartForm id="smartForm"
   editTogglable="true" editToggled="onEditToggled"
   title="{BusinessPartnerID}">
 <smartForm:Group label="{i18n>grpHeader}">
  <smartForm:GroupElement id="GBPID">
   <smartField:SmartField value="{BusinessPartnerID}"
    id="BusinessPartnerID"/>
  </smartForm:GroupElement>
  <smartForm:GroupElement id="GCompanyName">
   <smartField:SmartField value="{CompanyName}"
    id="CompanyName"/>
  </smartForm:GroupElement>
  <smartForm:GroupElement id="GLegalForm">
   <smartField:SmartField value="{LegalForm}"
    id="LegalForm"/>
  </smartForm:GroupElement>
  <smartForm:GroupElement id="GPhoneNumber">
```

16

```
    <smartField:SmartField value="{PhoneNumber}"
     id="PhoneNumber"/>
   </smartForm:GroupElement>
   <smartForm:GroupElement id="GFaxNumber">
    <smartField:SmartField value="{FaxNumber}"
     id="FaxNumber"/>
   </smartForm:GroupElement>
   <smartForm:GroupElement id="GWebAddress">
    <smartField:SmartField value="{WebAddress}"
     id="WebAddress"/>
   </smartForm:GroupElement>
   <smartForm:GroupElement id="GMailAdress">
    <smartField:SmartField value="{EmailAddress}"
     id="MailAdress" />
   </smartForm:GroupElement>
   <smartForm:GroupElement id="GCurrencyCode">
    <smartField:SmartField value="{CurrencyCode}"
     id="CurrencyCode" />
   </smartForm:GroupElement>
  </smartForm:Group>
</smartForm:SmartForm>
```

Listing 16.11 Implementierung der Geschäftspartner-Details

Die Implementierung führt zur Laufzeit zu der in Abbildung 16.15 gezeigten Darstellung. In der oberen rechten Ecke wird ein Button für den Wechsel zwischen Anzeige- und Bearbeitungsmodus eingeblendet.

Abbildung 16.15 Anzeigemodus des »SmartForm«-Objekts

Durch einen Klick auf den Stift in der oberen rechten Ecke wird das Formular im Bearbeitungsmodus dargestellt (siehe Abbildung 16.16).

Abbildung 16.16 »SmartForm« im Bearbeitungsmodus

Fazit

Dieses Kapitel hat Ihnen gezeigt, wie viel einfacher die Implementierung von SAPUI5-Anwendungen unter Verwendung von Smart Controls ist. Die Menge an benötigtem XML- bzw. JavaScript-Code ist überschaubar, und die Mächtigkeit liegt in der Verarbeitung der Metadaten, die über den OData-Service geliefert werden. Smart Controls sind zudem die Grundlage für die Entwicklung von Anwendungen auf Basis von SAP Fiori Elements (siehe Kapitel 24, »SAP Fiori«).

Kapitel 17
Implementierung eigener Controls

Nicht immer sind die Standard-Controls der SAPUI5-Bibliothek ausreichend für spezifische, anwendungsfallzentrierte Anforderungen. Dieses Kapitel zeigt, wie Sie Controls erweitern und eigene Controls von Grund auf implementieren.

SAPUI5 bietet eine Reihe von Möglichkeiten, die Palette der angebotenen Standard-Controls zu erweitern, sei es durch das Hinzufügen eigener Funktionalität zu bestehenden Controls, das Kombinieren mehrerer Controls zu einer funktionalen Einheit oder das Erstellen völlig neuer Controls.

Eigene Controls erlauben es Ihnen, spezialisierte, auf Ihre Anwendungen zugeschnittene Benutzeroberflächenelemente wiederzuverwenden. Die Wiederverwendbarkeit stellt hierbei das Schlüsselwort dar. In vielen Anwendungssituationen können Sie ein spezialisiertes Verhalten bereits über die bislang vorgestellten Konzepte wie Formatter oder passende Controller-Funktionen erreichen. Kapseln Sie dieses Verhalten jedoch zusammen mit der entsprechenden Benutzeroberflächenstruktur, erhalten Sie mit einmaligem Entwicklungsaufwand die Möglichkeit, Ihre fachlich und funktional angepassten Elemente anwendungsintern und – mit Hilfe von Control-Bibliotheken – anwendungsübergreifend beliebig zu nutzen und so Ihre Entwicklungseffizienz weiter zu steigern.

In Abschnitt 17.1 erhalten Sie zunächst einen detaillierteren Einblick über den Aufbau und die Funktionsweise von SAPUI5-Controls. Abschnitt 17.2 behandelt das Erweitern von Standard-Controls und das Implementieren neuer Controls. Abschnitt 17.3 gibt Ihnen einen Einblick in die Implementierung von XML Composites.

17.1 Grundlagen der SAPUI5-Control-Entwicklung

Die Standard-Controls von SAPUI5 sind als JavaScript-Module definiert und in Bibliotheken zusammengefasst. Bei der Entwicklung eigener Controls können Sie diese als Teil einer einzelnen Anwendung direkt in diese Module integrieren oder ebenfalls zu einer eigenen Control-Bibliothek hinzufügen.

Grundbestandteile von Controls

Sie entwickeln Ihre eigenen Controls als ebensolche JavaScript-Module. Dabei kommen vier hauptsächliche Komponenten zum Tragen, die ein SAPUI5-Control ausmachen und die Sie bei der Control-Implementierung entsprechend gestalten können: die *Control-API*, das *Control-Verhalten*, der *Control-Renderer* und der *Control-Style*. Abbildung 17.1 fasst diese vier Komponenten zusammen. Die unterschiedlichen Komponenten kontrollieren die Interaktivität, Funktionalität und Darstellung des Controls.

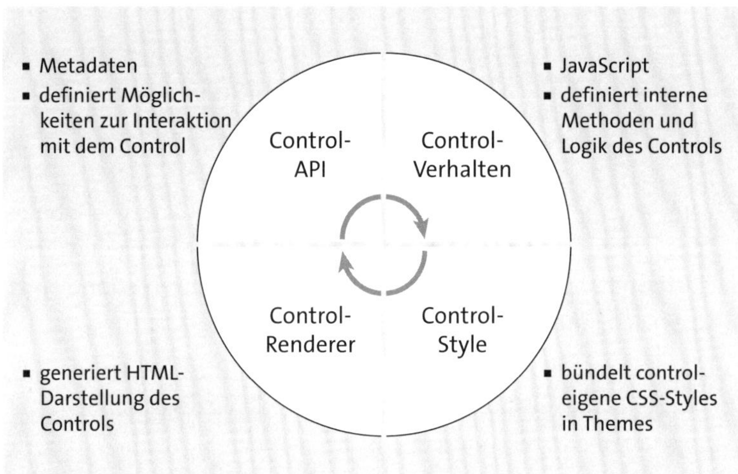

Abbildung 17.1 Funktionale Komponenten eines SAPUI5-Controls

17.1.1 Control-API

Control-API

Die *Control-API* definiert die Metadaten des Controls, über die Sie festlegen, inwiefern Anwendungsentwickler mit dem Control interagieren können. Sie definieren die Eigenschaften (Properties) des Controls, die direkt oder über Bindings mit Daten bestückt werden können, Events, auf die Handler-Funktionen registriert werden können, Aggregationen von und Assoziationen zu weiteren Elementen und Methoden, die auf dem Control aufrufbar sind.

Metadaten definieren

Sie definieren die Metadaten als JSON-Objekt innerhalb der Control-Definition. Listing 17.1 zeigt diese Metadatendefinition in einer grundlegenden Control-Struktur.

```
sap.ui.define([
  "sap/ui/core/Control"
], function (Control) {
  "use strict";
  return Control.extend("de.sapui5buch.demo.BeispielControl", {
    metadata : {
```

```
      properties: {},
      aggregations: {},
      associations: {},
      ...
    },
  // ...
  });
```

Listing 17.1 Grundlegende Control-Struktur mit Metadaten

Die einzelnen Eigenschaften, Events etc. werden wiederum unter dem gewünschten Namen als JSON-Objekte in ihrer entsprechenden Rubrik angelegt.

API-Methode für Control-Erweiterungen

Die große Bandbreite an möglichen Parametern, mit denen einzelne API-Felder konfiguriert werden können, ist in der API-Dokumentation in den `extend()`-Methoden der entsprechenden Elemente beschrieben. Von besonderer Bedeutung ist hier die Dokumentation zu `sap.ui.base.ManagedObject.extend()`, in der der Großteil der Rubriken und ihrer konfigurierbaren Parameter ausführlich beschrieben wird. Zusätzliche Parameter werden in davon abgeleiteten Modulen wie `sap.ui.core.Element` und `sap.ui.core.Control` ergänzt.

Zur Laufzeit bieten die jeweiligen Controls die Möglichkeit, die Metadaten über ihre `getMetadata()`-Funktion abzurufen.

17.1.2 Control-Verhalten

Control-Funktionen

Außerhalb der Metadatendefinition kann ein Control JavaScript-Methoden definieren, über die das Control-Verhalten gesteuert werden kann. Dies betrifft sowohl die interne Logik des Controls als auch die Realisierung der Interaktion über die in den Metadaten definierten Schnittstellen.

Darunter zählen Methoden rund um den Lebenszyklus des Controls, wie `init`, `onBeforeRendering`, `onAfterRendering` und `exit`, die Sie implementieren können, um etwa bei der Instanziierung des Controls bestimmte Ressourcen vorzubereiten.

[«]

Überschreiben von Lifecycle-Methoden

Beachten Sie, dass beim Überschreiben von Methoden, die zum Lebenszyklus eines Controls gehören, gegebenenfalls die Funktionalität dieser Methode aus einer Prototypklasse des Controls verlorengeht.

Prüfen Sie daher, ob eine solche Methode in der Prototypenkette vorhanden ist, und rufen Sie sie zunächst auf, bevor Sie Ihre eigene Funktionalität implementieren, um eine korrekte Instanziierung und Verwendung des Controls sicherzustellen. Listing 17.2 zeigt dies beispielhaft.

```
init: function() {
 if (de.sapui5buch.demo.BeispielControl.prototype.init) {
  de.sapui5buch.demo
  .BeispielControl.prototype.init.apply(this, arguments);
  }
  // Ihre eigene Funktionalität...
}
```

Listing 17.2 Überschreiben von Lifecycle-Methoden eines Controls

Generierte Methoden

Für Felder wie Eigenschaften oder Aggregationen, die in den Metadaten deklariert wurden, werden automatisch kontextabhängige Methoden wie z. B. Getter und Setter erstellt. So werden für einen Eigenschaftswert automatisch die Methoden `setValue` und `getValue`, aber auch `bindValue` und `unbindValue` erstellt, die Sie bei Bedarf überschreiben können. Für eine Aggregation `items` mit der Multiplizität `0..n` werden zusätzlich Methoden wie `addItem` und `removeItem` erzeugt. Für Events werden Methoden zum Anhängen von Handler-Funktionen und zum Auslösen des Events erzeugt, so beispielsweise `attachUpdate`, `detachUpdate` und `fireUpdate` für ein Event `update`. Eine genaue Übersicht über die erzeugen Methoden je Feldart liefert auch hier die Dokumentation zur Methode `sap.ui.base.ManagedObject.extend()`.

Eigene Methoden

Darüber hinaus können Sie beliebige eigene Methoden für ein Control definieren. Vermeiden Sie hierbei soweit möglich Methodennamen, die anhand der Metadaten automatisch erzeugt werden könnten oder die mit einem speziellen Zweck verbunden sind, wie beispielsweise Eventhandler. Dazu zählen Namen wie `set`, `get` oder `on`.

Kennzeichnen Sie interne Methoden, indem Sie ihnen einen Unterstrich voransetzen, beispielsweise `_checkValidity()`. Obwohl dies keine technische Restriktion einführt, so kennzeichnet es per Konvention Funktionen, die nur zur Verwendung innerhalb eines Controls gedacht sind. Wenden Sie dieses Prinzip auch auf Methoden in Controllern oder anderweitigen eigenen SAPUI5-Modulen an.

17.1.3 Control-Renderer

Renderer

Der *Control-Renderer* übernimmt die Aufgabe, die HTML-Struktur zu erstellen, durch die das Control zur Laufzeit im DOM repräsentiert wird. Das Control definiert als `renderer` ein Objekt aus derselben oder einer separaten Datei, das die Funktion `render` implementiert. Diese wird für die Darstellung des Controls mit zwei Parametern aufgerufen: dem Control und dem `RenderManager`. Listing 17.3 zeigt beispielhaft eine solche `renderer`-Definition.

```
renderer: {
  apiVersion: 2,
  render: function(oRM, oControl) {
  oRM.openStart("div", oControl);
  oRM.style("width", oControl.getWidth());
  oRM.openEnd();
  oRM.text(oControl.getValue());
  oRM.close("div");
  }
}
```

Listing 17.3 Definition eines Control-Renderers

»RenderManager«

`sap.ui.core.RenderManager` stellt Ihnen Funktionen für das Rendern eines Controls zur Verfügung – angefangen vom Erstellen der öffnenden und schließenden HTML-Tags über das automatische Eintragen identifizierender Informationen des Controls bis zum Rendern verschachtelter Controls.

Dabei nutzt der `RenderManager` das als Parameter übergebene Control, um über dessen API-Methoden die Inhalte abzurufen und in den erzeugten HTML-Code einzubetten. Sie können die Renderer-Implementierung direkt in derselben Datei vornehmen, in der auch das Control implementiert wird. Implementieren Sie hierzu den Parameter `renderer`. Alternativ können Sie die Implementierung in einer separaten Datei vornehmen. Benennen Sie die Datei, indem Sie dem Dateinamen des Controls **Renderer** anhängen. Eine separate Datei für ein Control **MyInput** wäre dementsprechend **MyInputRenderer.js**.

17.1.4 Control-Style

Control-Style

Visuelle Besonderheiten des Controls können Sie entsprechend in eigenen CSS-Dateien kapseln und gebündelt mit dem Control oder als Teil von Themes in einer Control-Bibliothek mit ausliefern. Eine separate CSS-Datei können Sie beispielsweise parallel zur applikationseigenen CSS-Datei im Manifest referenzieren.

17.2 UI-Controls erweitern

Den Ansatz, bestehende Controls zu erweitern, wählen Sie typischerweise dann, wenn eine interne Funktionalität eines Controls erweitert werden soll, die Control-Darstellung jedoch nicht grundlegend verändert wird. Das Vorgehen orientiert sich an den bisher bereits bekannten Prinzipien zur Erstellung und Erweiterung von SAPUI5-Modulen. Erstellen Sie per `sap.ui.define` ein Modul für das neu zu erstellende Control, und deklarieren Sie die Abhängigkeit zu jenem Control, das Sie erweitern möchten und auf dem somit die Funktionalität und das Rendering basieren sollen.

Controls erweitern

Definieren Sie dann Metadaten wie Eigenschaften und Events, die das Control zusätzlich zu den bereits vorhandenen Basis-Metadaten bieten soll. Implementieren Sie die notwendige Funktionalität in den dafür entsprechenden Methoden. Sie haben hier ebenfalls Zugriff auf die Getter- und Setter-Funktionen, die zu den Properties erzeugt werden, und können die definierten Events über die erzeugten `fire`-Methoden auslösen.

Die Methoden zum Rendern des Controls bleiben hierbei in der Regel unangetastet, jedoch könnten auch sie erweitert oder überschrieben werden. Zudem ist es möglich, dem Standard-Renderer weitere Befehle hinzufügen.

17.2.1 Implementierungsbeispiel: erweitertes Link Control

Als Beispiel möchten wir unsere Beispielapplikation mit eigenen Controls ausstatten, um die Information im Header unserer Detailansicht mit zusätzlichen Funktionen auszustatten. Derzeit werden die Kontaktinformationen in diesem Bereich als einfache Texte angezeigt (siehe Abbildung 17.2).

Kontaktdaten
URL: http://www.panorama-studios.biz
Email-Adresse: customer-bob.buyer@panorama-studios.biz
Telefon: 2244668800
Fax: 2244668004

Abbildung 17.2 Header mit Kontaktdaten als einfache Texte

Demo: Control erweitern

Um diesen Teil für Ihre Anwender interaktiver zu gestalten, können Sie die Texte als `sap.m.Link`-Controls darstellen. Damit beim Klick auf die Links direkt die passende Aktion, beispielsweise das Öffnen des E-Mail-Programms oder das Starten eines Anrufs, ausgelöst wird, können die URI-Präfixe `mailto:` und `tel:` verwendet werden. Das folgende Listing zeigt ein Beispiel eines solchen Links für die E-Mail-Adresse:

```
<Link text="{EmailAddress}" href="mailto:{EmailAddress}" />
```

Natürlich könnten Sie dies jeweils einzeln pro Link einstellen, im Sinne einer Wiederverwendung und der Implementierung eines eigenen Controls möchten wir jedoch ein erweitertes Link-Control erstellen, das diese Einstellung über eine Control-Eigenschaft konfigurierbar macht.

Erstellen Sie daher in Ihrem **webapp**-Verzeichnis einen Ordner **control**, in dem die eigenen Controls unserer Anwendung liegen werden. Erstellen Sie darin eine Datei **XLink.js**. Der Dateiname **XLink** entspricht dabei auch dem Namen unseres eigenen Controls.

Erstellen Sie das Modul per `sap.ui.define`, und deklarieren Sie eine Abhängigkeit zu `sap.m.Link`. Erweitern Sie `sap.m.Link` durch unser eigenes Control, und definieren Sie eine Property vom Typ `String` in den Metadaten (siehe Listing 17.4).

```
sap.ui.define([
  "sap/m/Link"
], function(Link) {
  "use strict";
  return Link.extend("de.sapui5buch.demo.control.XLink", {
    metadata: {
      properties: {
        linkType: {
          type: "String",
          defaultValue: "Default"
        }
      }
    },
    renderer: {},
    setText: function (sText) {
      this.setProperty("text", sText);
      this.setProperty("href", this._prefixText(sText), true);
    },
    _prefixText: function (sText) {
      let sPrefix = "";
      switch (this.getLinkType()) {
        case "Email": sPrefix="mailto:"; break;
        case "Phone":
        case "Fax": sPrefix="tel:"; break;
        default: break;
      }
      return sPrefix + sText;
```

17

```
    }
  });
});
```

Listing 17.4 Erweiterung des Controls »sap.m.Link« (Demo)

Standardwerte definieren

Als Standardwert für die `linkType`-Eigenschaft definieren Sie `Default`. Als weitere Werte sehen wir `Email`, `Phone` und `Fax` vor. Geben Sie ein leeres Objekt als `renderer` an, um den Standard-Renderer aus `sap.m.Link` zu übernehmen. Sie müssen entweder eine solche `renderer`-Angabe machen oder andernfalls eine Datei **XLinkRenderer.js** implementieren.

Mit dem Code aus Listing 17.4 implementieren Sie außerdem zwei weitere Methoden: Mit `setText()` überschreiben Sie die Standardimplementierung dieser Methode aus `sap.m.Link`, um nicht nur den übergebenen Wert für die `text`-Property zu setzen, sondern diese auch mit dem entsprechenden Präfix als Wert für die `href`-Property zu setzen. Das Präfix bestimmen Sie in der zweiten, internen Methode `_prefixText()` abhängig von der gesetzten `linkType`-Property bzw. deren Standardwert. Hierzu nutzt die Methode den zur `linkType`-Property erzeugten Getter `getLinkType()`.

Eigenes Control einbinden

Ändern Sie die Datei **view/Header.fragment.xml** wie in Listing 17.5 gezeigt, um unser neues `XLink`-Control anstelle der bisher verwendeten `Text`-Controls einzusetzen.

```
<core:FragmentDefinition
  xmlns="sap.m"
  xmlns:core="sap.ui.core"
  xmlns:layout="sap.ui.layout"
  xmlns:xx="de.sapui5buch.demo.control" >
  <layout:ResponsiveFlowLayout id="headerContent">
  <!-- … -->
    <layout:VerticalLayout width="100%">
      <HBox>
        <Title text="Kontaktdaten"/>
      </HBox>
      <HBox>
        <Label class="sapUiTinyMarginEnd" text="URL:" />
        <xx:XLink text="{WebAddress}" />
      </HBox>
      <HBox>
        <Label class="sapUiTinyMarginEnd" text="E-Mail-Adresse:" />
        <xx:XLink text="{EmailAddress}" linkType="Email" />
      </HBox>
```

```
    <HBox>
      <Label class="sapUiTinyMarginEnd" text="Telefon:" />
      <xx:XLink text="{PhoneNumber}" linkType="Phone" />
    </HBox>
    <HBox>
      <Label class="sapUiTinyMarginEnd" text="Fax:" />
      <xx:XLink text="{FaxNumber}" linkType="Fax" />
    </HBox>
    <layout:layoutData>
      <layout:ResponsiveFlowLayoutData minWidth="250" />
    </layout:layoutData>
  </layout:VerticalLayout>
<!-- ... -->
```

Listing 17.5 Verwenden des eigenen Controls (Demo)

Die XLink-Controls erhalten ihren Wert für die text-Property jeweils aus der Datenbindung, der linkType wird entsprechend konfiguriert, sofern er vom vorkonfigurierten Standardwert abweicht. Abbildung 17.3 zeigt den neuen Header mit unserem eigenen Control. Die href enthält nun das jeweils passende Präfix, ohne dass Sie dies gesondert angeben müssen.

Abbildung 17.3 Kontaktdaten mit eigenem Link-Control

17.2.2 Eigene Enumeration nutzen

Enumeration definieren

Bislang nutzen wir die linkType-Property des erweiterten Links als String und gehen davon aus, dass der Wert beim Einsatz des Controls korrekt gesetzt wird. Diesen potenziell fehleranfälligen Ansatz können Sie noch verbessern, indem Sie die zulässigen Werte in einer Enumeration formalisieren.

Legen Sie im Verzeichnis **control** einen weiteren Ordner **type** an, und platzieren Sie dort eine Datei **LinkType.js**. Implementieren Sie deren Inhalt wie in Listing 17.6 gezeigt.

```
sap.ui.define({
  Default: "Default",
  Email: "Email",
  Phone: "Phone",
  Fax: "Fax"
}, /* bExport */ true);
```

Listing 17.6 Enumeration »LinkType« (Demo)

Enumeration nutzen

Passen Sie anschließend Ihre Implementierung in **control/XLink.js** an, um diese Enumeration für die `linkType`-Property zu nutzen (siehe Listing 17.7).

```
sap.ui.define([
  "sap/m/Link",
  "./type/LinkType"
], function(Link) {
  "use strict";
  return Link.extend("de.sapui5buch.demo.control.XLink", {
    metadata: {
      properties: {
        linkType: {
          type: "de.sapui5buch.demo.control.type.LinkType",
          defaultValue: de.sapui5buch.demo.control.type.LinkType.
            Default
        }
      }
    },
    renderer: {},
    //...
```

Listing 17.7 Erweitertes Link-Control mit eigener Enumeration

Ähnlich wie bei eigenen Datentypen müssen Sie die Enumeration als Abhängigkeit deklarieren, diese aber nicht in die Factory-Funktion übergeben. Sie können dann die Enumeration für die `linkType`-Property nutzen. Die gesetzten Werte werden beim Einsatz des `XLink`-Controls entsprechend der in der Enumeration definierten Möglichkeiten geprüft.

Sie haben nun ein erweitertes Link-Control, das Sie überall in Ihrer Anwendung nutzen können und das Ihnen automatisch ein URI-Präfix zum konfigurierten `linkType` erstellt.

17.3 Eigene UI-Controls implementieren

Basisklassen verwenden

Die Implementierung eigener Controls und Elemente entspricht im Wesentlichen der Erweiterung bestehender Controls, mit dem Unterschied, dass Sie als Basis kein bestehendes Control verwenden, sondern die Basisklassen sap.ui.core.Control bzw. sap.ui.core.Element erweitern.

17.3.1 Der RenderManager

»RenderManager« im Detail

Der bedeutendste Unterschied zwischen neuen Controls und der Erweiterung bestehender Controls liegt in der Implementierung der render-Funktion, die Sie für eigene Controls umsetzen müssen. Wie in Abschnitt 17.1 erwähnt, nutzt die render-Funktion den als Parameter übergebenen sap.ui.core.RenderManager, um mit Hilfe dessen API-Methoden die HTML-Struktur zu erstellen.

Beachten Sie, dass der Kontext this innerhalb der render-Funktion *nicht* zugreifbar ist. Stattdessen nutzen Sie das ebenfalls als Parameter übergebene Control, um auf dessen Eigenschaften und Methoden zuzugreifen.

Nutzen Sie, wo immer möglich, die *semantischen* API-Methoden des RenderManager-Objekts, um HTML-Elemente erstellen zu lassen, anstatt diese direkt anzugeben. Schreiben Sie – hier bei einem unter dem Variablennamen oRM deklarierten RenderManager – also beispielsweise oRM.openStart("div"), oRM.openEnd() und oRM.close("div"), anstatt oRM.write("<div"), oRM.write(">") und oRM.write("</div>"), um ein eröffnendes HTML <div> zu erhalten.

In-place DOM patching

Zusammen mit der Angabe apiVersion: 2 ermöglichen Sie dadurch das sogenannte *In-place DOM patching*. Hierdurch muss bei Änderungen am Control, beispielsweise eines Wertes, nicht mehr die gesamte HTML-Struktur des Controls neu aufgebaut werden. Stattdessen kann der DOM-Baum des Controls traversiert und nur die betroffene Stelle im Detail geändert werden.

17.3.2 Composite Controls implementieren

Für unsere Demoimplementierung greifen wir den in Abschnitt 17.2 erstellten XLink nochmals auf und wollen auf dessen Basis ein eigenes Control erstellen. Als Beispiel soll neben dem Link ein Icon angezeigt werden, das die Art des Links grafisch verdeutlicht. Damit die Anwendung flexibel auf das Auswählen sowohl des Links als auch des Icons reagieren kann, soll das Control ein Event auslösen.

Composite Control

Wir wollen also mehrere Controls unter einer Funktionalität zusammenfassen. Für solche Fälle können Sie eigene Controls als *Composite Controls* anlegen. Die Controls, die als Einzelbestandteile dienen, werden in einem solchen Fall als interne Aggregationen des eigenen Controls gehalten.

Legen Sie für das Composite Control eine neue Datei **ContactLink.js** im Ordner **control** an, und deklarieren Sie `sap.ui.core.Control` als erste Abhängigkeit. Als zusammengesetzte Bestandteile wollen wir den bereits definierten `XLink` nutzen sowie ein `sap.ui.core.Icon`. Deklarieren Sie beide Module als Abhängigkeit. Auch unser `ContactLink`-Control soll mit der `LinkType`-Enumeration konfiguriert werden können. Dies ist die vierte und letzte Abhängigkeit.

Interne Inhalte definieren

Sowohl der `linkType` als auch der `text` für den `XLink` müssen als Properties definiert werden, um diese an den `XLink` weiterzugeben. Darüber hinaus soll über eine Property `showIcon` konfigurierbar sein, ob das Icon angezeigt wird oder nicht. Legen Sie außerdem zwei Aggregationen `_link` und `_icon` an, und definieren Sie abschließend ein Event `press`. Listing 17.8 zeigt die Implementierung bis zu diesem Schritt.

```
sap.ui.define([
  "sap/ui/core/Control",
  "./XLink",
  "sap/ui/core/Icon",
  "./type/LinkType"
], function(Control, XLink, Icon) {
  "use strict";
return Control.extend("de.sapui5buch.demo.control.ContactLink", {
    metadata: {
      properties: {
        text: {
          type: "String"
        },
        linkType: {
          type: "de.sapui5buch.demo.control.type.LinkType",
          defaultValue: "Default"
        },
        showIcon: {
          type: "boolean",
          defaultValue: true
        }
      },
      aggregations: {
        _link: {
          type: "de.sapui5buch.demo.control.XLink",
```

```
          visibility: "hidden",
          multiple: false
        },
        _icon: {
          type: "sap.ui.core.Icon",
          visibility: "hidden",
          multiple: false
        }
      },
      events: {
        press: {
          parameters: {
            text: { type: "String" },
            href: { type: "String" }
          }
        }
      }
    },
    // ...
  });
});
```

Listing 17.8 Definition des Composite Controls »ContactLink« (Demo)

Die Aggregationen `_link` und `_icon` werden mit einer Multiplizität `0..1` angelegt. Der Parameter `visibility: "hidden"` verhindert, dass die Aggregationen von außerhalb des Controls über die API gesetzt werden. Verwenden Sie hingegen den (Standard-)Wert `public`, wenn dies zugelassen werden soll.

Aggregierte Controls instanziieren

Implementieren Sie die `init` Lifecycle-Methode, um die aggregierten Controls zu instanziieren und gegebenenfalls mit initialen Werten zu versehen (siehe Listing 17.9).

```
init: function () {
  this.setAggregation("_link", new XLink({
    press: this._handlePress.bind(this)
  }));
  this.setAggregation("_icon", new Icon({
    press: this._handlePress.bind(this)
  }).addStyleClass("sapUiTinyMarginBegin"));
},
```

Listing 17.9 »init«-Methode des eigenen Controls »ContactLink« (Demo)

Die `press`-Events beider aggregierter Controls werden gegen eine noch zu implementierende Funktion `_handlePress` gebunden. Zusätzlich weisen wir dem Icon eine CSS-Klasse zu, um einen Abstand zum XLink-Control zu erhalten.

Setter und Getter für aggregierte Controls

Überschreiben Sie die Methoden setText und setLinkType, um die übergebenen Werte nicht nur am ContactLink-Control zu setzen, sondern diese auch an die aggregierten Controls weiterzuleiten. Die Eigenschaft des Icon src wird – analog zum Präfix des XLink-Objekts – abhängig vom konfigurierten linkType gesetzt. Listing 17.10 zeigt die restliche Implementierung des ContactLink-Controls.

```
setText: function (sText) {
  this.setProperty("text", sText);
  this.getAggregation("_link").setText(sText);
},

setLinkType: function (sType) {
  this.setProperty("linkType", sType);
  this.getAggregation("_icon").setSrc(this._getIconSource());
  this.getAggregation("_link").setLinkType(sType);
},

_handlePress: function (oEvent) {
  oEvent.preventDefault();
  this.firePress({
    text: this.getAggregation("_link").getText(),
    href: this.getAggregation("_link").getHref()
  });
},

_getIconSource: function () {
  switch (this.getLinkType()) {
    case "Email": return "sap-icon://email";
    case "Phone": return "sap-icon://call";
    case "Fax": return "sap-icon://fax-machine";
    default: return "";
  }
}
```

Listing 17.10 Setter und interne Methoden für »ContactLink« (Demo)

Separaten Renderer implementieren

Der letzte Baustein, der nun noch zum vollständigen eigenen Control fehlt, ist der Renderer. Diesen könnten wir, wie bereits erwähnt, in die Control-Definition unter dem Parameter renderer aufnehmen. Für unser konkretes Beispiel wollen wir dies jedoch in einer separaten Datei umsetzen. Legen Sie daher im Ordner **control** die Datei **ContactLinkRenderer.js** an, und befüllen Sie sie mit dem Code aus Listing 17.11:

```
sap.ui.define([], function () {
  "use strict";

  return {
    apiVersion: 2,

    render: function (oRM, oControl) {
      oRM.openStart("div", oControl);
      oRM.openEnd();
      oRM.renderControl(oControl.getAggregation("_link"));
      if (oControl.getProperty("showIcon")) {
        oRM.renderControl(oControl.getAggregation("_icon"));
      }
      oRM.close("div");
    }
  };
});
```

Listing 17.11 Renderer für das Control »ContactLink« (Demo)

Das Control beginnt mit dem öffnenden HTML-Element `<div>`. An diese Stelle könnten Sie mit Hilfe der Methoden `attr()` oder `style()`noch Attribute und Styleangaben ergänzen.

Aggregierte Controls rendern

Mit Hilfe der Methode `renderControl()` stoßen Sie wiederum das Rendern der aggregierten Controls an. Für das Icon ist dies von der `showIcon`-Einstellung der jeweiligen `ContactLink`-Instanz abhängig. Abschließend wird das äußere `div` des Controls geschlossen. Das Rendering des Controls ist nun vollständig.

Ersetzen Sie nun im Ordner **view** in der Datei **Header.fragment.xml** die `XLink`-Tags durch `ContactLink`-Tags, und setzen Sie testweise die `showIcon`-Property für den E-Mail-Link auf `false`. Das Ergebnis zeigt Abbildung 17.4.

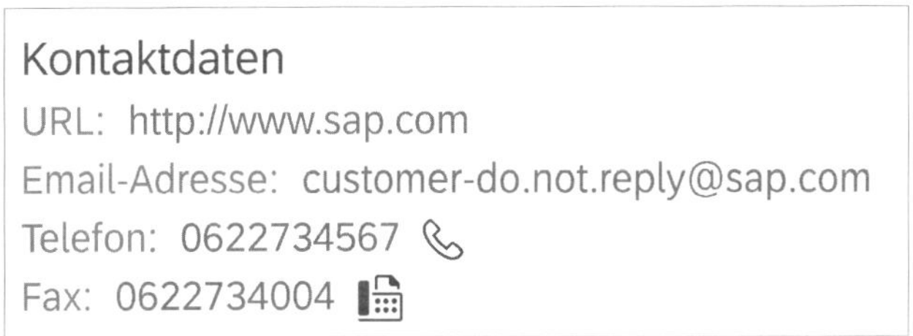

Abbildung 17.4 Kontaktdaten mit eigenem Composite Control (Demo)

17.3.3 UI-Elemente implementieren

Die Erstellung eigener UI-Elemente stellt einen Spezialfall dar, der durch den funktionalen Unterschied von Elementen und Controls begründet wird. Elemente, also Erweiterungen von `sap.ui.core.Element`, nicht jedoch von `sap.ui.core.Control`, haben keinen eigenen Renderer, sondern werden vom Renderer eines Controls gerendert, das die Elemente enthält.

Element vs. Control

Elemente als solche haben demnach ein definiertes Verhalten und eine API, sind jedoch nicht für den alleinstehenden Einsatz gedacht. Stattdessen sind sie Teil einer größeren Struktur, wie es beispielsweise auch auf einzelne Einträge (Items) in einem Menü zuträfe. Den Elementen kommt in diesem Fall also hauptsächlich die Rolle eines Datencontainers zu. Der Renderer des Menü-Controls bezieht beim Rendern die Daten jedes einzelnen Items und schreibt sie in die gewünschte HTML-Struktur.

Element implementieren

Als simples Beispiel kann ein Element **ProductItem.js** wie in Listing 17.12 gezeigt implementiert werden.

```
sap.ui.define([
  "sap/ui/core/Element"
], function (Element) {
  "use strict";
return Element.extend("de.sapui5buch.demo.control.ProductItem", {
    metadata: {
      properties: {
        name: { type: "String" },
        amount: { type: "int" }
      }
    }
  });
});
```

Listing 17.12 Implementierung des »ProductItem«-Elements

Element in Control einbinden

Ein eigenes Control **ProductList.js** kann dieses Element dann in einer Aggregation nutzen. Listing 17.13 zeigt eine mögliche Umsetzung eines solchen Controls mit integriertem Renderer.

```
sap.ui.define([
  "sap/ui/core/Control",
  "./ProductItem"
], function(Control) {
  "use strict";
```

```
return Control.extend("de.sapui5buch.demo.control.ProductList",{
    metadata: {
      aggregations: {
        items: {
          type: "de.sapui5buch.demo.control.ProductItem",
          multiple: true,
          singularName: "item"
        }
      },
      defaultAggregation: "items"
    },
    renderer: function (oRM, oControl) {
      oRM.openStart("ul", oControl);
      oRM.openEnd();
      oControl.getItems().forEach(function (oItem) {
        oRM.openStart("li", oItem);
        oRM.openEnd();
        oRM.text(oItem.getName() + " - " + oItem.getAmount());
        oRM.close("li");
      });
      oRM.close("ul");
    }
  });
});
```

17

Listing 17.13 Implementierung des »ProductList«-Controls

Control mit Element platzieren

Das Control kann mit passenden Modelldaten befüllt und platziert werden, wie in Listing 17.14 gezeigt.

```
<xx:ProductList items="{products>/products}" >
  <xx:items>
    <xx:ProductItem name="{products>name}"
                    amount="{products>amount}" />
  </xx:items>
</xx:ProductList>
```

Listing 17.14 Einbinden des »ProductList«-Controls mit »ProductItem«-Element als Template

Abbildung 17.5 zeigt den entsprechenden Modellinhalt und die Darstellung, die das Control ProductList aus den ProductItem-Elementen produziert.

```
products: [
    {
        name: "Cider",
        amount: 5
    },
    {
        name: "Root Beer",
        amount: 3
    }
]
```

- Cider - 5
- Root Beer - 3

Abbildung 17.5 Modelldaten und Rendering des Controls »ProductList«

17.4 XML Composite Controls implementieren

Composite Controls bieten Ihnen, wie in Abschnitt 17.3 gezeigt, die Möglichkeit, für Ihre Anwendung passende Controls zu erstellen, indem Sie bestehende Controls miteinander kombinieren und mit Ihrer eigenen Logik und Funktionalität ausstatten.

Um allerdings bei der Umsetzung von Composite Controls auf die beschriebene Weise die aggregierten Controls zum korrekten Zeitpunkt zu instanziieren, diese mit den im äußeren Control definierten Parametern zu verknüpfen und auftretende Events weiterzuleiten und zu behandeln, müssen Sie den Code Ihres Controls dahingehend explizit implementieren.

XML Composite

XML Composite Controls vereinheitlichen und abstrahieren diesen Ansatz und ermöglichen Ihnen, zusammengesetzte Controls mit eigener definierter Funktionalität zu erstellen, ohne die Verwaltung der aggregierten Controls implementieren zu müssen. Die zentrale Klasse für die Umsetzung von XML Composites ist `sap.ui.core.XMLComposite`.

Experimentelle API

Beachten Sie, dass XML Composites in der API-Dokumentation zum derzeitigen Zeitpunkt noch als *experimentell* gekennzeichnet sind. SAP rät vom Einsatz solcher Komponenten in produktiven Szenarien ab, da sie jederzeit ohne Ankündigung vollständig geändert oder entfernt werden können. Wir betrachten XML Composites dennoch bereits hier, da sie einen vielversprechenden Ansatz zur Entwicklung eigener Controls darstellen.

Sie definieren XML Composites in zwei Teilen: einem XML-Teil, der die Struktur des Composites beschreibt, und einem JavaScript-Teil, der das eigentliche Control definiert und dessen Funktionalität enthält. Für jeden dieser Teile legen Sie eine gleichnamige Datei mit den Endungen **.control.xml** für den XML-Teil bzw. **.js** für den JavaScript-Teil an. Abbildung 17.6 zeigt diese beiden Teile für ein Control namens `BeispielControl` mit entsprechenden Inhalten und der resultierenden Darstellung in der Benutzeroberfläche.

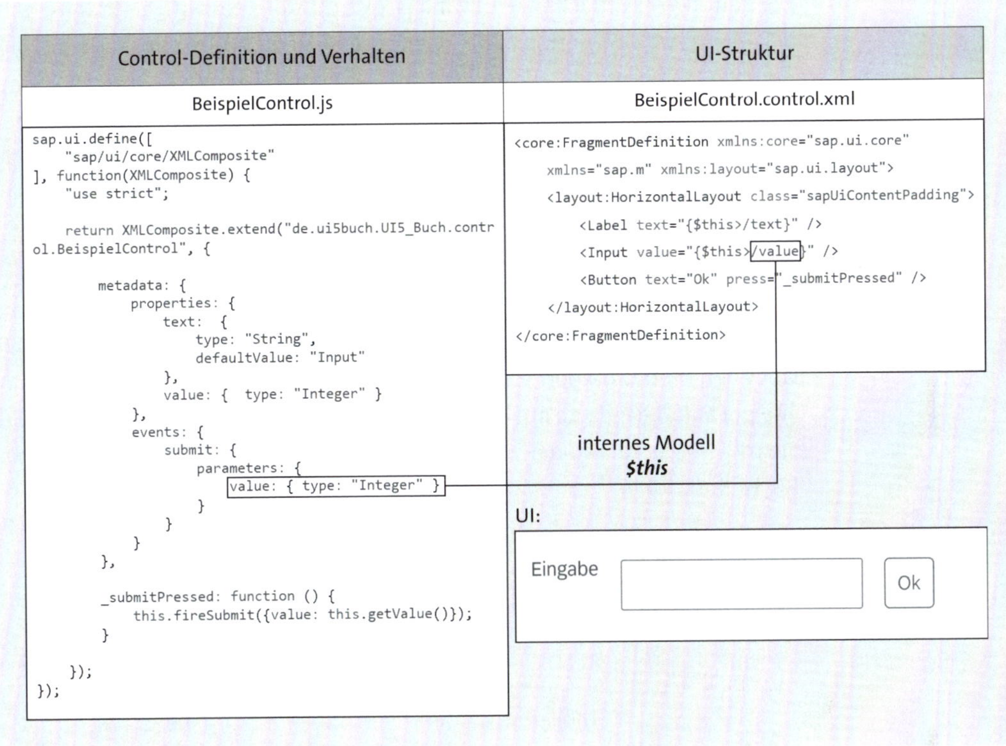

Abbildung 17.6 Aufbau von XML Composites

XML Composite implementieren

Die Control-Definition in der Datei **BeispielControl.js** ähnelt sehr stark der Signatur eines regulären eigenen Controls. Sie erweitern jedoch in diesem Fall die Klasse `sap.ui.core.XMLComposite`.

In den Control-Metadaten definieren Sie wie gewohnt Parameter für Properties, Events etc. In unserem Beispiel planen wir für unser XML Composite ein Label, dessen Text bei der Verwendung des Composites über eine String-Property `text` belegt werden kann. Wir definieren außerdem eine Property `value` vom Typ `Integer` sowie ein Event `submit`, das ebenfalls einen Integer `value` als Parameter enthält.

Das Ziel des XML Composites ist es, neben dessen Label ein Inputfeld darzustellen, dessen Eingabe beim Betätigen eines ebenfalls im Composite enthaltenen Buttons über das `submit`-Event an die Applikation zurückzugeben.

Wir definieren hierfür eine Handler-Funktion `_submitPressed()`, die auf das Event `press` des Buttons reagiert und die automatisch erzeugte `fireSubmit()`-Methode nutzt, um das von uns definierte Event auszulösen.

Die Benutzeroberflächenstruktur des XML Composites wird als Fragment in derselben Art definiert, die Sie auch bei einem regulären Einsatz von Fragmenten innerhalb einer Applikation verwenden würden. Achten Sie bei XML Composites jedoch darauf, auch innerhalb des Elements `FragmentDefinition` nur ein Wurzel-Control zu verwenden. In unserem Beispiel dient hierfür `HorizontalLayout`. Darin enthalten sind die drei gewünschten Controls. Der Button referenziert, wie bereits erläutert, die `_submitPressed()`-Funktion aus **BeispielControl.js**.

»ManagedObjectModel«

Beim Zugriff auf die definierten Properties unseres Controls kommt nun die Besonderheit der XML Composites zum Tragen: das interne Datenmodell. Über den Modellnamen `$this` können Sie in der XML-Struktur des Composite per Datenbindung auf die Properties und Aggregationen zugreifen, die Sie in den Metadaten definiert haben. Das Binding ist hierbei standardmäßig bidirektional.

»ManagedObjectModel«

Das interne Datenmodell des XML Composite wird über ein `sap.ui.model.base.ManagedObjectModel` bereitgestellt. Das `ManagedObjectModel` erlaubt Ihnen, einen Modellzugriff auf Objekte vom Typ `sap.ui.base.ManagedObject` zu etablieren. Instanziieren Sie ein `ManagedObjectModel` mit einem Control als Parameter, so können Sie dessen Eigenschaften und Aggregationen per Datenbindung nutzen.

Das `ManagedObjectModel` erweitert das `JSONModel` und hat damit standardmäßig den Binding-Mode `TwoWay`. Für XML Composites wird das Modell unter dem Alias `this` angelegt, sodass Sie es unter dem Modellnamen `$this` nutzen können. Setzen Sie den Metadaten-Parameter `alias`, wenn Sie diesen Modellnamen anpassen möchten.

Das Einbinden eines XML Composite geschieht analog zum Einbinden eines regulären eigenen Controls. Listing 17.15 stellt dies für eine XML-View beispielhaft dar.

```
<mvc:View …
  xmlns:xx="de.sapui5buch.demo.control">
  <xx:BeispielControl
    text="Eingabe"
```

```
    submit=".onSubmit"
  />
</mvc:View>
```

Listing 17.15 XML Composite einbinden

XML Composite einbinden

Definieren Sie einen XML-Namensraum, der auf das Verzeichnis Ihrer XML Composites verweist, und binden Sie das gewünschte Control entsprechend Ihrem definierten Präfix ein. Sie können nun wie gewohnt die definierten Properties des Controls belegen und Handler-Funktionen für Events zuweisen. Im gezeigten Beispiel wird das `submit`-Event des XML Composite in einer Funktion `onSubmit()` aufgefangen. Dort können Sie auf den definierten Übergabeparameter `value` zugreifen (siehe Listing 17.16).

```
onSubmit: function (oEvent) {
  var iValue = oEvent.getParameter("value");
  //...
}
```

Listing 17.16 Behandlung des XML-Composite-Events

XML Composites bieten Ihnen die Möglichkeit, zusammengesetzte Controls zu erstellen und dabei auf bekannte Techniken wie Fragmente zu bauen. Durch den Wegfall von Zusatzcode zur Verwaltung der aggregierten Controls und dem einfachen Zugriff auf Modellwerte über das `ManagedObjectModel` stellen XML Composites eine echte Alternative zu herkömmlichen Composite Controls dar.

Kapitel 18
Eventbasierte Kommunikation mit dem Event Bus

In diesem Kapitel lernen Sie, wie lose gekoppelte Anwendungen über eventbasierte Kommunikation Daten austauschen und welche Patterns Sie hier wann implementieren können.

Mit zunehmender Größe, Komplexität und Strukturierung Ihrer Anwendungen erhöht sich auch der Bedarf, die verschiedenen Strukturelemente wie Komponenten und Views über eine flexible und skalierbare Kommunikationsinfrastruktur miteinander in Verbindung zu setzen. Mit einem dahin ausgerichteten eventbasierten Anwendungsdesign erreichen Sie nicht nur dieses Kommunikationsziel, sondern erreichen auch eine lose Kopplung zwischen Ihren Anwendungskomponenten.

In diesem Kapitel lernen Sie den *Event Bus* SAPUI5 von kennen und nutzen ihn, um ein solches Szenario abzubilden. In Abschnitt 18.1 erhalten Sie eine Einführung in das eventbasierte Anwendungsdesign, Abschnitt 18.2 erläutert den Event Bus, und in Abschnitt 18.3 zeigen wir Ihnen, wie Sie eine eventgesteuerte Anwendungskommunikation implementieren.

18.1 Einführung in das eventbasierte Anwendungsdesign

Stellen Sie sich eine Anwendung vor, die mehrere Views oder Komponenten mit eigenständigen Verantwortlichkeiten auf einer Seite vereint. Trotz dieser unterschiedlichen Zuständigkeiten möchten Sie gewisse Benachrichtigungen oder auch Daten an alle oder eine unbestimmte Anzahl von Views verteilen.

Anwendungsfälle

Als Beispiel sind dynamische Anwendungskonfigurationen denkbar, die für bestimmte Bereiche Ihrer Anwendung zutreffen, die aber nicht über ein zentrales, übergeordnetes Verwaltungsmodell realisiert werden können oder sollen. Auch das Ergebnis einer Backendoperation hat gegebenenfalls Auswirkungen auf mehrere Bestandteile Ihrer Anwendung, die nicht über die gebundenen Datenmodelle oder Controller-Events abgedeckt werden.

Hinzu kommt, dass diese Bestandteile im Sinne einer losen Kopplung gegenseitig keinen Zugriff aufeinander haben.

Publish-Subscribe-Pattern

Für diese Anwendungsfälle ist das *Publish-Subscribe-Pattern*, wie es in Messaging-Systemen und generell in verteilten Systemen vorkommen kann, ein geeignetes Mittel der Wahl. Nachrichten werden von einem Akteur (*Publisher*) veröffentlicht, während sich interessierte Parteien als Empfänger (*Subscriber*) registrieren und somit auf die Veröffentlichung in ihrem jeweiligen Sinne und Zugriffsbereich reagieren können. Abbildung 18.1 illustriert dieses Pattern.

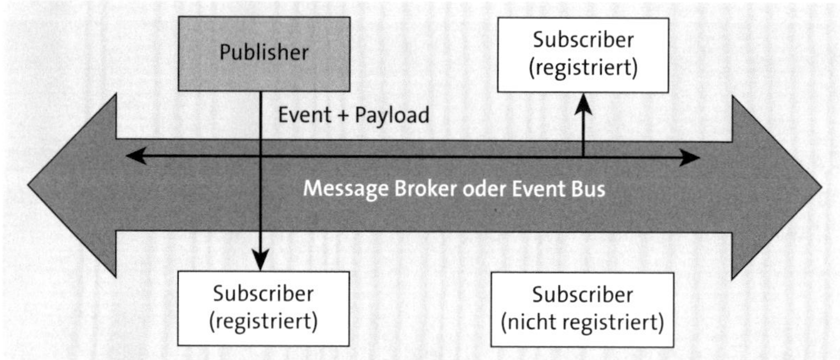

Abbildung 18.1 Publish-Subscribe-Pattern

Funktionsweise des Event Bus

Die Events und eventuelle enthaltene Daten werden je nach System über einen Broker oder einen Event Bus verteilt. Letzterer kommt in SAPUI5 zum Einsatz. Um den Empfang von Nachrichten weiter zu strukturieren, können Subscriber diese themenbasiert bzw. inhaltsbasiert filtern. Bei themenbasierten Filtern werden Events über spezifische logische Kanäle verbreitet. Subscriber registrieren sich auf bestimmte Kanäle und Events und empfangen dann nur diese ausgewählten Events. Bei der inhaltsbasierten Filterung überprüfen Empfänger die Events auf bestimmte Inhalte, um entsprechend darauf zu reagieren.

Das Publish-Subscribe-Pattern ist zusätzlich dadurch gekennzeichnet, dass die Events asynchron auftreten. Registrierte Empfänger müssen dies entsprechend berücksichtigen, zudem ist nicht garantiert, dass Events oder Nachrichten ihre Empfänger auch wirklich erreichen. Annahmen über die Reihenfolge, in der Events eintreffen, können somit ebenfalls nicht getroffen werden bzw. müssen durch zusätzliche Maßnahmen geprüft werden.

Das Pattern bietet jedoch die Möglichkeit, Nachrichten asynchron an eine beliebige Anzahl von Empfängern zu verteilen, ohne über deren Implementierung Bescheid wissen zu müssen. Diese Infrastruktur ist dadurch weitreichend skalierbar und unterstützt eine lose Kopplung zwischen den beteiligten Akteuren.

18.2 Der Event Bus in SAPUI5

»sap.ui.core. EventBus«

Nutzen Sie die Klasse `sap.ui.core.EventBus`, um das Publish-Subscriber Pattern in SAPUI5 umzusetzen.

Events und Channels

Die Klasse ermöglicht eine themenbasierte Filterung von Events. Jedes Ereignis (*Event*) wird auf einem spezifischen Kanal (*Channel*) versandt und empfangen. Das bedeutet, dass Publisher den Kanal für den Versand wählen, während Subscriber ebenfalls den Kanal angeben, auf dem sie sich für ein Event registrieren möchten. Auf diese Art ist es theoretisch möglich, das gleiche Event bzw. den gleichen Eventnamen auf mehreren Kanälen zu verwenden. Sie sind somit in der Strukturierung Ihres eventbasierten Designs flexibel.

Sie erstellen in Ihrer Anwendung keine eigene `EventBus`-Instanz, sondern nutzen einen bereits automatisch mit der Anwendung instanziierten Event Bus. Sie haben hierbei zwei Möglichkeiten: den globalen Event Bus des SAPUI5-Cores und den Event Bus einer Komponente.

Globaler Event Bus

Sie können den globalen Event Bus mit `sap.ui.getCore().getEventBus()` aufrufen. Seine Verwendung birgt jedoch die Gefahr sich überschneidender Event- und Kanalnamen und damit »fehlgeleiteter« Events, sollten sich mehrere Anwendungen unter einem globalen Core, etwa in einer Fiori-Launchpad-Infrastruktur, wiederfinden. Dies kann insbesondere dann zum Problem werden, wenn nicht alle Anwendungen im Fiori Launchpad unter Ihrer Kontrolle stehen.

[«]

Globaler Event Bus

Die Verwendung des globalen Event Bus wird von SAP ausdrücklich *nicht* empfohlen.

Komponenten-eigener Event Bus

Nutzen Sie stattdessen den Event Bus Ihrer jeweiligen Haupt-Komponente, indem Sie die Methode `sap.ui.core.Component.getEventBus()` nutzen. Der Event Bus bleibt somit auf die jeweilige Komponente eingeschränkt. Wenn Sie mehrere Komponenten innerhalb einer Anwendung integrieren, nutzen Sie entsprechend den Event Bus der äußeren, orchestrierenden Anwendungskomponente. Abbildung 18.2 illustriert diese Möglichkeiten und Empfehlungen.

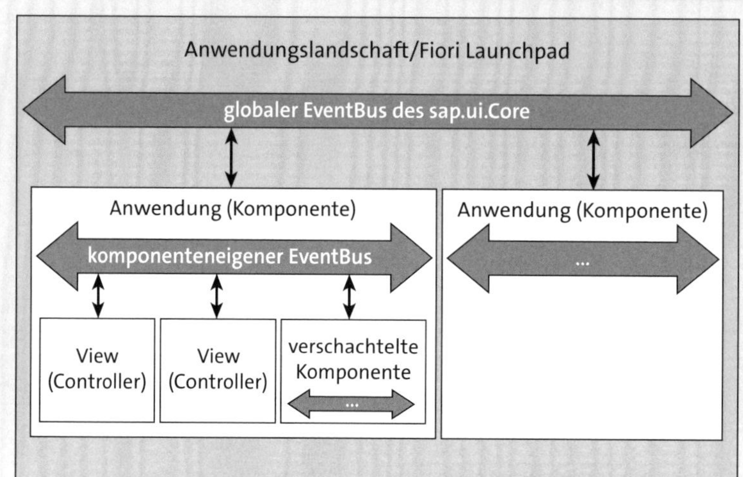

Abbildung 18.2 Globaler und komponenteneigener Event Bus

Events veröffentlichen

Um ein Event auf dem Event Bus zu veröffentlichen, nutzen Sie dessen `publish()`-Funktion und geben einen Eventschlüssel `EventId` an. Optional können Sie außerdem eine `ChannelId` und ein Datenobjekt angeben, um Daten zusammen mit dem Event zu übertragen. Listing 18.1 zeigt beispielhaft einen solchen `publish`-Aufruf, wie er in einem Controller einer View stattfinden könnte.

```
const oEventBus = this.getOwnerComponent().getEventBus();
oEventBus.publish("userEvents", "loginSuccessful", {
  userName: "Tom"
});
```

Listing 18.1 Versenden eines Events auf dem Event Bus

In diesem fiktiven Beispiel wird auf einem Kanal `userEvents` ein Event `loginSuccessful` versendet und diesem ein Objekt mitgegeben, in dem der fragliche Username enthalten ist.

[+]

Kanäle und Namensgebung

Geben Sie auch bei kleineren Anwendungen bereits einen Kanalnamen an, und machen Sie sich frühzeitig Gedanken über die Strukturierung und Namensgebung Ihrer Kanäle.

Ähnlich wie bei Schlüsseln für i18n-Texte haben Sie hier die Möglichkeit, Kanal- und Eventnamen mit einer Punktnotation ähnlich einem Namensraum anzugeben und auch hier ein hohes Maß an Strukturierung zu erreichen.

Empfänger von Events können sich über die Methoden subscribe() und subscribeOnce() dauerhaft bzw. einmalig für den Empfang eines Events registrieren. Bei der Registrierung geben Sie wieder den Namen des Events und optional den Kanalnamen an. Beachten Sie, dass Sie den Kanalnamen angeben müssen, wenn das Event auf einem spezifischen Kanal veröffentlicht wird. Die Registrierung geschieht dabei pro Event; ein pauschaler Empfang aller Events eines Kanals mit einer Registrierung ist nicht möglich.

Events empfangen

Beide Methoden erfordern die Angabe einer Funktion, die den Empfang des Events handhabt. Die Parameter dieser Handler-Funktion entsprechen denen der Methode publish(). Sie können also in den ersten beiden Parametern nochmals den Kanal- und Eventnamen abrufen und verifizieren. Das gegebenenfalls dem Event mitgegebene Datenobjekt stellt den dritten Parameter dar.

Zuletzt können Sie bei der Registrierung explizit ein Listener-Objekt angeben, das den Ausführungskontext (this) der Handler-Funktion definiert. Um eine dauerhafte Registrierung zu widerrufen, nutzen Sie die Methode unsubscribe(). Listing 18.2 zeigt die Registrierung auf das Event aus Listing 18.1 und das Auslesen des Parameters, wie es in anderen, interessierten Controllern umgesetzt werden könnte.

Ausführungskontext beachten

```
this.getOwnerComponent().getEventBus.subscribe(
  "userEvents", "loginSuccessful",
  function (sChannel, sEvent, oPayload) {
    if (oPayload && oPayload.userName) {
      console.log("User eingeloggt: " + oPayload.userName);
    }
}, /* oListener: */ this);
```

Listing 18.2 Registrieren auf ein Event mit anonymer Handler-Funktion

18

18.3 Implementierung einer eventgesteuerten Anwendungskommunikation

In diesem Abschnitt wollen wir unsere Demoanwendung dahingehend erweitern, dass sie ein Grundgerüst für eine eventgesteuerte Kommunikation zwischen den aktuellen und potenziellen zukünftigen Views erhält.

Eine Schwierigkeit, die es bei einer extensiven Nutzung des Event Bus innerhalb einer Komponente oder Anwendung zu bedenken gilt, ist die Einheitlichkeit und Übersichtlichkeit der verschiedenen Kanäle und Events. Um hierbei eine Strukturierung sicherzustellen, werden wir ein zentrales Regis-

Zentrales Eventregister

ter der verfügbaren Kanäle und Events als eigenes Modul erstellen (siehe Abbildung 18.3).

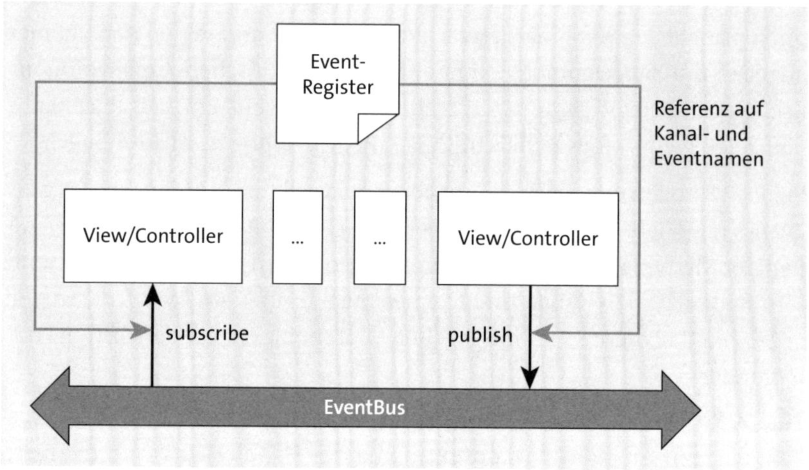

Abbildung 18.3 Anwendungskommunikation mit Eventregister

Auf diese Art können alle Sender und Empfänger innerhalb der Anwendung auf dieses Register zugreifen, und eventuelle Fehler durch falsch referenzierte Event- oder Kanalnamen können vermieden werden. Die Strukturierung und Namensgebung innerhalb des Eventregisters obliegen Ihnen. Eine mögliche Herangehensweise ist die Unterteilung nach fachlicher Funktionalität.

Demoszenario

Das Szenario, das wir in dieser Demo umsetzen möchten, greift die eigenen Controls aus Kapitel 17, »Implementierung eigener Controls«, nochmals auf, genauer gesagt, die Telefonnummer, die Teil der Kontaktdaten unserer Anwendung ist.

Stellen Sie sich vor, dass das Auswählen der Telefonnummer einen Anruf auslösen soll, der durch ein externes, in die Anwendung integriertes Modul durchgeführt wird. Das Modul ist in der App selbst, d. h. im App-Controller angesiedelt und soll von beliebiger Seite aus ausgelöst werden können, während wiederum beliebige weitere Interessenten auf den Beginn bzw. das Ende des Telefonanrufs reagieren können wollen.

Eventregister implementieren

Erstellen Sie daher für die Umsetzung zunächst ein Verzeichnis **config** unterhalb des Ordners **webapp** und darin eine Datei **Events.js**. Dies wird unser Eventregister sein. Erstellen Sie dessen Inhalt wie in Listing 18.3 gezeigt.

```
sap.ui.define([], function() {
  "use strict";
  return {
```

```
    phone: {
      channel: "app.phone",
      event: {
        callStarted: "app.phone.callStarted",
        callEnded: "app.phone.callEnded"
      }
    }
  };
});
```

Listing 18.3 Eventregister-Implementierung (Demo)

Unsere Eventregister-Struktur sieht eine fachlich motivierte Unterteilung vor. Für die Demoimplementierung erstellen wir daher eine Rubrik phone, die die Events rund um das Anrufszenario enthalten wird. Die Struktur innerhalb dieser Rubriken beinhaltet dann ein Attribut channel, das den Kanalnamen enthält, und ein Attribut event für die verschiedenen Events. Dies bedeutet auch, dass jede Rubrik einem Kanal entspricht.

Die tatsächlich verwendeten Kanal- und Eventnamen sind an dieser Stelle nicht von großer Bedeutung, da wir die jeweiligen Objektschlüssel referenzieren werden. Wir gestalten jedoch auch hier die Namensgebung auf eine Art, die es erlaubt, anhand der Eventnamen auf den Zweck der Events zu schließen.

Eventregister nutzen

Damit das Eventregister überall in der Anwendung verfügbar ist, ist es sinnvoll, es wie unseren Formatter im BaseController zu registrieren. Ändern Sie den Controller **BaseController.js** wie in Listing 18.4 gezeigt.

```
sap.ui.define([
  "sap/ui/core/mvc/Controller",
  "sap/ui/core/routing/History",
  "sap/ui/core/UIComponent",
  "de/sapui5buch/demo/model/formatter",
  "de/sapui5buch/demo/config/Events"
], function(Controller, History, UIComponent, formatter, Events) {
  "use strict";
  return Controller.extend(
    "de.sapui5buch.demo.controller.BaseController", {
    formatter: formatter,
    events: Events,
    //...
  });
});
```

Listing 18.4 Bereitstellen des Eventregisters im »BaseController« (Demo)

Stellen Sie sicher, dass das ContactLink-Control **Header.fragment.xml** im Ordner **view** eine Handler-Funktion für Ihr press-Event deklariert:

```
<xx:ContactLink text="{PhoneNumber}" linkType="Phone"
                press=".onPhonePressed" />
```

Event-veröffentlichung implementieren

Implementieren Sie anschließend die entsprechende Handler-Funktion im Controller **BusinessPartnerDetail.controller.js** (siehe Listing 18.5).

```
onPhonePressed: function (oEvent) {
  this.getOwnerComponent().getEventBus().publish(
    this.events.phone.channel,
    this.events.phone.event.callStarted,
    {
      phoneNumber: oEvent.getParameter("text")
    });
}
```

Listing 18.5 Versenden des Events über den Event Bus (Demo)

Der Event Bus der Komponente wird über getOwnerComponent() abgerufen. Die Funktion publish()wird mit dem passenden Kanal- und Eventnamen aus dem Eventregister befüllt, das über this.events aus dem BaseController referenziert werden kann. Als drittes Argument wird die aus dem Event ausgelesene Telefonnummer übergeben.

Eventempfang implementieren

Passen Sie nun den Controller **App.controller.js** an, um das so veröffentlichte Event zu empfangen und den Anruf über das fiktive Anrufmodul zu starten. Listing 18.6 zeigt die notwendigen Codeänderungen.

```
sap.ui.define([
  "de/sapui5buch/demo/controller/BaseController",
  "sap/m/MessageBox",
  "sap/ui/model/json/JSONModel"
], function(Controller, MessageBox, JSONModel) {
  "use strict";
  return Controller.extend("de.sapui5buch.demo.controller.App", {
    onInit: function () {
      this.getView().setModel(new JSONModel(), "appView");

      this._oEventBus = this.getOwnerComponent().getEventBus();
        this._oEventBus.subscribe(
          this.events.phone.channel,
          this.events.phone.event.callStarted,
          this._onStartPhoneCall,
```

```
          this
        );
    },
    _onStartPhoneCall: function(sChannel, sEvent, oData) {
      if (oData && oData.phoneNumber) {
        ThirdPartyPhoneModule.startCall(oData.phoneNumber)
        .then(function (sNumber) {
          console.log("call to " + sNumber + " ended");
          this._oEventBus.publish(
            this.events.phone.channel,
            this.events.phone.event.callEnded);
          }.bind(this));
      }
    }
  });
});
```

Listing 18.6 Implementierung der Event-Bus-Interaktion im App-Controller (Demo)

Demofunktionen

Das Registrieren eines Listeners geschieht wieder unter der Nutzung des Eventregisters über den `BaseController`. Als Handler-Funktion wird eine separate Funktion `_onStartPhoneCall()` verwendet.

In dieser Methode wird die übergebene Telefonnummer benutzt, um eine simulierte Methode `startCall()` aufzurufen, die ein Promise zurückliefert. Das aufgelöste Promise simuliert das Ende des Anrufs, weshalb im Anschluss das Event `callEnded` auf dem Event Bus veröffentlicht wird.

Zusatz: Demoimplementierung des Anrufmoduls

Der Vollständigkeit halber zeigt Listing 18.7 die Implementierung des simulierten Anrufmoduls innerhalb der `_onStartPhoneCall()` Methode.

```
const ThirdPartyPhoneModule = {
  startCall: function (sNumber) {
    return new Promise(function (resolve) {
   let iSimulatedDelay = 4500;
   let oDialog = new sap.m.Dialog({
     title: "Rufe" + sNumber + "...",
     icon: "sap-icon://call",
     state: "Success",
     busy: true,
     busyIndicatorSize: "Small",
     busyIndicatorDelay: 0,
```

```
      endButton: new sap.m.Button({
     icon: "sap-icon://sys-cancel-2",
     type: "Reject"
      })
    });
    oDialog.open();
    setTimeout(function () {
      oDialog.close();
      resolve(sNumber);
    }, iSimulatedDelay);
     });
  }
};
```

Listing 18.7 Das »ThirdPartyPhoneModule« implementieren (Demo)

Bislang haben wir mit der Implementierung des Event Bus eine direkte Verbindung von einem Punkt zum anderen vorgenommen, wie es auch mit anderen Ansätzen möglich wäre.

Weiteren Empfänger hinzufügen

Der große Vorteil des Event Bus ist die Skalierbarkeit und die einfache Hinzunahme weiterer Interessenten zu Events. Dies wollen wir demonstrieren, indem sich die Master-Liste auf die Events registriert, beim Start eines Anrufs einen `BusyIndicator` zeigt und diesen mit dem Ende des Anrufs wieder deaktiviert. Streng genommen ist dieses Szenario natürlich wenig sinnvoll, da der Anrufdialog bereits die Benutzeroberfläche deaktiviert; für eine Demonstration des Event Bus mögen Sie uns dies jedoch verzeihen. Führen Sie die in Listing 18.8 gezeigten Änderungen am Controller **BusinessPartnerMaster.controller.js** durch, um auch die Master-Liste den Event Bus nutzen zu lassen.

```
sap.ui.define([
  "de/sapui5buch/demo/controller/BaseController",
  "sap/ui/model/Filter",
  "sap/ui/model/FilterOperator",
], function(Controller, Filter, FilterOperator) {
  "use strict";
  return Controller.extend("de.sapui5buch.demo.controller.
    BusinessPartnerMaster", {
    onInit: function () {
      this.getRouter().getRoute("home").attachPatternMatched(
        this._onRouteMatched, this);
```

```
      this._oEventBus = this.getOwnerComponent().getEventBus();
      this._oEventBus.subscribe(
        this.events.phone.channel,
        this.events.phone.event.callStarted,
        function () {
          this.getView().setBusy(true);
        }.bind(this),
        this
      );
      this._oEventBus.subscribe(
        this.events.phone.channel,
        this.events.phone.event.callEnded,
        function () {
          this.getView().setBusy(false);
        }.bind(this),
        this
      );
    },
    //...
  });
});
```

Listing 18.8 Nutzung des Event Bus durch die Master-Liste (Demo)

Busy-Indicator über Events steuern

Wir registrieren uns in der `init()`-Methode des Controllers auf die Events `callStarted` und `callEnded` und aktivieren bzw. deaktivieren den Busy-Status der dazugehörigen View. Auch hier ist es bei einer komplexeren Funktionalität als der gezeigten sinnvoll, sie an separate Methoden auszulagern.

Auch im Zusammenspiel mit mehreren Komponenten innerhalb Ihrer Anwendung können Sie mit ihnen den Event Bus nutzen, indem Sie ihm entweder als Referenz in die Komponente übergeben oder den jeweiligen `ComponentContainer` als Schnittstelle zum Event Bus nutzen und die definierten Events jeder Komponente an den Event Bus weitergeben.

Mit Hilfe eines eventbasierten Anwendungsdesigns sind Sie in der Lage, stark modulare Anwendungen zu gestalten und dabei die verschiedensten Komponenten miteinander kommunizieren zu lassen, während gleichzeitig die Prinzipien guten Softwaredesigns eingehalten werden. Der SAPUI5-Event-Bus bietet Ihnen dafür die technische Grundlage.

Kapitel 19

Drag and Drop

In diesem Kapitel stellen wir Ihnen die Grundlagen von Drag and Drop in SAPUI5 vor und geben praktische Beispiele für die Implementierung. So können Anwender Objekte später ohne großen Aufwand verschieben und neu platzieren.

Mit Hilfe von SAPUI5 können Sie Anwendern ein Verschieben von UI-Elementen durch Ziehen und Ablegen mit der Computermaus ermöglichen, also per *Drag and Drop (DnD)*. Für Benutzeroberflächen, die mit der Maus gesteuert werden, ist DnD eine sinnvolle Funktion, da sie Nutzern eine intuitive Möglichkeit bietet, Inhalte zu verschieben und anzuordnen. Elemente können sowohl innerhalb einer Applikation bewegt werden als auch über Anwendungs- und Oberflächengrenzen hinweg. Ein bekanntes Beispiel ist das Verschieben von Dateien aus dem Dateibrowser des Betriebssystems in den Upload-Bereich einer Applikation oder einer Webseite.

Bisher waren Sie als SAPUI5-Entwickler auf individuelle Lösungen oder zusätzliche Drittanbieter-Bibliotheken angewiesen, um dieselbe oder eine ähnliche Funktionalität bereitzustellen. Mit Einführung der DnD-Bibliothek wird nun eine einheitliche Herangehensweise unterstützt, die, wie von SAPUI5 gewohnt, auf etablierte Webstandards zurückgreift.

Die Drag-and-Drop-Funktionalität in SAPUI5 basiert auf der gleichnamigen nativen HTML5-Spezifikation, die von allen gängigen Browsern implementiert wird. Dies hat den Vorteil, dass die technische Umsetzung bereits gewährleistet und hinreichend standardisiert ist. Die Konzepte von DnD wurden an die Sprachstrukturen von SAPUI5 angepasst, um sie Ihnen als Entwickler einfach zugänglich zu machen. Hier sollen zunächst die nativen DnD-Konzepte in HTML5 kurz erläutert werden.

HTML5-API

Damit HTML-Elemente mit Hilfe der nativen HTML5-API im Browser verschoben werden können, müssen sie mit dem Attribut `draggable` versehen werden. Die weitere Ausgestaltung, sowohl optisch als auch funktional, muss per CSS und JavaScript bzw. unter Nutzung einer passenden Bibliothek realisiert werden. Über den gesamten Vorgang des Verschiebens hinweg treten verschiedene Browserevents auf, die Sie als Entwickler wiederum nutzen können. Dies ist auch in der Umsetzung für SAPUI5 der Fall.

Ghost

Wird ein Element mit der Maus gezogen, so erscheint seine Silhouette unterhalb des Mauszeigers, ein sogenannter *Ghost* (siehe Abbildung 19.1). Dieser dient zur Orientierung und zur Bestätigung, dass das gewünschte Element gezogen wird. Das Erscheinungsbild des Ghosts ist vom Browser abhängig. Das Ausgangselement wird für die Dauer des Vorgangs ausgegraut.

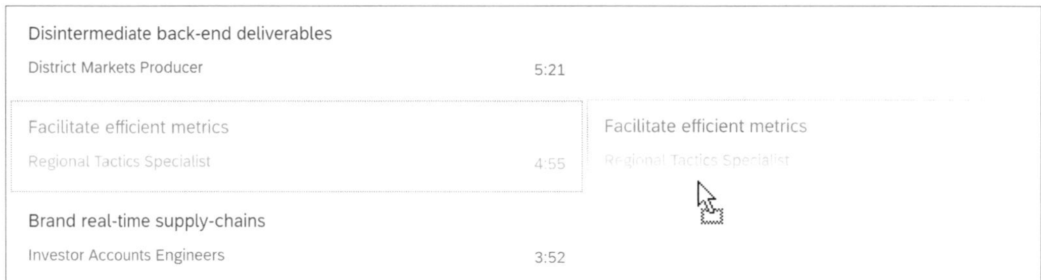

Abbildung 19.1 Beispiel für einen Ghost (rechts) eines per Drag and Drop gezogenen UI-Elements (links)

19.1 Grundlagen der Implementierung von Drag and Drap in SAPUI5

In diesem Abschnitt erhalten Sie eine Übersicht über die grundlegende Funktionsweise von Drag and Drop in SAPUI5 und lernen die gebräuchlichen Begriffe kennen.

19.1.1 Bibliothek und Begriffserklärungen

SAPUI5-Bibliothek für Drag and Drop

Die Bibliothek für Drag and Drop wurde erstmals mit Version 1.52 zu SAPUI5 hinzugefügt, diese Implementierung wurde jedoch nur von einigen wenigen Controls unterstützt. Eine umfassende Umsetzung ist ab Version 1.56 gegeben. Seitdem kann die Drag-and-Drop-Funktionalität von der Klasse `sap.ui.core.Element` und damit prinzipiell allen davon abgeleiteten Klassen verwendet werden.

Namensraum für Drag and Drop in SAPUI5

Die Codebasis für DnD ist im Namensraum `sap.ui.core.dnd` zusammengefasst. Der Namensraum steht Ihnen sowohl in OpenUI5 als auch in SAPUI5 zur Verfügung.

Das Ausgangselement eines DnD-Vorgangs, die sogenannte *Drag Source*, ist entweder ein Element, das selbst gezogen werden soll, oder ein Container, dessen Inhalte Gegenstand der Drag-and-Drop-Operation sind.

Drag Source

Ein Zielelement, oder *Drop Target*, ist wiederum ein Element, auf dem ein gezogenes Element abgelegt werden soll.

Drop Target

Zu jedem DnD-Vorgang wird eine *Drag Session* angelegt. Sie kann als virtuelle Repräsentation des DnD-Vorgangs verstanden werden. Die Drag Session dient als Transferobjekt und ist nur während des DnD-Vorgangs verfügbar. Mit Hilfe der Drag Session können Sie Daten vom Ausgangs- an das Zielelement übergeben. Als Daten können Sie sowohl einfache Key-Value-Paare als auch komplexere Datenstrukturen verwenden.

Drag Session

Die verschiedenen Events, von denen Sie bei jedem Drag-and-Drop-Vorgang Gebrauch machen können, sind in Tabelle 19.1 gezeigt.

Drag-and-Drop-Events

Event	Beschreibung
`dragStart`	Tritt auf, sobald ein Element gezogen wird.
`dragEnter`	Tritt auf, sobald ein gezogenes Element auf ein Zielelement trifft.
`dragOver`	Tritt auf, solange ein gezogenes Element über einem Zielelement platziert wird, ähnlich einem `hover` in CSS.
`drop`	Tritt auf, sobald ein gezogenes Element auf einem Zielelement abgelegt wird.
`dragEnd`	Tritt auf, sobald ein DnD-Vorgang abgeschlossen ist, so dass z. B. noch abschließende Änderungen am Ausgangselement vorgenommen werden können.

Tabelle 19.1 Events beim Verschiebevorgang

19.1.2 SAPUI5-Controls konfigurieren

In diesem Abschnitt erfahren Sie, welche grundlegenden Möglichkeiten Sie haben, Controls für die von Ihnen gewünschte Drag-and-Drop-Funktionalität korrekt einzurichten.

Damit ein UI-Element in SAPUI5 verschoben werden kann, müssen Sie es konfigurieren. Dies gilt für alle Elemente, die an einer DnD-Operation beteiligt sind. Im Umkehrschluss bedeutet dies, dass Controls, die Sie nicht entsprechend konfigurieren, keine DnD-Funktionalität zur Laufzeit bereitstellen werden.

Die Konfiguration kann unter anderem das Festlegen der genauen Ausgangs- und Zielposition, das Einstellen von Beschränkungen sowie das Registrieren von Handler-Funktionen für die beim Verschiebevorgang auftretenden Events umfassen.

»DragDropInfo«

Die zentrale Stelle für die Konfiguration jedes Controls ist die Aggregation `dragDropConfig`. Diese befüllen Sie je nach Szenario mit einer oder mehreren der drei Konfigurationsklassen: `DragInfo`, `DropInfo` oder `DragDropInfo`. Die Attribute dieser Klassen bestimmen das Verhalten des Controls während eines Drag-and-Drop-Vorgangs.

Aggregation und Basisklasse für die DnD-Konfiguration

Die Basisklasse für alle Drag-and-Drop-Konfigurationen ist `sap.ui.core.dnd.DragDropBase`. Hier legen Sie die Handler-Funktionen für die Drag-and-Drop-Events fest. Dies geschieht auf dieselbe Weise, wie Sie es für Events anderer Controls, wie z. B. Buttons, gewohnt sind.

Listing 19.1 gibt Ihnen einen ersten Überblick, wie Sie eine `DragDropInfo` für ein Control definieren.

```
<dragDropConfig>
   <dnd:DragDropInfo
       groupName="myGroup"
       targetAggregation="items"
       dropEffect="Copy"
       dropPosition="Between"
       dragEnter=".onDragEnter"
       drop=".onDrop"
   />
</dragDropConfig>
```

Listing 19.1 Grundlegende Drag-and-Drop-Konfiguration für ein Control

Start-/Zielzuweisung

Über die Attribute `sourceAggregation` und `targetAggregation` legen Sie für Container wie Listen oder Tabellen fest, aus welcher Aggregation Sie Elemente ziehen bzw. in welcher Aggregation Sie Elemente ablegen möchten. Soll das Control selbst gezogen oder Elemente direkt darauf abgelegt werden, lassen Sie diese Angabe weg. Nutzen Sie eine `DragDropInfo`, können Sie außerdem über das Attribut `targetElement` das Zielelement zusätzlich zu dessen Zielaggregation festlegen.

Aggregationen, die als Start oder Ziel für Drag and Drop eingerichtet werden können, sind in der offiziellen SAPUI5-Dokumentation entsprechend ausgezeichnet (siehe Abbildung 19.2). Dasselbe gilt für Controls.

This aggregation can be a drag source.

Abbildung 19.2 Hinweis, dass ein Control für die Implementierung von Drag and Drop verwendet werden kann

Konfigurationsgruppen

Nutzen Sie das Attribut `groupName`, wenn Sie Drag-and-Drop-Konfigurationen zu geschlossenen Gruppen zusammenfassen möchten. Wenn Sie einen solchen Gruppennamen beispielsweise für eine `DragInfo` spezifizieren, wird diese Gruppe ausschließlich mit Konfigurationen desselben Namens interagieren.

Über die Attribute `dropEffect`, `dropPosition` und `dropLayout` gestalten Sie die visuellen Details des Drag-and-Drop-Vorgangs am Zielelement.

Mit `dropEffect` vermitteln Sie Ihren Anwendern, welche semantische Bedeutung das Ablegen des gezogenen Elements hat. Dies hat beispielsweise unterschiedliche Darstellungen des Mauszeigers zur Folge.

Drop-Effekte

Die Standardeinstellung für das Verschieben des gezogenen Elements ist `Move`. Wählen Sie `Copy`, wenn das gezogene Element stattdessen kopiert wird, oder `Link`, wenn Sie eine Verlinkung per Drag and Drop realisieren wollen. Setzen Sie den Effekt auf `None`, wenn das gezogene Element überhaupt nicht auf Ihrem aktuellen Control abgelegt werden soll.

»dropPosition«

19

Über die `dropPosition` legen Sie, insbesondere bei Aggregationen, fest, ob das gezogene Element auf Ihrem Zielelement (`On`) oder zwischen weiteren Elementen (`Between`), etwa den Einträgen in einer Liste, abgelegt werden soll. Wählen Sie `OnOrBetween`, wenn Sie beides gleichzeitig ermöglichen wollen.

»dropPosition« auslesen

Die tatsächliche Ablageposition finden Sie als Parameter im `drop`-Event wieder.

Ergänzend dazu legen Sie über das Attribut `dropLayout` fest, in welcher Anordnung – horizontal oder vertikal – sich die UI-Elemente Ihres Drop Targets befinden.

»dropLayout«

Legen Sie `Horizontal` fest, wenn Sie etwa das Ablegen von Elementen zwischen den Spalten einer Tabelle ermöglichen wollen. Nutzen Sie hingegen `Vertical`, wenn Ihre Anwender Elemente zwischen den Zeilen der Tabelle ablegen sollen. Beachten Sie hierbei, dass die Aggregationen eines Controls auch ein Standardlayout vorgeben können. Wählen Sie `Default`, wenn Sie diese Vorgabe beibehalten wollen. Abbildung 19.3 zeigt Ihnen eine Übersicht der verschiedenen Konfigurationsklassen und deren Einsatz.

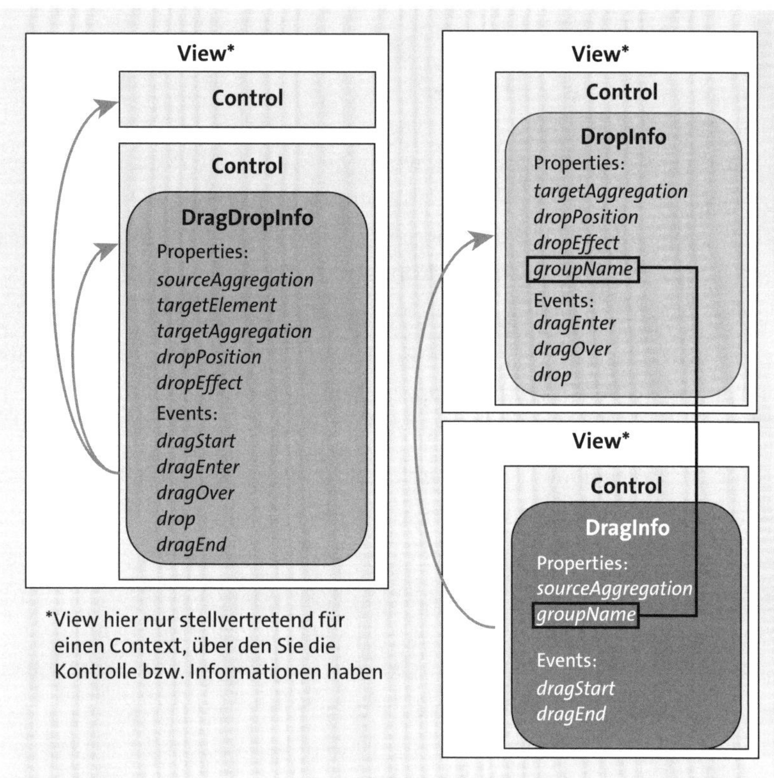

Abbildung 19.3 »DragInfo«, »DropInfo« und »DragDropInfo« im Vergleich

Einsatz verschiedener Konfigurationen

Setzen Sie `DragDropInfo` ein, wenn Sie alle Informationen an einer Stelle konfigurieren können. Dies setzt voraus, dass Sie über die notwendigen Informationen – beispielsweise zum Zielelement – verfügen. Dies kann beispielsweise dann der Fall sein, wenn Sie das Verschieben innerhalb desselben Controls konfigurieren. Auch wenn Sie das Verschieben von Elementen zu einem anderen Control konfigurieren, kann `DragDropInfo` sinnvoll sein, wenn es in einem Kontext stattfindet, über den Sie die volle Kontrolle haben, beispielsweise innerhalb einer View.

»DragInfo« und »DropInfo«

Setzen Sie eine Kombination aus `DragInfo` und `DropInfo` ein, wenn das Verschieben zwischen unterschiedlichen Kontexten stattfinden soll und Sie gegebenenfalls nicht die Kontrolle oder nicht alle notwendigen Informationen besitzen. Das Verwenden dieser getrennten Klassen bietet darüber hinaus natürlich den Vorteil, dass Sie die Verantwortlichkeiten für das Ziehen und das Ablegen jeweils beim betroffenen Control verorten und über die Eigenschaft `groupName` gezielte Beschränkungen einführen können.

Sie kennen nun die theoretischen Grundlagen von Drag and Drop in SAPUI5 und wissen, wie Sie Controls grundsätzlich dafür konfigurieren können. Im Abschnitt 19.2 finden Sie detailliertere Anleitungen und Beispiele für verschiedene Einsatzszenarien von Drag and Drop. Zuvor erfahren Sie jedoch noch, wie Sie den DnD-Einsatz für Ihre eigenen Controls ermöglichen.

19.1.3 Drag and Drop für eigene Controls

Eigene Controls

Wenn Sie Ihre eigenen Controls implementieren, können Sie sie auf dieselbe Art und Weise für Drag and Drop konfigurieren wie Standard-Controls. Hierfür legen Sie zusätzlich in den Metadaten Ihres eigenen Controls fest, ob und wie Sie die DnD-Konfiguration erlauben möchten.

[«]

DnD-Einschränkungen bei Standard-Controls

So wie Sie die Optionen zur DnD-Funktionalität in der Metadatendefinition Ihrer eigenen Controls festlegen, sind auch die Metadaten der Standard-SAPUI5-Controls mit entsprechenden Optionen versehen. Sehen Sie also dort nach, wenn Sie sich über Einschränkungen der Standard-Controls informieren möchten.

Sie legen dies über den Objektparameter dnd fest, den Sie sowohl direkt an der Metadatendefinition selbst als auch in den einzelnen Aggregationen Ihres Controls setzen können. Im ersten Fall betreffen Ihre Angaben das Control selbst, im zweiten Fall die jeweilige Aggregation. Listing 19.2 zeigt eine grundsätzliche Metadatendefinition mit DnD-Optionen für ein Custom Control.

```
Control.extend('myCustomControl', {
 metadata: {
   properties: {
     title: {type: 'string'}
   },
   dnd: { draggable: true, droppable: false },
   aggregations: {
     header: { type: "sap.m.Toolbar", multiple: false,
       dnd: false
     },
     tokens: { type: 'sap.m.Token', multiple: true,
       selector: "#{id}-tokens",
       dnd: {
         draggable: true, droppable: true,
         layout: "Horizontal"
```

```
            }
        }, [...]
      }
    }
}
```

Listing 19.2 Metadatendefinition für Drag and Drop eines eigenen Controls

Für das Control wird über den Parameter `dnd` beispielhaft definiert, dass es selbst gezogen (`draggable`), jedoch kein anderes Element darauf abgelegt werden darf (`droppable`). Die `header`-Aggregation unseres Controls soll überhaupt nicht DnD-fähig sein, während die Aggregation `tokens` sowohl das Ziehen als auch das Ablegen enthaltener Elemente zulässt. Als Standard-`dropLayout` wird eine horizontale Anordnung festgelegt.

Für Aggregationen der Kardinalität `0..n` wird zudem empfohlen, die Platzierung der Aggregation im DOM über die Eigenschaft `selector` zu spezifizieren.

19.2 Einsatzszenarien von Drag and Drop und ihre Implementierung

Um einige Einsatzszenarien von Drag and Drop zu demonstrieren, werden wir unsere Demoanwendung um eine Funktion erweitern, für die wir verschiedene Ausgestaltungen von DnD nutzen werden.

Demoszenario

Stellen Sie sich vor, dass Sie für die einzelnen Geschäftspartner, die unsere Anwendung enthält, unterschiedliche Ansprechpartner hinterlegen möchten. Die Ansprechpartner sind in einer Liste verfügbar, die bei Bedarf eingeblendet wird und deren Einträge wiederum per Drag and Drop in eine Tabelle der Detailansicht gezogen werden können.

Innerhalb der Tabelle sollen die Ansprechpartner hierarchisch nach einer fiktiven Priorität angeordnet werden. Diese Reihenfolge soll ebenfalls per Drag and Drop veränderbar sein. Zuletzt sollen Ansprechpartner auch wieder per DnD entfernt werden können. Hierfür wollen wir ein Control bereitstellen, das als »Mülleimer« dient und auf das ein zu entfernender Ansprechpartner gezogen werden kann.

Wir benötigen also für das erste Szenario einen Kopiervorgang zwischen zwei unterschiedlichen Kontexten, bei dem die zu kopierende Information übertragen werden soll, für das zweite Szenario einen Verschiebevorgang innerhalb eines Controls, und für das dritte Szenario entnehmen wir dem gezogenen Control die Information, dass es zu entfernen ist.

19.2.1 Aufbau des Demoszenarios

Vorbereitungsschritte

Betrachten Sie zunächst den grundlegenden Aufbau der Demoerweiterung, wie Sie sie in unserem Repository wiederfinden:

- Für die Ausgangsliste von Ansprechpartnern legen Sie eine XML-View **ContactPersonsList** an und platzieren diese – der Einfachheit halber hartkodiert – in die Aggregation `endColumnPages` unseres FlexibleColumnLayouts.
- In der **Component.js** instanziieren Sie ein weiteres `JSONModel`, das die Liste unserer Ansprechpartner aus einer **ContactPersons.json**-Datei lädt und unter dem Namen `contactPersons` an der Komponente gesetzt wird.
- In unserem in Kapitel 18, »Eventbasierte Kommunikation mit dem Event Bus«, angelegten Event-Register legen Sie eine neue Rubrik `contactPersons` mit dem entsprechenden Kanalnamen und den Events `show` und `hide` an. Diese nutzen wir, um die `endColumnPages` des `FlexibleColumnLayout`-Elements durch den **App.controller** ein- bzw. ausblenden zu lassen.
- In unserem Fragment `BusinessPartnerDetailsObjectPage` binden Sie eine weitere Section ein, die wiederum in einem separaten Fragment **ContactPersonsSection.fragment.xml** gehalten wird. Das Fragment enthält die Tabelle, in die Sie die Ansprechpartner aus der Liste ziehen wollen, sowie das »Mülleimer-Control«, auf das Sie zu entfernende Ansprechpartner ziehen wollen.

Das `ContactPersonsSection`-Fragment ist zunächst wie in Listing 19.3 gezeigt implementiert.

```
<core:FragmentDefinition
  xmlns="sap.m"
  xmlns:core="sap.ui.core" xmlns:uxap="sap.uxap"
  xmlns:xx="de.sapui5buch.demo.control"
  xmlns:dnd="sap.ui.core.dnd"
  xmlns:layout="sap.ui.layout"
>
  <uxap:ObjectPageSection title="Ansprechpartner intern"
      id="contactPersonsSection">
    <uxap:subSections>
      <uxap:ObjectPageSubSection>
        <layout:VerticalLayout>
        <Table id="contactPersonsTable"
               items="{local>/contactPersons}">
          <headerToolbar>
            <Toolbar>
```

```
            <ToolbarSpacer />
            <Button text="Ansprechpartner hinzufügen"
                    icon="sap-icon://add"
                    press=".onAddContactPersons" />
          </Toolbar>
        </headerToolbar>
        <columns>
          <Column><Label text="Nr." /></Column>
          <Column><Label text="Name" /></Column>
          <Column><Label text="E-Mail" /></Column>
          <Column><Label text="Telefon" /></Column>
        </columns>
        <items>
          <ColumnListItem>
            <cells>
              <Text text="{local>Nr}" />
              <Text
                 text="{local>Vorname} {local>Nachname}"
              />
              <xx:ContactLink text="{local>Email}"
                              linkType="Email" />
              <xx:ContactLink text="{local>Telefon}"
                              linkType="Phone"
                              press=".onPhonePressed" />
            </cells>
          </ColumnListItem>
        </items>
      </Table>
      <FlexBox visible="{local>/isDraggingContactPerson}"
        justifyContent="Center"
        class="outlined sapUiSmallMartinTop" >
        <core:Icon src="sap-icon://delete" size="1rem"
          class="sapUiTinyMargin" />
      </FlexBox>
      </layout:VerticalLayout>
    </uxap:ObjectPageSubSection>
  </uxap:subSections>
 </uxap:ObjectPageSection>
</core:FragmentDefinition>
```

Listing 19.3 Ausgangsdefinition des »ContactPersonsSection«-Fragments (Demo)

Die im Fragment enthaltene Tabelle ist gegen ein JSON-Modell `local` gebunden, das Sie im **BusinessPartnerDetail.controller** instanziieren. Der Button **Ansprechpartner hinzufügen** deklariert einen `press`-Handler, der im Controller wie in Listing 19.4 gezeigt implementiert ist.

```
onAddContactPersons: function () {
  this.getOwnerComponent().getEventBus().publish(
    this.events.contactPersons.channel,
    this.events.contactPersons.event.show
  );
},
```

Listing 19.4 Auslösen des »show«-Events (Demo)

Der Handler sendet das Event `show` zum Öffnen der Ansprechpartner-Liste über den Event Bus. In der **ContactPersonsList.view.xml** ist ein Button platziert, der analog dazu das Event `hide` auslöst.

Um auf beide Events reagieren zu können, implementiert der **App.controller.js** in dessen `init()`-Funktion den Code aus Listing 19.5.

```
this._oEventBus.subscribe(
  this.events.contactPersons.channel,
  this.events.contactPersons.event.show,
  function () { this.byId("masterDetailBase").setLayout(
    "ThreeColumnsMidExpanded"); }.bind(this),
  this
);
this._oEventBus.subscribe(
  this.events.contactPersons.channel,
  this.events.contactPersons.event.hide,
  function () { this.byId("masterDetailBase").setLayout(
    "TwoColumnsMidExpanded"); }.bind(this),
  this
);
```

Listing 19.5 Ein- und Ausblenden der Ansprechpartnerliste über Events (Demo)

Ausgangs-Benutzeroberfläche

Abbildung 19.4 zeigt die resultierende Oberfläche bei eingeblendeter Ansprechpartner-Liste.

Die `FlexBox` unterhalb der Tabelle wird uns im dritten Szenario als Ablage für das Löschen eines hinterlegten Ansprechpartners dienen. Nun, da die relevanten Schritte des Demoaufbaus beschrieben sind, können Sie die Drag-and-Drop-Funktionalität implementieren.

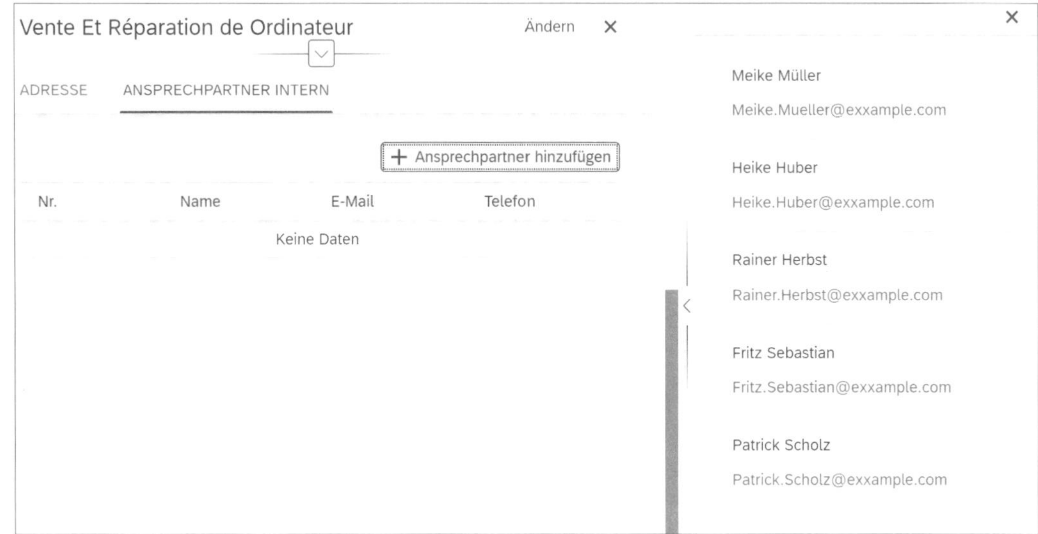

Abbildung 19.4 Detailansicht mit eingeblendeter Ansprechpartner-Liste (Demo)

19.2.2 Elemente zwischen Views kopieren

Kopieren konfigurieren

Um einen Ansprechpartner kopieren zu können, definieren Sie eine `DragInfo` in der `ContactPersonsList` und eine dazu passende `DropInfo` in der `ContactPersonsSection` der Detailansicht. Nutzen Sie das Attribut `groupName`, um beide Konfigurationen exklusiv miteinander zu verknüpfen.

Listing 19.6 zeigt die Implementierung der `ContactPersonsList` inklusive der `DragInfo`.

```
<mvc:View
  xmlns="sap.m"
  xmlns:mvc="sap.ui.core.mvc"
  xmlns:dnd="sap.ui.core.dnd"
  controllerName="de.sapui5buch.demo.controller.ContactPersonsList">
  <Panel width="auto">
    <headerToolbar>
      <Toolbar>
        <ToolbarSpacer/>
        <Button icon="sap-icon://decline"
          press=".onCloseContactPersonsList" />
      </Toolbar>
    </headerToolbar>
    <content>
      <List items="{contactPersons>/}">
        <items>
```

```
          <StandardListItem
            title="{contactPersons>Vorname}
              {contactPersons>Nachname}"
            description="{contactPersons>Email}"
          />
        </items>
        <dragDropConfig>
          <dnd:DragInfo
            groupName="addContactPersons"
            sourceAggregation="items"
            dragStart=".onDragContactPerson"
          />
        </dragDropConfig>
      </List>
    </content>
  </Panel>
</mvc:View>
```

Listing 19.6 Implementierung der Ansprechpartner-Liste (Demo)

Importieren Sie den Namensraum sap.ui.core.dnd, um die DragInfo nutzen zu können, und platzieren Sie sie in der Aggregation dragDropConfig. Definieren Sie items als sourceAggregation, damit Sie einzelne Listeneinträge ziehen können.

Datenübertragung per »DragSession«

Deklarieren Sie eine Handler-Funktion für das Event dragStart. Diese wollen wir nutzen, um Daten über die DragSession zu übertragen. Listing 19.7 zeigt die Implementierung dieser Funktion im **ContactPersonsList.controller**.

```
onDragContactPerson: function (oEvent) {
  let oDragSession = oEvent.getParameter("dragSession");
  let sEmail = oDragSession.getDragControl()
             .getBindingContext("contactPersons")
             .getProperty("Email");
  oDragSession.setData("email", sEmail);
}
```

Listing 19.7 Setzen von Daten an der »DragSession«

Die DragSession erhalten Sie als Eventparameter. Aus dem dort mitgelieferten DragControl extrahieren Sie die E-Mail des gezogenen Ansprechpartners und speichern sie separat unter dem Schlüssel email.

Implementieren Sie auf der Empfängerseite die DropInfo-Konfiguration der ContactPersonsSection wie in Listing 19.8 gezeigt.

```
<Table id="contactPersonsTable"
       items="{local>/contactPersons}">
  <!-- ... -->
  <dragDropConfig>
    <dnd:DropInfo
        groupName="addContactPersons"
        targetAggregation="items"
        dragEnter=".onDragEnterNewContactPerson"
        drop=".onDropNewContactPerson"
        dropPosition="Between"
        dropEffect="Copy"
    />
  </dragDropConfig>
</Table>
```

Listing 19.8 »DropInfo« für Ansprechpartner-Tabelle (Demo)

Als wichtigsten Punkt passen Sie hier den groupName der dazugehörigen DragInfo an. Die targetAggregation ist auch hier items; als dropPosition wählen Sie Between, um Einträge zwischen anderen ablegen zu können. Der dropEffect ist Copy, um zu signalisieren, dass das Element in der Ausgangsliste erhalten bleibt.

Duplikate vermeiden

Wir deklarieren Handler-Funktionen für zwei Events: dragEnter und drop. In der Funktion für dragEnter prüfen wir, ob das gezogene Element bereits in der Zieltabelle vorkommt, und verhindern in diesem Fall das Ablegen. Auf diese Art lassen sich Duplikate bereits beim Ziehen vermeiden, nicht erst beim Ablegen. Listing 19.9 zeigt die Implementierung der onDragEnterNewContactPerson-Funktion.

```
onDragEnterNewContactPerson: function (oEvent) {
let sEmailOfDraggedPerson = oEvent
   .getParameter("dragSession").getData("email");
  if (this.getModel("local").getProperty("/contactPersons")
    .find((oItem) => {
      return oItem.Email === sEmailOfDraggedPerson;
    })) {
  oEvent.preventDefault();
  }
},
```

Listing 19.9 Vermeiden von Duplikaten beim Ziehen (Demo)

Verwenden Sie hier die E-Mail Adresse, die Sie beim dragStart-Event der DragSession übergeben haben, als Prüfkriterium für ein Duplikat. Mit der Funktion preventDefault() des Events unterbinden Sie das Ablegen eines Elements.

Kopieren implementieren

Listing 19.10 zeigt die notwendige Implementierung für das drop-Event, um den Eintrag tatsächlich der Tabelle hinzuzufügen.

```
onDropNewContactPerson: function (oEvent) {
    let oDraggedPerson = oEvent.getParameter("draggedControl")
      .getBindingContext("contactPersons").getObject();
  this._addContactPerson(oDraggedPerson,
        oEvent.getParameter("dropPosition")
        oEvent.getParameter("droppedControl"));
  this._rearrangeContactPersonsIndex();
  this.getModel("local").refresh();
},

_addContactPerson: function (oNewContactPerson, sDropPosition,
oReferenceControl) {
  let aContactPersons = this.getModel("local")
                          .getProperty("/contactPersons");
  if (sDropPosition === "On") {
    aContactPersons.push(oNewContactPerson);
  } else if (oReferenceControl) {
     let iReferenceIndex = aContactPersons.indexOf(oReferenceControl
       .getBindingContext("local").getObject());
      let iInsertIndex = iReferenceIndex +
                       (sDropPosition === "After" ? 1 : 0);
  aContactPersons.splice(iInsertIndex, 0, oNewContactPerson);
  }
},
```

Listing 19.10 Einfügen eines gezogenen Elements (Demo)

Wir manipulieren hier der Einfachheit halber direkt das Array, das hinter dem Modellparameter contactPersons steckt. Um die Position im Array zu bestimmen, an der das Element eingefügt wird, machen wir uns die Eventparameter dropPosition und droppedControl zunutze. Der dropPosition-Parameter ist On, wenn sich noch kein Element in der Tabelle befindet. Befindet sich schon mindestens ein Eintrag dort, können Sie das Element nur über oder unter einem anderen Element ablegen.

Dieses andere Element bekommen Sie als `droppedControl`, wobei die `dropPosition` dann relativ dazu entweder `Before` oder `After` ist. Das gezogene Element selbst beziehen Sie über den Parameter `draggedControl`.

Ergebnis

Nun können Sie einen Ansprechpartner in die Tabelle einfügen, wie in Abbildung 19.5 dargestellt.

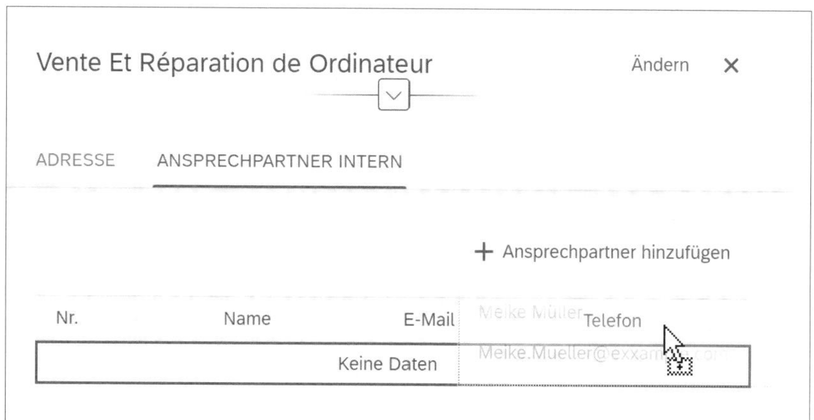

Abbildung 19.5 Ablegen eines neuen Ansprechpartners in der Benutzeroberfläche (Demo)

19.2.3 Elemente innerhalb eines Controls verschieben

Verschieben konfigurieren

Um das Verschieben von Ansprechpartnern innerhalb der Tabelle zu ermöglichen, erweitern Sie deren `dragDropConfig`-Aggregation um ein `DragDropInfo`-Element, wie in Listing 19.11 gezeigt.

```
<dnd:DragDropInfo
  sourceAggregation="items"
  targetElement="contactPersonsTable"
  targetAggregation="items"
  dropPosition="Between"
  drop=".onMoveContactPerson"
/>
```

Listing 19.11 Konfiguration zum Verschieben eines Elements innerhalb der Tabelle (Demo)

Mit Hilfe der `DragDropInfo` ist die gesamte notwendige Konfiguration an einer Stelle. Als `targetElement` geben wir die ID der Tabelle an. Dies ist hier nicht zwingend notwendig, sorgt aber für zusätzliche Klarheit.

19.2.4 Elemente per Drag and Drop löschen

Löschen konfigurieren

Das Löschen zugewiesener Ansprechpartner wird als einfacher Verschiebevorgang zwischen der Tabelle und der darunter erscheinenden FlexBox implementiert. Nehmen Sie dafür im ContactPersonsSection-Fragment die in Listing 19.12 gezeigten Ergänzungen vor.

```
<uxap:ObjectPageSubSection>
  <layout:VerticalLayout>
    <Table id="contactPersonsTable"
           items="{local>/contactPersons}">
      <dragDropConfig>
        <!-- … -->
        <dnd:DragInfo
          groupName="removeContactPerson"
          sourceAggregation="items"
          dragStart=".onDragStart"
          dragEnd=".onDragEnd"
        />
      </dragDropConfig>
    </Table>
    <FlexBox visible="{local>/isDraggingContactPerson}">
      <core:Icon src="sap-icon://delete />
      <dragDropConfig>
        <dnd:DropInfo
          groupName="removeContactPerson"
          drop=".onRemoveContactPerson"
          dropPosition="On"
          dropEffect="Move"
        />
      </dragDropConfig>
    </FlexBox>
  </layout:VerticalLayout>
</uxap:ObjectPageSubSection>
```

Listing 19.12 Verschieben eines Ansprechpartners zum Löschen (Demo)

Wir bedienen uns einmal mehr einer Kombination aus einer separaten DragInfo und DropInfo. In den Events des DragInfo-Controls dragStart und dragEnd setzen wir den Modellparameter local>/isDraggingContactPerson auf true bzw. false, um die dagegen gebundene FlexBox nur während des Ziehvorgangs einzublenden. Sie können einen Eintrag nun wie in Abbildung 19.6 gezeigt per Ziehen auf die »Mülleimer«-Box löschen.

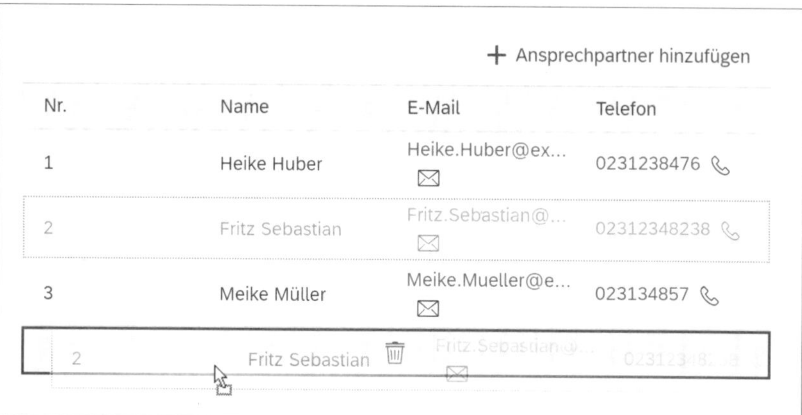

Abbildung 19.6 Löschen eines Eintrags per Ziehen auf eine Ablage (Demo)

19.2.5 Sonderfälle und Einschränkungen

Sonderfälle

Geht man vom zugrundeliegenden Prinzip der Implementierung von Drag and Drop in SAPUI5 aus, so kann theoretisch ein Element von jeder beliebigen Unterklasse von `sap.ui.core.Element` in eine andere verschoben werden, sofern keine Metadatenrestriktionen dagegensprechen. In einer Vielzahl von Anwendungsfällen, bei denen unterschiedliche Container-Controls zum Einsatz kommen, ist ein Einsatz von Drag and Drop auch durchaus sinnvoll.

Einschränkungen

In der Praxis gestaltet sich die Umsetzung jedoch manchmal schwierig, da einige – insbesondere komplexere – Controls interne Zusatz- und Sonderimplementierungen der `dnd`-API aufweisen können. Das Konfigurieren dieser Controls als Ausgangs- oder Zielelement ist daher teilweise nur mit Hilfe von Workarounds möglich. Hier kommt es auf die individuellen Anforderungen an, und ein Debuggen des Quellcodes und ein Betrachten der Originalimplementierung der beteiligten Elemente können hier sehr aufschlussreich sein. Beachten Sie nicht zuletzt ein paar weitere Einschränkungen und Notwendigkeiten, die mit Drag and Drop einhergehen.

Mobilgeräte und Barrierefreiheit

Eingeschränkte Barrierefreiheit

Drag and Drop ist auf Mobilgeräten nicht verfügbar und allgemein auch nicht barrierefrei. Stellen Sie daher sicher, dass Sie für alle Aktionen, die mit Drag and Drop ausgeführt werden können, auch eine barrierefreie Alternative – etwa über entsprechende Schaltflächen – zur Verfügung stellen. Im Sinne eines responsiven bzw. adaptiven Mobile-First-Ansatzes stellen Sie sicher, dass per DnD umgesetzte Aktionen auch auf Mobilgeräten implementiert sind oder rein zum Zusatzangebot gehören, d. h. nicht zur Kernfunktionalität einer Anwendung zählen.

Bedienbarkeit

Vorteile und Nachteile in der Bedienung

Beachten Sie, dass es mit der DnD-API nicht möglich ist, Begrenzungen der Drag-Position festzulegen. Ein Element kann zunächst prinzipiell überallhin gezogen werden.

Beachten Sie auch, dass das Markieren von Text in Controls, die für DnD konfiguriert sind, nicht möglich ist. Der Text in Inputfeldern von Controls, die für das Ziehen konfiguriert sind, lässt sich zwar markieren, jedoch nicht separat ziehen. Stellen Sie daher sicher, dass Ihren Anwendern durch die Vorzüge von DnD gleichzeitig keine Nachteile in der Bedienbarkeit entstehen.

Browserunterstützung

Einschränkungen für den Drag Ghost

Beim Übertragen von Daten über das `DataTransfer`-Objekt unterstützt Microsoft Internet Explorer 11 als MIME-Typ ausschließlich `plain-text`. Das Definieren eines eigenen Drag Ghosts ist dort ebenfalls nicht möglich.

Kapitel 20

Theming

SAPUI5-Anwendungen unterliegen den gleichen Anforderungen wie andere Webseiten. Das Layout und das Design sollen an eigene Bedürfnisse angepasst werden können. Mit CSS und Themes ist das möglich.

Funktionalität ist nicht alles. Die Akzeptanz einer Anwendung steht und fällt auch mit ihrem Aussehen. In Abschnitt 20.1 geben wir Ihnen einen Einblick, wie Sie mit CSS das Layout und das Aussehen einer Anwendung beeinflussen können. In Abschnitt 20.2 geben wir eine Einführung in die Arbeit mit dem UI Theme Designer.

20.1 CSS

CSS-Klassen

SAPUI5 bringt bereits viele CSS-Klassen mit. Viele dieser CSS-Klassen sind Bestandteil der jeweiligen Control- oder Element-Implementierung und werden nur im Kontext des entsprechenden Benutzeroberflächenartefakts verwendet, andere Klassen wiederum können auf allen Controls und Elementen genutzt werden. CSS-Klassen von SAP beginnen jeweils mit dem Präfix `sap`.

20

Mit CSS-Klassen arbeiten

SAPUI5 als HTML5-Framework bietet die Möglichkeit, eigene CSS-Klasse zu verwenden. Hierzu ist es notwendig, in der **index.html**-Seite, wie im HTML-Standard definiert, eine Referenz auf die CSS-Ressource zu setzen:

```
<link rel="stylesheet" href="/css/styles.css">
```

Eigene CSS-Dateien werden im Ordner **css** des Projekts üblicherweise abgelegt.

Implementierung in XML-Views

SAPUI5 bietet auch die Möglichkeit, CSS-Klassen direkt in einer XML-View zu implementieren. Dies ist jedoch nicht zu empfehlen, da dadurch die Übersichtlichkeit und auch die Wartbarkeit des Codes leiden.

Die Implementierung einer CSS-Datei folgt den Standardregeln. Das folgende Listing zeigt ein Beispiel aus der CSS-Klasse boldText, das die Schriftdicke steuert:

```
.boldText {
    font-weight: bold;
}
```

Hinzufügen von CSS-Klassen

Für die Zuweisung einer CSS-Klasse zu einem SAPUI5-Control oder einem SAPUI5-Element bietet SAPUI5 das Attribut class an. Hierüber können Sie beim Anlegen des Controls oder des Elements eine CSS-Klasse zuweisen:

```
<Label text="Hello SAPUI5" class="boldText" id="lblHello"/>
```

Dynamisches Ändern der CSS-Klasse

Möchten Sie die CSS-Klassen-Zuweisung dynamisch im JavaScript beeinflussen, erreichen Sie dies über die Funktion addStyleClass bzw. removeStyleClass. Wie Sie Listing 20.1 entnehmen können, erhalten beide Funktionen den Namen der CSS-Klasse, die entweder entfernt oder hinzugefügt werden soll.

```
manipulateCSS : function() {
  var oLabel = this.byId("lblHello");
  oLabel.removeStyleClass("boldText");
  oLabel.addStyleClass("italicText");
}
```

Listing 20.1 Imperatives Arbeiten mit CSS-Klassen

Sichtbarkeit von Controls je Formfaktor

Die gerade beschriebene Nutzung des class-Attributes und der JavaScript-Funktion gilt natürlich auch für die Arbeit mit CSS-Klassen von SAPUI5.

Für die Steuerung der Sichtbarkeit von UI-Controls und UI-Elementen bietet SAP die CSS-Klassen sapUiVisibleOnlyOnDesktop, sapUiHideOnDesktop, sapUiVisibleOnlyOnTablet, sapUiHideOnTablet, sapUiVisibleOnlyOnPhone und sapUiHideOnPhone an. Diese können einfach zugewiesen werden:

```
<Label text="Hello SAPUI5" class="boldText,
        sapUiVisibleOnlyOnTablet" id="lblHello"/>
```

Durch die Verwendung der Klassen entfallen das Auslesen der Endgerätefähigkeiten über die Device-API und das Setzen der Sichtbarkeit über die Funktion setVisible.

20.1.1 HTML und CSS als Teile der API

Kein Teil der öffentlichen API

Wie in Kapitel 1 und Kapitel 3 besprochen, gibt es bei SAPUI5 eine öffentliche und eine private API. Die Public API ist die API, die in der Dokumentation beschrieben ist und die entsprechend abwärtskompatibel von SAP gepflegt wird. Die private API ist die interne API, die von SAP von Version zu Version geändert werden kann, ohne dass SAP die Komptabilitätsregeln von SAPUI5 berücksichtigt. Das zur Laufzeit generierte HTML sowie die CSS-Klassen sind nicht Bestandteil der Public API. Dies bedeutet für uns, dass wir in unserem Code niemals Annahmen treffen, wie das generierte HTML aufgebaut ist, um das DOM zu manipulieren. Genauso heißt dies auch, dass Sie CSS-Klassen von SAP niemals neu definieren dürfen, indem Sie beispielsweise in der CSS-Datei eine eigene CSS-Klasse mit dem Namen `sapMButton` implementieren und dort die Standardklasse von SAP überschreiben. Ist es aus irgendeinem Grund notwendig, dennoch die Eigenschaften eines Controls anzupassen, empfehlen wir, eine eigene CSS-Klasse zu implementieren und dort die CSS-Anweisungen `sapMButton` zu überschreiben. Hierdurch ist es auch leichter, zu steuern, wann die Anweisungen verwendet werden sollen. Sie können dann durch das Hinzufügen Ihrer eigenen Klasse selbst entscheiden, wann Ihre Implementierung und wann die Standardimplementierung verwendet werden soll.

20.1.2 Empfehlungen von SAP zur Arbeit mit CSS

Regeln für die Arbeit mit CSS

SAP empfiehlt folgende Regeln bei der Arbeit mit CSS:

- Überschreiben Sie CSS-Klassen von SAP niemals direkt. Nutzen Sie stattdessen immer eine eigene CSS-Klasse.
- DOM-Elementen sollten nicht als CSS-Selektoren verwendet werden, beispielsweise indem Sie im CSS angeben, dass alle Absätze, die nach einem `div`-Element kommen, einen Stil erhalten sollen. Wie erwähnt ist die HTML-Struktur nicht Teil der öffentlichen API. Anweisungen dieser Art können dazu führen, dass die Anwendung nach einem Update nicht mehr stabil läuft. Nutzen Sie stattdessen eine eigene CSS-Klasse.
- Verwenden Sie keine generierten IDs als Selektoren. Auch hier gilt: Die automaische ID-Vergabe von SAPUI5 ist nicht Teil der Public API. Nutzen Sie stattdessen eine eigene CSS-Klasse, und weisen Sie sie wie oben beschrieben zu.
- Nutzen Sie auch für eigene CSS-Klassen ein einheitliches Präfix. Es sollte entsprechend anwendungsbezogen sein.
- Sollte Ihre Anwendung später über ein Theme angepasst werden, nutzen Sie anstelle von eigenen Klassen immer die CSS-Klassen von SAP.

- Standard-CSS-Klassen von SAPUI5, die für spezifische Anwendungszwecke, Controls und Elemente implementiert sind, sollten nicht für andere Zwecke genutzt werden. So wird beispielsweise nicht empfohlen, die Klasse `sapMButton` für andere Zwecke zu verwenden als für das Control `sap.m.Button`.

20.2 UI Theme Designer

Einheitliches Oberflächendesign gestalten

Ein einheitliches Oberflächendesign und das Implementieren der Corporate-Design-Vorgaben können sehr aufwendig werden, wenn eine große Menge an Anwendungen davon betroffen ist. Schon gar vor dem Hintergrund, dass von einer Version zur nächsthöheren Änderungen an den SAPUI5-CSS-Klassen an der Tagesordnung sind. Geht man davon aus, dass jede Anwendung eigene CSS-Designdefinitionen besitzt und bei Änderungen jede dieser Anwendung entsprechend angepasst werden muss, ist dies keine wirklich sinnvolle Lösung. SAP bietet aus diesem Grund ein HTML-basiertes Werkzeug an: den *UI Theme Designer*, mit dem Sie das visuelle Erscheinungsbild von Webanwendungen anpassen können.

Unterstützte Technologien

Der UI Theme Designer erlaubt aktuell die Erstellung von Themes für folgende Technologien:

- Web Dynpro für ABAP
- Web Dynpro für Java
- SAP GUI for HTML
- SAPUI5
- CRM Web UI
- SAP Enterprise Portal
- SAP Business Client
- SAP GUI

Themes wiederverwenden

Durch die Unterstützung unterschiedlicher Technologien ist es möglich, Themes mit dem Theme Designer nur einmal anzulegen und dann für Anwendungen, die mit den genannten Technologien implementiert wurden, zu verwenden. Dies bringt einen wichtigen Vorteil, da durch die Wiederverwendbarkeit nötige Anpassungen nur einmal gemacht werden müssen und damit entsprechend Geld gespart werden kann. Den Theme Designer gibt es sowohl für On-Premise-Systeme als auch in der SAP Cloud Platform. Die Verwendung ist in beiden Systemen identisch. Lediglich gibt es in der On-Premise-Version auf der ABAP Platform neben dem Theme Designer noch weitere Werkzeuge für die Arbeit mit Themes.

Mit dem Theme Designer arbeiten

Die Arbeit mit dem Theme Designer folgt standardmäßig den folgenden Schritten:

1. Starten des UI Theme Designers
2. Auswahl eines Basis-Themes, das als Grundlage für das eigene, zu erstellende Theme verwendet werden soll
3. Angabe einer URL zu einer SAPUI5-Anwendung. Diese Anwendung wird genutzt, um die Auswirkungen der Anpassungen am Theme zu zeigen.
4. Anpassen der Parameter des Basis-Themes, Einfügen eigener Bilder wie beispielsweise des Firmenlogos, Einfügen von eigenem LESS- bzw. CSS-Code
5. Speichern des Themes unter einem Namen und Vergabe einer ID
6. Publizieren des Themes

Nachdem das Theme publiziert wurde, kann es in Anwendungen referenziert und verwendet werden.

Theme Repository

Themes, die mit dem Theme Designer erstellt wurden, werden im sogenannten *Theme Repository* abgelegt. Beim Start des Theme Designers lädt der Theme Designer alle im Theme Repository verfügbaren Themes. Die Themes können Sie dann entweder bearbeiten oder als Basis für eigene Themes nutzen. Die Themes, die von SAP bereitgestellt werden, sollten dabei jedoch nur als Basis genutzt und nicht geändert werden.

20.2.1 Der UI Theme Designer auf der SAP Cloud Platform

Neo vs. Cloud Foundry

Der UI Theme Designer wird in der SAP Cloud Platform sowohl auf im SAP Neo Environment als auch im SAP Cloud Foundry Environment als Service angeboten. Wir verwenden den UI Theme Designer in unserem Beispiel auf der SAP Neo Platform. Der Funktionsumfang unterscheidet sich auf den beiden Plattformen nicht, lediglich das initiale Setup ist auf der SAP Cloud Foundry Platform etwas aufwendiger. Die Dokumentation und die Konfiguration finden Sie unter *http://s-prs.de/v752311*. Nachdem Sie sich an der SAP Cloud Plattform angemeldet haben, erhalten Sie unter dem Bereich **Services** alle verfügbaren Dienste angezeigt. Über die Suchfunktion können Sie einfach nach dem UI Theme Designer suchen (siehe Abbildung 20.1).

Themes erstellen

Um ein neues Theme zu erstellen, klicken Sie auf **Create a New Theme**. Ihnen werden die im Theme Repository verfügbaren Themes angezeigt (siehe Abbildung 20.2).

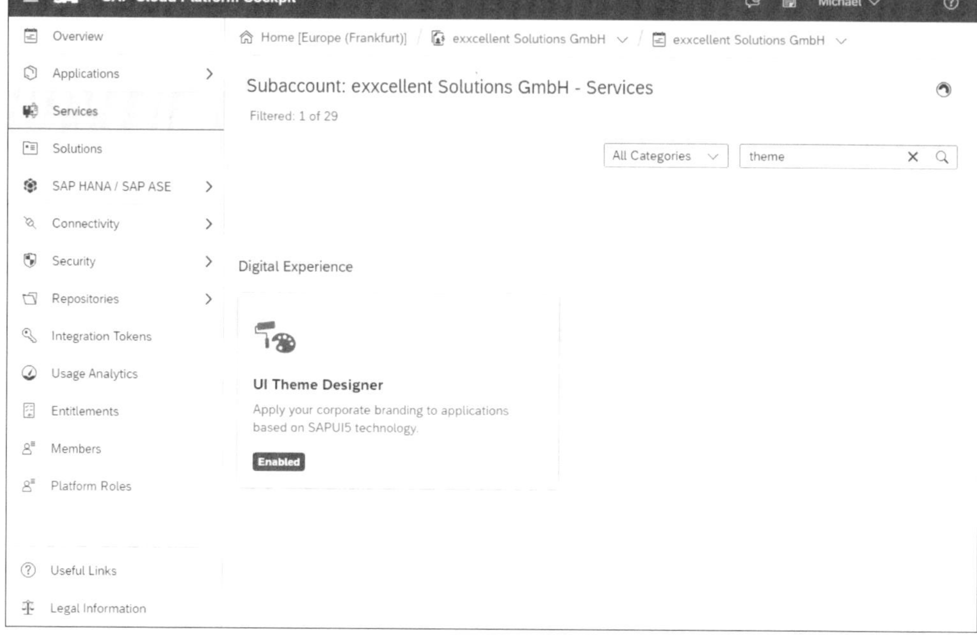

Abbildung 20.1 Theme Designer auf der SAP Cloud Platform

Abbildung 20.2 Verfügbare Themes

Wir nutzen das bereits vorausgewählte Theme **SAP Quartz light** und klicken auf die Schaltfläche **Create Theme**.

Nachdem das Theme erzeugt ist, gelangen Sie in die Ansicht zur Bearbeitung des Themes (siehe Abbildung 20.3).

Der UI Theme Designer bietet Ihnen auf der rechten Seite unterschiedliche Editoren an.

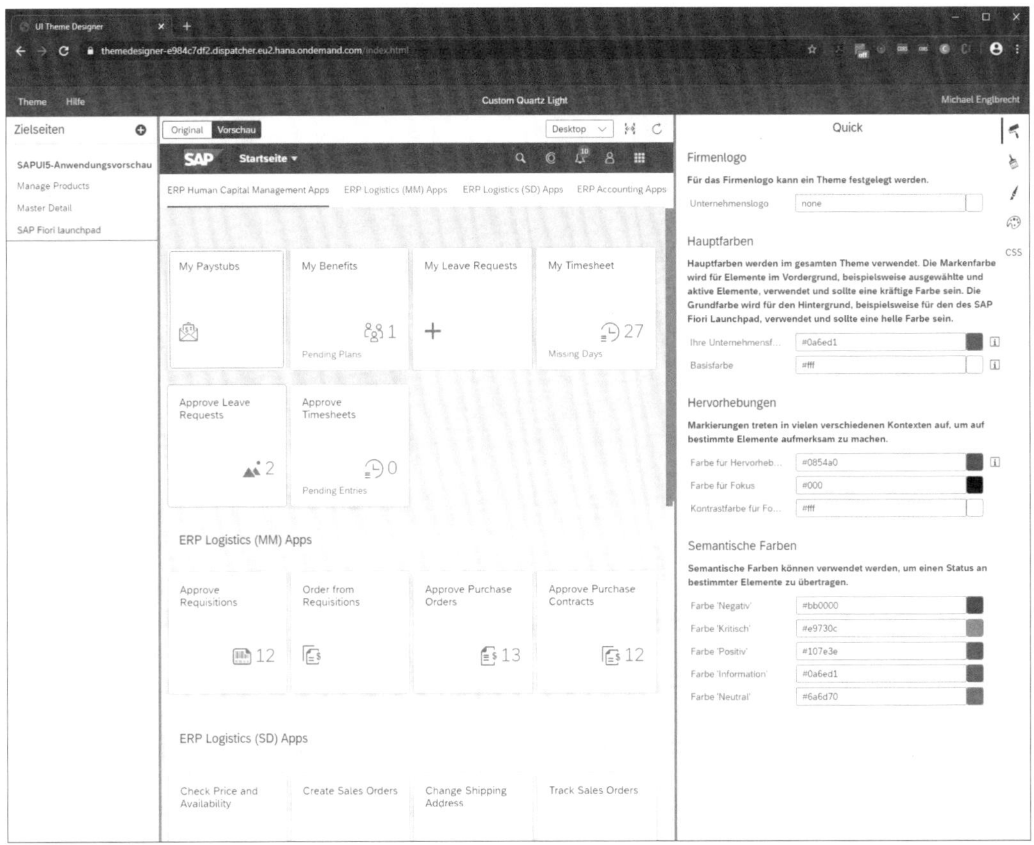

Abbildung 20.3 Der Theme Designer zur Bearbeitung des ausgewählten Themes

Schnelles Theming

Kleinere Anpassungen vornehmen

Der *schnelle Theming Editor* (**Quick**) bietet Ihnen einige ausgewählte und grundlegende Parameter an. Die Parameter sind in allen Benutzeroberflächentechnologien und -versionen vorhanden und sind unabhängig von der Anwendung, mit der das Theme aktuell in der Vorschau angezeigt wird. Die Parameter werden nicht mit einem technischen Namen, sondern mit einer nichttechnischen Bezeichnung benannt (siehe Abbildung 20.4).

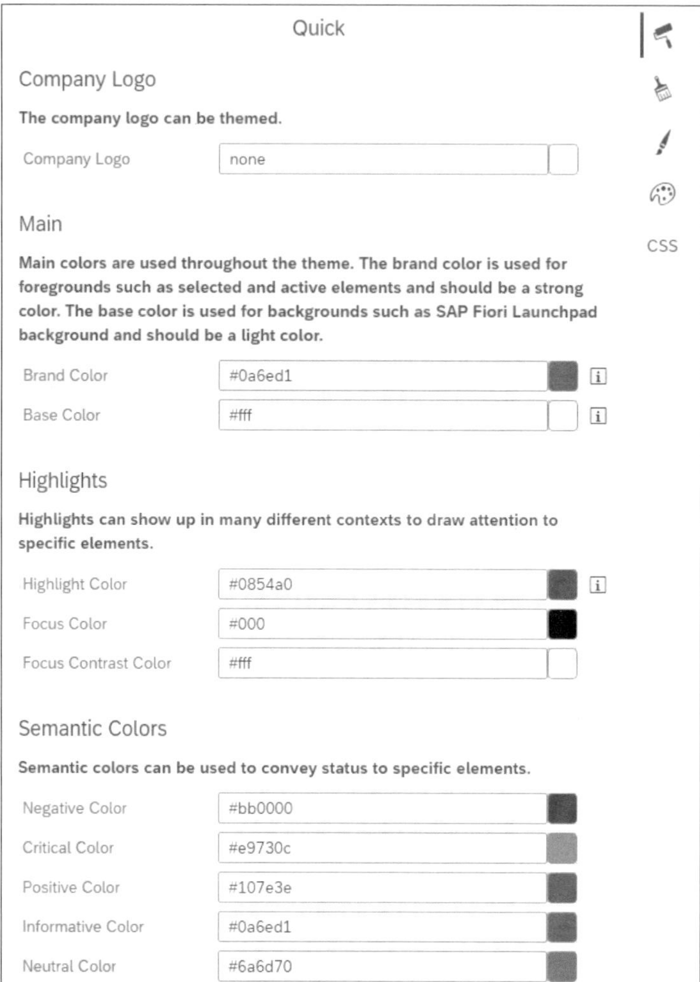

Abbildung 20.4 Schnelles Theming

Mit dem Editor können Sie das Unternehmenslogo und unterschiedliche Farben anpassen. Die Farbe ändern Sie entweder direkt über die Eingabe des entsprechenden Hex-Codes oder durch einen Klick auf das Farbsymbol über den daraufhin erscheinenden Dialog.

Einfügen des Unternehmenslogos

Um das Standard SAP-Logo zu ersetzen, klicken Sie auf den Button neben dem Eingabefeld für das Unternehmenslogo. Es öffnet sich der in Abbildung 20.5 gezeigte Dialog. Fügen Sie nun entweder über Drag and Drop oder durch den Aufruf des Dateexplorers ein neues Bild hinzu. Das Standardlogo wird durch das neue Bild ersetzt.

Abbildung 20.5 Unternehmenslogo ändern

Detailliertes Theming

Umfangreichere Anpassungen vornehmen

Im *detaillierten Theming* (**Detailed**) können Sie Parameter anpassen, die über diejenigen des schnellen Themings hinausgehen (siehe Abbildung 20.6): beispielsweise Parameter für Kacheln und Karten oder auch für den Shell Canvas. Diese Funktion steht Ihnen nur dann zur Verfügung, wenn das Basis-Theme **Quartz light** ist.

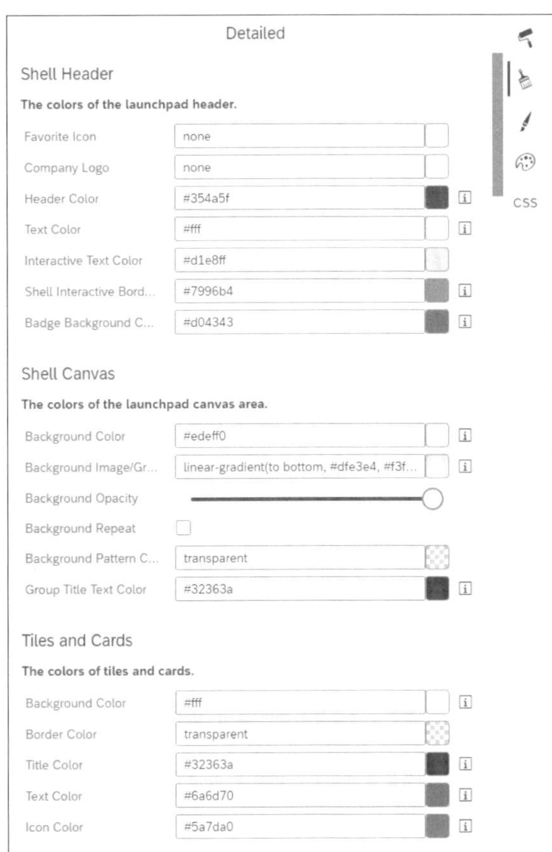

Abbildung 20.6 Detailliertes Theming

Experten-Editor

Alle Parameter anpassen

Im *Experten-Editor* (**Expert**) des UI Theme Designers (siehe Abbildung 20.7) werden alle Parameter des gewählten Basis-Themes angezeigt, die von der Anwendung genutzt werden, für die die Vorschau gewählt wurde. Die Theme-Parameter werden mit ihrer technischen ID angezeigt.

Die Parameter, die hier angezeigt werden, beziehen sich teilweise auf einzelne Controls und können sogar spezifisch für eine bestimmte Benutzeroberflächentechnologie sein. Dies hat zur Folge, dass Versionsänderungen an der Benutzeroberflächentechnologie entsprechend Einfluss auf die Stabilität des Themes haben können.

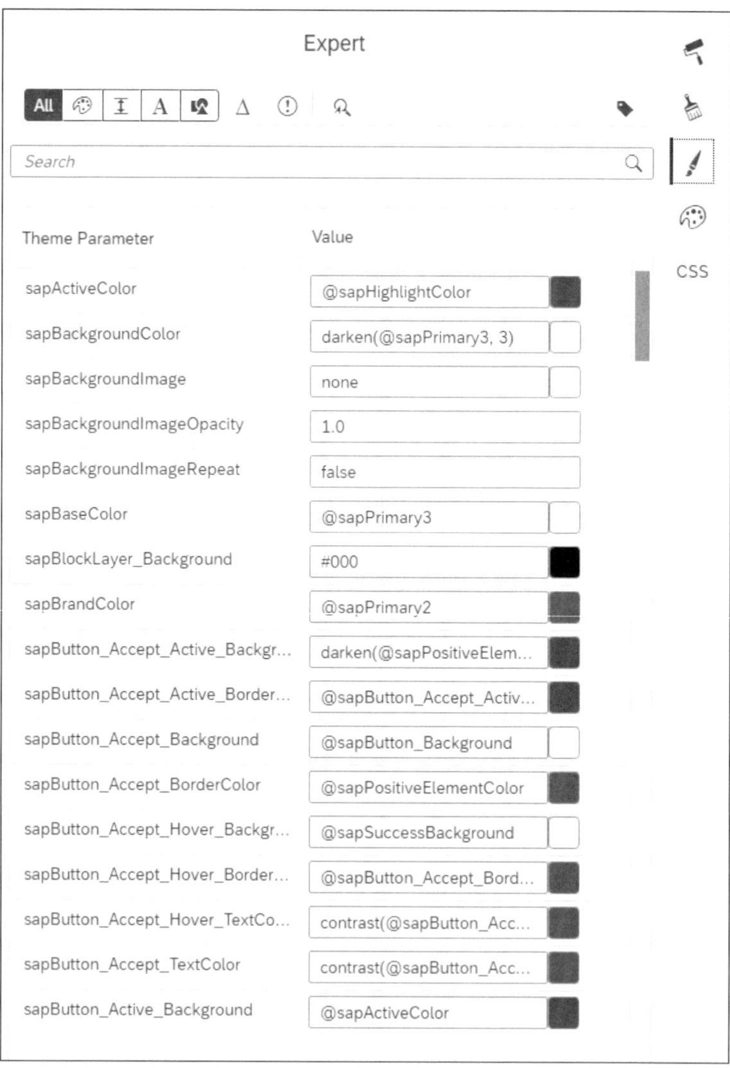

Abbildung 20.7 Expertenmodus

Filter des Experten-Editors

Der Experten-Editor bietet in der oberen Zeile die in Tabelle 20.1 gezeigten Filtersymbole an. Sie aktivieren einen Filter, indem Sie ihn anklicken. Sie sehen daraufhin nur die entsprechenden Parameter, die zum Filterkriterium passen.

Filter können auch kombiniert werden, und zwar mit einem logischen UND. Durch einen erneuten Klick auf das Filtersymbol wird der entsprechende Filter wieder entfernt. Wollen Sie alle Filter entfernen, verwenden Sie die Schaltfläche **Alle**.

Symbol	Beschreibung
Alle	Zeigt alle Parameter ohne Filter an.
	Zeigt Parameter für Farbwerte.
A	Zeigt Parameter für Schriften.
	Zeigt Parameter für Höhen, Breiten und Abstände.
	Zeigt Parameter für Bilder.
Δ	Zeigt nur gegenüber dem Original geänderte Parameter.
	Zeigt die im Theme befindlichen Fehler an.

Tabelle 20.1 Filtersymbole im Expert-Theming

Tags

Über das Tag-Symbol können Sie sich oberhalb des Suchfeldes eine Liste von Tags einblenden lassen. Auch diese Tags stellen Filter dar.

Suche

Über das Suchfeld können Sie nach einzelnen Parametern suchen, die den Suchstring enthalten. Sie entfernen den Suchfilter durch einen Klick auf das Kreuz.

LESS

Für die Parameterwerte können Sie neben Literalen und CSS-Funktionen auch LESS-Funktionen verwenden. Damit können Sie den Wert eines Parameters aus den Werten anderer Parameter ableiten.

In Abbildung 20.8 wird beispielsweise der Wert von `sapButton_Accept_Active_Background` mit der `darken`-Funktion aus den Werten von anderen Farbparametern abgeleitet.

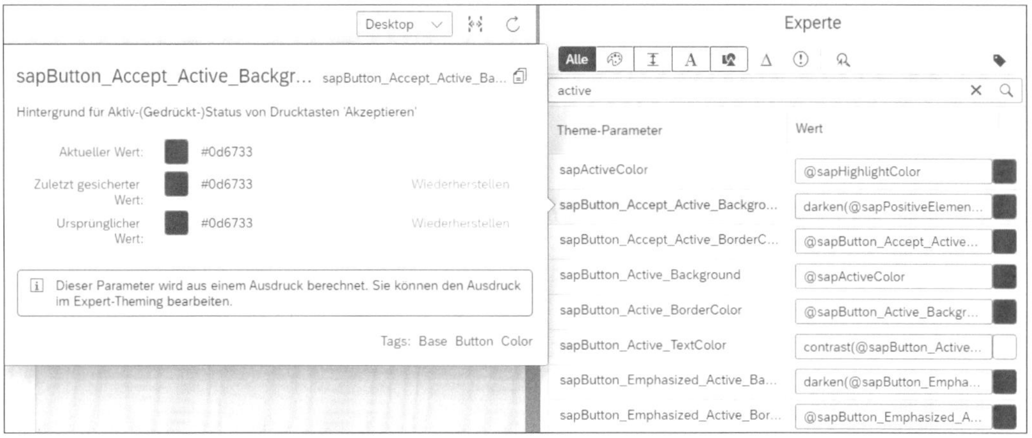

Abbildung 20.8 LESS im Experten-Theming

Paletteneditor

Parameter konfigurieren

Über den Paletteneditor können Sie eigene Parameter konfigurieren. Ein Parameter enthält dabei eine Konfiguration einer Farbe. Der Parameter kann dann später einfach genutzt werden, um verschiedenen Konfigurationsaspekten die Farbkonfiguration zuzuweisen.

Um einen Parameter anzulegen, geben Sie zunächst einen Parameternamen in das in Abbildung 20.9 gezeigte Feld ein, dann klicken Sie auf das Farbsymbol und wählen im Dialog die entsprechende Farbe aus. Um den Parameter anzulegen, klicken Sie anschließend rechts auf das Plus-Symbol.

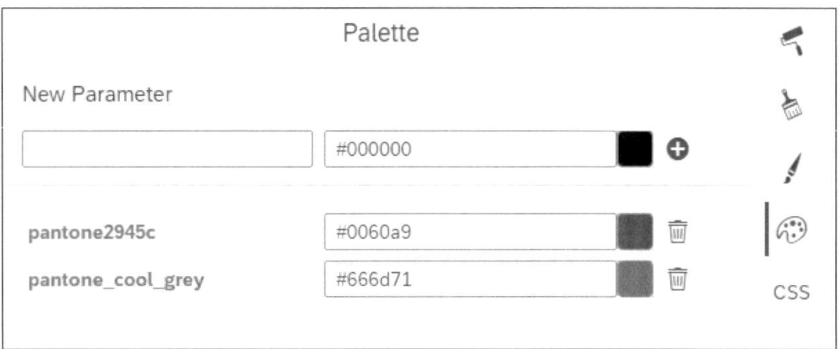

Abbildung 20.9 Paletteneditor

Nach dem Anlegen des Parameters können Sie ihn in einem der anderen Modi einsetzen. Die verfügbaren Paletten werden bei der Bearbeitung eines Parameters angezeigt (siehe Abbildung 20.10).

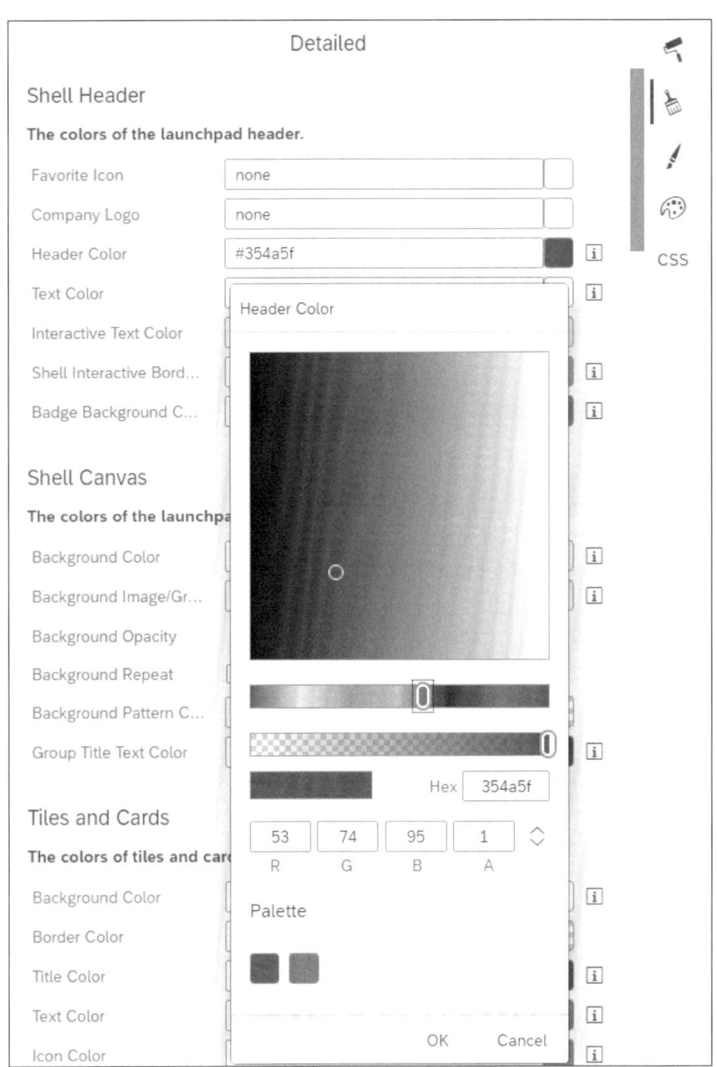

Abbildung 20.10 Nutzung der Paletten im Detail-Editor

Eigenen LESS- und CSS-Code einfügen

CSS-Editor nutzen

Über den CSS-Editor können Sie eigenen LESS- oder CSS-Code in das Theme einfügen. Hierbei laufen Sie jedoch Gefahr, dass die Anpassungen nach einem Upgrade zu Mehraufwand führen, da SAP kundeneigenes CSS nicht direkt unterstützt und Sie die Wartung selbst übernehmen müssen. Dies wird dann der Fall sein, wenn sich der Custom Code auf Aspekte bezieht, die sich im Rahmen des Upgrades geändert haben.

Sichern und Freigeben

Um ein Theme zu verwenden, muss es zunächst freigeben werden. Dafür rufen Sie im Menü **Theme • Sichern & Freigeben** aus. Im sich öffnenden Dialog geben Sie die Details zu Ihrem Theme ein und starten die Freigabe mit einem Klick auf **Sichern & Freigeben**.

Struktur eines Themes

Interner Aufbau

Über die Exportfunktion des UI Theme Designers können Sie das Theme exportieren. Es wird eine **.zip**-Datei auf Ihren lokalen Rechner geladen. Der interne Aufbau eines Themes unterliegt einer klaren Struktur aus Framework, Library und dem Theme selbst:

- **Framework**

  Auf der obersten Ebene befindet sich für jedes unterstützte Benutzeroberflächen-Framework (z. B. SAPUI5, Unified Rendering, Portal) ein Verzeichnis. Der **Base**-Ordner enthält Definitionen, die von allen Frameworks gemeinsam verwendet werden. Hierzu zählen beispielsweise Icons oder die SAP-Standardfarben.

Unified Rendering

Beim *Unified Rendering* handelt es sich um das Rendering, das von Web Dynpro ABAP, vom Floorplan Manager und anderen Benutzeroberflächentechnologien verwendet wird.

- **Library**

  Jeder der Framework-Ordner enthält Ordner für die einzelnen Bibliotheken. In SAPUI5 sind das beispielsweise **sap.m** oder **sap.ui.core**. Auch bei den Bibliotheken gibt es einen Ordner **baseLib**, der Daten enthält, die zwischen den Bibliotheken geteilt werden.

- **Theme**

  Jeder Ordner einer Bibliothek enthält wiederum Ordner für die unterschiedlichen Themes und die dort verwendeten LESS-Dateien. Die Themes von SAP tragen das Präfix `sap_`. Ordner von kundenspezifischen Themes tragen die ID, die beim Speichern des Themes angegeben wurde.

20.2.2 Der Theme Designer on premise

ABAP Platform vs. Java Platform

Den Theme Designer gibt es als On-Premise-Version auf der ABAP Platform und als Dienst auf der Java Platform. Wir wollen uns an dieser Stelle auf die ABAP-Plattform konzentrieren. Um den Theme Designer auf der ABAP Platform verwenden zu können, müssen Sie SAP-Hinweis 1852401 implementieren. Im Anschluss müssen Sie die folgenden ICF-Knoten aktivieren:

- */sap/public/bc/themes*
- */sap/bc/theming*

Berechtigung

Nicht jeder Anwender kann den Theme Designer verwenden. Benutzer, die Schreibzugriff zum Erstellen, Ändern und Löschen von Themes haben sollen, benötigen in ihrem Benutzerprofil eine Berechtigung zum Berechtigungsobjekt `/UI5/THEME`. Das Feld `ACTVT` im Berechtigungsobjekt muss den Wert »02« (Change) haben, das Feld `/UI5/THMID` muss mit den Werten der änderbaren Theme-IDs belegt sein. Themes sind mandantenspezifisch: Das bedeutet, dass der Theme Designer im selben Mandanten (und auf demselben Server) gestartet werden muss, in dem sich auch das Theme Repository befindet.

Mit dem Theme Designer on premise arbeiten

On premise vs. Cloud

Um mit dem Theme Designer on premise auf der ABAP Platform zu arbeiten, rufen Sie die Transaktion /UI5/THEME_DESIGNER auf. Sie können den Theme Designer auch alternativ über die URL *http(s)://<host>:<port>/sap/bc/theming/theme-designer* starten. Der Funktionsumfang hängt vom installierten Release ab und kann sich von der Cloudversion unterscheiden. Falls Sie mit dem UI Theme Designer in der Cloud ein Theme erstellen und es on premise verwenden wollen, achten Sie darauf, dass das entsprechende Basis-Theme auf Ihrem On-Premise-System vorhanden ist.

Themes verwalten

Auf der ABAP Platform gibt es für die Verwaltung von Themes zwei weitere Werkzeuge:

- Mit dem *Theme Repository Browser* können Sie die Verzeichnisstruktur und die Dateien des Theme Repositorys anschauen. Der Theme Repository Browser wird als Webanwendung bereitgestellt.
- Die *Theme-Werkzeuge* werden verwendet, um Themes in das Theme Repository zu importieren oder zu exportieren und um Themes zu transportieren und zu löschen.

Theme Repository Browser

Verzeichnisstruktur anzeigen

Den Theme Repository Browser rufen Sie über die URL *http(s)://<hostname>[:<port>]/sap/public/bc/themes/~client-<client>* auf. Der Repository Browser liefert Ihnen einen Überblick über den Inhalt eines Themes. Sie können sich die Verzeichnisstruktur und die einzelnen Dateien anzeigen lassen. Außerdem können Sie einzelne Dateien oder auch ganze Verzeichnisse über den **Delete**-Link löschen. Im Bereich **Tools** können Sie neue Verzeichnisse erstellen und Dateien hochladen (siehe Abbildung 20.11).

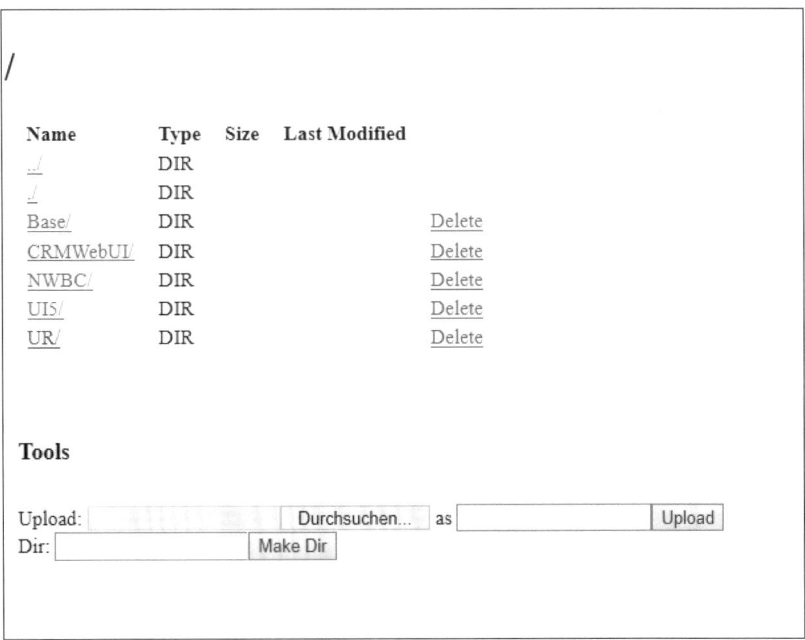

Abbildung 20.11 Theme Repository Browser

Die Theme-Werkzeuge zur Verwaltung von Themes

Theme-Werkzeuge nutzen

SAP bietet über die Transaktion /ui5/theme_tool ein Werkzeug zur Verwaltung von Themes an. Nach dem Start wird Ihnen ein ABAP-Report angezeigt (siehe Abbildung 20.12).

Der Report gibt einen Überblick über die Kunden-Themes auf dem System und die von den Themes verwendeten Verzeichnisse. Die ID des Themes wird im Report grün hinterlegt.

Aktualisieren, Cache leeren, Hochladen und Support

Über der Liste der vorhandenen Themes werden Ihnen im oberen Bereich in eckigen Klammern die Bezeichnungen **Aktualisieren**, **Cache invalidieren**, **Hochladen** und **Support** angezeigt. Durch einen Doppelklick auf **Aktualisieren** wird die aktuelle Anzeige aufgefrischt. Ein Doppelklick auf **Cache invalidieren** leert den Memory-Cache des Servers. Die erste Anfrage nach einem Theme führt nun dazu, dass das Theme aus der Datenbank neu in den Cache gelesen wird. Die Funktion wird dann verwendet, wenn das Theme geändert wurde und Sie sichergehen möchten, dass die Änderungen auch verwendet werden.

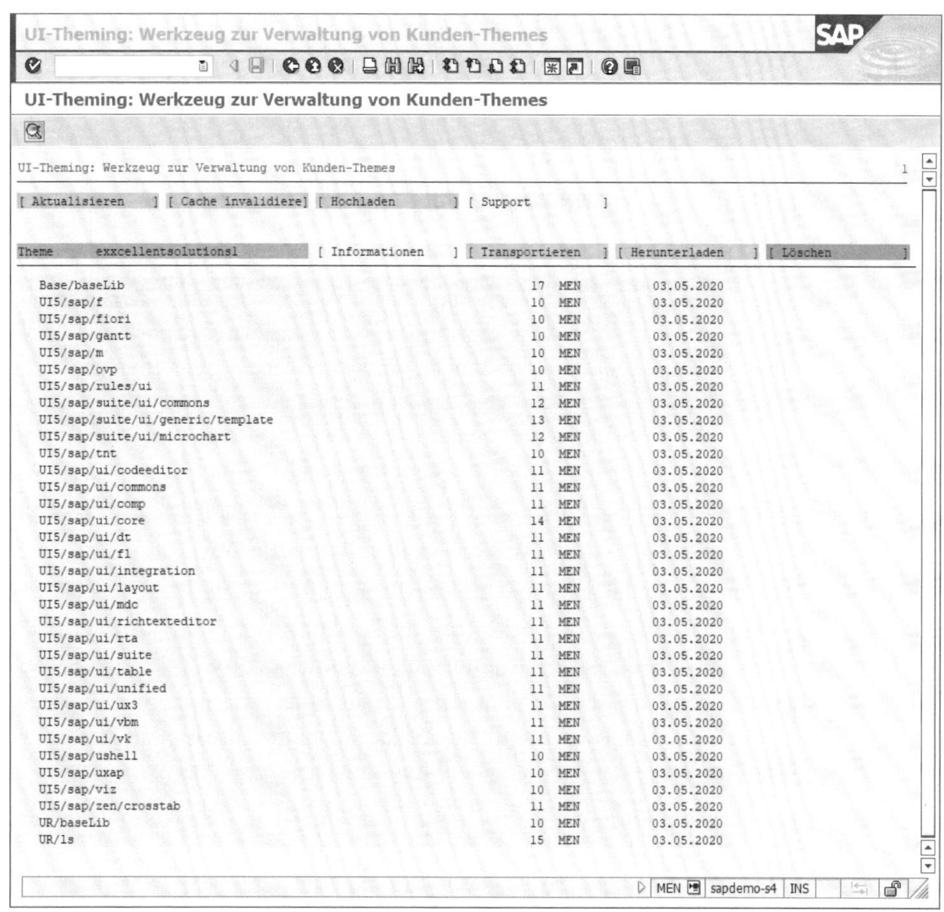

Abbildung 20.12 Die Theme-Werkzeuge on premise

Ein Doppelklick auf **Hochladen** öffnet den Dialog **Datei öffnen**. Dort können Sie eine **.zip**-Datei mit einem Theme auf Ihrem Rechner auswählen und in das *Theme Repository* Ihres Systems laden. Die Funktion **Support** liefert Supportinformationen zum UI Theme Designer.

Theme-spezifische Werkzeuge

Neben der ID der Themes finden Sie in eckigen Klammern die Bezeichnungen **Informationen**, **Transportieren**, **Herunterladen** und **Löschen**. Über einen Doppelklick führen Sie die Funktionen auf dem dazugehörigen Theme aus. Es besteht auch die Möglichkeit, die Funktion mit einem einfachen Klick und dann dem Aufruf von [Icon] bzw. F2 zu starten.

Theme-Informationen anzeigen

Über **Information** erhalten Sie die URL-Parameter für das entsprechende Theme (siehe Abbildung 20.13). Den Parameter `sap-theme` können Sie verwenden, um ihn mit einem Fragezeigen getrennt an die URL einer SAPUI5-

Anwendung anzuhängen. Die Anwendung nutzt dann das entsprechende Theme.

Abbildung 20.13 Zugriffsinformationen für die Verwendung des Themes

Transportieren eines Themes

Um ein Theme zu transportieren, muss es einem Customizing-Auftrag zugewiesen werden. Hierzu verwenden Sie **Transportieren**. Nach dem Aufruf wählen Sie im Dialog einen Auftrag aus. Nach der Freigabe des Auftrags können Sie den Transport in ein anderes System überführen.

Download eines Themes

Über **Herunterladen** kann das Theme als **.zip**-Datei auf den lokalen Rechner geladen werden. Nach dem Aufruf der Funktion geben Sie im Dialog das Verzeichnis Ihres lokalen Rechners an, in dem die **.zip**-Datei abgelegt werden soll. Der Inhalt der **.zip**-Datei besitzt die bereits besprochene Struktur. Sie können beispielsweise ein Theme, das Sie on premise erstellt haben, herunterladen und im UI Theme Designer in der Cloud wieder importieren.

Löschen eines Themes

Über **Löschen** können Sie ein Theme aus dem Theme Repository löschen. Nach dem Aufruf der Funktion werden Sie über einen Dialog zum Bestätigen oder Abbrechen des Löschvorgangs aufgefordert.

20.2.3 Themes verwenden

Um ein Theme in einer SAPUI5-Anwendung zu verwenden, haben Sie zwei Möglichkeiten:

- URL-Parameter
- HTML-Attribut beim Bootstrapping

URL-Parameter

Um das Theme als URL-Parameter an die Anwendung zu übergeben, fügen Sie *sap-theme=<theme-id>@<theme-root>* an die URL Ihrer Anwendung an. Den Platzhalter *<theme-id>* ersetzen Sie durch die ID Ihres Themes und *<theme-root>* durch das Wurzelverzeichnis des Theme Repositorys. Die nötigen Informationen erhalten Sie über das Theme-Werkzeug (siehe Abbildung 20.13).

Sie können das Theme auch beim Bootstrapping über das Attribut `data-sap-ui-theme` angeben (siehe Listing 20.2). Hierzu ist es notwendig, das

Theme über das Theme-Werkzeug herunterzuladen und in einen **Resources**-Ordner Ihrer SAPUI5-Anwendung abzulegen. Danach können Sie das Theme über das Attribut referenzieren.

```
<script
    id='sap-ui-bootstrap'
    type = 'text/javascript'
    src = 'resources/sap-ui-core.js'
    data-sap-ui-theme = 'exxcellentsolutions1'
    >
</script>
```

Listing 20.2 Einbinden eines eigenen Themes im Bootstrap-Skript

Themes im SAP Fiori Launchpad

SAPUI5-Anwendungen, die in einem SAP Fiori Launchpad integriert sind, nutzen das Theme des Launchpads. Das Theme kann über Customizing zentral über die Transaktion /UI2/NWBC_CFG_CUST konfiguriert werden.

Kapitel 21
Testen von SAPUI5-Anwendungen

In diesem Kapitel erfahren Sie, wie Sie Ihre Anwendung mit einer Testsuite versehen, in der Sie Unit-Tests und Oberflächentests definieren und ausführen können. Sie lernen außerdem, wie Sie Testdaten simulieren, und erhalten einen ersten Einblick in End-to-End-Tests mit UIVeri5.

Softwaretests sind ein integraler Baustein bei der Auslieferung hochwertiger, qualitätsgesicherter Software. Entwicklungsparadigmen wie Test-driven Development zielen unter anderem darauf ab, die mit der Suche, Entdeckung und Behebung von Softwarefehlern einhergehenden Kosten zu reduzieren, die sich massiv steigern können, je später im Lebenszyklus einer Software sie auftreten.

Eine Vielzahl an Vorgehensweisen, Technologien und Tools beschäftigen sich daher mit Softwaretests, deren Automatisierung und deren Integration in den Entwicklungs- und Bereitstellungszyklus. In Abschnitt 21.1 erläutern wir Ihnen die Grundlagen von Tests in SAPUI5. Abschnitt 21.2 stellt Ihnen Unit-Tests mit QUnit vor, in Abschnitt 21.3 lernen Sie die Oberflächentests mit OPA5 kennen. Abschnitt 21.4 beschäftigt sich mit der Datensimulation über den UI5 MockServer, und Abschnitt 21.5 erklärt die End-to-End-Tests mit UIVeri5.

21.1 Grundlagen von Tests in SAPUI5

Sehen wir uns zunächst die Grundlagen von Softwaretests im Kontext von SAPUI5 und den Aufbau einer passenden Testsuite an.

21.1.1 Testarten und Technologien für SAPUI5

Welche Tests gibt es?

Um die verschiedenen technischen Ebenen zu beschreiben, auf der Software getestet werden sollte, hat sich die *Testpyramide* etabliert, wie sie in Abbildung 21.1 skizziert und bereits an das SAPUI5-Umfeld angepasst ist.

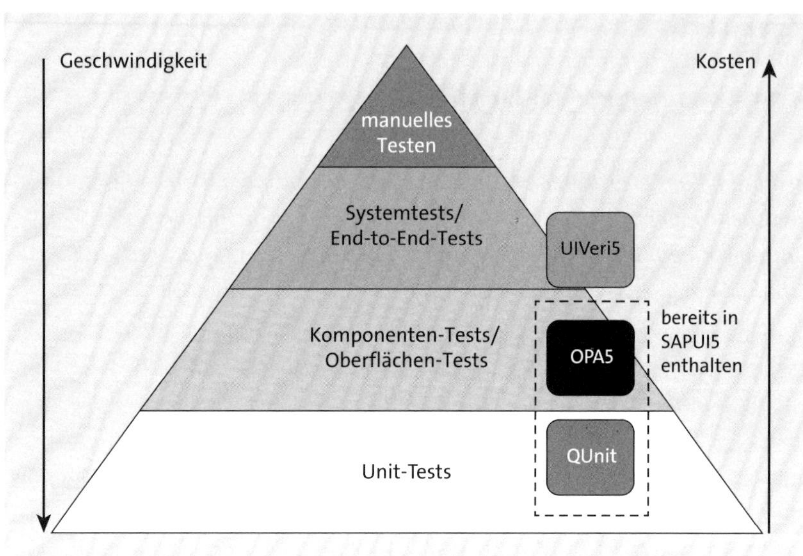

Abbildung 21.1 Testpyramide mit SAPUI5-Tools

Unit-Tests

Das Fundament dieser Pyramide bilden *Unit-Tests*, die eine einzelne Funktionseinheit (Unit) unabhängig von anderen Funktionen und Komponenten testen. Eine Funktionseinheit ist dabei möglichst klein, beispielsweise eine einzelne Methode oder gegebenenfalls eine Klasse. Eventuelle Abhängigkeiten, auf die die Unit eigentlich angewiesen wäre, beispielsweise ein Backend, können dabei durch Mocks oder Stubs simuliert bzw. ersetzt werden.

Im Kontext von SAPUI5 setzen Sie Unit-Tests für Module oder Funktionen ein, die hauptsächlich zur internen Anwendungslogik gezählt werden können. Dies kann beispielsweise interne Funktionen von Modulen und Controllern umfassen, nicht jedoch deren API-Methoden oder Handler-Funktionen für Control-Events. Letztere können vielmehr als Teil der Oberflächentests abgedeckt werden. Auch Formatter-Funktionen und Schnittstellenimplementierungen zu Backendservices können im Rahmen von Unit-Tests getestet werden.

Für die Implementierung von Unit-Tests wird das ursprünglich für jQuery entwickelte Testframework *QUnit* zusammen mit SAPUI5 ausgeliefert, sodass Sie hierfür keine weiteren Bibliotheken separat laden müssen. Auf die Implementierung von Unit-Tests mit QUnit gehen wir in Abschnitt 21.2 genauer ein.

Komponententests

Der große Vorteil von Unit-Tests – das schnelle Testen kleiner, in sich geschlossener Funktionseinheiten – birgt jedoch auch eine Schwierigkeit: Das tatsächliche Zusammenwirken mehrerer Funktionen oder Module bleibt damit ungetestet. In diesem Zusammenhang kommen *Integrations-* oder *Komponententests* ins Spiel.

Hierbei werden zwei oder mehr Funktionseinheiten zusammen getestet, um ihre korrekte Kommunikation untereinander und die korrekte Auflösung von Abhängigkeiten sicherzustellen.

Für ein Benutzeroberflächen-Framework wie SAPUI5 nimmt in diesem Zusammenhang auch das Testen der Benutzeroberfläche eine besondere Bedeutung ein. Hierfür werden die einzelnen Benutzeroberflächenseiten Ihrer Anwendung auf die korrekte Darstellung und Funktion der Oberflächenkomponenten und Controls hin getestet. Dies umfasst die korrekte Positionierung von Controls, deren Eigenschaften, das korrekte Auslösen und Behandeln von Events und deren Datenbindung.

OPA5

Es muss also die Benutzeroberfläche selbst – d. h. die Controls auf den einzelnen Views und auch ihre Verbindung zu den jeweiligen Controllern und den Datenmodellen – getestet werden. In SAPUI5 ist hierfür das *OPA5*-Framework enthalten, mit dem Sie – wiederum auf QUnit basierend – die Anwenderinteraktion mit der Benutzeroberfläche Ihrer Anwendung simulieren und so das Verhalten einzelner Benutzeroberflächenkomponenten testen können. Hierauf werden wir in Abschnitt 21.3 eingehen.

Systemtests

Während Oberflächentests mit OPA5 bereits vielfältige Nutzerszenarien abbilden und testen können, stellen sie dennoch keine abschließenden *End-to-End-(E2E-)Tests* dar, die eine vollständige Interaktion des Anwenders mit der Applikation replizieren. Aspekte wie Authentifizierung und Backendverbindungen werden bei Oberflächentests, nicht zuletzt aufgrund technischer Einschränkungen, außen vor gelassen oder wiederum durch Mock-Daten ersetzt.

Selenium

E2E-Tests oder Systemtests testen das Anwendungssystem als ein Ganzes und stellen dabei Nutzungsabläufe nach, wie sie von einem echten Endanwender im angestrebten Betrieb der Applikation ablaufen würden. Um echte E2E-Tests durchzuführen, können Sie beispielsweise das Test-Framework *Selenium* einsetzen. Hierfür ist mit UIVeri5 ein auf SAPUI5 spezialisierter Ableger in Entwicklung, auf den wir in Abschnitt 21.5 einen kurzen Ein- und Ausblick geben.

Manuelles Testen

An der Spitze der Testpyramide steht das explorative, manuelle Testen, bei dem Entwickler oder Tester die Anwendung händisch durchlaufen und auf korrektes Verhalten prüfen.

Bedeutung der Pyramide

Die Pyramidenform und die Anordnung der unterschiedlichen Ebenen spiegeln dabei die generellen Empfehlungen zur Gestaltung einer »gesunden« Testlandschaft wider. Die Breite der Ebenen entspricht deren grundsätzlichem Mengenverhältnis, in dem Unit-Tests den Großteil der vorhandenen Tests ausmachen, während die E2E- und manuellen Tests nur einen geringen Anteil an der Gesamtmenge an Tests haben sollten. Dies bedingt sich nicht zuletzt dadurch, dass die Geschwindigkeit, sowohl der Testausführung als auch der Einrichtung, mit jeder höheren Ebene abnimmt, während die mit der Einrichtung der Tests und der Lokalisierung und Behebung von Fehlern verbundenen Kosten zunehmen.

Kosten und Geschwindigkeit

Unit-Tests sind bei dieser Betrachtung sehr schnell und sehr oft ausführbar, recht schnell zu erstellen und können durch ihren kleinteiligen Umfang gezielt Fehlerstellen identifizieren, da sie in der Regel nur eine spezifische Funktion testen. Da hierdurch auch eine vergleichsweise schnelle und gezielte Fehlerbehebung erreicht werden kann, fallen die Kosten von Unit-Tests vergleichsweise gering aus.

Bei E2E-Tests hingegen muss eine Vielzahl an Komponenten, Schnittstellen und gegebenenfalls Akteuren miteinander agieren. Dies erhöht den Aufwand der Testeinrichtung und -durchführung und erschwert die Lokalisierung und Behebung von Fehlern. E2E-Tests sollten daher mit Bedacht gewählt werden und eher wenige, jedoch zentrale bzw. kritische Anwenderszenarien abbilden.

21.1.2 Aufbau einer Testsuite

Testdateien auswählen

Wie in Abschnitt 2.2, »Aufbau und Struktur einer SAPUI5-Anwendung«, beschrieben, platzieren Sie die Testdateien Ihrer Anwendung im Verzeichnis **webapp/test**. Dies gilt sowohl für Unit-Tests als auch für Oberflächentests, die wiederum in den Unterverzeichnissen **unit** bzw. **integration** platziert werden.

Testsuite

Für Unit-Tests und Oberflächentests definieren Sie in SAPUI5 üblicherweise eine gemeinsame *Testsuite*, in der beide Testarten zusammen oder einzeln ausgeführt werden können. Die Testsuite übernimmt für die Testausführung eine ähnliche Aufgabe, wie sie der Datei **index.html** für die Standalone-Ausführung der Anwendung selbst zukommt: das Laden der notwendigen Laufzeitumgebungen und Abhängigkeiten sowie das Bereitstellen einer Benutzeroberflächen-Area, in der die Testausführung nachverfolgt und deren Ergebnisse betrachtet werden können.

Testsuite – Struktur

Die eigentlichen Testmodule enthalten lediglich die jeweiligen Testschritte, laden ihrerseits aber keine QUnit-Abhängigkeiten. Auf diese Art können die Testmodule auch direkt in einem CI-Szenario eingesetzt werden, wie in Kapitel 23, »Performanceoptimierung und Fehleranalyse«, beschrieben. Abbildung 21.2 zeigt den grundsätzlichen Aufbau der Testsuite und der beteiligten Dateien:

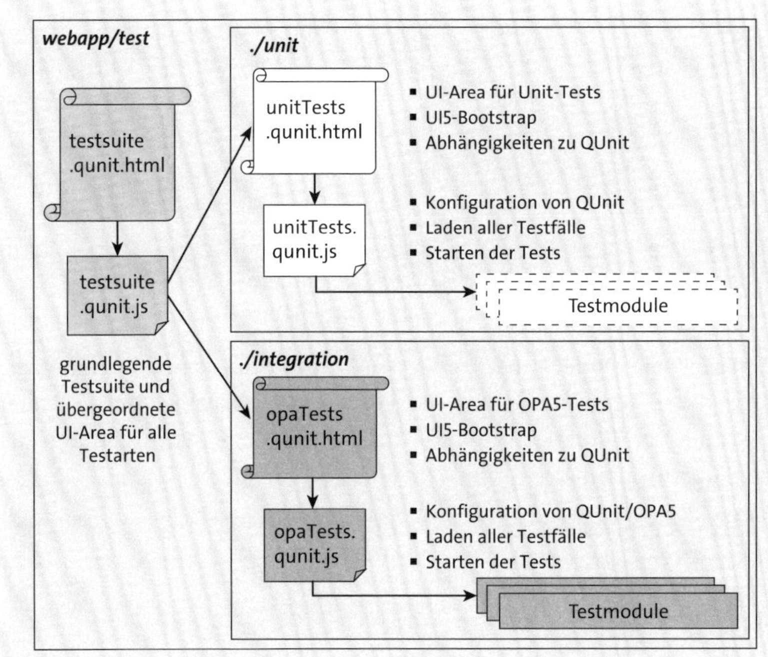

Abbildung 21.2 Grundlegende Struktur der Testsuite für SAPUI5

Testsuite – Dateien

Die Datei **testsuite.qunit.html** und die dazugehörige Skriptdatei **testsuite.qunit.js** legen zunächst den gemeinsamen HTML-Rahmen der Testsuite fest. In der Skriptdatei wird die Testsuite initialisiert, und die spezifische Datei **unitTests.qunit.html** bzw. **opaTests.qunit.html** wird als Testseite hinzugefügt. Somit werden beim Aufruf der Datei **testsuite.qunit.html** beide Testarten ausgeführt, während ein direkter Aufruf einer der beiden spezifischen Dateien das einzelne Ausführen einer bestimmten Testart ermöglicht.

Beachten Sie, dass die Endung **.qunit.*** per Konvention die entsprechenden Dateien als Teil der QUnit-Tests deklariert, dies jedoch keine technische Notwendigkeit darstellt.

Die spezifischen Testseiten für Unit-Tests und OPA5-Tests deklarieren ihre jeweils notwendigen Abhängigkeiten zu QUnit und OPA5, laden ihre Testmodule und starten die jeweiligen Testläufe.

Aufbau der Testsuite

Implementieren Sie zum Aufbau der Testsuite den Inhalt der **testsuite.qunit.***-Dateien wie in Listing 21.1 und Listing 21.2 gezeigt.

```
<!DOCTYPE html>
<html>
<head>
  <title>QUnit test suite for SAPUI5Buch</title>
  <script src="../resources/sap/ui/qunit/qunit-redirect.js"></script>
  <script src="testsuite.qunit.js" data-sap-ui-testsuite></script>
</head>
<body></body>
</html>
```

Listing 21.1 Inhalt der »testsuite.qunit.html«

Die HTML-Seite bindet zunächst ein QUnit-Skript ein, das die Weiterleitung zur zentralen Testsuite regelt, und definiert im anschließend gezeigten Skript eine Konfigurationsfunktion `suite()`, die vom Testrunner automatisch aufgerufen wird.

```
// eslint-disable-next-line
window.suite = function() {
  "use strict";
  // eslint-disable-next-line
  var oSuite = new parent.jsUnitTestSuite(),
    sContextPath =
 location.pathname.substring(0, location.pathname.lastIndexOf
   ("/") + 1);
  oSuite.addTestPage(sContextPath + "unit/unitTests.qunit.html");
  oSuite.addTestPage(sContextPath + "integration/
opaTests.qunit.html");
  return oSuite;
};
```

Listing 21.2 Inhalt der Datei »testsuite.qunit.js«

Einbindung der Testseiten

Beachten Sie, dass die relativen Pfadangaben zum Verzeichnis **resources** sich im Vergleich zur **index.html** aus Abschnitt 4.1, »Einführung in das Bootstrapping von SAPUI5«, dahingehend ändern, dass wir uns im Verzeichnisbaum eine Ebene tiefer befinden. Dies wird sich mit den kommenden Dateien fortsetzen, so dass entsprechend weitere `../`-Pfadbestandteile hinzugenommen werden müssen.

[«]

Testsuite-Dateien

Die Inhalte der gezeigten Dateien ***.qunit.html** und ***.qunit.js** für die Testsuite geben den aktuellen Codestand wieder, wie er von Tools wie die SAP Web IDE generiert oder in Beispielprojekten wie der `openui5-sample-app` gezeigt wird. Mit fortschreitender Zeit kann sich dieser Code im Detail ändern; die gezeigten Konzepte bleiben jedoch erhalten, so dass Sie entweder die hier gezeigten Inhalte für Ihre Testsuites wiederverwenden oder sich die Dateien erneut generieren lassen können.

21.2 Unit-Tests mit QUnit

QUnit ist ein Testframework für jQuery, das für Unit-Tests mit SAPUI5, das ebenfalls auf der Basis von jQuery entstand, eine naheliegende Wahl ist. QUnit stellt Ihnen Methoden zur Verfügung, um Testfälle für Ihre Anwendung zu formulieren, Testaktionen auszuführen und deren Ergebnisse zu evaluieren.

Arrange-Act-Assert-Pattern

Diese drei Schritte formen das *Arrange-Act-Assert Pattern*, das sich für den generellen Testaufbau etabliert hat. Es erlaubt Ihnen, nicht nur die dazugehörenden Schritte zur Testzeit, sondern auch Ihren Testcode entsprechend zu sortieren und zu strukturieren. Jeder einzelne Ihrer Testfälle durchläuft dieses Pattern (siehe Abbildung 21.3).

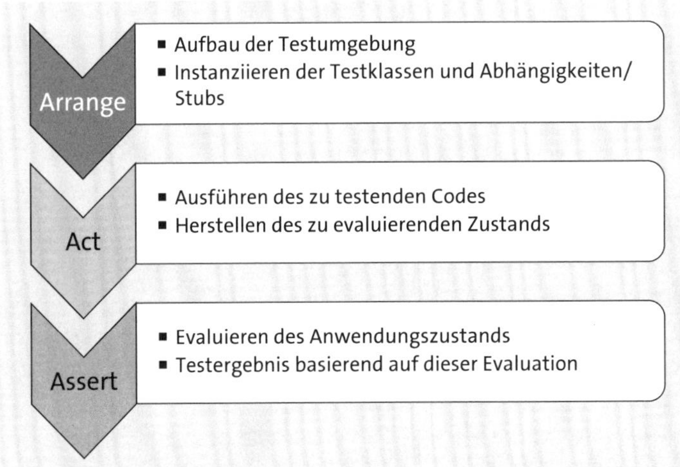

Abbildung 21.3 Arrange-Act-Assert-Pattern für Testfälle

Arrange-Phase

Während der Arrange-Phase bauen Sie Ihr konkretes Testszenario bzw. Testsystem auf, innerhalb dessen Sie den Unit-Test durchführen möchten. Sie erstellen das notwendige Grundgerüst, indem Sie eventuelle abhängige Module anfordern bzw. einen Ersatz für sie erstellen, gegebenenfalls notwendige Testdaten laden und die für den Test notwendigen Laufzeitartefakte instanziieren. Den notwendigen Code für diese Phase können Sie in der Regel für mehrere Tests wiederverwenden, die tatsächlichen Ressourcen werden jedoch je Test instanziiert und nach dem Test wieder aufgeräumt, um alle Tests isoliert ausführen zu können.

Act-Phase

Die Act-Phase umfasst den tatsächlichen Testablauf. Hier rufen Sie den zu testenden Code auf, der das gewünschte Resultat produzieren sollte. Anhand des Codes und der dazugehörigen Testfallbeschreibung sind der Zweck und Ablauf des Tests unmittelbar erkennbar. Achten Sie darauf, dass Sie hierbei nur den zu testenden Code aufrufen, jedoch noch keine Annahmen über das Ergebnis treffen. Dies ist Teil der letzten Phase.

Assert-Phase

In der Assert-Phase überprüfen Sie das Ergebnis der Testausführung. Hier evaluieren Sie eine oder mehrere Annahmen über den Zustand der Anwendung, der durch den Testfall hergestellt werden sollte. Treffen alle Annahmen zu, war der Test erfolgreich.

21.2.1 Implementieren einer Testseite für Unit-Tests

Unit-Test-Dateien

Bevor Sie die Testmodule implementieren, erstellen Sie die **test/unit/unitTests.qunit.html**-Seite zur Darstellung der Testergebnisse und eventueller Fehler der Unit-Tests, wie in Listing 21.3 gezeigt.

```
<!DOCTYPE html>
<html>
<head>
  <meta charset="utf-8">
  <title>Unit tests for SAPUI5Buch</title>

  <script id="sap-ui-bootstrap"
    src="../../resources/sap-ui-core.js"
    data-sap-ui-theme="sap_fiori_3"
    data-sap-ui-resourceroots='{
      " de.sapui5buch.demo": "../../"
    }'
    data-sap-ui-language="EN"
    data-sap-ui-async="true">
  </script>

  <link rel="stylesheet" type="text/css" href="../../resources/sap/
    ui/thirdparty/qunit-2.css">
```

```
  <script src="../../resources/sap/ui/thirdparty/qunit-2.js">
    </script>
  <script src="../../resources/sap/ui/qunit/qunit-junit.js"></script>
  <script src="../../resources/sap/ui/qunit/qunit-coverage.js">
    </script>
  <script src="../../resources/sap/ui/thirdparty/sinon.js"></script>
  <script src="../../resources/sap/ui/thirdparty/sinon-qunit.js">
    </script>

  <script src="unitTests.qunit.js"></script>
</head>
<body>
  <div id="qunit"></div>
  <div id="qunit-fixture"></div>
</body>
</html>
```

Listing 21.3 Inhalt der Datei »unitTests.qunit.html«

Die Testseite führt zunächst ein Bootstrap-Skript aus und lädt die UI5-Laufzeit für die Testausführung. Auch hier haben Sie wieder die Möglichkeit, die Laufzeit alternativ über ein Content-Delivery-Network zu beziehen.

Anschließend werden die notwendigen QUnit-Ressourcen geladen:

- **qunit-2.css** enthält Styleangaben zur Darstellung der Testergebnisse.
- **qunit-2.js** enthält die grundlegende QUnit-Funktionalität.
- **qunit-junit.js** enthält Funktionen zum Export der Testergebnisse.
- **qunit-coverage.js** enthält Funktionen zur Ermittlung der Testabdeckung.

Unit-Tests konfigurieren

Die Seite bindet zuletzt das **unitTests.qunit.js**-Skript zum Start der Testausführung ein und definiert abschließend die Benutzeroberflächen-Area für die Unit-Tests. Implementieren Sie das **test/unit/unitTests.qunit.js**-Skript wie in Listing 21.4 gezeigt.

```
/* global QUnit */
QUnit.config.autostart = false;
sap.ui.getCore().attachInit(function () {
  "use strict";
  sap.ui.require([
    "de/sapui5buch/demo/test/unit/AllTests"
```

```
  ], function () {
    QUnit.start();
  });
});
```

Listing 21.4 Inhalt der Datei »unitTests.qunit.js«

Das Skript deaktiviert zunächst den automatischen Start der QUnit-Testausführung, um sicherzustellen, dass zuerst alle Testmodule geladen werden können.

Testmodule sammeln

Dies geschieht üblicherweise in einem Sammelmodul `AllTests.js`, das wir im nächsten Schritt implementieren. Anschließend wird der Testlauf über `QUnit.start()` gestartet. Definieren Sie also als letzten Vorbereitungsschritt das Modul **test/unit/AllTests.js** wie im folgenden Listing gezeigt:

```
sap.ui.define([
  "./controller/App.controller"
]);
```

Laden und ausführen

Das Modul wird leer definiert, und die einzelnen Testmodule werden als Abhängigkeiten angegeben. Somit übernimmt das Modul das Laden und Ausführen der Tests. Diese zentrale Stelle ermöglicht Ihnen das einfache Hinzunehmen weiterer Testmodule, indem Sie diese hier entsprechend ergänzen. Im nächsten Abschnitt werden wir nun ein solches Testmodul implementieren.

21.2.2 Implementieren von Testmodulen

Testmodul definieren

Innerhalb der QUnit-Testsuite definieren Sie ein Testmodul je fachlicher bzw. technischer Einheit, die Sie testen möchten. Es empfiehlt sich hierfür, im Verzeichnis **test/unit** eine ähnliche Struktur zu etablieren, wie sie bereits in **webapp** existiert, und die Dateinamen der Testmodule denen der getesteten Module anzugleichen.

Benennung der Module

Wenn Sie also ein Testmodul für einen Controller, beispielsweise **model/Formatter.js** definieren, erstellen Sie hierfür eine Datei **test/unit/model/Formatter.js**.

Sie definieren ein QUnit-Testmodul zunächst wie gehabt als SAPUI5-Modul. Darin definieren Sie ein QUnit-Modul, innerhalb dessen Sie beliebig viele Testfälle definieren können. Abbildung 21.4 zeigt die grundlegende inhaltliche Struktur eines solchen Moduls.

```
sap.ui.define([
    "..."
], function(...) {
    "use strict";

    QUnit.module("Modulbeschreibung", {

        beforeEach: function() {
            // Aufbau Testsystem (alle Testfälle)
        },

        afterEach: function() {
           // Abbau Testsystem (ggf.)
        }
    });

    QUnit.test("Testfallbeschreibung 'Should...'",
     function(assert) {
        // Arrange...

       // Act...

       // Assert...
    });
});
```

Definition als SAPUI5-Modul

Definition des Testmoduls für QUnit mit Modulbeschreibung

Vor-/Nachbereitung für jeden Testfall

Definition eines Testfalls mit Testfallbeschreibung und Arrange-Act-Assert-Struktur

Abbildung 21.4 Struktur eines QUnit-Testmoduls

Abhängigkeiten definieren

In der SAPUI5-Moduldefinition deklarieren Sie wie gehabt alle benötigten Abhängigkeiten. Das QUnit-Modul definieren Sie mit der Funktion `QUnit.module()`. Diese enthält als ersten Parameter eine aussagekräftige Modulbeschreibung. Als zweiten Parameter übergeben Sie ein Konfigurationsobjekt, in dem Sie Hooks definieren können, die vor dem ersten Test (`before`) bzw. nach dem letzten Test (`after`) oder vor/nach jedem Test (`beforeEach`/`afterEach`) ausgeführt werden. Nutzen Sie diese Hooks, um allgemeine Vor- bzw. Nachbereitungsschritte umzusetzen. Achten Sie darauf, dass Sie nicht nur das Modul als Ganzes, sondern auch jeden Testfall jederzeit einzeln ausführen können. Prinzipiell sollten Testfälle niemals auf das Ergebnis eines anderen Testfalls angewiesen sein.

Testfall definieren

Einen Testfall definieren Sie mit der Funktion `QUnit.test()`, der Sie als Parameter eine Testfallbeschreibung sowie eine Callback-Funktion übergeben. Diese wiederum erhält den Parameter `assert`, über den Sie die unterschiedlichen Assertion-Methoden von QUnit nutzen können.

Innerhalb der Callback-Funktion setzen Sie das Arrange-Act-Assert-Pattern um. Nehmen Sie gegebenenfalls notwendige testfallspezifische Aufbauten vor, rufen Sie dann gezielt den zu testenden Code auf, und stellen Sie mindestens eine Annahme zum Testergebnis (Assertion) auf. Achten Sie bei den Assertions darauf, sie jeweils mit einer aussagekräftigen Nachricht über die korrekte Annahme zu versehen.

[»]

QUnit-Dokumentation

Machen Sie sich zusätzlich zu den hier beschriebenen Inhalten mit der API-Dokumentation von QUnit vertraut. Auch wenn wir hier die Konzepte und wichtigsten Methoden beschreiben, so übersteigt der Umfang des QUnit-Frameworks und damit verbundener Bibliotheken die Möglichkeiten dieses Kapitels. An dieser Stelle verweisen wir daher auf die QUnit-Dokumentation, insbesondere unter

https://api.qunitjs.com/ und *https://qunitjs.com/cookbook/*.

Als praktisches Beispiel wollen wir nun unser in Kapitel 18, »Eventbasierte Kommunikation mit dem Event Bus«, erstelltes Control `ContactLink` mit Unit-Tests ausstatten. Dabei soll getestet werden:

- die korrekte Initialisierung des Controls mit Defaulteinstellungen
- das Setzen eines `LinkType`-Objekts (z. B. `E-Mail`) und infolgedessen die korrekte Zuweisung der Icon- und Link-Aggregationen
- das erfolgreiche Feuern des eigenen Events `press`

Erster Testfall

Testmodul anlegen

Das fragliche Control haben wir unter **control/ContactLink.js** angelegt. Legen Sie daher analog dazu die Datei **test/unit/control/ContactLink.js** für unser Testmodul an. Listing 21.5 zeigt den notwendigen Inhalt für unseren ersten Testfall.

```
sap.ui.define([
  "de/sapui5buch/demo/control/ContactLink",
  "de/sapui5buch/demo/control/type/LinkType"
], function (ContactLink, LinkType){
  "use strict";

  QUnit.module("ContactLink custom control", {
    beforeEach: function () {
      this.oContactLink = new ContactLink("theContactLink", {
        text: "https://openui5.org/"
      });
    },
    afterEach: function () {
      this.oContactLink.destroy();
    }
  });
```

```
  QUnit.test("Should instantiate the control with default values",
  function (assert) {
    //Arrange ... no further arrangement necessary

    //Act ...
    let oContactLink = sap.ui.getCore().byId("theContactLink");

    //Assert...
    assert.ok(oContactLink, "Control was instantiated");
    assert.strictEqual(oContactLink.getText(), "https://openui5.
      org/", "Control has text property set correctly");
    assert.strictEqual(oContactLink.getLinkType(), LinkType.Default,
      "ContactLink has default linkType");
    assert.ok(oContactLink.getAggregation(
      "_link") instanceof de.sapui5buch.demo.control.XLink,
      "Control has aggregation of type XLink");
    assert.ok(oContactLink.getAggregation(
      "_icon") instanceof sap.ui.core.Icon,
      "Control has aggregation of type Icon");
  });
});
```

Listing 21.5 Testmodul (initial) für unser Control »ContactLink« (Demo)

Hooks

Für unseren ersten Test des `ContactLink`-Controls benötigen Sie das Control selbst als Abhängigkeit sowie unsere `LinkType`-Enumeration, die wir direkt referenzieren wollen. Innerhalb der Moduldefinition nutzen wir den Hook `beforeEach()`, um ein `ContactLink`-Control mit einem Standardtext für diesen und jeden nachfolgenden Test zu instanziieren, und räumen dieses mit `destroy()` im Hook `afterEach()` wieder auf.

Der Testfall selbst benötigt somit keine weiteren Arrange-Schritte mehr, und wir nutzen `sap.ui.getCore().byId()`, um in der Act-Phase das Control in der Testsuite anhand seiner ID zu finden. Gelingt dies, so können wir von einer erfolgreichen Instanziierung ausgehen. Somit prüfen wir dies im ersten Statement der Assert-Phase. Ein `assert.ok()` ist dann erfolgreich, wenn der übergebene Ausdruck wahr ist, wie in unserem Fall das instanziierte Control.

Assertions

Mit diesem ersten Assert könnten wir den Testfall bereits als abgeschlossen betrachten. Wir nutzen aber die Gelegenheit, auch zu prüfen, ob im Rahmen der Initialisierung die Standardwerte korrekt gesetzt wurden. Wir stellen mit `assert.strictEqual()` fest, ob der gesetzte `text` unserer Vorgabe entspricht und ob der `linkType` mit `Default` belegt ist. Abschließend nutzen wir `assert.ok()` in Verbindung mit `instanceof`, um zu überprüfen, ob die beiden internen Aggregationen des Controls korrekt vorhanden sind.

Sie können nun im Browser die Seite **unitTests.qunit.html** aufrufen, um diesen ersten Testfall durchführen zu lassen. Abbildung 21.5 zeigt das Ergebnis des Testlaufs.

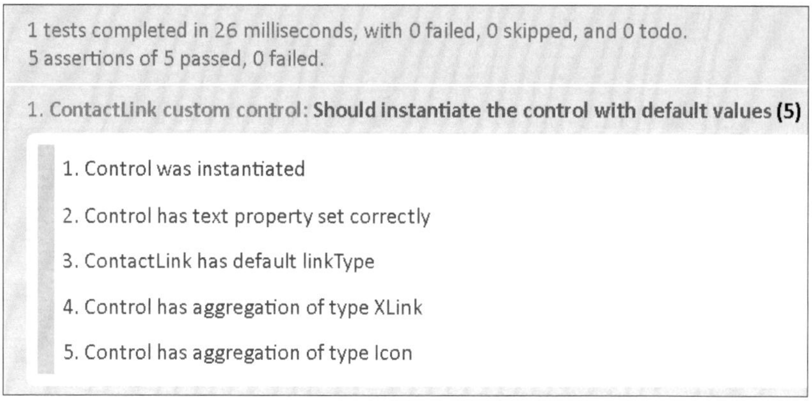

1 tests completed in 26 milliseconds, with 0 failed, 0 skipped, and 0 todo.
5 assertions of 5 passed, 0 failed.

1. ContactLink custom control: **Should instantiate the control with default values (5)**

1. Control was instantiated
2. Control has text property set correctly
3. ContactLink has default linkType
4. Control has aggregation of type XLink
5. Control has aggregation of type Icon

Abbildung 21.5 Testsuite mit erfolgreichem Testfall (Demo)

Zweiter Testfall

Ergänzen Sie **ContactLink.js** für unseren zweiten Testfall um den Inhalt aus Listing 21.6.

```
QUnit.test("Should set the href prefix and icon source for email
  type", function (assert) {
  //Arrange
  const sUrl = "no-reply@sap.com";
  const sTargetIconSrc = "sap-icon://email";
  this.oContactLink.setText(sUrl);

  //Act
  this.oContactLink.setLinkType(LinkType.Email);

  //Assert
  assert.strictEqual(this.oContactLink.getAggregation("_link")
.getHref(), "mailto:"+sUrl, "Link href is prefixed with mailto:");
  assert.strictEqual(this.oContactLink.getAggregation("_icon")
.getSrc(), sTargetIconSrc, "Icon src is " + sTargetIconSrc);
});
```

Listing 21.6 Testfall für korrekte Setter und interne Methoden (Demo)

Weitere Arrange-Schritte

Für diesen Testfall nehmen wir konkrete weitere Arrange-Schritte vor. Wir definieren, abweichend vom Standardwert, der in `beforeEach()` gesetzt würde, eine E-Mail-Adresse und hinterlegen den Icon-String, den wir später im Assert für den `LinkType Email` erwarten würden. Unser Act besteht nun darin, diesen `LinkType` am Test-Control zu setzen.

In den Asserts greifen wir auf die internen Aggregationen zu und überprüfen, ob das Präfix und das Icon gemäß unseren Vorgaben für das Control gesetzt wurden. Auf diese Art überprüfen wir auch die internen Methoden `_getIconSource()` des `ContactLink`-Controls und implizit auch die Methode `_prefixText()` des enthaltenen `XLink`-Controls. Idealerweise schreiben wir natürlich ein eigenes Testmodul für Letzteres, auch wenn dies hier nicht gezeigt ist.

Nun, wo der Testfall für den LinkType `Email` steht, können Sie nach dem gleichen Vorgehen die Testfälle für die weiteren Ausprägungen `Phone` und `Fax` erstellen. Aus Platzgründen verzichten wir darauf, sie hier zu zeigen.

Dritter Testfall

Event testen

Für den dritten Testfall, in dem wir prüfen wollen, ob das `press`-Event unseres Controls korrekt gefeuert wird und ob es die gewünschten Parameter enthält, machen wir uns einen Spion (auch Spy genannt) zunutze.

Sinon

Hierfür benötigen wir zunächst *Sinon*, ein weiteres Drittanbieter-Framework, das in SAPUI5 enthalten ist. Über Sinon können Sie Spies, Stubs und Mocks einsetzen und haben die Möglichkeit, Zeitangaben und XMLHttp-Requests zu simulieren.

[«]

Sinon, Stubs, Spies und Mocks

Informationen zu Sinon und seinen Möglichkeiten finden Sie unter:

https://sinonjs.org/

Es empfiehlt sich, eventuelle Modulabhängigkeiten Ihres getesteten Codes generell zu simulieren, sodass seine Unabhängigkeit gewahrt wird und Sie tatsächlich Ihren zu testenden Code *isoliert* testen, wie es für Unit-Tests geboten ist.

Ein *Stub* ersetzt ein Objekt oder eine Funktion und kann statt dieser als Parameter übergeben werden. Erwartet Ihr zu testender Codeabschnitt eine gewisse Rückmeldung eines Objekts oder einer Methode, setzen Sie an deren Stelle einen Stub ein. Auf diese Art lassen sich auch Fehlerfälle testen.

Ein *Spy* ist ein erweiterter Stub. Er kann zusätzlich die Werte, die an die Funktion übergeben würden, sowie einige weitere Metadaten dazu aufzeichnen und kann so beispielsweise zur Überprüfung von Callback-Funktionen genutzt werden.

Mocks erweitern diese Prinzipien und können mit gewissen Erwartungen ausgestattet werden, die Teil der Testspezifikation werden. Über Mocks können Sie prüfen, ob das Verhalten des getesteten Codes im Zusammenspiel mit dem Mock und dessen Schnittstellenvertrag korrekt ist.

Ergänzen Sie das Testmodul um die in Listing 21.7 gezeigten Inhalte, um den dritten Testfall zu implementieren.

```
sap.ui.define([
  "de/sapui5buch/demo/control/ContactLink",
  "de/sapui5buch/demo/control/type/LinkType",
  "sap/ui/thirdparty/sinon"
], function (ContactLink, LinkType){
  "use strict";

  QUnit.module("ContactLink custom control", … );
  QUnit.test("Should instantiate the control with default values",
    … });
  QUnit.test("Should set the href prefix and icon source for email
    type", …);
  QUnit.test("Should fire the press event when the link is clicked",
    function (assert) {
    //Arrange
    let aEventParameters = [];
    let fnGetEventParams =
 function (oEvent) { aEventParameters.push(oEvent.getParameters()); };
    let fnHandler = sinon.spy(fnGetEventParams);
    this.oContactLink.attachPress(fnHandler);

    //Act
    this.oContactLink.getAggregation("_link").firePress();

    //Assert
    assert.ok(fnHandler.calledOnce, "Press handler was called");
    assert.strictEqual(aEventParameters[0].text, "https://
      openui5.org/", "Event has parameter text correctly set");
    assert.strictEqual(aEventParameters[0].href, "https://
      openui5.org/", "Event has parameter href correctly set");
  });
});
```

Listing 21.7 Testen eines Control-Events (Demo)

Spy einsetzen

Sehen wir uns die Grundlagen dieses Tests an: Sie ergänzen die Abhängigkeit zu `sinon` in der Moduldefinition. Mit der Funktion `sinon.spy()` definieren Sie in der Arrange-Phase einen Spy, den Sie im `attachPress()` als simulierte Handler-Funktion übergeben.

In der Act-Phase feuern Sie zunächst das Event `press` des aggregierten Links, das von unserem getesteten Control `ContactLink` gefangen und als dessen eigenes `press`-Event weitergefeuert wird. Dieses wird von unserem Spy registriert.

Spy auswerten

In der Assert-Phase können Sie dann auf den Spy zurückgreifen und seine Eigenschaften `called` bzw. `calledOnce` abfragen, um festzustellen, ob die Handler-Funktion von unserem getesteten Modul aufgerufen wurde.

Auf diese Art können Sie testen, ob ein Control-Event ausgelöst wurde, es ist jedoch nicht möglich, direkt die Eventparameter auszulesen. Hierfür bedienen wir uns eines Tricks, der vom bisher nicht erwähnten Code aus Listing 21.7 umgesetzt wird. Wir definieren ein Array `aEventParameters`, das wir von einer anonymen Funktion, die wiederum dem Spy mitgegeben wird, befüllen lassen, da dieser zum Zeitpunkt seines Aufrufs auf die Eventparameter zugreifen kann. Diese überprüfen wir dann in den weiteren Asserts unseres Testfalls.

Sie haben nun einen Überblick über die zentralen Konzepte von Unit-Tests in SAPUI5 inklusive des Aufbaus einer Testsuite. Sehen wir uns als Nächstes an, wie Sie die Interaktion mit der Benutzeroberfläche testen können.

21.3 Oberflächentests mit OPA5

OPA5

Basierend auf QUnit bietet Ihnen die API *One Page Acceptance Tests for SAPUI5* (OPA5) die Möglichkeit, die Benutzerinteraktion, Navigation und die Datenbindung innerhalb Ihrer Benutzeroberfläche zu testen.

Oberflächentests mit OPA5 nehmen den Stellenwert von Integrationstests für SAPUI5 ein. Sie testen ein begrenztes Zusammenspiel von Komponenten wie Views, Controller, daran gebundene Modelle, Formatter und gegebenenfalls Verbindungen zu Backendservices, die entweder live oder als Mocks verfügbar sind.

Gleichzeitig stellen OPA5-Tests noch keine vollständigen E2E-Tests dar. Die jeweils getesteten Nutzerinteraktionen beschränken sich jeweils auf eine oder wenige Seiten der Anwendung und klammern Aspekte wie Autorisierung oder Backendanbindungen aus. Die getesteten Interaktionen stellen dabei nicht unbedingt das Verhalten eines Nutzers innerhalb der Applikation nach, sondern können gezielt einzelne Aspekte ansteuern und testen.

21.3.1 OPA5-Grundlagen

Allgemeine Struktur

OPA5-Tests folgen wie Unit-Tests einem Arrange-Act-Assert-Pattern. Die Struktur der Testsuite unterteilt sich dabei in *Pages* und *Journeys*. Eine Page entspricht hierbei in der Regel einer konkreten Benutzeroberflächenseite, etwa einer Master- oder einer Detail-View. Auf jeder Page definieren Sie Aktionen (*Actions*), wie etwa das Betätigen einer Schaltfläche, und Annahmen (*Assertions*), wie etwa das Vorhandensein eines bestimmten Elements. Sie definieren hierbei jeweils die technische Umsetzung einer entsprechenden Aktion oder Annahme als Funktion, die dann im Rahmen einer Journey aufgerufen werden kann.

OPA5-Teststruktur

Eine Journey orchestriert die auf Pages definierten Funktionen zu einem zusammenhängenden, zu testenden Bedienungsablauf. Ein typischer Ablauf könnte das Bedienen eines Suchfeldes, das Auswählen eines Eintrags in einer Master-Liste oder das Anlegen bzw. Ändern eines Detaileintrags umfassen. Die Journey besteht dabei wiederum aus unterschiedlichen Tests. Jeder Test ist dabei in die Funktionsaufrufe *Given*, *When* und *Then* aufgeteilt, die ihrerseits dem Arrange-Act-Assert-Pattern entsprechen. Diese Funktionsaufrufe greifen dann auf die Actions und Assertions einer Page zu. Für die Arrangements mit Given legen Sie zudem typischerweise ein Startup-Modul an, in dem das Testsystem jeweils aufgebaut werden kann.

Die einzelnen Journeys werden, genau wie die QUnit-Testmodule, in einem Sammelmodul **AllTests.js** zusammengetragen, das in die OPA5-Testsuite eingebunden wird. Abbildung 21.6 gibt einen Überblick über diese Struktur.

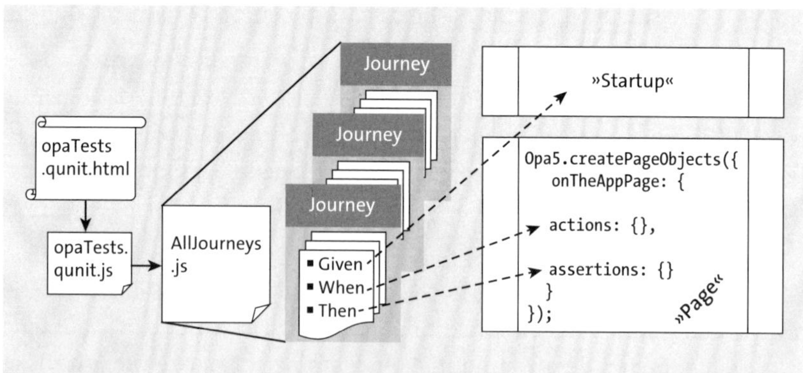

Abbildung 21.6 Struktur der OPA5-Testsuite

Die Seite **opaTests.qunit.html** ist fast identisch mit der bereits beschriebenen **unitTests.qunit.html**. Als Unterschied werden für **opaTests.qunit.html** im UI5-Bootstrap zusätzliche benutzeroberflächenrelevante Parameter wie `data-sap-ui-animation="false"` und `data-sap-ui-compatVersion="edge"` gesetzt. Nicht benötigte Skripte wie `qunit-coverage` oder `sinon` entfallen hingegen.

Vergleich mit »unitTests. qunit.html«

Die Datei **opaTests.qunit.js** ist identisch mit der gezeigten **unitTests.qunit.js** mit dem einzigen Unterschied, dass Erstere das Sammelmodul **AllJourneys.js** einbindet.

21.3.2 OPA5-Tests implementieren

Sehen wir uns anhand eines Beispiels die Implementierung von OPA5-Tests an. Die Journey, die wir als Test implementieren wollen, umfasst das Bedienen des Suchfeldes zur Suche und Auswahl eines Ergebnisses. Die Auswahl selbst führt zum Öffnen einer Detailseite, auf der wir verifizieren, dass diese auch zum ausgewählten Suchergebnis gehört. Anschließend könnten wir über unser eigenes Control einen simulierten Anruf auslösen und verifizieren, dass der entsprechende Dialog erscheint. Auf diesen dritten Testfall verzichten wir aus Platzgründen, er findet sich jedoch in unserem Repository wieder und spiegelt sich auch im Namen der Journey wider.

Normalerweise würden Sie diese Tests in mehrere Journeys aufteilen, etwa eine spezifisch für die Suche, eine andere für das Testen der Kontaktmöglichkeiten und anderer Funktionen der Detailseite. Wir vereinen dies in einer einzelnen Journey, um die verschiedenen Aspekte konzentriert zu demonstrieren.

Demo-Testfälle

Die einzelnen Tests, die wir dafür formulieren wollen, sind:

- Eingeben des Wertes »SAP« in das Suchfeld auf der Master-Seite; prüfen, ob zwei Suchergebnisse als *Suggestion* erscheinen (durch die Testdaten, die wir verwenden werden, kommen `BusinessPartner` doppelt vor).
- Eingeben des Wertes »SAP« in das Suchfeld auf der Master-Seite und Auswahl des ersten Eintrags; Prüfen, ob dieser auf der Detail-Seite angezeigt wird.

Testsuite und Arrangements

OPA5 konfigurieren

Stellen Sie dafür zunächst sicher, dass die OPA5-Testsuite unter **test/integration** angelegt ist, d. h., dass die Dateien **opaTests.qunit.html**, **opaTests.qunit.js** und **AllJourneys.js** implementiert sind. Listing 21.8 zeigt den notwendigen Inhalt von **AllJourneys.js**.

```
sap.ui.define([
  "sap/ui/test/Opa5",
  "de/sapui5buch/demo/test/integration/arrangements/Startup",
  "de/sapui5buch/demo/test/integration/SearchAndCallJourney"
], function(Opa5, Startup) {
  "use strict";
  Opa5.extendConfig({
    arrangements: new Startup(),
    autoWait: true,
    asyncPolling: true
  });
});
```

Listing 21.8 Sammelmodul »AllJourneys« und OPA5-Konfiguration (Demo)

Hier sammeln Sie die einzelnen Journeys sowie Module, die für den Testaufbau, d. h. die jeweiligen Arrange-Phasen, benötigt werden. Hierfür haben Sie typischerweise ein Modul `Startup` in einem separaten Verzeichnis **arrangements**.

Die noch anzulegende Journey `SearchAndCallJourney` wird hier bereits als Abhängigkeit deklariert. Zusätzlich laden Sie hier die Klasse `sap.ui.test.Opa5`, mit deren Funktion `extendConfig()` Sie die Standardkonfiguration für Ihre Tests beeinflussen können.

Hier setzen Sie das geladene Startup-Modul als `arrangements`, um die dort enthaltenen Funktionen in allen Journeys nutzen zu können. Zusätzlich dazu könnten Sie auch allgemeingültige `actions` oder `assertions` angeben. Diese wollen wir hier jedoch nur per Page implementieren.

Tests und Anwendung synchronisieren

Mit dem Parameter `autoWait` synchronisieren Sie die Testausführung mit der Anwendung. Controls, auf denen Sie eine Aktion ausführen möchten, werden nur dann gesucht, wenn die Anwendung nicht mit asynchronen Aufgaben wie Timeouts, Navigationen, XHR-Requests oder Benutzeroberflächen-Rendering beschäftigt ist. Es empfiehlt sich, den Parameter hier zentral zu aktivieren und nur für spezielle Tests zu deaktivieren, wo er kontraproduktiv wäre.

Wartezeit steuern

Abschließend aktivieren wir standardmäßig den Parameter `asyncPolling`, um Situationen vorzubeugen, in denen `autoWait` keine ausreichende Zeit wartet und Aktionen stattfänden, bevor ein Control vollständig gerendert ist. Dieses Verhalten könnte beispielsweise mit Controls in `OverflowToolbar`-Elementen auftreten.

Arrangements

Implementieren Sie nun das hier eingebundene Modul **test/integration/arrangements/Startup.js** wie in Listing 21.9 gezeigt.

```
sap.ui.define([
  "sap/ui/test/Opa5",
  "de/sapui5buch/demo/localService/mockServer/mockserver"
], function (Opa5, mockserver) {
  "use strict";

  return Opa5.extend("de.sapui5buch.demo.test.integration.
    arrangements.Startup", {

    iStartMyApp: function (sHash) {
      this.iStartMyUIComponent({
        componentConfig: {
          name: "de.sapui5buch.demo",
          async: true,
          manifest: true
        },
        hash: sHash
      });
      mockserver.init("../../../localService/metadata.xml", "../../
        ../localService/data");
    },

    iTeardownMyApp: function () {
      mockserver.stop();
      this.iTeardownMyUIComponent();
    }
  });
});
```

Listing 21.9 Implementierung von OPA5-Startup-Funktionen (Demo)

Hier definieren Sie zwei zentrale Funktionen, die durch jeden Test Ihrer Journeys genutzt wird:

- `iStartMyApp()` baut das Testsystem zu Beginn jedes Tests auf.
- `iTearDownMyApp()` räumt das Testsystem am Ende eines Tests wieder ab.

Die erste Funktion ist ein Wrapper für die Funktion `iStartMyUIComponent()`, mit der OPA5 Ihre Anwendungskomponente startet. Geben Sie hier die regulären Komponenteninformationen an, wie Sie es auch innerhalb von **index.html** täten. Wir implementieren außerdem die Möglichkeit, einen Navigations-Hash mitzugeben, um den Test direkt auf einer bestimmten Seite bzw. einer bestimmten Ressource zu starten.

Hier können Sie auch zusätzliche Aufbautätigkeiten vornehmen. Wir starten hier zusätzlich einen MockServer, um die Testdaten konsistent zu halten und während der OPA-Tests nicht auf eine Backendverbindung angewiesen zu sein. Die Einrichtung dieses MockServers wird in Abschnitt 21.4 beschrieben.

Die zweite Funktion nutzt die Funktion `iTeardownMyUIComponent()`, um das Testsystem wieder abzubauen. Achten Sie darauf, dass dieses Aufräumen von jedem Test ausgeführt wird, da ein erneuter Start unterbunden wird, wenn das vorherige System nicht abgeräumt wurde.

Eine Journey implementieren

Demo-Journey

Legen Sie nun die Datei **SearchAndCallJourney.js** in **test/integration/** an, und implementieren Sie den ersten Testfall wie in Listing 21.10 gezeigt.

```
sap.ui.define([
  "sap/ui/test/opaQunit",
  "de/sapui5buch/demo/test/integration/pages/BusinessPartnerMaster"
], function (opaTest) {
  "use strict";

  opaTest("should show search results when entering a business
    partner", function (Given, When, Then) {

    // Arrangements
    Given.iStartMyApp();

    // Actions
    When.onTheMasterPage.iSearchFor("sap");

    // Assertions
    Then.onTheMasterPage.iShouldSeeThePopupListWithNItems(2);

    // Cleanup
    Then.iTeardownMyApp();
  });
});
```

Listing 21.10 »SearchAndCall«-Journey mit erstem Testfall (Demo)

Hier laden Sie zunächst das Modul `sap.ui.test.opaQunit`, das die QUnit-Funktionalität für OPA5 bereitstellt. Das Modul wird unter dem Namen `opaTest` in die Factory-Funktion der Journey gegeben und wird unter diesem Namen zur Definition der einzelnen Tests verwendet.

Testfall definieren

Zusätzlich deklarieren Sie Abhängigkeiten zu den Pages, die innerhalb der Journey verwendet werden, um Zugriff auf deren Funktionen zu erlangen. Einen Testfall definieren Sie nach dem generellen Schema:

```
opaTest("Beschreibung", function (Given, When, Then {…});
```

Neben einer aussagekräftigen Beschreibung definieren Sie die Testschritte innerhalb einer Funktion, die die Arrange-Act-Assert-Äquivalente `Given`, `When` und `Then` als Parameter erhält. Unter diesen Parametern rufen Sie die Funktionen der einzelnen Phasen auf.

Für unseren ersten Testfall starten wir das Testsystem mit `Given.iStartMyApp()`, womit wir auf die in unserem Startup-Modul definierte Funktion zurückgreifen. Anschließend führen wir eine einzelne Aktion aus und nehmen eine einzelne Assertion vor. Wir schließen den Test mit `Then.iTeardownMyApp()` ab.

Pages und »PageObject«-Elemente

In der Action- und in der Assert-Phase kommen nun unsere Pages bzw. deren `PageObject`-Elemente ins Spiel. Während einer Journey und auch während eines einzelnen Tests ist es durchaus denkbar, dass mehrere Seiten beteiligt sind. Unser erster Testfall findet ausschließlich auf der Master-Seite statt. Für sie definieren wir ein `PageObject` `onTheMasterPage`, unter dem wir die einzelnen Aktionen und Annahmen der Master-View implementieren und in der Journey aufrufen. Die Aktion `iSearchFor` und die Annahme `iShouldSeeThePopupListWithNItems` müssen dort noch entsprechend implementiert werden.

Eine Page implementieren

Um eine Page zu implementieren, erstellen Sie die Datei **BusinessPartnerMaster.js** in **test/integration/pages/** und befüllen sie wie in Listing 21.11 gezeigt.

```
sap.ui.require([
  "sap/ui/test/Opa5",
  "sap/ui/test/actions/EnterText"
], function (Opa5,  EnterText) {
  "use strict";
  var sViewName = "de.sapui5buch.demo.view.BusinessPartnerMaster";
  Opa5.createPageObjects({
    onTheMasterPage: {

      actions: {
        iSearchFor: function (sSearchString) {
          return this.waitFor(
```

```
                {
                  id: "idInputField",
                  viewName: sViewName,
                  actions: new EnterText({
                    text: sSearchString,
                    keepFocus: true
                  }),
                  errorMessage: "Did not find input field"
                });
              }
            },

            assertions: {
              iShouldSeeThePopupListWithNItems: function (iItems) {
                return this.waitFor({
                  viewName: sViewName,
                  controlType: "sap.m.List",
                  aggregationLengthEquals: {
                    name: "items",
                    length: iItems
                  },
                  searchOpenDialogs: true,
                  success: function (oResults) {
                    Opa5.assert.ok(oResults[0] instanceof sap.m.List,
                     "Did find search results for text \"SAP\"");
                  },
                  errorMessage:
                    "Did not find search results for text \"SAP\""
                });
              }
            }
          }
        });
      });
```

Listing 21.11 Implementierung der »BusinessPartnerMaster«-Page (Demo)

Abweichend von den meisten Modulen definieren Sie eine Page nicht als vollwertiges SAPUI5-Modul mit `sap.ui.define`, sondern laden lediglich die benötigten Abhängigkeiten per `sap.ui.require`. Grundsätzlich laden Sie `sap.ui.test.Opa5` als primäre Abhängigkeit und ergänzen weitere Module nach Bedarf.

Mit dessen Opa5.createPageObjects()-Funktion definieren Sie die PageObject-Elemente, die beim Einbinden der Page verwendet werden können – in unserem Fall onTheMasterPage. Hier definieren Sie unter den Objekten actions und assertions die konkreten Funktionen.

Testfunktion implementieren

Das Grundschema beider Funktionsarten ist das Gleiche: Sie starten die Funktion mit einem waitFor-Statement. Dies ist der asynchronen Ausführung der Tests zuzuschreiben. Innerhalb der Funktion suchen Sie nach den zu testenden Controls und führen entweder eine Aktion auf diesen aus oder formulieren eine Annahme.

Der Test prüft alle 400 ms – diesen Wert können Sie über den Parameter pollingInterval beeinflussen –, ob das Control mit Hilfe der von Ihnen definierten Angaben gefunden wurde. Ist dies der Fall, wird ein success-Callback aufgerufen. Der Test schlägt nach 15 Sekunden fehl, wenn kein passendes Control gefunden wurde. Dem Suchen und Finden von Controls kommt bei OPA5-Tests daher eine wesentliche Rolle zu.

Actions implementieren

Actions

Als Nächstes möchten wir Actions implementieren. Sehen wir uns also zunächst die iSearchFor()-Funktion aus Listing 21.11 an. Hier möchten wir einen der Funktion übergebenen Text in das Suchfeld für den BusinessPartner eingeben. Das Inputfeld hat eine stabile ID, die wir hier angeben, um das Control zu finden. Zusätzlich spezifizieren wir den Namen der View, auf der das Control gesucht wird.

Anstatt die Callback-Funktion success zu nutzen, geben wir unter actions direkt die Aktion an, die auf dem gefundenen Control ausgeführt werden soll. In unserem Fall ist dies die Aktion EnterText, die wir dafür auch als Abhängigkeit deklariert haben. Andere Aktionen umfassen das Betätigen (Press) eines Controls oder das Ziehen (Drag) bzw. Ablegen (Drop). Erweitern Sie die Klasse sap.ui.test.actions.Action, falls Sie eine eigene Aktion implementieren möchten.

Fokus beachten

In unserem Fall ist zusätzlich der Parameter keepFocus notwendig, damit der Fokus nach der Texteingabe im Inputfeld verbleibt. Andernfalls würde das erwartete Popover mit den gefragten Suggestions nicht erscheinen. Für den Fall, dass das Suchfeld nicht gefunden werden sollte oder die Funktion aus anderen Gründen fehlschlägt, definieren wir über den Parameter errorMessage eine Fehlermeldung.

[+]

OpaBuilder

Die Klasse sap.ui.test.OpaBuilder bietet Ihnen eine funktionsgetriebene API zum Definieren von Testfällen und ihrer Ausführung nach dem *Builder*-Anwendungsmuster. Aus Entwicklersicht bietet es den Vorteil einer klaren, einheitlichen Struktur entlang definierter Funktionsaufrufe, die das bisherige Konfigurationsobjekt ersetzt.

Listing 21.12 definiert die Funktion iSearchFor aus Listing 21.11 mit dem *OpaBuilder*.

```
iSearchFor: function (sSearchString) {
  return this.waitFor(
    new OpaBuilder()
    .viewName(sViewName)
    .hasId("idInputField")
    .doEnterText(sSearchString,
       /*bClearFirst*/ true,
       /*bKeepFocus*/ true
    )
    .error("Did not find input field")
    .build()
  );
}
```

Listing 21.12 Actiondefinition mit »OpaBuilder«

Assertions implementieren

Assertions

Das Popover bzw. die darin enthaltene sap.m.List möchten wir dahingehend als Annahme verifizieren, dass wir prüfen wollen, ob es zwei Einträge entsprechend unserer Eingabe enthält. Das Popover hat dabei eine generierte ID, auf die wir uns nicht verlassen können.

Control-IDs und Matcher

Für Controls ohne stabile ID machen Sie Angaben zu ihren Eigenschaften, anhand derer die Controls bestimmt werden können. Je nach Komplexität Ihrer Benutzeroberfläche können unterschiedliche Angaben notwendig sein, um die Controls möglichst genau herauszusuchen. Sie benötigen also möglichst spezifisches Wissen über das zu suchende Control.

Dazu zählen beispielsweise konkrete Angaben zum controlType oder Einschränkungen zu bestimmten Eigenschaften oder Aggregationen, die innerhalb des Controls erwartet werden. Diese Angaben machen wir uns in der iShouldSeeThePopupListWithNItems() zunutze. Wir suchen also ein Control vom Typ sap.m.List und definieren zusätzlich einen *Matcher* AggregationLengthEquals, der die Länge der items-Aggregation des gesuchten Controls mit der Zahl vergleicht, die wir der Funktion übergeben.

Matcher

Unter dem Namensraum sap.ui.test.matchers finden Sie weitere Matcher, die Sie für die Suche nach Controls ohne ID einsetzen können.

Darunter sind beispielsweise Ancestor, mit dem Sie ein Control anhand eines seiner Vorgängerobjekte suchen, BindingPath zum Suchen von Controls anhand ihrer Bindings und PropertyStrictEquals für exakte Wertvergleiche einer Control-Eigenschaft. Auch hier können Sie eigene Matcher implementieren, indem Sie sap.ui.test.matchers.Matcher erweitern.

Ab SAPUI5 Version 1.72 müssen Sie Matcher bei der Control-Suche nicht mehr explizit unter einem matchers-Objekt definieren, sondern können diese direkt angeben, wie es in Listing 21.11 der Fall ist. Zum Vergleich zeigt Listing 21.13 die Angabe des Matchers nach dem »alten« Muster.

```
return this.waitFor({
  viewName: sViewName,
  controlType: "sap.m.List",
  matchers: [
    new sap.ui.test.matchers. AggregationLengthEquals({
      name: "items",
      length: iItems
    })
  ], ...
```

Listing 21.13 Matcher gemäß der Syntax vor Version 1.72

21

Dialoge durchsuchen

Wenn Sie Controls in Dialogen und Popovers suchen, nutzen Sie den Parameter searchOpenDialogs, um die Suche auf Dialoge einzuschränken.

Auf diese Weise finden wir nun unsere Liste im geöffneten Suggestion-Popover mit den zwei erwarteten Einträgen. Wir nutzen nun abschließend die Callback-Funktion success, um eine Assertion zu definieren. Unter Opa5.assert stehen Ihnen die Assert-Möglichkeiten von QUnit zur Verfügung.

TestRecorder

Bei der Suche nach Controls für OPA-Tests können Sie den SAPUI5-*TestRecorder* nutzen, um das Control direkt in Ihrer Anwendung auszuwählen und die passenden Angaben für IDs oder Matcher zu erhalten. Starten Sie dafür den TestRecorder entweder direkt in einem neuen Fenster über die Tastenkombination [Strg] + [⇧] + [Alt] + [T] oder über den technischen Dialog ([Strg] + [⇧] + [Alt] + [P]) im selben Anwendungsfenster.

Klicken Sie mit der rechten Maustaste auf ein Control in Ihrer Anwendung und wählen Sie aus dem Menü die gewünschte Aktion, d. h. ob Sie das Control nur auswählen (**Highlight**), betätigen (**Press**) oder einen Text eingeben wollen (**Enter Text**). Sie erhalten dann die passenden Angaben bereits in einer `waitFor`-Funktion aufbereitet (siehe Abbildung 21.7).

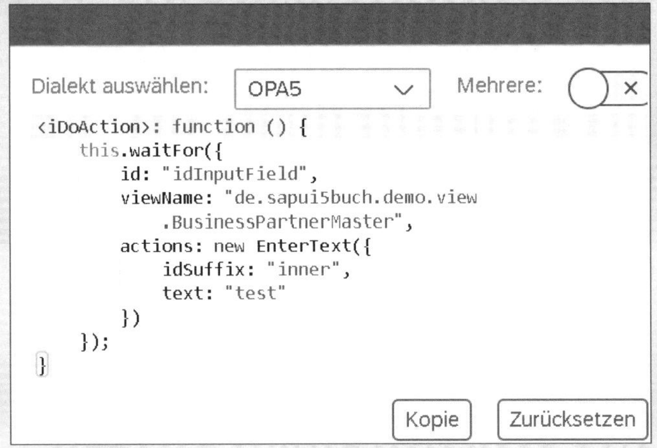

Abbildung 21.7 »waitFor«-Funktion im TestRecorder

Der TestRecorder ermöglicht Ihnen auf diese Weise auch die Auswahl von Control-Angaben für UIVeri5. Wechseln Sie über die Option **Dialekt auswählen** zwischen OPA5 und UIVeri5.

Weitere Aspekte implementieren

Für den zweiten Testfall wiederholen wir die Suche nach einem Business-Partner, wählen dann aber einen der vorgeschlagenen Einträge aus. Für die Assertion prüfen wir, ob der ausgewählte Eintrag, genauer gesagt dessen Binding Path, gegen die Detailseite gebunden wurde. Ergänzen Sie dafür unsere **SearchAndCallJourney** (siehe Listing 21.14).

```
sap.ui.define([
  "sap/ui/test/opaQunit",
  "de/sapui5buch/demo/test/integration/pages/BusinessPartnerMaster",
  "de/sapui5buch/demo/test/integration/pages/BusinessPartnerDetail"
], function (opaTest) {
  // ...
opaTest("should select a search result and navigate to its
  detail page", function (Given, When, Then) {
```

```
    Given.iStartMyApp();

    When.onTheMasterPage.iSearchFor("sap")
      .and.iSelectTheSearchResultWithText("0100000000 SAP");

    Then.onTheDetailPage.iShouldSeeTheSelectedEntry();
    Then.iTeardownMyApp();
  });
  // ...
});
```

Listing 21.14 Implementieren des zweiten Testfalls (Demo)

Deklarieren Sie eine Abhängigkeit zu einer zweiten, wiederum noch zu implementierenden Page. Wiederholen Sie die `iSearchFor()`-Aktion und schließen Sie eine zweite Aktion `iSelectTheSearchResultWithText()` daran an.

Testbefehle verketten

Möchten Sie mehrere Aktionen oder Annahmen auf derselben Page hintereinander ausführen, können Sie sie mit `and` aneinanderreihen, anstatt jedes Mal den Aufruf von `When` bzw. `Then` und des `PageObject`-Elements wiederholen zu müssen. Ergänzen Sie die Implementierung für diese zweite Aktion in der **BusinessPartnerMaster**-Page (siehe Listing 21.15 gezeigt).

```
iSelectTheSearchResultWithText: function (sText) {
  return this.waitFor({
      viewName: sViewName,
      controlType: "sap.m.StandardListItem",
      properties: {  title: sText },
      actions: new Press(),
      searchOpenDialogs: true,
      success: function (aItems) {
        Opa5.getContext().selectedItemPath = aItems[0]._oItem
          ._getBindingContext().getPath();
      }
  });
}
```

Listing 21.15 Auswahl eines vorgeschlagenen Ergebnisses (Demo)

Wir gehen bei der Suche nach dem auszuwählenden Ergebnis davon aus, dass wir seinen Vorschlagstext kennen. Diesen geben wir in einen `properties`-Matcher und geben `sap.m.StandardListItem` als `controlType` an. Wir wählen den Eintrag mit einer `Press`-Aktion aus.

Parameter übertragen

Zusätzlich wollen wir den Binding-Pfad aus dem gewählten Eintrag auslesen und an die Assertion auf der `BusinessPartnerDetail`-Page übergeben. Innerhalb des Callbacks `success` nutzen wir hierfür die Funktion `getContext()`von OPA5. Über diesen Kontext können Sie Daten zwischen Pages austauschen. Implementieren Sie nun noch die **BusinessPartnerDetail** Page wie in Listing 21.16 gezeigt.

```
sap.ui.require([
  "sap/ui/test/Opa5"
], function (Opa5) {
  "use strict";
  var sViewName = "de.sapui5buch.demo.view.BusinessPartnerDetail";
  Opa5.createPageObjects({
    onTheDetailPage: {
      assertions: {
        iShouldSeeTheSelectedEntry: function () {
          return this.waitFor({
            viewName: sViewName,
            controlType:
              "sap.uxap.ObjectPageDynamicHeaderTitle",
            success: function (aItems) {
              Opa5.assert.strictEqual(aItems[0].getBindingContext()
                .getPath(), Opa5.getContext().selectedItemPath,
                "Did find the selected entry");
            }
          });
        }
      }
    }
  });
});
```

Listing 21.16 Assertion mit übergebenem Parameter (Demo)

Hier suchen wir ein Control der Detail-View und vergleichen den gebundenen Pfad mit dem im OPA5-Kontext gespeicherten Pfad. Stimmen beide überein, können wir davon ausgehen, dass die Navigation zur Detailseite korrekt funktioniert.

Nutzen Sie Oberflächentests mit OPA5, um Ihre Benutzeroberfläche ausgiebig zu testen und Probleme, die durch Änderungen entstehen, frühzeitig zu erkennen. Die zahlreichen Hilfstools und Möglichkeiten wie der TestRecorder helfen Ihnen, Tests effizient zu gestalten.

21.4 Daten simulieren mit dem UI5 MockServer

Für alle Arten von Tests, bei denen Anwendungsdaten eine Rolle spielen, möchten Sie idealerweise unabhängig von realen Backends sein, deren Verfügbarkeit gegebenenfalls eingeschränkt und deren Daten Änderungen unterworfen sein können.

MockServer

Eine empfehlenswerte Möglichkeit, Ihre Testdaten stets verfügbar und inhaltlich konsistent zu halten, ist die Verwendung des Moduls `sap.ui.core.util.MockServer`. Der MockServer läuft rein clientseitig, sodass Sie keine Netzwerkverbindung benötigen.

Nutzen Sie den MockServer, um beispielsweise den OData-Service Ihrer Anwendung während der Testläufe oder auch während der Entwicklung zu ersetzen. Sofern die Struktur des Services bekannt und durch sein **metadata.xml**-Dokument abrufbar ist, können Sie auf diese Weise auch eine parallele Entwicklung ermöglichen, bei der die Anwendung parallel zur Serviceimplementierung umgesetzt wird, ohne dass gegenseitige Wartezeiten notwendig werden.

Der MockServer dient Ihnen dann als simuliertes Backend, das sowohl auf Requests reagieren als auch Servicedaten anstelle des eigentlichen Services liefern kann. Diese können entweder anhand der Servicestruktur – d. h. basierend auf den Metadaten des Services – generiert werden oder auf statischen Testdaten beruhen, die Sie beispielsweise als Auszug aus den tatsächlichen Backenddaten bereitstellen können.

Funktionsweise

OData-Requests, die normalerweise vom Backend bedient werden, werden nun vom MockServer unter Zugriff auf diese Testdaten bedient. Abbildung 21.8 illustriert diesen grundlegenden Aufbau.

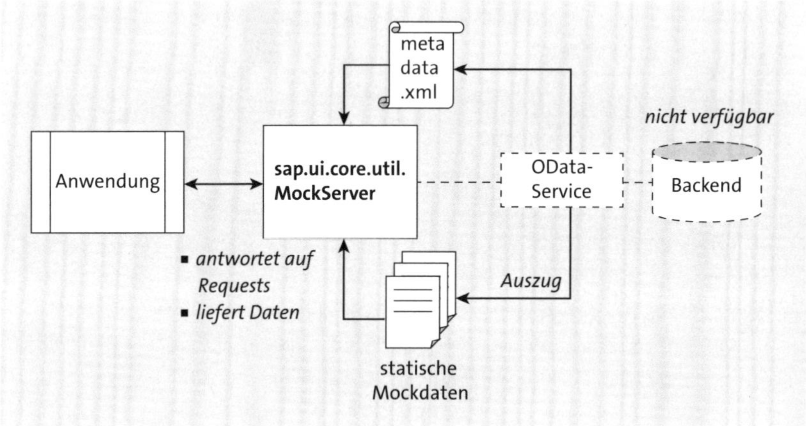

Abbildung 21.8 MockServer für simulierte Backends

Sie können die Antworten, die der MockServer auf bestimmte Requests sendet, selbst implementieren und so je nach Ihren Bedürfnissen ein recht mächtiges simuliertes Backend aufbauen.

In diesem Abschnitt sehen wir uns jedoch primär die Konfiguration eines automatisch simulierten OData-Services an. Hierfür nehmen wir drei Schritte vor:

- Ablegen der **metadata.xml** für den zu simulierenden Service
- Ablegen der Testdaten für den zu simulierenden Service
- Konfigurieren und Einbinden des MockServers

Mockdaten bereitstellen

Extrahieren Sie, z. B. mit einem Aufruf der passenden URL *https://service-url/$metadata*, die Metadaten des OData-Services, und legen Sie sie in einer Datei **metadata.xml** im Verzeichnis **localService** ab.

Legen Sie ein Verzeichnis **localService/data** an, das die statischen Mock-Daten enthalten soll. Extrahieren Sie die gewünschten Daten *je EntitySet* aus Ihrem Service im JSON-Format, und legen Sie sie in passenden ***.json**-Dateien ab, die den Namen des jeweiligen EntitySets widerspiegeln. Für unsere Demoimplementierung sind diese JSON-Dateien bereits im Repository enthalten, und wir werden von der Datei **BusinessPartnerSet.json** Gebrauch machen.

Für die MockServer-Dateien empfiehlt sich ein weiteres Verzeichnis **localService/mockServer**, um sie separat einordnen zu können. Sie könnten sie allerdings auch direkt unter **localService** ablegen. Für unsere Demo entscheiden wir uns für Ersteres.

MockServer einrichten

Für den MockServer selbst definieren Sie zunächst ein SAPUI5-Modul, über das Sie den Server konfigurieren und starten. Legen Sie dafür in **localService/mockServer/** eine Datei **mockserver.js** an, und implementieren Sie sie wie in Listing 21.17 gezeigt.

```
sap.ui.define([
  "sap/ui/core/util/MockServer"
], function(MockServer) {
  "use strict";
  var oMockServer;
  return {
    init: function(metadataUrl, mockDataBaseUrl) {
      var sMetadataUrl = metadataUrl || "../metadata.xml";
      var sMockDataBaseUrl = mockDataBaseUrl || "../data/";

      // create
      oMockServer = new MockServer({
```

```
        rootUri: "/sap/opu/odata/IWBEP/GWSAMPLE_BASIC/"
      });

      // simulate against the metadata and mock data
      oMockServer.simulate(sMetadataUrl, {
        sMockdataBaseUrl: sMockDataBaseUrl,
        bGenerateMissingMockData: true,
        aEntitySetNames: ["BusinessPartnerSet"]
      });

      // start
      oMockServer.start();
    },

    stop: function () {
      oMockServer.stop();
    }
  };
});
```

Listing 21.17 Den MockServer konfigurieren und starten (Demo)

Hier definieren Sie zwei Methoden: die Funktion `init()`, die Sie zum Start des MockServers verwenden, und die Funktion `stop()`, die als Wrapper für die `MockServer.stop()`-Funktion dient.

Beim Erstellen der MockServer-Instanz in der `init()`-Funktion des Moduls geben Sie unter dem Parameter `rootUri` die URL des zu simulierenden OData-Services an. Hierdurch fängt der MockServer HTTP-Requests, die die Anwendung normalerweise an diese URL senden würde, ab und antwortet entsprechend.

MockServer konfigurieren

Mit der Funktion `MockServer.simulate()` konfigurieren Sie den MockServer dafür, den in den Metadaten definierten Service zu simulieren. Hierfür geben Sie den relativen Pfad zur Datei **metadata.xml** mit. Beachten Sie, dass bei einem Aufruf dieses Skripts aus einem anderen Verzeichnis heraus diese Pfade relativ zur aufrufenden Datei interpretiert werden. Aus diesem Grund definieren wir den Pfad zu den Metadaten und den Testdaten als parametrisierbare Angaben.

Mit `sMockdataBaseUrl` geben Sie den relativen Pfad zu dem Verzeichnis an, das Ihre statischen Daten enthält. Der MockServer sucht dann automatisch nach JSON-Dateien in diesem Verzeichnis, die zu den in den Metadaten definierten EntitySets passen. Für Daten, zu denen keine statischen Dateien gefunden werden, kann der MockServer generierte Daten liefern. Aktivieren Sie dies über den Parameter `bGenerateMissingMockData`.

Sie können außerdem über den Parameter `aEntitySetsNames` nur spezifische EntitySets durch den MockServer suchen und simulieren lassen. Nutzen Sie diesen Parameter, um bei umfangreichen Services mit vielen EntitySets, von denen Sie jedoch nur eine begrenzte Menge benötigen, die Performance zu verbessern.

Abschließend wird der MockServer über seine `start()`-Funktion gestartet und reagiert ab diesem Zeitpunkt auf Requests.

Anwendung mit Mock-Daten starten

Um Ihre Anwendung jederzeit mit Mock-Daten starten zu können, legen Sie zusätzlich eine HTML-Seite **mockServer.html** in **localService/mockServer/** an. Diese entspricht Ihrer **index.html**-Datei, startet aber zusätzlich zur Anwendung den MockServer. Legen Sie ihren Inhalt wie in Listing 21.18 gezeigt an.

```
<!DOCTYPE HTML>
<html>
<head>
  <meta charset="utf-8">
  <meta name="viewport" content="width=device-width,
    initial-scale=1.0">
  <title>SAPUI5Buch MockServer</title>
  <script id="sap-ui-bootstrap"
    src="../../../resources/sap-ui-core.js"
    data-sap-ui-theme="sap_fiori_3"
    data-sap-ui-resourceroots='{
      "de.sapui5buch.demo": "../../"
    }'
    data-sap-ui-oninit="module:de/sapui5buch/demo/localService/
      mockServer/initMockServer"
    data-sap-ui-compatVersion="edge"
    data-sap-ui-async="true">
  </script>
</head>
<body class="sapUiBody">
  <div data-sap-ui-component data-name="de.sapui5buch.demo"
    data-id="container" data-settings='{"id" : "MockServer"}'></div>
</body>
</html>
```

Listing 21.18 HTML-Seite zum Anwendungsstart mit dem MockServer (Demo)

Sie können die SAPUI5-Runtime auch hier alternativ über ein Content Delivery Network beziehen.

Im Unterschied zur **index.html** verweisen Sie im Parameter `data-sap-ui-oninit` nicht direkt auf das Modul `ComponentSupport`, das die Initialisierung und den Start der Anwendungskomponente übernimmt. Stattdessen binden Sie hier ein eigenes Modul `initMockServer` ein, das zunächst den Mock-Server startet und dann `ComponentSupport` aufruft (siehe Listing 21.19).

```
sap.ui.define([
  "de/sapui5buch/demo/localService/mockServer/mockserver"
], function (mockserver) {
  "use strict";

  // initialize the mock server
  mockserver.init();

  // initialize the embedded component on the HTML page
  sap.ui.require(["sap/ui/core/ComponentSupport"]);
});
```

Listing 21.19 Deklarativer Komponentenstart mit dem MockServer (Demo)

Sie können nun die Anwendung mit Mock-Daten starten, indem Sie die Seite **mockServer.html** aufrufen. Sehen Sie sich nun nochmals die Funktion `iStartMyApp()` in Ihrer Datei **test/integration/arrangements/Startup.js** aus Abschnitt 21.3.2 an, um zu sehen, wie der MockServer für die OPA-Tests gestartet werden kann.

21

21.5 End-to-End-Tests mit UIVeri5

UIVeri5

Mit *UIVeri5* befindet sich ein Open-Source-Framework für End-to-End-Tests, spezialisiert auf SAPUI5-Anwendungen, in der Entwicklung. UIVeri5 basiert auf einer Reihe etablierter Testtechnologien wie *Selenium WebDriverJS* und *Jasmine*. Dabei entlehnt es viele seiner Ansätze aus dem Angular-Testframework *Protractor* und erweitert sie für die Verwendung mit SAPUI5. Das Framework ist rein JavaScript-basiert, so dass sich die notwendigen Kenntnisse problemlos mit der SAPUI5-Entwicklung und den bereits bekannten Unit- und Oberflächentests ergänzen.

In diesem Abschnitt erhalten Sie einen ersten Einblick in den Aufbau einer Teststruktur für UIVeri5 und das Schreiben von Tests, die sich an unseren bisherigen Oberflächentests orientieren.

Ressourcen zu UIVeri5

Die primäre Dokumentation zu UIVeri5 ist im GitHub-Repository des Frameworks hinterlegt. Dieses finden Sie unter *https://github.com/SAP/ui5-uiveri5*.

Machen Sie sich für die Arbeit mit UIVeri5 außerdem mit Protractor und Jasmine vertraut, um mehr über die darunterliegenden Konzepte und die Syntax für Locators, Matchers etc. zu erfahren und diese in UIVeri5 einzusetzen. Passende Einstiegspunkte hierfür sind:

- *http://www.protractortest.org/#/api-overview*
- *https://jasmine.github.io/2.8/introduction*

21.5.1 UIVeri5 einrichten

Testverzeichnis

Um UIVeri5 zu verwenden, binden Sie zunächst das entsprechende npm-Paket `@ui5/uiveri5` in Ihr Anwendungsprojekt ein. Wir empfehlen, unterhalb von **webapp/test** ein weiteres Verzeichnis analog zu **unit** und **integration** anzulegen, das die Konfiguration und Testspezifikationen für Ihre UI-Veri5-Tests enthalten wird. In unserem Fall legen wir es unter dem Namen **e2e** an.

Konfiguration

Legen Sie in diesem Verzeichnis eine Datei **conf.js** für die grundlegende Konfiguration von UIVeri5 an. Listing 21.20 zeigt ihren Inhalt.

```
exports.config = {
  profile: "integration",
  baseUrl: "http://localhost:8080/localService/mockServer/
    mockServer.html"
};
```

Listing 21.20 Datei »conf.js« für die UIVeri5-Konfiguration

Als zentrale Information definieren Sie hier das Ausführungsprofil für UI-Veri5, das bereits eine Reihe von Standarddefinitionen enthält, sowie die Basis-URL, die für die Testausführung verwendet wird.

Wählen Sie für den Parameter `profile` zwischen `integration`, der Standardeinstellung für End-to-End-Tests, `visual` für visuelle Tests und `api` für API-Tests. Für unser Beispiel bleiben wir bei der Standardeinstellung.

Basis-URL anlegen

Als Basis-URL geben wir zu Demonstrationszwecken den Link zu unserer Anwendung mit Mock-Daten an. Um eine echte End-to-End-Funktionalität zu testen, empfiehlt es sich natürlich, die Tests auch gegen ein echtes Backend laufen zu lassen.

Sie können hier weitere Konfigurationsparameter anfügen, um die simulierte Ausführungsumgebung anzupassen, beispielsweise den Browser, das Betriebssystem und ihre Version zu variieren. Des Weiteren können Sie UI5-bezogene Parameter wie das genutzte Theme, die Leserichtung der Anwendung und die Content Density einstellen.

Authentifizierung

Nutzen Sie **conf.js** außerdem dafür, unter dem Parameter `auth` eine gegebenenfalls notwendige Authentifizierung einzurichten. Hierfür stehen Ihnen in UIVeri5 verschiedene Authentifizierungsmodule zur Verfügung, darunter generelle formularbasierte Authentifizierungen, UI5- und FLP-Anmeldeformulare, GitHub und eigene definierte Anmeldungen. Listing 21.21 zeigt ein einfaches Beispiel einer Konfiguration für eine formularbasierte SAP-Cloud-Anmeldung.

```
auth: {
  'sapcloud-form': {
    user: '${params.user}',
    pass: '${params.pass}'
  }
}
```

Listing 21.21 Beispielkonfiguration für formularbasierte Authentifizierung

Die Anmeldedaten werden hierbei nicht in der Konfiguration hartkodiert, sondern beim Aufruf als Parameter übergeben.

Bei Bedarf können Sie die Authentifizierung auch je Test bzw. je aufgerufener Seite konfigurieren. Fügen Sie hierzu eine Sektion `auth` in den zum Test gehörenden `browser.get()`-Aufruf ein.

21.5.2 Ein erstes Testmodul schreiben

Testmodul

Für Ihre Testmodule definieren Sie ***.spec.js**-Dateien. Legen Sie für ein erstes Testmodul eine Datei **test/e2e/app.spec.js** an und implementieren Sie sie wie in Listing 21.22 gezeigt.

```
describe("app", function () {
  it("should verify that the app is started", function () {
    var appControl = element(by.control({
      viewName: "de.sapui5buch.demo.view.App",
      controlType: "sap.m.App"
    }));
    expect(appControl).toBeDefined();
```

```
    expect(browser.getTitle()).toBe("SAPUI5Buch MockServer");
  });
});
```

Listing 21.22 Erster Beispiel-Testfall (Demo)

Innerhalb der **.spec.js**-Datei definieren Sie das Testmodul über `describe()`, benennen das Modul in deren ersten Parameter und beschreiben Ihre Testfälle innerhalb der den zweiten Parameter bildenden Funktion mit `it()`.

Wie bei QUnit-Tests können Sie über die Funktionen `beforeEach()` und `afterEach()` entsprechende Arrangements vornehmen.

Controls lokalisieren

Innerhalb eines Testfalls können Sie, ähnlich wie bei OPA5-Tests, Controls suchen und Aktionen darauf vornehmen oder Annahmen treffen. Suchen Sie Controls über die Locator-Funktion `element()`. Hierfür steht Ihnen eine Reihe von Matchern zur Verfügung, die Sie bereits aus OPA5 kennen. Tatsächlich nutzt UIVeri5 intern die OPA5-Funktionalität, so dass Sie Controls auch hier wie bei den `waitFor()`-Funktionen aus OPA5 über ihre ID, ihren Control-Typ, Eigenschaften oder Binding-Pfade finden können. Auch für UIVeri5 können Sie, wie bereits erwähnt, den TestRecorder einsetzen, um sich gezielt Selektionskriterien für Controls generieren zu lassen.

[»]

Best Practices für Control Locators

Bei der Gestaltung von Locators gelten auch die Best Practices, wie Sie bei OPA5 angebracht sind: Selektieren Sie Controls wenn möglich anhand ihrer stabilen IDs, und ziehen Sie control-basierte Selektoren der Selektion von DOM-Elementen vor. Minimieren Sie die Nutzung von Attributselektoren, und verzichten Sie möglichst darauf, unsichtbare Attribute anzugeben. Als Faustregel können Sie den folgenden Ansatz wählen: Selektieren Sie die Controls für die Tests so, wie Sie einen menschlichen Tester dazu anleiten würden. Dies fügt sich ideal in den Verwendungszweck von E2E-Tests ein, die entlang echter Nutzerinteraktion gestaltet werden sollten.

Assertions schreiben

Assertions definieren Sie in UIVeri5 als sogenannte *Expectations* mit der Funktion `expect()`. Hier können Sie auf aufgerufene Controls und ihre Werte zugreifen. Für die Assertions stehen Ihnen Jasmine-Funktionen wie `toBe()` (entspricht `assert.strictEqual()` in QUnit), `toContain()`, `toBeTruthy()` oder `toBeDefined()` zur Verfügung. Neben weiteren solcher Funktionen können Sie sie jeweils mit `not` negieren, z. B. `expect(oControl).not.toBeDefined();`.

Promises und Debugging

Eine Besonderheit der WebDriverJS-Bibliothek ist, dass Sie Ihre Statements innerhalb eines Tests schreiben können, als wären diese synchrone Funktionsaufrufe. Tatsächlich werden sämtliche Aufrufe asynchron als Promises ausgeführt. WebDriverJS nutzt dabei einen *Promise Manager*, der sich um die Auflösung der Promises kümmert. Für Sie als Entwickler ist dies beim Setzen von Debug-Befehlen von Bedeutung. Möchten Sie ein `debugger;`-Statement für einen bestimmten Testaufruf anführen, müssen Sie das dazugehörige Promise manuell auflösen. Listing 21.23 zeigt dies beispielhaft.

```
element(by.control({ id: "idControl" }).getText()
.then( function (sText) {
  debugger;
  expect(sText).toContain("...");
});
```

Listing 21.23 Einbinden eines Debug-Befehls in ein UIVeri5-Promise

21.5.3 Teststrukturierung und »PageObject«-Elemente

Sie können UIVeri5-Tests weitgehend strukturieren, die verschiedenen Control-Locators und Expectations in *PageObject-Objekten* anlegen und so Ihre Tests im Stile eines Behaviour-driven Designs anlegen, wie Sie es von OPA5 kennen. Für unsere Demoimplementierung wollen wir eine solche Struktur anlegen und einen unserer OPA5-Testfälle so in UIVeri5 nachstellen.

»PageObject«-Elemente in UIVeri5

Legen Sie dafür unterhalb von **e2e** ein Verzeichnis **pages** an. Erstellen Sie in diesem die Dateien **BusinessPartnerMaster.view.js** und **BusinessPartnerDetail.view.js**. Implementieren Sie die beiden Dateien wie in Listing 21.24 bzw. Listing 21.25 gezeigt.


```
var viewName = "de.sapui5buch.demo.view.BusinessPartnerMaster";
var searchField = element(by.control({
  id: "idInputField",
  viewId: "container-MockServer---bpOverview",
  interaction: {
    idSuffix: "inner"
  }
}));
var searchResults = element.all(by.control({
  viewName: viewName,
  controlType: "sap.m.StandardListItem"
}));

module.exports = createPageObjects({
  BusinessPartnerMaster: {
```

```
    arrangements: {
    iStartTheApp: function () { // app setup }
    },
    actions: {
    iSearchFor: function (sSearchTerm) {
      searchField.sendKeys(sSearchTerm);
    },
    iSelectTheFirstSearchResult: function () {
      searchResults.first().click();
    }
    },
    assertions: {
    iShouldSeeThePopupListWithNItems: function (iItemsCount) {
      expect(searchResults.count()).toEqual(iItemsCount);
    }
    }
  }
});
```

Listing 21.24 UIVeri5-»PageObject« für Master-Seite »BusinessPartner-Master.view.js« (Demo)

Definieren Sie zunächst die Control-Locators der jeweiligen Seite, und definieren Sie mit `createPageObjects()` die Funktionen, die aus dem Test heraus genutzt werden sollen. In unserem Fall definieren Sie Locators für das Eingabefeld zur Suche eines Geschäftspartners und die als Liste erscheinenden Vorschläge. Über den Locator `element.all()` erhalten Sie alle Controls, auf die die Selektionskriterien zutreffen.

Unter dem Objekt `actions` definieren Sie zwei Funktionen zur Eingabe eines Textes in das Suchfeld und zur Auswahl des ersten Vorschlags. Abweichend zu OPA5 definieren Sie die Texteingabe mit `sendKeys()` anstatt mit `EnterText()`.

Den ersten Suchvorschlag bekommen Sie über die Funktion `first()`auf dem `searchResults`-Objekt. Das Betätigen erfolgt über `click()` anstatt über `Press()`. Über `count()` können Sie die Anzahl der vom `element.all()`-Locator gefundenen Controls abfragen.

```
var title = element(by.control({
  controlType: "sap.m.Title",
  viewName: viewName,
  bindingPath: {
      propertyPath: "CompanyName"
```

```
  },
  interaction: {
      idSuffix: "inner"
  }
}));

module.exports = createPageObjects({
    BusinessPartnerDetail: {
      actions: {},
      assertions: {
        iShouldSeeTheTitle: function (sTitle) {
          expect(title.getText()).toEqual(sTitle);
        }
      }
    }
  });
```

Listing 21.25 UIVeri5-»PageObject« für Detailseite »BusinessPartner-Detail.view.js« (Demo)

»PageObject« nutzen

Das BusinessPartnerDetail-PageObject stellt lediglich eine Assertion bereit. Erstellen Sie nun noch ein Testmodul **test/e2e/searchAndCall.spec.js**, und implementieren Sie es wie in Listing 21.26 gezeigt.

```
var masterPageObject = require("./pages/BusinessPartnerMaster.view");
var detailPageObject = require("./pages/BusinessPartnerDetail.view");

describe("searchAndCall", function () {

  it("should select the sap search result", function () {
    Given.iStartTheApp();
    When.onTheBusinessPartnerMasterPage.iSearchFor("sap");
    Then.onTheBusinessPartnerMasterPage.iShouldSeeThePopupListWith
      NItems(2);
    When.onTheBusinessPartnerMasterPage.iSelectTheFirstSearchResult();
    Then.onTheBusinessPartnerDetailPage.iShouldSeeTheTitle("SAP");
  });
});
```

Listing 21.26 UIVeri5-Testmodul mit Nutzung von »PageObject«-Elementen (Demo)

Über require() laden Sie die PageObject-Elemente, die Sie in den Tests nutzen möchten. Sie können nun innerhalb der Tests wie bei OPA5 über Given,

When und Then auf die arrangements, actions und assertions der PageObject-Elemente zugreifen.

21.5.4 UIVeri5 starten

Testlauf starten

Starten Sie den UIVeri5-Testlauf, indem Sie uiveri5 im Verzeichnis **test/e2e** ausführen. Dabei werden die **spec.js**-Dateien im Verzeichnis gesucht und ausgeführt. Die Anwendung wird dabei *nicht* separat gestartet. Stellen Sie daher sicher, dass sie bereits läuft und unter der definierten Basis-URL erreichbar ist.

Testbericht

Unter dem ausführenden Verzeichnis wird durch UIVeri5 ein Verzeichnis **target** angelegt. In diesem finden Sie eine HTML-Zusammenfassung des Testlaufs und Screenshots der einzelnen Testschritte. Abbildung 21.9 zeigt einen solchen Bericht für unser Testmodul.

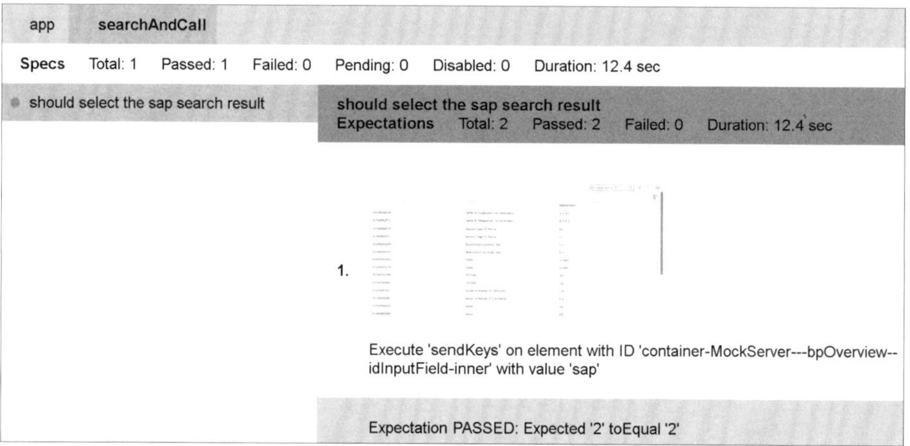

Abbildung 21.9 UIVeri5-Testbericht

Mit UIVeri5 haben Sie nun die Möglichkeit, für SAPUI5-spezialisierte Tests auf allen Ebenen der Testpyramide durchzuführen. UIVeri5 wird dafür kontinuierlich weiterentwickelt und lässt eine zunehmende Relevanz in der SAP-Testlandschaft erwarten.

Kapitel 22
Entwicklungsinfrastruktur

Continuous Integration und Continuous Delivery stellen auch bei der SAPUI5- und SAP-Fiori-Entwicklung wichtige Grundpfeiler für die moderne Softwareentwicklung dar. In diesem Kapitel erfahren Sie, wie entsprechende Infrastrukturen aussehen können und wie Sie Anwendungen mit dem UI5 Tooling bauen. Dazu erhalten Sie eine kurze Einführung in die Versionsverwaltung mit Git.

Das frühe und kontinuierliche Ausliefern von Software an Kunden ist einer der Grundpfeiler moderner Softwareentwicklung, insbesondere im Zusammenhang mit agilen Entwicklungsmodellen. Kurze Entwicklungszyklen, frühes Kundenfeedback und auch Cloudinfrastrukturen bilden das Umfeld, in dem sich *Continuous Integration* (CI) und *Continuous Deployment* (CD) zu einem festen Bestandteil etabliert haben.

CI/CD besitzt daher auch für die Entwicklung mit SAPUI5 einen hohen Stellenwert. In diesem Kapitel gehen wir auf die einzelnen Teilaspekte einer CI/CD-Infrastruktur ein, angefangen mit einer Übersicht in Abschnitt 22.1. Danach folgt der Aufbau und Build eines Projekts mit dem UI5 Tooling in Abschnitt 22.2. Abschnitt 22.3 beschäftigt sich mit automatisierten Codechecks und Softwaretests, Abschnitt 22.4 mit der Versionsverwaltung über Git. Das Deployment in eine Kundenumgebung erlernen Sie in Abschnitt 22.5. Bei all diesen Aspekten spielt die Quellcodeverwaltung eine nicht zu unterschätzende Rolle, insbesondere auch im Hinblick auf aktuelle DevOps-Trends.

22.1 Einführung und Übersicht

Das Ziel der Continuous Integration ist es, Software bereits während ihrer Entwicklung kontinuierlich in einem konsistenten, getesteten und damit potenziell jederzeit auslieferbaren Zustand zu halten. Entwicklungsstände werden daher unmittelbar anhand verschiedener Qualitätskriterien geprüft und nach erfolgreicher Prüfung in den Hauptstamm der Quellcodeverwaltung übernommen.

Entwickler erhalten durch die Prüfung unmittelbar Feedback zu ihrem Entwicklungsstand und zu eventuellen Problemen. Daher sind automatisierte Softwaretests – und gegebenenfalls Vorgehensweisen wie Test-driven Development – ein unverzichtbarer Bestandteil eines solchen Ablaufs. Abbildung 22.1 zeigt den Ablauf eines solchen Continuous-Integration-Zyklus.

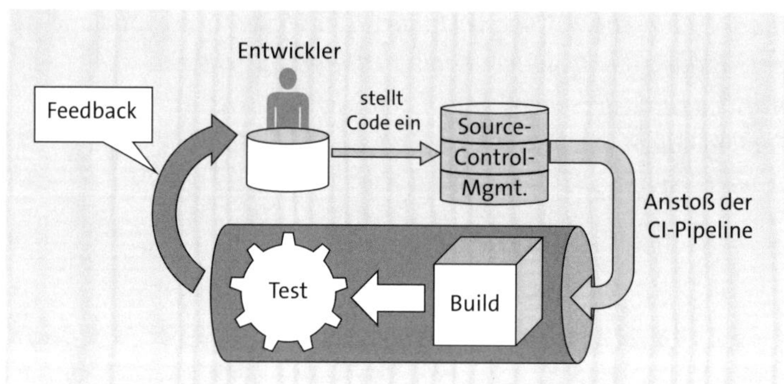

Abbildung 22.1 Ablauf eines Continuous-Integration-Zyklus

Continuous Integration

Code, der während der Entwicklung entsteht oder verändert wird, stößt beim Einchecken in die Quellcodeverwaltung einen CI-Zyklus an. Das Projekt wird gebaut, d. h. in den auslieferbaren Zustand gebracht, und Tests werden ausgeführt. Die Tests umfassen dabei sowohl statische Codeanalysen, die bereits während der Entwicklung eingesetzt werden können, als auch passend zu implementierende Unit- und Integrationstests.

Mit dem Durchlaufen dieses CI-Zyklus erhalten die Entwickler direktes Feedback darüber, ob ihre Änderungen in einen nach wie vor konsistenten Zustand der Anwendung münden. Die Softwaretests stellen sicher, dass Änderungen an einer Stelle keinen Bruch in der korrekten Funktionalität an anderer Stelle verursachen.

CI ist jedoch nur ein Teil hin zu einer CI/CD-Infrastruktur. Sie bettet sich in erweiterte Best Practices ein, die während der Entwicklung zur Codequalität beitragen. Einen solchen erweiterten Prozess, wie er auch von SAP empfohlen wird, zeigt Abbildung 22.2.

CI SAP Best Practices

Stellt ein Entwickler neuen Code, etwa ein neues Feature, bereit, durchläuft dieser neben der bereits beschriebenen CI-Pipeline auch einen Code Review mit einem weiteren Entwickler. Hierbei kann auf Aspekte eingegangen werden, die nicht durch automatisierte Tests prüfbar sind, darunter die Verständlichkeit des Codes, stilistische Probleme oder potenzielle Fehler, die noch nicht durch Tests abgedeckt sind.

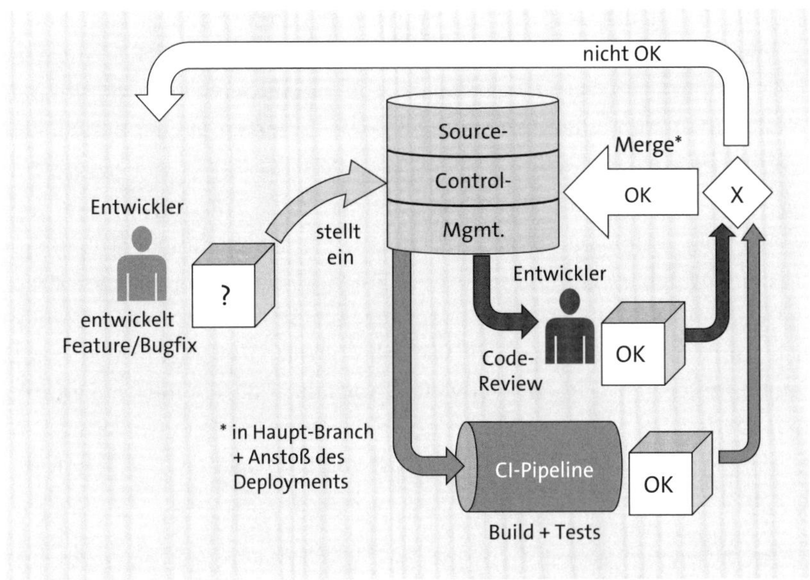

Abbildung 22.2 Best Practices zur Sicherstellung von Codequalität

Nachdem beide Wege erfolgreich durchlaufen wurden, werden die Änderungen in den Haupt-Branch des Quellcodes übernommen. Andernfalls erhält der Entwickler entsprechendes Feedback über aufgetretene Fehler und notwendige Nachbesserungen.

Das Akzeptieren und Übernehmen einer Änderung stellt den Ausgangspunkt für ein Deployment dar, bei dem die Anwendung nochmals getestet und anschließend, idealerweise vollautomatisch durch einen Build-Server, auf ein Zielsystem ausgeliefert wird. In diesem Fall ist ein Continuous Deployment erreicht. Geschieht das Aufspielen auf das Zielsystem zu einem späteren, beliebigen Zeitpunkt durch einen Entwickler bzw. einen weiteren Knopfdruck, kann man auch von *Continuous Delivery* sprechen.

Wie Sie sehen, beginnt jede CI/CD-Pipeline mit dem Aufbau des Projekts und dessen Build. Dies wird im nächsten Abschnitt behandelt.

22.2 Projektsetup mit dem UI5 Tooling

Das Einrichten von SAPUI5-Projekten, das Verwalten der Bibliotheken – insbesondere von Drittanbieterbibliotheken, die nicht in SAPUI5 enthalten sind – und das Ausführen von CI/CD-Operationen hat in letzter Zeit weitreichende Veränderungen, Vereinfachungen und Verbesserungen erfahren.

Basierte die Projektverwaltung – sowohl innerhalb der SAP Web IDE als auch in lokalen, nicht SAP-spezifischen Entwicklungsumgebungen – auf dem Task-Runner *Grunt*, so hat sich das UI5 Tooling mittlerweile zum primären Werkzeug für den Build-Prozess von SAPUI5-Projekten, auch innerhalb der SAP Web IDE, entwickelt.

UI5 Tooling Version 2

Das *UI5 Tooling* erlaubt die Verwaltung der Projektressourcen über den *Node Package Manager* (npm), wo bereits seit längerem die OpenUI5-Bibliotheken verfügbar sind und in lokalen Entwicklungsumgebungen verwendet werden können. Mit dem Update auf Version 2.0 ist es nun auch möglich (und empfohlen), die SAPUI5-Bibliotheken ausschließlich über UI5 Tooling zu beziehen und zu verwalten. Auch die SAPUI5-Bibliotheken können auf diese Weise bezogen werden, so dass eine lokale Entwicklungsumgebung Ihrer Wahl, vollständig losgelöst von SAP-eigenen IDEs, komfortabel einsetzbar ist.

UI5-Tooling-Dokumentation

Die Dokumentation und vielfältige Anleitungen zum UI5 Tooling finden Sie unter: *https://sap.github.io/ui5-tooling/*.

22.2.1 Installation und Konfiguration

UI5-Tooling-Module und Installation

Das UI5 Tooling besteht aus drei Kernmodulen: *Server*, *Builder* und *Project*. Darüber hinaus können Sie das Tooling um eigene Build-Aufgaben, Middlewares und Modulkonfigurationen erweitern.

Server-Modul

Das Server-Modul liefert Ihnen einen integrierten Entwicklungsserver, der bereits einige Middlewares mitbringt, die unter anderem Nicht-ASCII-Zeichen kodieren oder Listen von Datei-URLs für die SAPUI5 Testsuite erstellt. Darüber hinaus können automatisch Zertifikate für HTTPS und HTTP/2 generiert werden. Intern verwendet das Modul das *Express Webframework* für Node.js.

Builder-Modul

Das Builder-Modul orchestriert den Bau der verschiedenen Projekttypen, die Sie mit dem UI5 Tooling erstellen können, und enthält die dafür notwendigen Aufgaben, Verarbeitungsschritte und Konfigurationen.

Project-Modul

Das Project-Modul normalisiert und sammelt die Abhängigkeitsstrukturen Ihres Projekts und reichert sie mit Informationen aus Ihrer Projektkonfiguration an, die dann vom Entwicklungsserver und während des Build-Prozesses verwertet werden können.

Sie nutzen in der Regel keines dieser Module direkt, sondern steuern das UI5 Tooling über dessen Command Line Interface (*CLI*), das Sie über die Datei **ui5.yaml** konfigurieren.

Installation

Wie wir bereits in Kapitel 3, »In 7 Schritten zur ersten eigenen Anwendung«, beschrieben haben, beziehen Sie das UI5 Tooling über npm. Sie benötigen hierfür Node.js in der Version 10 oder höher. Installieren Sie das UI5 Tooling entweder global mit dem Befehl `npm install --global @ui5/cli`, oder fügen Sie es als Entwicklungsabhängigkeit (`devDependency`) zu Ihrer projektspezifischen Node-Konfiguration (**package.json**) hinzu. Insbesondere für den Einsatz einer CI/CD-Infrastruktur ist Letzteres erforderlich.

Konfiguration und Einbindung von Bibliotheken

Haben Sie das UI5 Tooling installiert, können Sie mit dem Befehl `ui5 init` im Wurzelverzeichnis Ihres Projekts die Konfigurationsdatei **ui5.yaml** generieren lassen. Hier konfigurieren Sie die grundlegenden Projektinformationen für das UI5 Tooling, welche UI5-Bibliotheken geladen und verwendet werden sollen und um welche weiteren Module und Aufgaben Sie Ihr Tooling erweitern möchten. Sehen wir uns die Datei **ui5.yaml** daher genauer an.

```
specVersion: "2.1"
metadata:
  name: demo
type: application
```

Listing 22.1 Initiale Projektkonfiguration für das UI5 Tooling (»ui5.yaml«)

Listing 22.1 zeigt die initialen Inhalte, wie Sie durch den Befehl `init` angelegt werden. An der Spezifikationsversion `specVersion` hängen die Möglichkeiten des Toolings. Ab Version 2.0 ist die Framework-Konfiguration möglich, über die Sie die SAPUI5-Bibliotheken über das Tooling verwalten können. Beachten Sie, dass Sie dafür mindestens Version 2.0.0 des SAPUI5-CLI nutzen müssen.

Neben dem Projektnamen `demo` können Sie unter `metadata` auch Copyright-Informationen oder ein `deprecated`-Flag platzieren.

Unter `type` geben Sie den Typ des Projekts an. Wählen Sie `application` für Ihre SAPUI5-Anwendungen. Vergeben Sie `library` oder `theme-library` für wiederverwendbare Control- bzw. Theme-Bibliotheken. Mit dem Typ `module` können Sie zudem den Bau von Drittanbieter-Bibliotheken konfigurieren, deren Ressourcenpfade im Gegensatz zu den anderen Typen frei konfiguriert werden können und deren Ressourcen beim Build unverändert kopiert werden.

UI5-Bibliotheken einbinden

Sehen wir uns nun an, wie Sie das Einbinden der SAPUI5-Bibliotheken konfigurieren können. Ergänzen Sie dazu die **ui5.yaml** um die in Listing 22.2 gezeigten Einträge.

```
framework:
  name: OpenUI5
  version: 1.79.0
  libraries:
    - name: sap.ui.core
    - name: sap.m
    - name: sap.f
    - name: sap.uxap
    - name: sap.ui.table
    - name: sap.ui.testrecorder
      development: true
    - name: themelib_sap_fiori_3
```

Listing 22.2 Framework und Bibliotheken in »ui5.yaml« konfigurieren

Mit dem Parameter `name` können Sie zwischen `SAPUI5` und `OpenUI5` wählen. Ersteres stellt Ihnen unter dem *SAP Developer License Agreement* auch die SAPUI5-spezifischen Bibliotheken zur Verfügung. Beachten Sie, dass Projekte, die OpenUI5 nutzen, keine Abhängigkeit zu SAPUI5-Projekten deklarieren können. Wählen Sie mit der Angabe `version` die spezifische Framework-Version, die Sie nutzen möchten.

Minimale SAPUI5-Version

Beachten Sie, dass nach derzeitigem Stand (Sommer 2020) die SAPUI5-Bibliotheken erst ab Version 1.76.0 über das UI5 Tooling bezogen werden können.

Listen Sie unter `libraries` alle UI5-Bibliotheken auf, die Ihr Projekt verwendet. Hier können Sie zusätzlich angeben, ob eine Bibliothek nur für die Entwicklung geladen werden soll (`development`) oder ob eine Bibliothek nur dann geladen werden soll, wenn sie vom Wurzelprojekt angefordert wird bzw. das aktuelle Projekt das Wurzelprojekt ist (`optional`). Beachten Sie dabei, dass sich `development` und `optional` gegenseitig ausschließen.

Eigene Erweiterungen konfigurieren

Wie bereits erwähnt, können Sie das UI5 Tooling um eigene Aufgaben und Module erweitern. Als Beispiel wollen wir unsere Entwicklung durch das Modul `ui5-middleware-livereload` erweitern, das es Ihnen erlaubt, während der Entwicklung die Anwendung einmalig mit `ui5 serve` zu starten und sie bei jeder gespeicherten Änderung automatisch erneut laden zu lassen. Hierdurch werden Änderungen direkt im Browser sichtbar, so dass Sie sich auf die wesentlichen Entwicklungsschritte konzentrieren können.

[«]

UI5 Ecosystem Showcase

Der *UI5 Ecosystem Showcase* bietet Ihnen eine Übersicht über zahlreiche verfügbare Erweiterungen des UI5 Toolings und deren Einsatzmöglichkeiten. Darüber hinaus können Sie natürlich beliebige weitere Module ergänzen. Sie finden den Showcase unter *https://github.com/petermuessig/ui5-ecosystem-showcase*.

Um die Erweiterung einzusetzen, stellen Sie zunächst sicher, dass die notwendige Bibliothek in **package.json** als devDependency und darüber hinaus als Abhängigkeit für das UI5 Tooling deklariert ist. Letzteres ist notwendig, da devDependencies nicht automatisch vom UI5 Tooling erkannt werden. Listing 22.3 zeigt die dafür notwendigen Einträge.

```
"devDependencies": {
  //...
  "ui5-middleware-livereload": "^0.1.7",
  //...
},
"ui5": {
  "dependencies": [
    "ui5-middleware-livereload"
  ]
}
```

Listing 22.3 Deklarieren von UI5-Tooling-Abhängigkeiten in »package.json«

22

Erweitern Sie dann die Datei **ui5.yaml** um die in Listing 22.4 gezeigten Einträge.

```
server:
  customMiddleware:
    - name: ui5-middleware-livereload
      afterMiddleware: compression
      configuration:
        port: 35729
        path: webapp
```

Listing 22.4 Erweiterung des UI5 Toolings in »ui5.yaml«

Beim Start des Entwicklungsservers wird nun auf dem konfigurierten Port ein *Livereload-Server* gestartet, der auf Änderungen im konfigurierten Verzeichnis achtet und die entsprechenden Browserinstanzen aktualisiert.

22.2.2 Projekte bauen

Build-Tooling

Während es bei der Entwicklung ausreichend ist, Ihre Dateien in der Form zu laden, wie Sie sie erstellen, so liefern Sie für den Einsatz auf einem Test- oder Produktionsserver ein reduziertes und performanceoptimiertes Paket aus. Dieses wird während des Build-Prozesses erstellt.

Zu den wichtigsten Schritten dieses Prozesses gehört das *Bundling*, das die Inhalte der verschiedenen Dateien, Views, Controller, Modelle etc. in einer einzigen Datei **Component-preload.js** zusammenführt, um so die Anzahl der notwendigen Netzwerk-Requests beim Laden der Anwendung zu reduzieren.

Um den Umfang der übertragenen Dateien möglichst gering zu halten, findet zusätzlich eine *Uglification* bzw. *Minification* statt. Hierbei werden Variablennamen auf ein Minimum gekürzt und unnötige Leerzeichen, Zeilenumbrüche und Kommentare entfernt. Die Originaldateien werden als Debug-Ressourcen mit dem Zusatz **-dbg** vorgehalten und können bei Bedarf abgefragt werden.

Builds anstoßen

Sie stoßen den Build-Prozess über das UI5 Tooling mit dem Befehl `ui5 build` an. Über zusätzliche Aufrufparameter können Sie diesen Prozess unterschiedlich gestalten. Standardmäßig werden, wie hier beschrieben, die sogenannten *Preload-Bundles* gebaut. Den Build-Fortschritt können Sie in der Konsole nachverfolgen (siehe Abbildung 22.3).

```
> ui5 build --clean-dest --dest approuter/webapp

info normalizer:translators:ui5Framework Using OpenUI5 version: 1.79.0
info builder:builder Building project demo not including dependencies...
info builder:builder 🛠  (1/1) Building project demo
info builder:builder application demo 🔨 (1/8) Running task escapeNonAsciiCharacters...
info builder:builder application demo 🔨 (2/8) Running task replaceCopyright...
info builder:builder application demo 🔨 (3/8) Running task replaceVersion...
info builder:builder application demo 🔨 (4/8) Running task generateFlexChangesBundle...
info builder:builder application demo 🔨 (5/8) Running task generateComponentPreload...
info builder:builder application demo 🔨 (6/8) Running task createDebugFiles...
info builder:builder application demo 🔨 (7/8) Running task uglify...
info builder:builder application demo 🔨 (8/8) Running task generateVersionInfo...
info builder:builder Build succeeded in 1.51 s
info builder:builder Executing cleanup tasks...
```

Abbildung 22.3 Erfolgreicher Durchlauf des Build-Prozesses

Build-Befehle

Über `ui5 build dev` stoßen Sie einen reduzierten Build an, der nicht-essenzielle und zeitintensive Aufgaben überspringt. Das Kommando `ui5 build jsdoc` baut die JSDoc-Ressourcen Ihres Projekts.

Insbesondere für SAPUI5-Standalone-Anwendungen und Progressive Web Apps ist der Befehl `ui5 build self-contained` interessant. Hier werden genau die Ressourcen aus den Standard-SAPUI5-Bibliotheken zusammen mit der Applikation gebündelt, die von dieser benötigt werden. Somit müssen nicht mehr die gesamten Bibliotheken geladen werden, und der Umfang des übertragenen JavaScript reduziert sich deutlich.

Darüber hinaus können Sie die einzelnen Build-Befehle mit Optionen weiter präzisieren. Schließen Sie über die Optionen `--include-task` bzw. `--exclude-task` einzelne Build-Aufgaben ein oder aus, die in dem gewählten Befehl normalerweise nicht enthalten wären. Geben Sie mit `--dest` ein anderes Zielverzeichnis als das standardmäßige **dist/** an, oder lassen Sie das Zielverzeichnis mit `--clean-dest` leeren, bevor die neu gebauten Dateien dort platziert werden.

Zuletzt können Sie auch in der Konfigurationsdatei **ui5.yaml** Einstellungen zum Build-Prozess vornehmen. Hier können Sie beispielsweise bestimmte Verzeichnisse vom Build ausschließen (siehe Listing 22.5).

```
builder:
  resources:
    excludes:
      - "/resources/to/be/excluded/test_results/**"
      - "/test-resources/**"
      - "!/test-resources/to/remain/included/**"
```

Listing 22.5 Verzeichnisse vom Build-Prozess ausschließen

Ressourcen bereitstellen

Um das gebaute Projekt mit dem Entwicklungsserver zu starten, definieren Sie eine zweite Datei **ui5-dist.yaml**, die die Inhalte Ihrer primären **ui5.yaml** übernimmt. Passen Sie darin die Ressourcenkonfiguration aus Listing 22.6 an.

```
specVersion: "2.1"
metadata:
  name: demo
type: application
resources:
  configuration:
    paths:
      webapp: dist
server:
  ...
framework:
  ...
```

Listing 22.6 Konfiguration für den Start aus dem Verzeichnis »dist/«

Führen Sie dann den Befehl `ui5 serve -config ui5-dist.yaml` aus bzw. fügen Sie ihn Ihrer **package.json** als Skript hinzu (siehe Listing 22.7).

```
 "scripts": {
 // ...
   "serve:dist": "ui5 serve --config ui5-dist.yaml",
// ...
  },
```

Listing 22.7 Startskript für die Anwendung aus »dist/« in »package.json«

22.2.3 Proxyserver definieren

Zugriff auf Services

Für den Zugriff auf Backendsysteme oder Services kann es notwendig sein, einen Proxyserver zu konfigurieren. Auch dies können Sie über eine Tooling-Erweiterung realisieren. Definieren Sie dafür eine Servererweiterung in **ui5.yaml** (siehe Listing 22.8).

```
specVersion: "2.1"
// ...
server:
  customMiddleware:
    - name: odataProxy
      beforeMiddleware: serveResources
    - name: ui5-middleware-livereload
      //...
framework:
//...
  libraries:
//...
---
specVersion: "2.1"
kind: extension
type: server-middleware
metadata:
  name: odataProxy
middleware:
  path: lib/middleware/odataProxy.js
```

Listing 22.8 Einbinden eines OData-Proxyservers

Sie definieren zunächst unter `customMiddleware` eine weitere Middleware, die vor dem Bereitstellen der Anwendungsressourcen durch den Server greifen soll. Nach dem Ende der eigentlichen Projektkonfiguration, gekennzeichnet durch `---`, binden Sie unsere noch zu implementierende Proxyfunktionalität als Erweiterung ein (`kind: extension`). Definieren Sie den Namen, unter dem die Erweiterung verwendet wird, unter `metadata`, und verweisen Sie unter `middleware` auf den Pfad der entsprechenden Implementierungsdatei.

Proxy implementieren

Legen Sie anschließend im Wurzelverzeichnis Ihres Projekts ein Verzeichnis **lib/middleware** und darin die Datei **odataProxy.js** an. Listing 22.9 zeigt die Implementierung dieser Datei.

```
module.exports = function ({
    resources,
    options
}) {
    const fs = require('fs');
    const httpProxy = require('http-proxy');
    const proxy = new httpProxy.createProxyServer();
    const odata = fs.readFileSync('./odata.json');
    const routing = JSON.parse(odata);
    return function (req, res, next) {
        res.header('Access-Control-Allow-Origin', '*');
        res.header('Access-Control-Allow-Credentials', 'true');
        res.header('Access-Control-Allow-Methods',
          'GET,PUT,POST,DELETE');
        res.header('Access-Control-Allow-Headers', 'X-Requested-With,
          Accept, Origin, Referer, User-Agent, Content-Type,
          Authorization, X-Mindflash-SessionID');
        // intercept OPTIONS method
        if ('OPTIONS' === req.method) {
            res.header(200);
            console.log(req.method + '(options): ' + req.url);
            next();
            return;
        }
        var dirname = req.url.replace(/^\/([^\/]*).*$/, '$1');
        if (!routing[dirname]) {
            console.log(req.method + ': ' + req.url);
            next();
            return;
        }
        console.log(req.method + ' (redirect): ' + routing[dirname].
          target + req.url);
        proxy.web(req, res, routing[dirname], function (err) {
            if (err) {
```

22

```
                next(err);
            }
        });
    }
};
```

Listing 22.9 Implementierung des OData-Proxys

Abhängigkeiten anfordern

Die Implementierung umfasst das Anfordern der notwendigen Abhängigkeiten, darunter des npm-Moduls `http-proxy`. Stellen Sie daher sicher, dass dieses in **package.json** unter `dependencies` gelistet ist.

Anschließend wird der Proxyserver konfiguriert und gestartet. Bei der Konfiguration wird die Datei **odata.json** eingelesen, die eine Umleitung auf ein Backendsystem enthalten kann. Listing 22.10 zeigt einen Beispielinhalt für **odata.json**. Findet nun in der Anwendung ein Request auf einen Pfad */sap/* statt, wird dieser zu dem definierten Ziel umgeleitet.

```
{
    "sap" : {
        "target" : "https://link-zum-backend.system:8001",
        "auth": "user:password"
    }
}
```

Listing 22.10 Definition der Umleitung und Authentifizierungsinformation

[»]

Weiteres zur Proxyimplementierung

Hintergründe und weitere Informationen zu der hier gezeigten Proxyimplementierung finden Sie unter *http://s-prs.de/v752312*.

Für einfache Proxylösungen ohne Authentifizierung können Sie alternativ auch das Modul `ui5-middleware-simpleproxy` einbinden. Dies wird beispielsweise im UI5 Ecosystem Showcase aus Abschnitt 22.2.1 gezeigt.

22.3 Automatisierte Tests für CI

Testen im Rahmen von CI

Für die Testphase in einer CI/CD-Infrastruktur sind automatisierte Tests unerlässlich. In diesem Abschnitt gehen wir auf das Einbinden statischer Codeanalysen mit ESLint ein und zeigen Ihnen die notwendigen Vorbereitungsschritte, mit denen Sie Ihre Unit- und Integration-Tests während eines CI-Zyklus vollautomatisiert durchführen lassen können.

22.3.1 Statische Codeanalyse mit ESLint

Statische Codeanalyse

ESLint ist als weitverbreitetes Tool zur statischen Analyse von JavaScript-Code hervorragend geeignet, um den JavaScript-Code einer SAPUI5-Anwendung zu überprüfen. Die statische Codeanalyse kommt noch vor eventuellen Softwaretests wie z. B. Unit-Tests zum Tragen und kann bereits mit Beginn der Entwicklung eingeführt werden. Der JavaScript-Code wird anhand verschiedener Regeln überprüft, die Sie projektspezifisch und in ihrer Schwere konfigurieren sowie mit Ausnahmen bestücken können.

Wenn Sie die SAP Web IDE verwenden, ist die Analyse ein fester Teil Ihrer Entwicklungsumgebung und kann auch leicht in eine lokale Entwicklungsumgebung wie VS Code integriert werden. Darüber hinaus finden statische Codechecks als Teil eines CI-Prozesses statt, etwa dann, wenn das Projekt gebaut werden soll oder, je nach Konfiguration, vor jedem Einspielen des Codes in ein Versionsverwaltungssystem.

ESLint einrichten und konfigurieren

ESLint einrichten

Fügen Sie `eslint` als `devDependency` Ihrer **package.json** hinzu, oder installieren Sie es gesondert über npm. Legen Sie eine Datei **.eslintrc** im Wurzelverzeichnis Ihres Projekts an. Dies ist die Konfigurationsdatei, in der Sie die Regeln, Ablaufumgebungen und verfügbaren globalen Variablen festlegen, die ESLint während eines Durchlaufs nutzen wird. Listing 22.11 zeigt beispielhaft eine solche Konfiguration.

```
{
  "env": {
      "browser": true,
      "es6": true
    },
  "parserOptions": {
    "ecmaVersion": 2019
  },
  "globals": {
    "sap": true,
    "jQuery": true
  },
  "rules": {
    "no-unused-vars": 1,
    "no-debugger": 2,
```

```
    "quotes": [
      1,
      "double"
    ],
    "no-magic-numbers": [
      2,
      {
        "ignore": [0,1],
        "ignoreArrayIndexes": true
      }
    ]
  }
}
```

Listing 22.11 Beispiel einer ESLint-Konfiguration

Regeln definieren

Je Regel legen Sie mindestens den Schweregrad einer Verletzung numerisch oder per Text fest. Die möglichen Werte sind in Tabelle 22.1 aufgelistet und beschrieben.

Wert	Bedeutung
0 oder `"off"`	Die Regel ist nicht aktiv.
1 oder `"warn"`	Bei Regelverletzung wird eine Warnung ausgegeben, die Analyse gilt jedoch nicht als fehlgeschlagen.
2 oder `"error"`	Bei Regelverletzung wird ein Fehler ausgegeben. Die Analyse gilt als fehlgeschlagen (Exit-Code 1).

Tabelle 22.1 Schweregrade für ESLint-Regelverletzungen

Eine Regel, die nicht in der **.eslintrc**-Datei aufgeführt ist, gilt als inaktiv. Darüber hinaus erlauben manche Regeln eine Spezifizierung oder die Definition von Ausnahmen. So können Sie beispielsweise bei der Regel `quotes`, die eine konsistente Verwendung von Anführungszeichen prüft, einstellen, ob einfache oder doppelte Anführungszeichen verwendet werden sollen.

[»]

User Guide zu ESLint

Detaillierte Informationen über alle Regeln und deren Einstellungsmöglichkeiten liefert Ihnen der *ESLint User Guide* unter *https://eslint.org/docs/user-guide/*.

Verzeichnisse ausschließen

Möchten Sie bestimmte Verzeichnisse Ihres Projekts von der Überprüfung ausschließen, können Sie sie in einer Datei **.eslintignore** hinterlegen.

Ausnahmen definieren

Darüber hinaus können Sie einzelne Zeilen, Abschnitte oder eine gesamte Datei über Kommentare von der Überprüfung ausnehmen. Setzen Sie abschnittsweise `/* eslint-disable */` und `/* eslint-enable */` ein, um den dazwischenliegenden Code auszunehmen. Mit `//eslint-disable-line` bzw. `//eslint-disable-next-line` nehmen Sie eine einzelne Zeile aus. Oder nehmen Sie einen Abschnitt oder eine Zeile nur von einer bestimmten Regel aus, falls notwendig: Dies tun Sie beispielsweise mit `//eslint-disable-line no-console`.

Analyse starten

Sie starten einen Analyselauf mit dem Befehl `eslint`. Abbildung 22.4 zeigt die resultierende Konsolenausgabe.

```
D:\SAPUI5 Buch\Demos\kapitel22\webapp\model\datatype\ZipCode.js
   7:21  warning  A space is required after ','              comma-spacing
   7:39  warning  A space is required after ','              comma-spacing
  26:6   warning  Expected space(s) after "if"               keyword-spacing
  28:14  warning  Trailing spaces not allowed                no-trailing-spaces
  29:40  warning  A space is required after ','              comma-spacing
  29:41  warning  Strings must use doublequote               quotes
  31:1   warning  Trailing spaces not allowed                no-trailing-spaces
  35:5   warning  Extra space after key 'validateValue'      key-spacing
  39:42  warning  Trailing spaces not allowed                no-trailing-spaces
  40:6   warning  Expected space(s) after "if"               keyword-spacing
  41:7   warning  Expected space(s) after "if"               keyword-spacing

× 174 problems (0 errors, 174 warnings)
  0 errors and 148 warnings potentially fixable with the `--fix` option.
```

Abbildung 22.4 Resultat einer ESLint-Analyse (Ausschnitt)

Empfehlungen zum Regelwerk

Je nach Projekt und Anwendung können unterschiedliche Regelwerke und Schweregrade sinnvoll sein, weshalb wir Ihnen hier keine allgemeingültigen Empfehlungen geben können. Als Ausgangspunkt können Sie jedoch beispielsweise SAPUI5-Referenzprojekte oder ein mit der SAP Web IDE generiertes Projekt verwenden und davon ausgehend das für Sie passende Regelwerk erstellen.

ESLint Best Practices

Trotzdem geben wir ein paar grundsätzliche Punkte zu bedenken:

- Je früher Sie ein Regelwerk in der Entwicklung einführen – idealerweise zu Beginn –, desto strenger können Sie die Regeln bezüglich Fehlern gestalten.
- Führen Sie ESLint in ein bestehendes Projekt ein, definieren Sie vorwiegend Warnungen. Bei Bestandsprojekten kommen sonst schnell tausende Regelverletzungen zustande, die kaum auf einmal behoben wer-

den können. Starten Sie, wenn überhaupt, mit sehr wenigen oder nur einer als Fehler eingestellten Regel, und führen Sie alle weiteren ebenfalls einzeln ein.

- Prüfen Sie, welche Regeln Sie nicht benötigen. Zahlreiche Regeln sind rein stilistischer Natur und blähen eine ESLint-Analyse auch nur als Warnung unnötig auf. Konzentrieren Sie sich auf die für Sie relevanten Regeln, so dass Ihre Entwickler eher motiviert sind, nicht nur Fehler, sondern auch Warnungen zu beheben, anstatt diese zu ignorieren.
- Halten Sie Ihre Regeln konsistent. Versionieren Sie Ihr Regelwerk zusammen mit Ihrem Code, so dass Ihre Teams jeweils auf dem gleichen Stand sind, und ändern Sie bestehende Regeln nach Entwicklungsstart möglichst wenig.
- Prüfen Sie kontinuierlich. Je früher Fehler und Warnungen angezeigt werden, desto besser stehen Ihre Chancen, dass sie auch direkt behoben werden. Fügen Sie die ESLint-Überprüfung in Ihren CI-Zyklus ein und idealerweise auch in Ihre IDE, so dass Probleme noch beim Coden angezeigt werden.

22.3.2 Testautomatisierung mit Karma

Testrunner Karma

Der letzte Schritt in einem CI-Zyklus ist das Sicherstellen der korrekten Funktionalität der Software über Tests. Die Unit- und Integrationstests, die wir in Kapitel 21, »Testen von SAPUI5-Anwendungen«, beschreiben, werden im Rahmen der CI automatisch ausgeführt. Für die Testautomatisierung von SAPUI5-Anwendungen hat sich der Testrunner *Karma* etabliert, für den ein speziell auf SAPUI5 zugeschnittenes Modul über den Node Package Manager zur Verfügung steht.

Die Unit-Tests werden dabei direkt ausgeführt, während für die Oberflächentests im Hintergrund eine Browserinstanz ohne tatsächliche Darstellung (also *headless*) gestartet wird.

Karma konfigurieren

Ergänzen Sie zunächst Ihre Datei **package.json** um die notwendigen Bibliotheken `karma`, `karma-ui5` und `karma-chrome-launcher`. Erstellen Sie im Wurzelverzeichnis Ihres Projekts anschließend die Datei **karmf.conf.js** (siehe Listing 22.12).

```
module.exports = function (config) {
  "use strict";
  config.set({
    frameworks: ["ui5"],
    browsers: ["Chrome"],
    browserConsoleLogOptions: {
```

```
      level: "error"
    }
  });
};
```

Listing 22.12 Konfigurieren des Karma Testrunners

Konfiguration anpassen

Das Plugin karma-ui5 erkennt automatisch den Projekttyp und die relevanten Verzeichnisse, um die Tests zu starten. Die Konfiguration ist daher sehr leichtgewichtig. Bei einer deutlich veränderten Verzeichnisstruktur gegenüber dem Standard kann eine weitergehende Konfiguration notwendig werden. Informationen zur Konfiguration finden Sie unter *https://github.com/SAP/karma-ui5*.

Um die Tests im Rahmen eines CI-Zyklus automatisiert ausführen zu können, fügen Sie noch eine Datei **karma-ci.conf.js** hinzu, und konfigurieren Sie diese wie in Listing 22.13 gezeigt.

```
module.exports = function (config) {
  "use strict";

  require("./karma.conf")(config);
  config.set({
    reporters: ["progress"],
    browsers: ["ChromeHeadlessNoSandbox"],
    customLaunchers: {
      ChromeHeadlessNoSandbox: {
        base: "ChromeHeadless",
        flags: [
          "--no-sandbox",
          "--user-data-dir=/tmp"chrome-test-profile",
          "--disable-web-security"
        ]
      }
    },
    singleRun: true
  });
};
```

Listing 22.13 Konfiguration für Karma-CI

Die Konfiguration deklariert *ChromeHeadless* als Browser für die Testläufe. Die Option singleRun: true verhindert, dass Karma nach dem Ausführen der Tests weiterläuft und versucht, auf neue Änderungen zu reagieren.

Karma starten

Sie starten die Tests mit `karma start karma-ci.conf.js`. Abbildung 22.5 zeigt das Resultat eines solchen Laufs in der Konsole.

```
12 07 2020 22:18:36.874:INFO [karma-server]: Karma v5.1.0 server started at http://0.0.0.0:9876/
12 07 2020 22:18:36.879:INFO [launcher]: Launching browsers ChromeHeadless with concurrency unlimited
12 07 2020 22:18:36.884:INFO [launcher]: Starting browser ChromeHeadless
12 07 2020 22:18:39.588:INFO [Chrome Headless 83.0.4103.116 (Windows 10)]: Connected on socket md73N5t
Chrome Headless 83.0.4103.116 (Windows 10): Executed 0 of 1 SUCCESS (0 secs / 0 secs)
Chrome Headless 83.0.4103.116 (Windows 10): Executed 1 of 1 SUCCESS (6.008 secs / 5.987 secs)
TOTAL: 1 SUCCESS
```

Abbildung 22.5 Resultat eines Karma-Testlaufs

22.4 Versionsverwaltung mit Git

In diesem Abschnitt erhalten Sie einen kurzen Überblick über die Arbeit mit Git im Rahmen der SAPUI5-Entwicklung.

Source Code Management

Egal, ob Sie allein oder im Team entwickeln, ein *Source-Code-Management*-(SCM-)System hilft Ihnen bei der Verwaltung Ihres Quellcodes und Ihrer Projektdateien. Es erlaubt ihnen, einzelne Entwicklungsabschnitte feingranular zu versionieren, eine Vielzahl an Arbeitsständen parallel im Zugriff zu halten und schnell und einfach zwischen diesen zu wechseln.

Insbesondere in verteilten Teams bringt das immense Vorteile, so dass ein SCM-System heute aus der Entwicklung nicht mehr wegzudenken ist.

Git

Unter diesen Systemen ist *Git* eines der bekanntesten und auch für die SAP-Entwicklung ideal geeignet. Als verteiltes SCM-System nutzen Sie es, um Ihre Arbeitsstände lokal zu versionieren und in einem zentralen Repository mit Ihrem Team zu synchronisieren und zusammenzuführen.

22.4.1 Übersicht und Funktionsweise

Git-Commits

Die grundlegende Organisationseinheit ist der *Commit*, ein Schnappschuss Ihrer zur Versionierung ausgewählten Dateien zu einem bestimmten Zeitpunkt (siehe Abbildung 22.6). Fortfolgende Commits zeichnen die Änderungen zum initialen Zustand – also Ergänzungen, Modifikationen und Löschungen – nach, so dass diese als sogenannte *diff* jeweils nachvollzogen werden können. Je Commit bestimmen Sie, welche dieser Änderungen versioniert werden, indem Sie die betreffenden Dateien einer *Staging Area* hinzufügen und sie so für den nächsten Commit vormerken.

Commits als Entwicklungshistorie

Auf diese Art können Sie sehr präzise, oftmals in sich geschlossene thematische oder technische Zusammenhänge in einem Commit zusammenfassen, sodass nach und nach eine Historie Ihrer Entwicklungsschritte entsteht. In dieser Historie können Sie auch jederzeit auf einen früheren Stand zurückgreifen oder Ihren Stand komplett auf diesen zurücksetzen.

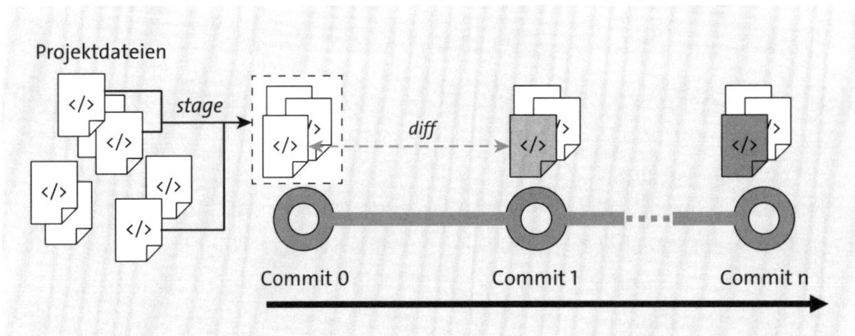

Abbildung 22.6 Git-Commits zur Versionierung von Arbeitsständen

Diese Historie muss mitnichten linear verlaufen. Eine aufeinanderfolgende Reihe von Commits, ein *Branch*, kann sich durchaus verzweigen, sodass parallele Entwicklungsstränge verschiedener Features oder Teams möglich werden, die sich später wiedervereinigen oder auch verworfen werden können. Abbildung 22.7 zeigt unterschiedliche Möglichkeiten der Zusammenführung von Branches.

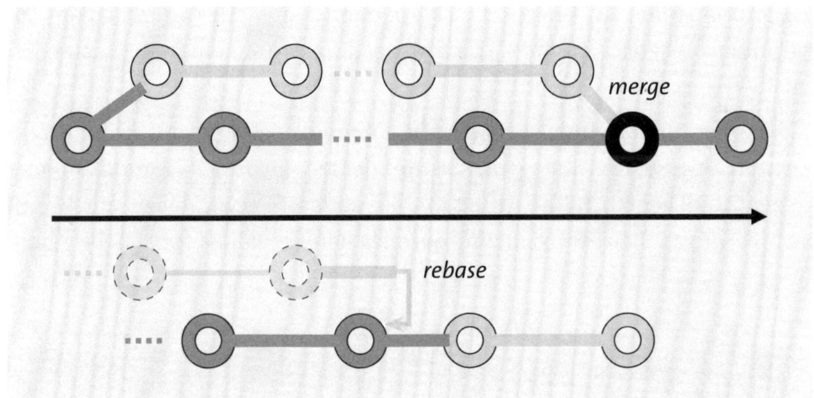

Abbildung 22.7 Zusammenführen von Branches mit »merge« und »rebase«

Merge und Rebase

Bei einem *Merge*, bei dem seit der Aufteilung in beiden Branches Commits auftraten, werden die Inhalte beider Branches zusammengeführt. Beide Branches bleiben erhalten. Nutzen Sie Merges, wenn Sie die Arbeiten in beiden Branches als getrennte Historien nachvollziehbar erhalten möchten.

Bei einem *Rebase* werden die Änderungen eines Branches auf einen anderen Branch »verpflanzt«, d. h. seine Commits dort neu aufgespielt. Die eigenständige Historie des ursprünglichen Branches geht dabei verloren und wird Teil der Gesamthistorie des anderen Branches. Nutzen Sie Rebases, wenn Sie diese einheitliche Historie zum Ziel haben.

Dokumentation und Ressourcen zu Git

Git ist ein sehr mächtiges Werkzeug und das Jonglieren mit Commits, Branches etc. kann durchaus alles andere als trivial werden. Unser Abschnitt hierzu kann nur einen begrenzten Einblick für die alltäglichen Git-Aufgaben liefern. Die Befehle und Möglichkeiten gehen jedoch weit über das hier Gezeigte hinaus. Machen Sie sich daher für einen tieferen Einblick mit der Git-Dokumentation und dedizierten Einführungen vertraut. Empfehlenswerte Startpunkte dafür sind:

- *https://git-scm.com/*
- *https://try.github.io/*
- *https://learngitbranching.js.org/*

Im Sommer 2020 ist im Rheinwerk Verlag ein Buch zu Git erschienen. Sie finden alle Informationen hierzu unter *https://www.rheinwerk-verlag.de/git-projektverwaltung-fuer-entwickler-und-devops-teams/*.

Die Arbeit mit verschiedenen Branches ist ein Grundpfeiler der parallelen Zusammenarbeit zwischen Entwicklern oder Teams. Ein weiterer ist das Zusammenspiel von verteilten lokalen Repositories und einem zentralen Repository.

Remote Repositories

Ihre Arbeit mit Git findet zunächst in einem lokalen Repository auf Ihrem Entwicklungssystem statt – ungeachtet dessen, ob dieses on premise oder in der Cloud liegt. Um Ihre Arbeit mit der anderer Entwickler zu synchronisieren, nutzen Sie zusätzlich ein zentrales Remote Repository (siehe Abbildung 22.8).

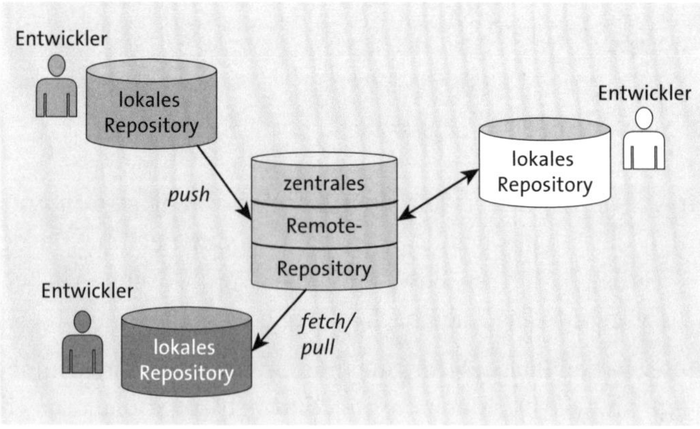

Abbildung 22.8 Git-Repositories – lokal verteilt und zentral remote

22.4.2 Einrichtung und Verwendung

Haben Sie Git installiert, können Sie über die Kommandozeile Befehle absetzen. Auch IDEs enthalten üblicherweise einen Git-Client, der Ihnen die Bedienung über eine grafische Benutzeroberfläche mit zahlreichen Komfortfunktionen ermöglicht. Aufgrund der Unterschiede in der Darstellung und Bedienung der Clients beschränken wir uns hier auf die Kommandozeile.

Lokales Repository anlegen

Befinden Sie sich in der Kommandozeile in einem gewünschten Wurzelverzeichnis für Ihr Repository, können Sie mit `git init` ein lokales Repository erstellen. Der Befehl legt im Verzeichnis ein Verzeichnis **.git** an, das die Informationen über das Repository und dessen Konfiguration enthält (siehe Abbildung 22.9). Darüber hinaus können Sie Konfigurationsänderungen mit `git config` vornehmen.

```
$ git init
Initialized empty Git repository in D:/SAPUI5_Buch/.git/
```

Abbildung 22.9 Initialisieren eines lokalen Git-Repositorys

Commits durchführen

Wenn Sie nun Verzeichnisse und Dateien hinzufügen, werden diese Dateien noch nicht durch Git verwaltet, sie sind *untracked*. Fügen Sie daher alle Dateien, die Sie durch Git versionieren möchten, mit `git add` hinzu. Sie können hier auch ganze Verzeichnisse auf einmal angeben. Diese befinden sich danach in der Staging Area, und Sie können mit `git commit` einen Commit anstoßen.

Wenn Sie keine weiteren Parameter angegeben haben, öffnet sich ein Texteditor, der es Ihnen erlaubt, Ihre *Commit-Message* für den Commit zu formulieren. Hier helfen klar strukturierte Commit-Messages dabei, später auch bei einer großen Menge an Commits den Überblick zu bewahren. Schließen Sie den Editor mit der gespeicherten Nachricht, wird der Commit ausgeführt. Ihr Commit ist nun im lokalen Repository angelegt. Ändern Sie versionierte Dateien, so zählen sie als *modified* und müssen wiederum für einen nächsten Commit vorgemerkt werden.

Mit dem Zusatz `-m` können Sie die Commit-Message auch direkt mit angeben (siehe Abbildung 22.10).

```
$ git commit -m "feat(dashboard): implement card rearrangement"
[feat/Dashboard 1ceec65] feat(dashboard): implement card rearrangement
 Date: Fri Jul 17 22:09:11 2020 +0200
 1 file changed, 1 insertion(+)
```

Abbildung 22.10 Absetzen eines Git-Commits inklusive Commit-Message

»git status«

Mit `git status` erhalten Sie einen Überblick über den aktuellen Stand Ihres Repositorys. Sie erfahren, auf welchem Branch Sie sich befinden, wie dessen relativer Stand zu einem Remote Repository ist und welche Dateien sich aktuell in der Staging Area befinden bzw. welche Dateien der Area noch hinzugefügt werden können. Abbildung 22.11 zeigt, wie eine solche Übersicht aussehen kann.

```
$ git status
On branch master
Changes to be committed:
  (use "git reset HEAD <file>..." to unstage)

        modified:   webapp/Component.js
        new file:   webapp/index.html

Changes not staged for commit:
  (use "git add <file>..." to update what will be committed)
  (use "git checkout -- <file>..." to discard changes in working directory)

        modified:   webapp/manifest.json

Untracked files:
  (use "git add <file>..." to include in what will be committed)

        webapp/view/
```

Abbildung 22.11 Repository-Übersicht mit »git status«

Arbeit mit Remote Repositories

Remote Repositories verwenden

Um Ihr Repository mit einem Remote Repository zu synchronisieren, fügen Sie das entsprechende Remote mit `git remote add` hinzu. Mit den `remote`-Befehlen können Sie Remote Repositories verwalten. Nutzen Sie den Zusatz `-help`, um die entsprechende Dokumentation dazu anzuzeigen, z. B. `git remote --help`.

Repositories klonen

Alternativ können Sie, wenn Sie noch kein lokales Repository initialisiert haben, mit `git clone` ein Remote Repository klonen und so ein lokales Repository mit dem aktuellen Remote-Stand einrichten.

Synchronisierung

Die Synchronisierung mit dem Remote Repository findet auf Branch-Ebene statt. Mit `git push` laden Sie Ihre neuen lokalen Commits Ihres aktuellen Branches in das Remote Repository, das in der Regel unter dem Namen `origin` referenziert ist. Mit `git fetch` laden Sie einen oder mehrere Remote Branches – gegebenenfalls auch aus mehreren Repositories – in Ihr lokales Repository. Der Remote-Stand wird dabei noch nicht in Ihren lokalen Branch übernommen. Dies müssen Sie zusätzlich über einen Merge vornehmen. Alternativ können Sie mit `git pull` beide Schritte – das Laden und Mergen – in einem Befehl ausführen.

Arbeiten mit Branches

Mit `git branch` zeigen und bearbeiten Sie die Branches Ihres Repositorys. Beim Initialisieren eines Repositorys wird automatisch der Master-Branch angelegt. Dieser ist in der Regel Ihr zentraler Branch, der den offiziellen Stand Ihres Projekts darstellt, während für die Entwicklung beliebige weitere Branches erstellt werden. Dementsprechend werden, je nach gewähltem Branching-Modell, die Inhalte anderer Branches meist nur nach eingehender Prüfung und Qualitätskontrolle in den `master`-Branch übernommen.

Branches erstellen

Möchten Sie von einem Branch auf einen anderen wechseln, nutzen Sie `git checkout`. Dieser Befehl bietet Ihnen zudem mit der Option `-b` eine schnelle Möglichkeit, einen neuen Branch anzulegen. Beim Wechsel eines Branches ändern sich alle versionierten Dateien in Ihrem Arbeitsverzeichnis und spiegeln den aktuellen Stand des Ziel-Branches wider. Abbildung 22.12 zeigt das Anlegen eines Branches mit `git checkout`.

```
$ git checkout -b feat/Dashboard
Switched to a new branch 'feat/Dashboard'
```

Abbildung 22.12 Erstellen eines neuen Branches

Nutzen Sie `git log`, um eine Übersicht über die letzten Commits in Ihrem aktuellen Branch zu erhalten. Das Log zeigt die ID des Commits, dessen Autor, den Zeitpunkt des Commits sowie die Commit-Message.

Commit-IDs

Jeder Commit wird mit einer ID versehen. Dies ist ein Hash aus Inhalten und Metadaten des Commits. Auf diese Art können Commits (maschinell) verglichen und identifiziert werden.

Mit einigen Zusatzargumenten kann eine reduzierte Ansicht aller Branches erreicht werden, wie in Abbildung 22.13 dargestellt. `HEAD` zeigt hierbei auf den aktuell ausgecheckten Commit.

```
$ git log --graph --full-history --all --color
* 9137c5c        (master) fix(app): add name formatting
| * 1ceec65      (HEAD -> feat/Dashboard) feat(dashboard): implement card rearrangement
| * cd5ac66      feat(dashboard): add the dashboard page
|/
* 0baf24f        chore(setup): add the App view
* 67fb84c        chore(setup): add initial component files
```

Abbildung 22.13 ASCII-grafische Anzeige der Commit-Historie

Branches zusammenführen

Haben Sie Ihre Inhalte in einem Branch so weit implementiert, dass sie bereit sind, mit einem anderen Branch zusammengeführt zu werden, nutzen Sie `git merge` (bzw. `git rebase`), um die Branches gemäß der jeweiligen Strategie zu vereinigen. Achten Sie beim Merge darauf, dass Sie sich auf dem Branch befinden, in den Sie den anderen Branch integrieren möchten. In unserem Fall mergen wir den zuvor erstellten Feature-Branch zurück in den Master und checken zu Beginn Letzteren aus. Abbildung 22.14 zeigt die Befehle und das Ergebnis dazu.

```
$ git checkout master
Switched to branch 'master'
$ git merge feat/Dashboard
Merge made by the 'recursive' strategy.
 webapp/controller/Dashboard.controller.js | 1 +
 webapp/view/Dashboard.view.xml            | 0
 2 files changed, 1 insertion(+)
 create mode 100644 webapp/controller/Dashboard.controller.js
 create mode 100644 webapp/view/Dashboard.view.xml

$ git log --graph --full-history --all --color
*   7c8ad46      (HEAD -> master) Merge branch 'feat/Dashboard'
|\
| * 1ceec65      (feat/Dashboard) feat(dashboard): implement card rearrangement
| * cd5ac66      feat(dashboard): add the dashboard page
* | 9137c5c      fix(app): add name formatting
|/
* 0baf24f        chore(setup): add the App view
* 67fb84c        chore(setup): add initial component files
```

Abbildung 22.14 Mergen eines Branches

Stashes

Ein letzter erwähnenswerter Befehl ermöglicht Ihnen, nicht versionierte Änderungen zu sichern, ohne sie in einen Commit aufzunehmen. Mit `git stash` verstauen Sie Ihre aktuellen Änderungen und können sie zu einem späteren Zeitpunkt wiederherstellen. Ihr Branch wird derweil auf den letzten versionierten Zustand zurückgesetzt.

Auf diese Art erhalten Sie ein sauberes Arbeitsverzeichnis, das es Ihnen erlaubt, den Branch zu wechseln, was andernfalls nicht möglich wäre. Sie können mehrere solche Stashes anlegen und sie einzeln benennen.

22.4.3 Empfehlungen für die Entwicklung mit Git

Zuletzt möchten wir Ihnen ein paar Empfehlungen geben, die sich in der allgemeinen Entwicklung mit Git und auch in unserer Entwicklungspraxis als wertvoll herausgestellt haben und die Ihnen helfen sollen, ein strukturiertes Vorgehen bei der Entwicklung aufzubauen und einige Stolperfallen zu umgehen.

[«]

Weitere Empfehlungen zu Git

Viele dieser Empfehlungen sind auf *http://sethrobertson.github.io/Git-BestPractices/* zusammengetragen. Nutzen Sie dies als Ausgangspunkt für weitere Informationen und Empfehlungen.

Formatieren von Commit-Messages

Commit-Messages

Verfassen Sie Ihre Commit-Messages einheitlich, und setzen Sie diese Praxis auch in Ihrem Team um. Durch die einheitliche Struktur erhalten Sie bei zahlreichen Commits in unterschiedlichsten Branches und von verschiedenen Entwicklern einen guten Einblick, welche Inhalte und Änderungen ein Commit mit sich bringt.

Es steht Ihnen natürlich frei, zu entscheiden, welche Struktur für Ihr Projekt geeignet ist. Ein verbreitetes Beispiel leitet sich aus den Commit-Leitlinien zu AngularJS ab und gestaltet sich wie im folgenden Listing gezeigt:

```
<type>(<scope>): <subject>

<body>
<footer>
```

Message-Typen

Jede Message beginnt mit der Angabe eines `type`, der darüber informiert, welchen Zweck der Commit verfolgt, ob es sich beispielsweise um die Implementierung eines neuen Features, einen Bugfix oder das Ergänzen der Dokumentation handelt. Mögliche Werte für `type` sind:

- `feat` – ein Beitrag zu einem Feature
- `fix` – ein Beitrag zu einem Bugfix
- `refactor` – eine Umstrukturierung des Codes, die jedoch keine Funktionalität ändert
- `style` – rein stilistische Codeänderungen, Formatierungen etc.
- `test` – ein Beitrag zu Softwaretests
- `docs` – ein Beitrag zur Codedokumentation
- `chore` – Aufgaben rund um die Einrichtung oder Verwaltung Ihres Projekts

Die Angabe zum `scope` hängt stark von Ihrem Projektumfeld ab. Mit dem `scope` besagen Sie, in welchem Bereich Ihres Projekts oder Ihrer Anwendung sich die im Commit enthaltenen Änderungen befinden. Dies kann also sowohl eine Anwendungskomponente sein als auch die passende ID aus Ih-

22

rem Ticket-System oder Issue-Tracker, in dessen Rahmen der Commit stattfindet. Wichtig ist auch hier die Einheitlichkeit der Verwendung innerhalb des Projekts, so dass die Commit-Scopes leicht zugeordnet werden können.

Message-Texte

Das `subject` ist ein kurzer Titel des Commits, der den Kerninhalt des Commits beschreibt. Schenken Sie diesem Titel besondere Aufmerksamkeit, da er bei einer Übersicht verschiedener Commits den Hauptanteil daran trägt, wie verständlich eine Commit-Message ist.

Hier empfiehlt sich zum einen eine Zeichenbegrenzung – zwischen 50 und 72 Zeichen inklusive `type` und `scope` –, um ein Abschneiden der Titelzeile in verschiedenen Darstellungsformen zu vermeiden. Zum anderen sollte das `subject` über alle Commits hinweg einer einheitlichen Formulierung folgen. Empfohlen wird eine imperative Formulierung, die folgenden Satz fortsetzt: »If applied, this commit will …« Eine vollständige Titelzeile könnte also etwa wie folgt lauten:

```
feat(Dashboard): Implement rearrangement of cards
```

Beachten Sie, dass das `subject` mit einem Großbuchstaben beginnen sollte, auch wenn es in Gedanken einen Satz fortführt.

Getrennt durch eine Leerzeile können Sie optional den `body` nutzen, um eine detailliertere Beschreibung des Commits anzufügen. Gehen Sie hier auf das Was und Warum des Commits ein, damit gegebenenfalls auch andere Entwickler später die Hintergründe verstehen können.

Im `footer`, wiederum durch eine Leerzeile getrennt, können Sie zusätzliche Informationen anbringen, die eventuell durch den Entwicklungsprozess vorgegeben sind oder zur Dokumentation des Commits gegenüber dem Ziel-Repository oder einem verwendeten Issue-Tracker dienen.

Bei Bedarf können Sie diese Vorgaben über *Git Commit Hooks* technisch forcieren. Es empfiehlt sich jedoch generell, eine Einhaltung von Commit-Richtlinien als Teil der Entwicklungskultur zu verankern.

Branching-Modell und Entwicklungsprozess

Für die Arbeit mit Git empfiehlt sich die Verwendung eines strukturierten Vorgehensmodells bei der Erstellung und Verwendung von Branches. Das heißt, dass verschiedene Branches unterschiedliche Aufgaben und Lebenszyklen besitzen.

Git-Workflows

Ein solcher *Git-Workflow* sollte sich in Ihren jeweiligen Entwicklungsprozess integrieren, weshalb die Wahl des richtigen Workflows von verschiedenen Faktoren wie der Team-Größe oder anderen Prozessvorgaben abhängig sein kann.

Eine Übersicht verschiedener Workflows erhalten Sie unter *http://s-prs.de/v752313*. Hier ist es wichtiger, *dass* überhaupt ein Workflow verwendet wird, als die Entscheidung, welcher dies konkret ist. Ein Workflow erlaubt Ihnen ein einheitliches Vorgehen innerhalb von Teams und ein schnelles Eingewöhnen neuer Teammitglieder in Ihre Entwicklung. Ist keiner der komplexeren Workflows für Ihr Projekt geeignet, können Sie auch einen relativ einfachen Workflow auf Basis des Feature-Branch-Modells verwenden (siehe Abbildung 22.15).

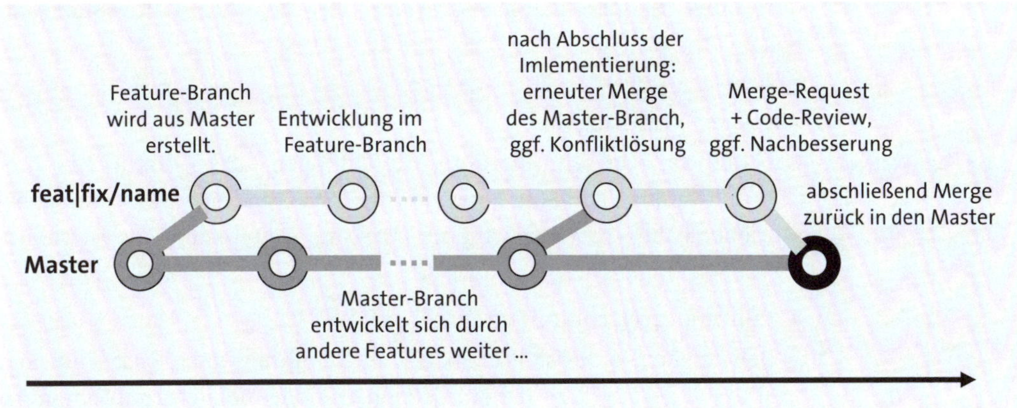

Abbildung 22.15 Einfacher Git-Workflow mit Feature-Branches

Der Workflow geht vom `master`-Branch als geschütztem offiziellen Arbeitsstand des Projekts aus, auf dem nicht direkt gearbeitet wird. Alle Entwicklungsarbeiten werden in separaten Branches ausgeführt, die vom aktuellen Stand des `master`-Branches abzweigen. Sie erstellen für jedes konkrete Feature und für jeden Bug, der gefixt wird, einen eigenen Branch. Über ein Präfix `feat/` bzw. `fix/` ist bereits am Branch-Namen ersichtlich, um welche Art von Branch es sich jeweils handelt.

Der Feature-Branch enthält die vollständige Entwicklung des jeweiligen Features, inklusive eventueller Tests. Am Ende der Implementierungsarbeit müssen die Inhalte wieder in den Master übertragen werden. Da sich dieser durch Features weiterentwickelt haben kann, die sich gegebenenfalls auf verschiedene Stellen im Code auswirken, kann es bei einem Merge zu Konflikten kommen, die Sie nicht auf dem Master-Branch auflösen wollen.

Führen Sie daher zum Ende der Feature-Implementierung zunächst einen Merge des Master-Branches in Ihren Feature-Branch durch, und lösen Sie alle auftretenden Konflikte dort. Auf diese Art bleibt der Arbeitsstand des Masters konsistent und kann noch von anderen Branches verwendet werden.

Code-Review

Nun ist auch der geeignete Zeitpunkt zur Durchführung eines Code-Reviews mit einem weiteren Entwickler und dem Stellen eines Merge-Requests (bzw. Pull-Request, je nach verwendetem Git-Server). Ist der Review durchgeführt, sind eventuelle Nachbesserungen abgeschlossen und keine weiteren Konflikte aufgetreten, kann der Merge des Feature-Branch in den Master angestoßen werden, wodurch der Feature-Branch geschlossen wird.

Dieser Workflow ermöglicht Ihnen ein paralleles Entwicklungsvorgehen, in dem mehrere Branches separat entwickelt werden können und Ihre Anwendung durch den geschützten Master jederzeit einen konsistenten Stand enthält.

Allgemeine Faustregeln

Git Best Practices

Nachdem wir zwei sehr relevante Empfehlungen – das Strukturieren Ihrer Commit-Messages und die Verwendung eines Workflows – ausführlich beschrieben haben, möchten wir noch auf einige weitere nennenswerte Empfehlungen eingehen:

- **Commit early, commit often**

  Beherzigen Sie dieses Prinzip, um Ihre Commits möglichst klein und sinnvoll gekapselt zu halten. Versionieren Sie möglichst nur einen Arbeitsschritt bzw. eine konkrete Änderung der Funktionalität Ihrer Anwendung, sodass diese Änderungen auch einzeln übernommen, zurückgesetzt oder geändert werden können. Dies wird umso schwieriger, je mehr unterschiedliche Schritte sich in einem Commit vermischen. Führen Sie Ihre Commits daher früh und oft durch.
- **Halten Sie ihre lokale Commit-Historie sauber**

  Solange sich Commits nur in Ihrem lokalen Repository abspielen, haben Sie die volle Kontrolle über Ihre Historie. Nutzen Sie diese Gelegenheit, um kleinere Fehler, wie z. B. Vertipper, in Ihren Commit-Nachrichten auszubessern, Last-Minute-Änderungen umzusetzen oder Umbenennungen durchzuführen. Hierfür stehen Ihnen Befehle wie `git commit -amend` oder `squash` zur Verfügung, dank denen Sie nicht für jeden einzelnen dieser nicht direkt zur Implementierung beitragenden Schritte einen eigenen Commit benötigen. Informationen über die verschiedenen Anpassungsmöglichkeiten liefert Ihnen beispielsweise die Git-Dokumentation unter *http://s-prs.de/v752314*.

Gleichzeitig gilt:

- **Schreiben Sie niemals publizierte Historie um**

  Ist ein Commit einmal in ein Remote Repository gepusht, sehen Sie ihn als in Stein gemeißelt an. Nachträgliche Änderungen interferieren möglicherweise mit der Zusammenarbeit anderer Entwickler an der gemeinsamen Historie und können aufwendige Rekonstruktionsarbeiten nach sich ziehen.

- **Finger weg von Commit & Push**

  Ein bequemes Feature, das Ihnen von manchen Git-Clients angeboten wird, ermöglicht Ihnen, einen Commit abzusetzen und den Branch dann unmittelbar nach Remote zu pushen. Hier wird Ihnen zuverlässig bereits kurz darauf eine kleine Änderung auffallen, die Sie gern noch im Rahmen des Commit getätigt hätten und für die Sie eigentlich keinen neuen Commit anlegen möchten. Es empfiehlt sich daher grundsätzlich, zunächst nur den Commit auszuführen, ihn nochmals zu prüfen und dann erst den Push auszulösen.

- **Bevorzugen Sie Merges gegenüber Rebases**

  Dies gilt vorwiegend für die Zusammenarbeit mit anderen Entwicklern und deren Branches. Das Ziel ist es, die Entwicklungshistorie nachvollziehbar beizubehalten. Widerstehen Sie der Versuchung, einen Entwicklungsstrang durch Rebases »perfekt« aussehen zu lassen.

- **Versionieren Sie nur Design-Time-Artefakte**

  Nichts, was aus Ihrem Code heraus generiert werden kann, muss versioniert werden, da es sich jederzeit wieder generieren lässt. Achten Sie auch darauf, keine individuellen IDE-Konfigurationen zu versionieren. Allgemeine Projektkonfigurationen, die für alle Beteiligten gelten, sind davon wiederum ausgenommen. Nutzen Sie die Datei **.gitignore**, um nicht zu versionierende Dateien und Verzeichnisse dauerhaft aus der Liste der `untracked`-Dateien auszuschließen und Ihr Repository übersichtlich zu halten.

Eine Sourcecodeverwaltung, wie Sie sie mit Git realisieren können, bietet sich für jedes Projekt an. Die hier gezeigte Übersicht und die Empfehlungen zeichnen einen Weg zur effektiven Entwicklung in beliebigen Teams und Projekten und bieten Ihnen einen Startpunkt für weitere Verfeinerungen.

22.5 Aufbau einer Continuous-Deployment-Pipeline

Nun, da Sie alle vorbereitenden Schritte innerhalb Ihres Anwendungsprojekts passend konfiguriert haben, können Sie die Build- und Testschritte automatisch aufrufen, beispielsweise dann, wenn ein Push oder Merge in den Master-Branch Ihres Git-Repositorys stattfindet.

Vor dem Deployment Fehler minimieren

Eine Continuous-Integration-Pipeline mit direkter Feedback-Schleife zum jeweiligen Entwickler hilft Ihnen dabei, schon während der Entwicklung eines Features Fehler zu minimieren und mit einem qualitativ hochwertigen Stand in den nächsten Schritt, das Continuous Deployment, zu gehen.

Trotzdem werden die Build- und Testschritte auch im Rahmen einer Continuous-Deployment-(CD-)Pipeline wiederholt, um sicherzustellen, dass ein konsistenter, funktionierender Stand des Projekts ausgeliefert wird. Abbildung 22.16 gibt Ihnen einen Überblick über die CD-Pipeline, die wir in Teilen in diesem Abschnitt aufbauen werden.

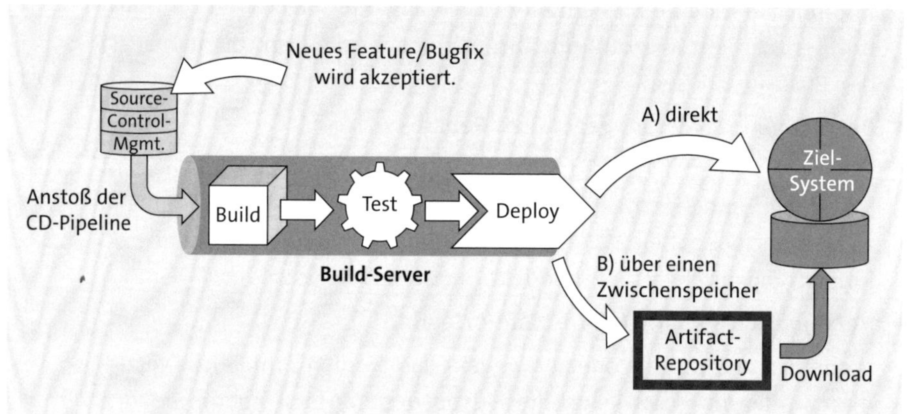

Abbildung 22.16 Aufbau einer Continuous-Deployment-Pipeline

CD-Pipeline

Die CD-Pipeline wird auf einem Build-Server ausgeführt. Hierfür ist *Jenkins* eine verbreitete Wahl, die auch wir verwenden werden. Ein Deployment-Zyklus beginnt mit dem Akzeptieren eines Merge-Requests im Source-Control-Management-System. Dieses kann entweder über Webhooks den Build-Server benachrichtigen, oder der Server kann über periodische Abfragen neue Commits erkennen.

Der Build-Server installiert alle notwendigen Abhängigkeiten, baut das Projekt und führt die Tests aus. Darunter fallen die in Abschnitt 22.3 beschriebenen statische Codeanalyse und die automatisierten Softwaretests, von Unit-Tests bis hin zu End-to-End-Tests.

Sind alle Schritte fehlerfrei verlaufen, wird das gebaute Projekt entweder im Stil eines Continuous Deployments direkt auf die Zielumgebung transportiert, oder im Sinne einer Continuous Delivery zunächst in einem »Zwischenspeicher« gehalten und von dort aus weiterverbreitet. Dies kann beispielsweise ein Artifact Repository sein, von dem Zielsysteme das gebaute Projekt laden oder von dem aus das Projekt anderweitig verteilt werden kann.

22.5.1 Build-Server einrichten

Jenkins-Dokumentation

Installieren Sie den Jenkins-Build-Server gemäß seiner Dokumentation, zum Beispiel als Docker-Image, und richten Sie Ihren Administrationsbenutzer ein. Die Dokumentation finden Sie unter *https://www.jenkins.io/doc/book/installing/*.

Stellen Sie sicher, dass das Node.js-Plugin für Jenkins installiert ist. Sie benötigen es, um npm-Befehle als Teil der Pipeline auszuführen. Erstellen Sie dann ein erstes Projekt, und wählen Sie den Typ **Pipeline** aus (siehe Abbildung 22.17).

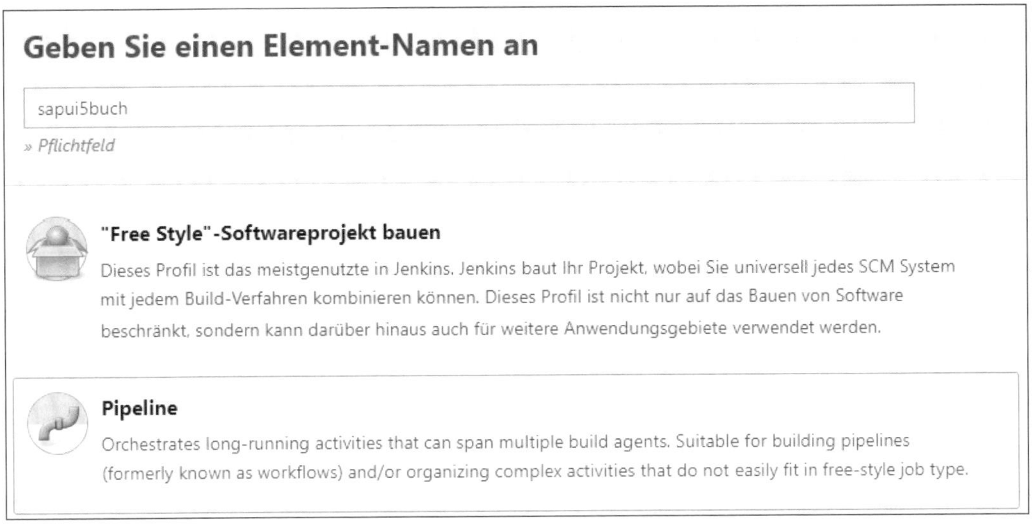

Abbildung 22.17 Anlegen einer neuen Jenkins-Pipeline

Jenkins konfigurieren

Legen Sie anschließend in der Projektkonfiguration fest, wann ein Build gestartet werden soll. Wählen Sie ein periodisches Polling Ihres Git-Remote Repositorys, wenn Sie Jenkins lokal installiert haben. Ist der Jenkins-Server aus dem Git-Repository heraus erreichbar, sollten Sie die Builds über Webhooks aus dem Git-Repository heraus anstoßen (siehe Abbildung 22.18).

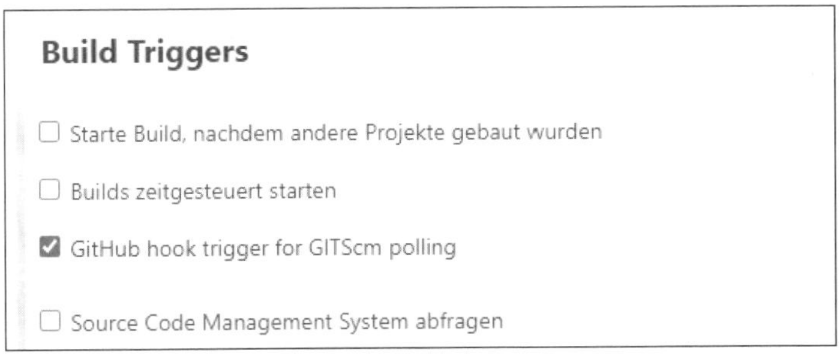

Abbildung 22.18 Verschiedene Build-Trigger in Jenkins

Pipeline-as-Code

Wählen Sie anschließend, ob Sie das Pipeline-Skript direkt in Jenkins zusammenstellen möchten oder ob es ebenfalls über Git bezogen werden soll. Im Sinne des *Pipeline-as-Code*-Prinzips sollten Sie Letzteres bevorzugen.

Pipeline einrichten

Wählen Sie dafür unter **Pipeline** die entsprechende Option, und richten Sie anschließend die Verbindung zum Git-Repository ein, damit Jenkins den zu bauenden Branch zusammen mit dem Pipeline-Skript auschecken kann. Abbildung 22.19 zeigt die notwendigen Einstellungen.

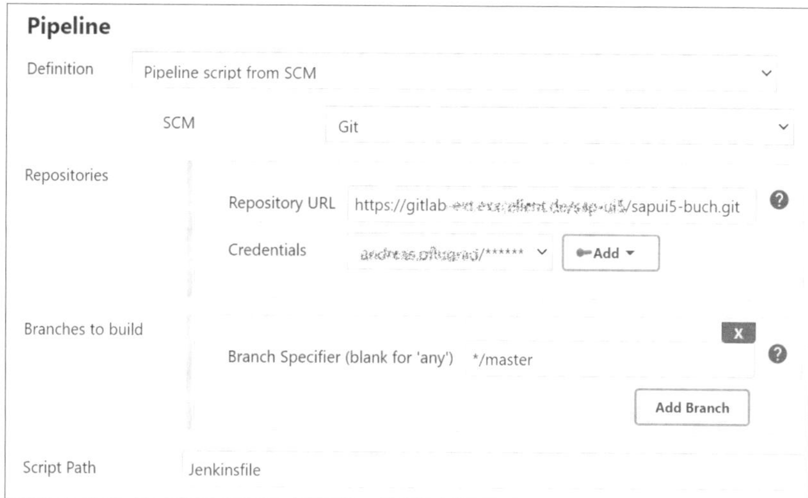

Abbildung 22.19 Einstellen der Verbindung zum SCM-System

Project Piper

In diesem Abschnitt bauen wir eine einfache CD-Pipeline von Hand auf, um die Grundlagen von CI/CD mit SAPUI5 zu demonstrieren. *Project Piper* bietet Ihnen umfangreiche Vorlagen für CI/CD-Pipelines für unterschiedliche Szenarien der SAP-Entwicklung, darunter:

- das Deployment hybrider Applikationen mit dem SAP Solution Manager
- das Deployment von S4/HANA-Applikationen nach dem SAP Cloud Application Programming Model
- das Deployment von Fiori-Applikationen in einen ABAP-Transportauftrag

Das Projekt und die dazu vordefinierten Pipelines befinden sich im Sommer 2020 noch im Aufbau. Informationen zu Project Piper finden Sie unter *https://sap.github.io/jenkins-library/*.

22.5.2 Pipeline konfigurieren

Pipeline konfigurieren

Legen Sie nun im Wurzelverzeichnis Ihres Projekts die Datei **Jenkinsfile** an. Sie enthält das Pipeline-Skript in der Skriptsprache *Groovy*. Erstellen Sie den Inhalt des **Jenkinsfiles** wie in Listing 22.14 gezeigt.

```
pipeline {
  agent { docker { image'node:14-alpine' } }
  stages {
    stage("Build") {
      steps {
        echo "Installing dependencies..."
        sh "npm install"
        echo "Building project..."
        sh "npm run build"
      }
    }
    stage("Test") {
      steps{
        echo "Running software tests..."
        sh "npm run test"
      }
    }
    stage("Deploy") {
      steps{
        echo "Deploying to SAPUI5 ABAP Repository..."
        sh "npm run deploy"
      }
    }
  }
}
```

Listing 22.14 Jenkinsfile mit Pipeline-Skript

Hier geben Sie unter `agent` zunächst die Laufzeitumgebung an, in der die Pipeline laufen soll. Geben Sie ein Docker-Image mit einer aktuellen Node.js-Version und einem insgesamt kleinen »Fußabdruck« an.

Die Pipeline ist in Phasen unterteilt, die Sie mit `stage` definieren. Entsprechend unserem Zielbild legen wir die Phasen *Build*, *Test* und *Deploy* an.

Pipeline-Schritte implementieren

Mit `steps` definieren Sie die einzelnen Ausführungsschritte jeder Phase. Wir verlassen uns in dieser Pipeline hauptsächlich auf unsere npm-Skripte, die wir auch lokal benutzen würden.

Mit `npm install` werden die Projektabhängigkeiten, darunter der Client `@ui5/cli`, installiert. Den Abschluss der Build-Phase bildet der Aufruf des Skripts `build`, das wir in der **package.json** des Projekts definiert haben. Listing 22.15 zeigt diese Definition.

```
"scripts": {
//…
  "build": "ui5 build --clean-dest -dest dist ",
//…
},
```

Listing 22.15 Build-Skript in der Datei »package.json«

Zu diesem Zeitpunkt könnten Sie bereits das Jenkinsfile (ohne die Einträge für die anderen beiden Phasen) in einem Commit in Ihr Git-Remote Repository pushen. Jenkins wird dann den Branch auschecken und Ihre Pipeline starten.

Um die Testphase aus der Pipeline heraus starten zu können, stellen Sie sicher, dass Sie Ihr Projekt wie in Abschnitt 22.3.2 beschrieben für CI konfiguriert haben und dass das `test`-Skript Ihrer **package.json** den Aufruf `karma start karma-ci.conf.js` implementiert.

Abbildung 22.20 zeigt die Übersicht eines Jenkins-Builds, in dem alle drei Phasen durchlaufen wurden.

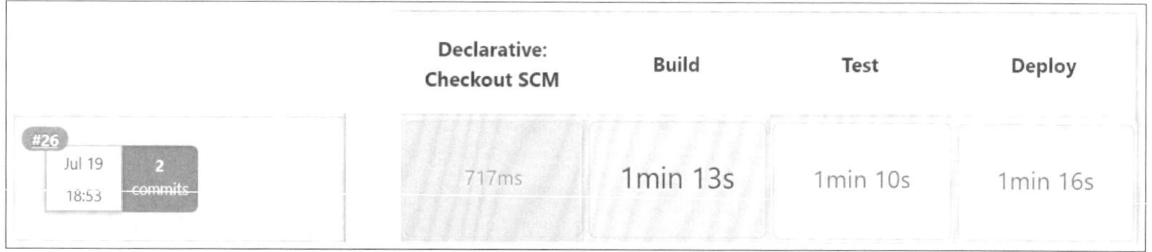

Abbildung 22.20 Erfolgreicher Durchlauf im Jenkins-Build-Server

22.5.3 Deployment-Optionen

Deployment-Optionen

Sehen wir uns abschließend einige Möglichkeiten an, die gebaute und getestete Anwendung auf ein Zielsystem, etwa ein SAP-NetWeaver- oder ein SAP-S4/HANA-System, zu deployen.

»nwabap«-upload

Direkter Upload

Für das Deployment im Rahmen unserer CI/CD-Pipeline nutzen wir das npm-Modul `nwabap-ui5uploader`. Mit dessen Hilfe können Sie ein direktes

Deployment auf ein SAP-System vornehmen. Fügen Sie das Modul hierzu Ihrer Datei **package.json** hinzu, und legen Sie für die Konfiguration eine Datei **.nwabaprc** an. Konfigurieren Sie diese wie in Listing 22.16 beispielhaft gezeigt.

```
{
    "base": "./dist",
    "conn_server": "https://<sap-system-url>:8001",
    "conn_user": "...",
    "conn_password": "...",
    "abap_package": "$TMP",
    "abap_bsp": "ZZ_UI5_LOCAL",
    "abap_bsp_text": "Sample"
}
```

Listing 22.16 Konfiguration des »nwabap«-Uploads

Verweisen Sie unter base auf das Verzeichnis, aus dem die Dateien hochgeladen werden sollen. In diesem Fall wählen wir das Verzeichnis, in das während der Build-Phase gebaut wird. Geben Sie die Server- und Authentifizierungsinformationen für das System an, und definieren Sie die Paket- und BSP-Informationen für das SAPUI5-ABAP-Repository.

Aus unserer Deploy-Phase der Pipeline wird der npm-Befehl deploy aufgerufen. Stellen Sie daher sicher, dass mit ihm der Befehl zum Upload durch das Modul nwabap angestoßen wird. Listing 22.17 zeigt die entsprechende Stelle.

```
scripts: {
  //...
  "deploy": "npx nwabap upload"
  //...
}
```

Listing 22.17 Anstoßen des »nwabap«-Uploads

Der Befehl npx ist Teil des gleichnamigen Moduls. Es ermöglicht das direkte Ausführen der Binaries anderer npm-Pakete. Stellen Sie daher sicher, dass auch das Modul npx in Ihren devDependencies gelistet ist.

ABAP-Reports

Import über ABAP-Reports

Haben Sie sich für die indirekte Variante entschieden und die gebaute Anwendung in einem Artifact Repository archiviert, können Sie *ABAP-Reports* (Transaktion SE38) nutzen, um das Paket vom Zielsystem ausgehend laden zu lassen. Nutzen Sie den Report /UI5/UI5_REPOSITORY_LOAD_HTTP, um das Archiv vom HTTP-Server des Artifact Repositorys zu laden. Möchten Sie diesen Schritt ebenfalls automatisieren, nutzen Sie den RFC-fähigen Funktionsbaustein /UI5/REPO_LOAD_FROM_ZIP_URL, der die Funktionalität des Reports kapselt.

Deployment aus der SAP Web IDE

Wenn Sie die SAP Web IDE für die Entwicklung nutzen, stehen Ihnen hier auch direkte Deployment-Möglichkeiten zur Verfügung, die Sie über die Bedienoberfläche der Web IDE direkt anstoßen können. Details hierzu beschreiben wir in Kapitel 24, »SAP Fiori«.

Kapitel 23
Performanceoptimierung und Fehleranalyse

Die Akzeptanz einer Software hängt stark von deren Antwort- und Ladeverhalten ab. Die Performance einer Anwendung ist daher maßgeblich für den Erfolg.

Für ein positives Nutzererlebnis bei der Arbeit mit einer Softwarelösung ist es unabdingbar, dass die Anwendung schnell einsatzbereit ist und prompt und zuverlässig auf Nutzerinteraktion reagiert. Im Gegensatz zu Software, die lokal auf dem Rechner des Nutzers installiert ist, sind die Herausforderungen bei der Implementierung von webbasierten Lösungen etwas größer. Neben den Datenoperationen, die zur Beeinträchtigung der Performance führen können, müssen bei webbasierten Lösungen zunächst alle benötigen Ressourcen auf den Client geladen werden. Erschwerend kommt hinzu, dass die Qualität des Netzwerks unweigerlich einen großen Einfluss auf die erlebten Antwortzeiten der Anwendung hat. Entwickler webbasierter Lösungen müssen daher stets ein Auge darauf haben, dass unnötige Ressourcenanforderungen vermieden werden. In diesem Kapitel zeigen wir Ihnen die Stolperfallen, die bei der Implementierung von SAPUI5-Anwendung zu schlechter Performance führen. Zudem zeigen wir Ihnen, wie Sie, falls das Kind bereits in den Brunnen gefallen ist, mit den SAP-Support-Tools zeitlichen Verlusten beim Rendering der Benutzeroberflächen auf die Spur kommen und den Vergleich zu anderen Web-Frameworks nicht scheuen müssen. In Abschnitt 23.4 betrachten wir die Möglichkeiten der Fehleranalyse.

Abbildung 23.1 SAPUI5-Performanceoptimierung

Wir führen in die Laufzeitfehleranalyse ein und zeigen, wie Sie Fehler finden und sie korrigieren. Schließlich erfahren Sie, wie Sie beispielsweise Binding-Probleme aufdecken und wie Sie mit dem UI5 Inspector und den SAP-Support-Tools Fehler analysieren und Fehlersituationen korrigieren.

23.1 Grundlagen der Performanceoptimierung von SAPUI5-Anwendungen

Best Practices für optimales Laufzeitverhalten

Jedes Framework besitzt seine Tücken, und Sie müssen Best Practices einhalten, um eine möglichst optimales Laufzeitverhalten zu erreichen. Dabei spielen viele Faktoren eine Rolle, besonders bei Anwendungen, die über den Browser aufgerufen werden und bei denen Sie im Zweifel nicht absehen können, wie der Client der Konsumenten ausgestattet ist. Dies gilt natürlich auch für SAPUI5. Bei SAPUI5 kommt die Besonderheit hinzu, dass es sich um ein noch relativ junges Framework handelt und es in den letzten Jahren diverse Anpassungen des Frameworks gab, z. B. Anpassungen, die es ermöglichen, performante Anwendungen zu implementieren. Wir wollen in den folgenden Abschnitten die wichtigsten Punkte auflisten, die zu einer performanten SAPUI5-Anwendung beitragen können. Abschnitt 23.1.2 gibt Ihnen ein paar Hinweis dazu, was oft in SAPUI5-Anwendungen vorzufinden ist, aber eigentlich vermieden werden sollte.

23.1.1 Performance-Checklist

Dieser Abschnitt liefert Ihnen eine Checklist der wichtigsten Punkte, die Sie bei der Implementierung von SAPUI5-Anwendungen beachten sollten. Einige der Punkte haben wir an der einen oder anderen Stelle bereits besprochen. Wir greifen diese Punkte an dieser Stelle noch einmal auf, um sie hervorzuheben.

Verfügbarkeit der benötigen Ressourcen sicherstellen

Unnötige Anfragen vermeiden

Webanwendungen leben davon, dass benötige Ressourcen durch den Client vom Server angefordert werden. Besonders bei schwachen Bandbreiten ist jede Anfrage schmerzhaft, besonders dann, wenn sie unnötig ist. Dies kommt oft bei Anfrage nach Übersetzungsdateien für Sprachen vor, die von der Anwendung nicht unterstützt werden, denn oft genug werden Anwendungen nicht übersetzt. Die sprachabhängigen Texte werden lediglich in einer **.properties**-Datei ohne Sprachsuffix abgelegt. Dies führt dazu, dass der Browser zunächst die entsprechenden Dateien mit dem Sprachsuffix anfordert, bevor die Informationen aus der Standardübersetzungsdatei verwendet werden. Stellen Sie daher sicher, dass die Übersetzungsdateien mit den entsprechenden Sprachsuffixes vorliegen. Versuchen Sie auch, sicherzustellen, dass die Übersetzungsdateien in allen bzw. in der Mehrzahl der Sprachen vorliegen, die von den Nutzern angefordert werden könnten. Falls die Anwendung nur in einer Sprache zur Verfügung stehen soll, geben Sie im Bootstrapping den Parameter data-sap-ui-language an und weisen ihm das ISO-Sprachkürzel zu (siehe Listing 23.1). SAPUI5 versucht daraufhin gar nicht erst, die Sprachdatei der im Browser eingestellten Sprache zu laden, sondern lädt nur die der eingestellten Sprache. Diese sollte dann natürlich vorliegen und an den Client ausgeliefert werden können.

```
<script id="sap-ui-bootstrap"
 src=
  "https://sapui5.hana.ondemand.com/resources/sap-ui-core.js"
 data-sap-ui-compatVersion="edge"
 data-sap-ui-language="en"
 data-sap-ui-resourceroots='{"de.sapui5buch.demo": "."}'>
</script>
```

Listing 23.1 Unterstützte Sprache festlegen

Vermeiden Sie »File Not Found«

Behalten Sie unter allen Umständen bereits bei der Entwicklung einer SAPUI5-Anwendung den Netzwerkverkehr im Auge. Achten Sie vor allem auf Anfragen, die unnötig sind oder die mit einem HTTP-404-Fehler (»File Not Found«) beantwortet werden. Stellen Sie entweder sicher, dass die nicht gefundene Ressource zur Verfügung steht, oder unterbinden Sie die Anfrage an den Server.

Asynchrones Laden im Bootstrapping aktivieren

Abhängigkeiten asynchron laden

23

Wie bereits angesprochen, ist es sehr wichtig, benötigte Ressourcen asynchron zu laden. Eine wichtige Einstellung dafür ist das Attribut data-sap-ui-async im Bootstrapping. Aktivieren Sie dieses Attribut wie in Listing 23.2 gezeigt, um zu erreichen, dass alle Abhängigkeiten der Anwendung asynchron geladen werden.

```
<script id="sap-ui-bootstrap"
 src=
  "https://sapui5.hana.ondemand.com/resources/sap-ui-core.js"
 data-sap-ui-theme="sap_fiori_3"
 data-sap-ui-resourceroots='{
        "de.sapui5buch.demo": "./"
      }'
 data-sap-ui-oninit="module:sap/ui/core/ComponentSupport"
```

```
 data-sap-ui-compatVersion="edge"
 data-sap-ui-async="true"
 data-sap-ui-frameOptions="trusted">
</script>
```

Listing 23.2 Asynchrones Laden im Bootstrapping aktivieren

Vorsicht bei der Umstellung

Das Umstellen auf asynchrone Verarbeitung setzt voraus, dass Ihre Anwendung so implementiert wurde, dass eine asynchrone Verarbeitung auch tatsächlich reibungslos funktioniert. Testen Sie Ihre Anwendung daher nach der Aktivierung des Attributs ausgiebig. Die Aktivierung wirkt sich sowohl auf die Module als auch auf die Preload-Dateien aus. Sollte es aus anwendungsspezifischen Gründen nicht möglich sein, die Module asynchron zu laden, stellen Sie sicher, dass zumindest die Preload-Dateien asynchron geladen werden. Legen Sie hierzu das Attribut `data-sap-ui-preload` im Bootstrapping an, und weisen Sie ihm den Wert `async` zu.

Asynchrones Laden von Views

Views laden

Das Laden der ersten View, die das Grundlayout definiert, wird in **manifest.json** über den Parameter `rootView` konfiguriert. Der Parameter `async` muss auf `true` gesetzt werden. Achten Sie zusätzlich darauf, dass auch die über das Routing angesteuerten Views asynchron geladen werden. Hierzu müssen Sie in der Routingkonfiguration auch den Parameter `async` auf `true` setzen. Das Konfigurationsbeispiel aus Listing 23.3 zeigt die Verwendung der beiden Attribute.

```
"sap.ui5": {
    "rootView": {
      "viewName": "de.sapui5buch.demo.view.App",
      "type": "XML",
      "async": true,
      "id": "idAppControl"
    },
//....
"routing": {
      "config": {
        "routerClass": "sap.f.routing.Router",
        "viewType": "XML",
        "path": "de.sapui5buch.demo.view",
        "controlId": "masterDetailBase",
        "controlAggregation": "beginColumnPages",
        "async": true
```

```
      },
//...
}
```

Listing 23.3 Asynchrone Routingkonfiguration

Asychronous Module Loading verwenden

Asynchronous Module – Definition

Falls die Ressourcen nicht über den Preload-Mechanismus geladen werden, ist es sehr wichtig, darauf zu achten, dass alle abhängigen Ressourcen asynchron geladen werden. Hierzu sollten Sie die Module und ihre Abhängigkeiten unter Verwendung der Syntax *Asynchronous Module Definition* (*AMD*) implementieren. Verwenden Sie unter SAPUI5 die Funktion `sap.ui.define` beim Implementieren von Modulen oder aber andernfalls `sap.ui.require`.

Abhängigkeiten konfigurieren über »manifest.json«

In den Anfangszeiten von SAPUI5 wurden Abhängigkeiten zu anderen Bibliotheken über den Parameter `data-sap-ui-libs` im Bootstrapping angegeben (siehe Listing 23.4). Hierdurch wurden die Bibliotheken allerdings direkt beim Aufsetzen der Laufzeitumgebung geladen. Die Weiterverarbeitung des eigentlichen Anwendungscodes wird dabei unterbrochen und erst fortgesetzt, nachdem die Abhängigkeiten geladen wurden (transitiv). Dies bleibt durch den Nutzer nicht unbemerkt, da er in der Zwischenzeit keinerlei Fortschritt auf der Benutzeroberfläche sieht.

```
<script id="sap-ui-bootstrap"
  src="
    https://sapui5.hana.ondemand.com/1.71.1/resources/sap-ui-core.js"
  data-sap-ui-theme="sap_fiori_3"
  data-sap-ui-libs="sap.m, sap.ui.table, sap.ui.layout"
  data-sap-ui-resourceroots='{"de.sapui5buch.demo": "./"}'>
</script>
```

Listing 23.4 Abhängigkeiten im Bootstrapping

Abhängigkeiten korrekt deklarieren

Deklarieren Sie die Abhängigkeiten zu anderen Bibliotheken daher nicht in der **index.html**-Seite, sondern in der **manifest.json**-Datei (siehe Listing 23.5). Die Deklaration der Abhängigkeiten in **manifest.json** führt dazu, dass die Abhängigkeiten erst später geladen werden, was den Vorteil hat, dass die Anwendung bereits visuelle Aspekte darstellen kann und der Nutzer einen Fortschritt sieht. Die Benutzeroberfläche wird allerdings nicht von der Komponente erzeugt. Achten Sie auch darauf, nur die Abhängigkeiten anzugeben, die Sie in Ihrer Anwendung auch tatsächlich benötigen. Sie reduzieren dadurch zum einen den Netzwerkverkehr und zum anderen den Speicherverbrauch der Anwendung auf der Clientseite. Werden Bibliotheken erst zu einem späteren Zeitpunkt benötigt, nutzen Sie das Attribut `lazy` (siehe Kapitel 10, »Anwendungsdeskriptor«).

```
"sap.ui5": {
  "dependencies": {
    "minUI5Version": "1.71.0",
    "libs": {
      "sap.ui.core": {},
      "sap.m": {},
      "sap.ui.comp.smartchart": {
        "lazy": true
      },
      "sap.ui.table" :{}
},
```

Listing 23.5 Abhängigkeiten in »manifest.json«

Integration von Anwendungen

Nicht nur wegen der Performance empfehlen wir, die Abhängigkeiten innerhalb der **manifest.json**-Datei zu deklarieren. Anwendungen, die ihre Abhängigkeiten innerhalb von **index.html** deklariert haben, können auch nur über die **index.html**-Seite gestartet werden. Es ist beispielsweise nicht möglich, diese Anwendung direkt in das SAP Fiori Launchpad einzubetten, sondern nur über eine URL, die auf die **index.html**-Seite verweist.

Auswertung durch andere Werkzeuge

Die Nutzung der Manifest-Datei hat auch den Vorteil, dass die Abhängigkeiten von Entwicklungs- und Infrastrukturwerkzeugen ausgelesen und verwendet werden können. Deployen Sie beispielsweise Ihre Anwendung auf den ABAP-Applikationsserver, kann der *AppIndex*-Service des Systems die Abhängigkeiten auslesen und entsprechend auswerten.

SAPUI5-Ressourcen aus dem CDN verwenden

Wie bereits in Kapitel 4, »Das Bootstrapping«, erläutert, besteht die Möglichkeit, die SAPUI5-Bibliothek aus dem Content Delivery Network zu beziehen und dadurch stets die aktuelle Version von SAPUI5 zu verwenden. SAP empfiehlt diese Variante für Cloudszenarien, da dadurch die geringste Latenz zu erwarten ist. Für On-Premise-Landschaften sollten Sie von der CDN-Variante absehen oder sich eine eigene CDN-Variante aufbauen, indem Sie einen separaten Webserver in der On-Premise-Landschaft installieren, der die SAPUI5-Ressourcen ausliefert. Die Ressourcen aus dem Internet zu beziehen, ist nicht zu empfehlen.

Manifest-first-Ansatz nutzen

Manifest-first-Mechanismus

Der Applikationsdeskriptor **manifest.json** beschreibt eine Anwendung und ihre Abhängigkeiten sowie Anforderungen sehr detailliert. Er sollte daher stets verwendet werden, um entsprechende Konfigurationsinformationen abzulegen. Diese Informationen können dann von der SAPUI5-Laufzeitumgebung ausgelesen, verarbeitet und für ein optimales Laufzeitverhalten verwendet werden. Seit SAPUI5 Version 1.58 lädt die Factory-Funktion `create` der Klasse `sap.ui.core.Component` beim Anlegen einer neuen Instanz einer Komponente zuerst die **manifest.json**-Datei, bevor die Komponente erzeugt wird. Hierdurch ist es SAPUI5 möglich, die Abhängigkeiten, die eine Komponente zu Bibliotheken oder anderen Komponenten hat, schon im Voraus zu laden. Dies führt zu einer verbesserten Performance der Komponente, da Ressourcen nicht erst bei Bedarf geladen werden, sondern bereits geladen sind und bereitstehen. Es ist daher zu empfehlen, den Code bestehender SAPUI5-Anwendungen entsprechend anzupassen und zukünftig darauf zu achten, die neue Factory-Funktion zu verwenden. Falls Sie aus anwendungsspezifischen Gründen diesen *Manifest-First-Mechanismus* nicht verwenden können, ist auch die Deaktivierung möglich. Sie müssen lediglich dem Attribut `manifest` den Wert `false` zuweisen (siehe Listing 23.6).

```
Component.create({
  name: "de.sapui5buch.custComponent",
  manifest: false
});
```

Listing 23.6 Deaktivieren des Manifest-first-Mechanismus

Library Preload verwenden

Bibliotheken laden

SAPUI5 enthält für jede Control-Bibliothek eine Datei mit dem Namen **library-preload.js**. In dieser Datei werden alle Controls einer Bibliothek als JSON zusammengefasst. Achten Sie darauf, dass die SAPUI5-Bibliothek über **library-preload.js** geladen wird. Hierdurch werden die Module von SAPUI5 im Rahmen eines Request asynchron geladen. Setzen Sie hierzu den Parameter `data-sap-ui-preload` im Bootstrapping auf `async` (siehe Listing 23.7). Beachten Sie, dass der Parameter ignoriert wird, falls sich die Anwendung im Debug-Modus befindet.

```
<script id="sap-ui-bootstrap"
 src=
  "https://sapui5.hana.ondemand.com/resources/sap-ui-core.js"
 data-sap-ui-theme="sap_fiori_3"
 data-sap-ui-resourceroots='{
       "de.sapui5buch.demo": "./"
```

```
    }'
 data-sap-ui-oninit="module:sap/ui/core/ComponentSupport"
 data-sap-ui-compatVersion="edge"
 data-sap-ui-async="true"
 data-sap-ui-frameOptions="trusted"
 data-sap-ui-preload="async">
</script>
```

Listing 23.7 SAPUI5-Bibliothek asynchron laden

Component Preload verwenden

Komponenten laden

Die Reduktion von Netzwerkanfragen ist ein wichtiger Faktor, um die Performance einer Anwendung zu steigern. Nutzen Sie daher die *Component-Preload*-Fähigkeiten von SAPUI5 auch auf Anwendungsebene. Hierzu fügen Sie eine Datei mit dem Namen **Component-preload.js** auf gleicher Ebene wie **Component.js** in Ihr Projekt ein. Sie wird entsprechend asynchron geladen. Die Preload-Datei enthält den gesamten Code Ihrer Anwendung, so dass nur ein Request abgesetzt werden muss, um die Anwendung zu laden. Sie können **Component-preload.js** sehr einfach über das in Kapitel 22, »Entwicklungsinfrastruktur«, vorgestellte UI5 Tooling erzeugen.

Auf die Verwendung von »jQuery.sap.*« verzichten

Veraltete Namensräume vermeiden

Als SAP mit der Implementierung von SAPUI5 begann, nutzte das Framework in seiner Implementierung das jQuery-Framework. Auch implementierte SAP ein SAPUI5-eigenes Modul für jQuery im Namensraum `jQuery.sap`. Mit der Version 1.58 wurde der Namensraum als `deprecated` markiert, und SAP empfiehlt, ihn aus bestehenden Anwendungen zu entfernen und stattdessen die Nachfolger-API zu verwenden. Sie finden unter *http://s-prs.de/v752315* eine Auflistung der Module, die stattdessen verwendet werden sollen. SAP bietet ein Migrationswerkzeug für die Migration von SAPUI5-Anwendungen auf ein höheres Release des Frameworks an. Sie finden es unter *http://s-prs.de/v752316*.

Asynchrone UI5-Factory-Funktionen verwenden

Factory-Funktionen

Zu Beginn von SAPUI5 wurde bei der Implementierung des Frameworks wenig Wert auf die Verwendung von asynchronen Konzepten gelegt. Dies änderte sich erst im Laufe der Zeit, so dass in vielen SAPUI5-Anwendungen noch unzählige synchrone Funktionen, sogenannte *Factory-Funktionen*, für das Laden von Views, Fragmenten, Komponenten und anderen Ressourcen verwendet werden. Dies kann zu merklichen Performanceeinbußen führen. Tauschen Sie in vorhandenen SAPUI5-Anwendungen daher die synchronen

Funktionen durch ihre asynchronen Pendants aus. Listing 23.8 zeigt, wie ein Fragment asynchron geladen wird.

```
Fragment.load({
    id: this.createId("bpd"),
    name: sFragmentName,
    type: "XML",
    controller: this
}).then(function (oFragment) {
    this.createId("BusinessPartnerDetails");
    this.byId("masterDetailBase").addMidColumnPage(oFragment);
      resolve(Fragment.byId(this.createId("bpd"),
        "BusinessPartnerDetails"));
}.bind(this));
```

Listing 23.8 Asynchrones Laden eines Fragments

OData v2 Model Preload verwenden

Preload-Mechanismus aktivieren

Wie bereits in Kapitel 12, »Arbeiten mit Modellen«, beschrieben, werden bei der Arbeit mit OData-Modellen die Metadaten über einen Request geladen. Das Laden der Metadaten erfolgt standardmäßig beim Zugriff auf das Modell bei der Verarbeitung des ersten Requests. Dieser zusätzliche Request ist zwar nicht vermeidbar, allerdings kann er bereits zu einem frühen Zeitpunkt der Ausführung einer SAPUI5-Anwendung erfolgen. Hierzu empfehlen wir, den *Preload-Mechanismus* zu aktivieren (siehe Listing 23.9). Durch die Aktivierung können die Metadaten parallel zu den weiteren Laufzeitaspekten geladen werden. Sie stehen dann bereits der Anwendung bzw. der Komponente zur Verfügung und müssen nicht erst vom Server angefragt werden, bevor die erste Anfrage nach Daten an den OData-Service geschickt wird.


```
"sap.ui5": {
    "models": {
      "": {
      "type": "sap.ui.model.odata.v2.ODataModel",
              "settings": {
                  "defaultOperationMode": "Server",
                  "defaultBindingMode": "OneWay",
                  "defaultCountMode": "Request"
              },
          "dataSource": "GWSAMPLE_BASIC",
          "preload": true
```

```
        }
      }
}
```

Listing 23.9 Preload-Konfiguration bei OData-Modellen

OData v2 Metadata Caching verwenden

Cache-Buster-Technik

Damit SAPUI5-Anwendungen über das SAP Fiori Launchpad schneller gestartet werden, können Sie die OData-Metadaten der Anwendung im Browser mit Hilfe der *Cache-Buster-Techniken* zwischenspeichern. Der Cache-Buster stellt sicher, dass der Browser beim Ändern der OData-Metadaten auf dem Server die neuen Ressourcen vom Server und nicht aus dem Cache lädt, ohne den Browsercache manuell löschen zu müssen. Der SAP-Applikationsserver verwaltet und speichert sogenannte *Cache-Buster-Token*. Das Token wird als URL-Parameter `sap-context-token` an die Metadaten-Requests angehängt. Während des Launchpad-Starts werden dem Client die Cache-Buster-Token zur Verfügung gestellt, um die korrekte Darstellung aus den zugrundeliegenden Webcaches zu verwenden.

»Table«-Controls korrekt verwenden

Controls einsetzen

SAPUI5-Controls, die größere Mengen an Daten verarbeiten (wie beispielsweise Listen oder Tabellen), sind je nach Laufzeitumgebung anfälliger für Performanceprobleme als einfache Controls, die lediglich über ein einfaches Property-Binding einen Wert verarbeiten. Sie sollten daher vor der Verwendung eines Controls stets die API-Dokumentation lesen und prüfen, ob SAP entsprechende Empfehlungen für die Verwendung des Controls in der Dokumentation gibt. Werfen Sie einen Blick in die Dokumentation für das Control `sap.m.Table`, gibt SAP die Empfehlung, das Control nur dann auf mobilen Endgeräten zu nutzen, wenn nicht mehr als 100 Zeilen bzw. Datensätze verarbeitet werden (siehe Abbildung 23.2). Sollten Sie mehr als 100 Datensätze verarbeiten wollen, wird das Control `sap.ui.table.Table` empfohlen. Der Grund dafür ist, dass das `sap.m.Table`-Control die Daten für jede geladene Zeile im Speicher behält, wobei es völlig unerheblich ist, ob der Datensatz gerade angezeigt wird oder nicht. Beachten Sie, dass die Performance eines komplexen Controls auch durch die darin verwendeten Controls beeinflusst werden kann. Zeigen Sie in einer Tabelle lediglich `sap.m.Text`-Controls an, ist dies weit weniger performancekritisch, als wenn Sie `sap.m.ComboBox`-Controls oder Ähnliches verwenden. Versuchen Sie generell, darauf zu achten, dass Sie nur die Daten laden, die auch tatsächlich angezeigt werden. Felder und ihre Daten, die über ein Variantenmanagement zu einer Liste hinzugefügt werden, sollten auch erst dann geladen werden, wenn sie benötigt werden.

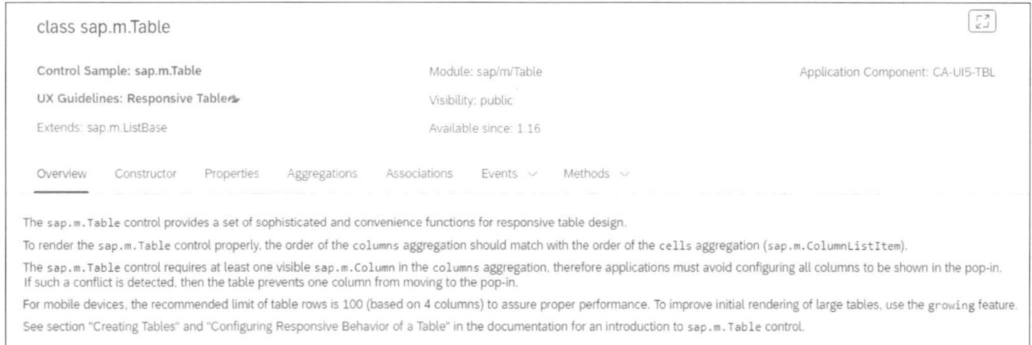
class sap.m.Table

Control Sample: sap.m.Table | Module: sap/m/Table | Application Component: CA-UI5-TBL
UX Guidelines: Responsive Table | Visibility: public
Extends: sap.m.ListBase | Available since: 1.16

Overview | Constructor | Properties | Aggregations | Associations | Events | Methods

The `sap.m.Table` control provides a set of sophisticated and convenience functions for responsive table design.

To render the `sap.m.Table` control properly, the order of the `columns` aggregation should match with the order of the `cells` aggregation (`sap.m.ColumnListItem`).

The `sap.m.Table` control requires at least one visible `sap.m.Column` in the `columns` aggregation, therefore applications must avoid configuring all columns to be shown in the pop-in. If such a conflict is detected, then the table prevents one column from moving to the pop-in.

For mobile devices, the recommended limit of table rows is 100 (based on 4 columns) to assure proper performance. To improve initial rendering of large tables, use the `growing` feature.

See section "Creating Tables" and "Configuring Responsive Behavior of a Table" in the documentation for an introduction to `sap.m.Table` control.

Abbildung 23.2 API-Dokumentation der »sap.m.Table«

»Table«-Controls

Beachten Sie auch die Empfehlungen von SAP unter *http://s-prs.de/v752317* bezüglich der Entscheidung, wann Sie welches »Table«-Control verwenden sollten. Auf der Webseite erhalten Sie eine Übersicht über die `Table`-Controls (siehe Abbildung 23.3).

Feature Supported?	Responsive Table (sap.m.Table)	Grid Table (sap.ui.table.Table)	Analytical Table (sap.ui.table.AnalyticalTable)	Tree Table (sap.ui.table.TreeTable)
Desktop	✓	✓	✓	✓
Tablet	✓	✓	✓	✓
Phone	✓	✗	✗	✗
Responsive (hide column, popin support)	✓	✗	✗	✗
Compact density	✓	✓	✓	✓
Condensed density	✗	✓	✓	✓
Cozy density	✓	✓	✓	✓
Summarized cell	✗	✗	✓	✗
Hierarchical data	✗	✗	✗	✓
Large number of rows (> 200)[2]	△	✓	✓	✓
Grouping	✓	✗	✓	✗
Freeze columns	✗	✓	✓	✓
Horizontal scrolling	✗	✓	✓	✓
Merge duplicates	✓	✗	✗	✗
Supported controls	Supports all kinds of controls inside a line item	Supports a limited set of controls[1]	Supports a limited set of controls[1]	Supports a limited set of controls[1]
Row-based	✓	✗	✗	✗
Column-based	✗	✓	✓	✓
OData-based	Requires manual modifications	Requires manual modifications	Requires manual modifications	Requires manual modifications

Abbildung 23.3 Empfehlungen zum Einsatz der Tabellen-Controls

Weitere wichtige Aspekte

Für eine performante Anwendung spielt nicht nur die Implementierung der UI5-Anwendung eine wichtige Rolle, sondern auch noch weitere Aspekte.

Design der Anwendung

Auch wenn es auf den ersten Blick möglicherweise nicht ersichtlich ist, spielt das Design der Anwendung eine wichtige Rolle bei der Frage, ob eine Anwendung gute Antwortzeiten liefert. Anwendungen können aus zwei

Perspektiven heraus designt werden: Beim ersten Ansatz, dem sogenannten *Bottom-up-Ansatz*, betrachten Sie zuerst, welche Daten die zu entwickelnde Anwendung benötigt. Auf dieser Basis wird der zur SAPUI5 gehörende REST-Service, meist ein OData-Service, implementiert. Bei der Analyse, welche Daten in der Benutzeroberfläche benötigt werden, fließt oft auch der Erfahrungsschatz des Entwicklers ein. So werden im OData-Service bereits Attribute und ganze Entitäten vorgesehen, die aktuell gar nicht, sondern erst in der Zukunft vom Fachbereich benötigt werden. Um genauer zu sein, benötigt werden *könnten*. Dies führt dazu, dass der REST-Service unter Umständen lange für die Beschaffung der Daten benötigt und dann im Zweifel Informationen an die Anwendung liefert, die diese gar nicht benötigt. Dadurch geht wertvolle Bandbreite verloren, und der Nutzer muss länger auf die Daten warten als eigentlich nötig. Sehr viel besser in der *Top-down-Ansatz*; SAP nennt ihn auch *Design-led Development*. Hierbei wird zu Beginn erst einmal versucht, dass zu lösende Problem zu verstehen, denn nicht selten werden durch Softwarelösungen nicht die eigentlichen Probleme gelöst, sondern nur Symptome des Problems behoben. Nachdem Sie verstanden haben, wie welches Problem gelöst werden soll, prüfen Sie, wie die Nutzer arbeiten, was sie für Ihre Arbeit benötigen, welche Funktionen und Informationen in der Anwendung verarbeitet werden und wann diese Informationen benötigt werden. Das Ergebnis dieser Analyse fließt in das Design der Benutzeroberfläche und dementsprechend auch in das Design des REST-Services ein. Sie vermeiden damit zum einen, dass unnötige Informationen beschafft und zur Verfügung gestellt werden, und zum anderen, dass Sie kurz nach dem Go-live der Anwendung mit Änderungswünschen konfrontiert werden. Wichtig ist natürlich, dass Sie bei der Implementierung des OData-Services ein Augenmerk auf die Performance legen und durch entsprechende Lasttests dafür sorgen, dass der Service über seine Schnittstelle gute Antwortzeiten hat. Dadurch stellen Sie sicher, dass Performanceprobleme bei der Nutzung des Dienstes in der SAPUI5-Anwendung schnell lokalisiert werden können.

Bandbreite als Nadelöhr

Die Netzwerk-Infrastruktur und die zur Verfügung stehende Bandbreite spielen eine wichtige Rolle. SAP gibt in SAP-Hinweis 2240690 einige wichtige Informationen, welche minimale Bandbreite von SAPUI5-Anwendungen benötigt wird.

23.1.2 Performance-Anti-Patterns

Vermeiden Sie »Worst Practices«

Neben den im vorangegangen Abschnitten besprochenen Punkten zur Erhöhung der Performance einer Anwendung wenden wir uns in diesem Abschnitt den *Anti-Patterns* der SAPUI5-Programmierung zu, die Sie unbedingt vermeiden sollten.

Nicht sichtbare Benutzeroberflächenbereiche laden

SAPUI5-Anwendungen können komplex sein, und häufig werden Benutzeroberflächenaspekte erst im Rahmen von Nutzerinteraktion angezeigt. Beispiele hierfür sind der Wechsel zwischen Ansichts- und Bearbeitungsmodus oder das Aufklappen von (komplexeren) Panel-Bereichen. Beachten Sie, dass Sie solche Benutzeroberflächenbereiche nicht im Rahmen der Hauptansicht implementieren und dann über die Steuerung alleinig über das `visibility`-Attribut steuern. Implementieren Sie die nicht sichtbaren Bereiche als Fragment, und laden und zeigen Sie dieses erst bei Bedarf an. Diese Empfehlung gilt natürlich nur, falls der nicht sichtbare Bereich eine gewisse Komplexität besitzt.

Alle Daten auf den Client laden

Viele SAPUI5-Anwendungen gehen mit der Verarbeitung der Daten unbedacht um: Daten werden vom Backend geladen, unabhängig davon, dass sie in der Benutzeroberfläche benötigt werden. Dies kann dazu führen, dass die Anwendung zum einen lange für das Besorgen der Informationen vom Backend benötigt, und zum anderen, dass der Speicherverbrauch der Anwendung unnötig steigt. Laden Sie daher nur die Daten auf den Client, die auch tatsächlich benötigt werden. Achten Sie zudem darauf, dass der OData-Service nur jene Daten liefert, die auch tatsächlich benötigt werden.

JSON-Modell als Zwischenmodell für Backenddaten nutzen

Probleme bei der Datenverarbeitung können entstehen, wenn der OData-Service implementiert wurde, ohne dass tatsächlich überlegt wurde, welche Daten wie und wann in der Benutzeroberfläche benötigt werden. Dies führt dazu, dass die Daten aus dem OData-Service geladen, auf dem Client in die benötigte Struktur gebracht und letztendlich in einem JSON-Modell der Benutzeroberfläche zur Verfügung gestellt werden. Die Daten werden dann oft noch vom Nutzer über die Anwendungsoberfläche geändert und an den OData-Service zurückgegeben. Dabei werden die Daten wieder zurück in die Backendstruktur gebracht. Zu guter Letzt müssen die Backenddaten wieder in irgendeiner komplexen Vorgehensweise mit dem Clientmodell synchronisiert werden. Diese Vorgehensweise kann mehrere Performancenachteile mit sich bringen. Das erste Problem: Beim Hin- und Herkopieren geht wertvolle Zeit verloren. Zweitens führt das Synchronhalten der Datenmodelle unweigerlich zu Komplexität und Interaktion mit dem Backend. Oftmals wird dies synchron implementiert, was zusätzlich zu Wartezeiten und im schlimmsten Fall zu Inkonsistenzen führen kann. Vermeiden Sie dies, indem Sie die Anwendung immer von der Benutzeroberfläche aus gesehen designen und die benötigten Daten im Blick behalten.

23.2 Der Support Assistant

Regeln und Rulesets

Mit SAPUI5-Version 1.48 wurde der sogenannte *Support Assistant* in SAPUI5 integriert. Er ist integraler Bestandteil des Frameworks und erlaubt die Analyse der SAPUI5-Anwendung direkt zur Laufzeit. Der Support Assistant wird mit einer Vielzahl von Analyseregeln pro Bibliothek ausgeliefert. Eine *Regel* (Rule) beschreibt dabei beispielsweise, ob ein UI-Control einer Bibliothek korrekt verwendet wird. Die Regel selbst ist eine JavaScript-Funktion mit zusätzlichen Eigenschaften. Eine Regel ist einer Menge von Regeln (*Ruleset*) zugeordnet. Ein Ruleset wird in einer Datei **library.support.js** gespeichert und ist Bestandteil der Auslieferung der Bibliothek. Sie können für Ihr Unternehmen auch eigene Regeln erzeugen, entweder für bestehende Bibliotheken oder aber für Ihre selbst implementierten Controls.

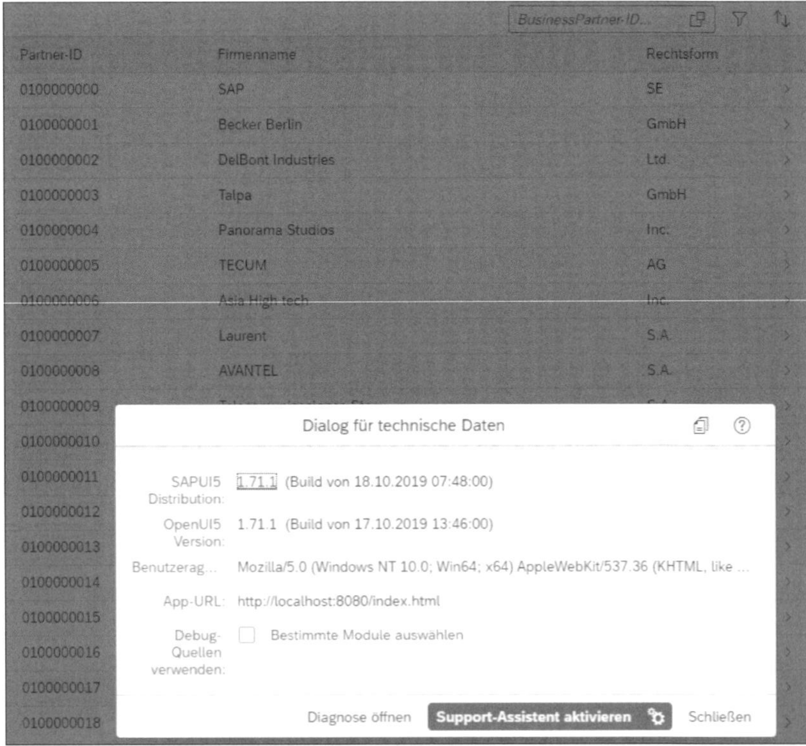

Abbildung 23.4 Der Dialog für technische Daten

Starten des Support Assistants

Nachdem Sie die zu analysierende Anwendung gestartet haben, drücken Sie die Tastenkombination [Strg] + [Alt] + [⇧] + [P], um den Dialog für technische Daten zu starten (siehe Abbildung 23.4). Mit einem Klick auf **Support-Assistent aktivieren** rufen Sie den Support Assistant auf.

Alternativ können Sie den URL-Parameter `sap-ui-support=true` direkt bei Aufruf der Anwendung an die URL der Anwendung anhängen. Der Support Assistant wird direkt unterhalb der Anwendung im gleichen Fenster gestartet (siehe Abbildung 23.5).

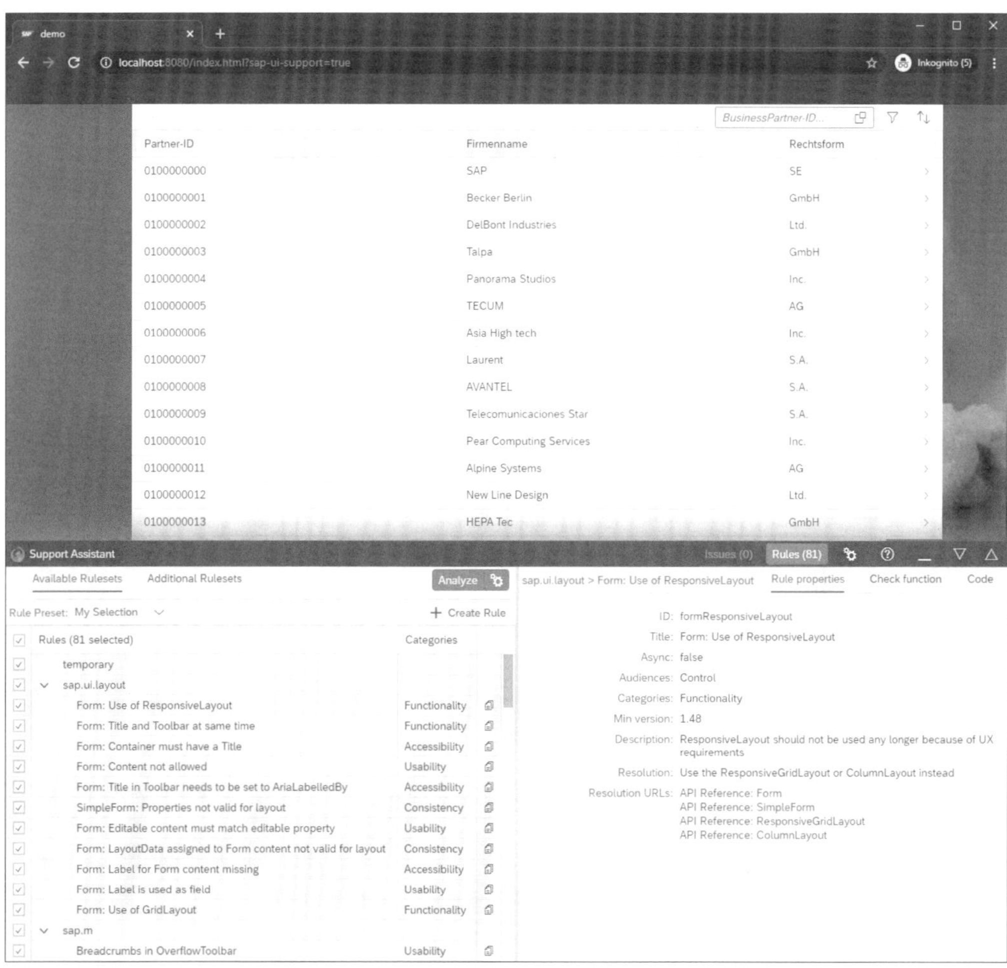

Abbildung 23.5 Starten des Support Assistants über URL-Parameter

Der Support Assistant kann über einen Klick auf [_] minimiert werden. Mit den beiden Knöpfen [▽ △] beeinflussen Sie die Größe des Assistants. Über den Pfeil nach oben vergrößern Sie den Assistant, über den Pfeil nach unten erhalten Sie wieder die ursprüngliche Darstellungsform.

23

Konfiguration des Support Assistants

Support Assistant einrichten

Der Support Assistant bietet die Möglichkeit, festzulegen, welche SAPUI5-Version der Analyse zugrunde liegen soll und ob der Assistant in einem eigenen Fenster gestartet werden soll. Sie erreichen die Konfiguration, indem Sie im Dialog für technische Details auf das Zahnrad-Symbol klicken. Im Anschluss wird der in Abbildung 23.6 gezeigte Dialog geöffnet. Sie können über die Ressourcenpfad-Angabe festlegen, welche SAPUI5-Version für die Analyse der Anwendung herangezogen werden soll.

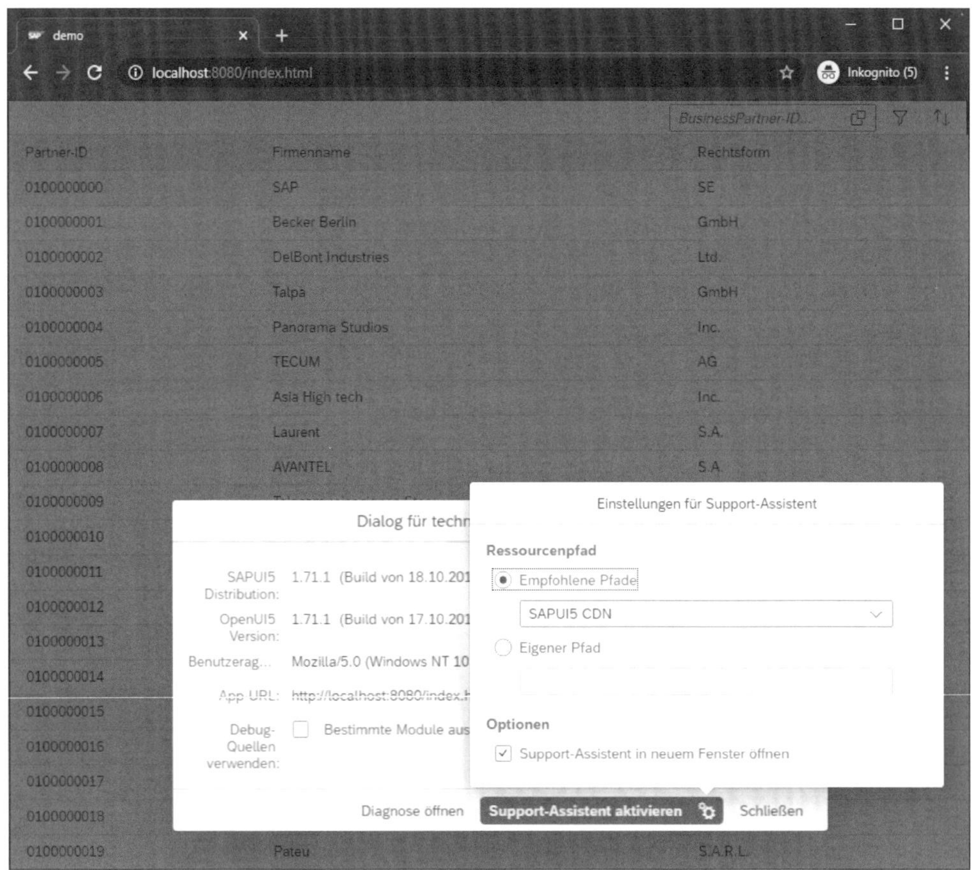

Abbildung 23.6 Einstellung des Support Assistants

Über das Dropdown-Menü unter **Empfohlene Pfade** können Sie aktuell aus den folgenden Optionen auswählen:

- **Anwendungsversion (1.xx.x)**: Verwendet die in der Anwendung genutzte UI5-Version, in unserem Beispiel also 1.71.1.
- **OpenUI5 CDN**: Verwendet die aktuellste, veröffentlichte Version von OpenUI5, die über CDN zur Verfügung steht.

- **OpenUI5 (Nightly)**: Nutzt die aktuell im Nightly Build vorliegende UI5-Version. Dies ist die aktuellste Version von OpenUI5.
- **OpenUI5 (Beta)**: Verwendet die in der Beta-Version verfügbare, aber stabile Version von UI5.
- **SAPUI5 CDN**: Liefert die aktuell veröffentlichte SAPUI5-Version über CDN.

Verwenden einer anderen UI5-Version

Falls Sie keine der in der Liste zur Verfügung gestellten UI5-Versionen verwenden wollen, aktivieren Sie die Auswahl **Eigener Pfad** und geben in das Eingabefeld den Pfad zur gewünschten UI5-Version ein. Über diese Option ist es beispielsweise möglich, eine sehr viel ältere UI5-Version zu nutzen. Die URL in generalisierter Form lautet *<Protokoll>://<CustomPfad>/resources/sap/ui/support*. Achten Sie bei der Angabe der URL darauf, dass Sie das gleiche Protokoll verwenden, das Sie auch bei der Anwendung selbst nutzen, und dass Sie die URL mit *sap/ui/support* endet.

Aktivieren des Support Assistants

Um den Support Assistant zu aktivieren, klicken Sie auf **Support-Assistenten aktivieren**. Es erscheint der in Abbildung 23.7 gezeigte Assistent.

Abbildung 23.7 Starten des Support Assistants in separatem Fenster

Verwaltung von Regeln

Aufbau eines Rulesets

Nach dem Start zeigt der Support Assistant im Reiter **Available Rulesets** die aktuell geladenen Regelsets für die von der Anwendung verwendeten Bibliotheken an (siehe Abbildung 23.8). Ein Ruleset enthält eine Sammlung von Überprüfungsregeln. Eine Regel besitzt diverse Eigenschaften: Falls Sie eine Regel für die anstehende Analyse nicht verwenden wollen, können Sie sie über die Checkbox abwählen und später auch wieder anwählen. Wie Sie Abbildung 23.8 entnehmen können, wird jede Regel einer Kategorie zugeordnet. Über können Sie eine vorhandene Regel kopieren und entsprechend an Ihre konkrete Anforderung anpassen.

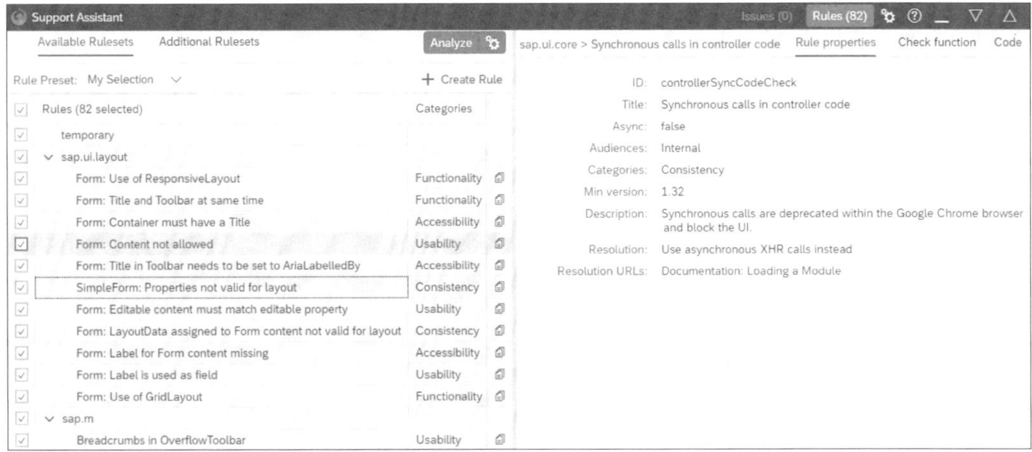

Abbildung 23.8 Verfügbare Regeln

Darstellung personalisieren

Der Support Assistant bietet die Möglichkeit, die tabellarische Darstellung zu konfigurieren. Sie können die Inhalte der Spalten auf- oder absteigend sortieren und nach bestimmten Begriffen filtern. Mit einem Rechtsklick auf die entsprechende Spalte öffnet sich ein Menü (siehe Abbildung 23.9), über das Sie die entsprechenden Optionen erhalten. Über den Assistant können Sie zusätzlich Einfluss darauf nehmen, welche Spalten dargestellt werden. Neben dem Regelnamen und der Kategorie können Sie sich auch die Audience und die Rule-ID anzeigen lassen.

Die so angelegte personalisierte Darstellung können Sie sich lokal in Ihrem Browser speichern, so dass Sie die eingestellte Darstellung nicht jedes Mal aufs Neue setzen müssen. Hierzu klicken Sie, wie in Abbildung 23.10 gezeigt, auf und wählen im angezeigten Overlay die Checkbox **I agree to use local storage persistency for:** aus.

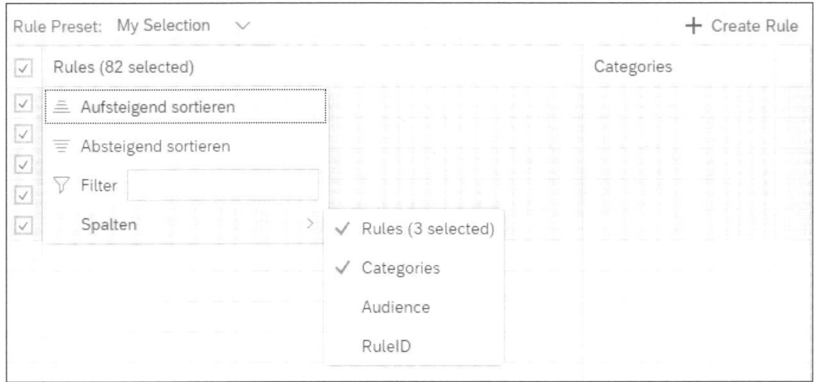

Abbildung 23.9 Personalisierungsmöglichkeiten

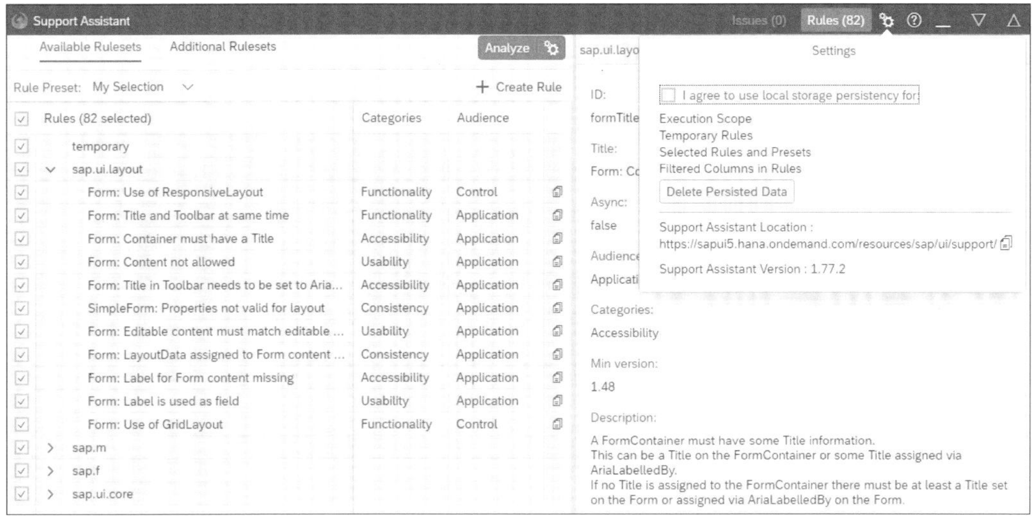

Abbildung 23.10 Speichern der Auswahl

Neben den in der Liste der Regeln der aktuell genutzten Bibliotheken verfügbaren und bereits geladenen Regeln können Sie weitere Regeln hinzufügen. Sie finden diese Regelwerke unter dem Reiter **Additional Rulesets** (siehe Abbildung 23.11). Um ein Ruleset hinzuzufügen, wählen Sie das entsprechende Set aus und klicken auf **Load**.

Analysevarianten

Sie können im Support Assistant auch einzelne Regeln aus Regelwerken als eine Art *Analysevariante* (Preset) zusammenfassen und exportieren. Dies ermöglicht es Ihnen, später genau diese Analysevariante wiederzuverwenden oder sie einem anderen Entwickler zur Verfügung zu stellen. Sie erreichen die Verwaltung der Voreinstellungen über einen Klick auf die nach unten gerichtete Pfeilspitze neben **My Selection** (siehe Abbildung 23.12).

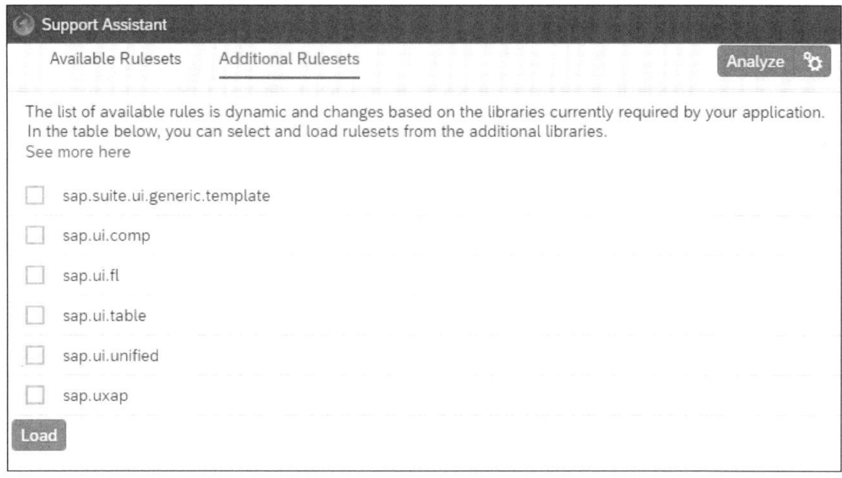

Abbildung 23.11 Weitere Regelwerke

Der Support Assistant unterscheidet zwischen zwei Arten von Analysevariante: Es gibt zum einem *nutzerspezifische Analysevarianten* (Custom Presets), die jeder Entwickler ganz individuell für sich zusammenstellen kann, und zum anderen von SAP bereitgestellte Varianten. Diese werden *System Presets* genannt. Analysevarianten können für eine spätere Wiederverwendung als JSON-Datei exportiert und entsprechend wieder importiert werden.

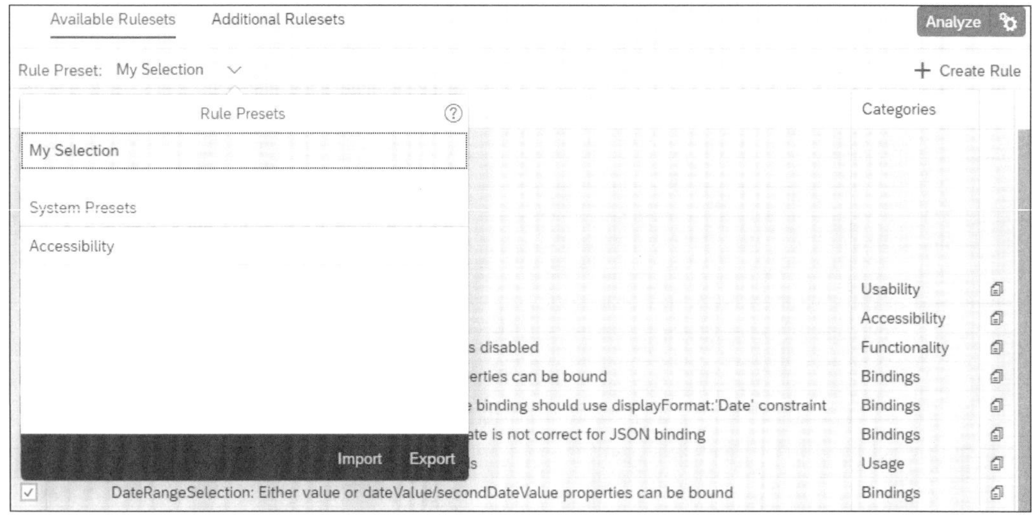

Abbildung 23.12 Verwalten von Analysevarianten

Eigene Analysevarianten anlegen

Um eine eigene Analysevariante anzulegen, wählen Sie die gewünschten Regeln aus den vorhandenen Regelwerken aus und klicken in der Verwaltungsansicht der Analysevarianten auf **Export**. Es erscheint der in Abbildung 23.13 gezeigte Dialog. Hier geben Sie einen Titel und, falls Sie möchten, eine ID und einen Beschreibungstext ein. Klicken Sie im Anschluss auf **Export**.

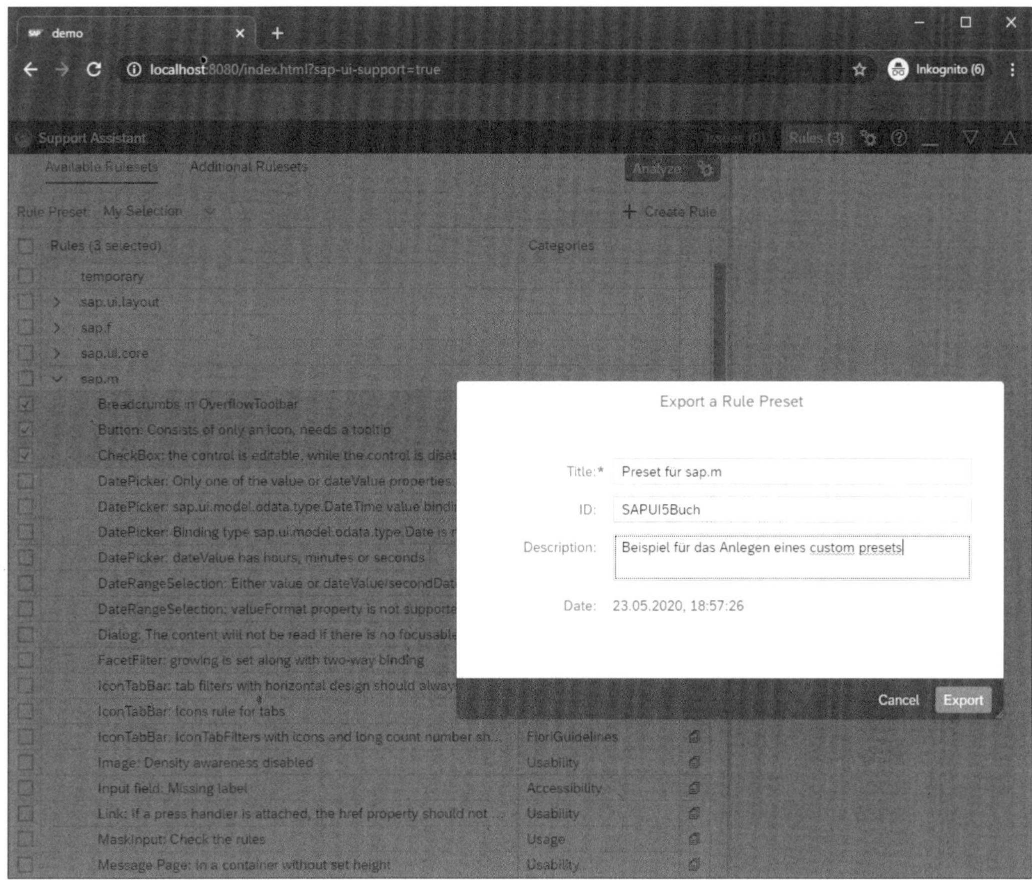

Abbildung 23.13 Exportieren einer Analysevariante

Der Support Assistant speichert die Analysevariante in einer JSON-Datei auf Ihrem lokalen Rechner ab. Die exportierte Datei enthält neben den im Exportdialog eingegebenen Informationen die IDs der ausgewählten Analyseregeln (siehe Listing 23.10).

```
{
 "id":"SAPUI5Buch",
 "title":"Preset für sap.m",
 "description":"Beispiel für das Anlegen eines custom
    presets",
 "dateExported":"2020-05-23T17:13:53.983Z",
 "version":"1.0",
```

```
  "selections":[
  {"ruleId":"breadcrumbsInOverflowToolbar","libName":"sap.m"},
   {"ruleId":"onlyIconButtonNeedsTooltip","libName":"sap.m"},
   {"ruleId":"checkBoxDisabledAndEditable","libName":"sap.m"}
  ]
}
```

Listing 23.10 Export einer Analysevariante

Importieren einer Variante

Beachten Sie, dass die exportierte Analyseregel nicht direkt in der Liste der Varianten aufgenommen wird. Dies muss manuell erfolgen. Öffnen Sie hierzu die Variantenverwaltung, und klicken Sie auf **Import**. Klicken Sie im erscheinenden Dialog auf **Browse**, und wählen Sie die entsprechende JSON-Datei aus. Im Anschluss werden die Details der Variante im Dialog dargestellt (siehe Abbildung 23.14). Klicken Sie auf **Import**, um den Importvorgang zu starten. Im Anschluss werden die in der importierten Variante enthaltenen Regeln vorselektiert, und Sie können direkt mit der Analyse beginnen.

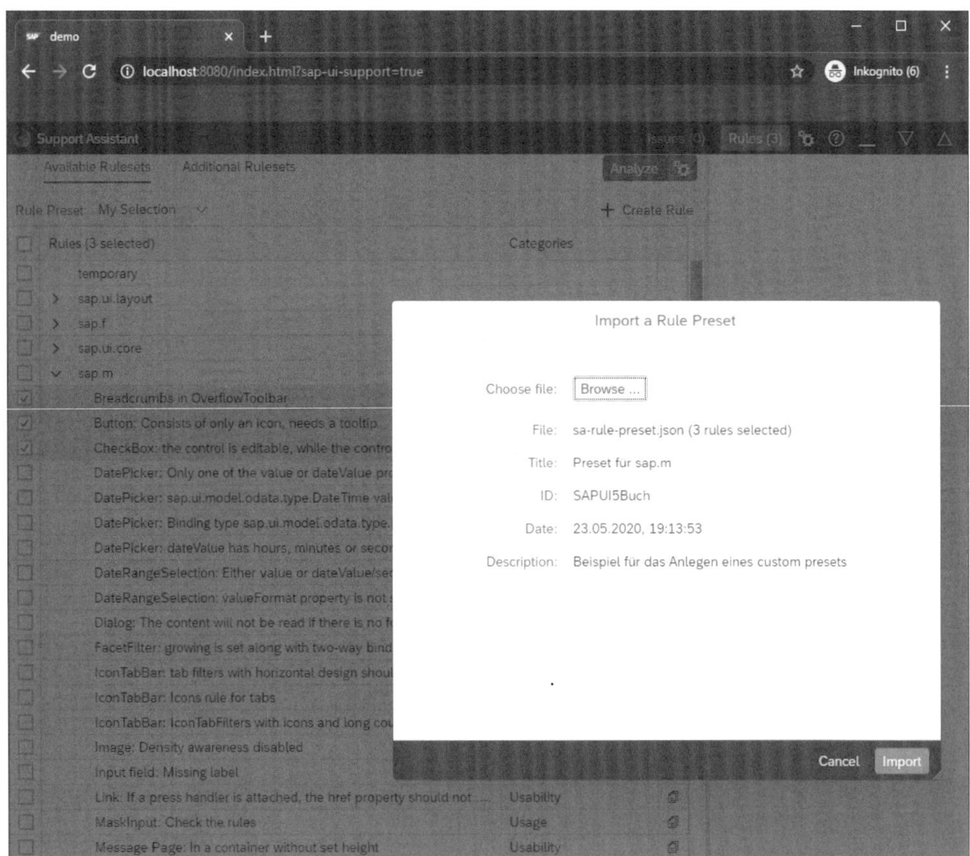

Abbildung 23.14 Importieren einer Variante

Regelkonfiguration

Regelkonfiguration

Sie können sich die Details einer Regel anzeigen lassen, indem Sie die Regel anklicken. Die Details der Regel sehen Sie dann im rechten Bereich. Abbildung 23.8 zeigt beispielsweise die Details der Regel **SimpleForm: Properties not valid for layout**. Die Regeleigenschaften enthalten eine eindeutige ID, einen Titel und weitere Informationen, die beim Anlegen der Regel hinterlegt wurden. Für jede Regel ist eine Analysefunktion implementiert. Um die Implementierung einer vorhandenen Regel einzusehen, klicken Sie auf den Reiter **Check function**. Abbildung 23.15 zeigt die zur Regel gehörende Überprüfungsfunktion. Die Implementierung der Regel ist änderbar. Sollten Sie die Regel für Ihre Anwendung anpassen wollen, müssen Sie eine Kopie anlegen und die Änderungen in der Kopie durchführen.

sap.ui.layout > SimpleForm: Properties not valid for layout | Rule properties | Check function | Code

```
function (oIssueManager, oCoreFacade, oScope) {
            oScope.getElementsByClassName("sap.ui.layout.form.SimpleForm")
            .forEach(function(oSimpleForm) {
                var sId = oSimpleForm.getId();
                var sLayout = oSimpleForm.getLayout();
                var aFields = [];
                var checkProperty = function(sProperty) {
                    if (!oSimpleForm.isPropertyInitial(sProperty)) {
                        aFields.push(sProperty);
                    }
                };

                if (sLayout != sap.ui.layout.form.SimpleFormLayout.ResponsiveGridLayout &&
                        sLayout != sap.ui.layout.form.SimpleFormLayout.ColumnLayout) {
                    checkProperty("labelSpanL");
                    checkProperty("emptySpanL");
                    checkProperty("columnsXL");
                    checkProperty("columnsL");
                    checkProperty("columnsM");
                }

                if (sLayout != sap.ui.layout.form.SimpleFormLayout.ResponsiveGridLayout) {
                    checkProperty("labelSpanXL");
                    checkProperty("labelSpanM");
                    checkProperty("labelSpanS");
                    checkProperty("adjustLabelSpan");
                    checkProperty("emptySpanXL");
                    checkProperty("emptySpanM");
                    checkProperty("emptySpanS");
                    checkProperty("singleContainerFullSize");
                    checkProperty("breakpointXL");
                    checkProperty("breakpointL");
                    checkProperty("breakpointM");
                }

                if (sLayout != sap.ui.layout.form.SimpleFormLayout.ResponsiveLayout) {
                    checkProperty("minWidth");
                    checkProperty("labelMinWidth");
                }

                if (sLayout == sap.ui.layout.form.SimpleFormLayout.ResponsiveGridLayout) {
                    checkProperty("maxContainerCols");
                }

                for (var i = 0; i < aFields.length; i++) {
                    oIssueManager.addIssue({
                        severity: Severity.Low,
                        details: "SimpleForm " + sId + " with Layout " + sLayout + " doesn't support use of property " +
                            aFields[i] + ".",
                        context: {id: sId}
                    });
                }

        });
    }
```

Abbildung 23.15 »Check function« einer Regel

Sie können über einen Klick auf den Reiter **Code** die vollständige Regelimplementierung einsehen. Eine Regel ist als literales JavaScript-Objekt implementiert (siehe Abbildung 23.16). Wie bereits eingangs erwähnt, werden die Regeln eines Rulesets in einer JavaScript-Datei im Namensraum der Bibliothek abgelegt.

sap.ui.layout > SimpleForm: Properties not valid for layout   Rule properties   Check function   Code

```
{
    id: "formPropertiesOfOtherLayout",
    audiences: ["Application"],
    categories: ["Consistency"],
    enabled: true,
    minversion: "1.48",
    title: "SimpleForm: Properties not valid for layout",
    description: "Some properties of SimpleForm are only valid for a special layout. If they are used with a different layout they have no
        effect.",
    resolution: "Use only properties that are valid for the layout used",
    resolutionurls: [{"text":"API Reference: SimpleForm","href":"https://sapui5.hana.ondemand.com/#docs/api/symbols/sap.ui.layout.form
        .SimpleForm.html"}],
    check: function (oIssueManager, oCoreFacade, oScope) {
                oScope.getElementsByClassName("sap.ui.layout.form.SimpleForm")
                .forEach(function(oSimpleForm) {
                    var sId = oSimpleForm.getId();
                    var sLayout = oSimpleForm.getLayout();
                    var aFields = [];
                    var checkProperty = function(sProperty) {
                        if (!oSimpleForm.isPropertyInitial(sProperty)) {
                            aFields.push(sProperty);
                        }
                    };

                    if (sLayout != sap.ui.layout.form.SimpleFormLayout.ResponsiveGridLayout &&
                            sLayout != sap.ui.layout.form.SimpleFormLayout.ColumnLayout) {
                        checkProperty("labelSpanL");
                        checkProperty("emptySpanL");
                        checkProperty("columnsXL");
                        checkProperty("columnsL");
                        checkProperty("columnsM");
                    }

                    if (sLayout != sap.ui.layout.form.SimpleFormLayout.ResponsiveGridLayout) {
                        checkProperty("labelSpanXL");
                        checkProperty("labelSpanM");
                        checkProperty("labelSpanS");
                        checkProperty("adjustLabelSpan");
                        checkProperty("emptySpanXL");
                        checkProperty("emptySpanM");
                        checkProperty("emptySpanS");
                        checkProperty("singleContainerFullSize");
                        checkProperty("breakpointXL");
                        checkProperty("breakpointL");
                        checkProperty("breakpointM");
                    }

                    if (sLayout != sap.ui.layout.form.SimpleFormLayout.ResponsiveLayout) {
                        checkProperty("minWidth");
                        checkProperty("labelMinWidth");
                    }

                    if (sLayout == sap.ui.layout.form.SimpleFormLayout.ResponsiveGridLayout) {
                        checkProperty("maxContainerCols");
                    }

                    for (var i = 0; i < aFields.length; i++) {
                        oIssueManager.addIssue({
                            severity: Severity.Low,
                            details: "SimpleForm " + sId + " with Layout " + sLayout + " doesn't support use of property " + aFields[i] + ".",
                            context: {id: sId}
                        });
                    }

                });
            },
    libName: "sap.ui.layout",
    selected: true
}
```

Abbildung 23.16 Vollständige Regelimplementierung

Analyse durchführen

Anwendungen analysieren

Die Analyse unter Anwendung der ausgewählten Analyseregeln starten Sie, indem Sie auf **Analyze** klicken. Nachdem die Analyse abgeschlossen ist, wird Ihnen in der **Issues**-Ansicht (siehe Abbildung 23.17) des Support Assistants eine Übersicht über die gefundenen Probleme gegeben. Links sehen Sie die gefundenen Probleme je Ruleset. In Klammern wird Ihnen neben dem jeweiligen Ruleset die Anzahl an Problemen je Kategorie angezeigt. Es gibt die Kategorien **High**, **Medium** und **Low**. In der Mitte der Anzeige werden Ihnen zur ausgewählten Problemkategorie die Liste der gefundenen Probleme angezeigt und erläutert. Der rechte Teil der Übersicht zeigt den UI-Control-Baum. Es werden hier die Controls, bei denen problematische Aspekte aufgetreten sind, hervorgehoben, und in Klammern wird die Anzahl an gefundenen Problemen angezeigt. Sie können zwischen den gefundenen Problemen und den Regeln navigieren. Klicken Sie hierzu auf den neben den **Issues** befindlichen Button **Rules** im Kopf des Support Assistants.

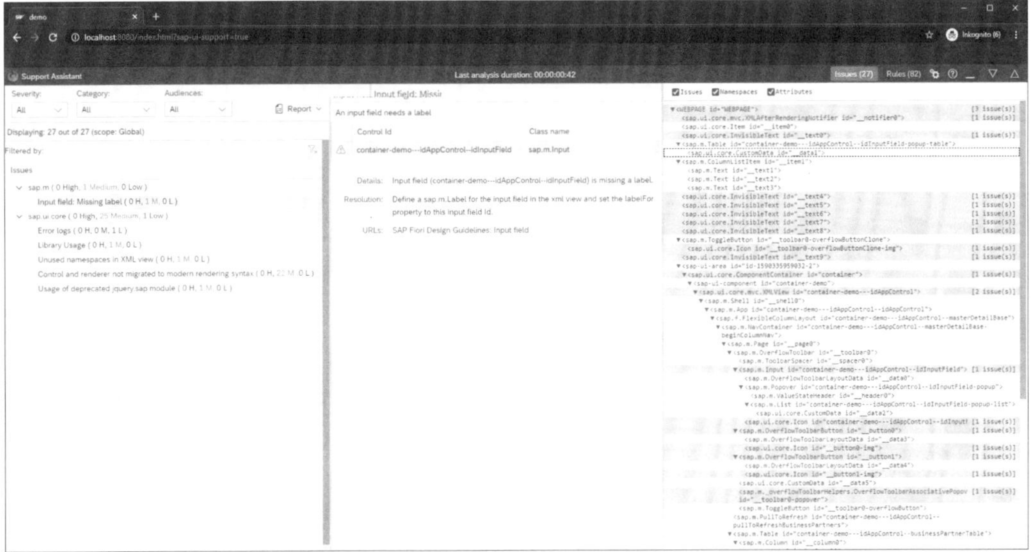

Abbildung 23.17 Übersicht der gefundenen Probleme

Durch einen Klick auf ein Control im Baum schränken Sie die Liste der gefundenen Probleme auf das ausgewählte Problem ein (siehe Abbildung 23.18). Sie können den aktivierten Filter wieder deaktivieren, indem Sie auf [Filter-Symbol] klicken.

Der Control-Baum der Anwendung kann mitunter sehr komplex und unübersichtlich sein, sodass unter Umständen nicht gleich klar ist, welches Control ein Problem hat. Der Support Assistant bietet die Möglichkeit, Controls aus dem Control-Baum hervorzuheben. Hierzu fahren Sie mit der Maus über das Control, wodurch es entsprechend hinterlegt wird. Sie können das Control auch mit einem Doppelklick auswählen, falls Sie zusätzlich den Filter aktivieren wollen (siehe Abbildung 23.19).

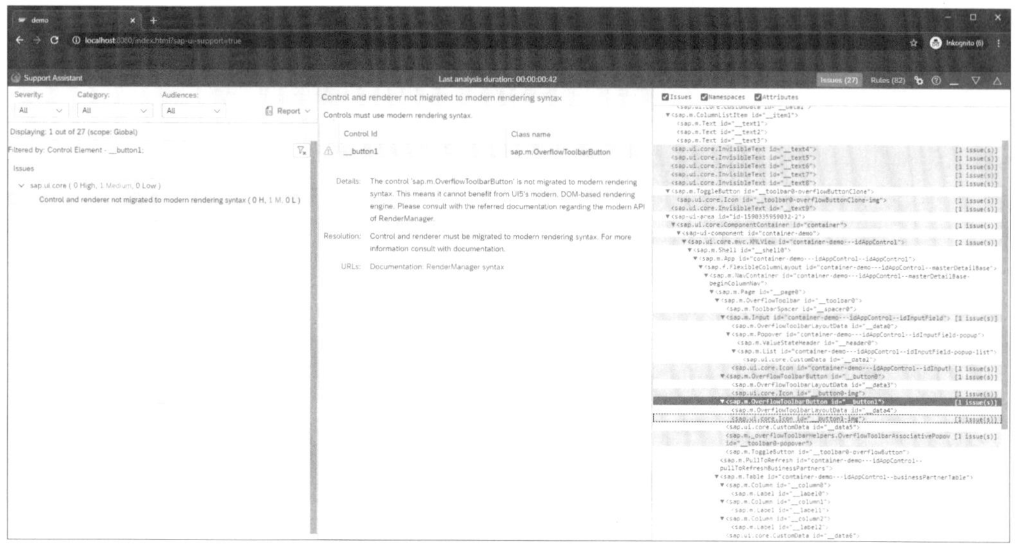

Abbildung 23.18 Filtern über den Control-Baum

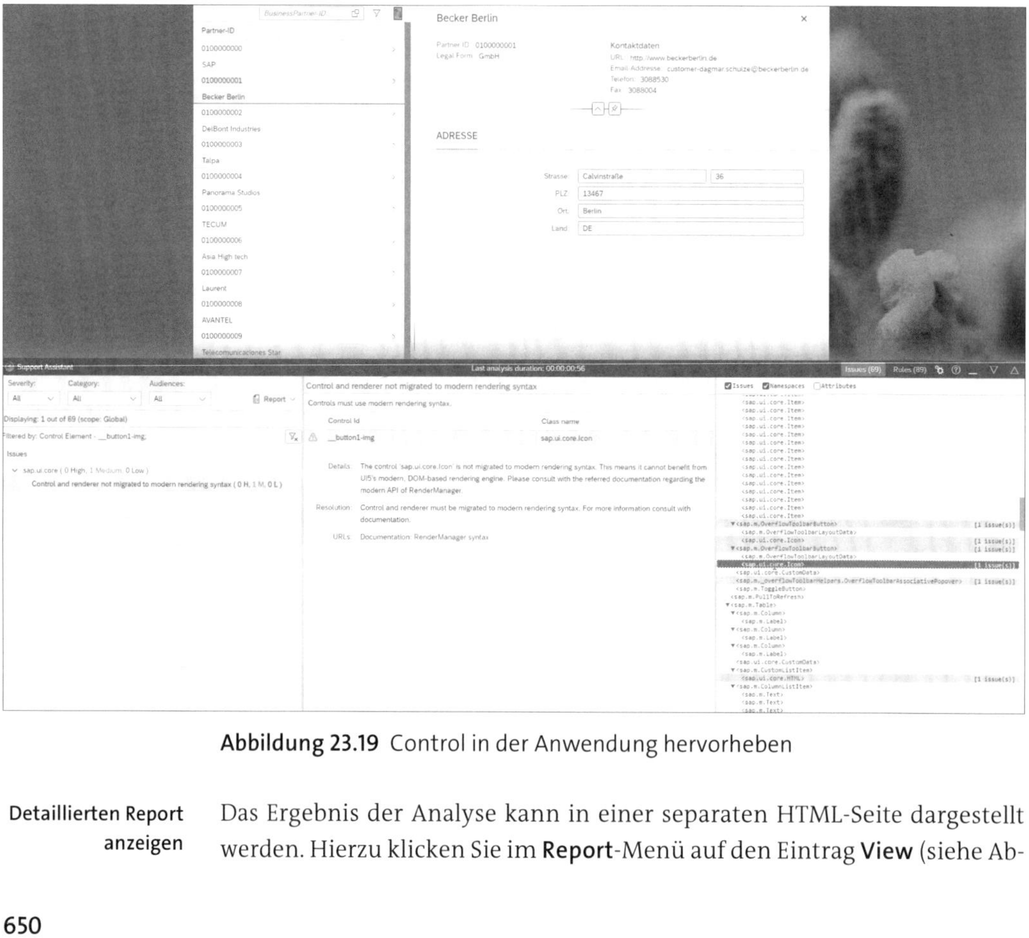

Abbildung 23.19 Control in der Anwendung hervorheben

Detaillierten Report anzeigen

Das Ergebnis der Analyse kann in einer separaten HTML-Seite dargestellt werden. Hierzu klicken Sie im **Report**-Menü auf den Eintrag **View** (siehe Abbildung 23.20). Es öffnet sich ein neues Browserfenster. Falls Sie das Ergebnis für spätere weiterführende Analyse oder Dokumentationszwecke verwenden wollen, können Sie den Report auf Ihren lokalen Rechner laden, indem Sie im **Report**-Menü auf **Download** klicken.

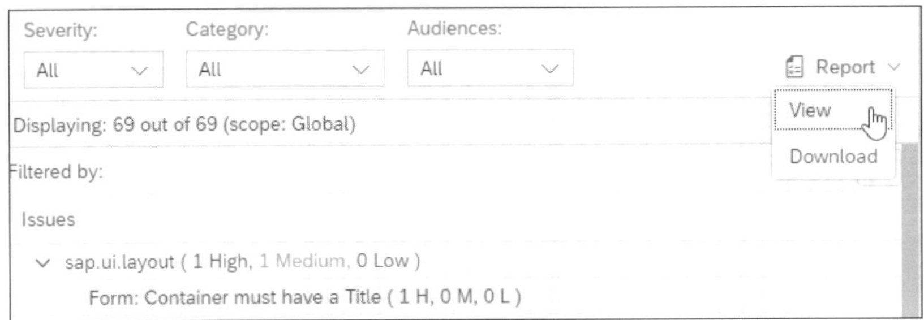

Abbildung 23.20 Das »Report«-Menü

Informationsblöcke im Report

Der Report ist in vier Informationsblöcke unterteilt (siehe Abbildung 23.21). Die Blöcke sind:

- **Available and Selected Rules**: Enthält die Liste aller ausgewählten Analyseregeln.
- **Technical Information**: Gibt Auskunft über die Ablaufumgebung. Die Technical Information enthält unter anderem die genutzte SAPUI5-Version und die geladenen Bibliotheken und Module.
- **Application Information**: Zeigt die Komponenten-ID, die Version sowie den Beschreibungstext aus **manifest.json** an.
- **Issues**: Enthält die Übersicht über die gefundenen Probleme.

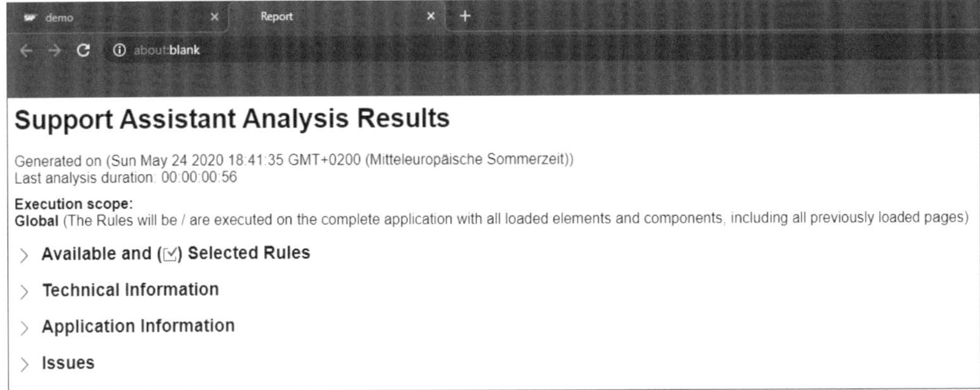

Abbildung 23.21 Analysereport

Die Details der gefundenen Probleme können Sie über die Problemkategorie filtern. Bei unserer Anwendung gibt es ein Problem der Kategorie **High**.

Der von uns implementierte Form-Container besitzt keine **Titel**-Eigenschaft. Das Problem ist aus der Kategorie **Accessibility** und zeigt uns, dass Nutzer mit einer Sehschwäche unsere Anwendung nur bedingt gut nutzen können.

Execution Scope festlegen

SAPUI5-Anwendungen können mitunter sehr komplex sein. Nicht immer möchte man bei der Analyse der Anwendung die komplette Anwendung analysieren, sondern nur einen Teilbereich. Der Support Assistant bietet die Möglichkeit, den sogenannten *Execution Scope* festzulegen.

Es werden drei Auswahlmöglichkeiten angeboten:

- **Global**: Die gesamte Anwendung wird einer Analyse unterzogen.
- **Sub-tree**: Nur ein Teilbereich mit allen Unterelementen der Anwendung, der über seine ID identifiziert wird, wird einer Analyse unterzogen.
- **Components**: Eine spezifische Komponente und die darin enthaltenen Aspekte werden analysiert.

Um den Scope einzustellen, klicken Sie auf das Zahnradsymbol direkt neben dem **Analyze**-Button. Es erscheint der Abbildung 23.22 gezeigte Dialog.

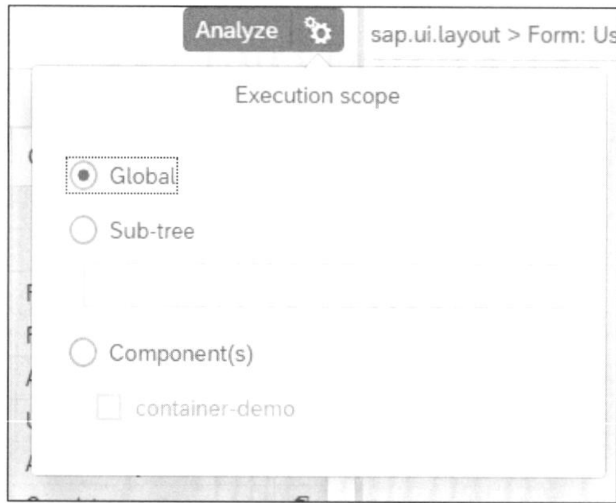

Abbildung 23.22 Konfiguration des Execution Scopes

Für einen Test wählen wir **Sub-tree** aus und fügen die vollständige ID eines Controls in das Eingabefeld ein. Wir wollen das Control mit der ID `idInputField` analysieren. Die ID, die wir für die Execution-Scope-Konfiguration angeben müssen, muss die zur Laufzeit verwendete ID sein. In unserem Fall müssen wir daher die ID `container-demo---idAppControl–idInputField` in das Eingabefeld eingeben.

Nach der Eingabe klicken wir den **Analyze**-Button. Wir erhalten nach Abschluss das in Abbildung 23.23 gezeigte Ergebnis. Wie Sie sehen, ist die Anzahl an gefundenen Problemen erheblich eingeschränkt, sodass wir uns sehr viel einfacher dem Problem widmen können.

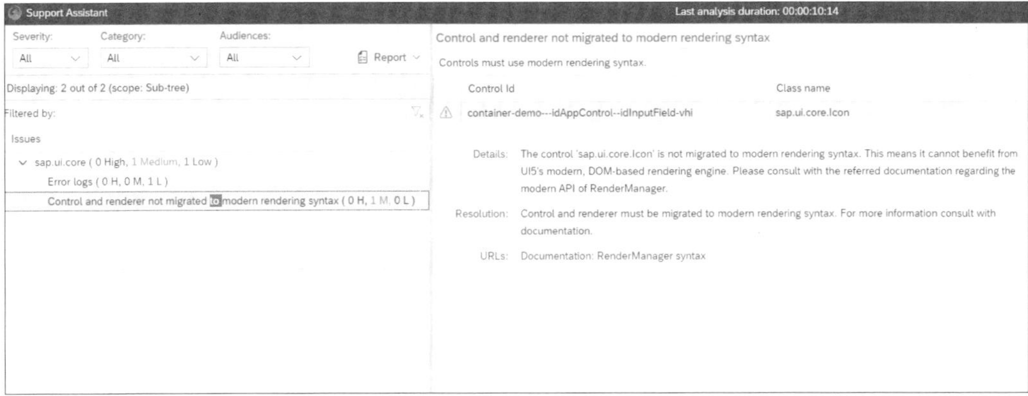

Abbildung 23.23 Ergebnis der Analyse

Implementieren eigener Regeln

Temporäre Regeln anlegen

Wie bereits geschildert, können Sie nicht nur vorhandene Regeln nutzen, sondern auch eigene implementieren. Diese eigenen Regeln können entweder für eigenen Bibliotheken angelegt werden, oder Sie erstellen temporäre Regeln für die aktuelle Anwendung. Wir gehen an dieser Stelle lediglich auf die Implementierung einer temporären Regel ein. Für eine kurze Einführung in die API des Support Assistants legen wir eine temporäre Regel an. Wir wollen mit dieser Regel prüfen, ob unsere `sap.m.Table` korrekt verwendet wird. Wie bereits erläutert, gibt es seitens SAP entsprechende Empfehlungen, wann welches Tabelle-Control am besten eingesetzt werden soll. Ein Kriterium für das Control `sap.m.Table` ist die Empfehlung, nicht mehr als 100 Zeilen in der Tabelle darzustellen. Genau dies wollen wir in einer Regel abbilden. Leider haben wir in unserem System weniger als 100 `Business-Partner`-Entitäten, daher beschränken wir unsere Überprüfung auf 10 Zeilen: Sollten in unserer Tabelle mehr als 10 Eintragungen enthalten sein, soll die Regel auslösen. Um eine neue Regel anzulegen, klicken Sie auf **Create Rule** (siehe Abbildung 23.24).

Als Nächstes implementieren wir die Funktion zur Überprüfung unserer Regel. Hierzu klicken Sie auf **Check function**, um in den Codeeditor zu gelangen. Im Codeeditor stellt Ihnen der Support Assistant eine Methodensignatur zur Verfügung (siehe Abbildung 23.25).

Abbildung 23.24 Regeleigenschaften festlegen

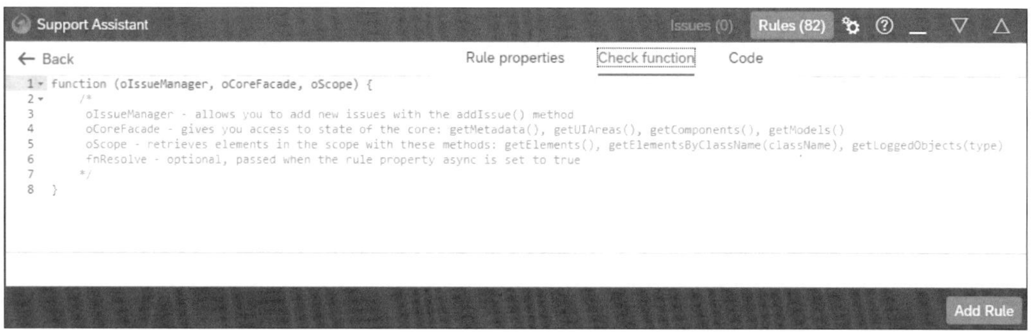

Abbildung 23.25 »Check function«-Editor

Parameter

Die Funktion erhält durch die Laufzeitumgebung die drei folgenden nicht optionalen Parameter:

- `oIssueManager`: Das Objekt bietet dem Entwickler die Funktion `addIssue`. Mit dieser Funktion können festgestellte Regelverletzungen protokolliert werden, die nach Abschluss der Analyse im Protokoll zu finden sind. Die Funktion `addIssue` erhält als Parameter ein Objekt mit drei Attributen: Das erste Attribut ist vom Typ `sap.ui.support.Severity` und gibt die Schwere des gefundenen Problems an. Die Enumeration besitzt drei Attribute `Low`, `Medium` und `High`. Der zweite Parameter ist ein Attribut vom Typ `String`. Hierüber wird der Beschreibungstext für das gefundene Problem angegeben. Der dritte Parameter gibt den Kontext an. Es handelt sich um ein Objekt, das über ein Attribut mit dem Namen id verfügt. Hierüber wird die ID des Controls angegeben, das das Problem verursacht.

- oCoreFacade: Bietet vier Methoden für den Zugriff auf wichtige Core-Funktionen an. Die Funktionen sind:
  - getUIArea
  - getMetadata
  - getComponents
  - getModel
- oScope: Bietet Methoden an, die Elemente aus dem aktuellen Execution Scope auslesen. Die Funktionen sind:
  - getElements: Liefert alle Controls und Elemente eines Typs. Die Funktion erhält ein Objekt mit den Attributen type, public und cloned.
  - getElementsByClassName: Liefert alle Controls und Elemente eines spezifischen SAPUI5-Control-Typs.
  - getPublicElements: Liefert alle Elemente, die Teile der öffentlichen Aggregations-API sind. Elemente, die bei komplexen Controls über Aggregationen innerhalb des Controls liegen, werden ignoriert.
  - getLoggedObjects: Sie erhalten über die Funktion Zugriff auf alle Log-Objekte sowie die Konsole des Browsers.

»Check function«

Neben den drei genannten nicht optionalen Parametern wird **Check function** bei Regeln, bei denen das Attribut async ausgewählt ist, ein zusätzlicher Parameter übergeben. Der Parameter trägt den Namen fnResolve. Über diese Parameter können asynchrone Operationen als resolved aufgelöst werden.

Im Anschluss fügen Sie den in Listing 23.11 gezeigten Code ein. Wir rufen zunächst auf dem Scope-Objekt oScope die Funktion getElementsbyClassName auf und übergeben den Typ sap.m.Table als String. Im Anschluss iterieren wir über das Ergebnis und prüfen, ob die Menge an Items der Tabelle den Wert 10 überschreitet. Ist dies der Fall, fügen wir über die Funktion addIssue ein Issue-Objekt in den Report ein.

```
function (oIssueManager, oCoreFacade, oScope) {
  oScope.getElementsByClassName("sap.m.Table").forEach(
    function (oTable) {
     var aItems = oTable.getItems();
     if (aItems.length > 10) {
        oIssueManager.addIssue({
          severity: "High",
          details: "More than 10 items is not recommended for
                   sap.m.Table",
```

```
            context: {
              id: oTable.getId()
            }
          });
        }
      });
    }
```

Listing 23.11 Implementierung eines eigenen Check-Codes

Nachdem Sie den Code eingefügt haben, erhalten Sie die in Abbildung 23.26 gezeigte Darstellung.


```
function (oIssueManager, oCoreFacade, oScope) {
oScope.getElementsByClassName("sap.m.Table").forEach(function (oTable) {
                    var aItems = oTable.getItems();
                    if (aItems.length > 10) {
                        oIssueManager.addIssue({
                            severity: "High",
                            details: "More than 10 items is not recommended for sap.m.Table",
                            context: {
                                id: oTable.getId()
                            }
                        });
                    }
                });
            }
```

Abbildung 23.26 Implementierung einer einfachen Analyseregel

Nachdem die Regel hinzugefügt ist, finden Sie unter dem Ruleset **temporary** die neue Regel (siehe Abbildung 23.27).

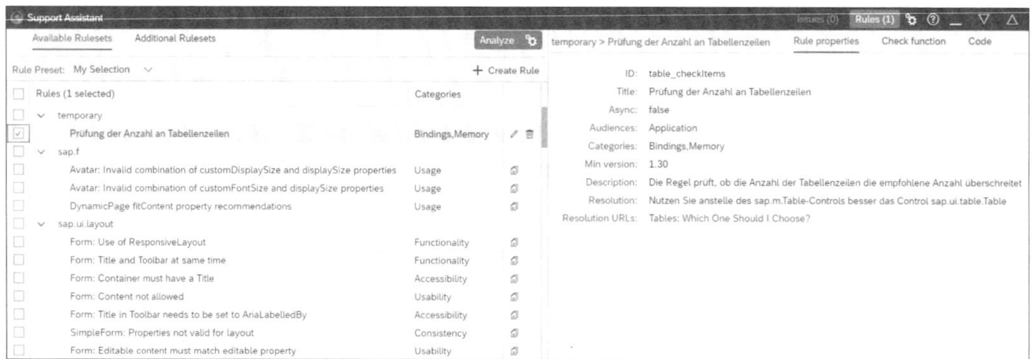

Abbildung 23.27 Die neue Regel im »temporary«-Ruleset

Nach Abschluss der Analyse wird das Ergebnis angezeigt. Wir erhalten, wie in Abbildung 23.28 gezeigt, ein Problem der Stufe **High**.

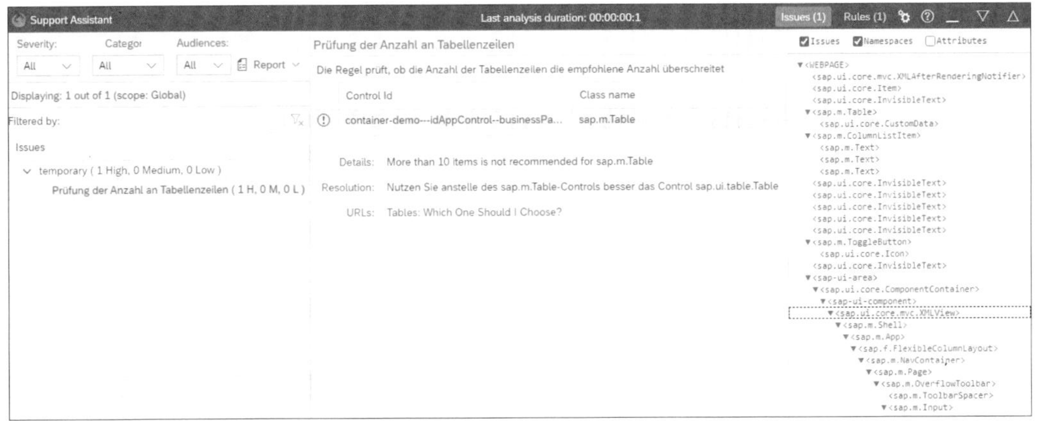

Abbildung 23.28 Ergebnis der Analyse

23.3 Einführung in die Performanceanalyse

Werkzeuge

Das SAPUI5-Framework enthält neben dem Support Assistant weitere Werkzeuge, die den Entwickler beim Aufspüren von Problemen unterstützen. Auch für das Aufspüren von Performanceproblemen – sei es beim Verarbeiten von Daten im Allgemeinen oder aber beim Aufspüren von Problemen, die erst auftreten, wenn der Nutzer mit der Anwendung interagiert – bietet das Framework Werkzeuge zum Aufspüren der Schwachstellen an. Dieser Abschnitt des Kapitels stellt Ihnen die Werkzeuge vor.

23.3.1 Verwenden des SAP Support Tools zur Performanceanalyse

SAP Support Tool

Starten Sie die Anwendung mit dem URL-Parameter `sap-ui-measure`, und weisen Sie ihm, wie in Abbildung 23.29 gezeigt, den Wert `true` zu.

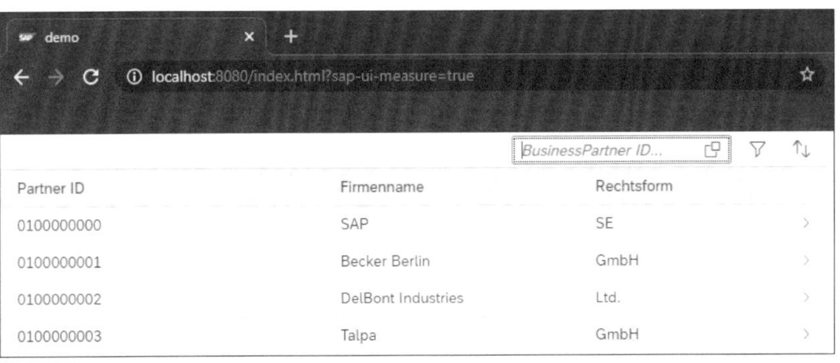

Abbildung 23.29 Aktivieren der Performancemessung

Nachdem die Anwendung geladen ist, rufen Sie über die Tastenkombination [Strg] + [Alt] + [⇧] + [S] die SAP-Diagnostics-Werkzeuge auf. Im sich öffnenden Browserfenster klappen Sie, wie in Abbildung 23.30 gezeigt, den Bereich **Performance** auf. Sie erhalten eine Übersicht über die Dauer der Requests. Über das Dropdown-Menü im Kopf der Anzeige können Sie die Requests chronologisch, nach Dauer oder nach Zeit sortieren. Sie erhalten weitere Details zu einem Request, indem Sie mit der Maus über den Balken fahren.

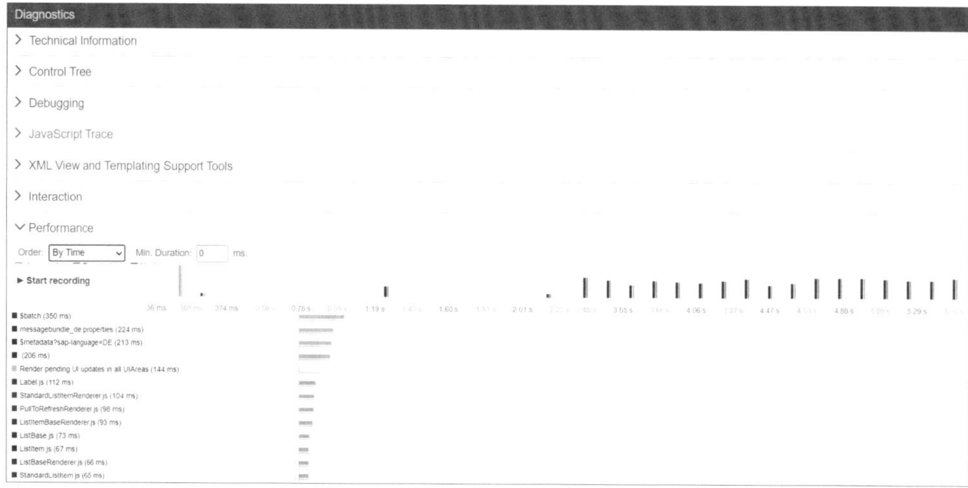

Abbildung 23.30 Performanceanalyse mit den SAP-Diagnostics-Tool

23.3.2 Analyse der Interaktion

Verwendung der Diagnostics-Werkzeuge

Die Diagnostics-Werkzeuge von SAPUI5 bieten auch die Möglichkeit, die Interaktion und die daraus resultierende Aktivität einer Anwendung zu messen. Sie starten hierzu Ihre Anwendung und im Anschluss die SAP-Diagnostics-Werkzeuge. Erweitern Sie als Nächstes den Bereich **Interaction**. Sie erhalten die in Abbildung 23.31 gezeigte Darstellung. Die Verwendung ist recht einfach: Für den Start der Aufzeichnung der Interaktion klicken Sie auf **Start recording**. Falls Sie zusätzlich die OData-Interaktion aufzeichnen wollen, aktivieren Sie zuvor die Funktion **Enable OData Statistics**.

Nach dem Start der Aufzeichnung beginnen Sie, die SAPUI5-Anwendung zu verwenden. Nutzen Sie die Aspekte der Anwendung, zu denen Sie genauere Informationen über die Dauer und Hintergrundprozesse erhalten wollen. Im Anschluss wechseln Sie zurück in das SAP-Diagnostics-Fenster und beenden die Aufzeichnung durch einen Klick auf **Stop recording**. Sie erhalten, wie in Abbildung 23.32 gezeigt, die Übersicht der aufgezeichneten Interaktionsaspekte.

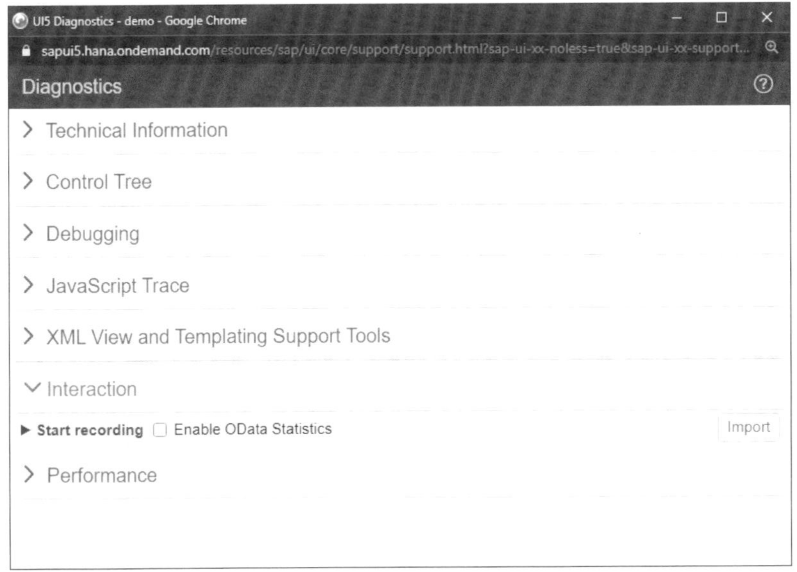

Abbildung 23.31 Analyse der Interactions

Abbildung 23.32 Ergebnis der Interaktionsaufzeichnung (Ausschnitt)

23

Interaktionen, die im Hintergrund aus mehreren Verarbeitungsschritten bestehen, erhalten in der Übersicht einen Pfeil, über den Sie mehr Details erhalten. Abbildung 23.33 zeigt die Requests, die im Hintergrund ausgeführt werden, bei einem Klick auf die Wertehilfe für die BusinessPartner-Suche. Auf der Ebene der Interaktion erhalten Sie weitere Details über die Gesamtdauer der Verarbeitung, bis der Dialog mit den Geschäftspartnern dargestellt wird.

Abbildung 23.33 Interaktion (Ausschnitt)

Falls Sie an einem einzelnen Schritt interessiert sind, erhalten Sie die Informationen entsprechend durch einen Klick auf den Balken. Wie Sie Abbildung 23.34 entnehmen können, wird hier beispielsweise im Hintergrund des SearchDialog-Controls ein Control vom Typ SearchFields.js geladen, es werden Ihnen auch detaillierte Verarbeitungsinformationen angezeigt. Die Detailinformationen können Ihnen helfen, Verursachern von Performanceproblemen auf die Spur zu kommen.

Abbildung 23.34 Detailinformationen einer Ressource

[«]

Performancemessung in Anwendung integrieren

SAPUI5 bietet die Möglichkeit, das Messen von Performanceaspekten direkt in die Anwendung zu integrieren und bei Bedarf zu aktivieren. Die entsprechenden Klassen sind im Namespace `sap.ui.performance` und `sap.ui.performance.trace` zu finden: Die Klasse `sap.ui.performance.Measurement` dienst für das Erstellen von Performance-Messprotokollen, mit der Klasse `sap.ui.performance.trace.Interaction` können Sie Interaktionsauswertungen erstellen.

23.4 Typische Fehlersituationen in SAPUI5, ihre Ursache und Lösung

Zum Abschluss dieses Kapitels gehen wir auf typische Fehler ein, die im Laufe der SAPUI5-Entwicklung auftreten können. Wir zeigen Ihnen vier typische Fehlersituationen. Natürlich birgt ein Framework wie SAPUI5 noch weitere Stellen, an denen Fehler auftreten können.

23.4.1 File Not Found or Parser Error

Code Schritt für Schritt testen

Ein sehr häufig anzutreffender Fehler ist der in Abbildung 23.35 gezeigte Fehler **File Not Found or Parser Error**. Der Fehler wird in der Konsole des Browsers mit dem Inhalt der Datei angezeigt, die den Fehler verursacht. Da der Inhalt der Datei angezeigt wird, können Sie einen Teil der Fehlermeldung als Ursache ausschließen. Ein »File Not Found« kann nicht vorliegen, da ansonsten der Inhalt nicht in der Konsole angezeigt worden wäre.

```
0: resource de/sapui5buch/demo/view/SelectDialog.fragment.xml could not be loaded from ./view/SelectDialog.fragment.xml. Check for 'file not found' or parse errors.
        xmlns="sap.m"
        xmlns:core="sap.ui.core">
        <SelectDialog
                noDataText="{i18n>txtNoBP}"
                title="{i18n>txtSelBP}"
                search="onSearch"
                confirm="onClose"
                cancel="onClose"
                items="{
                        path: '/BusinessPartnerSet'
                }" >
                <StandardListItem
                        title="{BusinessPartnerID}"
                        description="{CompanyName}"
                        iconDensityAware="false"
                        iconInset="false"
                        type="Active" />
        </SelectDialog>
</core:FragmentDefinition
```

Abbildung 23.35 »File Not Found or Parser Error«

Der Fehler liegt somit an einer nicht gültigen XML-Implementierung. Falls Sie eine sehr komplexe XML-View implementiert haben, kann die Fehlersuche umfangreich sein. Bevor Sie lange versuchen, den Tippfehler, das feh-

23

lende schließende XML-Tag oder die nicht vorhandene Spitzklammer in sehr komplexem XML-Code suchen, ist es einfacher, Teile der XML-View-Implementierung auszuschneiden und Schritt für Schritt zu testen.

23.4.2 Fehlerhafte Angabe der Abhängigkeiten

Beachten Sie Abhängigkeiten

Für die nächste Fehlersituation betrachten wir zunächst den in Listing 23.12 gezeigten Ausschnitt einer Controller-Implementierung. Die Implementierung scheint auf den ersten Blick gewöhnlich, enthält jedoch einen Fehler, der gerne zu einer längeren Fehlersuche führt.

```
sap.ui.define([
  "sap/m/MessageBox",
  "sap/ui/core/mvc/Controller",
  "sap/ui/model/Filter",
  "sap/ui/model/FilterOperator",
  "sap/ui/core/Fragment"
], function(Controller, MessageBox, Filter, FilterOperator, Fragment)
 {
  "use strict";
  return Controller.extend("de.sapui5buch.demo.controller.App", {
```

Listing 23.12 Fehlerhafte Reihenfolge der übergebenen Parameter

Auflösung des Fehlers

Vor der Auflösung werfen Sie einen Blick in die Konsole des Browsers bei der Ausführung der Anwendung. Wie Sie in Abbildung 23.36 sehen, erhalten wir den Fehler, dass die Funktion `extend` keine Funktion der Klasse `Controller` sei. Der Fehlertext kann je nach Browser unterschiedlich sein, die Ursache ist jedoch stets die gleiche.

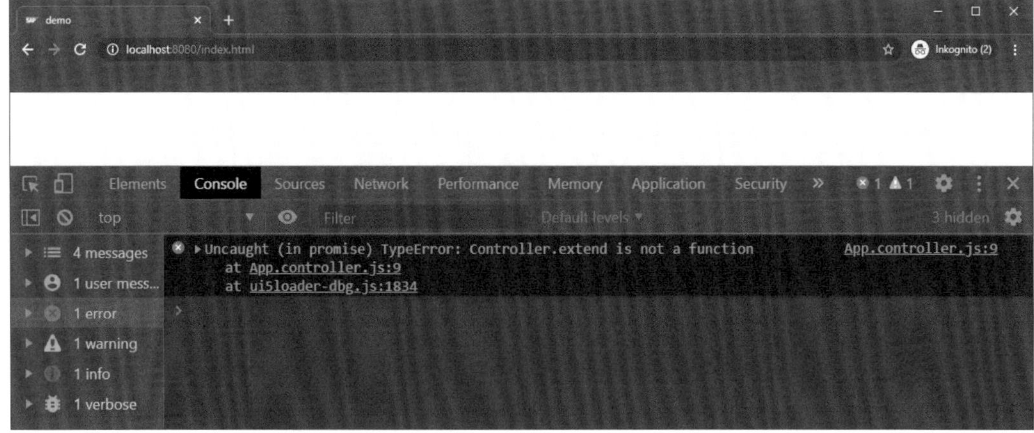

Abbildung 23.36 Fehlermeldung in der Browserkonsole

Werfen Sie nochmals einen Blick auf das Beispiel Listing 23.12, und schauen Sie sich die Reihenfolge der Abhängigkeiten und die Parameter an.

Wie Sie sehen, ist uns bei der Implementierung ein Fehler unterlaufen: Wir haben als erste Abhängigkeit die Klasse `sap.m.MessageBox` und als zweite die Klasse `sap.ui.core.mvc.Controller` angegeben. Die dazugehörende Callback-Funktion hat zwar an erster Stelle einen Parameter mit dem Namen `Controller`. Zur Laufzeit wird jedoch eine Referenz auf `sap.m.MessageBox` übergeben. Dies führt zu einem Fehler. Achten Sie daher immer auf die Reihenfolge der übergebenen Parameter.

23.4.3 Fehlerquelle Aggregation-Binding

Das Aggregation-Binding von komplexen UI-Controls kann zu zwei Fehlern führen. Nehmen wir an, dass Sie eine Liste wie in Abbildung 23.37 implementieren möchten.

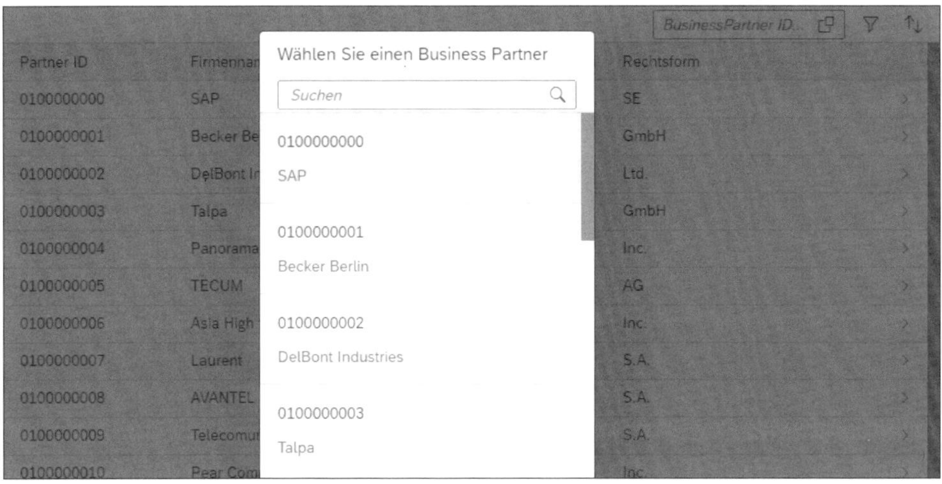

Abbildung 23.37 Selection-Dialog in SAPUI5

Dem Fehler mit SAPUI5 Diagnostics auf der Spur

Nachdem Sie die Anwendung soweit fertiggestellt haben, starten Sie sie und öffnen den Auswahldialog. Dieser zeigt jedoch die Meldung, dass keine Daten gefunden wurden. Wenn Sie sich sicher sind, dass Daten im Backend vorhanden sind, kann es nur an einem fehlerhaften Binding liegen. Um sicherzugehen, können Sie die SAPUI5-Diagnotiscs-Werkzeuge nutzen. Starten Sie sie über [Strg] + [Alt] + [⇧] + [S], öffnen Sie den Bereich **Control Tree**, und suchen Sie das im Dialog enthaltene `List`-Control. Überprüfen Sie das Binding des `List`-Controls (siehe Abbildung 23.38). Wie Sie sehen, steht das Feld **Absolute Path** auf **Unresolvable**. Dies deutet darauf hin, dass das

Binding nicht korrekt ist. Ändern Sie das Binding zu Ihrem EntitySet, und starten Sie die Anwendung neu.

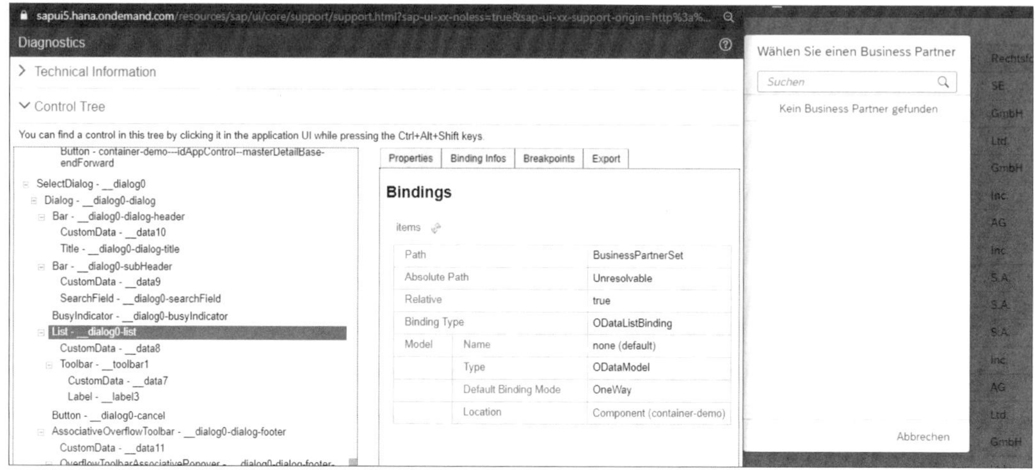

Abbildung 23.38 Der »SelectDialog« in den SAPUI5 Diagnostics

Geisterhafte Einträge

Ein weiterer Fehler beim Aggregation-Binding ist in Abbildung 23.39 zu sehen. Hier wird die Liste ebenfalls leer angezeigt. Jedoch scheinen trotzdem Daten vorhanden zu sein, denn die Liste zeigt leere Einträge an.

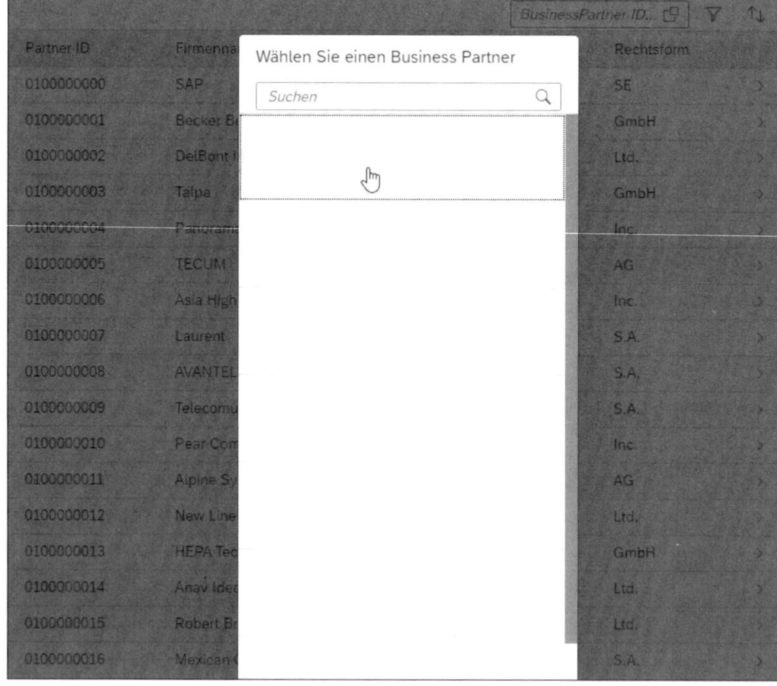

Abbildung 23.39 Komplexe Controls – Fehler beim Aggregation-Binding

Dieser Fehler tritt auf, wenn zwar das Binding der Aggregation korrekt ist, allerdings das Binding der entsprechenden Eigenschaften fehlerhaft ist. In dem hier gezeigten Beispiel war das Binding der Attribute `title` und `description` fehlerhaft (siehe Listing 23.13). Die beiden gebundenen Eigenschaften der `BusinessPartner`-Entität werden mit einem Großbuchstaben geschrieben.

```
<SelectDialog
   noDataText="{i18n>txtNoBP}"
   title="{i18n>txtSelBP}"
   search="onSearch"
   confirm="onClose"
   cancel="onClose"
   items="{
    path: '/BusinessPartnerSet'
   }" >
   <StandardListItem
     title="{businessPartnerID}"
     description="{companyName}"  iconDensityAware="false"
     iconInset="false"
     type="Active" />
</SelectDialog>
```

Listing 23.13 Fehlerhaftes Property-Binding

23.4.4 Fehler bei komplexer Bindung

Das Verwenden von Expressions und komplexen Bindings führt ebenfalls gerne zu einem erfolglosen Resultat. Listing 23.14 zeigt die Verwendung von Complex Binding und Expression-Binding.

```
<List
      headerText="{i18n>invoiceListTitle}"
      class="sapUiResponsiveMargin"
      width="auto"
      items="{invoice>/Invoices}" >
      <items>
         <ObjectListItem
            title="{invoice>Quantity} x {invoice>ProductName}"
            number="{
              parts: [{path: 'invoice>ExtendedPrice'}, {path: 'view>/
                currency'}],
              type: 'sap.ui.model.type.Currency',
              formatOptions: {
```

```
                showMeasure: false
            }
            }"
            numberUnit="{view>/currency}"
            numberState="{=${invoice>ExtendedPrice} >50?
              'Error':'Success'}"/>
    </items>
</List>
```

Listing 23.14 Komplexe Bindung

Achten Sie darauf, dass Sie den Parameter `data-sap-ui-compatVersion` im Bootstrapping immer auf `edge` gesetzt haben. Fehlt der Parameter oder ist er falsch gesetzt, werden die beiden Binding-Arten nicht korrekt ausgeführt.

23.4.5 Fazit

SAPUI5 enthält in den meisten Fällen keine Fehler

Eine wichtige Prämisse bei der Suche nach Fehlern ist, dass Sie den Fehler zuerst in der eigenen Implementierung suchen sollten, bevor Sie im Debug-Modus den Quelltext von SAPUI5 nach Fehlern durchforsten. Falls im Browser angezeigt wird, dass im Core von SAPUI5 ein Fehler aufgetreten ist, liegt dies in fast 100 % der Fehlersituationen daran, dass SAPUI5 eine zur Laufzeit entstehende Fehlersituation in Ihrem eigenen Code abgefangen hat und die in der Konsole angezeigte Fehlermeldung an dieser Stelle des Cores ausgegeben wird. Statt zu versuchen, den Quellcode nachzuvollziehen, nutzen Sie zunächst den SAPUI5 Inspector oder die SAPUI5-Diagnosewerkzeuge für das Aufspüren der Fehler.

Kapitel 24
SAP Fiori

Ein benutzerorientiertes Design von Anwendungen und ein gemeinsames Nutzererlebnis über Anwendungsgrenzen hinweg sind für Nutzer von digitalen Diensten von großer Bedeutung. Dieses Kapitel stellt Ihnen SAP Fiori vor, die SAP-Designsprache für moderne Benutzeroberflächen.

In den vorangegangenen Kapiteln haben wir uns größtenteils mit der Implementierung von sogenannten *Freestyle-Anwendungen* beschäftigt – Anwendungen also, die keinem festen Muster folgen.

Freestyle-Anwendungen tragen ihren Namen, da Designentscheidungen völlig frei getroffen werden können. Die Vorgaben kommen entweder direkt aus dem Fachbereich, vom Fachbereichsberater, oder der Entwickler entscheidet selbst, wie die Anwendung aufgebaut ist. Dies kann bei Geschäftsanwendungen schnell zu einem Problem werden, besonders in einer sich so rasant ändernden Geschäftswelt, wie wir sie aktuell vorfinden.

SAP hat die Zeichen der Zeit erkannt und bietet mit *SAP Fiori* eine Designsprache für Benutzeroberflächen an. In den folgenden Abschnitten führen wir Sie in SAP Fiori ein. Wir skizzieren kurz, was SAP Fiori ist, und gehen dann auf die Implementierung von SAP-Fiori-Anwendungen ein. Für die Implementierung nutzen wir die Entwicklungsumgebung SAP Web IDE.

24.1 Überblick

Im Alltag werden wir mit den unterschiedlichsten Produkten konfrontiert. Die Designer der Produkte haben sich überlegt, wie das Produkt vom Nutzer verwendet werden soll. Damit ein Produkt auf dem Markt entsprechend erfolgreich ist und der Nutzer es gerne und wiederholt nutzt, muss das Nutzererlebnis positiv sein.

Dieses *Nutzererlebnis* (englisch *user experience*) stand bei SAP-Lösungen nie im Vordergrund. Die Funktion hatte immer Vorrang einem guten, durchdachten und einheitlichen Nutzererlebnis, eine Konzentration auf das Nutzererlebnis war die Ausnahme. SAP selbst bietet aktuell 12.186 SAP-Fiori-Anwendungen an (Stand Sommer 2020). Details zu den vorhandenen Anwendungen erhalten Sie in der SAP-Fiori-App *Reference Library*. Sie erreichen sie über die URL *https://fioriappslibrary.hana.ondemand.com*.

24.1.1 Grundlagen zu SAP Fiori

Regeln für das Oberflächendesign

Wie bereits in der Einführung angemerkt, ist SAP Fiori kein Produkt, sondern eine Designsprache, die Regeln für das Oberflächendesign vorgibt. Bei der Einführung dieser Regeln gab es lediglich welche für die Implementierung von Webanwendungen, die mit SAPUI5 als Benutzeroberflächen-Framework implementiert wurden. Nach und nach kamen weitere Bereiche hinzu.

Aktuell bietet SAP für folgende vier Bereiche Fiori-Designregeln an:

- *SAP Fiori for Android*: Beschreibt die Designregeln für Anwendungen, die mittels *SAP Cloud Platform SDK for Android* implementiert werden (siehe *http://s-prs.de/v752318*).
- *SAP Fiori for iOS*: Enthält die Designregeln für native Anwendungen in iOS. Die Implementierung erfolgt dabei mit dem *SAP Cloud Platform SDK for iOS* (siehe *http://s-prs.de/v752319*).
- *SAP Fiori*: Liefert die Designregeln für Webanwendungen, die mit dem Benutzeroberflächen-Framework SAPUI5 implementiert sind.
- *Conversational UX*: Liefert die Informationen über die Regeln für Endgeräte, die über Sprache und Texteingaben gesteuert werden.

Sie finden die Designregeln für die genannten Bereiche unter *https://experience.sap.com/fiori-design/*.

Abbildung 24.1 zeigt die Startseite. Wie Sie der Abbildung entnehmen können, erreichen Sie die jeweiligen Designregeln über einen Klick auf die entsprechende Kachel.

Im Folgenden geben wir einen kurzen Einblick in die Designsprache für SAP-Fiori-Webanwendungen, die mittels SAPUI5 implementiert werden.

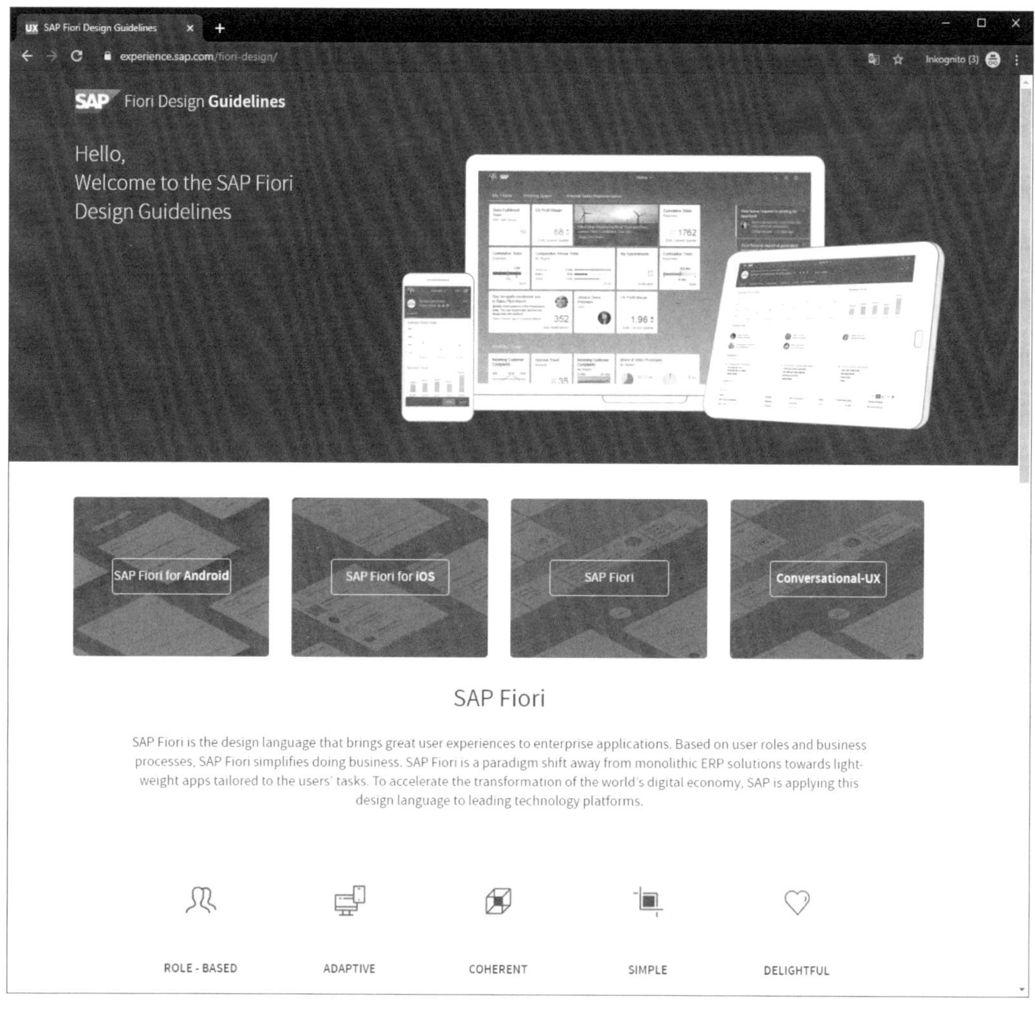

Abbildung 24.1 Die SAP Fiori Design Guidelines

24.1.2 Layouts

Design der Anwendungsoberfläche

Ein wichtiger Aspekt beim Design der Anwendungsoberfläche ist die Entscheidung, wie dem Nutzer die Informationen angezeigt werden sollen. Die SAP Fiori Design Guidelines beschreiben hierfür zwei Grundlayouts: das Flexible Column Layout und das Dynamic Page Layout.

Flexible Column Layout

Das *Flexible Column Layout* bietet die Möglichkeit einer mehrspaltigen Darstellung. Die Basis der Implementierung dieses Layouts ist das UI-Control `sap.f.FlexibleColumnLayout`. Das Layout kann dabei bis zu drei Spalten gleichzeitig darstellen (siehe Abbildung 24.2).

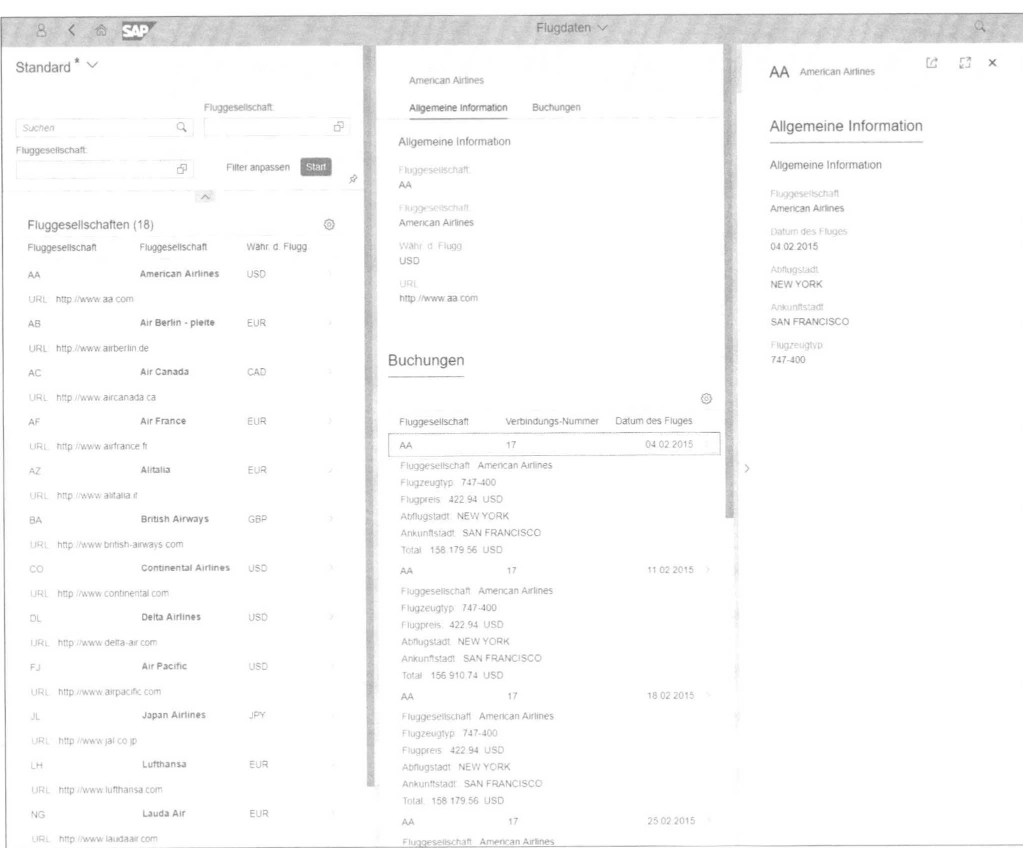

Abbildung 24.2 Das Flexible Column Layout

Dynamic Page Layout

Das Dynamic Page Layout

Das *Dynamic Page Layout* ist ein sehr vielseitiges Muster. Zum einen wird es eingesetzt für die Implementierung von Vollbild-Anwendungen, Anwendungen also, die lediglich eine Seite der Anwendung zu einem Zeitpunkt anzeigen. Zum anderen liegt das Layout einzelnen Seiten zugrunde, die in auf dem Flexible Column Layout basierten Anwendungen implementiert werden.

Abbildung 24.3 zeigt eine Form des Dynamic Page Layouts. Das Layout besteht grundsätzlich aus zwei Bereichen, einem Kopf- und einem Inhaltsbereich. In Abbildung 24.3 enthält der Kopfbereich eine Filter Bar. Der Inhaltsbereich ist eine einfache Liste. Der Kopfbereich kann vom Nutzer auf- und zugeklappt werden. Man spricht hierbei von dem sogenannten *Snapping-Header*.

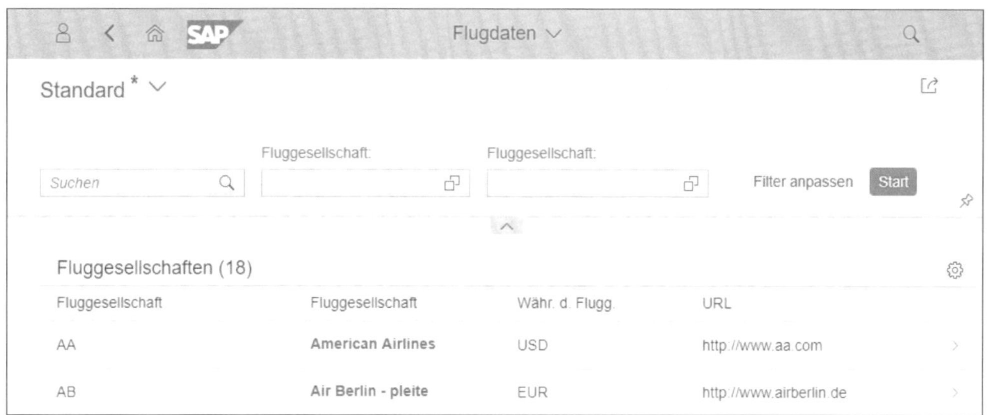

Abbildung 24.3 Dynamic Page Layout

24.1.3 Floorplans

Lösungsmuster

Die in Abschnitt 24.1.2 beschriebenen Layouts definieren lediglich das Grundgerüst der Anwendung. Konkrete Lösungsmuster für gängige Problemstellungen bei der Anwendungsentwicklung werden über sogenannte *Floorplans* beschrieben. Die Floorplan-Beschreibung in den Guidelines legt fest, wann ein konkreter Floorplan eingesetzt werden darf und bei welcher Problemstellung der Floorplan nicht eingesetzt werden sollte. Die Beschreibung gibt auch vor, welche UI-Controls bei der Implementierung verwendet werden dürfen. In der aktuellen Version der SAP Fiori Design Guidelines werden sieben verschiedene Floorplans beschrieben, die wir Ihnen im Folgenden vorstellen wollen.

Object Page

Informationen zu Geschäftsobjekten darstellen

In vielen Anwendungen müssen Informationen zu einem konkreten Geschäftsobjekt dargestellt werden. Dabei kann ein Geschäftsobjekt beliebig komplex sein. Die SAP Fiori Guidelines beschreiben hierzu den Floorplan *Object Page*. Das Muster wird sowohl bei der reinen Anzeige eines Geschäftsobjekts als auch bei der Anlage eines neuen bzw. dem Bearbeiten eines bestehenden Geschäftsobjekts verwendet. Die Object Page besteht aus drei Teilen:

- Kopf (Dynamic Header)
- Navigationsbereich
- Inhaltsbereich

Ausgangspunkt für die Implementierung dieses Floorplans ist die Implementierung eines Dynamic Page Layouts.

Initial Page

Wertehilfe bei der Informationssuche

Ein häufiger Anwendungsfall ist, dass der Nutzer nach einer Information sucht. Er möchte beispielsweise die Details eines Materials oder eines Mitarbeiters angezeigt bekommen. Das Einzige, was ihm vorliegt, ist eine Materialnummer, ein Barcode oder eine Personalnummer. Das Lösungsmuster für diese Problemstellung ist der Floorplan *Initial Page*. Die Implementierung erfolgt über die Verwendung der Dynamic Page. Im Kopf wird das UI-Control `sap.m.Input` implementiert. Dabei werden die Attribute `showValueHelp` oder `showSuggestion` auf `true` gesetzt. Hierdurch wird zum einen das Input-Control mit der für SAP typischen Benutzeroberfläche visualisiert, zum anderen wird über die Aktivierung des Attributs `showSuggestion` das UI-Control mit einer Vorschlagsliste dargestellt, deren Werte der Eingabe des Nutzers entsprechen. Die beiden Attribute können entweder beide aktiviert sein oder nur eines davon. Der Navigationsbereich sowie der Inhaltsbereich der Floorplan-Implementierung entsprechen ansonsten der des ObjectPage-Musters.

List Report

Geschäftsobjekte suchen

Ein weiteres Anwendungsszenario ist, dass der Nutzer aus einer größeren Anzahl von Geschäftsobjekten des gleichen Typs einen konkreten Eintrag auswählen muss: um sich die Details des Objekts genauer anschauen zu können, um den Status eines Objekts zu ändern oder um das Objekt zu bearbeiten. Dieser Anwendungsfall wird vom Floorplan *List Report* abgedeckt.

Implementierung des List-Report-Floorplans

Der Floorplan kann entweder über eine Vollbild-Anwendung oder über eine auf dem Flexible Column Layout basierende Anwendung implementiert werden. Einstiegspunkt in die Anwendung ist stets eine Seite vom Typ Dynamic Page. Im Kopf der Dynamic Page werden über eine Filter-Bar-Implementierung verschiedene Filterkriterien angeboten. Im Inhaltsbereich der Seite wird eine Liste dargestellt. Abbildung 24.4 zeigt eine Variante der List-Report-Implementierung.

Arbeiten mit dem List Report

Wie Sie der Abbildung entnehmen können, wird über der Liste ein Text (in diesem Beispiel **Fluggesellschaften**) und in Klammern die Anzahl der Fluggesellschaften dargestellt. Dies und die Filter Bar darüber sind zwei der Aspekte, die zwingend implementiert sein müssen. Hinzu kommt optional das Bereitstellen eines Variantenmanagements. Ein List Report kann in der Toolbar oberhalb der Liste sowie innerhalb der Liste Aktionsschaltflächen anbieten. Beispielsweise könnten oberhalb der Liste Schaltflächen für das Hinzufügen oder Löschen von Geschäftsobjekten angeboten werden. Innerhalb der Liste könnten Sie Aktionen anbieten, die z. B. den Status des Objekts aus der Liste ändern. Vorstellbar wäre das bei einer Liste von Anträgen, die der Nutzer ablehnen kann.

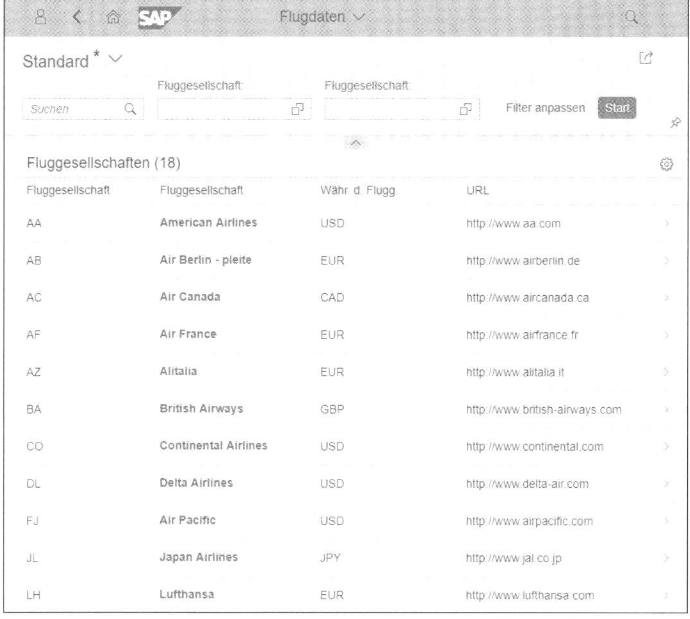

Abbildung 24.4 List-Report-Implementierung

Detaildarstellung im List Report

Durch einen Klick auf einen Eintrag in der Liste navigiert der Anwender auf die Details des ausgewählten Eintrags. Die Details werden wiederum als Object Page implementiert. In der Detaildarstellung kann der Nutzer, falls benötigt, vom Anzeigemodus in den Bearbeitungsmodus wechseln. Falls der List Report das Hinzufügen neuer Geschäftsobjekte unterstützt, navigiert der Anwender nach einem Klick auf die entsprechend Hinzufüge-Operation auf die Object-Page-Implementierung.

Wichtig beim Einsatz des List Reports ist, dass der Fokus des Nutzers nicht auf dem reinen Abarbeiten von Anträgen liegt.

Worklist

Worklist eine Variante des List Reports

Neben dem List-Report-Floorplan beschreiben die SAP Fiori Design Guidelines den sogenannten *Worklist-Floorplan*. Dieser Floorplan kommt dann zum Einsatz, wenn der Fokus des Anwenders auf dem Abarbeiten von Aufträgen liegt und der Nutzer anhand der in der Liste gezeigten Informationen entscheiden kann, was mit dem Objekt geschehen soll. Die Liste wird meist von oben nach unten abgearbeitet, ein Filtern ist nicht notwendig. Lediglich eine einfache Suche wird in der Toolbar der Liste angeboten. Man könnte sich eine Liste von Transportaufträgen aus der Logistik vorstellen. Der

Staplerfahrer erhält auf seinem Display eine Liste von Transportaufträgen. Die Liste enthält den Lagerplatz, auf dem das Transportgut im Moment gelagert wird, und den Platz, zu dem die Palette gebracht werden soll. Der Fokus des Arbeitenden liegt vollständig auf dem Abarbeiten. Man könnte sich vorstellen, dass der Fahrer den Transportauftrag in den Status »in Bearbeitung« setzt, sobald er die Palette mit dem Stapler aufnimmt, und ihn nach dem Absetzen in den Status »Bearbeitet« bringt. Der Nutzer kann durchaus auch auf die Details eines Listeneintrags navigieren. Dies ist allerdings eher die Ausnahme.

Analytical List Page

Der List Report spielt eine zentrale Rolle in den SAP Fiori Guidelines. Dies liegt unter anderem daran, dass in den meisten Unternehmensprozessen aus Listen heraus agiert wird. Der reine List Report zeigt die Daten sowie die Filter aber sehr einfach an. Die Darstellung ist sicher für viele Anwendungsfälle ausreichend, allerdings in Anwendungsfällen, die sehr datengetrieben sind, eher unzureichend. Die *Analytical List Page* soll hier helfen. Abbildung 24.5 zeigt den Analytical List Page Floorplan zur Laufzeit. Im Inhaltsbereich der Seite wird eine Liste dargestellt. Allerdings werden Filter nicht über einfache UI-Controls dargestellt, sondern über Diagramme. Wählt der Nutzer aus dem Diagramm Daten bzw. Punkte eines Graphen aus, werden dadurch die Daten in der Liste und, falls vorhanden, in dem darüber liegenden Diagramm entsprechend gefiltert.

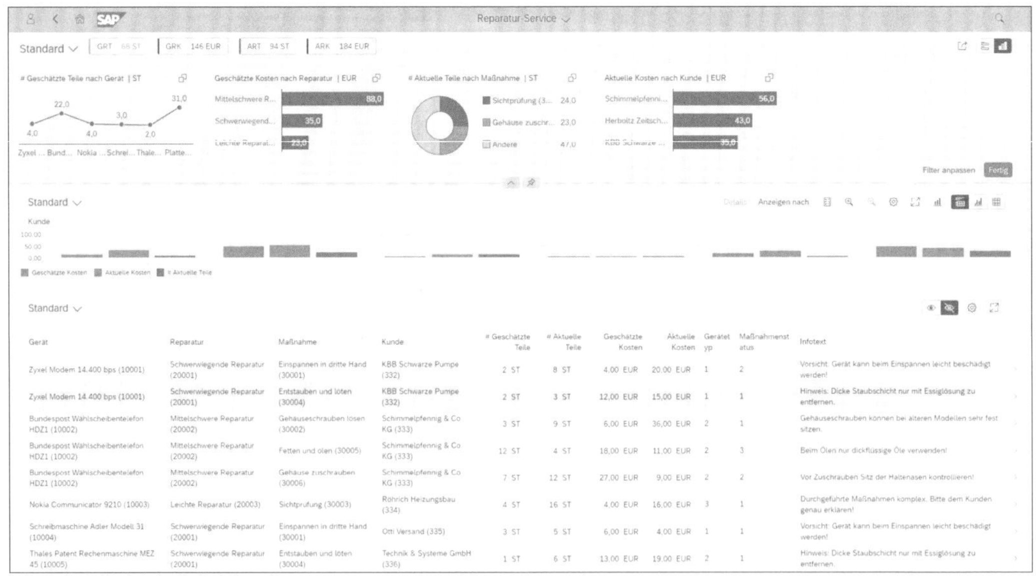

Abbildung 24.5 Die Analytical List Page

Wizard

Ein Floorplan für komplexe Prozesse

Nicht jede Anwendung wird durch Nutzer verwendet gleich häufig, zudem lassen sich nicht alle Arbeitsschritte über eine Object Page abbilden. Für komplexe Prozesse oder Anwendungsfälle, die nicht oft verwendet werden, bietet SAP Fiori den *Wizard-Floorplan* an.

Einsatz des Wizard-Floorplans

Nehmen wir einmal folgendes Szenario an: Ein Mitarbeiter einer Universität soll Büromaterial, angefangen vom Bleistift bis hin zum Drucker, über eine Webanwendung bestellen können. Die Bestellung besteht aus mehreren Schritten: Im ersten Schritt kann der Mitarbeiter im Produktkatalog nach Produkten suchen und sie in einen Warenkorb legen. Im Anschluss geht er zur Kasse. Bevor er jedoch tatsächlich die Bestellung aufgibt, muss er Details zu seiner Fakultät eingeben, Kontierungsnummern oder Ähnliches eingeben und auf einer Übersichtsseite prüfen, ob alle Daten richtig erfasst wurden.

Das beschriebene Szenario ist kein seltenes. Oft gibt es komplexe Prozesse im Unternehmen, die am Ende der Bearbeitung nochmals überprüft werden sollen, bevor sie tatsächlich angestoßen werden. Das Wizard-Muster wird über das `sap.m.Wizard`-Control von SAPUI5 implementiert. Das Muster wird empfohlen bei mehr als zwei Prozessschritten und hat bei acht Schritten eine durch das Control verursachte Limitation.

Overview Page

Mitarbeiter in Unternehmen benötigen oft einen Überblick über für die relevanten Aspekte ihrer täglichen Arbeit. Ein Mitarbeiter in der Arbeitsvorbereitung ist daran interessiert, zu wissen, wann welcher Takt welche Materialen am Band benötigt. Hierfür braucht er eine Übersicht über diverse Informationen, und zwar alle gleichzeitig. Ein List Report, eine Worklist oder aber eine Object Page können hier nicht zu 100 % helfen. Die SAP Fiori Guidelines beschreiben daher den sogenannten *Overview Page Floorplan*. Abbildung 24.6 zeigt die Implementierung einer Overview Page.

Wie der Name vermuten lässt, wird die Overview Page immer dann eingesetzt, wenn es darum geht, eine Informationsübersicht darzustellen. Wichtig ist dabei, dass die Informationen in einem Kontext stehen. Eine Overview Page enthält in ihrem Kopf eine Filter Bar und in ihrem Inhaltsbereich sogenannte *Karten* (Cards). Die Karten können die Informationen als Liste, Tabelle, Diagramm oder Kartenstapel anzeigen.

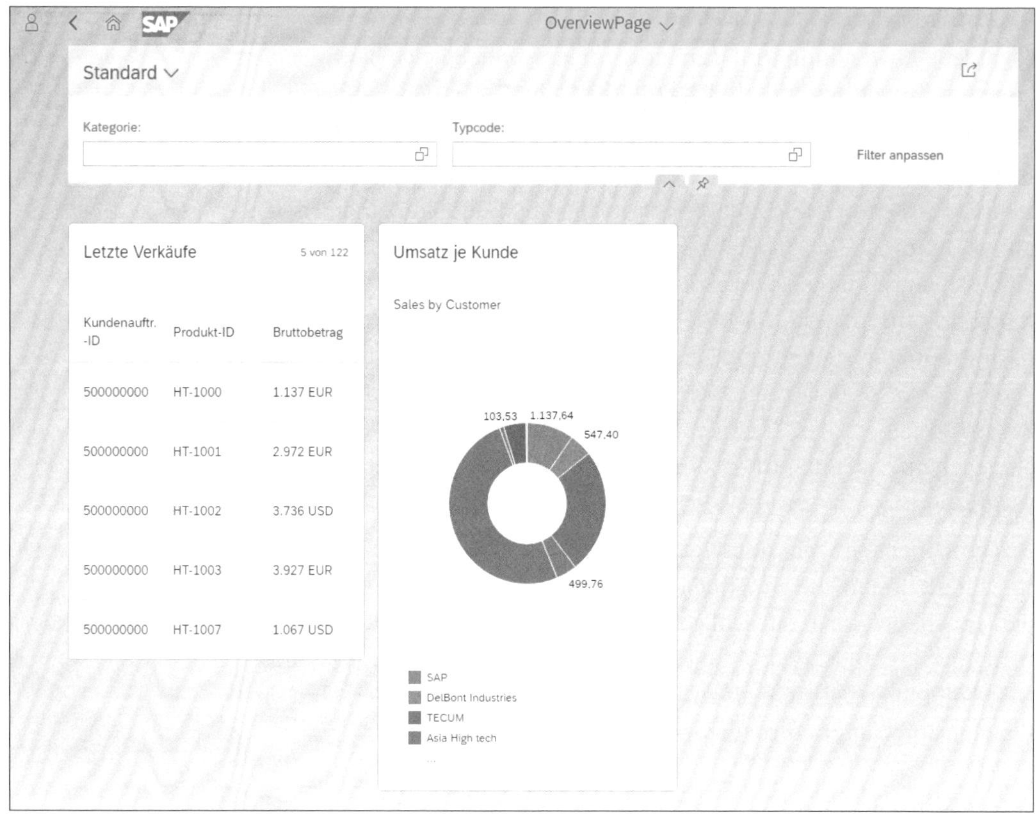

Abbildung 24.6 Die Overview Page

24.1.4 Zentraler Zugriff auf Anwendungen über das SAP Fiori Launchpad

Zentraler Zugriff auf alle relevanten Anwendungen

SAP-Fiori-Anwendungen werden nicht über das SAP GUI gestartet, sondern über das *SAP Fiori Launchpad*. Im Launchpad erhält der Nutzer genau die Anwendungen zur Verfügung gestellt, für die er die nötigen Berechtigungen besitzt. Anwendungen werden dabei in sogenannten *Kachelkatalogen* zusammengefasst. Die Berechtigung erfolgt auch über einen Katalog.

Abbildung 24.7 zeigt das SAP Fiori Launchpad für *SAP Fiori 3*. Wie Sie in der Abbildung sehen, enthält das Launchpad für jede Anwendung eine Kachel. Der Nutzer kann eine Anwendung über einen Klick auf die Kachel starten. Kacheln sind für den Nutzer flexibel konfigurierbar. Er kann Kacheln entfernen oder hinzufügen, je nachdem, wie er arbeiten möchte.

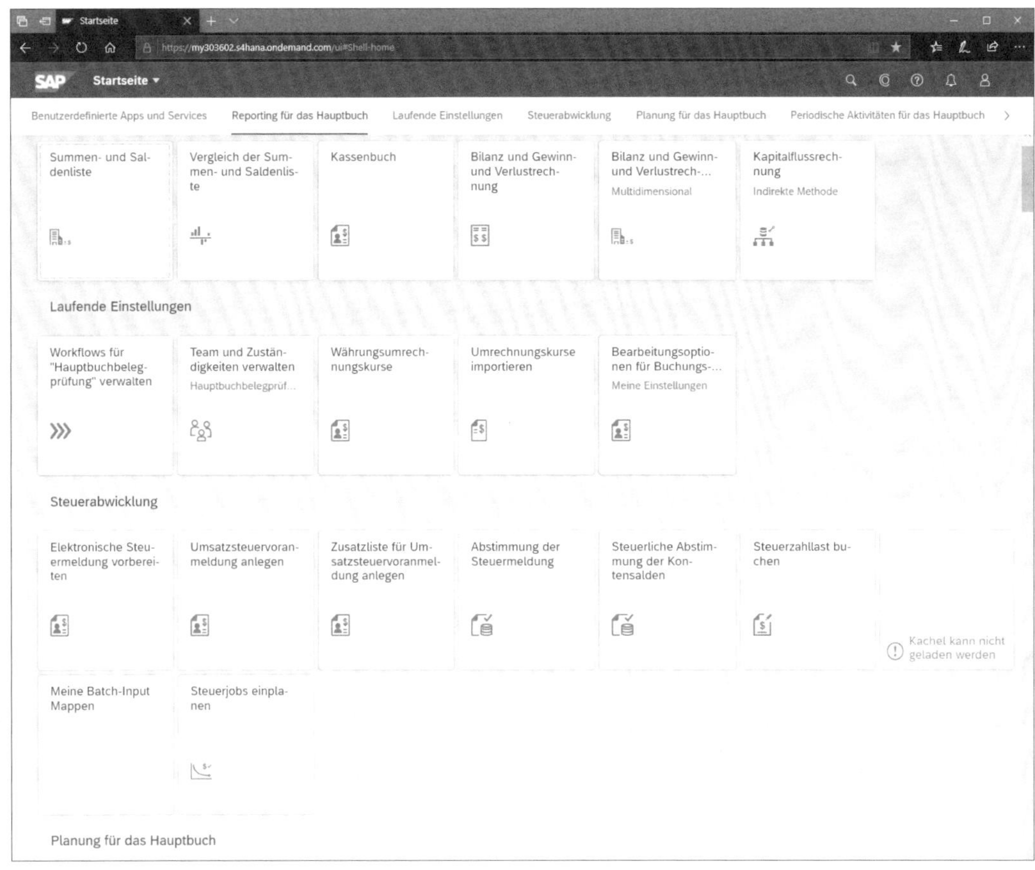

Abbildung 24.7 SAP Fiori Launchpad

24.2 Implementierung einer SAPUI5-Anwendung mit der SAP Web IDE

Nachdem wir die Grundlagen von SAP Fiori eingeführt haben, widmen wir uns in diesem Abschnitt der Implementierung einer SAPUI5-Anwendung, die den Regeln des SAP-Fiori-Designs folgt. Wir nutzen hierzu die SAP Web IDE, eine Entwicklungsumgebung für SAPUI5-Anwendungen (Stand Sommer 2020). Wir zeigen, wie Sie unter Verwendung von vorgefertigten Projekt-Templates einfach und schnell eine Master-Detail-Anwendung angelegen können. Die Anwendung konsumiert die Daten von einem OData-Service, wir nutzen hierfür den Service *GWSAMPLE_BASIC*. Der Service ist auf allen gängigen SAP-Systemen verfügbar.

[»]

Verwendung der SAP Web IDE

Die SAP Web IDE wird in der SAP Cloud Neo angeboten. Neo wird durch SAP nicht mehr weiterentwickelt. Zukünftig werden Innovationen nur noch auf der SAP Cloud Foundry stattfinden. Auf dieser Plattform bietet SAP seit Frühsommer 2020 die Entwicklungsumgebung *SAP Business Application Studio* an (SAP BAS). Wir haben uns in diesem Kapitel dafür entschieden, die SAP Web IDE für die Implementierung von SAP-Fiori-Anwendungen vorzustellen. Viele Unternehmen nutzen aktuell noch ausschließlich die SAP Web IDE, sodass Sie mit den hier gezeigten Inhalten direkt produktiv im Unternehmen starten können. Zudem ist der Funktionsumfang der SAP BAS noch nicht vollumfänglich und wird stetig weiterentwickelt.

24.2.1 Einführung in die Landschaft

SAP hat, wie viele andere Hersteller, die Bestrebung, ihre Produkte in der Cloud anzubieten. Über die Jahrzehnte hinweg haben SAP-Kunden allerdings teilweise sehr große SAP-Landschaften in ihren eigenen Netzen (on premise) aufgebaut. Es ist daher notwendig, aus der SAP Cloud Platform und den dort zur Verfügung stehenden Diensten auf die On-Premise-Systeme zugreifen zu können. Die Verbindung zwischen dem On-Premise-System und der SAP Cloud Platform wird über den sogenannten *Cloud Connector* hergestellt. Dieser legt einen Tunnel zwischen der On-Premise-Landschaft und der SAP Cloud Platform mit ihren Accounts an.

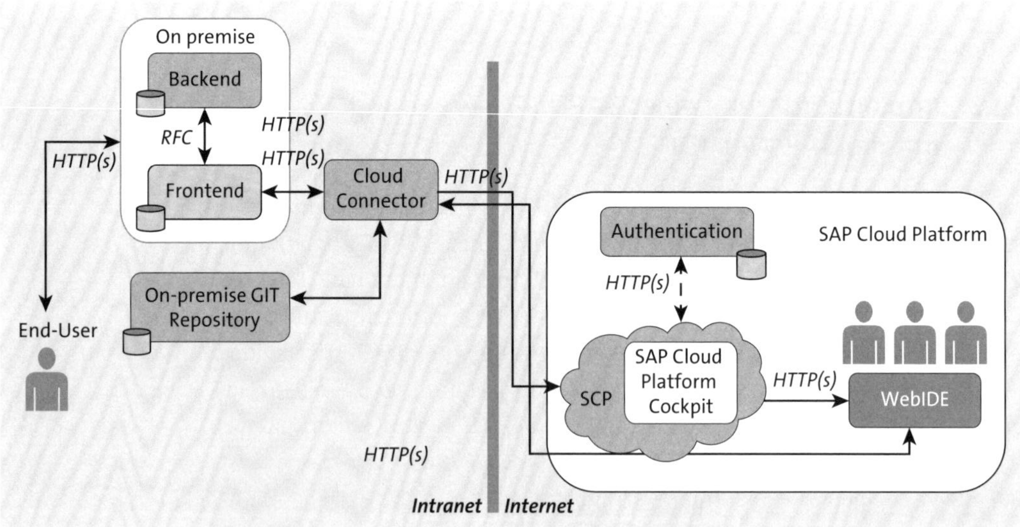

Abbildung 24.8 Infrastrukturübersicht

Abbildung 24.8 zeigt den Aufbau einer solchen Landschaft. In der Abbildung ist auch ein Frontendserver enthalten. Je nach Landschaft ist die Verwendung eines solchen Frontendservers nicht mehr empfohlen. Unter *http://s-prs.de/v752319* finden Sie die Empfehlungen von SAP bezüglich der Systemlandschaft. Das Dokument wird stetig von SAP aktualisiert.

24.2.2 Konfiguration des Cloud Connectors

Download

Nach der Einführung der Entwicklungslandschaft installieren und konfigurieren wir in diesem Abschnitt nun den *Cloud Connector*. SAP bietet den Cloud Connector unter *https://tools.hana.ondemand.com/#cloud* zum Download an. Nach dem Aufruf der Seite navigieren Sie zu dem Bereich **Cloud Connector**. Wie in Abbildung 24.9 gezeigt, wird der Cloud Connector für unterschiedliche Betriebssysteme angeboten. Laden Sie den für Ihr Betriebssystem angebotenen Cloud Connector auf Ihre Festplatte. In dem hier gezeigten Beispiel wählen wir den Cloud Connector für Windows im Portable-Format.

SAP Development Tools   Legal Disclosure   Privacy   Terms of Use   More

HOME   ABAP   BW   **CLOUD**   CLOUD INTEGRATION   HANA   IDM   ML FOUNDATION   MOBILE   SAPUI5

Linux (x64)	1.14.0	5.0 MB	sapcp-cli-linux-amd64-1.14.0.tar.gz
Mac OS X (x64)	1.14.0	5.0 MB	sapcp-cli-darwin-amd64-1.14.0.tar.gz
Windows (x64)	1.14.0	4.9 MB	sapcp-cli-windows-amd64-1.14.0.tar.gz

Cloud Connector

The Cloud Connector is an optional on-premise component that is needed to integrate on-demand applications with customer backend services and is the counterpart of SAP Cloud Platform Connectivity. For more information, see the Cloud Connector documentation.
Note: The Portable archives for Cloud Connector are meant for non-productive scenarios only. They can be used even if you don't have administrator permissions on the machine, on which you like to use the Cloud Connector. However, those variants do not support upgrades from previous versions.

Available Cloud Connectors

Operating System*	Architecture	Version	File Size	Download
Linux	x86_64	2.12.2	71.5 MB	sapcc-2.12.2-linux-x64.zip
Linux (Portable)	x86_64	2.12.2	74.5 MB	sapcc-2.12.2-linux-x64.tar.gz
Mac OS X (Portable)	x86_64	2.12.2	74.5 MB	sapcc-2.12.2-macosx-x64.tar.gz
Windows	x86_64	2.12.2	76.1 MB	sapcc-2.12.2-windows-x64.msi
Windows (Portable)	x86_64	2.12.2	74.0 MB	sapcc-2.12.2-windows-x64.zip

*Read the prerequisites page of the documentation in order to inform yourself about the supported operating system versions and JVMs.

Abbildung 24.9 Download des Cloud Connectors

Nachdem der Download abgeschlossen ist, entpacken Sie den Cloud Connector. Nach dem Entpacken zeigt der Order auf der Festplatte die in Abbildung 24.10 gezeigte Struktur.

Installation

Im Anschluss starten Sie den Cloud Connector über die Konsole oder über einen Doppelklick auf **go.bat**. Das Programm startet den Cloud Connector auf dem Defaultport 8443. Sollte auf Ihrem Rechner bereits ein Programm auf diesen Port hören, müssen Sie zuvor mit dem Programm **changeport.bat** den Port des Cloud Connectors ändern. Nachdem der Cloud Connector gestartet ist, können Sie in einem Browser die URL *https://local-*

host:8443 aufrufen (wir nutzen hierfür Google Chrome). Der Browser zeigt eine Warnseite, dass es sich um keine sichere Verbindung handelt (siehe Abbildung 24.11). Klicken Sie auf den Button **Erweitert** und anschließend auf **weiter zu localhost (unsicher)**.

Abbildung 24.10 Dateien und Ordner des Cloud Connectors

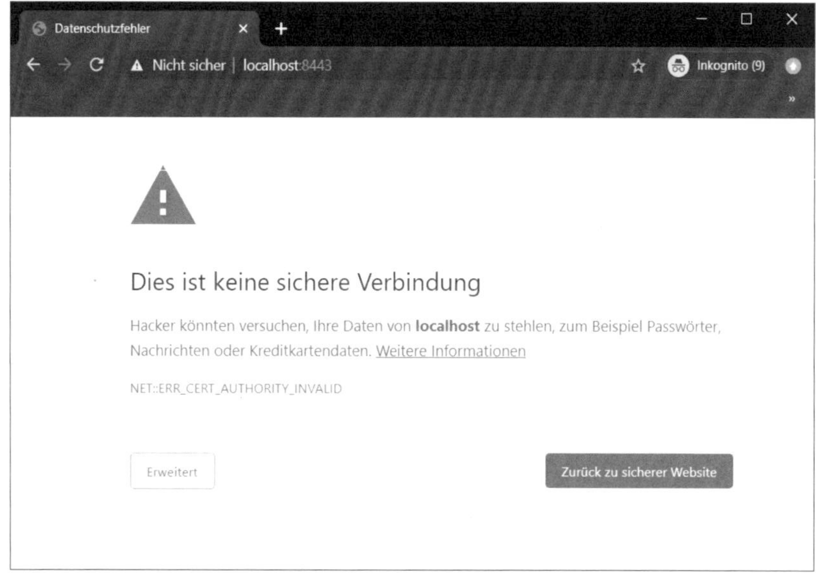

Abbildung 24.11 Warnhinweis

Login für den Cloud Connector

Sie gelangen so auf die Login-Seite des Cloud Connectors (Abbildung 24.12). Geben Sie dort in das Feld **User Name** den Wert »Administrator« und in das Feld **Password** das initiale Passwort »manage« ein, und bestätigen Sie mit **Login**.

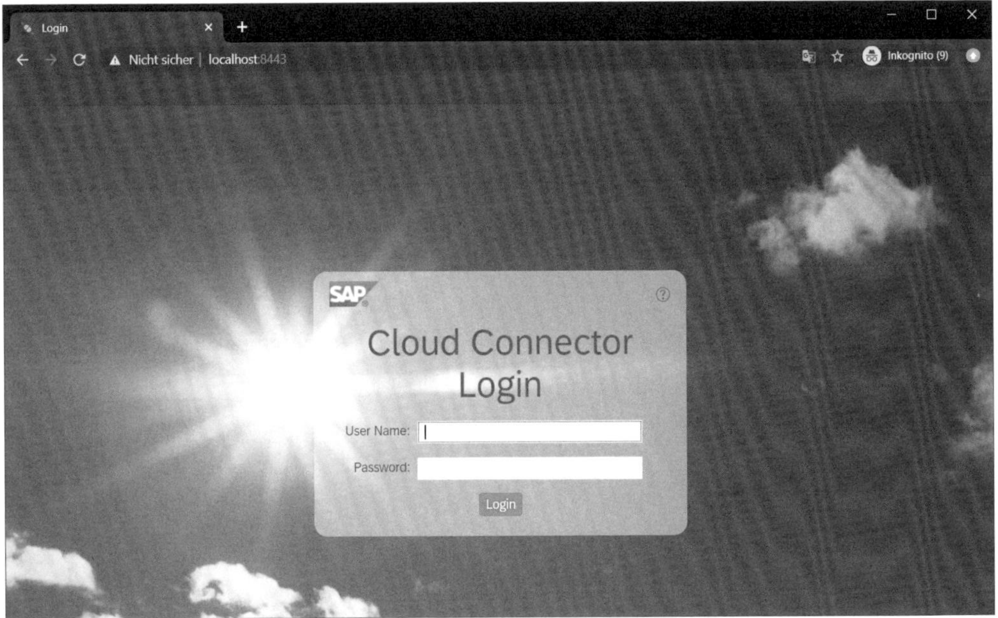

Abbildung 24.12 Login-Maske des Cloud Connectors

Nach der erfolgreichen Anmeldung müssen Sie das initiale Passwort des Benutzers *Administrator* überschreiben. Geben Sie hierfür in das Feld **Current Password** den Wert »manage« ein, und legen Sie über das Feld **New Password** ein neues Passwort für den Nutzer Administrator fest. Wiederholen Sie die Eingabe des neuen Passworts im Feld **Repeat New Password**. Bestätigen Sie Ihre Eingaben mit einem Klick auf **Save** (siehe Abbildung 24.13).

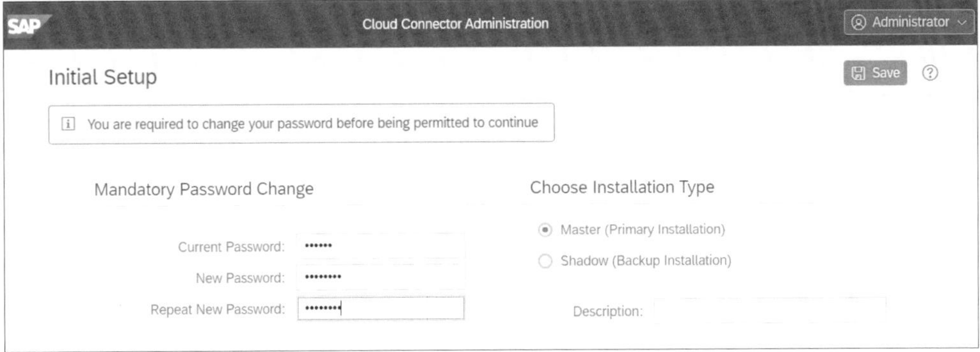

Abbildung 24.13 Das initiale Setup des Cloud Connector

Nach dem Speichern wird die Seite zur Konfiguration des sogenannten *Subaccounts* geladen. Wählen Sie aus der Liste der Regionen die für Sie relevante aus. In unserem Beispiel nutzen wir die SAP-Neo-Landschaft von SAP. Daher wählen wir aus der Liste der verfügbaren Data Center das Data Center aus, auf dem Ihr globaler Account läuft. Geben Sie im Feld **Subaccount** den Namen des Subaccounts ein, mit dem Sie die entsprechende Cloud-Connector-Verbindung aufbauen wollen. Sie erhalten die Information, wie der Subaccount lautet, direkt über die SAP Cloud Platform. Melden Sie sich hierzu an der SAP Cloud Platform an, und entnehmen Sie die Information den Account-Details (siehe Abschnitt 24.2.3). Wir geben des Weiteren den Namen unseres Subaccount-Users und das Passwort ein. Achten Sie darauf, dass der Nutzer auf der SAP Cloud Platform die nötigen Berechtigungen besitzt.

Nachdem die Verbindung zwischen dem Cloud Connector und der SAP Cloud Platform erfolgreich hergestellt wurde, erhalten wir, wie in Abbildung 24.14 gezeigt, eine Übersicht des aktuell aktiven Subaccounts.

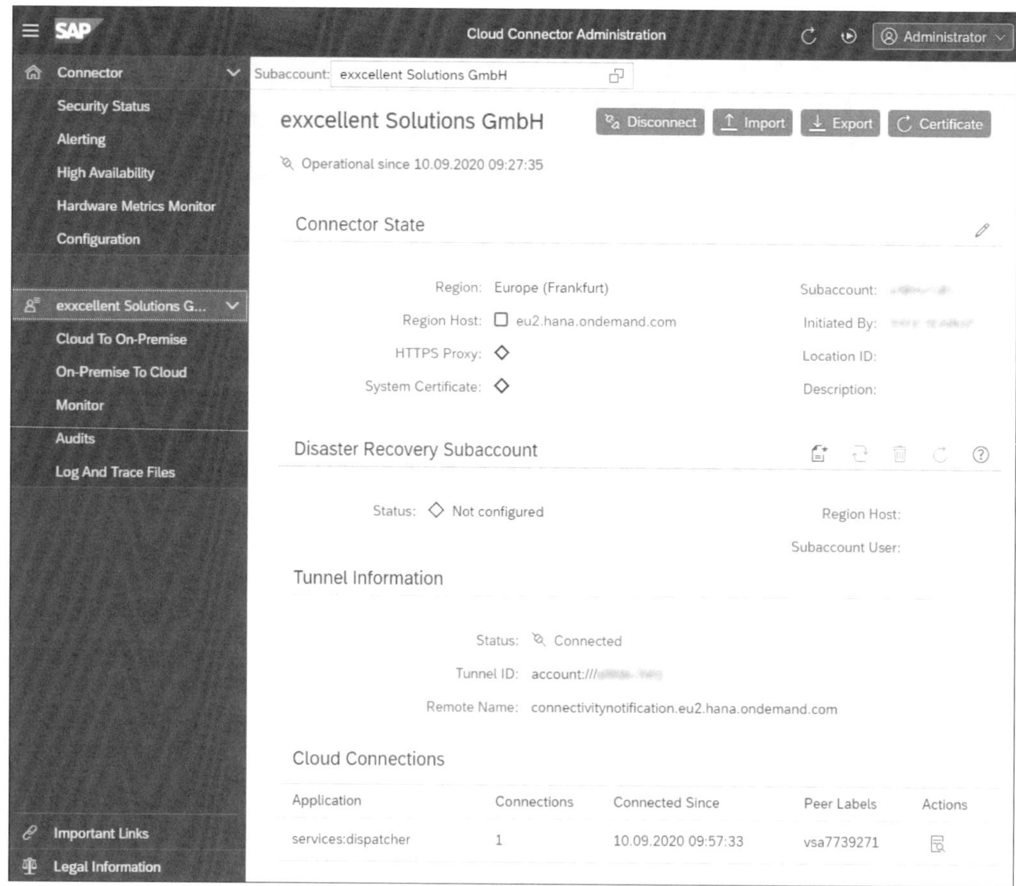

Abbildung 24.14 Übersicht über einen aktiven Subaccount im Cloud Connector

Im nächsten Schritt müssen Sie die Verbindung zwischen dem SAP Cloud Connector und Ihrem SAP-System konfigurieren. Hierzu klicken Sie in der Subaccount-Übersicht des Cloud Connectors im Menüband auf der linken Seite auf den Menüeintrag **Cloud To On-Premise**. Es wird die Übersichtsseite der **Cloud To On-Premise**-Systeme gezeigt. Über diese Seite werden Mappings von virtuellen Systemen zu echten Systemen verwaltet. Virtuelle Systeme ergeben sich aus der Kombination eines virtuellen Systembezeichners und eines virtuellen Ports. Beides ist virtuell, da sie frei erfunden werden. Natürlich sollte es in einem Unternehmen entsprechende Vorgaben und Regeln für die Bezeichnung geben, aber im Grunde sind es Fantasiebezeichner. Diese virtuellen Systeme werden mit echten SAP-Systemen verknüpft. Nach außen, in Richtung der SAP Cloud Platform, sind nur die virtuellen Bezeichner sichtbar und im Gebrauch. Echte Namen von Systemen kommen nicht vor, außer Sie verwenden sie für die virtuellen Namen.

Verbindung herstellen

Da wir bis jetzt noch kein System gepflegt haben, ist die Übersicht leer. Klicken Sie nun für die Konfiguration eines neuen Systems auf den Button mit dem Plus-Symbol direkt über der Tabelle. Es erscheint ein Dialog zur Auswahl des Systemtyps, der angelegt werden soll. Wir wählen aus der Liste der verfügbaren Systemtypen den Typ **ABAP-System** aus und bestätigen den Dialog mit **Next**. Im nächsten Dialogschritt müssen Sie festlegen, welches Protokoll genutzt werden soll. Wir wählen **https** aus und bestätigen wieder mit **Next**. Sie müssen nun, wie in Abbildung 24.15 gezeigt, den internen Host-Namen sowie den internen Port wählen, über den Sie Ihr SAP-System erreichen.

Anlegen einer Systemkonfiguration

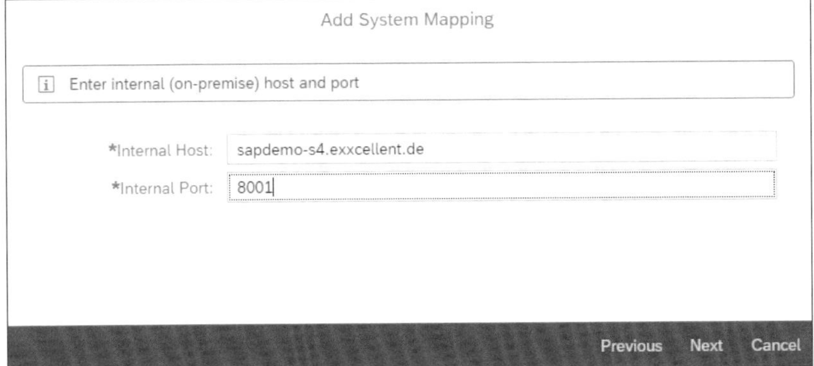

Abbildung 24.15 Host und Port des On-Premise-Systems

Nachdem Sie die Werte eingegeben haben, klicken Sie auf **Next**. Im erscheinenden Dialog geben Sie in das Feld **Virtual Host** den Wert »demosystem«

Principal Type auswählen

ein und im Feld **Virtual Port** den Wert »4000«). Wie geschildert handelt es sich hier um frei wählbare Werte. Bestätigen Sie mit **Next**. Nun müssen Sie den sogenannten *Principal Type* auswählen. Da wir keine gesonderte Sicherheitskonfiguration nutzen, belassen wir den Eintrag auf **None** und bestätigen den Dialog mit **Next**.

Verwendung eines virtuellen Hosts

Als Nächstes müssen Sie angeben, welcher Host-Name im Request-Header mitgeschickt werden soll. Mit dieser Option können Sie festlegen, welcher Host im Host-Header verwendet wird, der an den Zielserver gesendet wird. Wenn Sie **Use Virtual Host** wählen, wird der tatsächliche Host-Name verwendet. Bei Auswahl von **Use Virtual Host** wird der virtuelle Host verwendet. Im ersten Fall wird der virtuelle Host weiterhin über den X-Forwarded-Host-Header gesendet.

Wir wählen, wie ein Abbildung 24.16 gezeigt, den Wert **Use Virtual Host** aus und bestätigen mit **Next**.

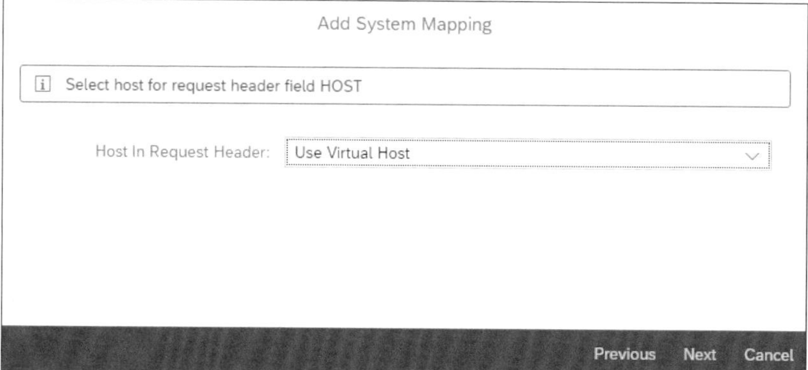

Abbildung 24.16 Angabe des Host-Bezeichners im Header

Danach können Sie noch eine Beschreibung für Ihr System hinterlegen. In unserem Beispiel lassen wir die Beschreibung leer und bestätigen den Dialog wieder mit **Next**.

Den Abschluss macht der in Abbildung 24.17 gezeigte Dialog. Er zeigt eine Zusammenfassung der wichtigsten Konfigurationsinformationen. Bevor Sie den Dialog mit *Finish* bestätigen, wählen Sie **Check Internal Host** aus. Hiermit wird direkt nach dem Speichern der Konfiguration geprüft, ob das interne System über die Konfiguration erreichbar ist.

Beenden Sie den Dialog mit **Finish**. Wie in Abbildung 24.18 gezeigt, wird nun das Mapping dargestellt. In unserem Beispiel war die Verbindungsüberprüfung erfolgreich.

Add System Mapping

Summary

Protocol: HTTPS (None)

Internal: sapdemo-s4.exxcellent.de:8001

Virtual: demosystem:4000

Check Internal Host: ☑

Previous Finish Cancel

Abbildung 24.17 Zusammenfassung der Konfiguration

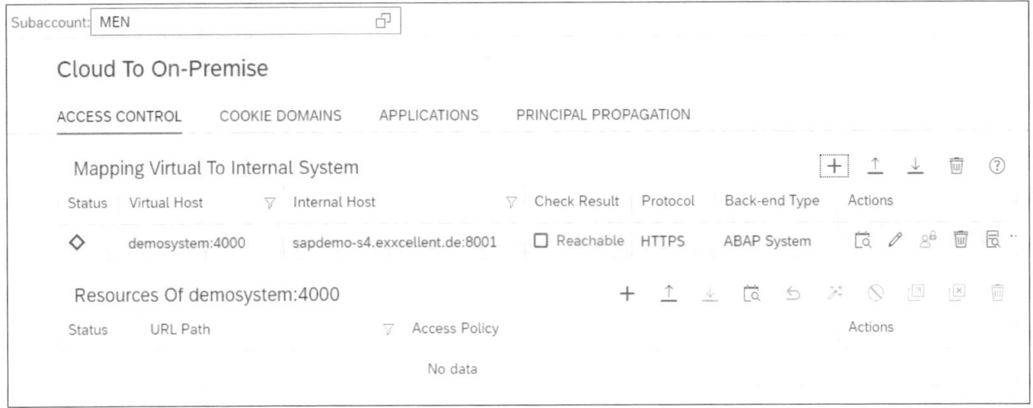

Abbildung 24.18 Konfigurationsübersicht

Ressourcen freigeben

Nachdem Sie die Verbindung konfiguriert haben, müssen Sie noch festlegen, welche Ressourcen des SAP-Systems über die Cloud-Connector-Verbindung erreichbar sein sollen. Um genau zu sein, müssen Sie angeben, welche ICF-Knoten des SAP-Systems erreicht werden sollen.

Klicken Sie für die Konfiguration auf das Plus-Symbol über der Tabelle mit der Überschrift **Resources Of demosystem:4000**. Wir geben, wie in Abbildung 24.19 gezeigt, der Einfachheit halber in das Feld **URL Path** den Wert »/sap« ein und wählen den Auswahlpunkt **Path and All Sub-Paths** aus. Hiermit geben wir an, dass wir alle ICF-Knoten, die über */sap* erreichbar sind, über die eben konfigurierte Verbindung erreichbar machen wollen.

Nachdem wir den Dialog mit **Save** bestätigt haben, zeigt sich die in Abbildung 24.20 gezeigte Konfiguration.

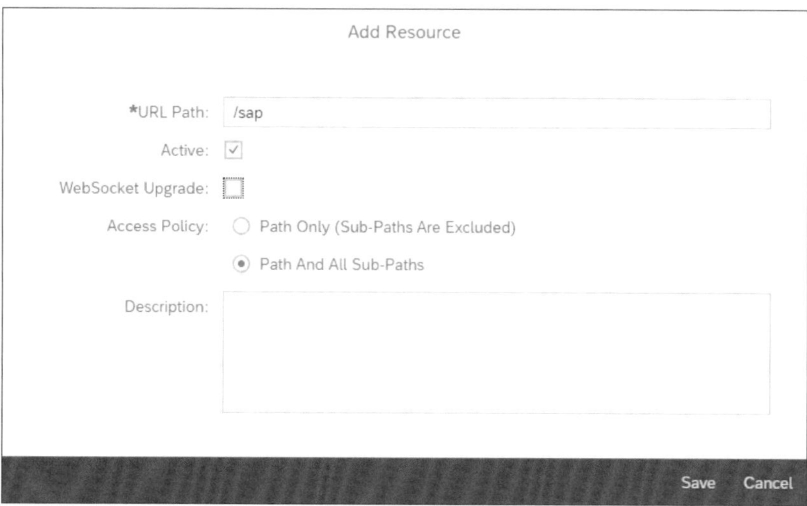

Abbildung 24.19 Konfiguration der verfügbaren Ressourcen

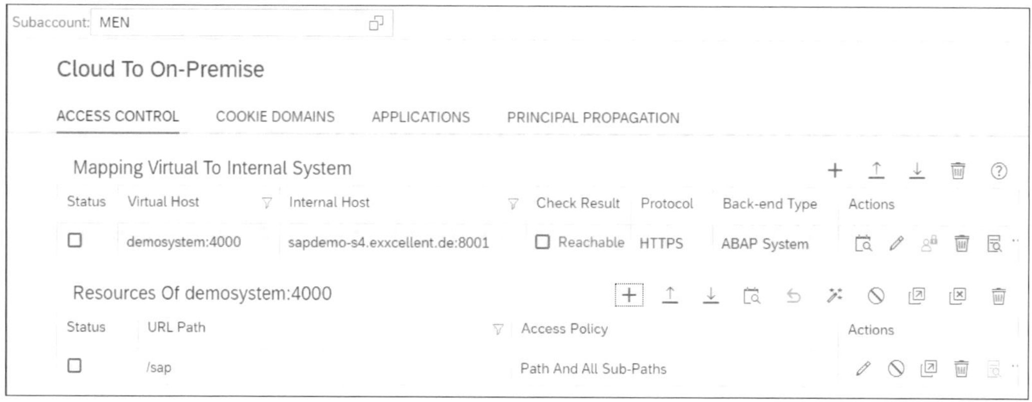

Abbildung 24.20 Vollständige Konfiguration eines Cloud-To-On-Premise-Systems

24.2.3 Konfiguration der Destination auf der SAP Cloud Platform

Nach der Konfiguration des Cloud Connectors müssen Sie als Nächstes dafür sorgen, dass Sie das konfigurierte System auch auf der SAP Cloud Platform nutzen können. Hierzu melden Sie sich zunächst an der SAP Cloud Platform an.

Rufen Sie im Browser die URL *https://hana.ondemand.com* auf. Melden Sie sich mit Ihrem Cloudbenutzer an. Sie erhalten ähnlich wie in Abbildung 24.21 gezeigt eine Übersicht über alle globalen Accounts, denen Ihr Benutzer zugewiesen ist.

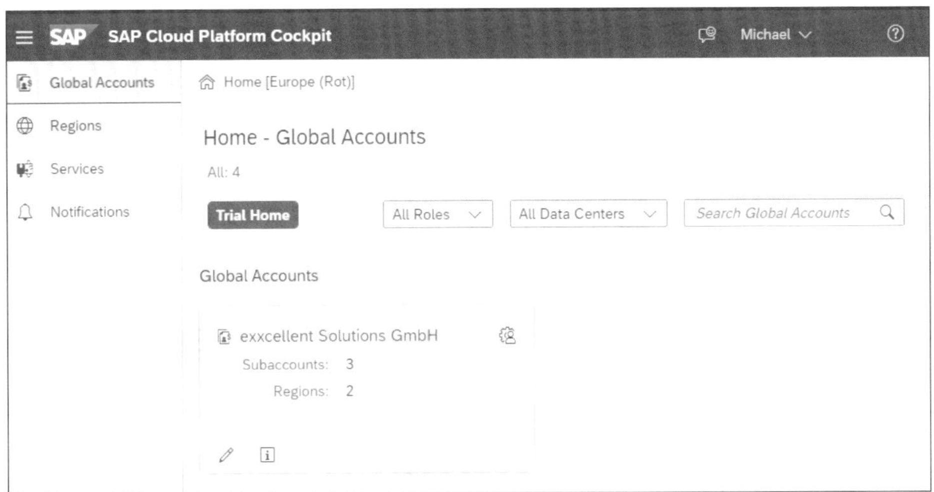

Abbildung 24.21 Übersicht über die globalen Accounts

Wählen Sie im Anschluss den globalen Account aus, wodurch Sie in die Übersicht der Accounts gelangen. Rufen Sie als Nächstes im Menüband den Eintrag **Subaccounts** auf. Sie erhalten wie in Abbildung 24.22 gezeigt alle Subaccounts dargestellt, die im globalen Account enthalten sind.

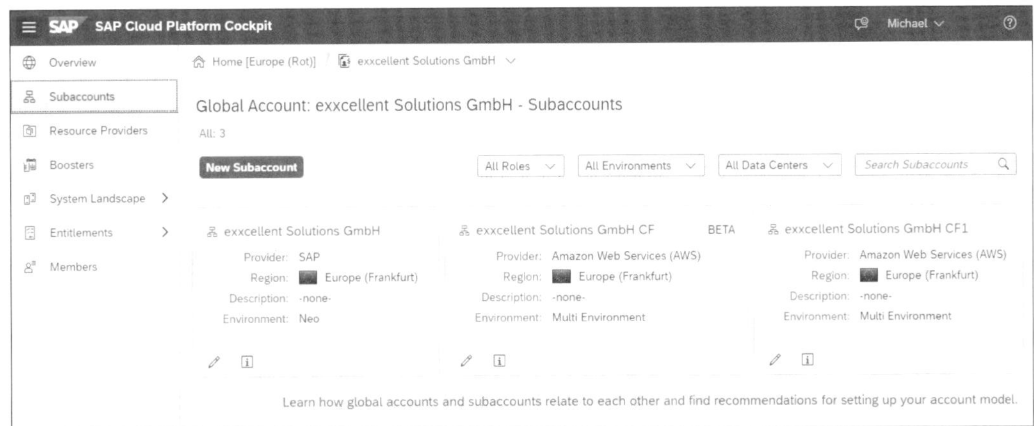

Abbildung 24.22 Übersicht über die verfügbaren Subaccounts

Technischer Name des Subaccounts

Durch einen Klick auf [i] erhalten Sie Details über den Subaccount. Für den Cloud Connector verwenden Sie den hier angezeigten technischen Namen Ihres Subaccounts.

Nachdem die Seite geladen wurde, befinden Sie sich im SAP Cloud Platform Cockpit. Rufen Sie den globalen Account Ihres Unternehmens auf.

Überprüfung der Cloud-Connector-Verbindung

Zunächst wollen wir prüfen, ob der Cloud Connector erfolgreich mit der SAP Cloud Platform verbunden ist. Hierzu klicken Sie auf den im linken Menü dargestellten Eintrag **Connectivity** und im Anschluss auf den Eintrag **Cloud Connectors**. Sie erhalten wie in Abbildung 24.23 gezeigt eine Liste der verbundenen Cloud Connectors. Wie Sie der Abbildung entnehmen können, wurde unser System erfolgreich mit der SAP Cloud Platform verbunden.

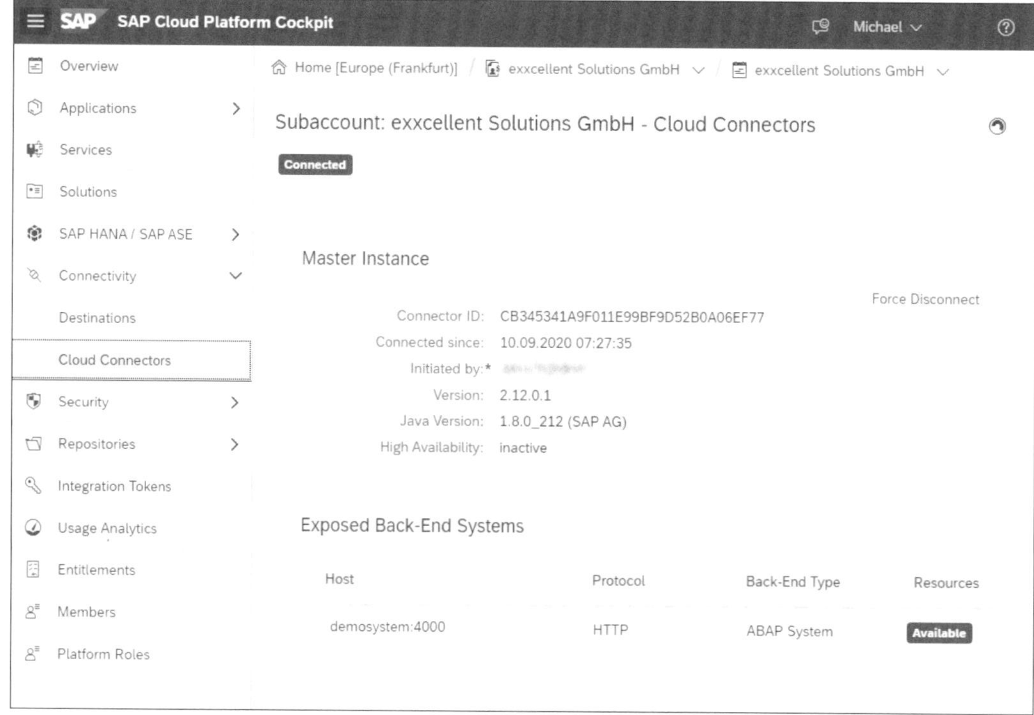

Abbildung 24.23 Übersicht über die verbundenen Systeme

Konfiguration einer Destination

Im Anschluss an die Prüfung der SAP-Cloud-Connector-Verbindung wollen wir eine Destination konfigurieren. Hierzu klicken Sie im Menü auf **Destinations**. Es erscheint eine Übersicht über die aktuell verfügbaren Destinationen.

Anlegen einer neuen Destination

Um eine neue Destination anzulegen, klicken Sie auf **New Destination**. Geben Sie zunächst in das Feld **Name** den Wert »UI5-Handbuch« und in das Feld **URL** den Wert »https://demosystem:4000« ein (siehe Abbildung 24.24). Hierbei handelt es sich um die URL des virtuellen Systems, das Sie zuvor im SAP Cloud Connector angelegt haben. Des Weiteren wählen Sie als **Proxy Type** den Wert **OnPremise** aus. Die restlichen Werte können Sie in der Vorbelegung belassen.

Abbildung 24.24 Anlegen einer neuen Destination

Zusätzliche Eigenschaften konfigurieren

Nun legen Sie zwei Eigenschaften für die Destination fest. Sie müssen angeben, ob die Destination über die SAP Web IDE genutzt werden darf. Hierzu klicken Sie auf den Button **New Property**, wählen aus der Liste den Wert **WebIDEEnabled** aus und geben in das Textfeld daneben den Wert »true« ein. Als Nächstes müssen Sie festlegen, welche Dienste die SAP Web IDE über die Destination ausführen darf. Klicken Sie erneut auf **New Property**, und wählen Sie aus der Liste den Wert **WebIDEUsage**. In das danebenstehende Textfeld geben Sie die folgende kommaseparierte Werteliste ein: »dev_abap,ui5_execute_abap,odata_abap«. Die Aufschlüsselung der Werte finden Sie in Tabelle 24.1.

Usage-Typ	Beschreibung
odata_abap	Ermöglicht die Nutzung der OData-Funktionalität in SAP Gateway.
dev_abap	Ermöglicht es, Erweiterungen zu implementieren und die entwickelten SAPUI5-Anwendungen auf dem SAPUI5-ABAP-Repository zu deployen.
ui_execute_abap	Wird gesetzt, damit SAPUI5-Anwendungen auf dem SAPUI-ABAP-Repository ausgeführt werden können. Dies ist auch wichtig, wenn Sie eine bestehende Fiori-Anwendung erweitern wollen.

Tabelle 24.1 Usage-Typen und ihre Bedeutung

Verbindungstest

Nachdem Sie die zusätzlichen Eigenschaften gesetzt haben, klicken Sie auf **Save**. Im Anschluss prüfen Sie den Status der Konfiguration, indem Sie auf **Check Connection** klicken. Wir erhalten, wie in Abbildung 24.25 gezeigt, eine positive Rückmeldung.

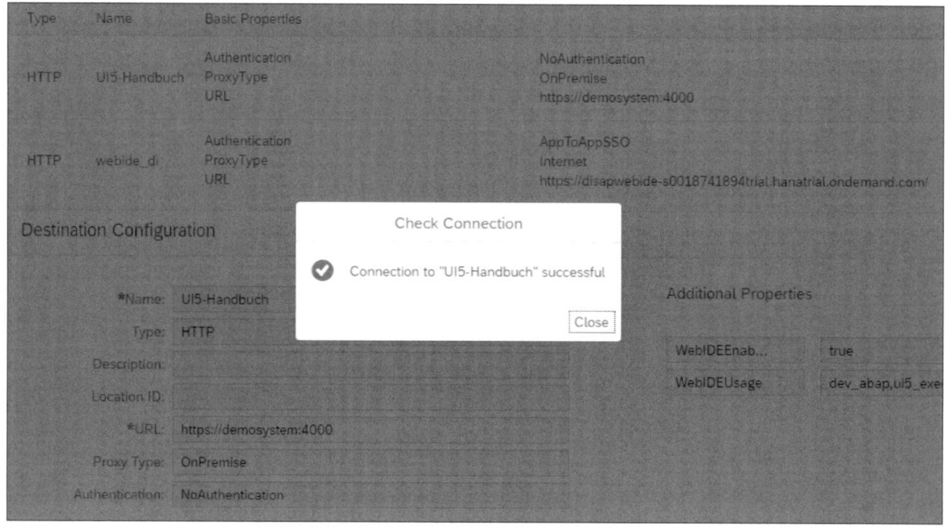

Abbildung 24.25 Erfolgreicher Verbindungstest

24.2.4 Implementieren einer Anwendung

Nachdem Sie die Verbindung erfolgreich getestet haben, wenden wir uns in diesem Abschnitt der Implementierung einer Anwendung zu. Starten Sie hierfür die SAP Web IDE. Wie bereits erläutert, ist die SAP Web IDE ein Service der SAP Cloud Platform. Klicken Sie im Menü auf **Services**, und geben Sie in das Filterfeld beispielsweise den Wert »web« ein. Sie erhalten nur noch die SAP Web IDE angezeigt (siehe Abbildung 24.26).

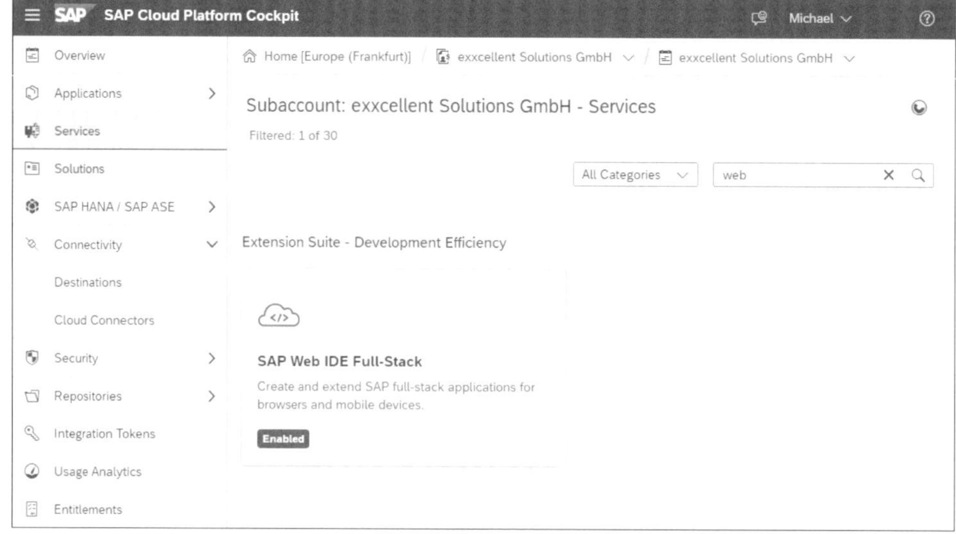

Abbildung 24.26 Die SAP Web IDE auf der SAP Cloud Platform

Klicken Sie auf die dargestellte Kachel. Sie gelangen in die Servicedetails der SAP Web IDE. Klicken Sie auf den Link **Go To Service**, um die SAP Web IDE zu starten.

Es öffnet sich ein neues Browserfester. Um in die Entwicklungswerkzeuge der SAP Web IDE zu gelangen, klicken Sie auf das zweite Icon auf der linken Seite (siehe Abbildung 24.27).

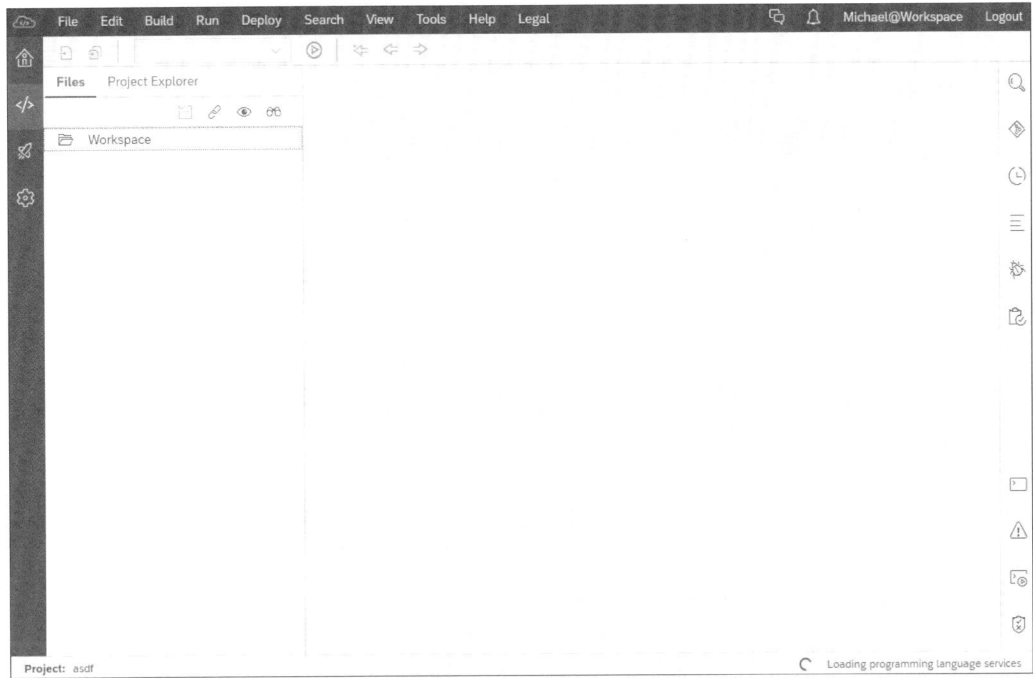

Abbildung 24.27 Die Entwicklungswerkzeuge der SAP Web IDE

Anlegen eines SAP-Web-IDE-Projekts

Nachdem Sie in den vorangegangen Kapiteln sehr viel SAPUI5-Code implementieren mussten, wollen wir nun den Vorteil der SAP-eigenen Entwicklungsumgebung nutzen und eine der vielen Projektvorlagen der SAP Web IDE für die Implementierung einer Master-Detail-Anwendung verwenden.

Klicken Sie auf **File • New • Project from Template**. Sie erhalten eine vorgefilterte Liste mit Vorlagen (siehe Abbildung 24.28).

Auswahl des Templates

Ändern Sie zunächst die vorausgewählte SAPUI5-Version in **Version 1.60**. Im Anschluss wählen Sie das Projekttemplate **SAP Fiori Master-Detail-Application** und klicken auf **Next**.

Geben Sie nun die in Tabelle 24.2 dargestellten Projektdetails ein. Bestätigen Sie den Dialog im Anschluss mit **Next**.

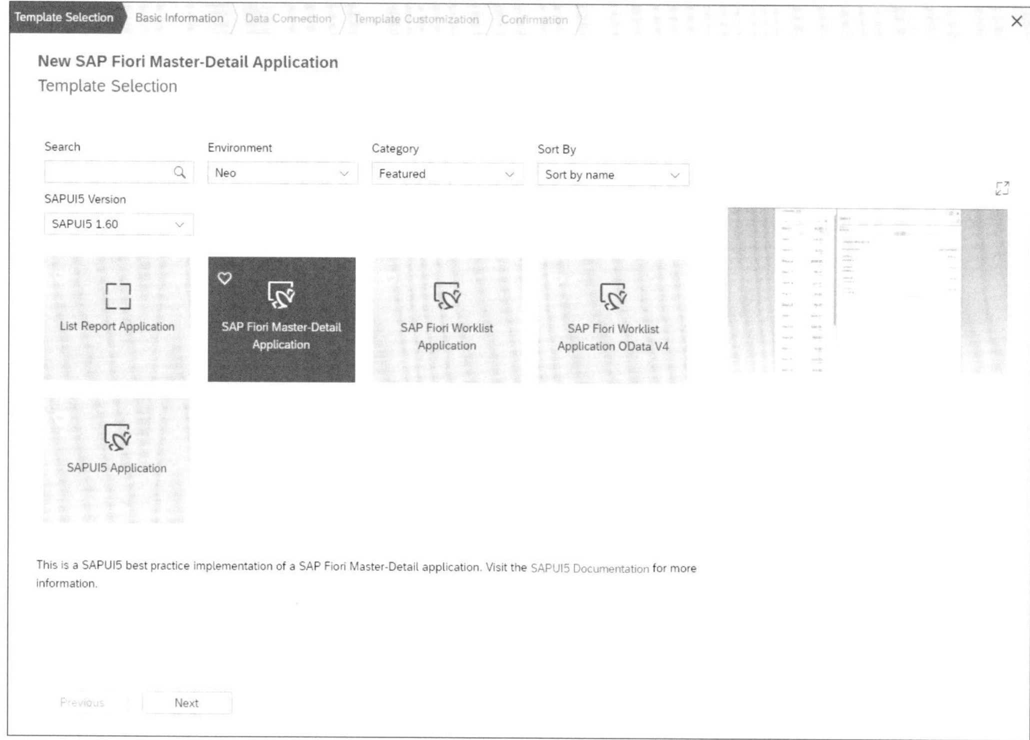

Abbildung 24.28 Projektvorlagen der SAP Web IDE

Eigenschaft	Wert
Project Name	»fiori«
Title	»Beispielanwendung«
Namespace	»de.ui5buch«

Tabelle 24.2 Projektdetails

Auswahl des OData-Dienstes

Sie werden aufgefordert, die Datenquelle auszuwählen, über die die Anwendung ihre Daten und gegebenenfalls Funktionen erhält. Wir wählen aus der Liste die von uns konfigurierte Destination **UI5-Handbuch** aus. Das System fragt Sie nach einem Benutzernamen und dem Passwort. Nachdem Sie diese eingegeben haben, erscheint der in Abbildung 24.29 gezeigte Dialog. Es werden Ihnen alle auf dem entsprechenden SAP-System verfügbaren OData-Dienste angeboten.

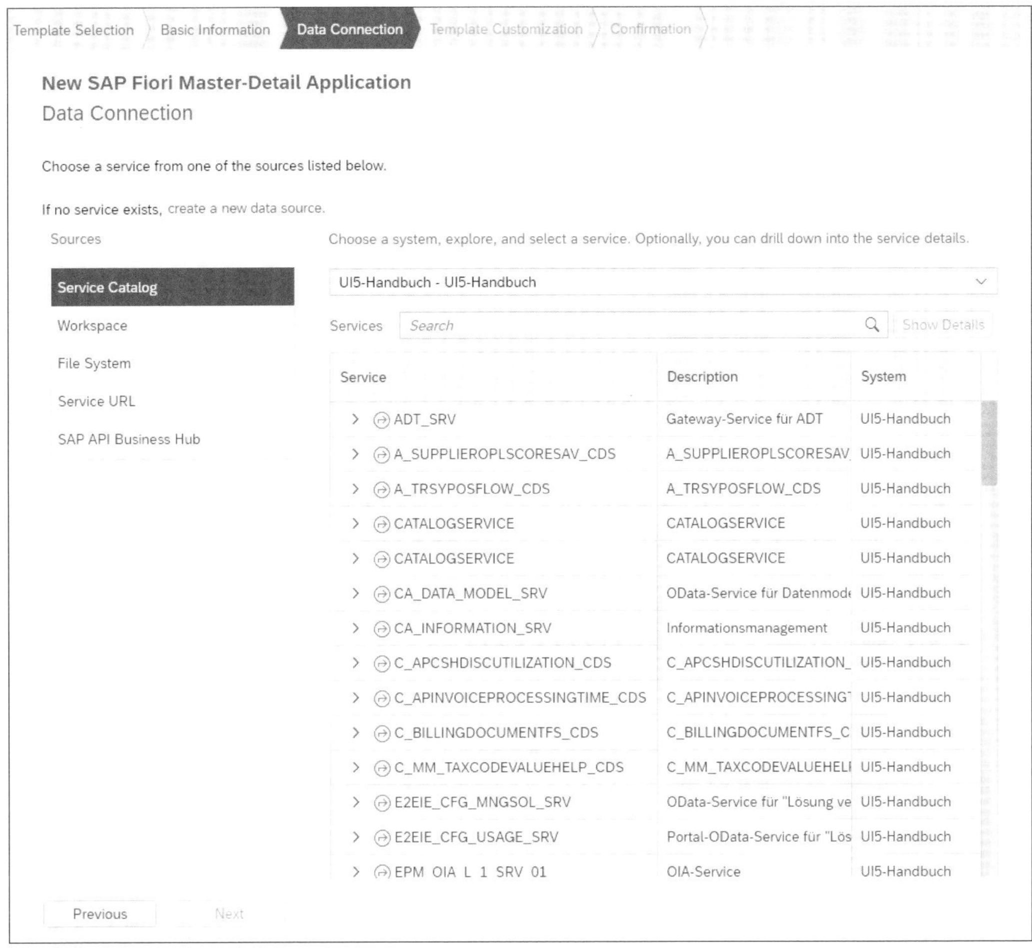

Abbildung 24.29 Übersicht über die verfügbaren OData-Dienste

Details des OData-Dienstes

Geben Sie in das Suchfeld **Services** den Wert »gws« ein. Nachdem die Liste der Dienste aufgefrischt wurde und der Service *GWSAMPLE_BASIC* in der Liste angezeigt wird, können Sie den Knoten expandieren und erhalten wie in Abbildung 24.30 gezeigt weitere Details über die von dem Service zur Verfügung gestellten Felder und Abhängigkeiten. Nachdem Sie die Servicedetails eingesehen haben, stellen Sie sicher, dass der Service ausgewählt ist, und klicken auf **Next**.

Befüllen der Master-Detail-Template-Eigenschaften

Im nächsten Dialogschritt müssen Sie das Projekt-Template für die Master-Detail-Anwendung mit den gewünschten Eigenschaften des OData-Dienstes verbinden. Hierzu wählen Sie wie in Abbildung 24.31 gezeigt die entsprechenden Eigenschaften aus. Zusätzlich setzen wir für die Eigenschaft **App Type** den Wert auf **Standalone App (optimized for individual deployment)**.

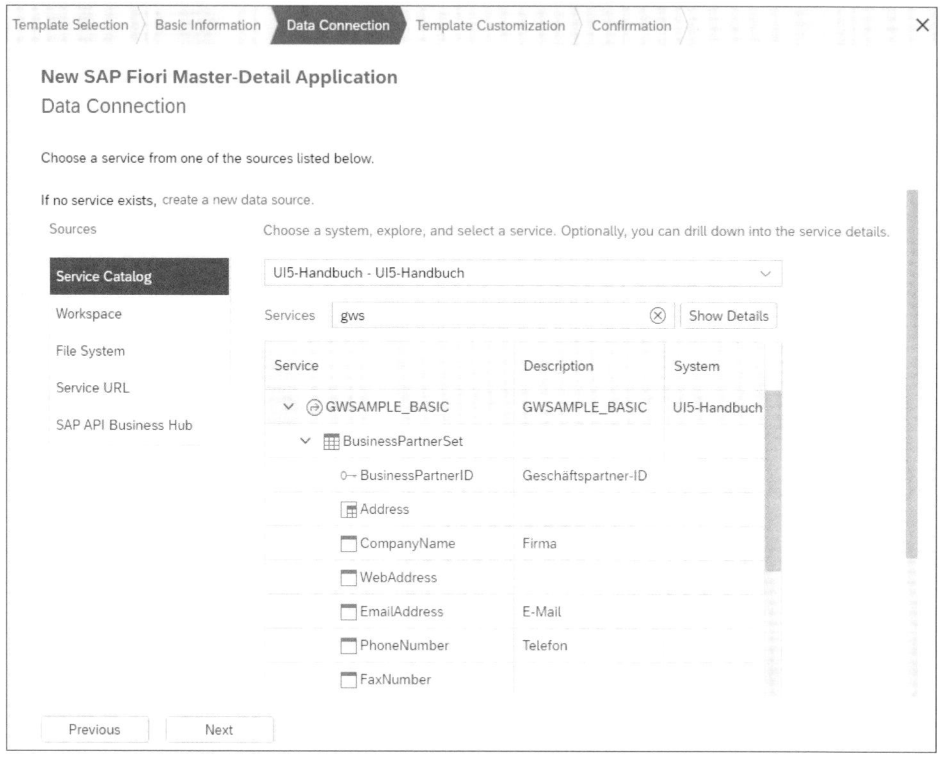

Abbildung 24.30 Der OData-Service »GWSAMPLE_BASIC«

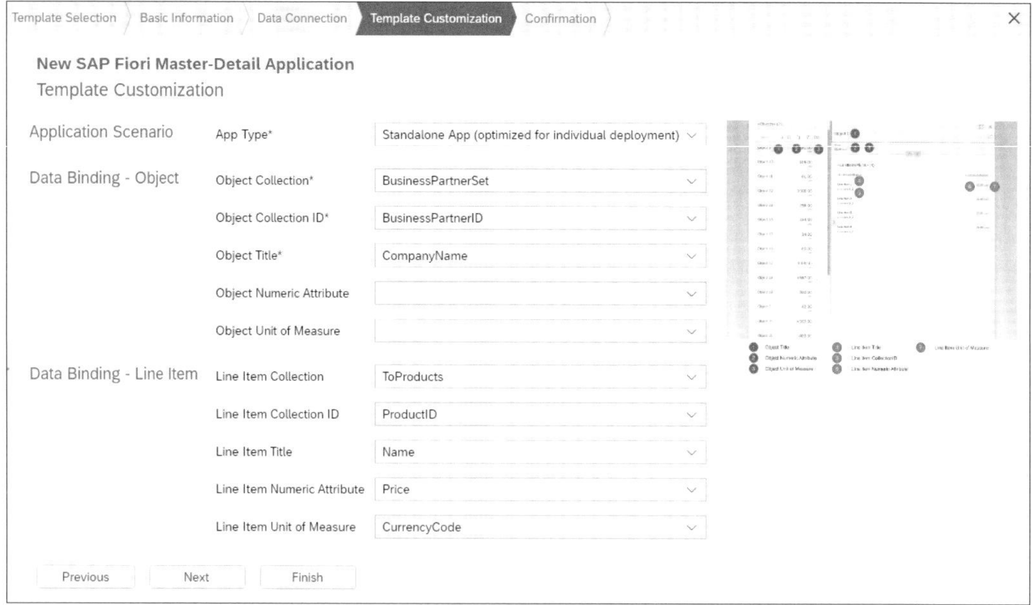

Abbildung 24.31 Konfiguration des Master-Detail-Templates

Nachdem Sie die Felder ausgefüllt haben, klicken Sie auf **Finish**. Die SAP Web IDE legt nun das Projekt an. Danach können Sie sich, wie in Abbildung 24.32 gezeigt, die Struktur und die Implementierung ansehen. Wie Sie erkennen werden, finden Sie vieles von dem, was wir in den vorangegangenen Kapiteln besprochen haben, hier wieder.

Abbildung 24.32 Das generierte Projekt in der SAP Web IDE

Anpassen der Artefakte – Layout Editor

Wenn Sie möchten, können Sie die genierten Codefragmente nun manuell anpassen. Die SAP Web IDE bietet auch einen sogenannten *Layout Editor* für das grafische Bearbeiten von Views an. Er ist nur für XML-Views verfügbar. Wählen Sie eine View aus, und rufen Sie aus dem Kontextmenü **Open Layout Editor** auf. Sie können nun einfach neue UI-Controls auf der View platzieren und Eigenschaften von Controls ändern.

Testen der Anwendung

Nachdem das Projekt erstellt ist, wollen wir die Anwendung testen. Wählen Sie hierzu die Datei **index.html** aus, und rufen Sie aus dem Kontextmenü **Run • As Web Application** auf. Es öffnet sich ein neues Browserfenster, und die Anwendung wird gestartet (siehe Abbildung 24.33).

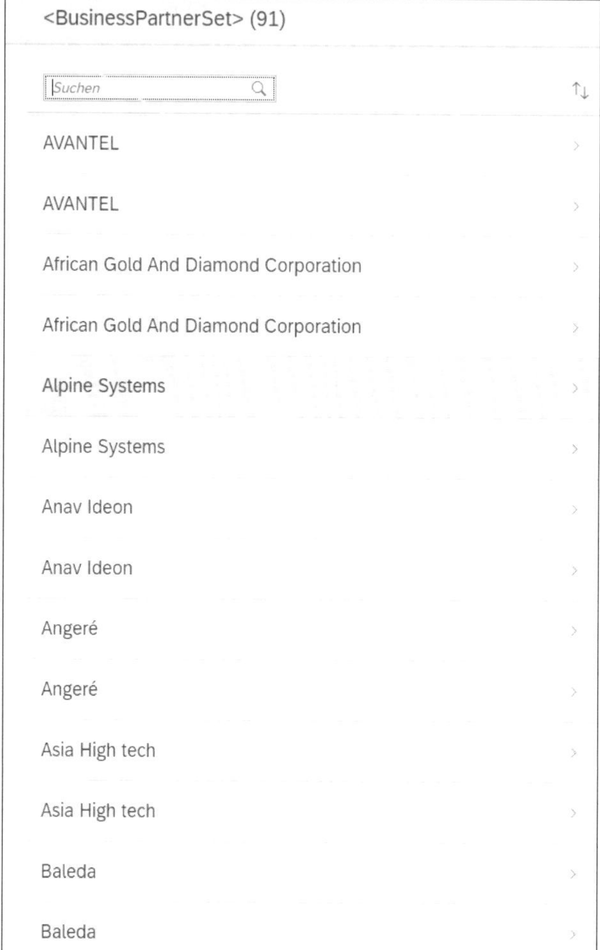

Abbildung 24.33 Startbildschirm der neuen Anwendung

[»]

Popup-Blocker

Beachten Sie, dass die Anwendung in einem neuen Reiter des Browsers gestartet wird. Möglicherweise verhindert Ihr Browser das Öffnen eines neuen Reiters. Sollte dies der Fall sein, müssen Sie das Öffnen eines neuen Reiters entsprechend erlauben und die Anwendung neu starten.

Wählen Sie nun einen Geschäftspartner aus. Die Details zum ausgewählten Geschäftspartner werden dargestellt. Wie Sie Abbildung 24.34 entnehmen können, wird bei dem genutzten Template das Flexible Column Layout verwendet.

SAPUI5-versionsabhängiger Code

Je nachdem, welche SAPUI5-Version zu Beginn beim Anlegen des Projekts ausgewählt wurde, wird entweder das Flexible Column Layout oder aber eine `sap.m.SplitApp`-basierte Implementierung generiert.

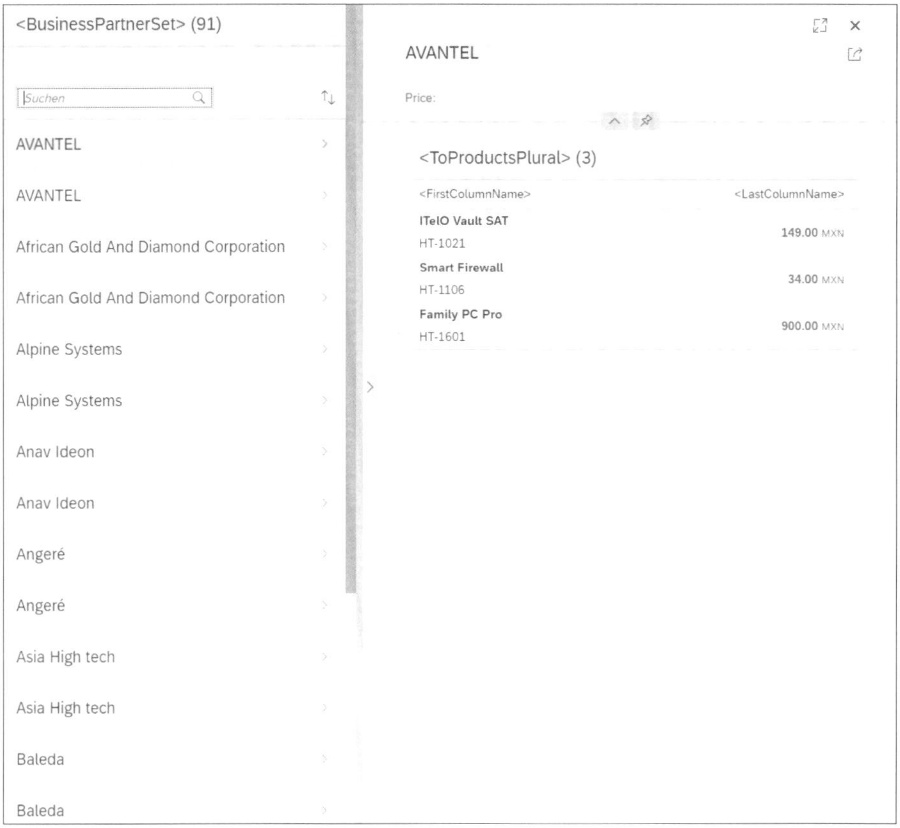

Abbildung 24.34 Flexible Column Layout zur Detaildarstellung

Bereitstellung der Anwendung

Deployen einer Anwendung mit der SAP Web IDE

Nachdem Sie die Anwendung fertiggestellt und über die SAP Web IDE getestet haben, wollen wir nun die Anwendung in unserer On-Premise-Landschaft bereitstellen. Dies geschieht über das sogenannte *Deployment*. Hierzu wählen Sie das Projekt aus und rufen aus dem Kontextmenü **Deploy • Deploy to SAPUI5 ABAP Repository** auf. Wählen Sie im erscheinenden Dialog das System aus, auf dem Sie die Anwendung deployen wollen, und stellen Sie sicher, dass die Option **Deploy a new application** ausgewählt ist. Bestätigen Sie den Dialog mit **Next**. Im nächsten Dialog müssen Sie den

Namen der Anwendung festlegen, so wie sie auf dem SAP-System bezeichnet werden soll. Wir geben in unserem Beispiel den Wert »UI5Buch« in das Feld **Name** ein und den Wert »Beispielanwendung« in das Feld **Description**. SAPUI5-Anwendungen werden, wie andere Artefakte auch, einem Paket auf dem SAP-System zugewiesen. Klicken Sie zur Paketauswahl den Button **Browse**, und wählen Sie ein Paket aus. Bestätigen Sie den Dialog mit **Next** (siehe Abbildung 24.35).

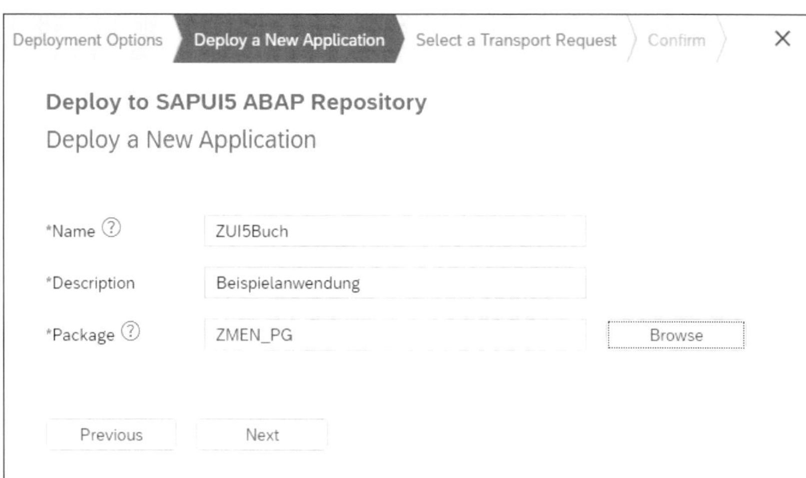

Abbildung 24.35 Eingabe der Anwendungsdetails

Wählen Sie einen Transportauftrag aus der Liste aus, oder legen Sie einen neuen an. Bestätigen Sie den Dialog mit **Next**. Starten Sie den Deploy-Vorgang im nächsten Dialog mit einem Klick auf **Finish**.

Prüfen des Deployments

Nachdem die Anwendung deployt ist, können Sie im SAP-System prüfen, ob das Deployment erfolgreich war. Melden Sie sich am SAP-System an, und rufen Sie die Transaktion SICF auf. Geben Sie in das Feld **Servicename** den Wert »*UI5BUCH*« ein, und klicken Sie auf **Anwenden**. Es werden Ihnen wie in Abbildung 24.36 gezeigt zwei ICF-Knoten angezeigt. Wählen Sie den Knoten unter **ui5_ui5/sap** aus, und rufen Sie aus dem Kontextmenü **Service testen** auf. Bestätigen Sie die Frage, ob die URL geöffnet werden darf. Es erscheint ein Browserfenster, das die Anwendung zeigt.

Integration in das SAP Fiori Launchpad

Nachdem Sie die Anwendung auf das angebundene SAP-System deployt haben, können Sie, falls gewünscht, die Anwendung in das SAP Fiori Launchpad integrieren. Welche Schritte hierzu notwendig sind, entnehmen Sie Abschnitt 24.5, »Integration in das SAP Fiori Launchpad«.

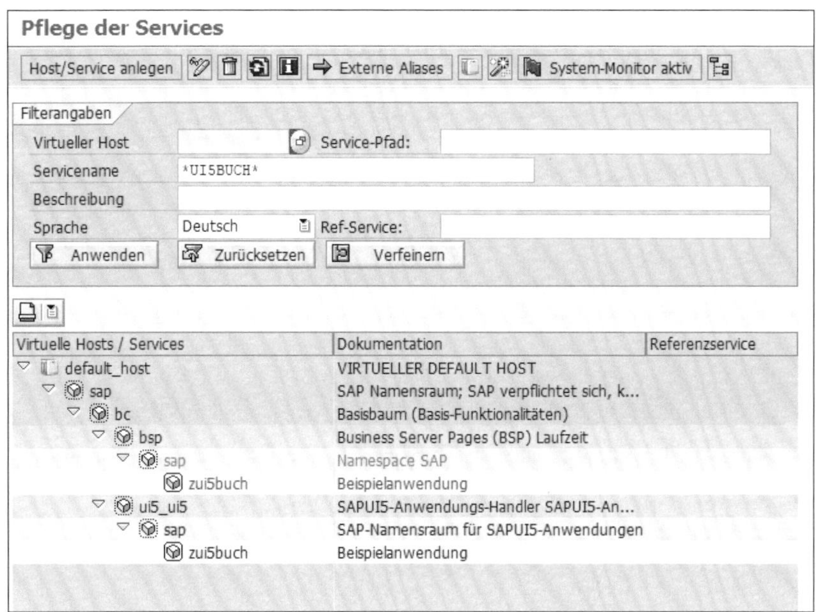

Abbildung 24.36 Die deployte Anwendung auf dem SAP-System

24.3 Fundamental Library Styles

SAP Fundamentals wird zu Fundamental Library Styles

Anwendungslandschaften in Unternehmen sind meist sehr heterogen. Es werden unterschiedlichste Technologien und Plattformen verwendet. SAPUI5 und S/4HANA mögen zwar bei vielen Unternehmen im Einsatz sein, allerdings gibt es auch Anwendungen, die nicht mit SAPUI5 implementiert sind. Dies kann unterschiedlichste Gründe haben, dennoch kann es passieren, dass Anwendungsbestandteile einer Applikation, die beispielsweise mit AngularJS implementiert wurden, in eine SAPUI5-Anwendung integriert werden sollen. In einem solchen Szenario ist es wünschenswert, dass die Integration so nahtlos wie möglich erfolgt: nicht nur technologisch betrachtet, sondern auch visuell. Ein technologiefremdes, nicht SAPUI5-basiertes Anwendungsartefakt muss genau so visualisiert werden wie die anderen SAPUI5-Anwendungsartefakte. SAP hat diese Notwendigkeit erkannt und bot mit *SAP Fundamentals* eine Sammlung von CSS-Klassen an. SAP Fundamentals wurde auf GIT unter *https://sap.github.io/fundamental* angeboten. Die Implementierung wurde mittlerweile als *deprecated* gekennzeichnet und durch die *Fundamental Library Styles* ersetzt (siehe Abbildung 24.37). In den folgenden Abschnitten geben wir Ihnen eine Einführung in die Arbeit mit den Fundamental Library Styles.

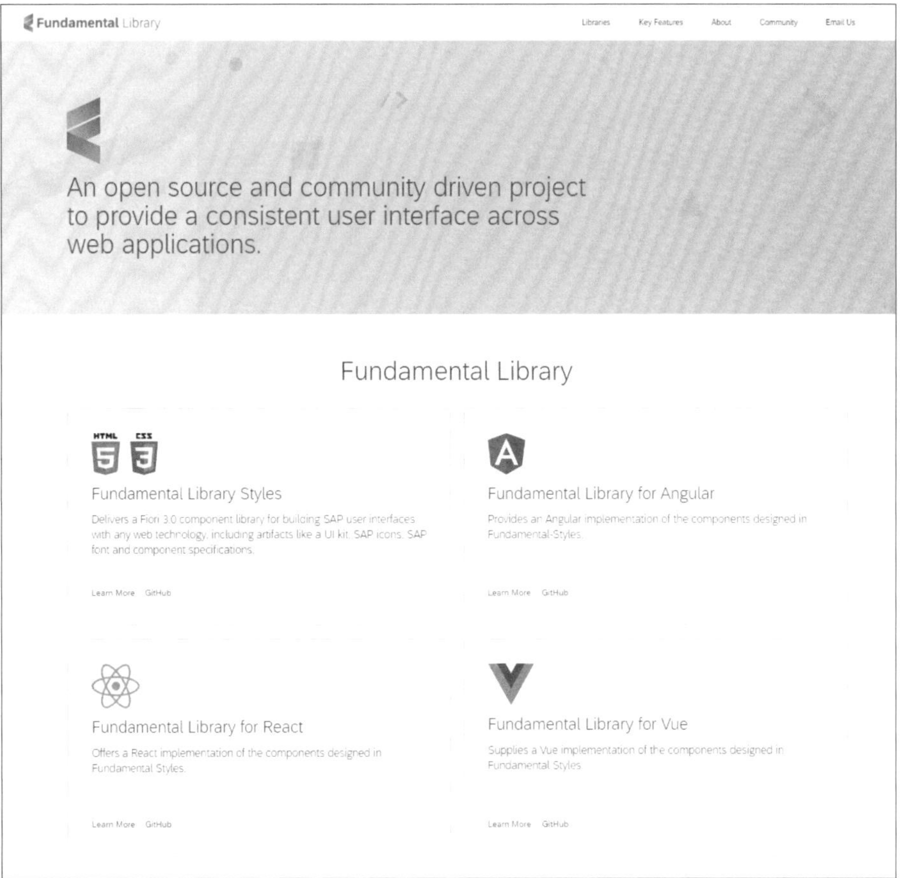

Abbildung 24.37 Die Fundamental Library Styles

24.3.1 Einführung

Bibliotheken Um einen breiten Markt zu erreichen, bietet SAP die Fundamental Library Styles über GitHub kostenfrei an. Sie erreichen das GitHub-Projekt über *https://sap.github.io/fundamental*. Aktuell (Stand Sommer 2020) werden folgende vier Bibliotheken angeboten:

- *Fundamental Library Styles*: für reine HTML-basierte Oberflächen
- *Fundamental Library for Angular*: für Anwendungen, die mit dem Angular-Framework implementiert wurden
- *Fundamental Library for React*: Anwendungen, die mit dem React-Framework implementiert wurden, können so mit einem SAP-Fiori-UI ausgestattet werden.
- *Fundamental Library for Vue*: für Anwendungen, die mit dem Vue-Framework implementiert wurden

Weiterführende Details zur Installation und Verwendung erhalten Sie auch direkt über *https://sap.github.io/fundamental-styles*.

24.3.2 Nutzung

Wie bereits beschrieben handelt es sich bei SAP Fiori Fundamental Styles um eine Sammlung von CSS-Klassen, die auf HTML-Elemente angewandt werden können. Wir werden Ihnen die Verwendung der CSS-Klassen mit reinem HTML zeigen, und Sie werden feststellen, dass die Verwendung sehr einfach ist. Die Namen der CSS-Klassen der CSS-Bibliothek starten alle mit dem Präfix `fd` und werden in unterschiedliche Kategorien unterteilt. Wie in Abbildung 24.38 gezeigt, werden die CSS-Klassen in die Kategorien *layouts*, *patterns* und *components* untergliedert, so dass Sie sehr einfach nach den jeweiligen CSS-Klasse und deren Verwendung suchen können. Die Dokumentation der Fundamental Library Styles unter *https://sap.github.io/fundamental-styles/* (siehe Abbildung 24.38) ist so gut, dass wir hier nur auf die Grundkonzepte eingehen wollen und nicht vollumfänglich die Möglichkeiten des Stylings besprechen.

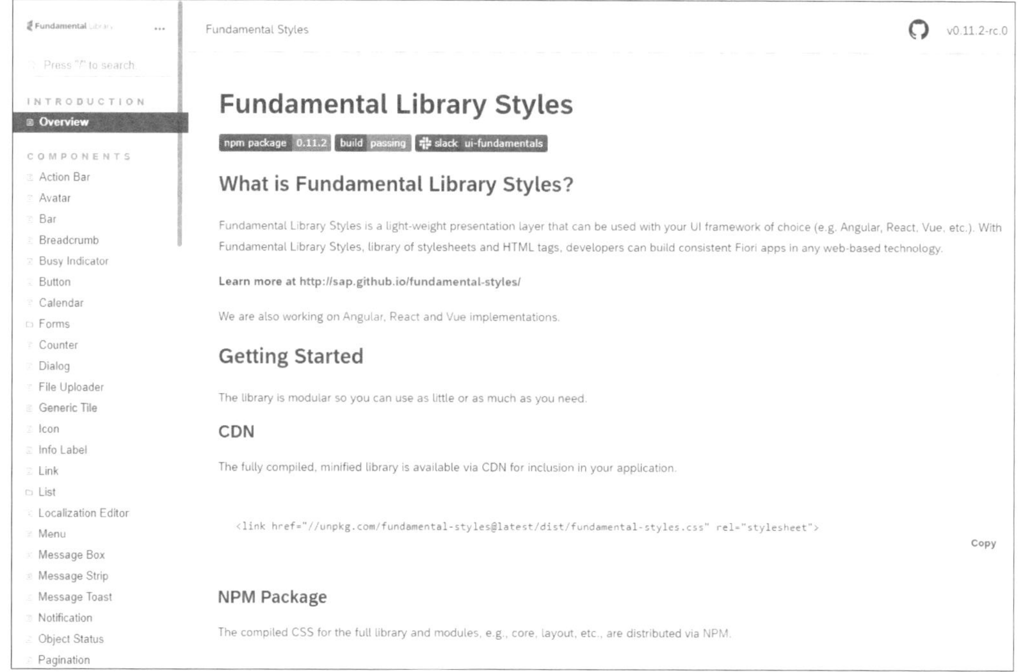

Abbildung 24.38 Die Dokumentation der Fundamental Library Styles

CSS-Bibliothek einbinden

Damit die Anwendung die CSS-Klassen nutzen kann, müssen Sie die CSS-Bibliothek im Zugriff haben. Die Bibliothek wird als npm-Modul bereitgestellt und kann somit lokal installiert oder über das Content Delivery Network (CDN) zur Laufzeit der Anwendung aus dem Internet bezogen werden (siehe Abbildung 24.38). In unserem Beispiel verwenden wir die CDN-Version der SAP Fiori Fundamental Styles. Wir betten daher die CSS-Referenz in eine Standard-HTML-Seite ein (siehe Listing 24.1).

```
<html>
  <head>
    <link rel="stylesheet" type="text/css"
      href="https://unpkg.com/fundamental-styles@0.8.1/dist/
      fundamental-styles.css">
  </head>
  <body>
  <body>
</html>
```

Listing 24.1 Verweis auf das CSS

Einfügen von HTML-Elementen

Im nächsten Schritt fügen Sie das in Listing 24.2 gezeigte HTML-Formular in das body-Element Ihrer HTML-Seite ein. Wie Sie dem Programmbeispiel entnehmen können, fügen wir einem form-Element zwei label-Elemente sowie zwei input-Element hinzu. Den Inhalt des form-Elements strukturieren wir mit div-Elementen.

```
<form>
  <div >
     <label for="firstname" >Vorname:</label>
  </div>
  <div >
     <input name="firstname" id="firstname" value="Max"><br>
   </div>
  <div >
     <label for="lastname" >Nachname:</label>
  </div>
  <div>
     <input name="lastname" id="lastname"
                        value="Mustermann"><br>
  </div>
</form>
```

Listing 24.2 Formularfelder in HTML

Nach dem Speichern der Anpassungen starten Sie die Anwendung und erhalten eine sehr einfache und zugegeben etwas hässliche HTML-Seite angezeigt (siehe Abbildung 24.39).

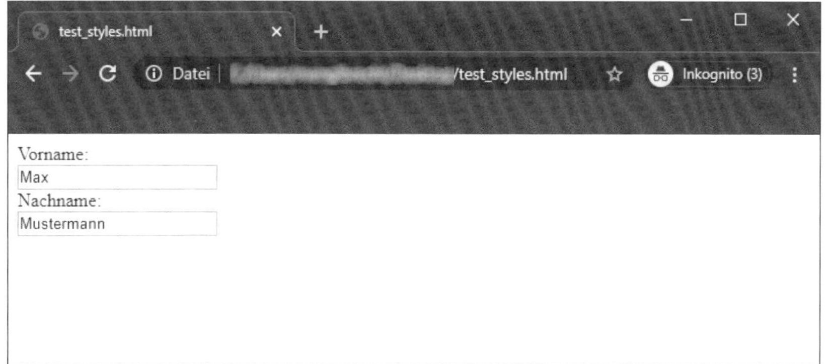

Abbildung 24.39 Einfaches HTML-Formular

Im nächsten Schritt wollen wir den beiden `label`-Elementen die CSS-Klasse `fd-form-label` hinzufügen. Des Weiteren versehen wir die beiden `input`-Element mit der CSS-Klasse `fd-input` (siehe Listing 24.3).

```
<div >
   <label for="firstname"
       class="fd-form-label">Vorname:</label>
</div>
<div >
   <input name="firstname" id="firstname" class="fd-input"
        value="Max"><br>
</div>
<div >
   <label for="lastname"
       class="fd-form-label">Nachname:</label>
</div>
<div >
   <input name="lastname" id="lastname" class="fd-input"
        value="Mustermann"><br>
</div>
```

Listing 24.3 Verwendung der Formular-CSS-Klassen

Testen der Anwendung

Nachdem Sie die Seite Ihres Browsers neu geladen haben, wird sie Ihnen wie in Abbildung 24.40 gezeigt dargestellt. Die Seite ist zwar nicht übermächtig komplex, aber die vier Elemente werden nun in einem SAP-Fiori-vertrauten Design dargestellt.

Auswahlliste einfügen

Als Nächstes fügen Sie zu Beginn des Formulars wie in Listing 24.4 gezeigt ein `select`-Element und ein `input`-Element vom Typ `submit` hinzu und setzen die entsprechenden CSS-Klassen ein.

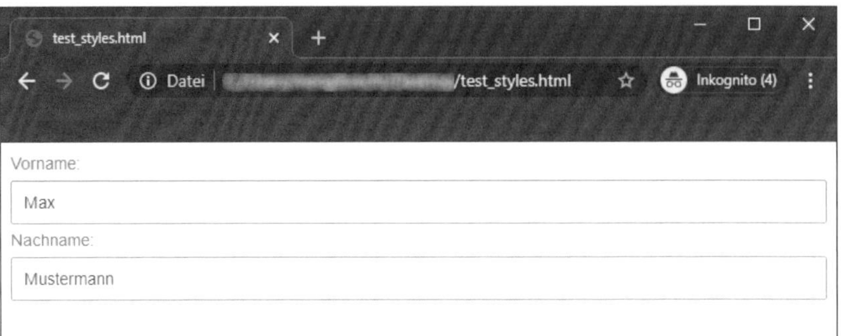

Abbildung 24.40 Die Anwendung einfacher Formular-CSS-Klassen

```
<form>
  <div class="fd-form-item">
   <label class="fd-form-label" for="sex">Anrede:</label>
    <select class="fd-form-select" id="sex" name="sex">
      <option value="3"></option>
      <option value="1">Herr</option>
      <option value="2">Frau</option>
    </select>
  </div>
   <!-- Code aus Listing 1.4 -->
  <div class="fd-form-item">
    <input type="submit"
      class="fd-button" value="Senden">
  </div>
</form>
```

Listing 24.4 Erweiterung des Formulars um weitere Elemente

Nachdem Sie die Änderungen gespeichert haben, erhalten Sie das in Abbildung 24.41 gezeigte Bild.

Fazit Wir haben in diesem Abschnitt nicht die volle Mächtigkeit der Fundamental Styles gezeigt, sondern nur einen kurzen Einblick gegeben. Allerdings können Sie bereits erkennen, dass man durch die CSS-Bibliothek sehr schöne integrative Lösungen implementieren kann. Damit ist es jederzeit möglich, den Nutzern über Technologiegrenzen hinweg das gleiche Nutzererlebnis zu bieten: zum einen durch das Einhalten der SAP Fiori Design Guidelines und zum anderen durch die Verwendung derselben visuellen Darstellungsformen und den Einsatz ähnlicher CSS-Klassen.

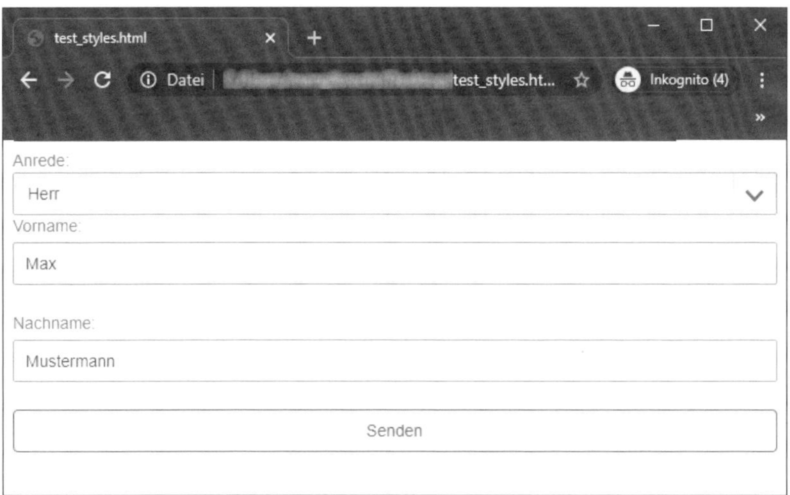

Abbildung 24.41 Das fertige Formular

24.4 SAP Fiori Elements

SAP-Fiori-Anwendungen folgen, wie in der Einführung zu SAP Fiori bereits beschrieben, vorgegebenen Mustern. Die Implementierung dieser Muster läuft normalerweise immer nach den gleichen Schritten ab. Wiederholende Programmieraufgaben lassen sich sehr gut automatisieren, zumal die manuelle Entwicklung nicht skaliert. Wenn in einem gewissen Zeitraum sehr viele Anwendungen implementiert werden müssen und somit der Durchsatz sehr hoch ist, würde man also sehr viele Entwickler benötigen, um entsprechende SAP-Fiori-Anwendungen zu implementieren. Neben dem Durchsatz dürfen Sie nicht vergessen, dass auch die verwendete Programmiersprache, die Webentwicklung und SAPUI5 für ABAP-Entwickler durchaus eine Herausforderung sein können. SAP hat, nicht ohne Selbstzweck, eine Lösung gefunden, um den Durchsatz zu erhöhen und standardisierte SAP-Fiori-Anwendungen zur Laufzeit zu generieren: In diesem Abschnitt führen wir Sie in *SAP Fiori Elements* ein.

24.4.1 Einführung

Die SAP-Fiori-Elements-Technologie basiert im Wesentlichen auf drei Aspekten:

- OData-Dienste
- Vokabularien
- XML-View-Templates

Metadaten und Vokabularien

Die Basis für die Verwendung von SAP Fiori Elements ist ein OData-Dienst. Die Metadaten des OData-Dienstes liefern bereits eine Menge an Informationen, die innerhalb einer SAPUI5-Anwendung verwendet werden können: beispielsweise die Länge einer Eigenschaft einer Entität oder die Feldbeschreibung. Diese Metadaten können einfach in einer Anwendung verwendet werden. Zur Laufzeit erhält der Konsument des Dienstes die Metadaten über die Datei **metadata.xml**. SAP Fiori Elements geht dabei noch ein Stück weiter: Der Entwickler annotiert Entitäten und Eigenschaften von Entitäten mittels Sprachelementen. Diese Elemente, auch *Terme* genannt, werden in Vokabularien beschrieben. Ruft ein Konsument einen OData-Service auf, der über Annotationen verfügt, so werden diese über eine separate Annotationsdatei ausgeliefert und können vom Konsumenten verarbeitet werden. Für die Verarbeitung der Annotationen definiert SAP sogenannte *XML-View-Templates*. Die Templates definieren in ihrer Struktur, wo und wie welche Annotation visualisiert werden soll. Abbildung 24.42 zeigt die unterschiedlichen Artefakte und deren Zusammenspiel.

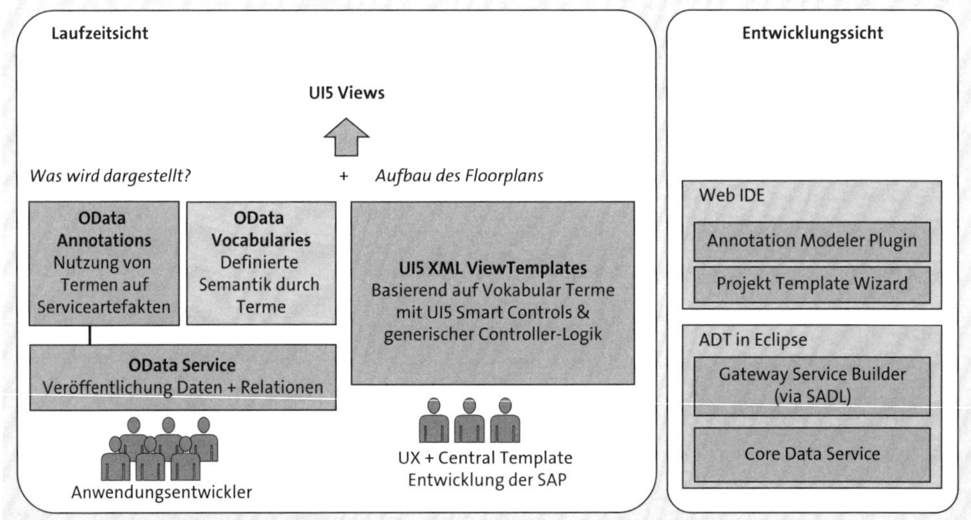

Abbildung 24.42 Übersicht über die Artefakte der SAP-Fiori-Elements-Entwicklung

Vokabular

Annotationen werden von SAP in verschiedenen domänenspezifischen Vokabularien zur Verfügung gestellt. Dabei gibt es beispielsweise Annotationen für die folgenden Bereiche:

- **UI**
  Enthält benutzeroberflächenrelevante Annotationen, die von SAP Fiori Elements verwendet werden.

- **Consumption**
  Enthält Annotationen, die für die Konsumentenschicht wichtig sind, also beispielsweise, ob ein Attribut Bestandteil des OData-Dienstes sein soll oder nicht.
- **ObjectModel**
  Die ObjectModel-Annotationen werden verwendet, um bei der Modellierung des Datenmodels strukturelle und transaktionale Aspekte zu beschreiben.
- **Semantics**
  Semantics-Annotationen werden genutzt, um semantische Informationen wie beispielsweise Währung oder Maßeinheiten in der Ergebnismenge (Projektionsliste) zu beschreiben.

Auszug aus den UI-Annotationen

Annotationen für verschiedene Zwecke

Wir wollen uns in unserer Einführung in die Verwendung von SAP Fiori Elements mehr mit den UI-Annotationen auseinandersetzen. Daher gehen wir an dieser Stelle etwas genauer auf diese Annotationen ein.

Die @UI.headerInfo-Annotation

Mit der Annotation `@UI.headerInfo` beschreiben Sie die Kopfinformationen einer Entität; sie besitzt Eigenschaften wie `title`, `description` und `imageURL` für das Markieren einer URL zu dem entitätsbeschreibenden Bild. Zusätzlich verfügt die Annotation über das Attribut `typeName`, mit dem das Attribut für die Beschreibung des Titels in den Header des SAP Fiori Launchpads gesetzt wird, sobald man sich auf der Object Page befindet, wohingegen das Attribut `typeNames` den Titel einer Liste enthält. Sowohl `typeName` als auch `typeNames` sind obligatorische Attribute.

Die @UI.lineItem-Annotation

Über die Annotation `@UI.lineItem` werden Entitäten beschrieben, die in einer Tabelle oder Liste dargestellt werden. Die Definition dieser Annotationen enthält eine Menge an `@UI.DataField`-Annotationen, über die Eigenschaften beschrieben werden können.

@UI.selectionField

Die Annotation `UI.selectionField` nutzen Sie, um Elemente als Selections- bzw. Filterelemente zu markieren. Sie werden beispielsweise im ListReport-Muster eingesetzt.

@UI.dataField

Die Annotation `UI.dataField` dient der Beschreibung von Eigenschaften einer Entität.

@UI.identification

Die Annotation `UI.identification` stellt eine Menge an `UI.dataField`-Elementen dar, über die, zusammen mit der `UI.headerInfo`-Annotation, eine Entität eindeutig identifizierbar ist.

@UI.fieldGroup

Um mehrere Informationen einer Entität zu gruppieren und zusammenzufassen, verwenden Sie die Annotation `UI.fieldGroup`. `UI.fieldGroup` enthält eine Menge von `UI.dataField`-Elementen.

Nähere Informationen zu den verfügbaren Annotationen finden Sie unter *http://s-prs.de/v752321*. Folgen Sie dort dem Verweis **UI-Annotations**.

24.4.2 Implementierungsmöglichkeiten für SAP-Fiori-Elements-Anwendungen

Für die Implementierung von SAP-Fiori-Elements-basierten Anwendungen stehen grundsätzlich zwei Möglichkeiten zur Verfügung, die wir kurz erläutern wollen. Bei beiden steht der OData-Service im Zentrum der Betrachtung.

Serverseitige Annotationen

Verwendung von Annotationen in ABAP Core Data Services

SAP-Fiori-Elements-Anwendungen können auf Basis von serverseitigen Annotationen implementiert werden. Bei dieser Vorgehensweise implementiert der Entwickler auf dem Backendserver die Datenbankabfragen über sogenannte *Core Data Services* (CDS). Diese gibt es sowohl für HANA als auch für ABAP. Im Rahmen der Entwicklung von SAP-Fiori-Anwendungen für SAP S/4HANA verwendet der Entwickler ABAP CDS zur Implementierung des Domänen-Modells einer Anwendung. Er legt eine CDS als zentralen Zugriffspunkt fest, annotiert diese CDS mit der Annotation `@OData.publish` und weist den Wert `true` zu. Nachdem man die CDS aktiviert hat, werden die für die Bereitstellung eines OData-Dienstes benötigten Artefakte durch das System generiert. Innerhalb der zentralen sowie der abhängigen CDS werden die in Abschnitt 24.4 beschriebenen Vokabularien und die darin enthaltenen Terme genutzt, um die CDS entsprechend zu annotieren. Im nächsten Schritt legt der Entwickler im Entwicklungswerkzeug entsprechend ein SAP-

Fiori-Elements-Projekt an und wählt dabei die Vorlage für einen entsprechenden Floorplan aus. Als Nächstes wird der OData-Service ausgewählt, und die vom Service bereitgestellten Annotationen werden mit dem Projekt verknüpft. Zur Laufzeit werden die im Template vordefinierten Felder mit den Feldern aus der ABAP CDS über deren Annotationen verbunden. Listing 24.5 zeigt ein Beispiel einer ABAP CDS mit SAP-Fiori-Elements-Annotationen. Serverseitige Annotationen können in dem dazugehörenden Projekt jederzeit redefiniert oder auch angereichert werden.

```
@AbapCatalog.sqlViewName: 'ZFLIGHTUIVW'
@AbapCatalog.compiler.compareFilter: true
@AccessControl.authorizationCheck: #CHECK
@EndUserText.label: 'Flight UI'
@OData.publish: true

@Search.searchable: true
@UI.headerInfo.typeName : 'Flight'
@UI.headerInfo.typeNamePlural : 'Flights'
@UI.headerInfo.title.value: 'carrid'
@UI.headerInfo.description.value: 'carrname'

define view Z_C_FLIGHTUI as select from sflight as sf
    association to scarr as sc on sf.carrid = sc.carrid
    association to sflights as sfs on sfs.carrid = sf.carrid and
    sfs.connid = sf.connid and sfs.fldate = sf.fldate
 {

 @UI.facet: [
 {   purpose:#HEADER, type: #FIELDGROUP_REFERENCE,
   targetQualifier: 'flightinfo', position:10 },
 {   purpose:#HEADER, type: #FIELDGROUP_REFERENCE,
   targetQualifier: 'seatinfo', position:20 },
 {   purpose:#STANDARD, type: #FIELDGROUP_REFERENCE,
   targetQualifier: 'seatdata', position:10},
 {   purpose:#STANDARD, type: #FIELDGROUP_REFERENCE,
   targetQualifier: 'seatdata2', position:20},
 {   purpose:#STANDARD, id: 'seat1', label:'Seatsinfo 1',
   type:#COLLECTION, position:30},
 {   purpose:#STANDARD, id: 'seat2', label:'Seatsinfo 2',
   type:#COLLECTION, position:40}
 ]

@UI.lineItem.position:10
    key sf.carrid,
```

```
@UI.lineItem.position:20
    key sf.connid,

@UI.identification.position:20
@UI.lineItem.position:30
    key sf.fldate,

@UI.identification.position:10
@Search.defaultSearchElement: true
@Search.fuzzinessThreshold: 0.7
@UI.selectionField.position:10
@UI.lineItem.position:40
    sc.carrname,

@UI.identification.position:30
@UI.fieldGroup : [
  {
    qualifier:'flightinfo', position:10
   }
]
@UI.selectionField.position:20
@UI.lineItem.position:70
    sfs.cityfrom,

@UI.identification.position:40
@UI.fieldGroup : [
  {
    qualifier:'flightinfo', position:20
   }
]
@UI.selectionField.position:30
@UI.lineItem.position:80
    sfs.cityto,

@UI.identification.position:50
@UI.lineItem.position:50
@UI.lineItem.importance: #HIGH
    sf.planetype,
@UI.lineItem.importance: #LOW
@UI.lineItem.position:60
    sf.price,
@Semantics.currencyCode: true
    sf.currency,
  @Semantics.amount.currencyCode: 'currency'
```

```
  @UI.lineItem.importance: #MEDIUM
  @UI.lineItem.position:90
      sf.price * sf.seatsocc as Total,

  @UI.fieldGroup : [
      {
         qualifier:'seatinfo', position:10
      }
  ]
      sf.seatsmax,
  @UI.fieldGroup : [
      {
         qualifier:'seatinfo', position:20
      }
  ]
      sf.seatsocc,

  @UI.fieldGroup : [
    {
      qualifier:'flightinfo', position:30
    }
  ]
      sc.url,
      sf.paymentsum,
  @UI.fieldGroup : [
    {qualifier:'seatdata', position:10}
  ]
      sf.seatsmax_b,
  @UI.fieldGroup : [
    {qualifier:'seatdata2', position:10}
  ]
      sf.seatsocc_b,
  @UI.fieldGroup : [
    {qualifier:'seatdata', position:20}
  ]
      sf.seatsmax_f,
  @UI.fieldGroup : [
    {qualifier:'seatdata2', position:10}
  ]
      sf.seatsocc_f
}
```

Listing 24.5 Serverseitige Annotation am Beispiel einer ABAP CDS

Lokale Annotationen

Lokale Annotationen anlegen

Nicht immer ist es möglich, die Datenquelle direkt mit Annotationen zu versorgen. Daher können Sie in einem SAP-Fiori-Elements-Projekt auch mit lokalen Annotationen arbeiten. Hierzu legen Sie im Projekt eine entsprechende Annotationsdatei an und konfigurieren dort die relevanten Annotationen (siehe Abschnitt 24.4.3).

24.4.3 Implementieren einer SAP-Fiori-Elements-Anwendung

SAP-Fiori-Anwendung in der SAP Web IDE

Nachdem wir die Grundlagen von SAP Fiori Elements besprochen haben, wenden wir uns in diesem Abschnitt der Implementierung einer einfachen SAP-Fiori-Elements-Anwendung zu. Wir zeigen Ihnen, wie Sie einen ListReport einfach, schnell ohne eine Zeile SAPUI5-Code erstellen können. Wir gehen an dieser Stelle davon aus, dass Sie einen Zugang zur SAP Web IDE haben.

Anlegen eines Projekts

Nachdem Sie sich an der SAP Web IDE angemeldet haben, legen Sie ein neues Projekt an.

Hierzu wählen Sie den Workspace-Eintrag aus und rufen aus dem Kontextmenü **New • Project from Template** auf (siehe Abbildung 24.43).

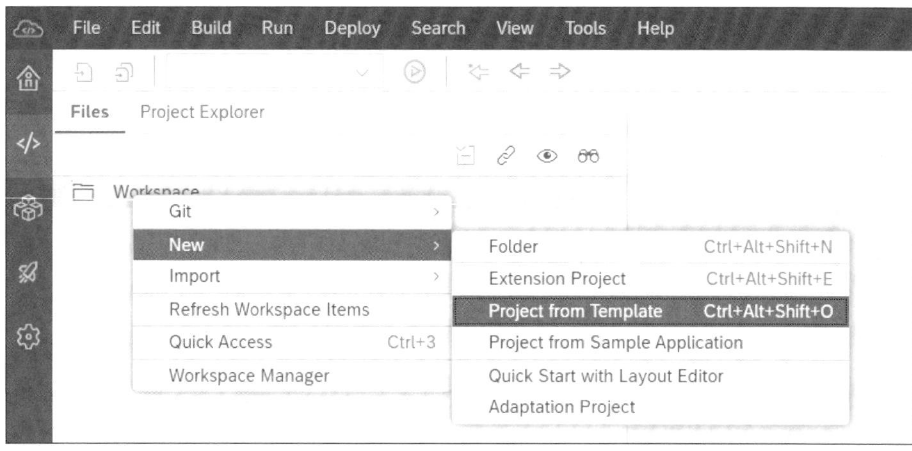

Abbildung 24.43 Anlegen eines neuen Projekts

Auswahl des Projekttemplates

Im darauffolgenden Dialog wählen Sie, wie in Abbildung 24.44 gezeigt, im Feld **SAPUI5 Version** die Version **1.71** aus und klicken im Anschluss auf die Kachel **List Report Application**. Bestätigen Sie den Dialog mit **Next**.

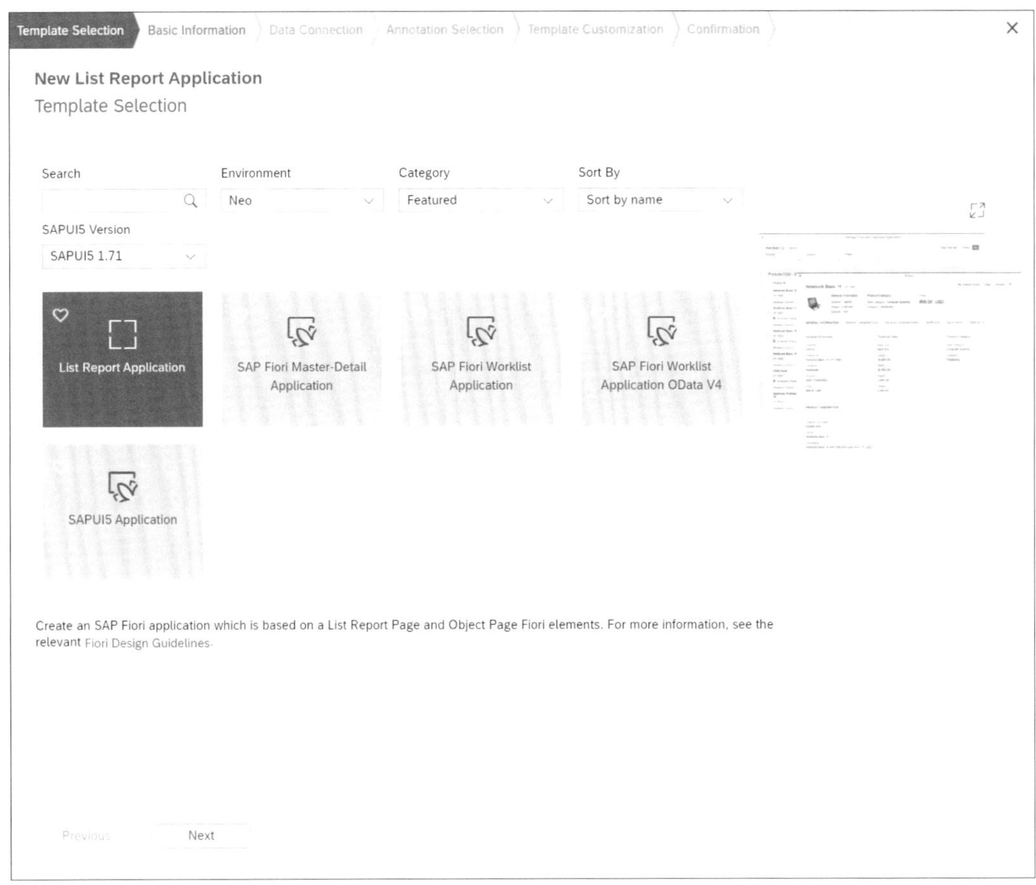

Abbildung 24.44 Auswahl des Projekttemplates

Angeben der Projektdetails

Geben Sie nun, wie in Abbildung 24.45 gezeigt, die Projektdetails ein. Fügen Sie in das Feld **Project Name** den Wert »UI5BuchListReport« ein. In das **Title**-Feld geben Sie den Wert »SAP Fiori Elements Demo« ein und in das Feld **Namespace** den Wert »sapui5buch.demo«. Aus der Angabe im Feld **Namensraum** und dem Projektnamen erzeugt die SAP Web IDE beim Anlegen des Projekts den tatsächlichen Namensraum. Zum Abschluss tragen Sie in das Feld **Description** die Beschreibung »SAP Fiori Elements Beispiel« ein.

OData-Service auswählen

Wählen Sie im nächsten Dialog aus der Liste der verfügbaren Systeme Ihr System aus, und geben Sie in das Suchfeld **Services** den Servicenamen »GW-SAMPLE_BASIC« ein. Die Auswahl der verfügbaren Services wird im Rahmen Ihrer Eingabe bereits eingeschränkt. Wählen Sie, wie in Abbildung 24.46 gezeigt, den Service aus der Liste aus, und bestätigen Sie mit **Next**.

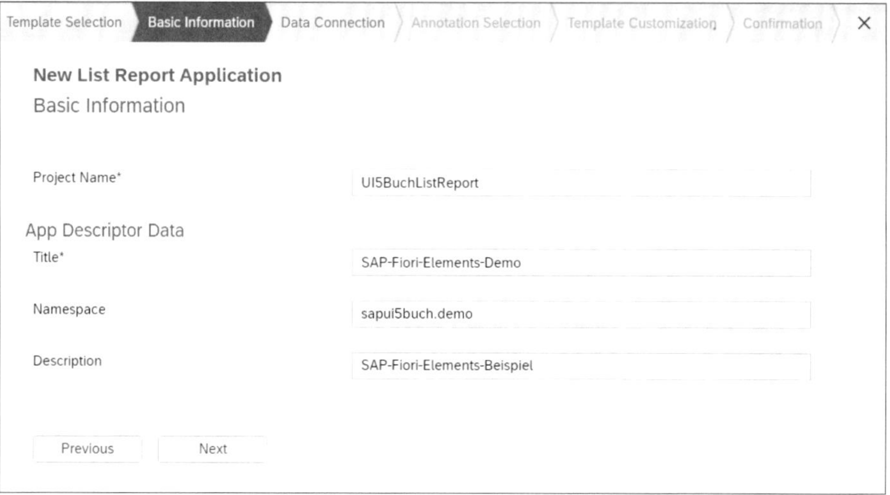

Abbildung 24.45 Angabe der Projektdetails

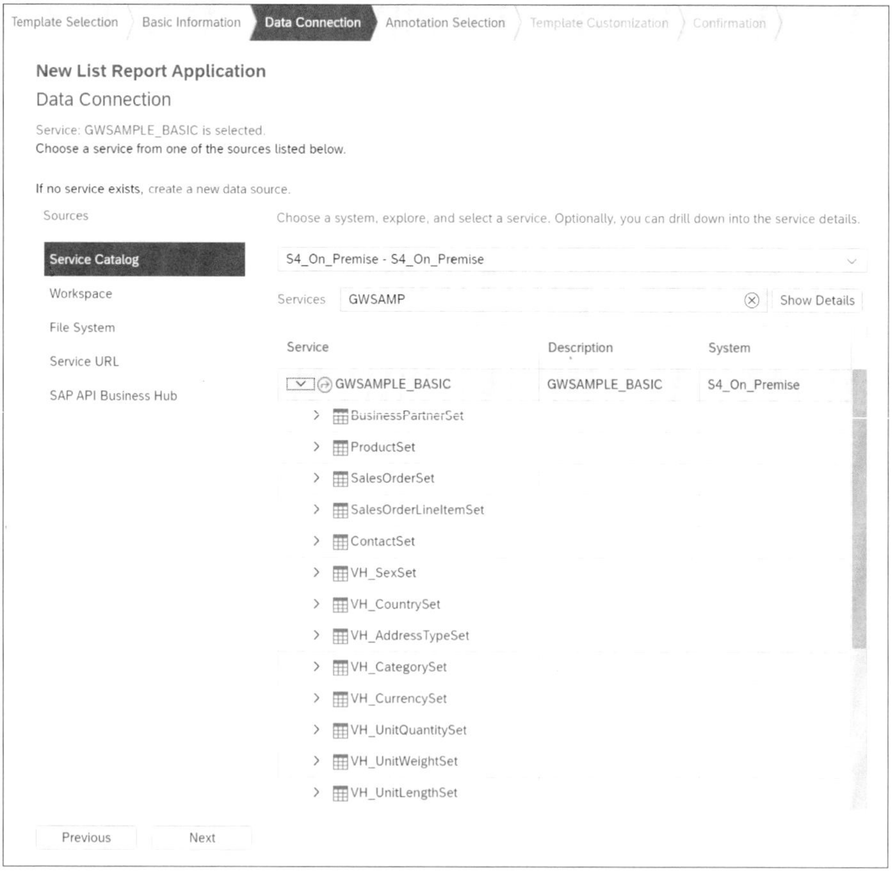

Template Selection | Basic Information | Data Connection | Annotation Selection | Template Customization | Confirmation

New List Report Application
Data Connection

Service: GWSAMPLE_BASIC is selected.
Choose a service from one of the sources listed below.

If no service exists, create a new data source.

Sources

- Service Catalog
- Workspace
- File System
- Service URL
- SAP API Business Hub

Choose a system, explore, and select a service. Optionally, you can drill down into the service details.

S4_On_Premise - S4_On_Premise

Services: GWSAMP — Show Details

Service	Description	System
GWSAMPLE_BASIC	GWSAMPLE_BASIC	S4_On_Premise
BusinessPartnerSet		
ProductSet		
SalesOrderSet		
SalesOrderLineItemSet		
ContactSet		
VH_SexSet		
VH_CountrySet		
VH_AddressTypeSet		
VH_CategorySet		
VH_CurrencySet		
VH_UnitQuantitySet		
VH_UnitWeightSet		
VH_UnitLengthSet		

Previous Next

Abbildung 24.46 Auswahl des OData-Services »GWSAMPLE_BASIC«

Template-Details konfigurieren

Im nachfolgenden Dialog werden, falls vorhanden, Annotationsdateien angezeigt, die mit dem Service geliefert werden. Dies wäre beispielsweise der Fall, wenn Sie mit serverseitigen Annotationen arbeiten. Sie können dem Projekt an dieser Stelle auch bereits existierende Dateien hinzufügen. Dies ist dann sinnvoll, wenn Sie im Vorfeld bereits in irgendeiner Form eine entsprechende Datei im Zugriff bzw. erzeugt haben. In unserem Beispiel legen wir eine entsprechende Datei erst später an, so dass wir den Dialogschritt mit **Next** bestätigen können. Im darauffolgenden Dialog legen Sie, wie in Abbildung 24.47 gezeigt, das aus dem OData-Service zu verwendende EntitySet sowie die Navigationseigenschaften der Entität fest. Wir wählen das EntitySet **BusinessPartnerSet** als zu verwendende **OData Collection** aus. Da wir von einem angezeigten `BusinessPartner` zu seinen abhängigen Bestellungen und von einer Bestellung zu den dazugehörenden Bestellpositionen navigieren wollen, müssen wir noch die Navigationseigenschaften festlegen. Wählen Sie hierzu im Feld **OData Navigation** den Wert **ToSalesOrder** aus und im Feld **OData Sub Navigation** den Eintrag **ToLineItems**. Da wir zudem das Flexible Column Layout sowie das Smart Variant Management nutzen wollen, wählen wir die entsprechenden Checkboxen an. Im Anschluss bestätigen Sie die Eingaben mit **Next**.

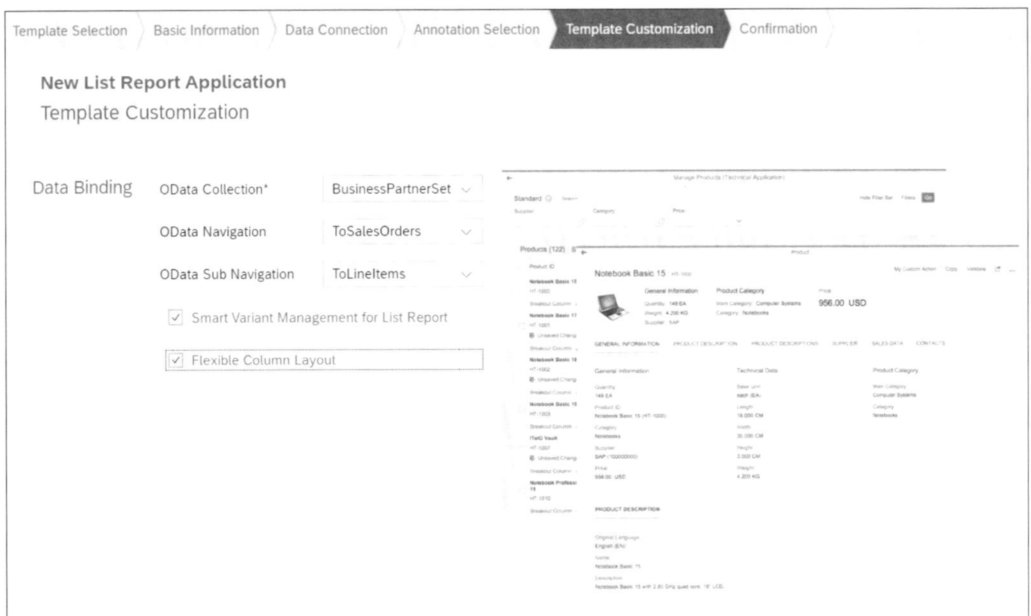

Abbildung 24.47 Befüllen der Template-Parameter

Projektstruktur analysieren

Bei dem letzten Dialogschritt handelt es sich um einen Bestätigungsdialog, den Sie mit **Finish** bestätigen. Nachdem das Projekt angelegt ist, können Sie die Projektstruktur genauer betrachten (siehe Abbildung 24.48). Wie Sie sehen, ist der Aufbau des Projekts, das auf einem Fiori-Element-Template beruht, abgespeckt. Es gibt keinen **view-** oder **controller**-Ordner. Öffnen Sie die **manifest.json**-Datei im Codeeditor, erkennen Sie im Konfigurationsbereich `sap.ui5`, dass eine Konfiguration vom Typ `sap.ui.generic.app` enthalten ist. Hierüber wird die gesamte Anwendung gesteuert.

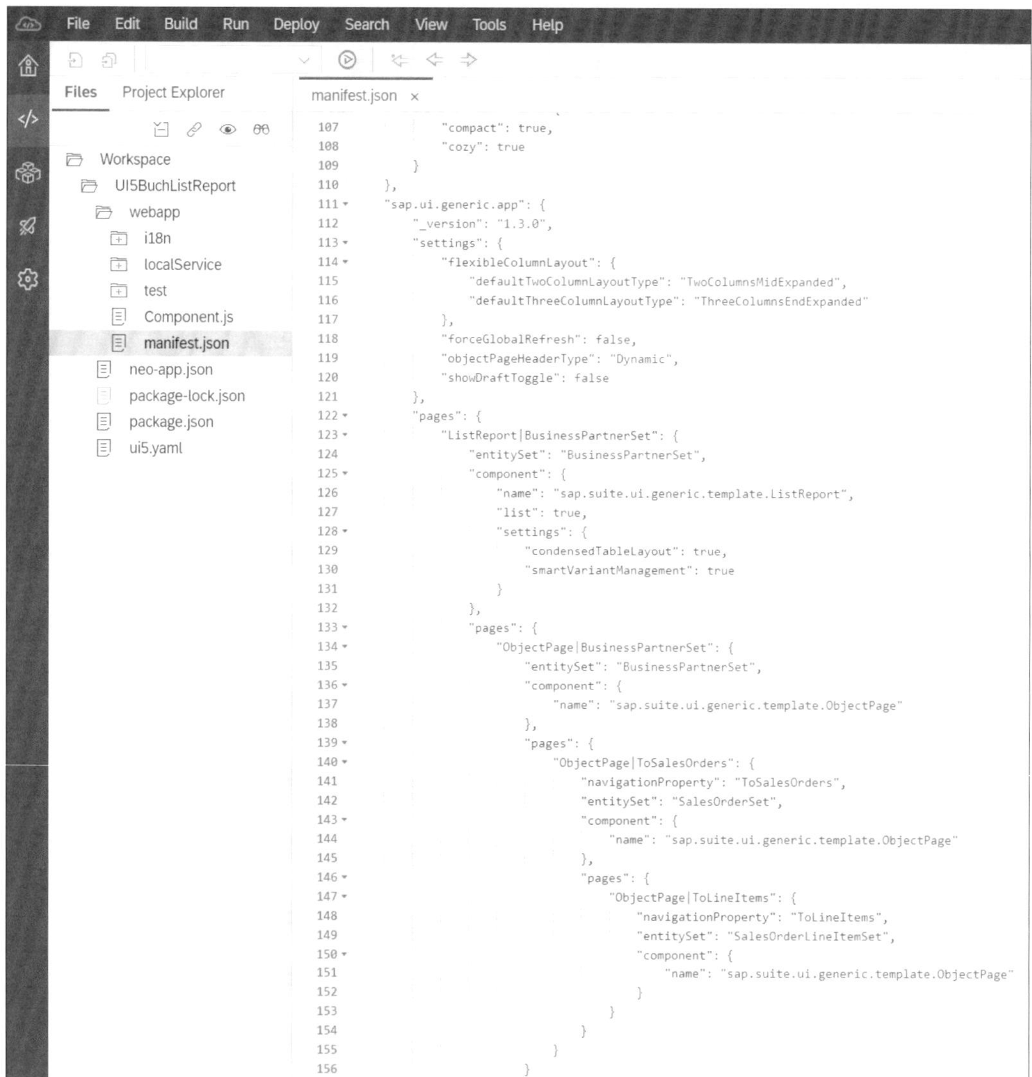

Abbildung 24.48 Das Projekt mit geöffneter »manifest.json«

Hinzufügen einer Annotationsdatei

Anlegen einer lokalen Annotationsdatei

Als Nächstes müssen Sie dem Projekt eine lokale Annotationsdatei hinzufügen. Hierzu wählen Sie Ihr Projekt aus und rufen aus dem Kontextmenü **New • Annotation File** auf (siehe Abbildung 24.49).

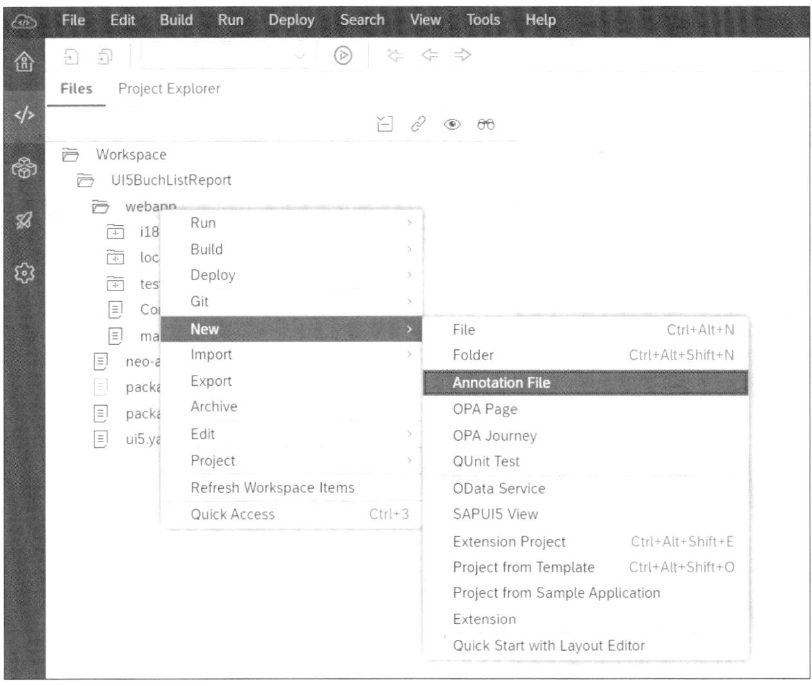

Abbildung 24.49 Anlegen einer lokalen Annotationsdatei

Im nächsten Dialog geben Sie im Feld **File Name** den Wert »annotations« ein und belassen die Vorauswahl des OData-Dienstes auf **mainService** (siehe Abbildung 24.50). Mit einem Klick auf **Next** wechseln Sie zum folgenden Dialogschritt. Es handelt sich bei diesem Schritt lediglich um einen Dialog zur Bestätigung. Diesen verlassen Sie mit **Finish**.

Den Annotation Modeler verwenden

Nachdem die Annotationsdatei angelegt wurde, öffnet sie sich direkt (siehe Abbildung 24.51). Die SAP Web IDE besitzt zwei Darstellungsmodi für Annotationsdateien: In der **Annotation Modeler**-Ansicht können Sie den Inhalt der Annotationsdatei über eine grafische Darstellung ansehen und verändern. Über die **Code Editor**-Ansicht kommen Sie direkt in die XML-Ansicht. Auch hier können Sie den Code ändern und haben sogar eine Codevervollständigung für die Eingabe. Der Wechsel zwischen den Anzeigeformen kann entweder über die Tab-Navigation unter dem Editor, wie in Abbildung 24.51 gezeigt, oder über das Kontextmenü der Datei geschehen.

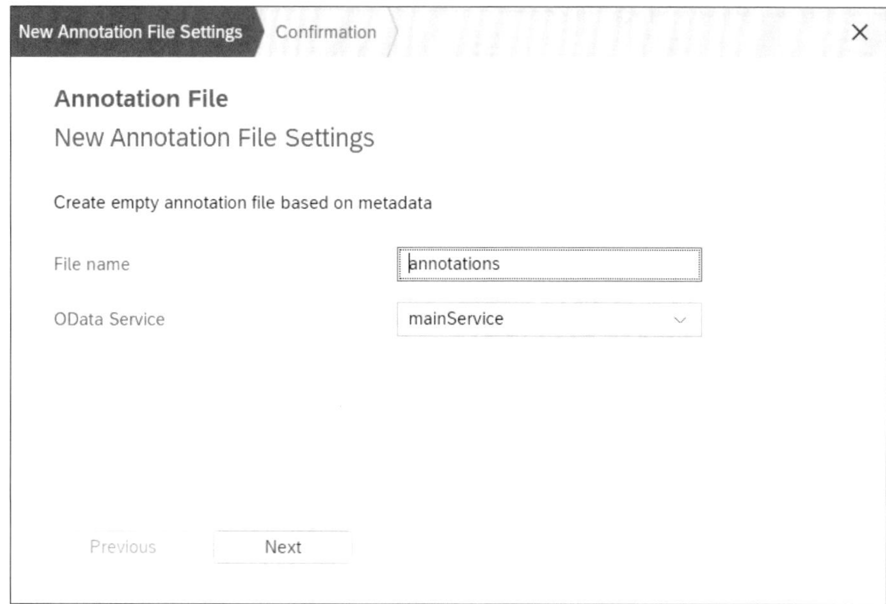

Abbildung 24.50 Annotationsdatei-Details festlegen

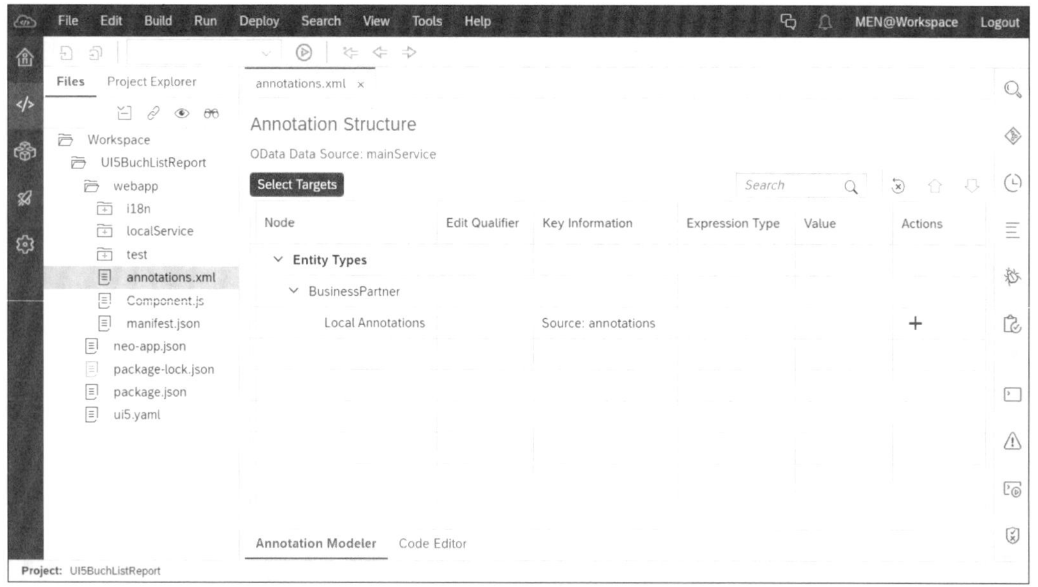

Abbildung 24.51 Die Annotationsdatei in der »Annotation Modeler«-Ansicht

Hinzufügen der »HeaderInfo«-Annotation

Nachdem die Datei angelegt ist, wollen wir als nächstes ein neues Element hinzufügen. Das erste Element soll vom Typ `HeaderInfo` sein. Dieses Element wird verwendet, um der im List Report dargestellten Tabelle eine Überschrift und der Detailansicht eines Eintrags entsprechend Kopfinformationen hinzuzufügen. Für das Anlegen klicken Sie auf das Plus-Symbol neben dem Eintrag **Local Annotations**, wählen den Eintrag **HeaderInfo** aus und bestätigen den Dialog mit **Ok** (siehe Abbildung 24.52).

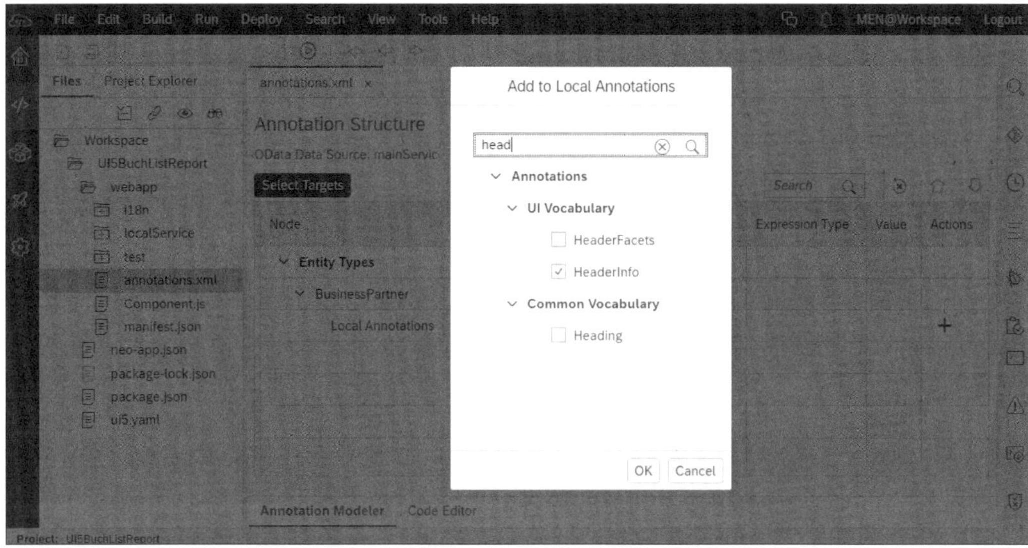

Abbildung 24.52 Auswahl der Annotation »HeaderInfo«

Nachdem der neue Eintrag in die Annotationsdatei aufgenommen ist, geben Sie in das Feld **TypeName** den Wert »BusinessPartner« und in das Feld **TypeNamePlural** den Wert »BusinessPartners« ein (siehe Abbildung 24.53).

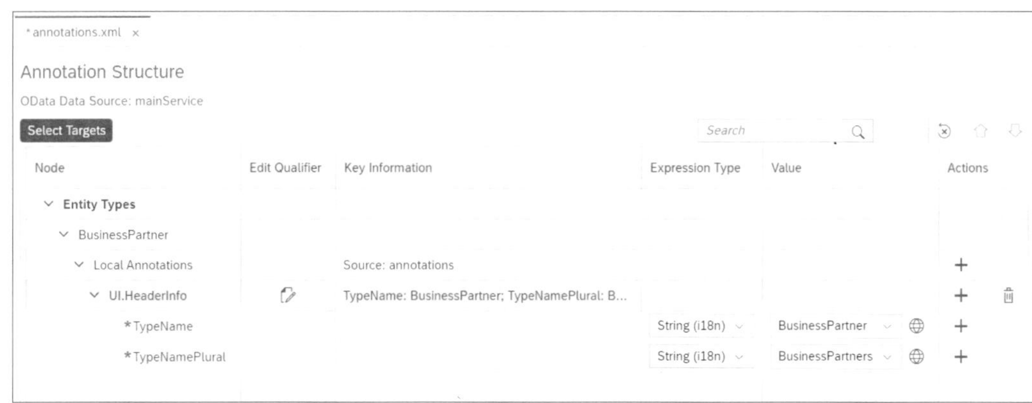

Abbildung 24.53 Konfigurieren der »UI.HeaderInfo«-Annotation

Konfiguration von »LineItem«-Elementen

Als Nächstes wollen wir der Liste des ListReports Spalten zuordnen. Hierzu müssen Sie zunächst ein Element vom Typ `LineItem` anlegen. Hierüber definieren Sie sozusagen ein Template, das später zur Laufzeit verwendet wird, um einzelne Zeilen in der Liste für jeden `BusinessPartner` des OData-Dienstes anzulegen.

Für das Anlegen klicken Sie wieder auf das Plussymbol, wählen den Eintrag **LineItem** aus und bestätigen mit **OK** (siehe Abbildung 24.54).

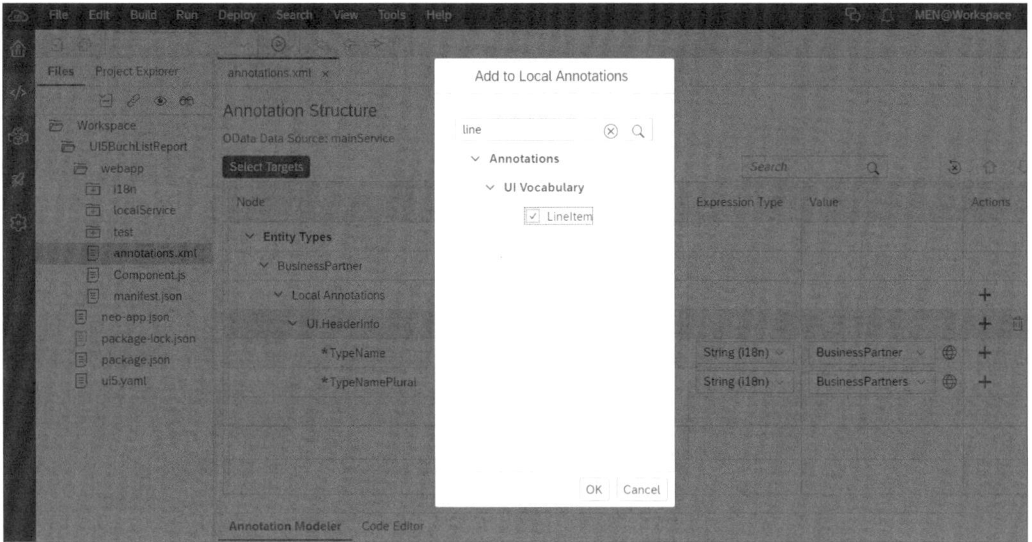

Abbildung 24.54 Hinzufügen der Annotation »UI.LineItem«

Zuordnung von Datenfeldern des Typs »UI.DataField«

Nachdem das `LineItem` angelegt ist, müssen Sie die einzelnen Spalten der Liste festlegen. Hierzu fügen Sie dem `LineItem` Datenfelder hinzu. Es gibt unterschiedliche Datenfeld-Typen: Je nachdem, welchen Sie auswählen, erhalten Sie zur Laufzeit andere Arten von UI-Controls mit unterschiedlichen Funktionen angelegt.

Für das Hinzufügen klicken Sie auf Höhe des gerade hinzugefügten `LineItem`-Eintrags auf das Plussymbol. Wählen Sie den Eintrag **DataField** aus, und bestätigen Sie den Dialog mit **OK** (siehe Abbildung 24.55).

Als Nächstes verbinden Sie die `Path`-Eigenschaft in der Zeile **Value** mit dem Attribut `BusinessPartnerID` der `BusinessPartner`-Entität. Sie erhalten das in Abbildung 24.56 gezeigte Bild.

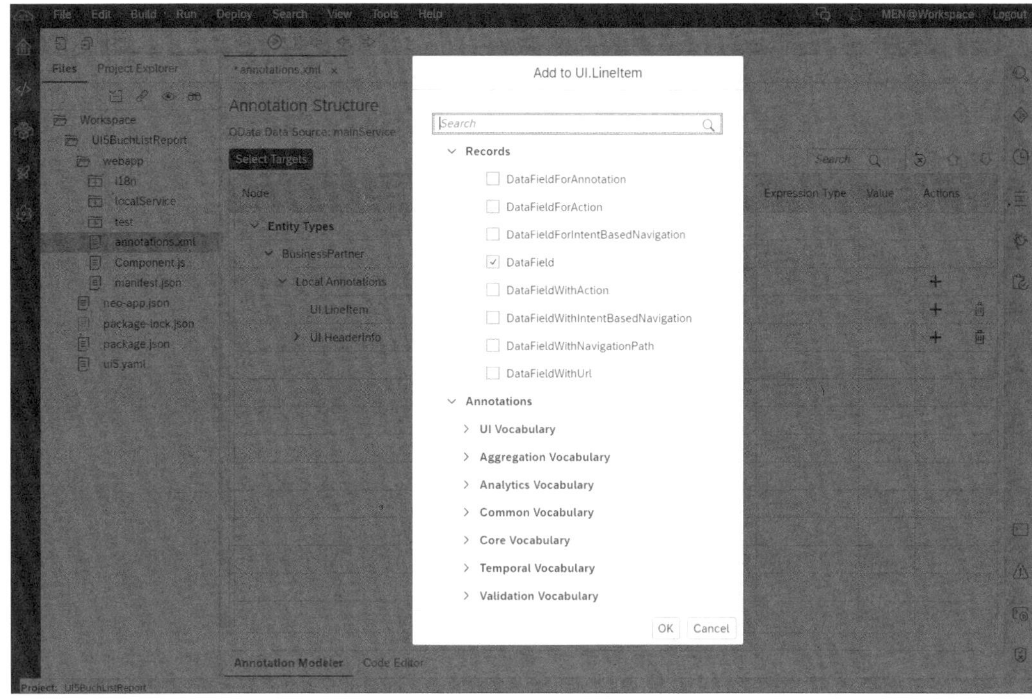

Abbildung 24.55 Auswahl der »DataField«-Annotation

Abbildung 24.56 Konfiguration der »UI.DataField«-Annotation

Fügen Sie nun wie im vorherigen Schritt beschrieben zwei weitere `DataField`-Elemente ein, und verbinden Sie sie zum einem mit den Eigenschaften `BusinessPartnerRole` und `CompanyName`. Zusätzlich fügen Sie ein Element vom Typ `DataFieldWithUrl` ein, ändern die Eigenschaft **Expression Type** von **String** in **Path** und verbinden den Pfad mit der Eigenschaft `WebAdress`. Die Eigenschaft **Value** setzen Sie ebenfalls auf `WebAdress`. Sie erhalten die in Abbildung 24.57 gezeigte Konfiguration.

Abbildung 24.57 Konfiguration der »LineItem«-Annotation

Testen der Anwendung

Nachdem Sie die Änderungen gespeichert haben, wählen Sie Ihr Projekt aus und rufen aus dem Kontextmenü **Run • Run as SAP Fiori Launchpad Sandbox** auf. Die Anwendung startet, und Sie erhalten das in Abbildung 24.58 gezeigte Bild. Über der leeren Liste wird **BusinessPartners** angezeigt. Diese Information wird aus der Konfiguration der `UI.HeaderInfo`-Annotation besorgt.

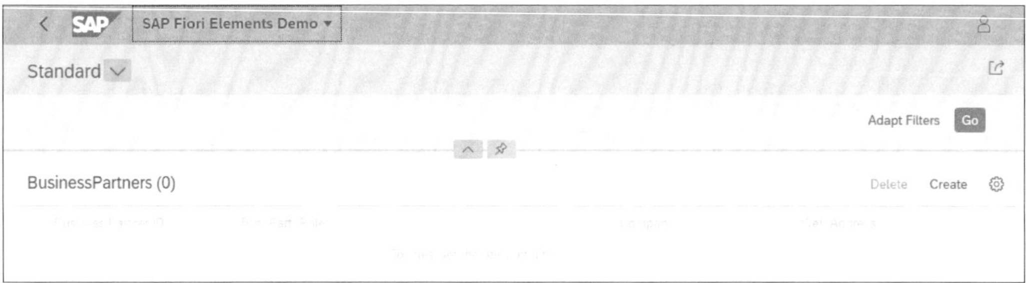

Abbildung 24.58 SAP-Fiori-Elements-Anwendung nach dem Start

Klicken Sie auf den über der Liste angezeigten Button mit der Aufschrift **Go**. Der OData-Service wird aufgerufen, und die Daten der **BusinessPartner** werden dargestellt (siehe Abbildung 24.59).

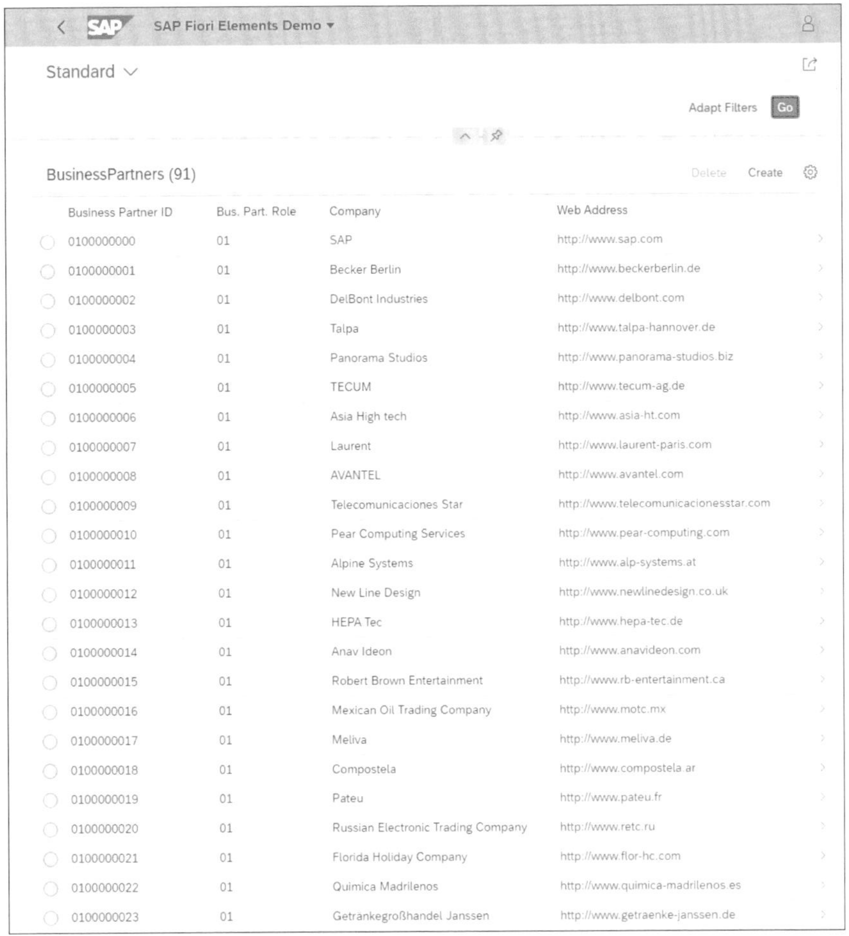

Business Partner ID	Bus. Part. Role	Company	Web Address
0100000000	01	SAP	http://www.sap.com
0100000001	01	Becker Berlin	http://www.beckerberlin.de
0100000002	01	DelBont Industries	http://www.delbont.com
0100000003	01	Talpa	http://www.talpa-hannover.de
0100000004	01	Panorama Studios	http://www.panorama-studios.biz
0100000005	01	TECUM	http://www.tecum-ag.de
0100000006	01	Asia High tech	http://www.asia-ht.com
0100000007	01	Laurent	http://www.laurent-paris.com
0100000008	01	AVANTEL	http://www.avantel.com
0100000009	01	Telecomunicaciones Star	http://www.telecomunicacionesstar.com
0100000010	01	Pear Computing Services	http://www.pear-computing.com
0100000011	01	Alpine Systems	http://www.alp-systems.at
0100000012	01	New Line Design	http://www.newlinedesign.co.uk
0100000013	01	HEPA Tec	http://www.hepa-tec.de
0100000014	01	Anav Ideon	http://www.anavideon.com
0100000015	01	Robert Brown Entertainment	http://www.rb-entertainment.ca
0100000016	01	Mexican Oil Trading Company	http://www.motc.mx
0100000017	01	Meliva	http://www.meliva.de
0100000018	01	Compostela	http://www.compostela.ar
0100000019	01	Pateu	http://www.pateu.fr
0100000020	01	Russian Electronic Trading Company	http://www.retc.ru
0100000021	01	Florida Holiday Company	http://www.flor-hc.com
0100000022	01	Quimica Madrilenos	http://www.quimica-madrilenos.es
0100000023	01	Getrankegroßhandel Janssen	http://www.getraenke-janssen.de

Abbildung 24.59 Die Liste der Geschäftspartner

Erweitern der Kopfinformationen

Felder der Objekt Page hinzufügen

Unser Beispiel hat einen kleinen Haken: Wählen Sie einen Eintrag in der Liste aus, so erhalten Sie keine Detailinformationen angezeigt. Dies wollen wir ändern, indem wir konfigurieren, dass die `BusinessPartnerID` und das Feld `CompanyName` in den Details angezeigt werden. Fügen Sie dem `HeaderInfo`-Element die Attribute **Title** und **Description** hinzu (siehe Abbildung 24.60). Klicken Sie hierzu auf Ebene des Eintrag **UI.HeaderInfo** auf die +-Schaltfläche, und wählen Sie im erscheinenden Dialog **Title** und **Description** aus. Bestätigen Sie den Dialog. Fügen Sie dem **UI.DataField** auf Ebene des **Title**-Attributs den Wert `BusinessPartnerID` hinzu und dem **UI.DataField**-Attribut auf der Ebene des Feldes **Description** den Wert **CompanyName**. Nachdem Sie die Konfiguration abgeschlossen haben, stellt sich die Konfiguration wie in Abbildung 24.60 gezeigt dar.

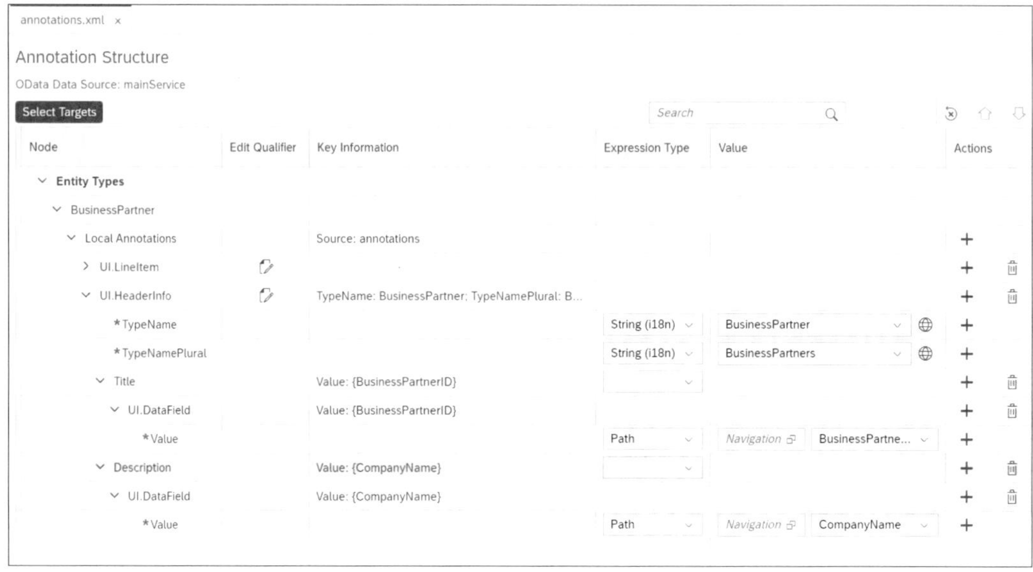

Abbildung 24.60 Erweitern der Kopfinformationen

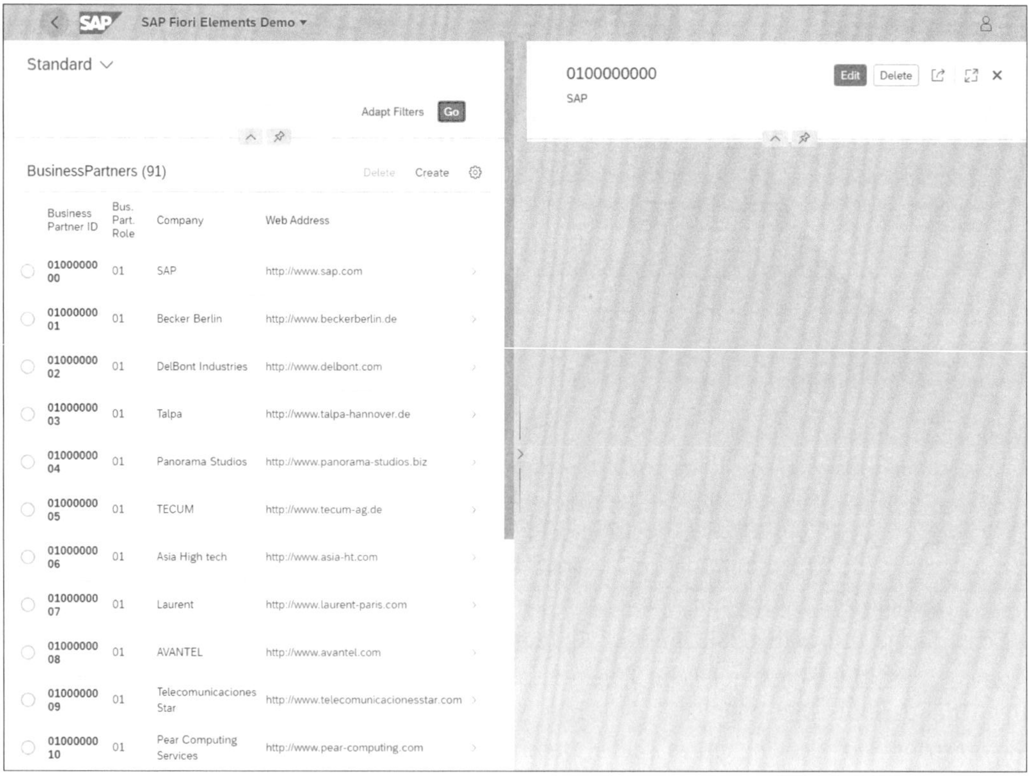

SAP Fiori Elements Demo ▾

Standard

Adapt Filters Go

BusinessPartners (91) Delete Create

Business Partner ID	Bus. Part. Role	Company	Web Address
0100000000	01	SAP	http://www.sap.com
0100000001	01	Becker Berlin	http://www.beckerberlin.de
0100000002	01	DelBont Industries	http://www.delbont.com
0100000003	01	Talpa	http://www.talpa-hannover.de
0100000004	01	Panorama Studios	http://www.panorama-studios.biz
0100000005	01	TECUM	http://www.tecum-ag.de
0100000006	01	Asia High tech	http://www.asia-ht.com
0100000007	01	Laurent	http://www.laurent-paris.com
0100000008	01	AVANTEL	http://www.avantel.com
0100000009	01	Telecomunicaciones Star	http://www.telecomunicacionesstar.com
0100000010	01	Pear Computing Services	http://www.pear-computing.com

0100000000

SAP

Edit Delete

Abbildung 24.61 Detailinformationen im Kopf

Starten Sie die Anwendung neu, und wählen Sie aus der Liste (davor einmal auf **Go** klicken) einen Eintrag aus. Die Details werden wie in Abbildung 24.61 angezeigt.

Deployen der Anwendung

Anwendung auf dem ABAP-Server bereitstellen

Nachdem wir Ihnen SAP Fiori Elements vorgestellt haben, wollen wir die Anwendung in diesem Abschnitt in das SAP Fiori Launchpad integrieren. Dies ist aber nur möglich, wenn Sie die Anwendung auf dem entsprechenden System installiert, also deployt haben. Wir gehen dafür wie in Abschnitt 24.2.4 beschrieben vor und nutzen die in Abbildung 24.62 gezeigten Detailinformationen für die Anwendung.

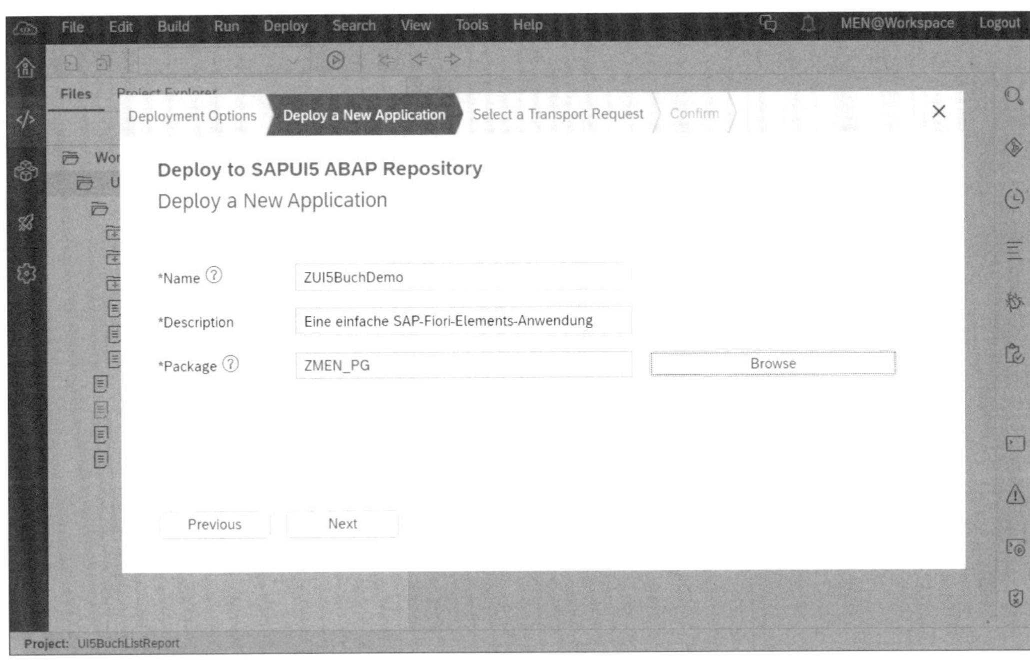

Abbildung 24.62 Anwendungsdetails

SAPUI5-Anwendung auf dem ABAP-Stack

Die Anwendung wird auf dem SAP-System installiert. Hierzu wird ein neues Objekt im BSP-Repository angelegt und der Code entsprechend in diesem Repository abgelegt. Des Weiteren werden zwei neue ICF-Knoten angelegt. Melden Sie sich an Ihrem SAP-System an, und starten Sie die Transaktion SICF. In das Feld **Service Name** geben Sie den Namen der Anwendung »ZUI5-BUCHDEMO« ein und klicken auf **Anwenden**. Sie erhalten die in Abbildung 24.63 gezeigten Details. Falls Sie die Anwendung direkt starten wollen, wählen Sie den Eintrag **sap • bc • ui5_ui5 • sap • zui5buchdemo** und rufen aus dem Kontextmenü **Service testen** auf.

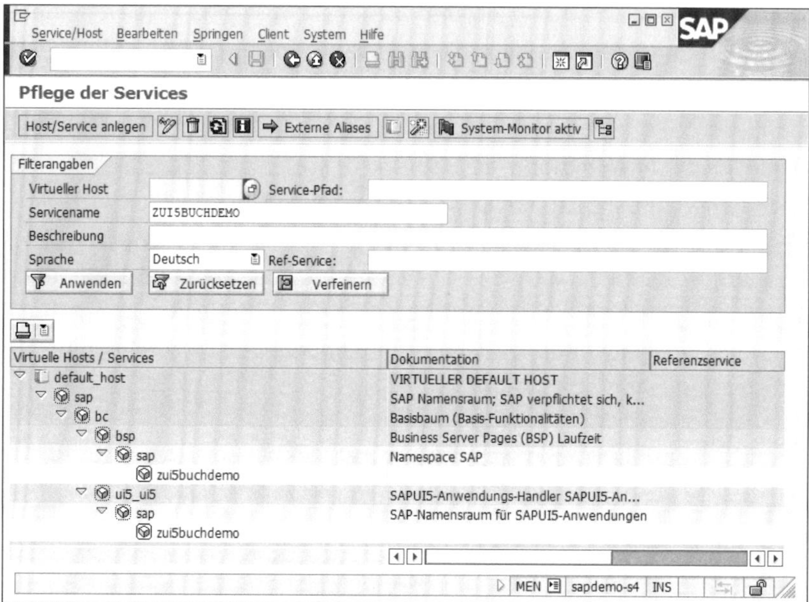

Abbildung 24.63 Übersicht über die ICF-Knoten der Anwendung

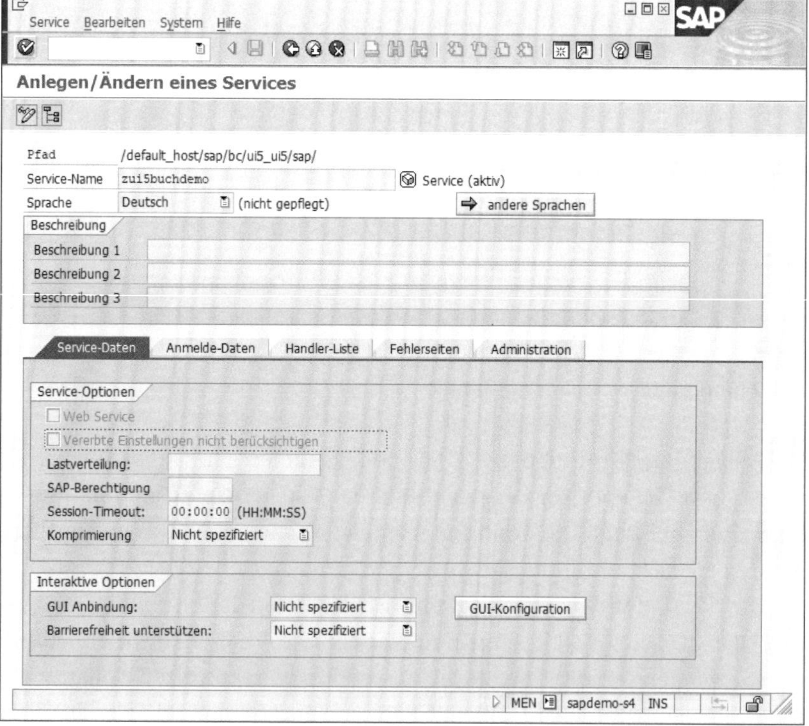

Abbildung 24.64 Servicedetails der UI5-Anwendung

Klicken Sie nun auf den Knoten **zui5buchdemo**, der sich unter **ui5_ui5 • sap** befindet. Sie erhalten die in Abbildung 24.64 gezeigten Details. Den unter **Pfad** angezeigten ICF-Pfad werden Sie später bei der Integration der Anwendung in das SAP Fiori Launchpad benötigen.

24.5 Integration in das SAP Fiori Launchpad

Die Integration einer Anwendung in das SAP Fiori Launchpad erfolgt in mehreren Schritten, die wir uns gleich näher anschauen. Zuvor beschreiben wir jedoch kurz den allgemeinen Ablauf.

SAP-Fiori-Anwendungen werden sogenannten Kachelkatalogen zugeordnet. Jede Konfiguration, die für eine Anwendung durchgeführt wird, damit sie in einen Katalog aufgenommen wird, besteht aus zwei Teilen: einer Kachelkonfiguration und einer Zielzuordnung, über die die Anwendung später gefunden wird, die zu einer Kachelkonfiguration gehört. Wir gehen an dieser Stelle nicht auf alle Details ein, sondern verweisen auf das Buch »SAP Fiori« von Michael Englbrecht (*http://sap-press.de/4974*). Damit der Umfang dieses Buches nicht gesprengt wird, gehen wir hier einfach Schritt für Schritt die einzelnen Schritte durch.

Beachten Sie, dass bei Transaktionen, die mit einem Schrägstrich beginnen, stets ein */n* oder */o* vorangestellt werden muss.

Anlegen eines semantischen Objekts

Semantisches Objekt konfigurieren

Rufen Sie für das Anlegen eines semantischen Objekts die Transaktion /ui2/semobj auf. Wechseln Sie durch einen Klick auf [Symbol] in den Bearbeitungsmodus. Bestätigen Sie den Hinweis, dass die Tabelle mandantenunabhängig ist. Klicken Sie anschließend auf **Neue Einträge**. Befüllen Sie die Felder mit den in Tabelle 24.3 gezeigten Werten.

Semantisches Objekt	Name semantisches Objekt	Beschreibung semantisches Objekt
»ui5buch«	»ui5buch«	semantisches Objekt für das SAPUI5-Buch

Tabelle 24.3 Konfigurationsparameter eines Semantischen Objekts

Sie erhalten nach der Eingabe das in Abbildung 24.65 gezeigte Bild. Speichern Sie Ihre Änderungen, und ordnen Sie sie einem Transportauftrag zu. Verlassen Sie danach die Transaktion.

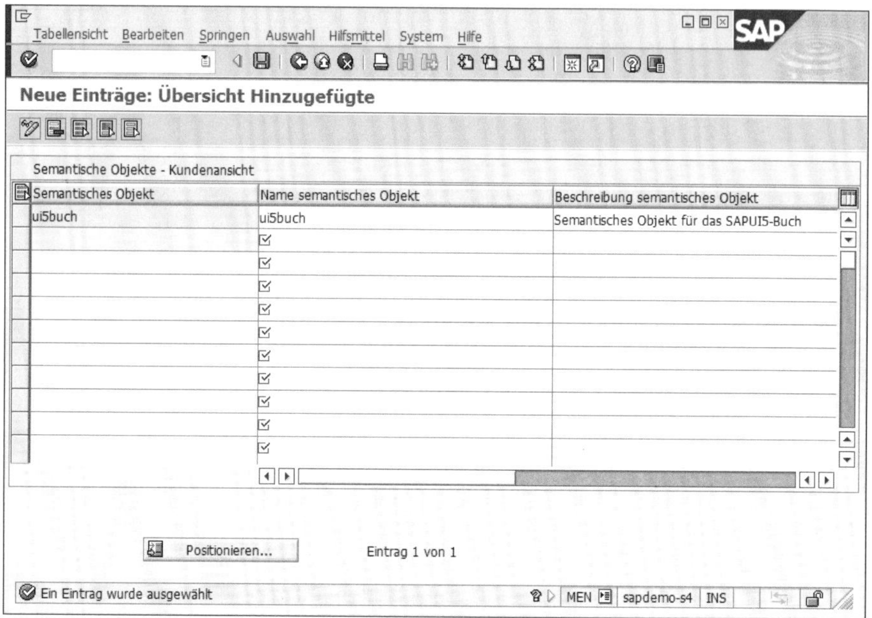

Abbildung 24.65 Anlegen eines semantischen Objekts

Kachelkatalog konfigurieren

SAP Fiori Launchpad Designer

Nach dem Anlegen des semantischen Objekts können Sie mit der Konfiguration des Katalogs für Ihre Anwendung beginnen. Für die Konfiguration wird der sogenannte *SAP Fiori Launchpad Designer* bereitgestellt. Diesen gibt es zum einen mandantenabhängig mit der Transaktion /UI2/FLPD_CUST, oder mandantenunabhängig mit der Transaktion /UI2/FLPD_CONF. Wir wollen die Konfiguration mandantenabhängig durchführen und rufen daher die Transaktion /UI2/FLPD_CUST auf. Nachdem Sie sich mit Ihrem Benutzer angemeldet haben, wird die in Abbildung 24.66 gezeigte Anwendung geladen. Für das Aufzeichnen der Änderungen können Sie über das in der rechten oberen Ecke befindliche Zahnradsymbol einen Customizing-Auftrag auswählen. Wenn Sie das nicht tun, werden Ihre Änderungen als lokale Objekte verarbeitet.

Um einen neuen Katalog anzulegen, klicken Sie auf das Plus-Symbol in der unteren linken Ecke. Es erscheint ein Dialog, über den Sie die Detailinformationen für den neuen Katalog angeben (siehe Abbildung 24.67). Wir geben in das Feld **Titel** den Wert »Katalog zum SAPUI5 Buch« und im Feld **ID** den Wert »ZUI5_BC_BOOK« ein. Bestätigen Sie den Dialog mit einem Klick auf **Sichern**.

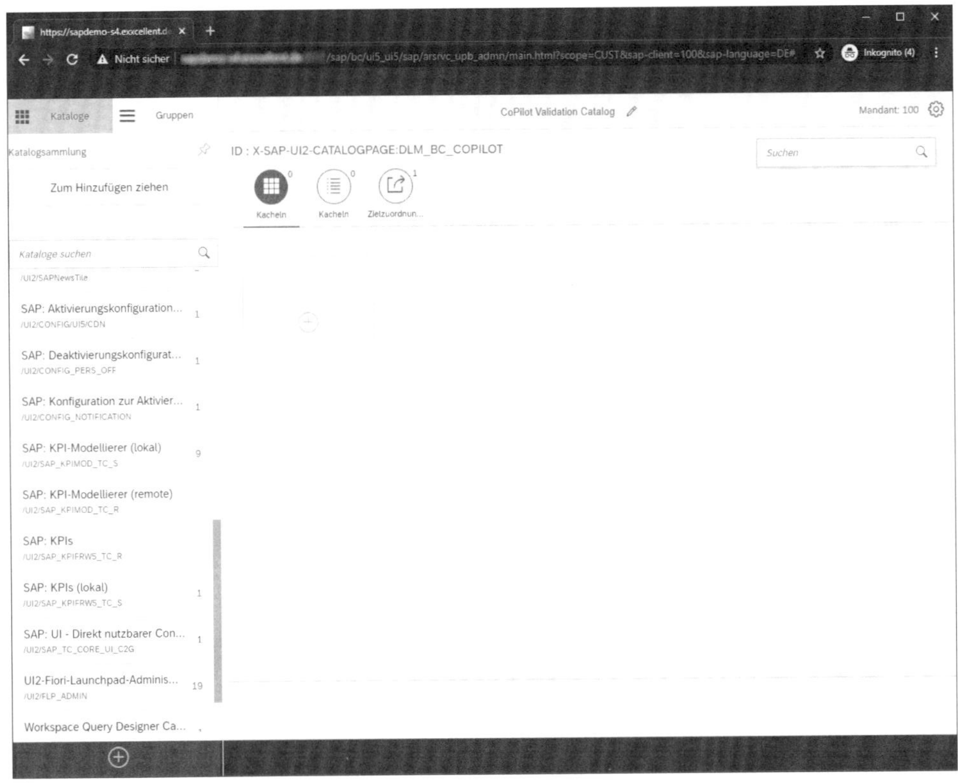

Abbildung 24.66 Der SAP Fiori Launchpad Designer

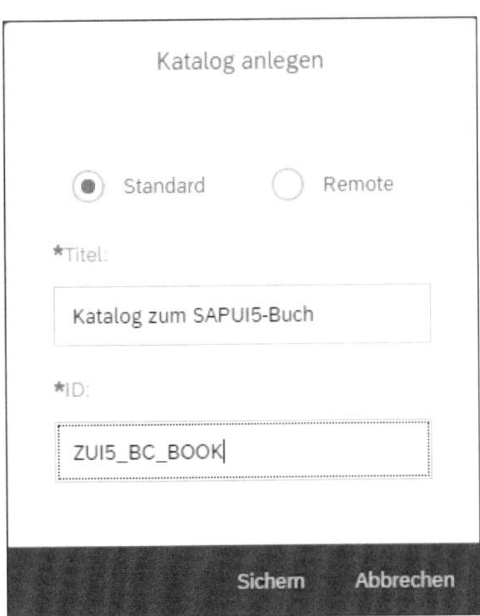

Abbildung 24.67 Anlegen eines neuen Katalogs

Nachdem der Katalog angelegt wurde, erscheint die Übersicht des neuen Katalogs, wie Abbildung 24.68 zeigt.

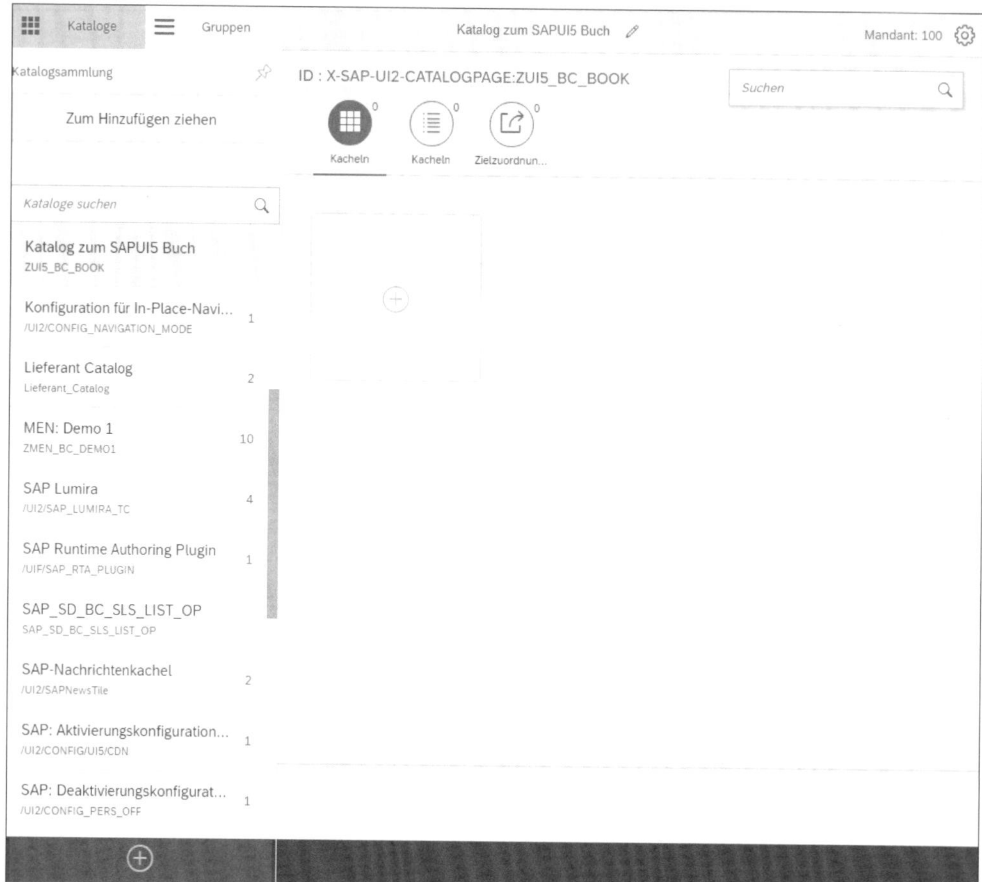

Abbildung 24.68 Katalogdetails des Katalogs »ZUI5_BC_BOOK«

Zielzuordnung anlegen

Zielzuordnung konfigurieren

Legen Sie wie eingangs beschrieben zunächst eine Zielzuordnung an. Hierüber verbinden Sie das semantische Objekt mit der Anwendung, die über das semantische Objekt aufgelöst werden soll. Wir wählen hierzu die Schaltfläche **Zielzuordnung** und gelangen in die entsprechende Administrationsoberfläche (siehe die Abbildung 24.69).

Zielzuordnung anlegen

Um eine neue Zielzuordnung anzulegen, klicken Sie auf **Zielzuordnung anlegen**. Geben Sie die Details der Zielzuordnung ein (siehe Abbildung 24.70). Fügen Sie zunächst in das Feld **Semantisches Objekt** das zuvor angelegte semantische Objekt *ui5buch* ein, und wählen Sie die Aktion **display** aus. Da Sie eine SAPUI5-Anwendung einbinden, wählen Sie aus dem Feld **Anwendungstyp** den Eintrag **SAPUI5-Fiori-App** aus, geben in das Feld **Titel** den Wert »SAPUI5 Buch« ein und fügen in das Feld **URL** den ICF-Pfad der Anwendung ein.

Abbildung 24.69 Administrationsoberfläche für Zielzuordnungen

Dieser lautet */sap/bc/ui5_ui5/sap/zui5buchdemo*. Zum Abschluss geben Sie im Feld **ID** noch den Namensraum der Anwendung, »sapui5buch.demo.ui5-buchlistreport«, an. Zum Abschluss klicken Sie die Schaltfläche **Sichern**.

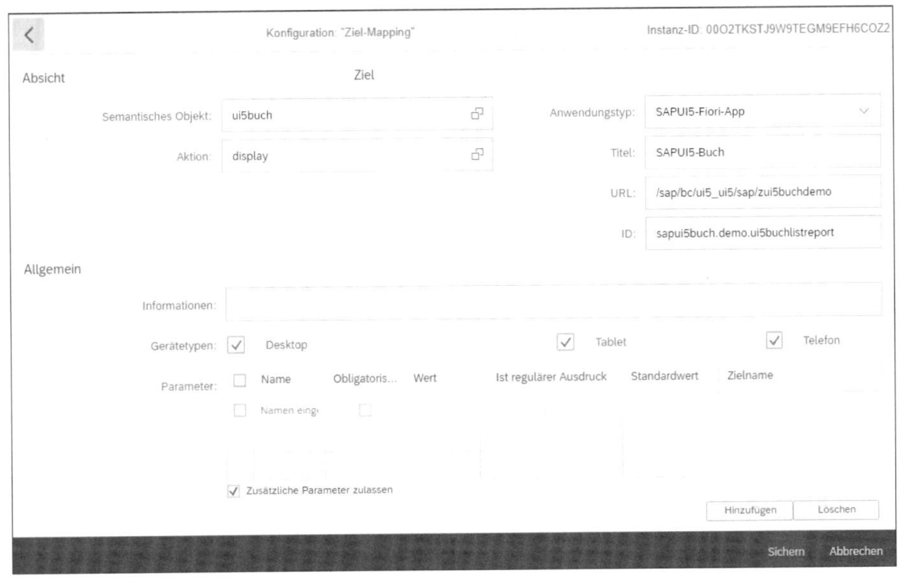

Abbildung 24.70 Details der Zielzuordnung

Kachelkonfiguration

Nachdem die Zielzuordnung gespeichert ist, gelangen Sie in die Übersicht Ihres Katalogs. Hier erreichen Sie durch einen Klick auf **Kacheln** die in Abbildung 24.71 gezeigte Übersicht.

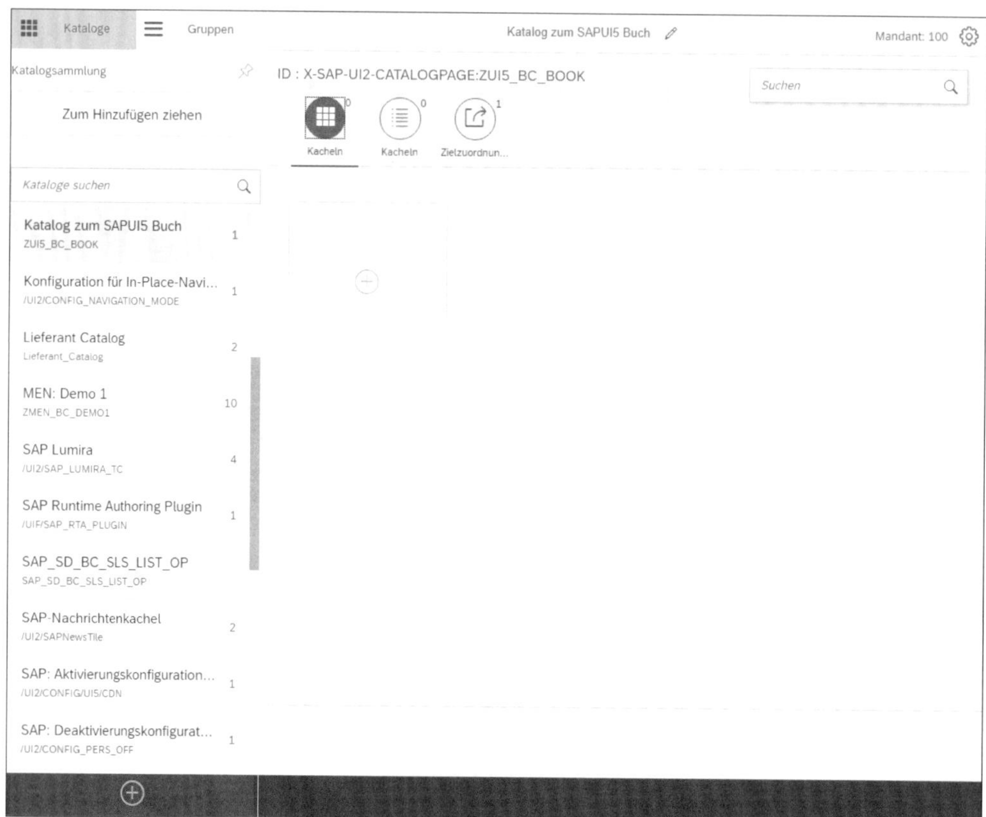

Abbildung 24.71 Kachelübersicht des Katalogs

Kachel dem Kachelkatalog hinzufügen

Um einen neuen Katalog anzulegen, klicken Sie auf die weiße Kachel mit dem Plus-Symbol. Im nächsten Bild wählen Sie den Eintrag **App-Launcher statisch** aus. Anschließend geben Sie in das Feld **Titel** den Wert »SAPUI5 Buch Beispiel« und im Feld **Untertitel** den Wert »Beispiel für das SAPUI5 Buch«. Stellen Sie sicher, dass das Feld **Semantische Objektnavigation verwenden** ausgewählt ist, und wählen Sie im Feld **Semantisches Objekt** den Wert **ui5buch** sowie im Feld **Aktion** den Wert **display** aus (siehe Abbildung 24.72). Bestätigen Sie die Eingaben durch einen Klick auf **Sichern**. Damit ist für unser Beispiel die Konfiguration des Katalogs abgeschlossen. Durch die Angabe des semantischen Objekts sowie der Aktion wird die von Ihnen konfigurierte Zielzuordnung gefunden, sobald der Anwender später auf die Kacheln im SAP Fiori Launchpad klickt.

Konfiguration: "App-Launcher - Statisch" Instanz-ID: 00O2TKSTJ9W9TEGMO8HVIELQF

Allgemein

Titel: SAPUI5-Buch-Beispiel

Untertitel: Beispiel für das SAPUI5-Buch

Schlüsselwörter:

Symbol: sap-icon://inbox

Informationen:

Navigation

Semantische Objektnavigation verwenden: ✓

Semantisches Objekt: ui5buch

Aktion: display

Parameter:

Ziel-URL:

Kachelaktionen

Menüein... Zieltyp Navigationsziel Aktion Symbol

URL sap-i...

Hinzufügen Entfernen

Sichern Abbrechen

Abbildung 24.72 Details der anzulegenden Kachel

Berechtigungsrolle anlegen

Transaktion PFCG

Berechtigungsrollen werden über die Transaktion PFCG verwaltet, wechseln Sie daher in diese Transaktion. Nach dem Aufruf zeigt sich das Bild aus Abbildung 24.73.

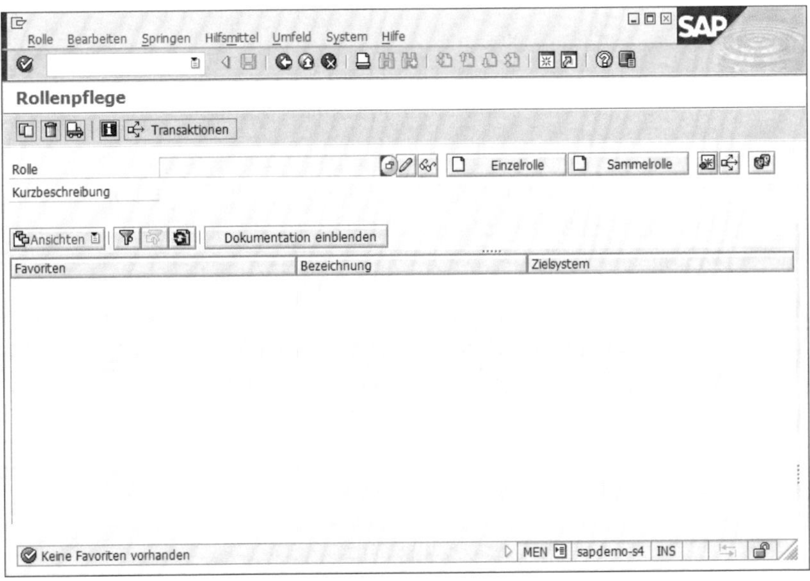

Abbildung 24.73 Die Transaktion PFCG

Geben Sie in das Feld **Rolle** den Wert »ZUI5_BR_Buch« ein, und klicken Sie auf **Einzelrolle**. Als Nächstes geben Sie wie in Abbildung 24.74 gezeigt der Rolle eine Beschreibung und klicken auf das Diskettensymbol, um die Änderungen zu speichern.

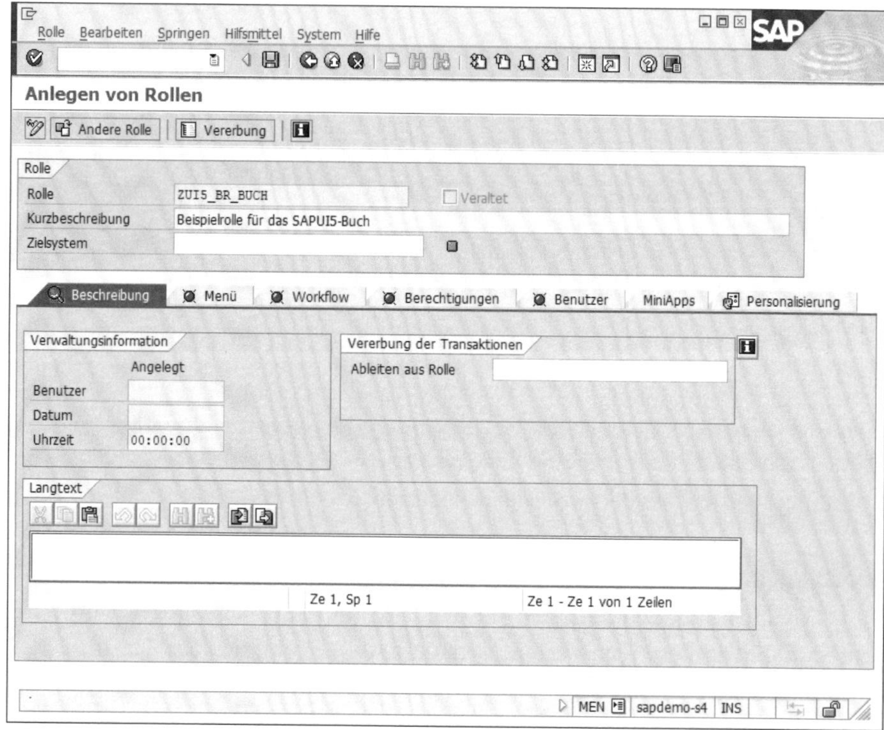

Abbildung 24.74 Details zur Rolle »ZUI5_BR_BUCH«

Katalog der Rolle zuweisen

Klicken Sie nun auf **Menü**, und wählen Sie im Dropdown-Menü den Eintrag **SAP Fiori Kachelkatalog** aus (siehe Abbildung 24.75).

Wählen Sie im erscheinenden Dialog den Katalog **ZUI5_BC_BOOK** aus, und bestätigen Sie ihn (siehe Abbildung 24.76). Der Katalog *ZUI5_BC_BOOK* wird der neuen Rolle wie in Abbildung 24.77 gezeigt hinzugefügt.

Benutzer zuordnen

Zu guter Letzt müssen Sie nun Ihren Benutzer der neuen Rolle zuordnen. Hierzu klicken Sie auf **Benutzer** und fügen wie in Abbildung 24.78 gezeigt Ihren Benutzer hinzu. Wir speichern die Änderungen und sind mit der Konfiguration fertig.

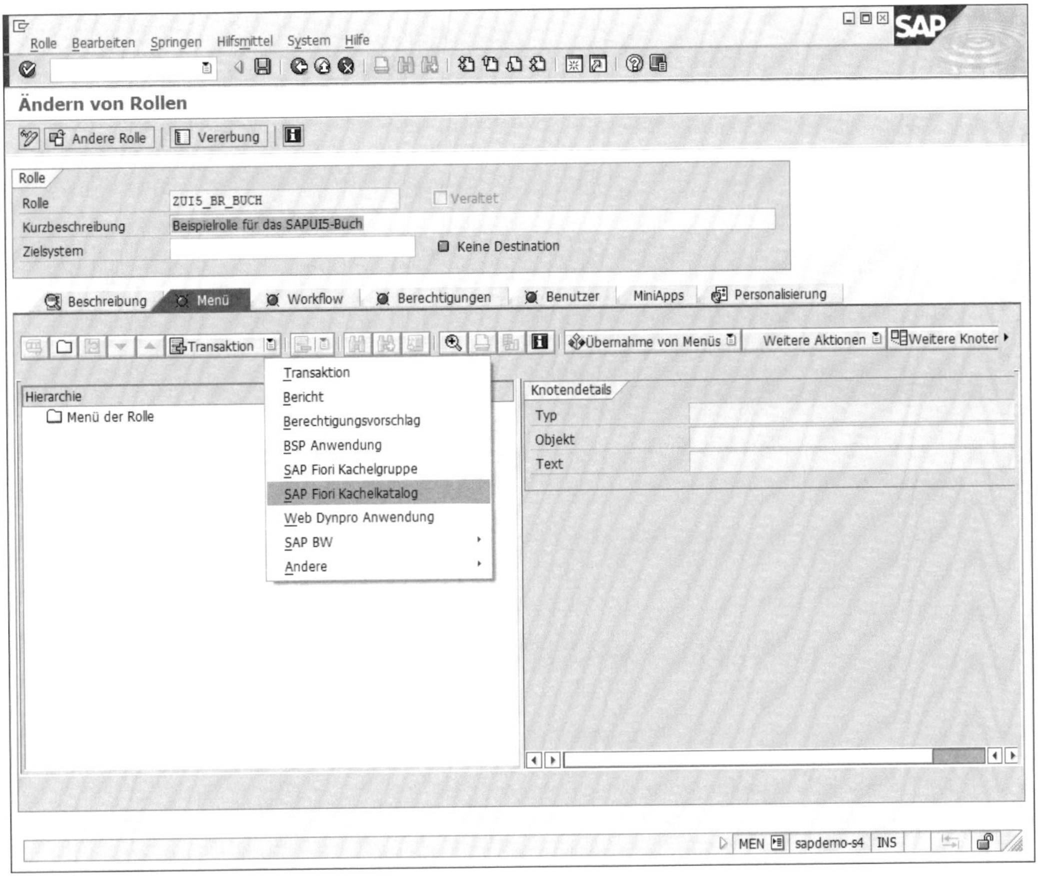

Abbildung 24.75 Hinzufügen eines SAP-Fiori-Kachelkatalogs

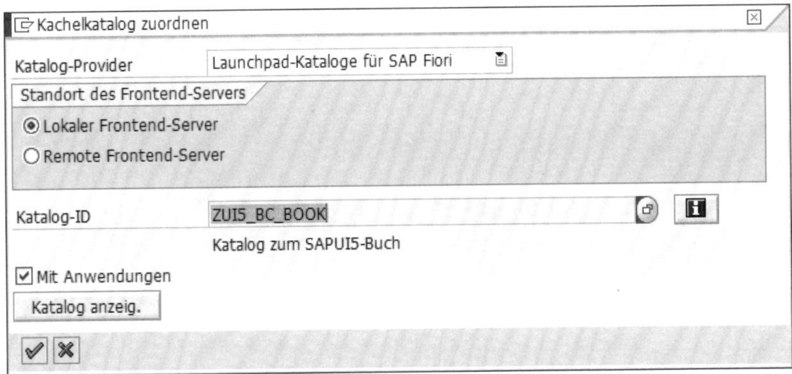

Abbildung 24.76 Auswahl des Katalogs »ZUI5_BC_BOOK«

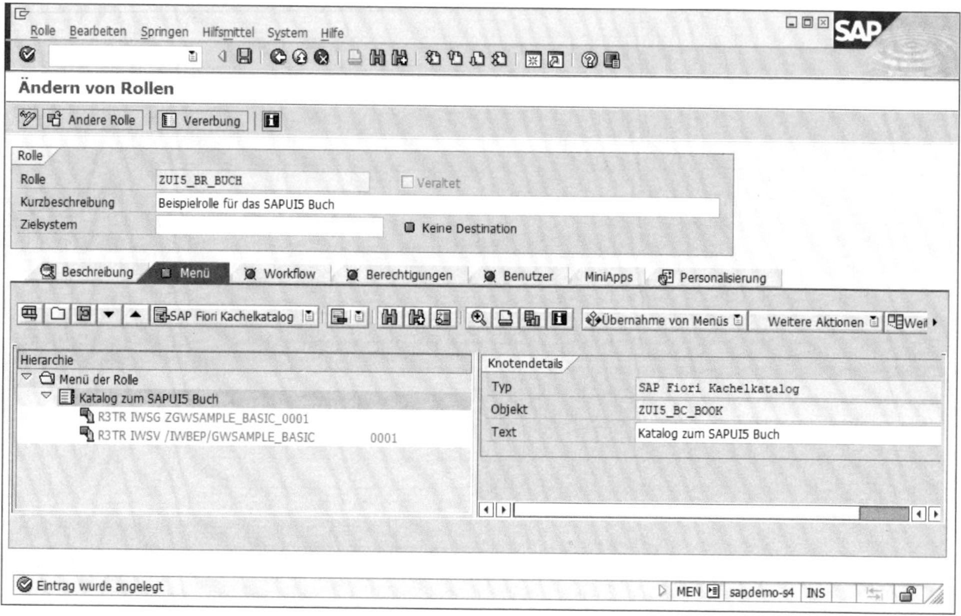

Abbildung 24.77 Die Katalogzuordnung zur Rolle

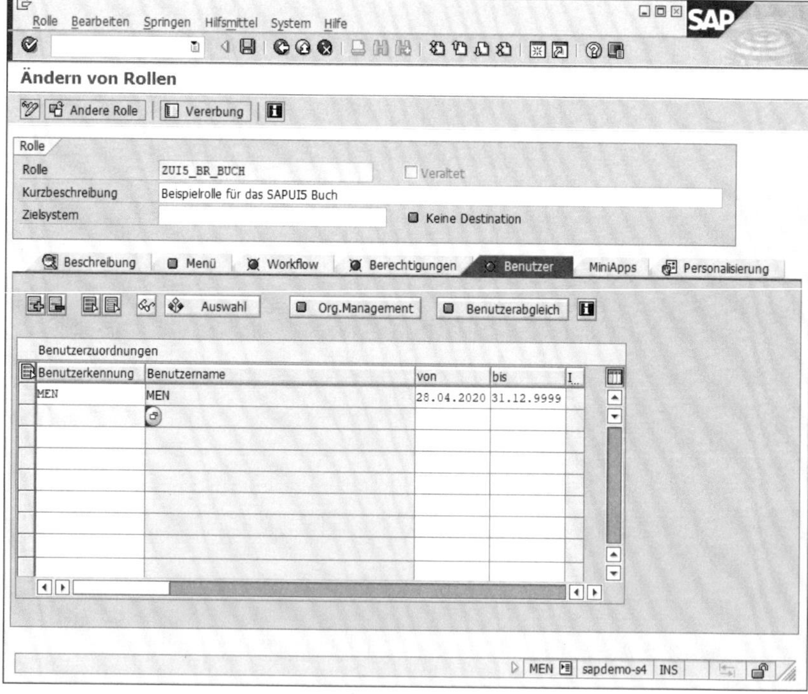

Abbildung 24.78 Benutzerzuordnung zur Rolle

Hinzufügen der Anwendung im SAP Fiori Launchpad

Nachdem Sie sich am SAP Fiori Launchpad angemeldet haben, rufen Sie den *App Finder* auf und erhalten, wie in Abbildung 24.79 gezeigt, eine Übersicht über die Ihnen zugeordneten Kataloge.

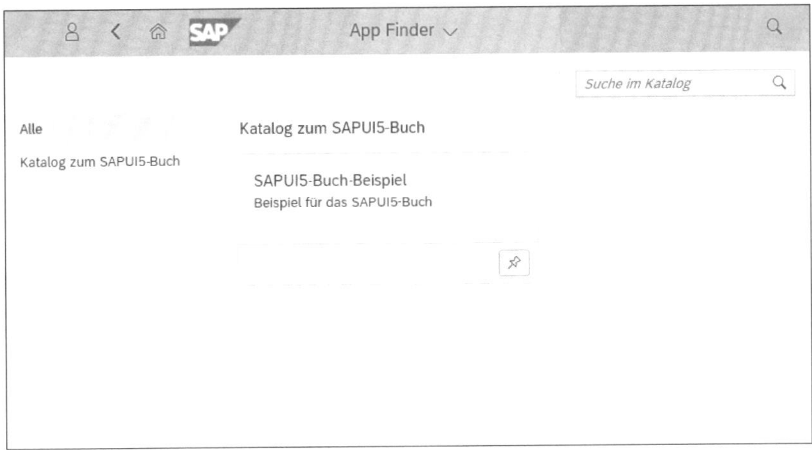

Abbildung 24.79 App Finder im SAP Fiori Launchpad

Klicken Sie als Nächstes bei den angezeigten Kacheln auf die Pin-Nadel, wählen Sie wie in Abbildung 24.80 gezeigt den Eintrag **Meine Startseite** aus, und klicken Sie auf **Schließen**.

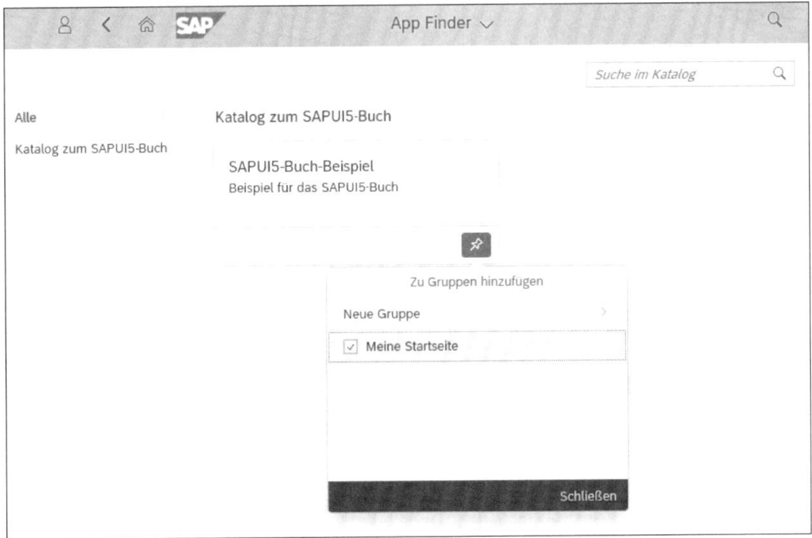

Abbildung 24.80 Hinzufügen einer Kachel zu einer Gruppe

Im Anschluss wechseln Sie durch einen Klick auf das Haus-Symbol zurück zur Home-Ansicht. Dort sehen Sie die konfigurierte Kachel. Durch einen Klick auf die Kachel starten Sie die Anwendung und erhalten die in Abbildung 24.81 gezeigte Darstellung.

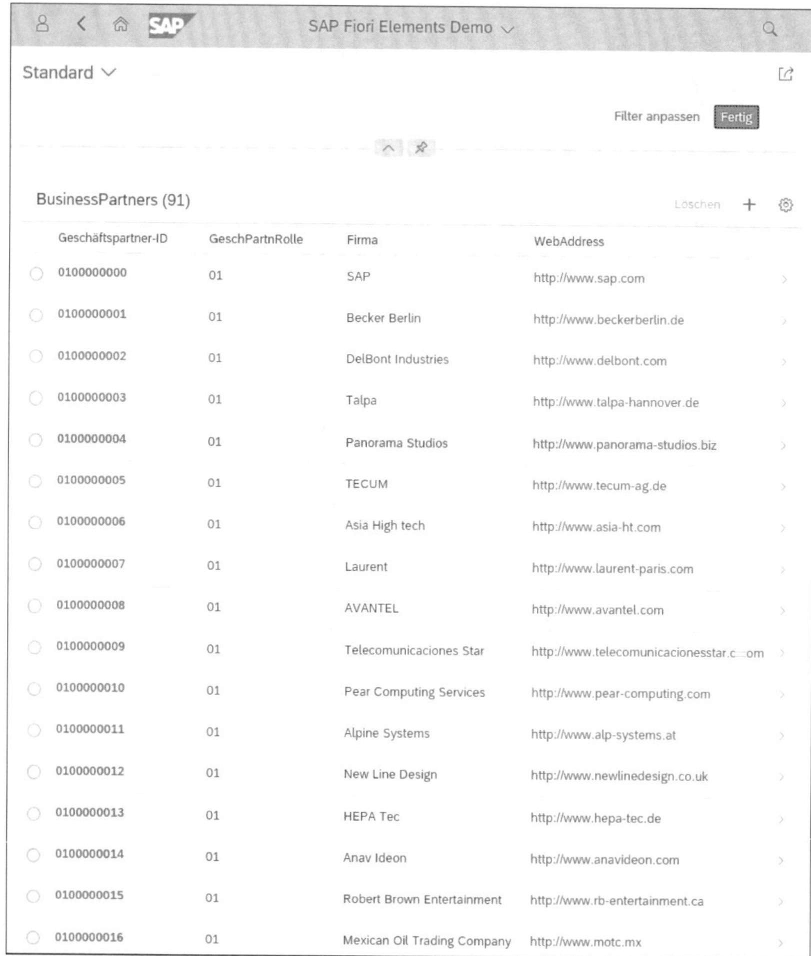

Abbildung 24.81 Die SAP-Fiori-Elements-Anwendung im SAP Fiori Launchpad

Die Autoren

Michael Englbrecht ist Portfolio Manager SAP und Business Manager SAP bei der eXXcellent solutions GmbH in Ulm. In seiner Rolle als Business Manager SAP ist er gesamtverantwortlich für die Umsetzung von Kundenprojekten sowie die langfristige Betreuung der Kunden zuständig.

Zu seinen Schwerpunkten gehört die Beratung von Unternehmen bei der Integration und Umsetzung von SAP Fiori. Er arbeitet an der Konzeption, dem Design und der Implementierung von SAP-Fiori- und SAPUI5-Anwendungen mit und berät Kunden bei der Umsetzung der neuen User Experience. Weiterhin gehören die Integration von Systemen in die SAP-Landschaft sowie die Planung und Implementierung serviceorientierter Infrastrukturen zu seinen Themen. Auch in der Beratung bei SAP-Enterprise-Portal-Projekten und im Bereich SAP NetWeaver Knowledge Management and Collaboration verfügt er über langjährige Erfahrung.

Michael Englbrecht hat zahlreiche Trainings zu SAP Fiori, SAP User Experience, SAPUI5, ABAP und dem ABAP-Programmiermodell für SAP Fiori, Java-Programmierung, Portalprogrammierung sowie Knowledge Management und Collaboration entwickelt und hält regelmäßig Schulungen zu den Themen. Er studierte Informatik an der FH Augsburg und arbeitete anschließend als Softwareentwickler und Consultant für die MATHEMA AG. Von 2002 bis 2009 war er Senior Consultant bei der AddOn Software GmbH in Neu-Ulm, von 2010 bis 2017 Director NetWeaver Consulting bei der 10 point software GmbH in Dornstadt.

Dr. Andreas Pflugrad ist Senior Software Engineer bei der eXXcellent solutions GmbH in Ulm. Er ist dort im Leistungsportfolio SAP tätig.

Zu seinen Schwerpunkten gehören die Konzeption und Entwicklung individueller Kundenlösungen mit SAPUI5 und SAP HANA, die Entwicklung von SAP-Fiori Anwendungen, sowie die Beratung und Betreuung von Unternehmen bei der Einführung und Umsetzung von Design- und Entwicklungsrichtlinien. Des Weiteren beschäftigen ihn Themen rund um integrative SAP-/Non-SAP Lösungen, OData und Datenintegration.

Andreas Pflugrad hält regelmäßig Schulungen zu SAPUI5 und SAP Fiori und ist außerdem als wissenschaftlicher Betreuer für die Duale Hochschule Baden-Württemberg tätig. Er studierte Medizinische Dokumentation und Informatik sowie Informationssysteme an der Technischen Hochschule Ulm und promovierte in Kooperation mit der Medizinischen Fakultät und dem Zentrum für Seltene Erkrankungen der Universität Ulm.

Index

D

E

F

N

O

S